国家社会科学基金重大项目“‘十二五’时期宏观经济运行动态监测分析研究”（项目号：10zd&010）
教育部社科规划项目“经济景气监测预警方法与应用研究”（项目号：10YJA790021）
国家自然科学基金项目“基于非参数方法和非线性模型的经济景气和通货膨胀监测预警研究”（项目号：71173029）

数量经济学系列丛书

经济周期波动分析与预测方法（第2版）

高铁梅 陈磊 王金明 张同斌 著

清华大学出版社
北京

内容简介

本书系统地介绍了国内外经济周期波动研究的进展、相关理论及多种实用的经济周期波动测定、分析与预测的计量方法，介绍了经济周期波动研究的一些重要的拓展研究问题，以及作者的最新研究成果。本书作者都具有多年从事经济周期波动分析和预测及其研究工作的经历，因此本书在取材与写法上都充分注意实用性，含有丰富的国内外实例可供读者阅读参考。本书对从事宏观经济管理研究的研究人员、政府相关决策和管理部门的工作人员以及企业景气分析的从业人员都有较高的参考价值，也可以作为经济和管理类的硕士研究生和博士研究生的专业课教材。

图书在版编目(CIP)数据

经济周期波动分析与预测方法/高铁梅等著. —2版. —北京：清华大学出版社，2015(2025.4重印)
(数量经济学系列丛书)
ISBN 978-7-302-38909-5

Ⅰ. ①经… Ⅱ. ①高… Ⅲ. ①经济周期波动－经济分析 ②经济周期波动－经济预测 Ⅳ. ①F037.1

中国版本图书馆CIP数据核字(2015)第005377号

责任编辑：张　伟
封面设计：常雪影
责任校对：王凤芝
责任印制：杨　艳

出版发行：清华大学出版社
网　　址：https://www.tup.com.cn，https://www.wqxuetang.com
地　　址：北京清华大学学研大厦A座　　**邮　　编**：100084
社 总 机：010-83470000　　**邮　　购**：010-62786544
投稿与读者服务：010-62776969，c-service@tup.tsinghua.edu.cn
质量反馈：010-62772015，zhiliang@tup.tsinghua.edu.cn
课件下载：https://www.tup.com.cn，010-83470332
印 装 者：三河市春园印刷有限公司
经　　销：全国新华书店
开　　本：185mm×260mm　　**印　　张**：24.25　　**字　　数**：590千字
版　　次：1998年6月第1版　　2015年4月第2版　　**印　　次**：2025年4月第8次印刷
定　　价：69.00元

产品编号：053790-02

第2版前言

PREFACE

光阴荏苒，本书第1版的出版发行距今已经有16年了，抚今追昔，往事如昨。

第1版汇集了董文泉教授带领我们多年来进行经济周期波动测定、分析与预测研究的丰硕成果。1985年，董老师带领我们开始研究我国经济周期性波动问题，当时这个问题还是我国经济理论中的禁区，很少有人问津。董老师领导我们科研课题组开始与国家经济贸易委员会(以下简称国家经委)合作，开展了我国经济增长率周期波动的测定与预测的研究工作，这一项目历经两年，于1987年3月由国家经委主持鉴定，当时的国家经委副主任朱镕基同志出席了鉴定会，并对这一工作给予了充分的肯定，这是在我国首次实证研究我国经济增长率周期波动的科研项目。同时，董文泉等的论文《我国经济循环的测定、分析和预测》于1987年发表在吉林大学社会科学学报上，这篇论文也是首篇实证地揭示了我国存在经济增长率周期波动的文章。1988年，董老师领导课题组又与中国人民银行调查统计司合作完成了经济增长率循环测定和宏观经济、金融指标预测模型的研究工作，这一项目先后于1989年和1991年获原国家教委科学技术进步奖二等奖和国家科学技术进步奖三等奖。随后，董老师领导课题组与中国人民银行调查统计司、国家信息中心、国家统计局、财政部等多个政府部门合作，继续开展这一方向的研究工作。到1996年底为止，开发并完善了宏观经济监测预警系统软件包。这些软件系统成为政府部门判断经济形势，进行经济、金融短期预测的主要工具，为提高我国的政府管理水平和科学决策起到了促进作用。自1990年起，董老师领导课题组积极参加由中国社会科学院每年召开的春秋两次经济形势分析预测座谈会。2003年本书第一版获教育部"第三届中国高校人文社会科学研究优秀成果一等奖"。作为董老师的学生和同事，我们两人一直跟随董老师参与这些研究工作，董老师一再嘱咐我们要跟踪学术前沿，在经济周期波动这一研究领域不断开拓创新，积极推出新的研究成果。不幸的是，第1版刚出版仅三个月，我们敬爱的董文泉教授就于1998年9月26日因病逝世，突然离开了我们。

十六年来，我们谨记董老师的教诲，在经济周期波动这一研究领域继续辛勤耕耘。我们先后主持并完成了多项相关的国家和省部级科研项目，发表了一系列高质量的论文和研究报告，并根据实际部门的需要和经济运行出现的新变化，不断改进景气分析和监测预警系统。此次修订再版就是在国家社会科学基金重大项目"'十二五'时期宏观经济运行动态监测分析研究(10zd&010)"、教育部社科规划项目"经济景气监测预警方法与应用研究(10YJA790021)"和国家自然科学基金项目"基于非参数方法和非线性模型的经济景气和通货膨胀监测预警研究(71173029)"的支持下完成的。

2013年7月，我们承担的国家社科基金重大项目课题组和国家信息中心经济预测部等单位联合举办了"2013年宏观经济监测预警方法与经济形势研讨会"。来自中国社会科学院、中国科学院、国家发展和改革委员会、财政部、中国人民银行、国家统计局、工业和信息化部、国家信息中心、吉林大学和东北财经大学等18个政府部门、高校和科研单位的40余名专家学者参加了会议。参会专家从宏观、财政、金融、物价、采购经理指数(PMI)等方面,围绕经济景气监测预警方法与应用,景气指标的价格平减、指标选取、预警指标界限值的确定、潜在增长率的变化等问题进行了广泛而深入的交流、研讨。本书的一些研究成果也在会上进行了交流,受益匪浅。

本书的第2版大体保持了第1版的总体结构,去掉了目前在计量经济学教科书中比较常见的计量经济方法部分,汇集了我们近些年来的部分研究成果,增加了有关经济预测和经济周期波动的一些拓展研究问题。第2版的修订工作主要包括以下七个方面。

(1) 第1章补充并更新了国内外经济周期波动研究的历史和前沿问题。

(2) 新增加了第2章,该章系统介绍了经济周期波动的各种理论,并阐述了经济周期波动研究对宏观经济调控的必要性。

(3) 补充了美国、日本、OECD等国家和国际组织有关经济周期波动的部分最新研究资料,以及我们对中国经济增长率周期波动的最新研究结果。

(4) 第8章丰富了商情调查方法,对中国人民银行的5000户工业景气调查数据进行了系统分析,增加了对采购经理指数(PMI)方法及其在中国的应用的介绍。

(5) 新增加的第9章给出了经济指标的各种分析预测方法及应用。

(6) 新增加的第11章涵盖了利用滤波方法(HP滤波、带通滤波等)研究中国的经济增长周期波动的多个成果。

(7) 新增加了第13章,该章探讨了非线性马尔可夫区制转换模型的建模方法及其在我国经济增长率周期分析中的应用。

本书是集体合作的成果,具体由高铁梅完成第1,3～8,12章;陈磊完成第10,11章;王金明完成第2,13章;张同斌完成第9章。本书的另外两名作者是我们的学生和同事,他们是很有潜力的年青一代学者,是我们事业继续开拓前进的希望。

借此机会,对多年来在提供数据信息、合作研究等方面给予我们帮助和支持的国家信息中心经济预测部、中国经济信息网数据中心、工信部运行监测协调局、国资委综合局、中国人民银行调查统计司、财政部综合司、国家统计局中国经济景气研究中心、中国社会科学院数量经济技术经济研究所、中国科学院预测科学研究中心等单位表示衷心的感谢。我们把这本书奉献给长期以来所有给予我们支持和帮助的亲人和朋友。

在本书出版之际,我们要感谢清华大学出版社的张伟编辑,她热情和细致的工作,使本书得以按期出版,并保证了出版质量。

最后,限于我们的学识和水平,书中错误或不当之处在所难免,诚恳欢迎同行专家和读者批评指正,并提出宝贵意见。

高铁梅、陈　磊

2014年12月6日

第1版前言

PREFACE

我国的社会主义市场经济给企业的经营者提供了机遇，同时也带来了风险。由于存在着所谓的市场失灵问题，所以政府必须适当地干预经济以发挥自己应有的作用。经济周期波动的预测与分析有助于政府的经济决策及企业的经营决策，因此有重要的实际意义。

经济决策的主要目标是经济增长、充分就业和物价稳定。为达到这些目标，政府必须对国民经济的运行进行适时和适度的调控。调控的主要手段是财政政策和货币政策。不论政策手段的选取还是力度的确定，无不依赖对经济周期波动的预测和分析。

在市场经济的条件下，企业的经营决策必须考虑经济形势的变化。企业的经营决策者想要知道的是经济周期波动的转折点于何时出现，经济增长率大致会是多少，通货膨胀率会有多大，利率变动的前景等，这些问题都必须通过预测来加以解决。经济环境的急剧变化对于经营的成败有重大影响，因此预测是经营中不可缺少的环节，往往决定企业的命运。在发达国家，不仅政府、经济研究机构，甚至不少企业都有专门从事经济预测的部门。可喜的是，目前在我国也已出现了这样的趋势，特别是企业逐渐认识到在市场经济条件下经济预测的重要性。本书就是为了适应国内对经济周期波动预测和分析的需要而出版的。

本书有三个特点：

第一是注重实用性。编著者都有多年从事经济预测及其研究工作的经历，因此在取材与写法上能充分注意实用性。诺贝尔经济学奖获得者萨谬尔森早在1976年就说过“现在是电子计算机预报的时代”，使用计算机已是进行高水平经济预测的前提条件。正因为如此，本书对所介绍的方法都给出了完整、清晰的计算步骤，使读者在没有现成软件的条件下也可以编程进行计算。

本书较全面地介绍了20世纪60年代以来国际上研究经济周期波动的各种实用的经济计量方法。首先是季节调整法，由于季节性变动因素的干扰给准确地检测出真正的经济周期波动带来困难，所以必须在进行经济分析之前剔除季节因素。本书介绍了多种季节调整法，如虚拟变量法、移动平均法、X—11方法以及X—11 ARIMA方法等。20世纪70年代以来，西方经济学界开展了“增长循环”的研究，这就需要将除去季节因素的时间序列进行分解，将趋势和循环要素分离开，以研究循环要素的变化。本书介绍了三种目前国际上常用的长期趋势分解方法，即回归分析法、移动平均法及阶段平均法，并分析了各种方法的长处和不足。

随着经济的发展和统计体系的完善，统计指标的数目日趋庞大，形成了规模巨大的信息资源。如何迅速准确地加工提炼出反映经济运行状态的景气指标和信息，是进行景气分析前的一项重要工作。本书介绍了多种实用的景气指标的选择方法：时差相关分析方法、K-L信息量方法、基准循环分段平均法、聚类分析方法、峰谷对应法以及由美国全国经济研究局(National Bureau of Economic Research,NBER)穆尔和希斯金提出的定性和定量相结合的指标选择方法——评分系统。本书还介绍了能自动准确地测定经济时间序列转折点(峰、谷)的时点的Bry-Boschan方法。

本书着重介绍了景气指数方法。景气指数方法是一种实证的景气观测方法,是目前国际上普遍使用的对经济周期波动转折点进行测定、分析和预测的有效方法。景气指数方法的出发点是经济各领域的波动并不是同时发生的,而是一个从某些领域向其他领域,从某些产业向其他产业,从某些地区向其他地区波及、渗透的极其复杂过程。从这一认识出发,由各领域中选择出一批对景气变动敏感、有代表性的经济指标,用数学方法合成为一组景气指数(先行、一致、滞后),将它们作为测定和分析经济波动的综合尺度。利用先行指数来预测经济周期波动的转折点,目前仍被公认为是最好的方法。本书介绍了目前国际上许多国家和经济组织正在使用的扩散指数、合成指数以及美国全国经济研究局(NBER)的J. H. Stock和M. Watson利用状态空间模型方法开发的一种新的景气指数——S-W景气指数。

根据本书所述内容编制的《宏观经济周期波动预测分析软件包》,已在国家信息中心、国家统计局、国家计委、中国人民银行、卡斯特经济评价中心等单位作为日常的分析工具广为利用且获得好评,这也是本书有实用性的有力佐证。

本书还介绍了两种宏观经济监测预警信号系统的制作方法。首先介绍了预警信号系统,这一预警信号系统是利用一组反映经济运行状态的敏感性指标。然后,运用有关的数据处理方法,将多个指标合并为一个综合性指标,并通过类似于一组交通管制信号红、黄、绿灯的标志,根据这组指标对当时经济状况发出不同的信号,通过观察分析信号的变动情况,来判断未来经济运行的趋势,并明确提示经济决策部门应当针对当前经济运行的态势采取何种调控措施,也可对企业的投资及经营策略起到方向性的指导作用。其次介绍了美国的穆尔和扎尔诺维茨提出来的景气序列信号系统。这一预警信号系统是利用先行合成指数的变化率和一致合成指数的变化率来发出信号,指示未来的景气动向,被称为反周期政策的触发器。

商情调查法是第二次世界大战后欧美国家首先发起的,到20世纪50年代中叶,世界各国已广泛推广。商情调查方法是一种较快了解经济情况的便捷途径,也称为晴雨表系统。目前世界上广泛开展的商情调查主要有三种类型:景气动向调查、设备投资意向调查、消费调查。本书详细介绍了商情调查问卷的设计、调查方式、调查结果的汇总与分析以及中国人民银行开展的工业景气调查和日本经济企划厅的消费动向调查。

第二个特点是力图囊括近年来研究经济周期波动的新方法。1988年,美国J. H. Stock和M. Watson提出了新的景气指数概念和编制方法。他们认为景气变动不应仅仅是针对GNP的变动而言,而应该把景气循环看作更广泛的包括金融市场、劳动市场、商品销售市场在内的总体经济活动的循环,而在这些总量经济指标共同变动背后,存在着一个共同的因素,这一因素可由一个单一的、不可观察的基本变量来体现。这一基本变量代表了总的经济状态,它的波动才是真正的景气循环。这一不可观测的基本变量被称为S-W景气指数。由于S-W景气指数是建立在严密的数学模型基础上,所以和扩散指数(DI)、合成指数(CI)等传统的景气循环测定方法相比有了很大的进步。这样自合成指数问世以来,景气指数法经历了四分之一世纪的停滞不前的阶段之后,终于有了明显的进展。本书介绍了求解这一不可观测的基本变量的状态空间方法和Kalman滤波以及S-W景气指数的具体计算方法及其在我国宏观经济分析与预测中的计算实例。

迄今为止,国内对经济周期波动的分析和预测方法主要集中于时域内,即直接分析数据随时间变化的结构特征。实际上,时间序列的谱分析方法从频域角度还提供了另一种研究周期波动的有力工具。谱分析方法把时间序列看作是互不相关的不同频率分量的叠加,利用傅氏变换和功率谱密度函数等手段,通过衡量各分量的相对重要性,可以找出序列中存在的主要频率分量,从而把握序列的周期波动特征,并有助于更深入地研究各种不同周期的特殊形态及其内在形成机制。因此,在研究经济周期波动方面,它具有时域方法所无法替代的优势。本书较为详细地介绍了谱分析的基本原理和各种常用的谱估计方法,特别是结合实际研究经验,指出了在应用中需注意的若干问题,并对我国经济的周期波动特征进行了实证分析,取得了很有说服力的结果。

20世纪80年代发展起来的协整(cointegration)概念和方法,使经济计量模型建立在更加合理的统计学基础之上,并且能更好反映经济系统的固有特点。这个特点是经济运行中存在产生短期不均衡的可能性,但是所发生的这种短期偏离,随着时间的推移将会向长期均衡调整。本书介绍了这一方法并给出景气调整的误差修正模型的例子。虽然篇幅较短,读者仍可以达到学以致用的目的。

混沌理论与方法是近年来用于研究不确定性问题及其性质的一种新的方法论体系。本书简明清晰地介绍了一些常用方法及其计算步骤,从不同角度分析了我国经济周期波动的原因。其中既有经济结构等经济运行机制的内在原因,也有外部环境、政策因素等随机干扰的原因,为经济周期波动分析提供了新的思路。

第三个特点是有所创新。经济计量模型中的双重逐步回归是由我国学者提出的,但其计算步骤有误。本书改正了其错误,力图使该模型得以广泛应用并恢复其应有的地位。关于联立方程模型,本书给出了基于前定变量的2SLS、LIML、3SLS主成分估计,这三种主成分估计具有表达式简单、对称、拟合精度高的特点。在时间序列分析方面,本书对MA模型给出了模型参数与白噪声同时迭代估计的方法。对VAR模型,本书给出了修正的最小二乘估计,该方法所占内存少,与国内外现行算法相比,可以处理更多指标的时间序列模型,对VAR模型还提出了通过联立方程求解参数估计的新思路。关于Jury准则,本书指出了某些专著中的错误,并给出了反例,对多维平稳性检验,给出了用待定系数法求系统的特征多项式,并结合Jury准则对多维系统做平稳性检验。在周期波动的不确定性分析方法方面,本书指出Hurst指数算法的错误,并用蒙特卡洛法证实了原来算法有较大的抽样方差,提出了无常数模型及几种新算法和修正参数。此外还给出了非线性动态系统的多项式拟合方法,为计算李雅普诺夫指数等不确定性分析方法开辟了新的思路。

本书是在我们编写讲义的基础上增添了近年来教学的新内容和科研成果编成的,各章分别由下列同志执笔。

高铁梅:第1～7章、第9.6节、第11章。

姜诗章:第8章、第9章(不包括第9.6节)、第12章、第13章。

陈磊:第10章。

最后由我进行了审阅和定稿。

在本书出版之际,对多年来在提供数据、信息、机遇、合作等方面给我们以帮助和支持的中国人民银行调查统计司、国家信息中心经济预测部、中国社会科学院数量经济技术经济研究所、财政部综合司、原物资部信息中心、原商业部信息中心等单位表示衷心的感谢。正是在这样的环境下,我们才有条件为宏观经济管理部门提供现代化的工具,才有机会多次向中央提交有参考价值且被国家领导人阅批的研究报告,才有可能先后两次获得国家科技进步三等奖。

在编写本书的过程中,吉林大学商学院周光亚教授仔细审阅并修改了本书部分章节,并提出了不少宝贵的意见;硕士研究生李宏纲、范国刚、赵昕东参加了本书部分章节的计算工作;张桂莲工程师、李宏纲、范国刚为本书的排版花费了不少精力。尤其应该提到的是吉林大学出版社卢喜观先生的热情鼓励、鞭策和帮助。我们在此向他们表示诚挚的谢意。

最后,应该指出的是由于我们水平有限,错误或不当之处在所难免,我们诚恳地欢迎同行专家和读者批评指正。

董文泉

1998年5月

目 CONTENTS 录

第1篇 基 础 篇

第2篇　传统的经济周期波动测度、分析与预测方法

第3篇 经济周期波动测度、分析与预测方法的拓展研究

第1篇

基　础　篇

第1章

经济周期波动分析与预测的历史及现状

1776年,亚当·斯密发表了著名的《国富论》,标志着西方古典经济学的确立,至今已经历了二百多年。作为西方经济学研究的重要部分,经济周期波动的研究也有一百多年的历史。对经济周期波动的研究最早可以追溯到19世纪中叶。19世纪50年代,马克思和恩格斯最早揭示了资本主义经济危机和经济周期的存在和根源。1857—1858年间,马克思在《政治经济学批判大纲》中写道:“按照巴巴格底说法,英国机械平均再生产的年限是五年,其实也许是十年。简直可以毫无疑问,自从固定资本大规模发展以后,工业所经历的大约以十年为期的循环周期是和这样规定出来的整个资本再生产段落有密切联系的。”①马克思又在1867年发表的《资本论》第1卷中更明确地指出:“现代工业具有十年一次的周期,每次周期又有各个周期性的阶段,而且这些阶段在积累进程中被越来越频繁地相继发生的不规则的波动所打断。”②马克思提出的经济周期理论重点在于经济危机。他认为经济危机的发生具有周期性,从一次危机到下一次危机,其间要经过萧条、复苏、高涨、衰退四个阶段。马克思所分析的经济危机与以后经济学者所讨论的古典经济周期波动是一致的。

马克思在当时就主张用数学方法去研究经济周期波动,他在1873年给恩格斯的一封信中说:“你知道那些统计表,在表上,价格、贴现率等等在一年内的变动是以上升和下降的曲线来表示的。为了分析危机,我不止一次地想计算出这些作为不规则曲线的升和降,并曾想用数学方式从中得出危机的主要规律(而且现在我还认为,如有足够的经过检验的材料,这是可能的)。”③随着计算手段的逐渐完善和经济统计资料的大量积累,马克思的上述想法已变为现实,并且定量地分析和预测经济周期波动的工作正在不断深入。

1.1 以哈佛指数为代表的“晴雨计”时期④

早在19世纪的末期,就已出现了定量地对经济周期波动进行测定和预测的研究。1888年,在巴黎统计学会上出现了以不同色彩对经济状态进行评价的文章。但是大规模的系统研究实际上是从20世纪初开始的。20世纪初,资本主义社会经济危机的出现越来越频繁,同时危机造成的损失也越来越严重,于是西方经济统计学界开始了对经济周期波动进行测

---

① 马克思.政治经济学批判大纲[M].北京:人民出版社,第三分册,1963:375.

② 马克思.资本论:第一卷(下)[M].北京:人民出版社,1975:699.

③ 马克思,恩格斯.资本论书信集[M].北京:人民出版社,1976:329-330.

④ 陈永昌.西方宏观经济监测预警系统的历史考察[J]//毕大川,刘树成.经济周期与预警系统.北京:科学出版社,1990:218-230.

定、分析和预测的研究工作。这一方面是经济发展的客观需要；另一方面也是由于各国逐渐积累了可供分析的一批经济统计资料，同时，经济统计学家大量地借鉴数学、生物学及人体测量学中的方法，使得统计分析方法不断进步，从而显著地提高了处理大量经济统计资料的能力。

1909 年，美国统计学家巴布森(Babson)设立了世界上最早的景气观测机构——巴布森统计机构公司(Babson statistical organization)①，并在其刊物上定期发表反映美国宏观经济状况的巴布森景气指数和图表(Babson index of business activity or Babson chart)，巴布森指数是由商业、货币、投资三类共计 12 个经济指标构成的。巴布森对选定的指标做了一系列统计处理，如用 12 个月移动平均进行季节变动调整、工作日调整、根据产品的附加价值进行加权平均、用最小二乘法来估计趋势线等。这是比哈佛指数还早十年的第一个关于经济周期波动的指示器。1911 年，美国布鲁克迈尔经济研究所(Brookmire Economic Service)也编制并发布了涉及股票市场、一般商品市场和货币等方面的景气指数。

但是在这一时期影响最大的还是美国的哈佛指数。1917 年，哈佛大学设立了经济研究委员会(Harvard Committee on Economic Research)，主要从事经济周期波动的监测和分析等研究工作。该委员会在著名经济统计学家珀森斯(W. M. Persons)的领导下，在广泛收集和分析了 1875—1913 年期间的大量的经济统计资料的基础上着手进行新的景气观测方法的研究。哈佛委员会利用新的景气指数编制方法编制了哈佛指数"美国一般商情指数"(Harvard index chart or Harvard index of general economic conditions)，并于 1919 年 1 月开始在《经济统计评论》(*Review of Economic Statistics*)上定期发表。②

哈佛指数的特点是从大量的经济统计数据中选择与经济周期波动在时间上有明确的对应关系的经济指标，进而发现了经济时间序列相互间存在着比较有规律的超前滞后关系，并将选上的 17 个指标分为三类，分别合成三个指数(也称为三曲线)：与股票市场活动相关的投机指数(A 曲线)，与生产、物价、商品交易活动相关的商情指数(B 曲线)以及与金融市场相关的金融指数(C 曲线)。其中 B 曲线从生产、物价和商品交易方面测定了当前的经济状况，从而代表了经济周期波动的动向。图 1.1.1 是哈佛指数在 1919 年 1 月至 1932 年 6 月的 A、B、C 曲线。

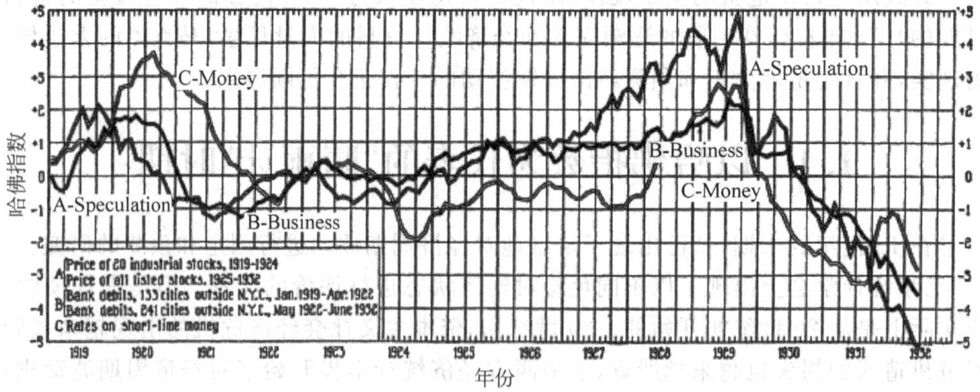

图 1.1.1 哈佛指数 A、B、C 曲线(1919 年 1 月至 1932 年 6 月)

① Babson, Roger Ward. Business barometers used in the accumulation of money-A Text book on fundamental statistics for investors and merchants[R]. The Office of Roger W. Baboson, 1909.

② Bullock C J. Crum W L. The Harvard Index of Economic Conditions: Interpretation and Performance[J]. *The Review of Economics and Statistics*, 1932, 14(3): 132-148.

从这三条曲线的时差相关关系可以看出1925年前A曲线比B曲线超前10个月(A曲线延迟10个月时,和B曲线的相关系数是0.63),而C曲线比B曲线滞后4个月(B曲线延迟4个月时,和C曲线的相关系数是0.8)。从而A曲线的变动能预示着景气变动的方向。哈佛指数对美国1919年的繁荣及1920年后半年急剧地衰退,在数月前就做出了预测,又在1920年底的恐慌期时,预测出1922年4月景气开始回升,经济将处于回复阶段。这些正确的预测,尤其是A曲线均能相对于这几次经济波动的峰、谷点超前变动,使得哈佛指数名声大振,在当时信誉和评价极高。

哈佛指数的构造思想和方法纷纷被许多国家所效仿。当时比较有名的指数有下述两种。1920年,英国的伦敦大学、剑桥大学、中央经济情报会议和英国实业联合会等组织创立了伦敦与剑桥经济研究所(London and Combridge Economic Service)。该组织采用哈佛指数方法编制了反映英国景气状况的指示器——英国商业循环指数。1925年,德国成立了经济周期研究所,由瓦格曼(Ernst Wagemann)担任所长,次年发布了Wagemann指数。此外,还有许多国家如法国、瑞典、意大利、奥地利和日本等都相继开展了经济周期波动的监测研究,以类似于哈佛指数的方法编制本国的景气指数。[①]

这一时期关于经济周期波动监测的学术研究也很活跃,不少刊物上都大量地涌现出关于经济周期波动测定和景气指数等方面的研究论文。其中最为突出的当推美国著名经济统计学家密切尔(W. C. Mitchell)。密切尔于1913年在长期研究的基础上发表的著作《商业循环》(*Business Cycles*)被认为是测定经济周期波动研究的开创性著作。1927年,密切尔又出版了《商业循环:问题和调整》(*Business Cycles: The Problem and Its Setting*)一书。[②]这本书详尽地总结了自20世纪初以来经济周期波动测定与景气指数建立等方面的进展和成果,对运用景气指标监测宏观经济周期波动的问题进行了理论探讨,特别是详尽地讨论了利用经济变量的变动时差,超前反映经济波动的问题。这一系列研究对今天广泛应用的宏观经济监测方法产生了深远的影响。1928年,德国的瓦格曼(Ernst Wagemann)发表了《景气变动论》一书,对哈佛指数进行了批评,认为景气变动的周期是不一定的,而由各种复杂因素引起的经济波动很难用机械的、单一的"晴雨计"来把握。国民经济是各经济部门机能结合起来的有机体,景气研究的目的就是要把握这个有机变化的节奏。

进入20世纪20年代的后期,哈佛指数三曲线在时间上的规律性变得不明确起来,1929年,以"黑暗的星期四"开始的震撼资本主义世界的大危机即将来临之际,哈佛指数却指示经济将继续扩张,从此,哈佛指数的威信受到沉重的打击。从图1.1.1中可以看出,1925年后,A曲线相对于B曲线已不先行,并迅速上涨,所以导致哈佛指数预测错误。以后对采用指标虽进行几次修改,终因效果不佳而于1941年中断使用。哈佛指数虽然风行一时,终于失败了,但是它对近代的经济周期波动的监测研究产生了重大的影响。

哈佛指数失败后,美国经济周期波动监测研究工作的重心转移到美国全国经济研究局(National Bureau of Economic Research,NBER)[③]。NBER的前身是1917年成立的收入分

---

① 田原昭四.景气变动与日本经济[M].东京:东洋经济新报社,1984:208-214.

② 密切尔.商业循环问题与调整[M].陈福生,陈振骅译.北京:商务印书馆,1962.

③ 樊纲.美国"全国经济研究局"简介[J]//1991年中国:经济形势分析与预测——经济蓝皮书.北京:数量经济技术经济研究杂志社,1990:186-197.

配委员会。1920年1月,研究局正式宣告成立,著名经济学家密切尔担任第一任主席。NBER是一个私人的、非营利的、非党派的民间研究组织,组织结构独特,工作都由各地的大学教授兼任。其宗旨是只对经济事实做经验的、数量的分析,一概不做政策建议。自1920年以来美国全国经济研究局(NBER)以经济周期波动的定量分析研究闻名于世,在美国经济学界颇有影响。密切尔组织研究局的成员研究的重要课题之一就是经济周期波动问题。他们用统计计量方法对经济周期的历史和周期各阶段的交替过程进行研究,以求找出其运动规律。

1922年,NBER出版了《国民收入研究》。1926年出版了《商业周期编年史》,并在1926—1931年,对这个编年史的内容不断进行了修订和扩大。1949年,政府统计局出版的《美国历史统计资料》,主要就是利用了研究局的以上两项研究成果。1937年,美国经济在刚经历了一次特大危机之后又陷入了一场衰退之中。这时密切尔应美国财政部部长的要求,进行了判断衰退结束、经济复苏的转折时间的研究。密切尔与经济统计学家伯恩斯(A. F. Burns),研究了近500个经济指标的时间序列,选择了21个指标构成超前指示器。6周之后提出了研究报告"循环复苏的统计指标",预测出了经济转折的时间,并被后来的实际经济波动所证实。经过系统研究,伯恩斯和密切尔于1946年出版了《量测商业循环》(*Measuring Business Cycles*)一书。作者在这本书中系统详尽地讨论了一系列景气监测方法问题,涉及循环波动的检测分离、趋势调整、平滑技术等方面。尤为重要的是,提出了经济波动是一个在宏观经济系统中各部门间逐步扩散的过程,因此各部门经济波动在时间上存在着一定的差异性。扩散思想的提出为具有较好信息综合能力的扩散指数的开发打下了基础。

20世纪40年代之前的经济周期波动的监测、分析与预测工作还处于探索阶段,研究工作多数以民间研究方式进行。政府参与的工作极少,尤其是能进入实际运行的宏观经济监测系统就更为稀少了。

1.2 20世纪50—60年代经济周期波动监测研究的大发展时期

第二次世界大战之后,特别是20世纪50年代和60年代,研究经济周期波动的各种经济计量方法和模型如雨后春笋般发展起来。

1.2.1 以扩散指数和合成指数为代表的宏观经济监测系统的建立

1950年,在美国全国经济研究局(NBER)的经济统计学家穆尔(G. H. Moore)的主持下,又开始了宏观经济监测系统的研制工作。他们借鉴密切尔和伯恩斯1937年成功地预测了经济周期波动的峰、谷的出现时间的经验,从近千个统计指标的时间序列中选择了具有代表性的21个指标。这次指标的选择力求广泛化,从经济的各领域,如生产、就业、库存、投资、成本、利润、消费支出、贸易、金融、物价、国际收支等,选出了先行、同步、滞后三类指标,从而改变了早期哈佛指数仅仅以股价、生产、货币三个方面来测定经济周期波动的模式。在经济周期波动监测系统的构造上,改变了哈佛指数的平均数方法,开发了扩散指数(Diffusion Index,DI)的方法。扩散指数是基于密切尔和伯恩斯提出的经济周期波动的扩散思想构造的,即景气变动是从某些领域向其他领域,从某些产业向其他产业波及、浸透的过程。从20世纪50年代情况看，先行扩散指数一般能在半年之前对经济衰退做出反映。1960年，穆尔对监测系统的构成指标又做了修订，扩大到26个指标。1961年10月，美国商务部正式将NBER经济周期波动监测系统的输出信息在其刊物《商情摘要》(*Business Conditions Digest*,BCD)上发表。从此，宏观经济监测系统从民间研究走向了政府机构实际应用的阶段。由于DI不能表示经济周期波动的强弱程度，即不能测定波动的振幅，美国商务部的首席经济统计学家希斯金(J. Shiskin)主持开发了新的景气指数——合成指数(composite index,CI)。合成指数CI不仅能反映景气变动的方向，而且能反映景气循环的振幅，从而弥补了扩散指数的不足。合成指数的出现对经济周期波动的监测产生了重大的影响，成为构造经济周期波动监测系统的基本方法之一。从1968年11月开始，美国商务部在《商情摘要》(BCD)上同时发表两种景气指数DI和CI。

日本较早地引进了景气指数。日本经济企划厅经过1957年、1958年、1959年三次试算，研究了利用扩散指数DI在日本进行景气分析和预测的可行性。第一次试算时，收集了200个经济指标的时间序列，第三次试算扩充到800个。1960年8月开始，在其发行的季刊《日本经济指标》上公布扩散指数DI，称其为景气动向指数。美国商务部于1968年开发了合成指数CI后，日本经济企划厅又引进了CI，并在《日本经济指标》上同时发表这两种景气指数。

1.2.2 景气动向调查方法的兴起

1948年，西德实行货币改革以后，慕尼黑IFO经济研究所(IFO Institute for Economic Research, Munich)访问过许多公司，就货币改革能否带来预期的经济发展问题进行咨询。当时，谁也没有意识到由此而产生了一种新的信息采集技术。这种技术后来在国际上被广泛采用。1949年11月开始，IFO经济研究所开始了世界上第一次定期的每月一次的调查，这种调查的特有方式是定期问卷形式，问题为选择性的，提问内容不是问有多少，而是问"是"或者"否"，不是问未来的变化程度，而是问变化的方向，尤其是咨询对象是经济活动的参加者本人。调查的核心内容是了解、确定和预测经济在其发展过程中处于上升、持平和下降的哪一种状态。1950年，有来自制造业32个行业的300家企业参加，1960年，钢铁工业和化学工业也被纳入新调查的范围之内。20世纪80年代，德国的景气动向调查已涉及包括350种不同产品的整个制造业、能源及水供给、商业与建筑业等10 000家公司。

1951年，法国组织了第一次企业景气调查。这次调查共向3 000个法国企业发出问卷，这些企业分布在工业、商业、运输业、银行和保险业等部门，约占这些部门企业总数的1/10，这些企业的国民生产总值约占法国国民生产总值的50%以上。问卷包括两个部分：第一部分是对法国经济的预测；第二部分是对本企业状况的评价。这次调查获得了极大的成功。从此，法国统计信息中心将此种调查方式逐步扩大，制度化，规范化。

法国统计信息中心持续组织了13种问卷调查，包括月度、季度、年度等不同时间周期的调查，调查种类有工业生产景气调查、投资调查、企业收益调查、国外竞争调查、居民消费调查等。

1952年，在巴黎成立了一个研究景气动向调查的国际研究组织CIRET(Centre for International Research on Economic Tendency Surveys)。CIRET是一个世界性的研究团

体,常设机构设在德国的IFO研究所内。凡本身从事景气投资与消费调查,或对这类调查有实际工作经验或理论研究经验的个人或机构均可参加成为会员。1953年只包括西欧的国家,逐渐就遍及美洲、澳洲、亚洲、非洲和东欧的诸多国家,其中包括了所有的西方工业化国家。1953—2011年,CIRET每两年召开一次,已召开了30届景气调查国际学术会议。2005年以来OECD和CIRET联合出版了学术刊物(*Journal of Business Cycle Measurement and Analysis*,JBCMA)。

1948年,美国供应管理协会(Institute for Supply Management,ISM)建立了采购经理指标体系(purchasing managers' index,PMI),PMI体系最初选取了产量、新订单、库存、雇员和产品价格五个指标。美国ISM每月发布调查数据和基于调查的商务报告。①

1.2.3 宏观经济计量模型应用于经济周期波动的分析和预测

宏观经济计量模型(macroeconometric model)的建立始于20世纪30年代。荷兰经济学者丁伯根(J. Tinbergen)在20世纪30年代先后建立了荷兰经济计量模型和美国1919—1932年经济周期模型,他被公认为建立宏观经济计量模型的先驱。进入20世纪50年代,由于哈维默(T. Haavelmo)和库普曼(T. C. Koopmans)等对经济计量学方法论的研究推动了联立方程模型的发展,为宏观经济计量模型的识别、估计和检验等有关经济计量技术的形成奠定了基础。此外,计算机的飞速发展也为宏观经济计量模型的研究工作提供了必要的条件。于是,宏观经济计量模型逐步由小规模模型发展为大型的复杂结构模型,由研究阶段走向了实用阶段。

20世纪50年代最有影响的宏观经济计量模型是美国经济学家克莱因(L. R. Klein)和古德伯格(A. S. Goldberger)于1955年建立的美国经济在1929—1941年和1946—1952年期间的克莱因-古德伯格模型(Klein-Goldberger model),该模型包括15个行为方程和5个定义方程,共有20个内生变量和14个外生变量,涉及产出、就业、消费、投资、对外贸易、价格水平、利息率、流动资产、政府支出和税收等各种重要的宏观经济变量的年度模型。

美国在20世纪60年代末和70年代初建立的布鲁金斯模型(Brookings model)和沃顿模型(Wharton model)在很大程度上是克莱因-古德伯格模型的发展。布鲁金斯模型是20世纪60年代美国最庞大的季度模型,包括176个内生变量和89个外生变量。布鲁金斯模型详细地描述了美国的经济结构,主要应用于经济周期的结构分析和政策模拟实验。沃顿模型的研究开始于60年代中期,一直持续了近十年。1967—1968年发表的沃顿经济计量模型包括47个行为方程和29个定义方程,共有76个内生变量和42个外生变量。模型采用1948—1964年期间的季度数据估计,估计方法是二阶段最小二乘法,主要应用于短期经济预测以及政策模拟和乘数分析。沃顿模型和后来的大多数美国宏观经济计量模型都是季度模型。季度模型由于能够比年度模型使用更多的观测值,因而可以容纳更多的经济变量和滞后期更长的滞后结构,特别是能解释年度模型难以涉及的短期经济周期现象。因而季度模型特别适合分析和预测经济的短周期波动,而年度模型主要适合于长期结构分析和预测。

---

① 中国物流与采购联合会.中国PMI研究与实践[M].北京:中国财富出版社,2012:19.

1.2.4　季节调整方法有了重大进展

为了准确地测定和分析经济周期波动，必须从经济变量的时间序列中剔除季节因素的影响，才能检测出真正反映经济周期波动的循环要素。季节调整问题最早是由美国的珀森斯(W. M. Persons)在 1919 年提出来的，当时他正着手编制美国一般商情指数，即哈佛指数。珀森斯用最小二乘法确定趋势曲线，以此消除趋势变动，然后用环比法去掉季节变动，利用剩下的循环变动构造哈佛指数。1954 年美国商务部国势普查局的希斯金(J. Shiskin)着手研究新的季节调整法，1955 年开发了 Census Method Ⅰ方法，1956 年经过改进，发表了 Census Method Ⅱ，以后，经过一系列修改，并缀以"X"的字头，相继研制了 X-3 到 X-10 一系列的季节调整程序。关于季节调整方法，许多部门都在进行研究。例如，1960 年，美国劳工统计局完成 BLS 法(bureau of labor statistic)。1962 年，日本通产省开发出 MITI 法(ministry of international trade and industry)。1963 年，日本经济企划厅完成了 EPA 法(economic planning agency)。德国慕尼黑 IFO 经济研究所于 1966 年推出 IFO 法。但是影响最大、最为重要的还是 1965 年在希斯金的主持下美国商务部开发的 X-11 方法。这个方法是在美国国势普查局开发的 X-10 方法基础上完成的，该方法与其他季节调整方法相比具有良好的适应性和有效性。因此，不仅在美国官方和商业部门中得到广泛应用，而且 OECD(Organization for Economic Cooperation and Development，经济合作与发展组织)、IMF(International Monetary Fund，国际货币基金组织)等国际机构，日本等大多数国家也都把 X-11 方法作为通用的季节调整程序来使用。

20 世纪 90 年代发展为 X-12 ARIMA 方法，与 X-11 方法的主要区别是加入了节假日的影响，利用 ARIMA 方法将时间序列向两端延长，以减少移动平均对序列两端所产生的信息损失。

20 世纪五六十年代，经济周期波动的研究和监测工作有了突飞猛进的发展。这一时期的一个最显著的特点是经济周期波动的测定与预测的研究多由政府有关部门主持进行。如在美国，主要由商务部与全国经济研究局(NBER)合作进行；在日本，则主要由经济企划厅主持研究和发布。

1.3　20 世纪 70—90 年代经济周期波动研究的特点

1.3.1　增长循环的提出

进入 20 世纪 70 年代以后，经济周期波动的研究又进入了一个新阶段。主要特点是：第二次世界大战结束以来，凯恩斯主义理论逐渐为多数西方国家所采纳。政府对经济进行了大规模干预，在危机时期，通过扩张手段，刺激投资和消费，抑制生产下降，减少失业率，在高涨阶段，通过紧缩手段，在宏观上限制投资和消费的增长，不使生产增长过快，经济增长过热。又由于科学技术的进步和产业结构的变化，使得战后经济周期波动变得比较平缓，已很难检测出古典周期波动(classical cycle，又称古典循环)，即随着时间的推移，经济的绝对水平本身上下的波动。基于这种变化，西方经济学家在 60 年代末提出了增长周期波动(growth cycle，又称增长循环)的概念。增长周期波动是将宏观经济变量的趋势去掉，只研究其循环要素的变化。1970年,美国全国经济研究局(NBER)在其50周年庆祝会议上认真讨论和确认了以增长周期波动代替古典周期波动的问题。拥有西方20多个工业国家的经济合作与发展组织(OECD)于1978年12月建立了景气循环分析及先行指标工作部(Working Party on Cyclical Analysis and Leading Indicators),基于增长周期波动的思想,研究各成员国的宏观经济活动的循环变动。

增长循环依赖于趋势的分解结果,如果趋势估计得不同,则经济周期波动的振幅、转折点、扩张与收缩期间就随之变化,因而分离趋势是影响增长循环分析准确程度的关键步骤。估计趋势的方法比较多,如回归分析方法,移动平均方法、阶段平均法(phase-average method)、TRAMO/SEATS方法等。随着时间序列分析手段的不断完善,对趋势的模拟也不断复杂化。Beveridge和Nelson(1981)分析了含有单位根的时间序列应该如何分离趋势和循环要素,提出了基于ARIMA模型的BN分解方法。如果差分平稳时间序列的趋势成分和循环成分的生成机制已知,可以将趋势和循环要素作为不可观测成分(unobserved component,UC),以状态空间模型(state space model)的形式利用Kalman滤波来估计。实际经济周期模型的研究中广泛使用了Hodrick-Prescott滤波(Hodrick & Prescott,1997,以下简称HP滤波)方法;Baxter和King(1999)研制了近似带通滤波(Band Pass,BP),提议作为HP滤波的替代方法。

1.3.2 走向国际化

20世纪70年代以来,经济周期波动的分析与预测研究出现了国际化趋势。这一方面表现为国际性监测预警系统的出现;另一方面,则是由工业化国家向发展中国家的扩展。1973年,在美国全国经济研究局(NBER)的经济统计学家穆尔的主持下,搜集了美国、加拿大、英国、西德、日本、法国、意大利七个工业先进国的经济统计数据,开发国际经济指标系统(international economic indicators system,IEI),用以监测西方主要工业国家的景气变动。该系统具有4个功能:①迅速地检测世界性的衰退和复苏;②测度正在进行的周期性衰退的范围和程度;③预测对外贸易前景;④对通货膨胀提供预警信号。

1979年,穆尔在Rutgers大学建立了国际经济周期研究中心,即CIBCR(Center for International Business Cycle Reseach),1983年后移到哥伦比亚大学。该中心除编制针对上述七国的IEI指数,还逐步开展其他国家的经济周期研究,并公开发表。如前所述,OECD也于1978年建立了监测其成员国经济动向的先行指标系统。1979年,欧洲共同体(European Communities,EC)也开始了关于成员国景气状况监测系统的研究,并于20世纪80年代初开始投入运行。1984年4月,日本亚洲经济研究所开展了研究区域经济周期波动的SEPIA项目(Short-term Economic Prediction in Asia)。参加这个项目的有印度尼西亚、马来西亚、菲律宾、新加坡、泰国、韩国、印度,该项目以亚洲各国和地区经济周期波动的研究和预测为目的,研究的课题包括景气循环机制的研究,商情调查的特征分析,景气的国际影响分析,景气指数的统计方法开发研究等。由于发展中国家有很强的增长趋势,掩盖了经济波动,为了解决这个问题,他们采用了增长周期波动的思想来制作景气指数。到20世纪80年代中期,印度尼西亚、马来西亚、菲律宾、新加坡、泰国、印度、韩国等国家都建立了监测预警系统。

1.3.3 景气指标体系的修订

自 1973 年以来，随着石油危机的冲击，美国的宏观经济监测系统出现指标失误，已难以正常运行。为此，由美国商务部主持了长达两年之久的大规模修订工作。在这次修订工作中，对现有的统计指标进行了广泛的研究，全面地分析了各项指标在经济周期波动中的变动特征，尤其是在转折点峰、谷附近的状态，由此选择出新的景气指标作为基本构成指标。1975 年，美国商务部在其刊物《商情摘要》上正式公布了新的监测系统，经过修订的新系统除原有的对整个宏观经济变动状态的综合测度指数外，又增加了一个较低的层次，即对宏观经济某些重要方面的景气变动指示，如资本投资信心、存货投资、利润、金融、周平均工作时间、就业、市场需求、工业生产、原材料价格等的景气指数。这样，两个层次相互配合，可以更深入、准确地进行经济周期波动的分析和预测。

1.3.4 经济周期波动的测定、分析和预测方法不断发展

20 世纪 70 年代以来，美国、日本等先进工业国家在沿用传统的分析与预测方法定期对经济周期波动进行监测和预测的同时，又从各种不同的方面进行了更深入的研究，越来越多的数学工具被应用于经济计量技术的开发中，并在理论上和实践中不断地发展和完善。譬如，时间序列分析作为一个很有用的工具被广泛应用在经济周期波动的分析上。20 世纪 60 年代末，Box-Jenkins 的时间序列随机建模理论和方法得到迅速发展，特别是 ARIMA (autoregre-ssive Integrated moving average)模型的提出，对于将随机建模方法引入经济周期波动的研究起到了重大的推动作用。近年来，又出现了结构时间序列模型，MTV 模型(multivariate time series variance component model)，多变量时间序列方差分量分析模型等。而在频域分析上，开展了利用谱分析方法研究经济时间序列的周期波动现象的工作。主要研究存在哪些主要周期波动，各种波动的特点及其强度，各经济变量相互之间的因果关系等。

进入 20 世纪 80 年代后，利用状态空间方法研究经济周期波动已成为国际上令人瞩目的研究方向。1988 年，美国全国经济研究局(NBER)的 J. H. Stock 和 M. W. Watson 开发一种新景气指数。他们利用状态空间方法从多个重要的经济序列中得到一个观测不到的变量，并把它视为真正的景气循环，称为 S-W 景气指数。① 由于 S-W 景气指数是建立在严密的数学模型基础之上的，所以和以前的 CI 与 DI 等传统的经济周期波动的测定方法相比，有了很大的进步，这样自 CI 问世以来，景气指数法经历了四分之一世纪停滞不前的阶段后，终于有了明显的发展。另一方面将状态空间方法应用于经济时间序列的分解，即从原序列中把季节要素分离出来，这种新的季节调整方法可以克服 X-11 季节调整方法在序列两端损失信息过多的不足。

20 世纪 80 年代，有许多经济学家和部门利用多元统计分析方法研究经济周期波动。譬如，侧重于研究微观经济周期波动的日本山一证券研究所的 YRI 景气指数和日本经济研究中心的 JCER 景气指数都是利用主成分分析方法制作的。

---

① Stock J H, Watson M W. A probability model of coincident economic indicators [J]. NBER Working Paprs, 1998 (2772).

现代经济周期理论和实证分析在关注宏观经济时间序列协同变化的同时,越来越注重经济周期非对称性的分析。经济周期具有非对称性的这种思想历史悠久,Keynes就曾经指出了经济周期扩张阶段持续时间较长,而衰退更加剧烈;近代学者的实证研究也表明非对称性的确存在(Neftci 1984; Sichel 1989)。Goldfeld和Quandt(1973)提出了马尔可夫回归模型(Markov switching,MS),Hamilton(1989)将其扩展到时间序列模型中,并提出了对MS模型求解的滤波方法,模型的非线性特征可以捕捉经济变量具有的动态变化特征。Hamilton认为自回归模型中的参数应该依产出所处的状态变化而取不同的值,并且假定描述经济状态的状态变量服从一阶马尔可夫过程。他用MS模型分析了美国1951年至1984年的季度GDP行为,模型刻画了产出的非对称性,得到了与NBER测算的美国经济周期非常接近的转折点。从此,马尔可夫回归模型(MS模型)在分析经济周期和金融时间序列的非对称特性方面得到了广泛应用。

Diebold和Rudebusch(1996)提出了具有状态转移特征的动态因子模型,他们首先利用Stock和Watson的动态因子模型,计算出反映经济系统协同变化的景气指数,然后,利用MS模型分析其非对称特征。Diebold和Rudebusch提出的这个模型同时体现了经济周期的共同波动特征和非对称特征两种属性,不过没有统一起来进行估计,Kim(1994)提出的近似极大似然估计可以实现对这种模型的估计。很多经济学家如Chauvet(1998)、Kim和Nelson(1998)等,都成功地运用了这种方法对经济周期问题进行分析,并得到较好的结果。

许多学者采用非线性模型进行经济周期的研究和分析。Neftci(1982)提出了一种利用先行指标预测转折点的序列概率递归模型(sequential probability recursion,SPR)。根据时间序列分析和最优停时理论,SPR方法在数据生成过程中考虑了非线性成分,因而可以对经济周期的不同阶段应用不同的概率分布以反映非对称性,同时在事先给定的错误概率下预测转折点的出现。迄今为止,该模型已在许多国家进行了大量的实证研究,而且模型本身也得到了进一步的扩展。

建立Probit模型预测经济周期转折点出现的概率,也是20世纪90年代以来运用比较广泛的方法。Probit模型中的因变量Y通常表示为衰退期取值1和扩张期取值0的离散型随机变量,利用一组先行指标$(X_1,\cdots,X_n)$来计算经济周期转折点是否出现的概率,进而预测经济周期的转折点(Estrella and Mishkin,1996; Mensah and Tkacz,1998; Krystalogianni et al. 2004)。

1.4 21世纪初经济周期波动研究的新发展

1.4.1 多维框架经济周期监测系统的建立

1996年,穆尔(G. H. Moore)在纽约创立了经济周期研究所(Economic Cycle Research Institute,ECRI)。ECRI提出了一个监测经济周期的多维框架,同时"监视"经济中的三大方面:总体经济活动、通货膨胀和就业,拓展了传统方法监测的范围和层次(Banerji and Hiris,2001)。ECRI不只是对经济总量构建景气指数,而是从经济活动中的各个方面研究经济波动及其成因,如物价、投资、消费、外贸、产业等。不仅如此,还注重一些突发事件或不可预测因素对经济的影响。该思路旨在通过这些先行指数的运行轨迹，来测算经济的许多不同方面的方向变化所带来的风险。通过这个方法有效地捕捉经济运行中出现的细微差别。然而，这种多维分析方法所需解决的一个难题是：如何能够在同时就能有效地对这些不同方面的运行状况及其相互之间的动态关系进行监测，为政策分析服务？这需要把这些多角度的周期波动，组合到一个统一的框架中来进行分析，即要标准化后放到一个可比较的结构中来。为此，ECRI 引入了一个多维结构，即经济周期立方体（ECC-economic cycle cube），借助它能有效描述经济复杂系统的运行状况。多维框架的另一个主要改进是将先行指标分成了长期先行和短期先行，这样，由一组长期先行、短期先行和一致指数构成了一个顺序监控经济周期发展的系统。多年来 ECRI 利用先行指数对美国及世界 20 多个国家经济增长的各层面和通货膨胀的转折点进行预测，有着较为成功的记录。

1.4.2 经济周期结构变化及特点研究的新进展

21 世纪以来，随着协整经济理论研究的深入和经济全球化背景下国际经济周期研究的兴起，国际上开始重新关注周期转折点的识别与宏观经济变量间的协动性和同步性（synchronization）研究。协动性和同步性逐渐成为景气指标体系的理论基础。以 Harding 和 Pagan（2002，2006）为代表的学者发表了一系列关于经济周期测量和分析方法的文章，他们改进了传统的周期转折点识别方法，并增加了一些有助于深入分析周期性质的新的测量手段，提出了确定转折点、周期同步性与识别共同周期（common cycle）的非参数计量方法。同时，在与频域有关的研究方面，Forni 等（2005）利用动态主成分建立广义因子模型，可以估计多指标的共同因子以构造合成指数，并更好地反映模型的动态性质。一些学者以交叉谱分析、带通滤波等工具为基础，提出了在特定频带上度量序列间相关性和先行、滞后期的新方法，提高了分析变量同步性的准确性，这成为景气分析发展的另一个新方向（Stock and Watson，2005）。

为了识别和解释经济周期中可能出现多种形式的非线性特征，Hamilton（2002）提出了马尔可夫转换（Markov switching，MS）时间序列模型及估计方法。此后，该模型由单变量模型扩展到多变量和多机制的马尔可夫转换向量自回归模型（即 MS-VAR 模型），模型的适用范围得到进一步拓展（Kim and Nelson，1998；Layton and Smith，2007）。传统的 Markov 区制转移模型将转移概率设定为不变的参数，这一点使得传统 Markov 区制转移模型的应用受到一定的限制。因此，国外学者 Filardo（1994）、Durland（1994）等开始研究具有时变转换概率的 Markov 区制转移模型（Markov regime switching model with time-varying transition probabilities，MS-TVTP）。到目前为止，一些国外学者将时变转换概率的 Markov 区制转移模型应用于经济周期波动的研究中，详细分析了经济周期波动的动态转换和持续依赖性等特征（Simpson et al.，2001；Layton et al.，2007；Castillo et al.，2012）。

在非线性计量模型方面，能够提供机制转换动态结构特征的平滑转换回归（Smooth Transition Regression，STR）模型也受到广泛关注，由于 STR 模型的估计异常复杂，直至 Saikkonen 和 Teräsvirta（2005）提出了将转换函数三阶泰勒展开的处理方法后，该模型估计过程才有所简化并得到广泛应用，为研究经济波动的非对称性和持续性提供了新的分析工具。

门限回归模型（threshold regressive models，TRM）在经济周期波动方面的应用较少，

Ferrara 和 Guegan(2006)采用门限时间序列模型和动态模拟的方法对欧元区经济周期波动特征,特别是工业生产非对称特征的检验和分析。Nektarios(2007)基于门限似乎不相关回归方法对中东欧各国经济周期波动一致性做出估计。最新的研究,如 Carvalhol et al.(2013)采用动态门限方法和生存函数模型对美国经济周期波动中先行指标领先特征的研究。

1.4.3 经济周期波动的监测工作由政府转向社会研究团体

1995 年,美国世界大型企业联合会(The Conference Board)承担了以前由美国商务部完成的经济周期波动监测系统的工作。美国世界大型企业联合会计算并发布美国、澳大利亚、法国、德国、韩国、日本、墨西哥、西班牙和英国等国家的合成指数(composite index,CI),除了合成指数外还发布消费者信心指数等。目前国际经济周期波动研究的中心仍为美国经济研究局(The National Bureau of Economic Research,NBER),其中设有经济循环基准日期定期委员会(The Business Cycle Dating Committee),其职责是确定美国经济周期的基准日期。

日本景气指数的发布在 1998 年前是由经济企划厅发布,1998 年 6 月改由内阁府经济社会综合研究所景气动向指数研究会发布。日本非常重视扩散指数 DI,除内阁府发布全国的合成指数和扩散指数外,各县府也发布地方的扩散指数。

加拿大和英国是由统计局发布经济循环基准日期和景气指数,德国并不正式发布经济循环基准日期和景气指数,而是德国联邦银行和六大研究所各自发布对经济循环的判断,比较重视的是对企业的景气调查的结果,例如 IFO 经济研究所所实施的商情调查的结果。法国也没有正式发布经济循环基准日期和景气指数,由学术界和民间研究机构进行这方面的研究,以论文的形式发表。

国际机构主要是 OECD 每月发布其 23 个成员国的景气指标,采用增长循环的概念,去掉长期趋势,研究增长循环的变动,并且仅仅研究先行指数。OECD 在 2009 年 4 月 10 日公布的 2009 年 2 月份先行指数继续下滑,但降幅趋缓,OECD 国家经济下滑态势略有缓和。

行业的景气指数也发挥着重要的作用。例如,每个月美国地质调查网(USGS)①都会计算和发布金属工业指标的先行和一致指数。其中包括主要的初级金属工业和生产钢铁、铝、铜等的特殊工业。这些指数和新闻公布的美国经济的先行和一致指数相类似。每个指数都是反映经济周期活动的各个指标的合成。其中先行指数是对金属工业活动变化的先行指标的合成,先行指标可以对由一致指标所衡量的金属工业活动的主要变化提前几个月给出一些信号。一致指数描述了工业当前的状况,可以作为对金属工业基本状况的衡量标准。在哥伦比亚大学国际经济周期研究中心帮助下金属工业指数取得了不断的发展。在 20 世纪 90 年代初期所创立的初期的先行指数相对于金属工业的一致指数平均先行 6 个月。美国地质调查网目前成功地创立的新的先行指数对于初级金属先行一致指数 9 个月、对于钢铁先行 8 个月、对于铜先行 7 个月、对于铝先行 6 个月。改善后的先行指数可以提供相关的宏观经济变动对金属活动影响的早期信号。同时美国地质调查网也计算和公布了金属价格的先行指数,这些指数可以对金属的价格指数增长率的变化给出预期。

---

① USGS Minerals Information: Metal Industry Indicators. http://minerals.usgs.gov/minerals/pubs/mii/.

1.5　中国经济增长中周期波动的研究进展与现状

改革开放前，我国经济学术界一直都在研究资本主义国家的经济周期问题，而对社会主义国家的经济增长中的周期波动问题讳莫如深。1985年之后，我国一批学者大胆闯入这一禁区，引起中国经济理论界关于中国是否存在经济增长率周期波动问题的大讨论，带来了思想解放和理论上的重大突破，随后我国经济增长率周期波动研究无论在理论上还是在应用上都取得了可喜的进展。

1.5.1　我国经济增长率周期波动的理论和模型分析

乌家培、刘树成(1985.6)和刘树成(1986.2和1986.6)在《经济研究》发表论文，首次提出社会主义经济增长中的周期性波动问题，探讨了我国固定资产投资周期性问题。杜辉(1986)就中国经济增长周期性波动的内在机制问题进行了论证。卢建(1987)认定我国1953—1985年大约经历了7次周期性波动。董文泉等(1987)在"我国经济循环的测定、分析和预测"一文中从月度宏观经济指标计量分析出发，实证地揭示了我国存在着经济增长率周期波动。厉以宁(1987)提出了一个社会主义经济周期分类假说，认为社会主义经济周期可以分为短周期、中周期和长周期。马建堂(1988，1989)集中探讨了经济周期波动对产业结构变动的影响。

1986年以来，我国经济理论界围绕着社会主义经济增长中的周期波动问题展开了热烈的讨论。1988年4月，由中国社会科学院数量经济与技术经济研究所、国家科委中国科学技术促进发展研究中心、北京社会经济科学研究所和中国数量经济学会等单位联合发起，召开了第一次全国性的中国经济周期波动研讨会。同年8月，又由上述单位和吉林大学系统工程研究所、中国经济体制改革研究所、国家信息中心经济信息部和经济预测部联合发起，召开了第二次中国经济周期波动研讨会。两次会议的研究成果汇成一本专著《经济周期与预警系统》①。这本专著是对我国宏观经济增长中的周期波动问题从理论到应用进行全面研究的第一本专著。这两次全国性的关于中国经济周期波动的会议将中国经济增长率周期波动问题的研究推向了高潮。随着经济周期波动理论研究的深入，许多学者就我国经济增长率周期波动的性质、特点、成因、测定及监测、对策性措施展开了研究，发表了众多的学术论文和专著。

进入20世纪的90年代，我国经济体制由计划经济时期的集权式向市场经济模式转变。我国经济发展模式随着工业化结构升级的进程由粗放式向集约化转变，市场结构发生了由供不应求的短缺转变为供大于求的过剩、由卖方市场转变为买方市场的重大变化，同时在通货膨胀之后又出现了通货紧缩。这一系列的重大变化带来了我国经济增长率周期运行模式的变化。国内的许多学者对我国转轨时期的经济增长率周期波动的机制和特点展开了深入的研究。

王洛林(1998)主编的《经济周期研究》一书，收集了刘树成的"论中国经济周期波动的新阶段"、樊明太的"论转轨时期中国经济周期波动的形成机制"、张守一的"论经济周期产生的原因"等多篇研究成果，推进了理论研究的深化。王少平(1999)通过对我国实际GDP的分

① 毕大川，刘树成. 经济周期与预警系统[M]. 北京：科学出版社，1990.

析,也证实了我国增长率周期稳定性增强的特征。张曙光(1999)认为投资引起国民生产总值的波动,二者呈现非常强的正相关性,20 世纪 90 年代初,国有投资拉动经济增长,20 世纪 90 年代末,国有经济必须通过带动民营投资才能带动经济增长。睢国余(2005)认为在市场化进程中,中国经济波动的微观基础已经发生了重大的变化,在削弱转轨型波动的同时使成熟的市场经济波动逐渐表现出来。秦宛顺等(2002)就中国经济增长率周期与国际经济周期的相关性进行了讨论,运用定量分析方法研究了改革开放以来,中国经济增长率周期波动与美国、日本等发达国家经济周期之间的关系,认为中国经济增长率周期与美国经济周期不具有同衰退、同复苏的合拍性。刘树成(2003)考察了 1998—2002 年我国出现的稳定、较快增长的新轨迹。

刘金全、范剑青(2001)指出 20 世纪 90 年代经济增长的上升阶段与下降阶段表现出明显的非对称性,即上升阶段与下降阶段所持续的时间和幅度上不对称。徐大丰等(2005)利用 HP 滤波和时间趋势剔除技术、基于 Sichel 提出的经济周期非对称性检验方法,检验发现实际 GDP 等经济变量的对数序列具有非对称特征;王金明等(2006)利用动态马尔可夫转移因子模型构造中国经济景气指数,分析了中国经济增长率周期波动的共同波动和非对称特征;王建军(2007)应用 Markov 模型对中国年度实际产出增长率的数据进行了拟合,刻画了我国实际产出增长的周期性变化,认为我国经济增长周期的非对称性特征比较明显;陈浪南等(2007)基于中国 GDP 季度数据,采用三区制马尔可夫均值和方差转移的二阶自回归(MSMV(3)-AR(2))模型和贝叶斯 Gibbs 抽样非参数估计方法,对我国经济增长率周期波动的非对称性和持续性进行了实证研究;郭庆旺等(2007)运用 Gibbs 抽样方法估算了我国经济增长率周期的多变量动态马尔可夫转移模型,对我国经济增长率周期进行转折点识别和合成指数分析,认为我国经济增长率周期表现出长期中协动性和非线性特征显著但短期中非线性特征减弱的特征等。

2005 年 5 月,由刘树成主持的国家社会科学基金重大项目“社会主义市场经济中经济周期基本理论和实践”课题组和《经济研究》编辑部发起,组织全国研究经济周期问题的专家学者,继第一二次“中国经济周期波动研讨会”后,又一次召开“全国经济周期研讨会”,注重讨论了中国经济增长率周期一般理论问题、经济增长率周期模型与计量研究、经济增长率周期与财政政策、货币政策、房地产研究、经济增长率周期理论评价与研究和国际经济周期研究等问题,会议论文收入《中国经济周期研究报告》一书,书中的成果代表了中国经济增长率周期波动研究的最新前沿与方向。

杜辉(2007)在《中国经济周期探索 50 年》中以翔实的资料、大量的文献为基础,全景化地介绍和评价了我国经济理论界在经济周期波动领域的研究成果和研究历程,是一本比较全面地介绍中国经济增长率周期波动研究的学说史。

高铁梅等(2009)的专著《中国转轨时期的经济周期波动》一书总结了作者们多年来基于多维数据结构对中国经济景气监测系统的研究与应用成果。该书采用了多种经济计量方法,紧密结合我国转轨时期经济增长率周期波动的特点进行理论、方法和实证研究,从物价、投资、消费、国际贸易和国际金融等宏观经济的主要领域,以及房地产业、能源、汽车、装备制造业等主要行业的多个角度,对中国经济增长率周期波动问题进行细致的分析和探讨。

1.5.2 我国经济增长率周期波动的监测和预警研究

中国社会科学院数量经济技术经济研究所、国家信息中心、中国人民银行和吉林大学等单位进行合作，致力于开发实用的景气分析预测系统、宏观经济计量模型、商情调查系统等，使得宏观经济波动监测、预测工作取得很大发展，扩散指数、合成指数、工业景气调查系统和预警信号系统等方法已经被应用于我国的经济周期监测和分析中。

1. 宏观经济增长率周期波动监测预测系统的研制和应用

1985 年董文泉领导的吉林大学系统工程研究所开始与国家经济委员会合作，开展了我国经济增长率循环的测定与预测的研究工作，这一项目在 1987 年 3 月由国家经委主持鉴定，当时的经委副主任朱镕基出席了鉴定会，并对这一工作给予了充分的肯定。这是在我国首次实证地研究我国经济增长率周期波动的科研项目。1988 年，董文泉领导的科研课题组又与中国人民银行调查统计司合作完成了经济增长率循环测定和宏观经济、金融指标预测模型的研究工作，这一项目在 1989 年获国家教委科学技术进步奖二等奖，1991 年 11 月获国家科学技术进步奖三等奖。

董文泉领导的科研课题组在研究工作的基础上，定期对我国宏观经济形势进行监测预测，为国家的经济决策提供有价值的研究报告。1986—1990 年先后向国务院提交了多份研究报告。1986 年初，我国经济增长处于低迷状态，董文泉根据研究结果就经济增长速度何时回升这一政府和经济学界普遍关心的问题，向国务院提交了报告，成功地预测出 1986 年的经济增长率周期波动的谷底。而 1988 年 10 月的预测报告准确地预测出宏观经济增长率周期波动的峰将出现在 1988 年 12 月，指出 1989 年将处于经济增长的下降阶段，不应再采取紧缩政策。1989 年 10 月的研究报告提交给国务院后，李鹏总理嘱托国务院发展研究中心总干事、著名经济学家马洪同志给董文泉教授来信表示感谢，信中说："你们的工作对于经济决策，特别是对于短期的经济预测，具有一定的参考价值。同时，你们的研究成果，对于提醒我们避免紧缩过程中速度下跌过大，也是很有意义的。"

1994 年，吉林大学开发了适于中国经济增长率周期波动的 SWI 景气指数，并将这一方法应用于实际的经济分析与预测。陈磊、高铁梅(1994)、董文泉、高铁梅(1995)利用 Stock-Watson 景气指数对我国宏观经济形势进行分析；石柱鲜等(2004)基于状态空间模型估计中国的 GDP 偏移率，并刻画了"物价-产出"形式的菲利普斯曲线，分析产出波动与物价波动的相关关系。

南开大学张晓峒(2006)与中国人民银行合作，2010 年又与国家统计局合作开展适合中国国情的 X-12-ARIMA 季节调整方法的研究和改造工作，所建立的包含我国春节等移动假日调整的季节调整计算机软件已于 2011 年投入使用，为国家统计局发布月度环比数据提供了方便的季节调整工具。

2. 中国宏观经济形势分析与预测

自 1990 年起，中国社会科学院每年春秋两次召开经济形势分析预测座谈会。秋季座谈会的成果被汇集成中国经济蓝皮书，此书为各国了解中国经济发展趋势和经济增长率周期波动状况提供一个窗口，因而它受到国内外的重视。经济蓝皮书荣获了 1996 年国家科学技术进步奖二等奖。参加这个定期宏观经济形势分析预测座谈会的有国务院研究室、国务院发展研究中心、国家计委综合司、财政部综合司、中国人民银行调查统计司、国家信息中心预测部等国家政府机构和各大专院校四十余个单位。

2006年,中国科学院打破学科间的壁垒,组建了跨学科的预测科学研究中心。预测科学研究中心以中国经济与社会发展中的重要预测问题为主要研究对象,为中央和政府管理部门进行重大决策提供科学的参考依据和政策建议,同时发展新的预测理论、方法和技术,推动预测科学的发展。中科院预测科学研究中心于2006年底开始,每年年末出版一本下年度的中国经济预测报告,2013年底为止已经出版了八部年度预测报告。这些报告对政府有关部门和企业有着重要的参考价值,也在国内外形成了广泛的影响。

由于商情调查(business survey)具有通过微观经济信息综合反映宏观经济周期波动状况的特点,在世界范围内得到广泛的应用。我国在企业景气调查方面起步较晚,随着我国社会主义市场经济体系的不断建立和发展,为了满足各级政府宏观决策的需要,国家信息中心、中国人民银行和统计局等部门,从20世纪90年代初期开始着手在工业等领域开展企业景气调查工作。其中,国家信息中心的调查对象是十二个省市的5 000家工业企业,调查结果没有公开发表。

中国人民银行调查统计司于1990年主持建立了全国工业企业景气调查制度,调查对象为全国5 000户左右工业生产企业,其中以国有大中型企业为主,还包括一些具有相当经济规模的集体工业企业和企业集团,部分合资、外资及股份制企业。调查企业遍布全国各省区,涉及27个行业,样本企业结构与中国工业的企业结构基本对应。调查内容包括企业(月度)主要财务指标调查和景气状况问卷调查两部分。问卷调查从1992年第二季度开始,至今定期在《中国人民银行统计季报》和网站上公布每季的调查结果。

1998年开始,国家统计局于1998年采取的抽样调查和重点调查相结合的方法对16 000家企业在全国范围内开展了企业景气调查,并很快将企业景气调查正式列入国家统计制度。从实际效果看,这项工作已得到各级领导的高度重视和充分肯定,调查结果成为判断和预测经济形势的主要依据之一,在宏观决策中发挥了重要作用。

中国物流与采购联合会经过2003年和2004年两年的努力,建立了采购经理指数(purchasing managers index,PMI)统计调查制度。这项工作得到了国家统计局在数据采集与汇总方面的帮助与支持,保证了PMI数据的客观性和准确性。2005年7月和2008年1月,中国制造业和非制造业PMI先后正式发布。经过10多年的发展,中国PMI已经成为较为成熟和完善的统计调查体系,在经济预测和预警方面已经显示了独特的作用,对经济运行的拐点做出了准确及时的预测判断。

里昂证券与英国Markit集团合作于2004年9月编制并发布中国制造业PMI指数,当时被称作里昂证券中国采购经理人指数(CLSA China PMI)。其后汇丰银行代替里昂证券与英国Markit集团继续合作,共同编制、发布PMI指数,名称也变更为汇丰中国制造业采购经理指数(HSBC China manufacturing purchasing managers' index)。汇丰中国PMI体系包括汇丰中国制造业PMI和汇丰中国服务业PMI,以及由制造业产出(生产)指数和服务业经营活动(商务活动)指数加权平均得出的汇丰中国综合PMI。与其他国家(机构)的制造业PMI发布制度不同,汇丰银行通常于当月22日发布该指数的预览数据(HSBC flash China manufacturing PMI),预览数据以当月制造业PMI调查总样本量的85%～90%为依据,对当月制造业PMI最终值进行预测。其制造业PMI最终值通常于次月第一个工作日发布。

3. 经济周期波动的谱分析和我国增长周期研究

时间序列谱分析方法可以从频域角度反映序列周期波动特征的全部信息，它的基本思想是把时间序列看作互不相关的不同频率分量的叠加，利用傅氏变换等手段将各频率分量加以分解，通过谱密度函数来衡量各分量的相对重要性以找出序列中存在的主要频率分量，从而确定经济周期波动的主要周期特征。

陈磊(2001)利用谱分析方法对我国转轨时期主要经济指标的周期波动特征进行了分析，认为 20 世纪 80 年代以来，我国经济增长中出现了 7～9 年为主的中周期波动，这与西方工业国家曾出现的主周期波动即朱格拉周期是基本一致的。此外，围绕 2～3 年还存在一个作用相对较弱的短周期波动。

王小波、顾岚等(1994)编著的《经济周期与预警研究——理论、方法、应用》在国内第一次参照循环测定方法系统地表述了中国经济周期循环分解方法的运用。陈磊(2002)利用现代经济计量方法实证检验了中国改革开放以来 GDP、投资和消费等主要总量指标增长趋势的性质，根据检验结果，对这些总量指标利用 HP 滤波方法进行了趋势分离。在此基础上，着重考查和分析了转型时期经济增长周期波动的基本特征，初步确定我国经济增长已出现平均长度为 9 年左右的朱格拉型中周期波动。针对这一典型事实，进一步借鉴动态非均衡经济学的有关理论，通过建立固定资产投资周期模型，尝试解释了经济周期的主要形成机制。

高铁梅等(2009)采用多种滤波方法对我国经济的增长周期波动进行研究。筛选了反映国民经济各领域波动的多个重要宏观经济月度指标作为景气指标，首先利用状态空间模型和 Kalman 滤波方法，构建了反映中国经济增长率循环的景气指数和物价景气指数。然后利用 HP 滤波和 BP 滤波计算景气指标的循环要素，并且进行比较，认为 BP 滤波更适合作为分解趋势循环要素的方法。最后仍采用状态空间模型和 Kalman 滤波方法，构建了反映中国经济增长偏离长期趋势程度的增长循环景气指数，尝试把经济的长期增长趋势与短期周期波动二者的研究结合起来。对反映两种不同类型增长周期波动的景气指数进行了比较，并对改革开放以来中国增长周期波动的特征进行了分析。

第2章 经济周期波动理论与宏观经济调控

经济学家们很早就关注宏观经济繁荣、衰退交替出现的经济周期现象，并且在经济学发展历程中，各个经济学流派提出了不同的理论对经济周期波动现象进行解释。多少年来，人们一直在对经济周期波动从各种不同角度进行研究，试图回答诸如为什么会产生经济周期波动，为什么经济的扩张阶段和收缩阶段要交替重复地进行，这样由经济行为所引起的一系列问题。人们努力探讨的一些具体问题是：

(1) 为什么经济的扩张阶段必然要结束？

(2) 为什么经济活动不能简单地平稳发展，却要经过收缩？

(3) 为什么衰退时期早晚会结束，并开始复苏？

(4) 是什么决定了经济的扩张阶段和收缩阶段的强度和持续期间？

当经济理论无法很好地解释新的经济现象的时候，往往会被人们所怀疑，从而为新的经济理论的出现创造条件，不断出现的新的经济现象引发经济学家不断完善已有的理论，甚至有时推翻原有的理论建立全新的理论框架。马克思经济危机理论、古典主义、凯恩斯主义、货币主义、理性预期学派（新古典主义）和新凯恩斯主义等经济学流派对经济周期波动产生的原因和本质提出了不同的观点。本章阐述了经济周期波动理论研究的发展历程，分析各个流派理论的产生背景、主要结论和缺陷。

2.1 经济周期波动理论的演进历程及学派研究

2.1.1 马克思对经济危机的阐释

马克思经济危机理论包括的范围十分广泛，包括了经济危机出现的根源、实质和周期性等问题。马克思从生产、交换、分配和消费到社会经济制度对生产过剩危机的成因进行了系统全面的分析。交换方面，马克思认为，物物交换的形式下不具有供给和需求脱节的可能，但随着产品交换发展到以货币为媒介的商品交换，货币的流通手段职能使商品的买卖在时空上发生了分离，商品转化为货币后，货币可能没有立即转化为商品，这就出现了生产剩余的可能。从供给角度看，马克思(1867)①认为："一旦与大工业相适应的一般生产条件形成起来，这种生产方式就获得一种弹力，一种突然的跳跃式的扩张的能力。"大工业扩张能力激化了市场供需矛盾，进一步增加了出现危机的可能性。在消费方面，马克思(1894)②认为：

---

① 马克思.资本论：第一卷[M].北京：人民出版社，1975：494.

② 马克思.资本论：第三卷[M].北京：人民出版社，1975：548.

“一切真正的危机的最根本的原因，总不外乎群众的贫困和他们的有限的消费，资本主义生产却不顾这种情况而力图发展生产力。”分配关系“使社会上大多数人的消费缩小到只能在相当狭小的界限以内变动的最低限度”①，由此，必然要造成有支付能力的消费需求相对缩小，进而出现生产相对过剩现象和经济危机。在马克思看来，生产过剩经济危机是商品流通领域供求矛盾的直接表现，而市场上的供求矛盾又不过是生产和消费矛盾的表现形式。

马克思对于生产过剩并没有停留于经济现象的分析，而是深入到资本主义经济制度中探寻根源。马克思认为，资本主义商品经济下，生产的社会化和生产资料资本主义私人占有之间的矛盾，使得经济危机不可避免地重复出现。从生产领域的制度看，剩余价值为资本主义大工业生产能力的跳跃扩展提供了强大的利益刺激，生产的无政府状态保障了社会生产可以盲目扩张。从影响消费的制度看，社会产品的分配制度对劳动者的收入进而对其消费具有决定性作用。马克思认为，正是资本主义的生产资料私有制和雇佣劳动制度决定了资本主义的分配关系，由于这种对抗性分配关系的存在，决定了劳动者很低的消费水平。总之，马克思认为，生产和消费领域的矛盾冲突是由资本主义社会经济制度的矛盾决定的，而这些源于资本主义生产资料私有制这一根本经济制度。

2.1.2　早期经济周期理论②③

对经济周期问题的早期论述可以追溯到太阳黑子理论、消费不足理论、投资过度理论和信用波动理论等。这些理论虽然从不同的角度论证经济周期产生的原因，不过可以将其归为两大类：认为产出的波动或者由银行信用、消费和投资等内生力量决定，或者认为取决于战争等外生冲击。

1. 外部因素理论

外部因素理论认为，经济周期的根源在于经济制度之外的某些事物的波动——如太阳黑子、星象、战争、革命、政治事件、金矿的发现、人口和移民的增长、新疆域和新资源的发现、科学发明和技术进步等。这种理论的主要代表人物是英国经济学家杰文斯（H. S. Jevons）。

2. 纯货币理论

纯货币理论认为经济周期纯粹是一种货币现象，货币数量的增减是经济发生波动的唯一原因。所有具有现代银行体系的国家，其货币供应都是有弹性的，可以膨胀和收缩。经济周期波动是银行体系交替地扩张和紧缩信用所造成的。当银行体系降低利息率，放宽信贷时就会引起生产的扩张与收入的增加，这又会进一步促进信用扩大，但是信用不能无限地扩大，当高涨阶段后期银行体系被迫紧缩信用时，就会引起生产下降，危机爆发，并继之出现累积性衰退。即使没有其他原因存在，货币供应的变动也足以形成经济周期。这种理论的主要代表人物是英国经济学家霍特里（R. G. Hawtrey）。

3. 投资过度理论

投资过度理论主要强调了经济周期的根源在于生产结构的不平衡，尤其是资本品和消

---

① 马克思. 资本论：第三卷[M]. 北京：人民出版社，1975：273.

② 梁小民. 西方经济学导论[M]. 北京：北京大学出版社，1984：228-230.

③ Siegfried G K. 商情预测与经济周期[M]. 沈学民，孙刚，译. 长春：吉林大学出版社，1988：407-443.

费品生产之间的不平衡。人们把当期收入分成储蓄和消费两部分。消费的部分直接购买消费品,储蓄的部分则进入资本市场,通过银行、保险公司、证券商等各种金融机构到达各企业经营者手中,被投入到资本品购买和生产之中,这一过程就是投资。如果利率政策有利于投资,则投资的增加首先引起对资本品需求的增加以及资本品价格的上升,这样就更加刺激了投资的增加,形成了繁荣。但是这种资本品生产的增长要以消费品生产下降为代价,从而导致生产结构的失调。当经济扩张发展到一定程度之后,整个生产结构已严重处于头重脚轻的状态,于是经济衰退不可避免地发生了。这种理论的主要代表人物是奥地利经济学家哈耶克(F. A. Hayek)。

4. 消费不足理论

消费不足理论一直被用来解释经济周期的收缩阶段,即衰退或萧条的重复发生。这种理论把萧条产生的原因归结为消费不足,认为经济中出现萧条是因为社会对消费品的需求赶不上消费品的增长。强调消费不足是由于人们过度储蓄从而使其对消费品的需求大大减少。当储蓄投资于生产过程时,不管数量大还是小,迟早总要引起麻烦,带来经济的崩溃和萧条。消费不足理论的一个重要结论是,一个国家生产力的增长率应当同消费者收入的增长率保持一致,以保证人们能够购买那些将要生产出来的更多的商品。这一思想对于当今西方国家的财政货币政策仍然有影响,消费不足理论早期的代表人物是马尔萨斯(T. R. Malthus),近代的代表人物是英国经济学家霍布森(J. A. Hobson)。

5. 心理预期理论

心理预期理论强调心理预期对经济周期各个阶段形成的决定作用。在经济周期的扩张阶段,人们受盲目乐观情绪支配,往往过高地估计了产品的需求、价格和利润,而生产成本,包括工资和利息则往往被低估了。并且人们之间存在着一种互相影响决策的倾向,如某企业经营者因对未来的乐观预期会增加与他有关的货物和服务的需求,于是带动其他企业经营者也相应增加需求,从而导致了过多的投资。根据心理预期理论,经济周期扩张阶段的持续期间和强度取决于酝酿期间的长短,即决定生产到新产品投入市场所需的时间。当这种过度乐观的情绪所造成的错误在酝酿期结束时显现出来后,扩张就到了尽头,衰退开始了。企业经营者认识到他们对形势的预测是错误的,乐观开始让位于悲观。随着经济转而向下滑动,悲观性失误产生并蔓延,由此导致萧条。这种理论的主要代表人物是庇古(A. C. Pigou)。

6. 创新理论

创新理论是由熊彼特(J. A. Schumpeter)提出来的。熊彼特关于经济周期的解释是建立在创新的投资活动是不断重复发生的,但这个过程基本上是不平衡的、不连续的并且是不和谐的。熊彼特理论的核心有三个变化过程:发明、创新和模仿。发明是指一种新产品或者新的生产过程的发现,或者是改变现存产品或生产过程。熊彼特假设发明或多或少总是不断地出现,但是它们并不一定同时在经济上得到应用。创新被定义为一种新发明的首次应用或者是改进了现有产品和工艺过程,使其适应不同的市场需求。

在熊彼特看来,企业家之所以进行创新活动,是因为创新能给他带来盈利的机会。假设某个企业家决定生产一种新产品，他愿意冒风险并对所需的厂房和设备进行投资。如果他的决策正确，他将会获得超额利润。应用前面的心理理论，投资支出在经济的其他领域也会开始增加。然而更为重要的是，他的成功带来了一大批模仿者，他们都想要分享这一超额利润。发明、创新和模仿过程的最终结果是对厂房设备的投资支出的不断累积、较高的收入、更大的消费支出等。随着这个过程的继续，经济又一次变得过度扩张了，由于产量不断增加，最终产品的价格开始下降，劳动力、设备、原材料和利率的成本开始增加。最后出现的是，削减投资支出、解雇工人、收入和消费支出减少，经济开始进入周期的收缩阶段。随之而来的是对变化了的经济环境进行调整的过程，在这期间，使经济进入下一个复苏的物质力量渐渐形成，企业家又开始创新，于是开始了下一轮周期。

2.1.3　古典主义的解释

古典主义认为经济周期是外生力量驱使的。经济学家视经济系统为内在稳定的，只有技术进步、太阳黑子、战争等外生因素才能导致经济波动。因此，倡导经济自由，抵制政府干预是古典主义经济学家们的理论观点和政策主张。

从 18 世纪到 20 世纪 30 年代，人们一直信奉古典主义经济学家们的思想，古典主义为现代的货币主义和新古典主义的经济周期理论提供了基础。古典经济学家的依据是萨伊的市场定律，即“供给自动创造对自身的需求”。古典主义假定工资可以灵活调整，劳动力市场始终处于充分就业状态，工资调整可以影响劳动市场的均衡，如图 2.1.1(纵轴 w/p 是实际工资，横轴是劳动)中的 A 点，劳动力需求 L_D 和劳动力供给 L_S 相等，都为 L^*。在描述了价格调整对产品市场均衡影响的图 2.1.2 的产品市场中，由生产函数确定了经济系统的总产出 Y^*，因此总供给曲线垂直，产出处于充分就业下的潜在产出水平，与价格独立，即图 2.1.2 中的直线 AS_c。总供给的变化导致实际产出的改变，如成本上升等负冲击将减少产量、导致衰退，技术进步等正冲击会增加产量、导致扩张。而需求变化并不影响实际产出，如果总需求减少，由于总供给不变并且价格水平(P)可以灵活调整，只会带来价格水平的下降，总需求不影响就业和产出。当总需求曲线 AD 左移至 AD′时，总需求小于总供给，因此价格水平下降为 P'，从而，在 E' 处重新实现供需平衡，此时产出仍然是充分就业产出水平 Y^*。

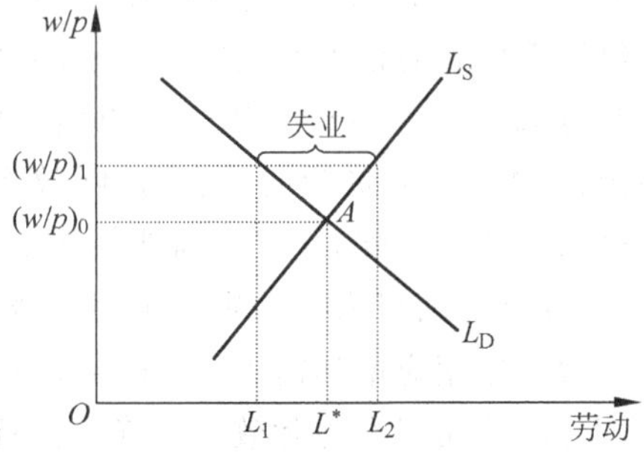

图 2.1.1　工资调整对劳动市场均衡的影响

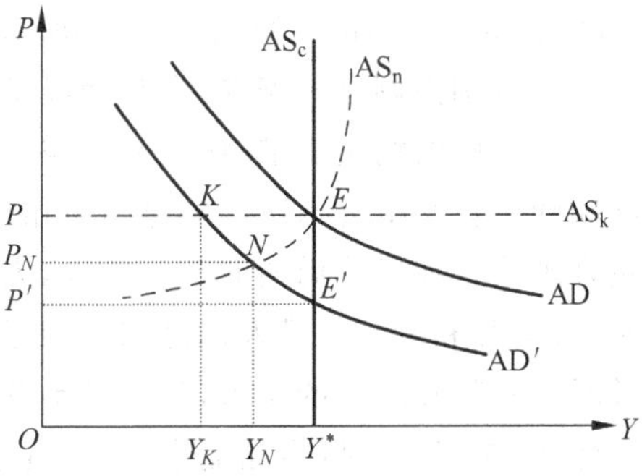

图 2.1.2　价格调整对产品市场均衡的影响

总需求对产出没有持久的影响和始终存在的充分就业是古典模型的主要缺陷，1929 年开始的经济大萧条使人们对古典的传统理论失去了信任，由于古典模型认为劳动市场总是处于均衡的充分就业的状态，无法解释当时大量失业的存在。并且，不能将连续近四年的产出下降归因于对生产函数或劳动市场的外生冲击,相反,下降的总需求似乎是萧条的主要原因。现实经济和古典模型的不一致,导致凯恩斯提出了总需求导向的模型,为现代需求导向的周期波动理论提供了基础。

2.1.4 凯恩斯主义的经济周期理论

凯恩斯学派的经济学家们通常认为经济周期的产生归因于内生因素,即经济系统是内在不稳定的。凯恩斯首先反对古典学派的两个重要的假设:萨伊定律和充分就业。前者指出生产会创造出需求,即在生产过程中已经创造出购买其产出的收入,因此,不会有市场剩余或严重的生产过剩。

凯恩斯在《就业、利息与货币通论》(Keynes,1936)中指出,古典主义关于价格和工资可以灵活调整的假设不符合一般情况。如果价格不能灵活调整,总需求的变化并不能使价格迅速调整到供需均衡的状态,而是会导致产量的变化。如图2.1.2,当总需求曲线AD左移至AD′时,即总需求下降时,假设短期内厂商不能调低价格P,即价格是刚性的,K点处对应的总需求小于潜在产出水平Y^*,存货将增加,厂商会缩减生产,带来总产出的下降,总产出恰好等于总需求的时候(即图2.1.2中K点对应的产出水平Y_K),经济系统重新实现了均衡。事实上,这相当于认为总供给曲线是水平的,即图2.1.2中AS_k。因此,在价格水平的不能灵活调整的假定前提下,凯恩斯认为总需求的不稳定导致了经济的波动①。

如果工资不能灵活调整,即存在工资刚性,古典学派描述的充分就业将不会存在。当价格水平降低时,假定经济系统中一般价格水平由P_0降为P_1,由于名义工资水平不能下降,如图2.1.1,实际工资将由$(w/p)_0$提高为$(w/p)_1$。实际工资水平提高增加了厂商的成本,为实现利润最大化,厂商将减少生产,从而减少劳动力需求(L_1),实际工资提高使得劳动力供给(L_2)增加,因此,此时经济系统中将出现非自愿失业。这说明,由于工资不能灵活调整,劳动力市场不总是处于充分就业状态,因此,经济系统的总产出也不总是处于充分就业的产出水平,而是随着价格的下降而减少的。基于此点,凯恩斯主义的追随者们认为总供给曲线并非垂直,而是与价格正相关,如图2.1.2中AS_n所示,是向上倾斜的,而不是一条垂线。因此,总需求变化将导致经济系统中均衡价格水平和产出水平共同改变。在图2.1.2中,当总需求下降为AD′时,新的均衡点为N,其所对应的均衡价格水平和产出水平分别为P_N和Y_N。

凯恩斯特别强调有效需求,在封闭经济条件下包括消费者对消费品的需求、企业对投资品的需求和政府的购买需求,认为有效需求的不足是导致经济衰退的原因。凯恩斯对经济周期波动的解释归结为《就业、利息与货币通论》中提出的边际消费倾向、资本边际效率、流动性偏好理论。在经济周期的扩张阶段,人们受盲目乐观情绪支配,往往过高地估计了产品的需求、价格和利润。并且人们之间互相影响,某企业经营者因对未来的乐观预期而增加与他有关联的货物和服务的需求,就会带动其他企业经营者也相应增加需求,从而导致过多的投资。然而,扩张导致资本品需求增加,资本品价格上升,从而资本边际效率下降。而且,随着收入上升,货币需求增加提高了利率,使一些项目不能获利,这些因素对投资的扩张产生

① 凯恩斯和古典学派得出的不同结论的关键假设是价格水平刚性,然而,《就业、利息与货币通论》中关于这个假设并未作出更多的理论阐释。当代的新凯恩斯主义经济学家们提出了菜单成本、工资合同等理论,解释短期中价格、工资水平很难变化的原因。

了向下的压力。随着经济转而向下滑动，悲观情绪蔓延，股票价格也将下降，人们财富的减少又导致了自发消费的下降，厂商积压了过多的存货从而缩减生产。在乘数机制的作用下，萧条不可避免地出现了。

凯恩斯主义的观点从 20 世纪 30 年代到 60 年代一直占据主导地位。凯恩斯指出，价格和工资是不灵活的，因此产出和失业由供求力量的相互作用来决定。凯恩斯认为不稳定的自发消费和投资支出是经济周期出现的主要原因，因而，凯恩斯的追随者们把注意力集中于控制总需求上。这种观点是通过逆经济方向的需求管理政策来熨平经济波动，努力维持经济稳定。繁荣时，通过增加税收或减少政府购买给经济降温；衰退时，通过减少税收或增加政府开支拉动经济复苏。理想状态下，相机抉择的宏观政策如果在合适的时机采取，则可以稳定总需求，保持充分就业，消除周期波动。

2.1.5　货币主义对经济周期波动的解释

20 世纪 60 年代，凯恩斯主义受到了以弗里德曼(M. Friendman)为代表的货币主义学派的批判，经济周期理论进一步发展，由原来的利用政策熨平波动转到寻找周期波动的原因。

对经济周期的解释上，货币主义和凯恩斯主义一致认为总需求的不稳定是经济周期的主要原因，分歧在于货币学派认为总需求不稳定是货币供给的不稳定造成的，将经济的周期波动完全或主要归结为货币数量的变动。现代货币学派代表了对早期的纯货币理论的基本观点的回归，包括源自交易方程式 $MV = PQ$ 的货币数量论的重新考虑。货币学派单纯利用货币因素重新解释 20 世纪 30 年代大萧条的起因，并坚持认为货币供给上的变化，即货币冲击是诱发经济波动的主要原因，大多数可以观测到的经济波动均是货币政策变化造成的。因此，货币学派强调若要使经济稳定运行，将货币供给增长率控制在某个长期固定的水平上是充分必要条件。这体现了货币学派“唯有货币最重要”、“经济波动是‘美元在跳舞’”的理论观点。

货币学派的一个重要命题是：总需求能在短期内影响产出和就业，但在长期内产出和失业率同总需求无关。货币学派认为，在长期中，经济社会的总产出由许多实际因素决定，包括技术进步、劳动供给、投资和制度创新等，短期内的总需求变化的确可以影响产出，形成经济波动，但形成经济波动的原因不是工资和价格黏性，而是经济行为主体对价格等名义变量的预期错误，对名义变量的预期进行调整后，产出和就业会恢复到自然率水平。弗里德曼与施瓦茨合著的《1867—1960 美国货币史》(Friedman and Schwartz，1963)和他们出版的一系列的书籍和文章，展现了货币数量、经济行为和价格水平在几十年中的系统的关系。他们的研究成果表明，在长期中，经济系统是内在稳定、趋向充分就业的，价格的调整最终会使产出重返自然率水平(Friedman，1968)；然而，在短期中，由于人们具有货币幻觉，货币当局政策的不稳定导致了总需求波动，从而引起了经济的不稳定，实际产出与充分就业产出水平出现偏离。这和早期经济学家强调的货币中性不同，货币学派认为货币中性只在长期中存在，在短期中货币供给的变化导致总需求的波动进而影响了产出水平。不过，不同于凯恩斯主义，货币主义学派认为，货币供给的变化对产出的影响关系是直接的，并不是凯恩斯主义认为的通过利率间接影响产出。

货币学派主张按照单一规则(simple rule)制定货币政策，避免中央银行为了减轻衰退或政治目的而任意频繁地改变货币政策。他们认为，由于经济政策发挥效应存在时滞，相机抉择的货币、财政政策不但不会减轻经济波动，反而有可能加剧波动。而且，财政政策还具有挤出效应,政府投资将会减少更有效率的私人投资,带来浪费。因此,类似于古典学派,货币学派主张自由放任。货币主义学派提出的一些重要理论和观点为20世纪70年代兴起的理性预期学派所吸收并加以拓展。

2.1.6 理性预期

20世纪60年代,美国长达106个月的持续扩张似乎预示着经济周期已经不复存在,然而当经济出现转折、进入衰退时,再次唤起了人们对经济周期理论的兴趣。人们又在重新思考着那些曾经出现过的经济周期理论,并积极思考着新的经济形势下经济周期产生的原因和特点。

理性预期学派批判凯恩斯主义经济学没有微观基础,他们继承了古典主义的市场出清、经济当事人追求利益极大化的假设,并引入理性预期,即经济主体根据当前可利用的一切信息形成对某个经济变量未来值的预期。在对经济周期的本质认识上,卢卡斯(Lucas,1972)提出了不完全信息的货币幻觉理论,将货币供给变动看作外生需求冲击的源泉,认为预料不到的货币供给的变化是价格和产量波动的驱动力。他假定厂商收集经济中其他产品价格的信息有困难,存在暂时的信息障碍,以至于厂商不能清楚地了解其他市场正在发生什么。如果货币供给增加导致一般价格水平上涨,但是由于信息不完全,生产者无法区分是一般性价格水平还是他所生产的产品的相对价格上涨,可能误认为是市场对他所生产的产品的需求上升导致的相对价格水平的上升,于是会扩大生产、增加投资以增加供给。然而,当发现经济系统中其他商品价格都在上涨、生产成本等幅度上升时,厂商将减少投资到正常水平,恢复原来的生产规模,这样就产生了经济的波动。20世纪80年代初,理性预期学派的后期学者不赞成用货币冲击来说明宏观经济波动,而将一国的经济周期归结为以技术变动为代表的实际冲击,提出了实际经济周期(RBC)理论。

2.1.7 实际经济周期理论

标志实际经济周期理论(real business cycle,RBC)诞生的是基得兰德和普雷斯科特(Kydland and Prescott,1982)、朗和普劳瑟(Long and Plosser,1983)的开创性论文,他们考察实际经济,强调经济周期是由经济活动中以技术变动为代表的实际因素引起的,而不是货币等名义因素。RBC理论更加强调供给的主导作用,其核心是资本积累的新古典增长模型,这被作为理解经济波动和经济增长的基准模型。RBC模型认为引起经济增长的那些经济力量带来了经济的波动,即供给冲击是产生波动的最主要根源。设生产函数为

$$Y_t = f(L_t, K_t, z_t) \tag{2.1.1}$$

其中,Y_t是实际产出变量,L_t是劳动力变量,K_t是资本存量变量,z_t代表对生产函数的随机冲击因素,包括技术进步、人口结构的变动、投入要素的相对价格改变和消费者偏好的改变等。假定随机项服从简单的具有漂移的随机游动过程(random walk with drift):

$$z_t = \alpha + z_{t-1} + e_t \tag{2.1.2}$$

其中,α是常数项,$\alpha > 0$,e_t是具有0均值的随机误差项,这说明每一期的生产技术以常数α加上随机误差项e_t的新息(innovations)的速度增长。

RBC模型考虑追求效用最大化的代表性主体对经济环境中的这些随机冲击因素做出的动态反应,对这些冲击的最优反应导致了消费、投资和产出等与原来的稳态值的偏离。

RBC 模型认为，经济系统频繁受到影响产出的外生冲击。持续的正的冲击，如计算机技术的发展和应用，将带来产出快速增长。然而，如果可以将经济扩张归结为技术进步，那么，认为经济的衰退和萧条是由技术退步引起就很难使人接受了(Mankiw，1989)。而且，技术冲击影响范围只限于一两个产业，不能构成对整个经济体的冲击。更重要的是这种理论缺乏实证支持，模型没有与实际的经济数据拟合好。但是，很多 RBC 理论家不断努力，取得了一些进步，科格利和内森(Cogley and Nason，1995b)的劳动窖藏模型、金和雷贝罗(King and Rebelo，2000)的可变生产能力机制都能够一定程度上改善模型，大大提高了 RBC 模型与美国实际数据的拟合程度。

RBC 理论自从 20 世纪 80 年代出现以来，经过 20 多年发展，其分析问题的模式对现代宏观经济学已经产生了深远的影响，正如金和雷贝罗(King and Rebelo，2000)说的那样，“RBC 理论是对宏观经济学有利的技术冲击”。2004 年，RBC 理论创始人基得兰德和普雷斯科特获得诺贝尔经济学奖，这更使得该理论在世界范围内广为流传。虽然其利用动态一般均衡模型进行分析的方法已经被广为采用，不过在对经济周期问题的解释上，大量研究表明 RBC 理论存在诸多缺陷，在一些基本问题上仍然存在分歧。建立 RBC 模型的步骤一般是：首先建立一个动态的一般均衡模型，然后对模型进行求解和校准，最后将模型产生的统计量和相应的实际数据统计量进行比较，其中的每一步骤都面临一些问题。

(1) RBC 模型中代表性经济主体的跨期优化问题不能通过解析方法求解，常常要利用数值方法或近似方法近似计算最优决策规则，这种近似可能显著地扭曲了模型，以至于人们无法知道经济主体的最优行为所能确定的效用水平，在比较不同的模型确定的效用水平时就极易产生错误(Naish，1995)。

(2) 模型的校准需要主观地指定特定的函数形式来计算关键参数值，然后才能由一系列随机冲击序列确定产出、就业、消费和投资等的反应，再用模型结果与由实际经济观测值得到的特征事实相比较，而确定参数值所依赖的模型形式没有很好的选择标准，这使得校准模型产生了一定的随意性。

(3) 在 RBC 模型中，经常用经济系统的特征事实来作为评价模型的标准，但是特征事实却存在大量的争论，这首先是因为不同时期或不同国家会遭受不同类型的冲击，而且，在获得特征事实中要利用 Hodrick-Prescott 滤波方法(Hodrick&Prescott，1997)剔除时间序列的趋势成分，这种方法的采用很可能导致两个本来不相关的时间序列表现出虚假相关。此外，大量研究发现，大多数 RBC 模型中的传播机制相当微弱，产出的动态特征是由技术冲击隐含给出的，因此，正是外生输入的动态性质决定了产出的动态性质，产出的动态性质和冲击机制的动态特征完全相同，模型本身的扩散机制并没有起到什么作用(Cogley&Nason，1995a，1995b)。大多数 RBC 模型不能刻画产出的周期特征，这是对 RBC 理论的重要挑战。

2.1.8　新凯恩斯主义模型中对经济周期本质的阐释

信奉凯恩斯主义的经济学家对货币主义和理性预期模型提出了质疑，并且修正了传统的模型，使得理论模型可以更好地解释现代经济事实。早期凯恩斯主义经济学家们认为工资、价格是固定的，关于这方面他们并没有做出解释，现实经济发展表明，随着时间推移，工资、价格水平都是变化的。新凯恩斯主义弥补了这一不足。20 世纪 80 年代以后，新凯恩斯主义经济学家提出工资和价格黏性,认为价格水平和名义工资水平既不像原凯恩斯主义经济学家们所假定的一成不变,也不像古典主义假设的那样能够灵活调整,而是缓慢变化的。他们仍然坚持了市场非出清的凯恩斯主义观点,包含了理性预期、微观基础和自然率假说等内容,在经济周期理论领域做出了创新性研究。

新凯恩斯主义的主要贡献是指出不稳定的总需求和总供给都是产生经济周期的重要决定因素。对于总供给冲击导致经济周期波动,与古典经济学的解释相同,即劳动市场或生产函数的实际变化改变了企业在既定价格下愿意生产的产品数量。对于总需求的不稳定,新凯恩斯主义模型的论述和原来的凯恩斯主义模型很类似,都认为私人消费、投资支出的不稳定是总需求不稳定的主要来源,不过,与原来的凯恩斯主义模型显著不同的是,新凯恩斯主义还强调了货币需求,认为货币不稳定也是经济不稳定的原因之一。总需求的不稳定导致经济周期波动是因为短期中名义工资和价格的黏性。新凯恩斯主义经济学家认为,在非完全竞争市场条件下,厂商面对经济系统中的需求冲击,由于频繁改变产品售价具有菜单成本[①](menu cost),通常并不会立即改变产品的销售价格,而是首先选择提高产量,因此,价格水平并非迅速调整而是缓慢变化具有黏性的。面临总需求冲击,小的菜单成本导致了大的经济周期波动(Mankiw,1985)。在劳动市场上,新凯恩斯主义者认为,对于某个给定时期,工人们面临着工资合同的约束,这决定了短期中工人们的名义工资变化缓慢。由于名义工资具有黏性,在产品市场出现需求冲击时,实际工资将偏离劳动市场均衡状态对应的实际工资水平,从而实际失业率偏离充分就业的自然失业率,实际产出也就当然偏离了潜在产出水平,即产生了经济波动。不过,在长期中,所有合同都可以重新签订,价格和名义工资都可以根据供给、需求状况灵活调整,因此,新凯恩斯主义模型认为,在长期中,价格和工资能够充分地对总需求变化做出反应,保证经济系统的实际产出回到自然率水平。不过,菜单成本论只考虑了调整价格的成本,却忽视了调整产量的成本,而且,现实经济中的菜单成本太小,难以解释经济大萧条那样大的经济波动。

新凯恩斯主义的经济周期模型还有工资、价格黏性与经济周期波动论、交错调整价格论、垄断竞争和总需求波动论、市场结构和宏观经济波动论、市场对策和协调失灵论、价格非稳定性与经济周期论等,这些理论从不同角度说明了引起经济周期波动的原因。新凯恩斯主义关于经济周期波动的模型与RBC模型相比,所依据的行为规则并非最优,然而,它也可以模拟出与实际的经济周期波动特征相符的结果(Naish,1995)。而且,基于新凯恩斯主义的行为规则更简单、更便于求解,并且其解与RBC模型中跨期最优问题的解相比,经济主体的效用损失可以忽略不计。新凯恩斯主义的经济周期理论能够直面市场经济体制存在的非均衡常态,而且,新凯恩斯主义的模型兼收并蓄各个经济学流派理论精华,认为不稳定的总需求和总供给都能够导致经济周期,实际冲击引起的自发私人支出的变动和货币因素都可能成为总需求不稳定的原因,是对经济周期波动成因更加贴近现实的解释。

2.1.9 关于经济周期理论不同流派的共识

由于经济周期波动的形成原因非常多,通过对各个流派关于经济周期的不同理论的介

① 菜单成本通常是指厂商调整价格花费的成本,包括研究和确定新价格、重新编印价目表、通知销售点更换价格标签等所费的成本。

绍，可以看出并不是哪一个独特的因素引起了经济周期，以上理论都提供了对经济周期的不同角度的理解。经过各个流派的争论和经济事实的验证，很多方面已经达成了共识，比如价格是逐渐调整的，总需求和总供给都是重要的，总需求的不稳定可能来自消费、投资支出和货币供给很多因素等。因此，应根据实际情况和特定的情境，分析引起经济波动的主要因素，既有可能是消费、投资等总需求的构成部分引致的，也可能由技术进步和其他的总供给冲击因素引起，政府对宏观经济的干预政策出现偏差也会导致经济波动。

我国改革开放以后出现的几次经济增长中的周期波动的特征和成因很不相同，西方经济周期理论对于我们更加全面地理解我国的经济增长中的周期波动的特点，从而更有效地监控宏观经济运行、及时调整政策方向以确保我国宏观经济长期快速持续协调健康发展，具有重要的借鉴意义。

2.2 萨缪尔森的乘数-加速数相互作用模型

现代西方各种经济周期波动理论从不同角度构建了很多经济模型，本节中，我们将介绍两个经典的经济模型，萨缪尔森(Paul A. Samuelson)的乘数-加速数相互作用模型和希克斯(J. R. Hicks)经济周期模型，来清晰地展现在投资支出发生变化时宏观经济出现周期性波动的传导过程。

2.2.1 几个有关的概念

1. 边际消费倾向和边际储蓄倾向

边际消费倾向(marginal propensity to consume，MPC)是指由于增加一元收入而导致的消费增加的数量。边际储蓄倾向(marginal propensity to save，MPS)是指由于增加一元收入而导致的储蓄增加的数量。边际消费倾向 MPC 和边际储蓄倾向 MPS 之间的关系是

$$\mathrm{MPC} = 1 - \mathrm{MPS} \tag{2.2.1}$$

2. 自发投资与引致投资

自发投资(autonomous investment)是指由人口、技术、资源、政府政策等外生因素的变动所引起的投资。引致投资(induced investment)是指由国民收入或消费的变动所引起的投资。

3. 资本-产量比率

资本-产量比率(capital-output ratio)是指生产一单位产量所需要的资本量。以 K 代表资本存量，Y 代表产量水平(或所生产的物品和劳务的实物数额)，β 代表资本-产量比率，我们有

$$K = \beta Y \tag{2.2.2}$$

如果资本-产量比率为 2，则产量 Y 为 200 元时就要求有 400 元的资本。

4. 乘数

乘数(multiplier)本身是一种系数，表明投资的每次增加所导致的收入增加的倍数是多

少,即用乘数来乘投资的变动会得到投资的变动所导致的收入的变动。萨缪尔森举了一个简单的例子来说明这个问题①。当某人雇用失业的资源来建筑价值1 000美元的汽车间时,除了他最初投入的资金以外,国民收入和产值还会有次级的扩大,其原因是:

建筑汽车间的木匠和木材生产者会得到1 000美元的增加收入。但是,事情并不终止于此。如果他们的边际消费倾向均为2/3,他们会支出666.67美元购买新的消费品。这些物品的生产者又会有666.67美元的增加收入。如果他们的边际消费倾向也是2/3,他们又会支出444.44美元,即666.67美元的2/3。过程如此继续下去,每一次的支出都是上一次的2/3,即得

$$1\times 1\,000+\frac{2}{3}\times 1\,000+\left(\frac{2}{3}\right)^2\times 1\,000+\cdots$$

$$=1\,000\times\left[1+\frac{2}{3}+\left(\frac{2}{3}\right)^2+\cdots\right]$$

$$=1\,000\times\frac{1}{1-\frac{2}{3}}=1\,000\times 3=3\,000 \tag{2.2.3}$$

这就说明,如果边际消费倾向等于2/3,则乘数为3。由上述可知,乘数是边际储蓄倾向MPS的倒数,和边际消费倾向MPC的关系是(1-MPC)的倒数。

简单的乘数公式是

$$\text{收入的变动}=\frac{1}{1-\text{MPC}}\times\text{投资的变动}=\frac{1}{\text{MPS}}\times\text{投资的变动} \tag{2.2.4}$$

5. 加速原理

设在t时期资本存量从K_{t-1}增加到K_t,则需要的投资支出净额等于资本存量的变动,

$$I_t=K_t-K_{t-1} \tag{2.2.5}$$

其中I_t是时期t的投资净额,利用前述资本-产量比率关系$K=\beta Y$,我们将βY_t和βY_{t-1}分别代替K_t和K_{t-1},我们就可以把t时期需要的投资支出净额描述为

$$I_t=\beta Y_t-\beta Y_{t-1}=\beta(Y_t-Y_{t-1}) \tag{2.2.6}$$

投资总额是投资净额加上折旧,设I_{gt}代表时期t的投资总额,D_t代表时期t的折旧,我们有

$$I_{gt}=I_t+D_t=\beta(Y_t-Y_{t-1})+D_t \tag{2.2.7}$$

这里有一个至关重要的假设,这就是没有过剩的生产能力。

建立于这种关系上的投资理论称作加速原理,资本-产量比率β称为加速数。按照这个规律,社会所需要的资本品的总量,不论是存货还是设备,主要取决于收入或生产的水平。资本品总量的添增,即我们通常所说的净投资,只有在收入增长时才会出现。

2.2.2 萨缪尔森的乘数-加速数模型②

萨缪尔森是美国哈佛大学博士、麻省理工大学经济学教授,曾获得1970年诺贝尔经济

① 保罗·萨缪尔森.经济学[M].高鸿业,译.北京:商务印书馆,1988:321-323.

② 爱德华·夏皮罗.宏观经济分析[M].杨德明,译.北京:中国社会科学出版社,1985:528-532.

学奖，并历任美国政府几个财政和金融机关的顾问，是现代西方经济学的权威人物。

萨缪尔森假定任何一个时期的总收入和产量 Y_t 等于同期中的消费支出 C_t 加投资支出 I_t 的和，我们有

$$Y_t = C_t + I_t \tag{2.2.8}$$

其中

$$C_t = C_a + cY_{t-1} \tag{2.2.9}$$

$$I_t = I_a + \beta(C_t - C_{t-1}) \tag{2.2.10}$$

这里 C_a，I_a 分别是自发消费和自发投资，c 是边际消费倾向，β 是资本-产量比率或加速数。

式(2.2.9)考虑了收入的取得与所得者决定支出那一部分在时间上的间隔，它假定每一期的消费 C_t 取决于同期的自发消费 C_a 加上前一期的引致消费 cY_{t-1}。式(2.2.10)考虑了投资决策和实际的投资支出在时间上的间隔，它假定每一期的投资支出等于自发投资 I_a 加上引致投资 $\beta(C_t-C_{t-1})$。将 C_t 和 I_t 的函数形式代入式(2.2.8)，则得到萨缪尔森乘数-加速数相互作用模型：

$$Y_t = C_a + cY_{t-1} + I_a + \beta(C_t - C_{t-1}) \tag{2.2.11}$$

将式(2.2.9)代入式(2.2.11)中便产生了二阶非齐次差分方程①

$$\begin{aligned} Y_t &= C_a + cY_{t-1} + I_a + \beta(C_a + cY_{t-1} - C_a - cY_{t-2}) \\ &= C_a + I_a + c(1+\beta)Y_{t-1} - c\beta Y_{t-2} \end{aligned} \tag{2.2.12}$$

或者

$$Y_t - c(1+\beta)Y_{t-1} + c\beta Y_{t-2} = C_a + I_a \tag{2.2.13}$$

设 Y^* 是式(2.2.13)的特解(即 Y_t 的平衡值)，则有

$$Y^* - c(1+\beta)Y^* + c\beta Y^* = C_a + I_a \tag{2.2.14}$$

于是当 $c\neq 1$ 时，有

$$Y^* = \frac{C_a + I_a}{1-c} \tag{2.2.15}$$

设 Y_t 是式(2.2.13)的通解，令 $u_t = Y_t - Y^*$，并用式(2.2.13)减式(2.2.14)，得到齐次差分方程

$$u_t - c(1+\beta)u_{t-1} + c\beta u_{t-2} = 0 \tag{2.2.16}$$

它描述了 Y 随时间变化而偏离其平衡值的过程。

从而可知非齐次差分方程式(2.2.13)的通解 Y_t 为

$$Y_t = u_t + Y^* \tag{2.2.17}$$

即非齐次差分方程(2.2.13)的通解为式(2.2.13)的特解与相应的齐次差分方程(2.2.16)的通解之和。

二阶齐次差分方程(2.2.16)解的形式为

$$u_t = m_1\lambda_1^t + m_2\lambda_2^t,\quad \lambda_1 \neq \lambda_2 \tag{2.2.18}$$

或

$$u_t = (m_1 + tm_2)\lambda^t,\quad \lambda_1 = \lambda_2 = \lambda \tag{2.2.19}$$

其中 m_1 和 m_2 为待定系数，λ_1 和 λ_2 为下列特征方程的根

① Gabisch G, Lorenz H W. Business Cycle Theory: A Survey of Methods and Concepts[J]. Second. Revised and Enlarged Edition, 1990: 42-49.

$$\lambda^2 - c(1+\beta)\lambda + c\beta = 0 \tag{2.2.20}$$

则式(2.2.20)的解可以写为

$$\lambda_{1,2} = \frac{c(1+\beta) \pm \sqrt{(c(1+\beta))^2 - 4c\beta}}{2} \tag{2.2.21}$$

最后,式(2.2.13)的通解可以写为

$$Y_t = m_1\lambda_1^t + m_2\lambda_2^t + Y^*, \quad \lambda_1 \neq \lambda_2 \tag{2.2.22}$$

或

$$Y_t = (m_1 + tm_2)\lambda^t + Y^*, \quad \lambda_1 = \lambda_2 = \lambda \tag{2.2.23}$$

其中 m_1 和 m_2 的选取要使方程满足任意初值 Y_0 和 Y_1。

显然,由边际消费倾向 c 和加速数 β 就可以确定式(2.2.20)的根 λ_1 和 λ_2。根据 c 和 β 的大小就可以知道特征方程的根是实数还是复数。

首先考虑判别式

$$[c(1+\beta)]^2 \geqslant 4c\beta \tag{2.2.24}$$

或

$$c(1+\beta)^2 \geqslant 4\beta \tag{2.2.25}$$

时,根为实数的情况。先假定 λ_1 和 λ_2 不相等,不妨设两个根中 λ_1 是绝对值最大的根,即 $|\lambda_1|>|\lambda_2|$。

把 λ_1 代入式(2.2.22)可以发现:当 $|\lambda_1|$ 小于1时,则 $|m_1\lambda_1^t|$ 将随着 t 的增加而减少,逐渐趋于0。由于 $|\lambda_1|>|\lambda_2|$,所以 $|m_2\lambda_2^t|$ 也趋于0,系统将是衰减的;而当 $|\lambda_1|$ 大于1时,随着 t 的增加,$|m_1\lambda_1^t|$ 将呈指数增加,系统将是发散的。实根情况下的系统变化如图2.2.1所示。

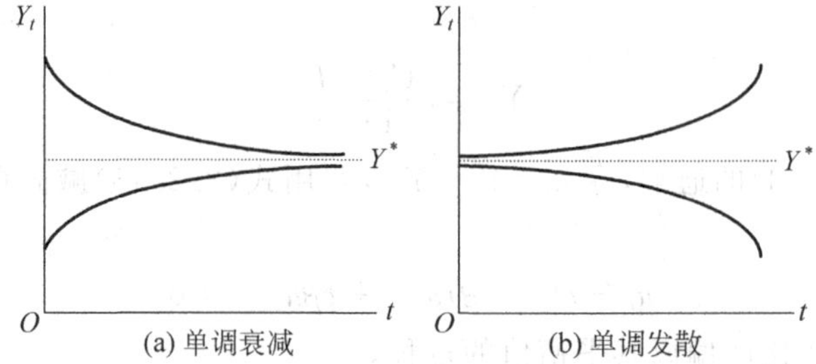

图2.2.1 实根情况下的系统变化

检查系统衰减和发散行为的相关参数域,并不一定要直接检验式(2.2.21),由所谓的 Schur 准则①所提供的单调衰减行为的充分必要条件,可以发现只需检验 $c(1+\beta)<2$ 是否成立就足够了。而且不难看出,这个不等式和实根条件式(2.2.25)一起能够推出 $\beta<1$,即

$$[c(1+\beta)^2 > 4\beta] \cap [2 > c(1+\beta)] \Rightarrow 2 > c(1+\beta) > \frac{4\beta}{1+\beta} \Rightarrow \beta < 1$$

---

① Schur 准则:二阶齐次方程 $\lambda^2+a_1\lambda+a_2=0$ 的根的绝对值比1小,当且仅当

$$1 - a_1 + a_2 > 0 \tag{1}$$

$$1 + a_1 + a_2 > 0 \tag{2}$$

$$1 - a_2 > 0 \tag{3}$$

由于这里,$a_1=-c(1+\beta)$,$a_2=c\beta$,所以不等式(1)总是满足的,由不等式(2)和不等式(3)可以推出 $2>1+c\beta>c(1+\beta)$。

因此，当 $c\leqslant 1$ 和 $\beta<1$ 时，系统行为是单调衰减的（见图 2.2.1(a)）。当 $c\leqslant 1,\beta>1$ 时，则式(2.2.21)中至少有一个根绝对值大于 1，即 $|\lambda_1|>1$，由前述可知，系统将是单调发散的（见图 2.2.1(b)）。

衰减和发散的单调运动的边界处，即在平稳状态下，一定有两个根 $\lambda_{1,2}=1$。在这种重根的情况下，由 $c(1+\beta)^2=4\beta$ 可得到 $\lambda_{1,2}=c(1+\beta)/2$。从而，由 $c(1+\beta)^2=4\beta$ 和 $c(1+\beta)=2$ 可以推出在平稳状态下，应有 $\beta=c=1$。在式(2.2.23)中重根情况下的通解形式为 $Y_t=(m_1+tm_2)\lambda^t+Y^*$，显然，当 $\lambda=1$ 时，平稳解的条件是 $m_2=0$。

下面讨论 $\lambda\neq 1$ 时的重根情况。当 $\lambda>1$ 时，将 λ 代入 $Y_t=(m_1+tm_2)\lambda^t+Y^*$ 中，可以发现，随着 t 的增加 λ^t 和 tm_2 都发散，所以 Y_t 随着时间增加而增长。而 $\lambda<1$ 时，随着 t 的增加，λ^t 衰减的速度比 tm_2 发散的速度快，所以 Y_t 随着时间增加而衰减，因此，在重根的情况下，可以和前述讨论得出相同结论。

其次，讨论复根的情况，即判别式

$$c(1+\beta)^2<4\beta \tag{2.2.26}$$

在这种情况下，特征根可以写成以下形式

$$\lambda_{1,2}=\frac{c(1+\beta)\pm\sqrt{4c\beta-[c(1+\beta)]^2}\sqrt{-1}}{2} \tag{2.2.27}$$

或

$$\lambda_{1,2}=a\pm b\mathrm{i}$$

其中

$$a=\frac{c(1+\beta)}{2}$$

$$b=\frac{\sqrt{4c\beta-[c(1+\beta)]^2}}{2}$$

$$\mathrm{i}=\sqrt{-1}$$

由于复数可以理解为复平面上的向量，所以表达式 $a\pm b\mathrm{i}$ 可以改写为

$$a\pm b\mathrm{i}=r(\cos\theta\pm \mathrm{i}\sin\theta) \tag{2.2.28}$$

其中 $r=\sqrt{a^2+b^2}$ 为模，如图 2.2.2 所示，即在此平面上原点到 (a,b) 或 $(a,-b)$ 点之间的欧氏距离，θ 为矢量同实轴 x 之间的夹角。

根据棣莫佛定理①，$u_t=m_1\lambda_1^t+m_2\lambda_2^t$ 可以写成

$$\begin{aligned}u_t&=m_1\lambda_1^t+m_2\lambda_2^t\\&=m_1[r(\cos\theta+\mathrm{i}\sin\theta)]^t+m_2[r(\cos\theta-\mathrm{i}\sin\theta)]^t\\&=r^t[m_1(\cos t\theta+\mathrm{i}\sin t\theta)+m_2(\cos t\theta-\mathrm{i}\sin t\theta)]\\&=r^t[(m_1+m_2)\cos t\theta+(m_1-m_2)\mathrm{i}\sin t\theta]\end{aligned} \tag{2.2.29}$$

因为 (m_1+m_2) 和 $(m_1-m_2)\mathrm{i}$ 是依赖于初值的常数，分别用 A,B 表示，则

$$u_t=r^t(A\cos t\theta+B\sin t\theta) \tag{2.2.30}$$

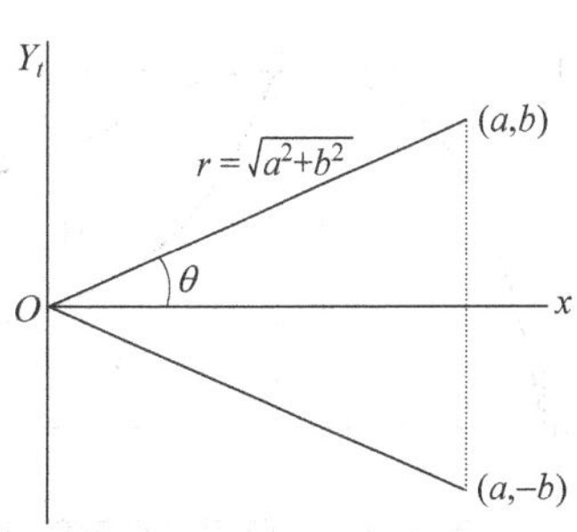

图 2.2.2　复根的模

① 棣莫佛(Abraham de Moivre)定理：$[r(\cos\theta+\mathrm{i}\sin\theta)]^n=r^n(\cos n\theta+\mathrm{i}\sin n\theta)$

式(2.2.30)表示了一个三角函数的波动运动,每一完整周期的持续期间为$360°/\theta$。

显然,r是控制波动振幅的变量,当$r=1$时,将会出现围绕特解Y^*的调和振荡;当$r<1$时,振荡将是衰减的(见图2.2.3(a));当$r>1$时,振荡将是发散的(见图2.2.3(b))。

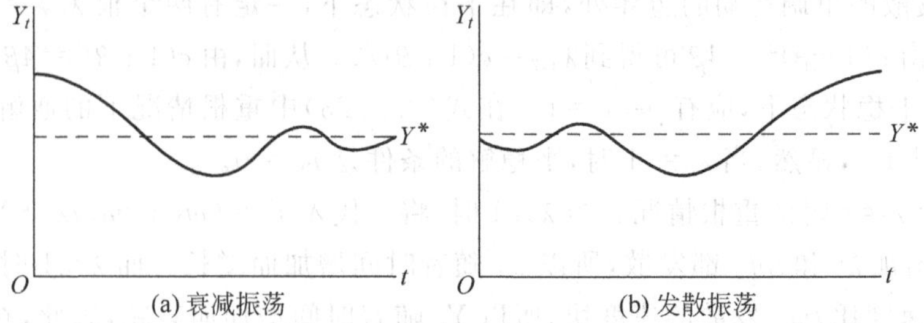

图 2.2.3　复根情况的系统变化

由于$r=\sqrt{a^2+b^2}$,同时由根和系数关系的韦达定理有$\lambda_1\times\lambda_2=a^2+b^2=r^2=c\beta$,所以上述不同的振荡形式可以通过下面方式来界定

$$\begin{cases}\dfrac{1}{c}>\beta, & \text{衰减振荡}\\[2mm] \dfrac{1}{c}=\beta, & \text{调和振荡}\\[2mm] \dfrac{1}{c}<\beta, & \text{发散振荡}\end{cases} \tag{2.2.31}$$

综合上述讨论的结果,表2.2.1中列出了萨缪尔森乘数-加速数模型的参数域及它们对系统动态行为的影响,图2.2.4用图形给出了与表2.2.1相应的区域。

表 2.2.1　萨缪尔森乘数-加速数模型的参数域

实根　$c(1+\beta)^2\geqslant 4\beta$	复根　$c(1+\beta)^2<4\beta$
$c\leqslant 1,\beta<1$　单调衰减　Ⅰ	$1/c>\beta$　衰减振荡　Ⅳ
$c=1,\beta=1$　平　　稳　Ⅱ	$1/c=\beta$　调和振荡　Ⅴ
$c\leqslant 1,\beta>1$　单调发散　Ⅲ	$1/c<\beta$　发散振荡　Ⅵ

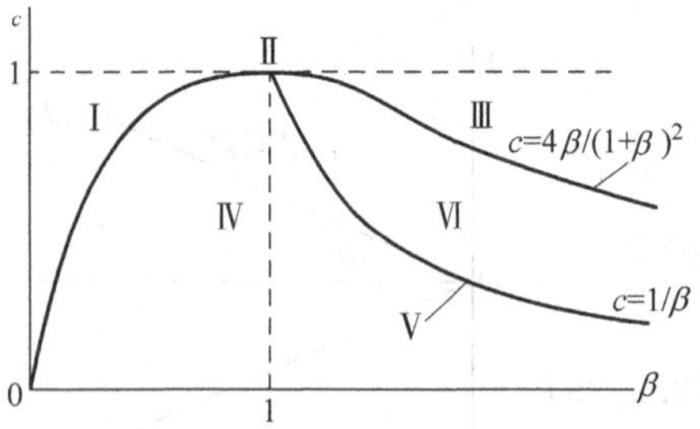

图 2.2.4　萨缪尔森乘数-加速数模型的参数域

表2.2.2是萨缪尔森乘数-加速数模型(2.2.11)的一个例子,表明在22个连续时期里,把自发消费、自发投资、引致消费和引致投资的变化代入式(2.2.11)得到的结果。

表2.2.2所给的数据显示,收入水平在第6期升到高峰P,然后在第11期降到低谷T,在第16期升到另一高峰,而在第21期又降到另一低谷。简要地说,收入和产量的水平是用一系列周期性的波动标出来的。这些波动仅由模型中的一个变化,即第3、4期及后继各期的自发投资支出上升到一个较高的但是不变的比率而产生的。由于把加速数结合到投资函数里,自发投资的持久增加就不再必定意味着收入和产量将简单地上升到一个较高的水平并建立均衡,而是像我们所看到的,可以使体系开始一系

列自我产生的不建立新的均衡的周期性的波动。

表 2.2.2　乘数-加速数模型的例子①

(1) 时期	(2) 自发消费 C_a	(3) 引致消费 cY_{t-1} $c=0.6$	(4) 自发投资 I_a	(5) 引致投资 $\beta(C_t-C_{t-1})$ $\beta=1.5$	(6) 收入和产量 Y	(7) 收入和产量与前期相比的变动	(8) 收入和产量与第一期相比的变动
1	10	60.0	30	0.0	100.0		
2	10	60.0	30	0.0	100.0	0.0	0.0
3	10	60.0	40	0.0	110.0	10.0	10.0
4	10	66.0	40	9.0	125.0	15.0	25.0
5	10	75.0	40	13.5	138.5	13.5	38.5
6	10	83.1	40	12.1	145.2P	6.7	45.2
7	10	87.1	40	6.1	143.2	−2.0	43.2
8	10	85.9	40	−1.8	134.1	−9.1	34.1
9	10	80.5	40	−8.2	122.3	−11.8	22.3
10	10	73.4	40	−10.7	112.7	−9.6	12.7
11	10	67.6	40	−8.6	109.0T	−3.7	9.0
12	10	65.4	40	−3.3	112.1	3.1	12.1
13	10	67.2	40	2.8	120.0	7.9	20.0
14	10	72.0	40	7.2	129.2	9.2	29.2
15	10	77.5	40	8.2	135.7	6.5	35.7
16	10	81.4	40	5.9	137.3P	1.6	37.3
17	10	82.4	40	1.5	133.9	−3.4	33.9
18	10	80.3	40	−3.1	127.2	−6.7	27.2
19	10	76.3	40	−6.0	120.3	−6.9	20.3
20	10	72.2	40	−6.2	116.0	−4.3	16.0
21	10	69.6	40	−3.9	115.7T	−0.3	15.7
22	10	69.5	40	−0.3	119.2	3.5	19.2

注：在(6)中 P 代表峰，T 代表谷。

假如表 2.2.2 向第 23 期之后继续伸延，就会发现振幅越来越小，如不再受到类似 C_a 或 I_a 的变动的任何干扰，这些周期将归于消失，收入水平稳定在 125，这是由于在此例中假定 $c=0.6$，$\beta=1.5$。由表 2.2.1 可知，系统的变动模式是Ⅳ，即“衰减振荡”，收入的波动经过一系列振幅越来越小的周期波动，直到周期最后消失。在表 2.2.2 中只假定有一个干扰，实际经济生活中，干扰会很频繁地发生并且间隔不定。技术的进步、创新、战争、自然灾害都可能使系统发生振动。这样，像此例显示的周期归于消失的趋势，就可以转变为周期的无穷系列。

萨缪尔森的模型是非常简单的宏观经济模型，因为它只涉及消费和资本存量中的净投资。但是由于模型提出了利用加速原理和乘数分析之间的相互关系来解释引起收入水平周期性变动机制的思想，从而成为经济周期文献中的经典。半个世纪以来，在乘数-加速数相

① 爱德华·夏皮罗. 宏观经济分析[M]. 杨德明，译. 北京：中国社会科学出版社，1985：530-532.

互作用的基础上建立了许多经济周期模型，下节要介绍的希克斯经济周期模型就是其中的一个重要模型。

2.2.3 希克斯经济周期模型[①②]

希克斯经济周期模型也是按照乘数-加速数原理刻画经济周期的模型。希克斯在其著作《对商业周期理论的贡献》中，详细描述了经济发展由高涨、繁荣走向衰退，又由萧条转向复苏的全过程。希克斯曾获得1972年诺贝尔经济学奖。

1. 希克斯乘数-加速数模型

希克斯对萨缪尔森模型的形式结构进行微小的调整。希克斯用引致投资函数

$$I_t = \beta(Y_{t-1} - Y_{t-2}) \tag{2.2.32}$$

取代了萨缪尔森模型中的引致投资函数

$$I_t = \beta(C_t - C_{t-1}) \tag{2.2.33}$$

即投资不仅取决于消费的变化，也取决于总需求的变化。

这样，与萨缪尔森模型同样的过程，希克斯模型也导出了一个二阶差分方程

$$Y_t - (c+\beta)Y_{t-1} + \beta Y_{t-2} = C_a + I_a \tag{2.2.34}$$

式(2.2.34)齐次部分的特征方程为

$$\lambda^2 - (c+\beta)\lambda + \beta = 0 \tag{2.2.35}$$

其根为

$$\lambda_{1,2} = \frac{(c+\beta) \pm \sqrt{(c+\beta)^2 - 4\beta}}{2} \tag{2.2.36}$$

与萨缪尔森模型类似可以导出希克斯模型的参数域(推导过程省略)，列在表2.2.3中，并在图2.2.5中画出。

表2.2.3 希克斯模型的参数域

实根 $(c+\beta)^2 \geqslant 4\beta$	复根 $(c+\beta)^2 < 4\beta$
$\beta < (1-\sqrt{1-c})^2$ 单调衰减 Ⅰ	$1 > \beta > (1-\sqrt{1-c})^2$ 衰减振荡 Ⅳ
$\beta = 1, c = 1$ 平稳 Ⅱ	$\beta = 1, c < 1$ 调和振荡 Ⅴ
$\beta > (1+\sqrt{1-c})^2$ 单调发散 Ⅲ	$1 < \beta < (1+\sqrt{1-c})^2$ 发散振荡 Ⅵ

两个模型的主要差别在于，希克斯模型中，衰减和发散振荡的边界仅取决于加速数 β；而在萨缪尔森模型中，此边界的确定受到 c 和 β 两者的影响。

2. 希克斯增长模型

希克斯认识到，经济周期在历史上处于一种沿着增长或趋于上升的路线上下运动的状态。[③] 在这种意义下，在衰退时期，经济的实际产量大于10年前或上一周期繁荣阶段的高

---

① Gabisch G, Lorenz H W. Business Cycle Theory: A Survey of Methods and Concepts[J]. Second. Revised and Enlarged Edition, 1990: 59-62.

② Hicks J R. A Contribution to the Theory of the Trace Cyle[N]. Oxford University Press, 1950.

③ 爱德华·夏皮罗. 宏观经济分析[M]. 杨德明，译. 北京：中国社会出版社，1985：537-543.

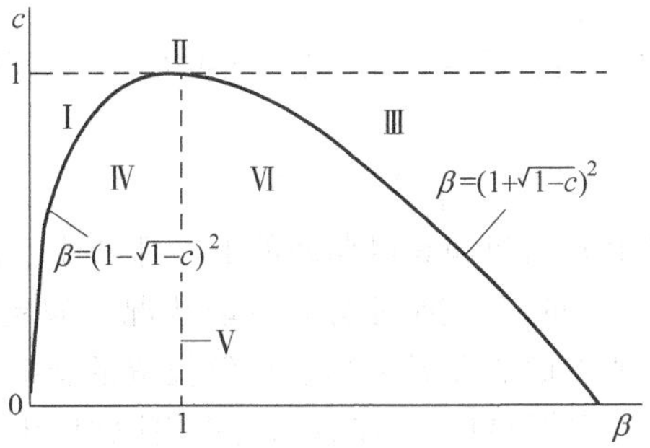

图 2.2.5　希克斯模型的参数域

峰时期的经济产量是很平常的现象。那么要建立一种经济周期理论，就应该以提供一种增长的理论为背景来进行研究。

所以希克斯在乘数和加速数的值能产生增幅或爆发性周期的假定上创立了增长周期理论。

为了描述经济是如何在一定外界条件下，由内在力量的相互作用形成增长的周期性运动，希克斯提出如下假设：

(1) 假定自发投资(自发投资 I_a 和自发消费 C_a 合并为一项)长时期趋于以一个完全不变的增长率 r 增长。图 2.2.6 中 $I_a=I_0e^{rt}$ 表示自发投资，注意图 2.2.6 的纵轴为对数标尺。

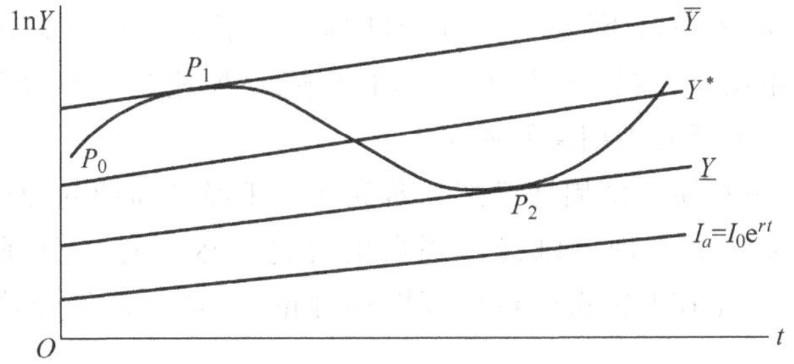

图 2.2.6　希克斯周期

(2) 假定存在着一条呈现出与自发投资具有相同的和不变的增长率 r 的收入均衡增长路线 Y^*。希克斯通过对过去一个半世纪的经济史的研究，得出结论，不能用无规则的冲击和衰减振荡的机制来说明经济周期波动，经济系统摆动的基本结构应是单调增长或产生发散性振荡的周期，即实际产出与均衡产出之间一旦出现偏差，就可能趋向于无穷大。基于这种见解，加速数的数值是这样选定的，它使希克斯模型产生发散性振荡，即模型的参数域是图 2.2.5 中的Ⅲ或Ⅵ。现实经济活动中之所以不出现这种状况，完全是由于存在对生产扩张的约束，即由于可用资源不足，对向上扩张存在一个直接的限制，这意味着如果模型仍应具有经济意义的话，就必须引入上限和下限。上限 $\bar{Y}$ 表示该经济的资源充分利用时所产生的最高产量的增长路线。希克斯采用凯恩斯主义的充分就业表示对实际产出向上扩张的限制，即充分就业上限。下限 $\underline{Y}$ 表示在周期的收缩阶段中实际产出所能下降的最低点。把上限和下限结合起来，以解释爆发为什么不会发生，并确定经济周期波动发生的界限。

(3) 假定折旧 D 是外生给定的，而且是常数。加上关于发散振荡的假设，意味着在衰退期间的某一处，式(2.2.32)的(负的)引致投资净值的绝对值将开始大于折旧 D。因此，衰退

期间的实际净投资 I_t 被确定为

$$I_t = \max[\beta(Y_{t-1} - Y_{t-2}) + I_a, I_a - D] \tag{2.2.37}$$

在经济上升期间被确定为

$$I_t = \beta(Y_{t-1} - Y_{t-2}) + I_a \tag{2.2.38}$$

因此,加速数仅在经济上升期间和衰退期间的上半部分才起作用。

图2.2.6表示了一个完整的希克斯周期的活动状况。假定在 P_0 点经济处于平衡位置,再假定某种革新或者其他方面的发展引起了自发投资的暂时激增,此后,自发投资又返回到由直线 Ia 表示的路线。根据乘数-加速数相互作用原理,开始了一种累积的向上运动。该经济产量的实际运动,以一个比增长率 r 高的增长率增长,由从 P_0 点到 P_1 点这条线来表明。在 P_1 点到达了上限,由于资源能力的限制,产量不可能再以比上限 $\bar{Y}$ 更快的比率增长,即产量的增长速度下降了,由乘数-加速数原理,必然造成总产量的降低,从而扩张将结束,收缩便随之而来。产量从达到上限到开始下降有一段滞后。

一旦下降开始,加速数就开始在相反的方向起作用,收入的变动成为负数,于是引致投资开始下降,并导致了生产能力的过剩。在向下的波动中,该时期的折旧形成了对负投资(减少投资)的限制,并且净投资 I_t 将由式(2.2.37)的自发投资和折旧所确定。因此在向下运动过程中,仅仅是乘数在起作用。由于平衡增长路线经 Y^* 需要正的引致投资,所以实际轨迹穿过平衡路径并到达较低的下限 Y,它具有引致投资为零的特点,并且此时收入仅由自发投资和折旧所确定。于是,收入由于自发投资增长的继续支持而沿着下限向上运动,但是在一个很低的水平。收入沿着下限运动一段时间后,为了更新目的的新投资将会出现。于是,加速数重新发挥作用,引致投资出现了。通过乘数-加速数的相互作用,收入又开始一种聚积向上的运动,一个新的周期又开始了。

本节简单介绍了希克斯经济周期模型。希克斯关于经济周期的理论是西方经济学界公认的严格按照乘数-加速数原理刻画经济周期的理论。尽管对这个理论有许多不同的意见,存在着各种批评,但是在西方关于经济周期的理论中,希克斯的经济周期理论仍具有权威性影响。

2.3 经济周期波动的预测与宏观经济调控

通过回顾经济周期理论的发展历程,我们已经看到,早期的资本主义国家实行自由放任的经济制度,其局部平衡和资源配置依靠竞争机制和价值规律进行自动调节,微观经济的目标是追求企业的利润最大化,宏观经济运行具有很大的盲目性,因而周期性地出现供大于求,即总供求关系失调,结果导致经济萧条,失业率上升,垄断资本形成,竞争机制削弱,经济危机周期性地发生。1929—1933年的世界性大萧条促使西方经济学界开始认识到传统的自由放任主义的经济理论是行不通的。凯恩斯在《就业、货币与利息通论》中首次全面系统地论证了政府干预经济生活的必要性及可能性。第二次世界大战之后,西方各国政府运用凯恩斯主义理论的政策主张来稳定经济,采用财政、货币、税收、社会福利、失业救济等经济杠杆,对经济生活进行大规模的全面干预。

虽然各个经济学流派在关于政府是否应该采取经济政策应对宏观经济中出现的周期波动的问题上仍然存在分歧,但是,世界各国政府在面对经济系统中出现的大起大落时都无一例外地会积极地运用经济政策进行干预。可以说，宏观经济调控已经是生产社会化、现代化大生产方式和科学管理的必然要求。在我国建立社会主义市场经济体制的探索中，考察西方宏观经济调控的内容及其特点，将有助于我国在进行宏观经济调控时借鉴西方国家的一些成功的经验和失败的教训，摸索出一套适合我国国情的宏观经济调控体系。

2.3.1　宏观经济调控的时滞和经济周期波动的预测

西方国家的宏观调控政策在某种程度上缓和了经济的剧烈波动，使得战后经济周期波动比战前要平缓一些，波动的起伏程度也减小了。但是，应该看到宏观调控政策在实际执行过程中要受到许多客观因素的制约，这些因素包括政治因素、政策目标的选择，政策作用的时间滞后等。它们的存在直接影响到宏观调控政策的有效性。

经常会出现这样一种情况：经济状况已明显发生变化，但是政府却无动于衷，而在某个时期，接连不断地采取宏观调控政策，却没有效果，甚至反而导致经济状况的恶化，著名的经济学家米尔顿·弗里德曼(M. Friendman)[①]认为存在一个重要的原因就是时滞的影响。影响宏观经济政策作用的时滞有三种：

(1) 经济状况发生某种变化后至实际认识到这种变化的滞后(认知滞后)。经济状况的变化一般都是根据某个月的经济指标判断，但这种经济指标总是要在经济状况发生变化的一个月至两个月时间之后才能出现。因此，实际认识到这一点难免会出现滞后。

(2) 了解经济状况发生变化后至政策实施时的滞后(政策滞后)。调控中央银行利率这一措施相对来说机动性比较强，但财政方面的举措则必须制订预算，并要通过国会的审议，从决定采取财政措施起至具体付诸实施要花相当长的时间。

(3) 实施政策后至政策产生效果时的滞后(效果滞后)。与第二种滞后相反，追加公共投资等财政措施具有速效性，而调整中央银行利率等利率政策要产生效果则需要花相当长的时间。

在经济处于高涨和危机时，即处于经济周期波动的峰和谷时，上述的滞后时间有所不同。因为人们往往被经济的繁荣现象迷惑，认识不到随之而来的衰退，而对经济危机的到来又非常敏感，往往能及早地有所察觉。美国对经济周期波动的峰的认识和政策滞后平均为 8.5 个月，而对谷的认识和政策滞后平均为 3 个月。

1945—1975 年期间，美国经济衰退的平均持续期间只有 10 个月，而整个周期的平均持续期间平均为 59 个月。这样，由于短期经济波动的频繁和宏观经济政策的时滞影响，政府实施的宏观调控政策往往由于经济情况已经发生了变化，以致低谷时制定的缓和政策，经济过热时才产生效果，或者高涨时采取的紧缩政策，到下一期危机时，才产生紧缩效果；例如，1957 年初，美国经济活动十分活跃，物价猛涨，联邦储备银行急于抑制经济过热，采取了强有力的抽紧信用的措施。在这一过程中，1957 年 8 月爆发了经济危机。1958 年工业生产从最高峰跌落了 14%。但是联邦储备银行因摸不清情况而迟迟未采取行动，直到 1958 年 3 月后才放松银根。因此，宏观调控政策的实施有时不但不能起到减少经济波动的作用，反而会带来加剧经济波动的后果。

---

① 米尔顿·弗里德曼. 弗里德曼文萃(上册)[M]. 胡雪峰，武玉宇，译. 北京：首都经济贸易大学出版社，2001：340-342，348-350.

对当前经济状态的认识和制定并实施政策的滞后期间是可以设法缩短的,各国政府采取的一个重要手段就是加强宏观经济监测和预测工作,以便及早地了解到经济周期波动的峰和谷的出现时间及某些重要的经济指标未来的发展趋势,为及时地进行为宏观经济调控提供可靠的依据。

2.3.2 宏观经济调控的政策目标

各国宏观经济调控的目标一般都是:①削弱经济周期的波动,保持总供给与总需求的基本平衡;②维持一个没有过度通货膨胀和通货收缩的稳定增长和充分就业的经济发展形势。为达到目标,其政策目标体系主要包括经济增长、充分就业、价格水平稳定和国际收支平衡等。

1. 保持经济适度增长

经济增长是由多方面因素决定的一个客观过程,在经济和社会发展的一定阶段,存在着一个合理的或潜在的经济增长速度。宏观经济调控就是要使经济增长速度保持在一个适度的水平上。因此,要在结构优化、效益提高的基础上保持经济持续、稳定的增长。

2. 充分就业

在资本主义制度下,失业是无法克服的普遍现象。特别是在经济危机时期,失业还会成为严重的社会问题。20世纪30年代经济大危机时期空前严重的失业现象造成了极大的恐慌。1946年,美国国会通过了《就业法》,把促进实现和维持最大限度的就业以立法的形式确定下来。第二次世界大战以后,就业问题已成为各国政府宏观经济调控的一项重要的政策目标。

3. 稳定物价,降低通货膨胀率

引起通货膨胀的原因大致可分为需求压力、成本上升、货币发行过多或少数垄断企业操纵价格等,而这些原因又相辅相成,导致物价上升。严重的通货膨胀会造成人们实际收入的减少、生活水平下降、降低了本国产品在国际市场上的竞争力,并会因此而引起社会的极大混乱。所以各国政府和金融当局均把精力集中在防止通货膨胀、稳定物价上。

20世纪70年代以前,西方国家通常在经济周期波动的高峰期,失业率较低而通货膨胀率较高,在危机时期,失业率较高而通货膨胀率较低,这就是传统的菲利普斯曲线所说明的失业率和通货膨胀率之间的变动关系。但是,进入70年代以后,出现了滞胀问题,即经济增长停滞,失业率迅速上升的同时,通货膨胀率达到了两位数,这种现象使菲利普斯曲线所说明的规律失效了。因而,西方各国政府在20世纪80年代后期基本上以抑制通货膨胀为主要政策目标。

4. 国际收支平衡

国际收支是整理、计算一定时期内(1年)与国外的一切交易而得出的。如果贸易萧条,持续入超,贸易收支就会呈现赤字。并且由于必须用外汇支付,从而导致外汇储备减少,出现国际收支不平衡。在开放经济的条件下,实现国际收支平衡这一目标是非常重要的。

不同的政策目标在不同的历史时期的重要性是不一样的。政府在进行宏观经济调控时各项政策目标很难同时实现，只能侧重于某个更重要的政策目标上。

2.3.3 宏观经济调控的政策手段

完成上述的宏观经济调控目标而采取的政策手段很多，但主要的是通过国家的财政政策和货币政策来调节总需求。如果总需求小于总供给，有效需求不足，则会存在紧缩的缺口，引起失业，此时需要刺激总需求；如果总需求大于总供给，存在过度需求，则会有膨胀的缺口，引起通货膨胀，此时就需要抑制总需求，以求总需求与总供给平衡，实现既无失业又无通货膨胀的宏观经济调控目标。

1. 财政政策的运用

财政政策的主要内容包括财政支出政策（政府购买、追加公共投资与转移支付）和财政收入政策（税收）。增加政府支出和减少税收可以扩大总需求，增加国民收入；减少政府支出和增加税收可以缩小总需求，减少国民收入。根据上述原则，政府通常采用下述逆经济风向行事的反周期政策来进行宏观经济调控。

当经济进入衰退时期，政府应该采取扩张性的财政政策，即降低税率，扩大政府支出，以此来刺激总需求的增加，进而降低失业率。财政政策在经济萧条时能发挥相当好的效果。增加政府开支包括增加公共投资、增加政府购买、增加转移支付。这样一方面直接增加了总需求，另一方面又刺激了私人消费与投资，间接增加了总需求。例如公共投资是国家及地方为了完善道路、港湾、机场、给排水系统、公共设施等人民广泛利用的设施而投入的资金。一旦进行公共投资，就会接连不断地激发新的需求，带动着建筑必需的水泥、钢铁构架、木材等材料产业的发展，并会波及服务业、运输业的发展。同时，由于公共投资对道路、机场、港口等基础生产设备进行完善，活跃企业的经济活动，所以公共投资又具有提高企业生产力的效果。减少政府税收（包括免税或退税）也可以扩大总需求。这是因为减少个人所得税可以使个人有更多的可支配收入，从而增加消费，减少企业所得税可以刺激企业的投资，减少间接税也会刺激消费与投资。

在经济过热时期，存在过度需求，会引起通货膨胀。所以政府应该采取紧缩性的财政政策，即提高税率，减少政府开支，以此来抑制总需求的过度膨胀，进而遏制通货膨胀。减少政府开支包括减少公共投资，即控制公共事业的实施或暂缓公共事业某些项目的实施，减少政府购买，减少转移支付，这样一方面直接减少了总需求，另一方面又抑制了私人消费和投资，间接减少了总需求。增加政府税收也可以缩小总需求。这是因为增加个人所得税可以减少个人的可支配收入，从而减少消费，增加公司所得税可以减少公司的投资，增加间接税也会抑制消费与投资。

在各国政府运用财政政策中，往往受到很多限制。首先，不同的政策会遇到不同阶层与利益集团的反对。例如，在萧条时期，政府迫于大量失业工人的压力，会采取赤字支出等扩张性财政政策来增加就业人数，使经济得以复苏。但是这一过程发展到一定阶段就会遭到资本家的反对，因为充分就业消除了产业后备军，使工人与资本家在工作条件、工资等谈判中，加强了工人的力量。因此资本家会利用其操纵的政治权力迫使政府减少支出，从而使失业人数增加。在许多国家，把税制作为调整经济的手段加以运用还没形成固定的政策，所以社会舆论对增税的抵触反应特别强烈。公共投资也不是任何时候都能成为刺激经济景气的王牌。公共投资增加过度,则有可能因无法筹措材料、劳动力、用地而使公共投资无法实施。财政政策的实施还在很大程度上受到政治因素的影响,例如,在大选前,无论经济形势如何,也不会执行增税、减少政府转移支付之类易于引起选民不满的财政政策。从美国战后的选举情况看,总统大选前,政府一般采取扩张性政策,失业率看来在下降,总统大选后采取紧缩性政策,失业率上升。但是有三次大选不符合这一模式(1960 年,1968 年和 1980 年),结果执政党都以失败告终。

2. 货币政策的运用

货币政策是和财政政策同样有影响力的宏观经济调控手段。货币政策的目的是在萧条时期扩大货币供应量,以降低利息率,刺激总需求;在膨胀时期缩小货币供给量,以提高利息率,抑制总需求。货币政策一般是由中央银行来控制和运用的。作为旨在促进经济繁荣的货币政策,有两种类型:一种是利率政策,提高或降低中央银行利率等各种利率,通过提高或降低借方的资金成本以把握货币政策的方向,是一种间接性的政策;另一种是信贷政策,利用公开市场操作,通过市场购买政府债券等有价证券来投放资金或向外抛售来回笼资金,以及利用法定准备金制度,强行规定商业银行向中央银行无利息地存入一定的资金,使之不能借贷出去,这种控制资金可用量的货币调节手段是一种直接性政策。货币政策的主要政策措施有以下三种:

(1) 公开市场业务

公开市场业务(open-market operations)是指中央银行在金融市场上买进或卖出政府债券等有价证券,以影响利息率,调节货币供给量。

在萧条时期,中央银行通过资本市场购买政府债券等有价证券,则市场中的周转资金就会增加。一方面,出售债券的企业或个人得到货币,把这些货币存入商业银行,于是银行的存款增加,并可能通过银行创造货币的作用使市场上的货币流通量增加,利息率下降,企业的投资活动活跃,从而使总需求扩大。另一方面,中央银行买进有价证券和政府债券,还会导致债券价格上升,根据债券价格与利息率成反比例变动的关系,债券价格上升也会引起利息率下降。这种扩张性政策有助于经济增长和充分就业。

在膨胀时期,中央银行卖出有价证券。此时,金融市场上的游资被吸收,各种金融机构的自由准备金减少,因此信用扩张受到抑制。由于有价证券的供给增加,证券价格下降,市场利率上升,因而企业投资意向减退,这种紧缩局面有利于价格水平稳定和国际收支状况的改善。

近年来,西方国家在货币政策的应用上,很重视公开市场业务的应用,但是有时公开市场操作却未必能达到预想的效果,如萧条时期,公众不一定卖债券;膨胀时期,公众不一定买债券,往往使公开市场业务难于奏效。

(2) 贴现率政策

贴现率是商业银行向中央银行借款时的利息率,通常被视为金融市场的基础利率,它的变动将导致整个金融市场利率的变动,从而影响资本的流动。贴现率政策(discount-rate policy)是指中央银行变动贴现率以调节货币供应量与利息率。

在经济萧条时期,中央银行降低贴现率(包括放宽贴现条件)。这样各种金融机构,如商业银行，由于借入资金的成本降低，将向中央银行增加借款，扩大放款，从而增加了货币供应量。同时随着中央银行贴现率的降低，商业银行的利息率也将随之降低。贷款的利率下降，对借贷者就会相当有利，企业的投资活动开始趋于活跃，从而达到扩张信用的目的。

在经济过热时期，中央银行提高贴现率(包括紧缩贴现条件)。商业银行由于借入资金的成本提高，将减少其向中央银行的借款额，并相应地减少贷款和证券投资，从而使得商业银行的准备金减少，货币供应量减少，利息率上升。这样将使得企业的投资意向减退，有的企业会因此而取消扩大业务和扩建工厂的计划，生产和投资活动也会相应停滞。中央银行的贴现率上调幅度越大，则借方的资金成本也就越高，紧缩政策的效果也会越大。

由上所述，中央银行的贴现率的上下调整能够左右宏观经济动向，但是，随着西方国家利率的自由化，现在左右市场中各种利率的能力已不是很大了。不过，不能忽视中央银行贴现率政策的宣传效果，它并不单纯是贴现率的变化，还能显示出货币政策的变更和将要执行的政策方针。因此，在这层意义上讲，中央银行的贴现率政策具有很强的调整景气动向的机能。

(3) 调整法定准备金比率

法定准备金制度是指以法律形式规定的商业银行在吸收存款中必须按照法定的比率将其一部分存入中央银行充当准备金的制度。例如，如果法定准备金比率(reserve rate)为20%，那么在吸收了100万元存款后就要留20万元作为准备金，其余80万元才可作为贷款放出。中央银行可以通过对法定准备金比率的控制来影响货币供给量和利率。

在萧条时期，中央银行将降低法定准备金比率，从而使商业银行信贷额增大。在膨胀时期，中央银行将提高法定准备金比率，从而使商业银行信贷额减少。著名经济学家萨缪尔森①指出："改变法定准备率是一个有力的工具，它很少被使用——每隔几年才改变一次，并不像公开市场业务那样，每天都在变动。"假定法定准备率为20%，一旦中央银行公布了把法定准备金比率提高到25%的规定，每一家商业银行都会感到准备金不足，它们必须卖掉一些债券和收回一些贷款，以增加它们的准备金，在短时期内使得货币供给量发生如此大的变动，必然会造成很高的利息率，使信贷难于得到，并使国民收入与就业大为缩减。因此，改变准备金率这一有力武器使用时比较谨慎。

3. 宏观经济政策的协调

为了达到经济稳定化和实现适度增长这一目标，必须综合运用包括财政政策、货币政策在内的各种政策手段。西方国家把政府在进行宏观经济调控时，根据市场情况和各项政策措施的特点，机动地决定和选择当前究竟应采取哪一种或哪几种政策手段的组合称之为相机抉择(the discretionary approaches)。

在运用相机抉择政策时，要善于将各种政策搭配起来使用。财政政策和货币政策的协调配合，采用同向调控方式的较多，要紧都紧，要松都松，都朝同一方向倾斜，这样的政策作用很大。如为了有效地刺激总需求可以把扩张性的财政政策(增加政府支出、减少政府税收)与扩张性的货币政策(增加货币供应量、降低利息率)配合使用。还有异向调控方式的运用，可以按照形势变化，灵活掌握。为了在刺激总需求的同时又不至于引起太严重的通货膨

---

① 保罗·萨缪尔森.经济学[M].高鸿业，译.北京：商务印书馆，1988：458.

胀,可以把扩张性的财政政策与紧缩性的货币政策配合使用,或者把扩张性的货币政策与紧缩性的财政政策配合使用,以便既能降低利息率增加投资,又可以减少政府的支出,稳定物价。一般来说,作为促进经济发展而采取的扩大有效需求政策,跟货币政策相比,财政政策相对有效;而作为使经济降温采取的控制需求政策,则货币政策效果比较好。

经济有需求和供给两个方面的因素,因此,经济政策也可以认为有使供给量满足需求量的供给政策和调节需求量的需求政策两种。但是调节供给量是很难实现的,因此,宏观经济调控政策大都是以具备机动性和速效性的需求政策为主。需求政策也有两种类型,控制特定部门需求的个别对策和给经济整体带来效果的总需求政策。前述的政策手段都可以说是总需求政策,如中央银行利率的调节,普通的增减税及公共投资的增减等。总需求政策的特征是,首先对A部门产生效果,然后波及B部门,再波及C部门,这样逐个部门波动下去,最后达到对整体的需求进行控制这一目的。

第3章 经济周期波动的若干基本概念

3.1 经济周期波动的含义

在科技领域中，对周期现象的理解包含两个特征，即等间隔性和重复性。在数学上表示为 $f(X)=f(X+T)$，T 为周期。而任何经济周期都不是机械的、完全规则的形态，我们可以在平均的、概率的意义上发现周期，但经济周期明显地不具有等间隔性的特点。回顾经济周期波动的历史，每一个周期都有大致相同的过程，复苏、扩张、衰退、收缩，这就是经济周期的规律性。同时，每一个周期又有其各自的特点，周期的持续期间不完全一样，周期过程不完全一样，周期的波动程度也不完全一样，这就是经济周期的特殊性。所以经济周期是指经济现象或变量在连续过程中重复出现涨落的情况，所强调的只是再现性、重复性。

美国著名经济学家密切尔（W. C. Mitchell）和伯恩斯（A. F. Burns）在 1946 年为经济周期（business cycles）下了这样一个定义[①]："经济周期是在主要以工商企业形式组织其活动的那些国家中所看到的总体活动的波动形态。一个周期包含许多经济领域在差不多相同时间所发生的扩张，跟随其后的是相似的总衰退、收缩和复苏，后者又与下一个周期的扩张阶段相结合，这种变化的序列是反复发生的，但不是定期的。经济周期的持续期间从一年以上到十年、二十年不等。它们不能再分为性质相似、振幅与其接近的更短的周期。"这一定义大体被一般西方经济学家所接受，而且一直作为美国全国经济研究局（NBER）研究经济周期波动的依据。

3.2 经济周期波动的类型

西方经济学家把经济周期波动按周期长度区分为四类[②]。

3.2.1 基钦周期

美国经济学家基钦（Joseph Kitchin）经研究发现，在经济活动中有一种有规律的短期波动，其持续期间约为 40 个月，这种波动同商业库存的变化有关。基钦在 1923 年的论文《经济因素中的周期与倾向》中，以 1890—1923 年的英国与美国之间的票据清算额、批发物价、

① 陈宝森，等. 美国经济周期研究[M]. 北京：商务印书馆，1993：5.

② 梁小民. 西方经济学导论[M]. 北京：北京大学出版社，1984：225-227.

利率为资料证明了经济周期实际上有大周期(major cycle)与小周期(minor cycle)两种,小周期平均持续期间约为40个月,一个大周期包括两个或三个小周期。几乎在同一时间,W.库拉姆也发现了40个月左右的短期波动。但由于基钦的分析证据确凿,说服力强,所以将短期波动称为基钦周期。

一般认为,基钦周期主要是由于企业库存投资的循环而产生的,因此,又可以称之为库存循环。当经济摆脱萧条期开始复苏时,订购开始增加,企业的销售量开始上升。但由于商品的生产需要时间,所以企业面临的问题是清仓向外发货。如果库存依旧在不断减少,为恢复企业认为合适的库存量,就得扩大生产。当经济步入繁荣阶段时,一般收入会随之增加,企业认为合适的库存水平将不断上升,所以再度进行库存投资。只要销售量有所增加,经济扩大的压力就会不断存在。如果景气一旦达到顶峰,就将出现相反的现象。企业以经济繁荣时的销售量为基础继续进行库存投资,而实际发货已开始减少,故出现了预料之外的库存增加。如果库存增加一直持续到开始景气衰退之时,那么速度就会放慢,之后库存开始减少。这样,如果库存调整一结束,就开始再次库存投资,又进入下一轮库存循环。美国从1807—1937年的130年中,共经历了37个小周期,其平均长度为3.51年。

3.2.2 朱格拉周期

法国经济学家朱格拉(Clement Juglar)于1862年在《法国、英国、美国的商业恐慌与其周期的再现》一书中,基于银行贷款的数字、利率、物价的统计资料,研究了英、法、美等国家工业设备投资的变动情况,发现了9～10年的周期波动。这就是中周期,也称为朱格拉周期。一个朱格拉周期约含两个基钦周期。美国从1795—1937年的142年中,共经历了17个中周期,其平均持续期间为8.35年。

经过西方众多的经济学家的研究,认为朱格拉周期的产生是由于失业、物价随设备投资的波动而发生变化,从而导致10年左右的周期波动,这种说法已成为主流,所以,也称朱格拉周期为设备投资循环。

为什么会发生设备投资循环,人们试图从理论上加以解释。有人认为构成设备投资的起因的技术革新的规律性及推广技术革新所需的时间大约为10年左右的周期。也有人认为一般机械设备使用寿命大约为10年左右,这样由于机械设备的更新而产生的再投资循环也是设备投资循环产生的一个原因。更多的西方经济学家利用加速原理和投资乘数理论来解释设备投资循环产生的内生机制。

3.2.3 库兹涅茨周期

美国经济学家库兹涅茨(Simon Kuznets)在1930年出版的《生产和价格的长期运动》一书中,研究了美、英、德、法、比等国从19世纪初叶或中叶到20世纪初期60种工农业主要产品的产量和35种工农业主要产品的价格变动的时间序列资料。他剔除了其间短周期与中周期的变动,发现存在着15～25年周期的中长期循环,这种类型的经济周期称为库兹涅茨周期。

一般认为平均持续期间为20年的库兹涅茨周期是由于建筑活动的循环变动而引起的,所以又称为建筑循环。与建筑循环有关的因素有:①住宅和工商业等建筑物的使用寿命及房租和建筑费用的变化;②铁道、公路等交通网的形成;③人口的变动;④产业结构的变化；⑤金融、财政政策的变化；⑥技术革新(特别是建筑技术)；⑦战争与地震等灾害的突发事件；⑧对将来的(乐观的或悲观的)预期等。对于建筑物的需求来说，供给要有相当长的时间延迟，并且建筑活动的扩张使得建筑材料的需求扩大，就业机会增加，对经济的各领域都会产生广泛的影响，从而产生这种较长周期的经济周期波动。一个库兹涅茨周期大约包含两个朱格拉周期。美国在1832—1933年的102年间，共经历了6个中长周期，平均持续期间为17年。

3.2.4　康德拉季耶夫周期

俄罗斯经济学家康德拉季耶夫(N. D. Kondratieff)在《经济生活中的长波》(*The Long Waves in Economic Life*)一书中根据美国、英国、法国100多年内的批发物价指数、利息率、工资率、对外贸易量、铁、煤炭、棉花等产量的动向推算出50～60年周期的长期波动。这种50年左右的长周期被称为康德拉季耶夫周期，又称为长周期。他指出从18世纪末以后存在着3个长周期：

上升期间：1789—1814年；1849—1873年；1896—1920年，
下降期间：1814—1849年；1873—1896年；1920年—

作为引起上述长期景气循环的主要原因，可以列举出人口的增加、新资源的开发、资源的储备、地理上的新发现、战争等因素。认为技术进步和革新是康德拉季耶夫周期产生的原因的说法被普遍接受。的确，康德拉季耶夫指出的第一次长期波动的1780年时期正逢产业革命；第二次长期波动的1850年时期正逢广泛进行铁路建设；第三次周期的1890年时期是电力普及、汽车工业发达的阶段。这三个周期各自与技术革新的浪潮相适应。康德拉季耶夫并未指出第三次长期波动于何时结束。但是人们认为第二次世界大战后的1945年开始，世界经济处于第四次长期波动的上升阶段。1973年10月发生了石油危机，于是战后近30年的长期繁荣结束了。

3.2.5　各种经济周期的相互作用

由于长期与短期循环的景气阶段重叠情况不同，繁荣与萧条的强弱与长短也不同。图3.2.1是4种周期波动的示意图。例如，短期循环的上升期与长期循环的上升期重合，强有力的繁荣将长期持续，如20世纪50年代中期和60年代中期那样，长周期和中长周期这

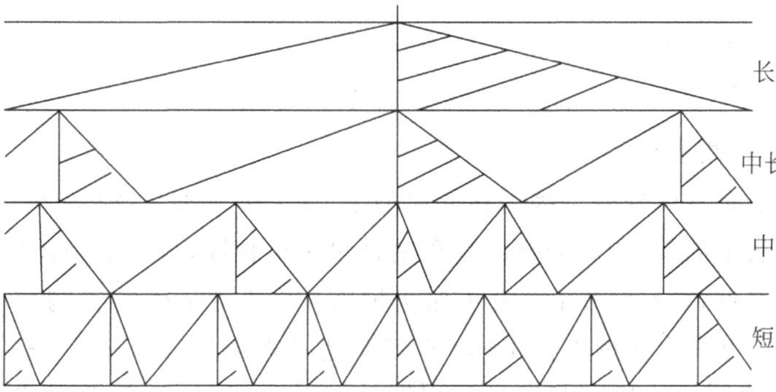

图3.2.1　四种周期波动示意图

两个周期都处于扩张阶段,因此,即使短期波动周期处于危机阶段,危机程度也并不深刻,而当波动周期处于高涨阶段时,高涨的势头就更为强劲。反之,短期循环的下降期与长期循环的下降期重合时,将会出现长时期的严重萧条。如1929—1933年大危机那样,之所以出现大恐慌是因为20世纪的20年代末和30年代初是各种经济周期都处于收缩阶段,它们的同时收缩形成了一种巨大的冲击力,使得危机更为深刻。

3.3 经济时间序列的分解

为了及时、准确地把握经济周期波动,一般都采用月度或季度数据来进行分析和预测,而对于每个经济指标的月度或季度时间序列 Y 来说,都包含着四种变动要素:长期趋势要素 Y^{T}(trend)、循环要素 Y^{C}(cylce)、季节变动要素 Y^{S}(seasonal)和不规则要素 Y^{I}(irregular)。

长期趋势要素 Y^{T} 代表经济时间序列长期的趋势特性。循环要素 Y^{C} 是以数年为周期的一种周期性变动,它可能是一种景气变动,经济变动或其他周期变动,它可以代表经济或某个特定工业的波动。季节变动要素 Y^{S} 是每年重复出现的循环变动,以12个月或四个季度为周期的周期性影响,是由温度、降雨、年中的月份、假期和政策等引起的。季节变动要素 Y^{S} 和循环要素 Y^{C} 的区别在于,季节变动要素是在固定间距(如季、月或周)中自我循环,而循环要素是从一个周期变动到另一个周期,间距比较长且不固定的一种周期性波动。不规则要素 Y^{I} 又称随机因子、残余变动或噪声,其变动无规则可循,这类因素是由偶然发生的事故引起的,如故障、罢工、意外事故、地震、水灾、恶劣气候、战争、法令更改、测定误差等。

在经济分析中,季节变动要素和不规则要素往往遮盖或混淆了经济发展中的客观变化,给研究和分析经济发展趋势和判断目前经济处于什么状态带来困难,因此需要在经济分析之前,将经济时间序列进行分解,剔除其中的季节变动要素和不规则要素。经济时间序列分解模型,依据时间序列的四个构成要素在模型中的相互关系,可以表现为多种不同的形式,但就一般而言,基本的分解模型有以下四类:加法模型、乘法模型、对数加法模型和伪加法模型。

3.3.1 加法模型

加法模型的一般形式为

$$Y = Y^{T} + Y^{C} + Y^{S} + Y^{I} \tag{3.3.1}$$

式中,Y^{T}、Y^{C}、Y^{S} 和 Y^{I} 均表现为绝对量。

这一模型的优点是直观性好。因为在此模型中,季节变动要素 Y^{S} 和循环要素 Y^{C} 的影响都是用绝对量来表示的,与所要分析的现象的计量单位相同,分析起来比较直观。它的局限性是各经济变量之间缺乏可比性。由于加法模型中,时间序列的各构成要素均以绝对量显示,而各种经济变量的计量单位不同,即使都是以货币量计算的经济变量,其平均数也不尽相同。因而使用加法模型测定经济周期波动时,不同的经济变量之间的对比比较困难。

3.3.2　乘法模型

乘法模型的一般形式为

$$Y = Y^{T} \times Y^{C} \times Y^{S} \times Y^{I} \tag{3.3.2}$$

式中，Y^{T} 为绝对量，Y^{C}、Y^{S} 和 Y^{I} 均为相对量。

与加法模型相比，这一模型的主要特点在于以相对数表现季节变动要素 Y^{S} 和循环要素 Y^{C}。因而可以避免计量单位的影响，增强了不同经济变量间的可比性，但也带来了直观性差的问题。

3.3.3　对数加法模型

对数加法模型是通过对乘法模型取自然对数得到的特殊形式的加法模型。其一般形式为

$$\ln Y = \ln Y^{TC} + \ln Y^{S} + \ln Y^{I} \tag{3.3.3}$$

3.3.4　伪加法模型

伪加法模型是由英国中央统计局研究开发的。其一般形式为

$$Y = Y^{TC}(Y^{S} + Y^{I} - 1) \tag{3.3.4}$$

该模型主要是对某些非负时间序列进行季节调整。它们具有这样性质：在每一年中相同月份出现接近于零的正值。在这些月份含有接近于零的季节因子。受这些小因子的影响，时间序列值偏离其趋势值。使用伪加法模型进行季节调整，当 $Y_t \approx 0$ 时，通过减去一个估计量 $Y_t^{TC}(Y_t^{S}-1)$，使得这些月份的调整后结果 Y_t^{TCI} 更接近于序列趋势的估计值。例如，在一年的特定时期，农产品产量就是这样的时间序列。

图 3.3.1～图 3.3.5 是基于乘法模型分解的中国工业总产值时间序列的四种变动要素的图形。①

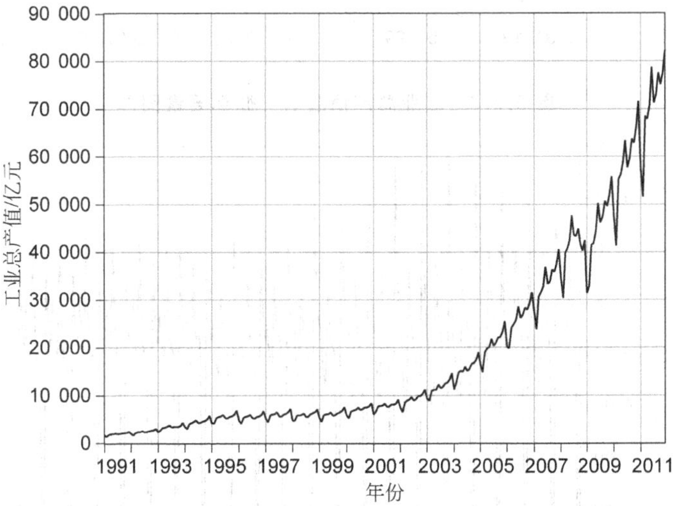

图 3.3.1　中国工业总产值的时间序列图形

---

① 图中凡未标明单位的均为相对量，以下不再说明。

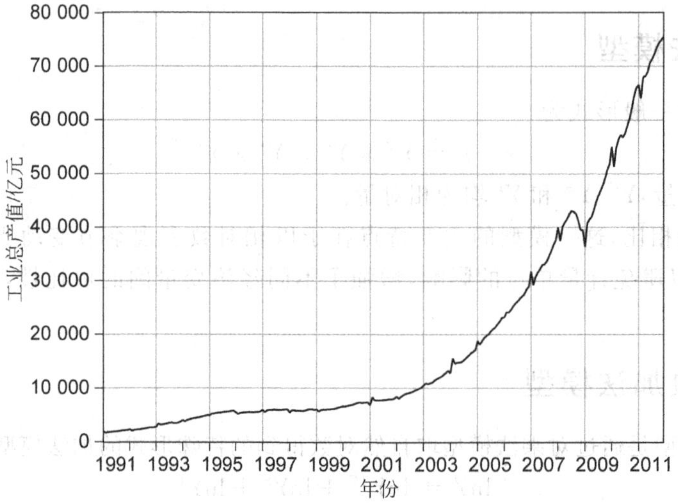

图 3.3.2 工业总产值季节调整后序列(除去季节要素)图形

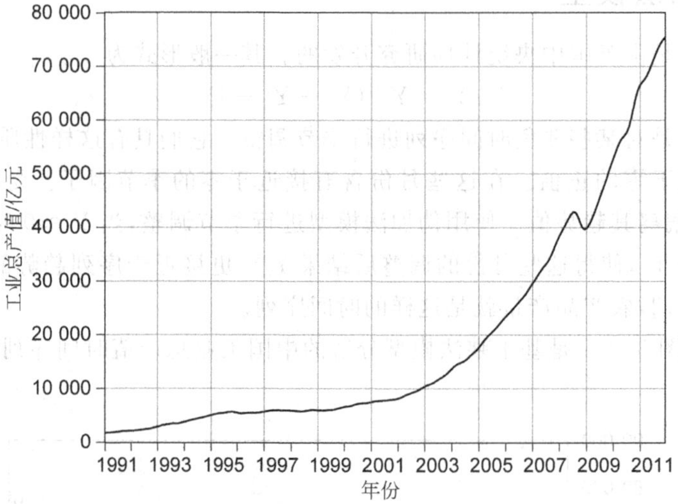

图 3.3.3 工业总产值趋势·循环要素图形

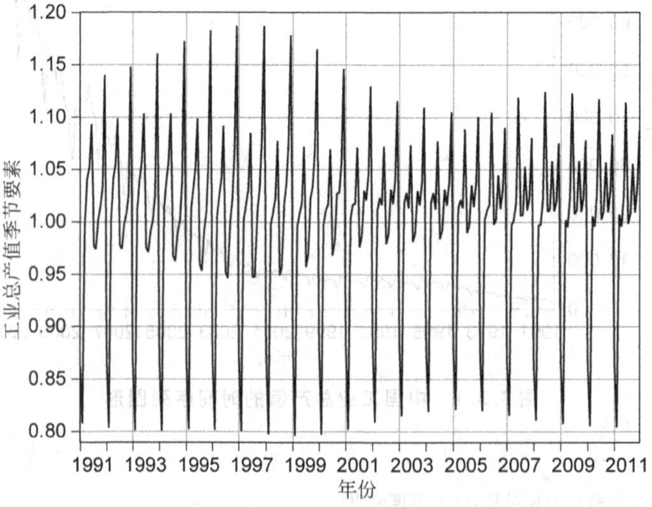

图 3.3.4 中国工业总产值的季节变动要素图形

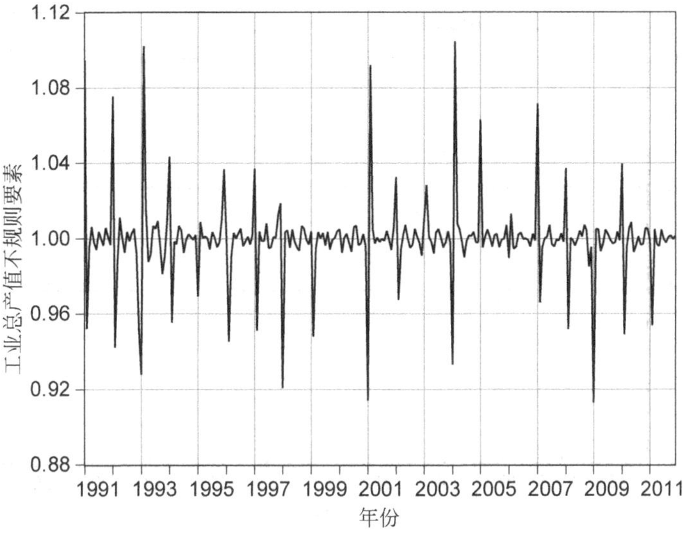

图 3.3.5 中国工业总产值的不规则要素图形

3.4 古典周期波动、增长周期波动与增长率周期波动

首先给出古典周期波动、增长周期波动与增长率周期波动的定义。

3.4.1 古典周期波动

古典周期波动又称古典循环(classical cycle),观察经济时间序列的绝对水平本身的上下波动,如果这种波动具有某种规律性,则认为存在经济周期波动,并称这种波动为古典周期波动。

第二次世界大战前,资本主义国家的经济危机频繁,并且进入经济衰退期时,各种经济活动的绝对水平本身处于下降状态,所以,人们研究经济周期波动时采用古典循环的概念是自然的。目前美国商务部发布的景气指数仍基于古典循环的概念,图 3.4.1 是美国世界大型企业联合会发布的一致合成指数(composite index,CI)的图形,可以来观察古典循环的情形。

3.4.2 增长周期波动

增长周期波动也称增长循环(growth cycle),在古典周期波动的概念中,将趋势要素 T 与循环要素 C 视为一体而不加分离。在增长周期波动中却是将趋势要素 T 和循环要素 C 相分离,把循环要素 C 的变动看作是景气变动,即增长周期波动是循环要素 C 的波动。

第二次世界大战后,西方国家运用立法、财政、金融等手段对经济进行了大规模干预,这些努力虽然没有能从根本上克服经济周期波动和危机,但是使得经济波动变得比较平缓了,而且在周期波动中收缩期变短了,扩张期延长了,同时波动的幅度也变小了。例如,美国 1961 年 2 月到 1969 年 12 月曾连续 106 个月处于扩张期,且 1982 年 11 月到 1990 年 7 月美国又连续 8 年保持一种低速增长的状态。鉴于经济周期波动形态的变动,一些西方经济学家提出了增长周期波动的概念。

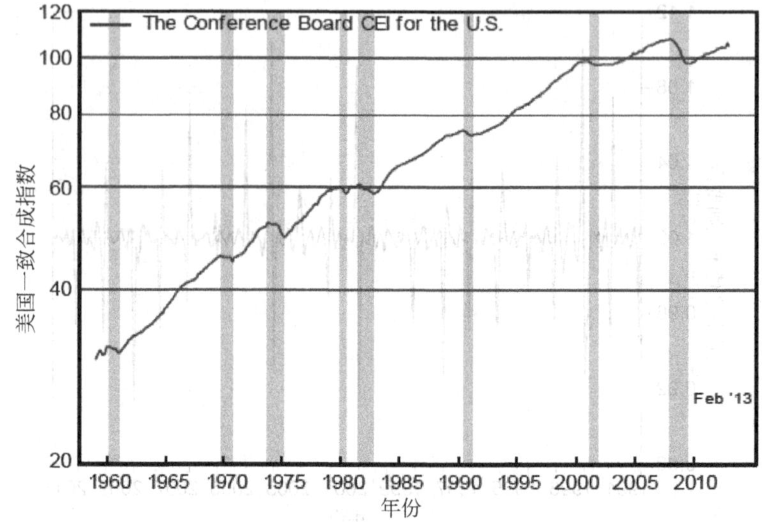

图 3.4.1 美国世界大型企业联合会(The Conference Board)发布的美国一致合成指数①

作为增长循环应用的典型例子，是 OECD(Organization for Economic Cooperation and Development)开发的 OECD 先行指标。OECD 于 1978 年开始基于增长循环的概念，利用景气分析的手法对其成员国的经济周期波动进行研究并开发了各成员国除去趋势的景气指数 CI(composite index)，并确定了各成员国经济周期波动的基准日期。图 3.4.2 是 OECD 总体在 1960—2014 年间 OECD 区域先行指数(增长循环)的图形②。

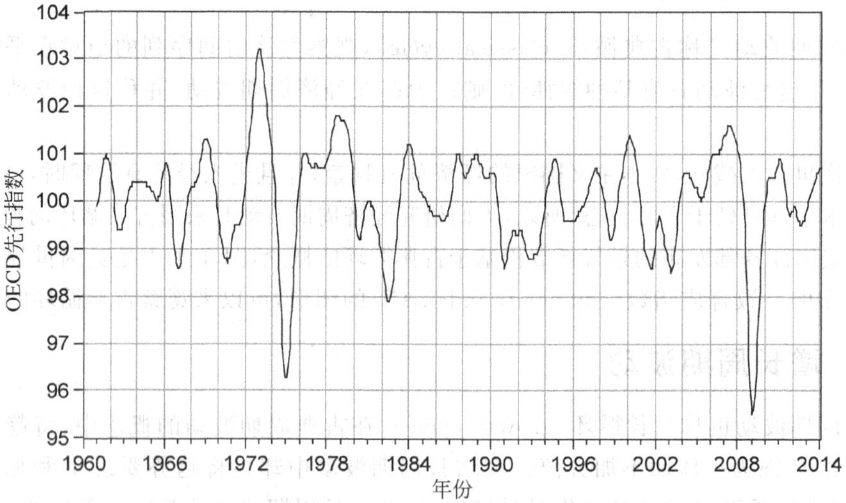

图 3.4.2 OECD 区域先行指数

增长周期波动依赖于趋势的分解结果，如果趋势估计得不同，则经济周期波动的振幅、转折点、扩张与收缩期间就随之而变化，因而分离趋势是影响增长周期波动分析准确程度的

① 资料来源于 The Conference Board, Business Cycle Indicators Handbook. http://www.conference-board.org/。

② 数据来源于 OECD 统计数据库，网址为 http://stats.oecd.org/。

关键步骤。估计趋势的方法比较多,如回归分析方法、移动平均方法等,目前公认的较好方法是美国全国经济研究局(NBER)开发的阶段平均法(phase-average method),在第 4 章中将介绍如何利用阶段平均法估计趋势,求增长周期波动。

3.4.3 增长率周期波动

国际上还有一些国家采用增长率周期波动(growth rate cycle)的概念研究景气循环。增长率周期波动也称为增长率循环,观察经济时间序列的增长率(考察与上年同月或同季比的变化率),如果这些增长率上下波动具有某种规律性,则认为存在着经济周期波动,并称这种波动为增长率周期波动。由于多年来,我国大多数经济指标在绝对量上都是增长的,只是增长速度波动较大,所以,我国大多数研究部门和政府机构都利用增长率周期波动研究我国的经济周期波动状况,图 3.4.3 就是我国工业总产值的增长率曲线。

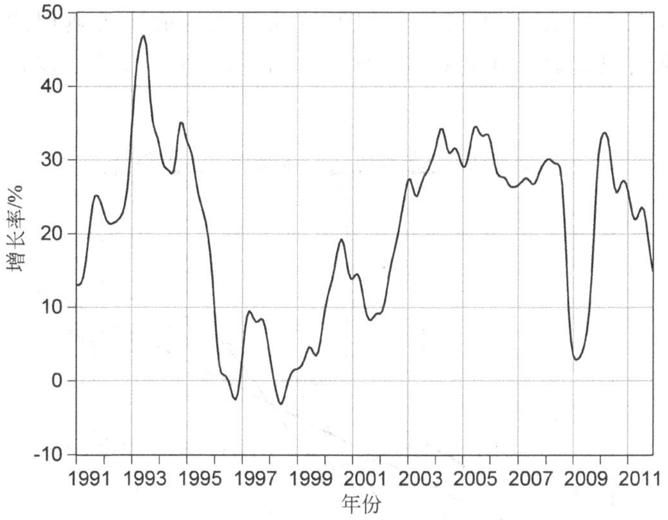

图 3.4.3　我国工业总产值的增长率曲线

注:工业总产值的月度时间序列来源于中国经济信息网宏观月度数据库,去除了季节和不规则要素后计算与上年同月比的增长率序列。

3.5 经济周期波动的转折点

转折点是指经济时间序列的峰、谷日期。为了求出能反映经济周期波动的真正的峰、谷日期,需排除季节要素和不规则要素的干扰。关于转折点的确定方法将在第 4 章中介绍。

如经济周期波动阶段的区分示意图(图 3.5.1)所示,关于经济周期波动的阶段(phases)划分主要有两种方法:①从各景气指标的水准出发,用某个基准线来衡量,高于基准线是繁荣期或景气期(business boom),低于基准线称为衰退期或萧条期(business depression);②从各景气指标的变化方向出发,从谷到峰的期间称为扩张期间(expansion),从峰到谷的期间称为收缩期间(contraction),峰到谷或谷到峰的期间称为一个阶段,而两个相同转折点(峰—峰或谷—谷)之间的期间称为一个周期。

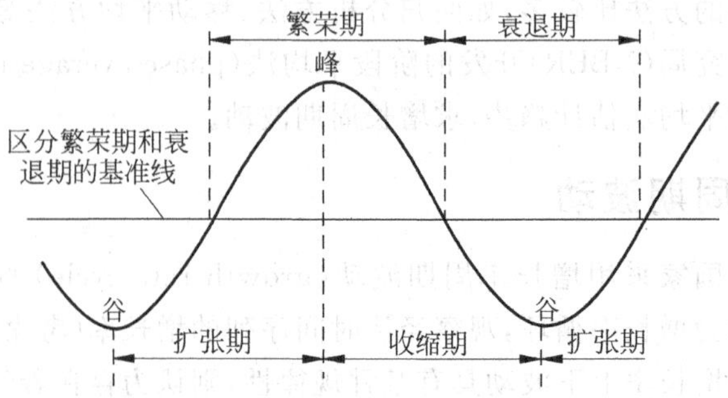

图 3.5.1 经济周期波动阶段的区分示意图

一般经济增长趋势都是向右上方倾斜的曲线。如果把经济增长趋势简单地看成是向右上方倾斜的直线,我们把含有趋势的古典周期波动的转折点和增长周期波动的转折点做一比较,如图 3.5.2 所示,会发现增长周期波动的峰一般比古典周期波动的峰出现得较早一些,而谷则出现较迟。换句话说,增长周期波动的收缩局面较古典周期波动的稍长一些。

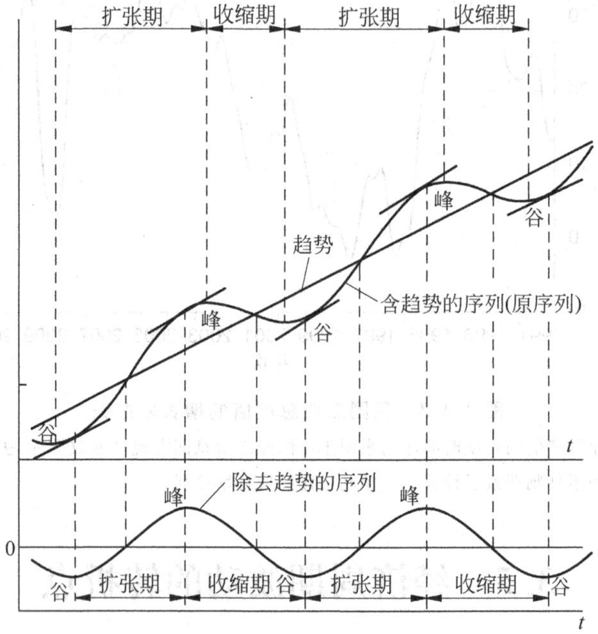

图 3.5.2 古典循环和增长循环的转折点比较示意图

1980 年,穆尔研究了美国的古典循环和增长循环的转折点并做了比较①,表 3.5.1 中的增长循环的转折点是由 11 个主要经济指标去掉趋势而成的合成指数 CI 的峰和谷。古典循环的转折点是 NBER 公布的经济循环基准日期。

① Moore G H, ed. Business Cycles, Inflation and Forecasting[G]//NBER Studies in Business Cycles. Cambridge: Mass Ballinger Publishing Company, 1983(24).

表 3.5.1　美国古典循环和增长循环的转折点①

增长循环(*A*)		古典循环(*B*)		阶段(月数)				时间延迟(*A*−*B*)	
				增长循环		古典循环			
峰	谷	峰	谷	收缩	扩张	收缩	扩张	峰	谷
1948.7	1949.10	1948.11	1949.10	15	17	11	45	−4	0
1951.3	1952.7			16	8				
1953.3	1954.8	1953.7	1954.5	17	30	10	39	−4	+3
1957.2	1958.4	1957.8	1958.4	14	22	8	24	−6	0
1960.2	1961.2	1960.4	1961.2	12	15	10	106	−2	0
1962.5	1964.10			29	20				
1966.6	1967.10			16	17				
1969.3	1970.11	1969.12	1970.11	20	28	11	36	−9	0
1973.3	1975.3	1973.11	1975.3	24	45	16	58	−8	0
1978.12		1980.1						−13	
平均				18	22	11	51	−6.6	+0.5

注：[1] 美国增长循环的合成指数 *CI* 采用的指标有非农业就业人数、非农业雇用人数、矿工业生产、非农业雇用者劳动时间、个人所得、制造业和商业销售额、零售销售额、民间雇用人数、失业人数、国民总产值、最终销售额。
[2] 古典循环的转折点是 NBER 的基准日期。

从表 3.5.1 中可以看出，从 1948—1980 年间，增长循环有 9 个周期，而古典循环有 6 个周期，比增长循环少 3 个周期。比较循环的收缩期的平均期间，增长循环是 18 个月，古典循环是 11 个月，增长循环的收缩期明显地长一些。而循环的扩张期的平均期间，增长循环是 22 个月，古典循环是 51 个月，古典循环的扩张期相当地长。进一步，比较两者的转折点，对于循环的峰来说，增长循环比古典循环平均早出现 6.6 个月，对于谷来说，大体上一致。

3.6　经济周期波动的基准日期

经济周期波动的基准日期(the reference date of business cycle)是指宏观经济波动达到经济周期的高峰和低谷的时点，即历史上经济周期波动的转折点日期。基准日期一旦确定，周期的持续期间、扩张和收缩时间也就确定了。所以基准日期既是分析波动周期及波动特征的主要依据，又是确定经济变量相互之间的时差关系的基准。鉴于基准日期的重要地位，各国在进行景气分析研究时无不重视经济周期波动基准日期的确定。

经济周期波动基准日期的确定并非是一件简单的工作。由于宏观经济是一个多侧面、多过程的经济活动的综合体，我们很难用一个单项经济时间序列全面地说明宏观经济的波动。同时经济活动的复杂性又决定了宏观经济各部分的运动常常不一致，从而又给准确地确定基准转折点带来极大的困难。目前通常的做法是选择一组重要的宏观经济指标，这组指标被认为其波动与经济周期波动大体上一致，并能从不同的侧面反映宏观经济波动。通过这组指标计算历史扩散指数 HDI(historical diffusion index)，从而初步推算出基准日期。然后根据记录经济现象和经济政策等的景气循环年表，及专家意见等综合判断来最终确定

① 田原昭四. 景气变动与日本经济[M]. 东京：东洋经济新报社，1984：12-15.

基准日期。需要指出的是，不同类型的景气循环，其基准日期一般是不同的。目前，美国和日本官方都采用古典循环来分析景气循环，所以，他们的基准日期是基于古典循环的基准日期。

确定经济周期波动已到达高峰，开始进入收缩期或已走出谷底，进入经济的扩张期是一项很慎重的工作，一旦宣布，在经济的各个领域都会引起高度的重视和极大的反响。所以美国确定经济进入衰退和走出低谷是由设置在全国经济研究局(NBER)下面的经济周期定期委员会(Business Cycle Dating Committee)专门负责。这个委员会是由美国的7位知名的经济学家组成的，2013年基准日期定期委员会的成员(Business Cycle Dating Committee Members)：

(1) Robert E. Hall，Stanford University (主席)；

(2) Martin Feldstein，Harvard University and NBER President Emeritus；

(3) Jeffrey Frankel，Harvard University；

(4) Robert J. Gordon，Northwestern University；

(5) James Poterba，MIT and NBER President；

(6) David H. Romer，University of California，Berkeley；

(7) Mark W. Watson，Princeton University。

表3.6.1列出了美国1945—2009年的基准日期。表中的数据表明，按照谷到谷，1945年10月至2009年6月美国共经历了11个完整的周期。2007年12月后处于第11个周期的下降阶段，2009年6月达到谷底。11个周期的扩张期平均为58.4个月，收缩期平均为11.1个月，周期持续期间平均为69.5个月。从而可以看出，美国经济周期的扩张期要比收缩期长得多。

表3.6.1 美国经济周期波动的基准日期

	谷	峰	谷	期间(月数)		
				扩张期	收缩期	全循环
第1循环	1945年10月	1948年11月	1949年10月	37	11	48
第2循环	1949年10月	1953年7月	1954年5月	45	10	55
第3循环	1954年5月	1957年8月	1958年4月	39	8	47
第4循环	1958年4月	1960年4月	1961年2月	24	10	34
第5循环	1961年2月	1969年12月	1970年11月	106	11	117
第6循环	1970年11月	1973年11月	1975年3月	36	16	52
第7循环	1975年3月	1980年1月	1980年7月	58	6	64
第8循环	1980年7月	1981年7月	1982年11月	12	16	28
第9循环	1982年11月	1990年7月	1991年3月	92	8	100
第10循环	1991年3月	2001年3月	2001年11月	120	8	128
第11循环	2001年11月	2007年12月	2009年6月	73	18	91

日本衡量经济周期波动基准日期也是基于古典周期波动的概念。日本内阁府经济社会综合研究所设景气基准日期定期委员会，后改称为景气动向指数研究会。2009年1月29日，日本内阁府经济社会综合研究所景气动向指数研究会召开会议，确定日本经济循环的峰在2008年2月，标志着日本从2002年1月开始，73个月的经济扩张期结束，经济增长进入

下降期，并进一步陷入衰退。

日本的 2009 年景气动向指数研究会成员如下文所示。

委员长：吉川洋　东京大学经济学院教授

委员：

（1）刘屋武昭，明治大学世界贸易研究院院长

（2）小峰隆夫，法政大学政策制定研究院教授

（3）嶋中雄二，三菱 UFJ 证券景气循环研究所所长

（4）櫨浩一，日本生命基础研究所经济调查部部长

（5）福田慎一，东京大学经济学院教授

（6）美添泰人，青山学院大学经济学部教授

日本经济循环基准日期定期委员会分析一致指标组中各个指标的峰或谷的出现月份，并将其综合进行考虑，同时分析先行指数和迟行指数的动态，日本银行短期经济观测调查的结果等，经过反复讨论确定基准日期。一般都是在经济周期波动的峰或谷出现后一年左右才能正式确定并公布于世。

表 3.6.2 列出了日本 1951—2009 年的基准日期。表中的数据表明，按谷—谷计算，1951 年 10 月至 2009 年 3 月日本共经历了 13 个完整的周期。2008 年 2 月后处于第 13 个周期的下降期，同时出现了严重的经济衰退。1951 年以来日本的 13 个经济扩张期平均为 36.2 个月，13 个经济收缩期平均为 16.8 个月，13 个完整的周期持续期间平均为 53 个月。从而可以看出，虽然日本经济周期的扩张期要比收缩期长，但和美国相比要短很多。日本景气动向指数研究会 2013 年 8 月 21 日会议上暂定 2012 年 4 月为日本景气循环的峰，日本经济进入下降阶段。

表 3.6.2　日本经济周期波动的基准日期

	谷	峰	谷	期间（月数）		
				扩张期	收缩期	全循环
第 1 循环	1951 年 10 月	1954 年 1 月	1954 年 11 月	27	10	37
第 2 循环	1954 年 11 月	1957 年 6 月	1958 年 6 月	31	12	43
第 3 循环	1958 年 6 月	1961 年 12 月	1962 年 10 月	42	10	52
第 4 循环	1962 年 10 月	1964 年 10 月	1965 年 10 月	24	12	36
第 5 循环	1965 年 10 月	1970 年 7 月	1971 年 12 月	57	17	74
第 6 循环	1971 年 12 月	1973 年 11 月	1975 年 3 月	23	16	39
第 7 循环	1975 年 3 月	1977 年 1 月	1977 年 10 月	22	9	31
第 8 循环	1977 年 10 月	1980 年 2 月	1983 年 2 月	28	36	64
第 9 循环	1983 年 2 月	1985 年 6 月	1986 年 11 月	28	17	45
第 10 循环	1986 年 11 月	1991 年 2 月	1993 年 10 月	51	32	83
第 11 循环	1993 年 10 月	1997 年 5 月	1999 年 1 月	43	20	63
第 12 循环	1999 年 1 月	2000 年 11 月	2002 年 1 月	22	14	36
第 13 循环	2002 年 1 月	2008 年 2 月	2009 年 3 月	73	13	86
第 14 循环	2009 年 3 月	2012 年 4 月（暂定）		37		

3.7 先行、一致和滞后指标

经济周期指标分为三类——先行性指标、一致性指标和滞后性指标——是基于时间顺序进行分类的。一致性指标包括就业、产量、个人收入、制造和贸易的销售额等,因此一致性指标衡量了总体经济活动,代表了经济周期态势。先行性指标包括每周平均工作时间、新的订单量、消费者预期、股票价格和利率差等,往往是在经济周期发生变化之前转变方向的指标序列,为此得到特别关注。滞后性指标在一致指标之后改变方向,滞后指标表面上看来似乎不是很有实用价值,往往被认为是无关紧要的,然而,如果忽略了滞后指标则忽略了经济周期过程中的重要信息,因为滞后指标有助于提醒我们在经济发展过程中出现的结构性失衡。滞后性指标代表了经营成本,例如库存销售比率、单位劳动力成本的变化、银行收取的平均优惠利率以及物价指数等。因此,滞后指标的加速上涨通常出现在通胀之后,警示着可能是由于成本上升而导致了失衡。此外,滞后指标有助于进一步确认近期的经济周期转折点。

对经济周期指标的选择要进行以下六个统计和经济检验。

(1) 一致性检验:该序列必须与相应的经济周期波动具有很好的一致性。

(2) 时间一致性:先行指标、一致指标或滞后指标序列必须显示出时间上的超前性、一致性或滞后性。

(3) 经济意义:先行指标、一致指标或滞后指标的循环变动必须具有相应的经济意义。

(4) 统计上的充分性:数据必须用统计上可行的方法进行收集和审核。

(5) 平滑性:月度数据不能有太多的不规则变动。

(6) 通用性:每个月的数据能够较快发布。

当严格应用以上这些标准时,只会有较少的指标通过检验。确定了经济周期波动的基准日期后就可以把某个经济指标的周期波动与基准转折点相比较,从而将经济周期指标进行分类。本书把单个经济指标序列的周期波动称为特殊循环,而把基准日期所代表的周期波动称为基准循环。下面以美国的景气指标①为例介绍先行、一致和滞后指标。需要指出的是美国经济周期指标采用的是古典循环,即采用绝对量指标,和中国采用经济增长率指标不同。

20世纪50年代,在Geoffrey H. Moore领导下的国家经济研究局(NBER)对美国的经济指标进行了大批的筛选。60年代末,美国商务部开始公布先行、一致和滞后(leading, coincident and lagging)的合成指数。1995年10月,由美国世界大型企业联合会(The Conference Board)接手,负责经济周期指标数据的维护工作和发布月度报告。这一期间美国的经济周期指标经过了几次大的修改。以下介绍的美国先行、一致和滞后指标组来自于2013年3月美国世界大型企业联合会网络上公布的"U. S. business cycle indicators"。

3.7.1 先行指标

1. 先行指标的选择标准

先行指标(leading indicators)是指在宏观经济波动达到高峰或低谷前,超前出现峰或谷

① 资料来源于The Conference Board,Business Cycle Indicators Handbook. http://www.conference-board.org/。

的指标。一般先行指标应满足下面的条件：

(1) 序列的各个特殊循环的峰(或谷)的时点要比基准循环时点至少先行3个月以上，且这种先行关系比较稳定，即超前期相差不多。

(2) 在最近连续的两次循环中，特殊循环的峰(或谷)的时点要保持超前，且超前时间在3个月以上。

(3) 指标的经济性质具有比较肯定的，明确的先行关系。

2. 美国先行指标

美国世界大型企业联合会确定的先行指标包括10个指标。

(1) 制造业生产工人平均每周工作小时(BCI-01)①

这个指标衡量的是制造业工人的平均每周工作小时数。来源是美国劳工部的劳工统计局，这个部门将工资调查情况作为就业状况月度报告的一部分。因为雇主在增加或减少他们的员工之前通常会调整工作时间，所以此指标的趋势往往会领先经济周期波动。

(2) 平均每周首次申请失业救济人数(BCI-05)

这个指标衡量的是首次申请失业救济金的平均人数(平均超过四周的时间)，来源是美国劳工部。首次申请失业救济的人数通常比整体经营环境下无论是总就业或失业的人数更为敏感，这一指标往往滞后于经济周期。当就业条件恶化时(裁员上涨)，首次申请失业救济人数会增加，这一指标被逆转后放到先行指标组。

(3) 制造商的新订单，消费品和原材料(1996年不变价)(BCI-08)

这一指标是主要用于消费者的货物的订单。这一指标是对以美元计价的名义值(来自于人口普查局的M3报告)进行价格平减。指标的平减是通过使用来自各种来源的价格指数(工业层面)和一系列加权价格指数公式计算的。新订单领先于实际的生产，因为当企业家进行生产决策时，未完成的消费品和原材料的新订单和存货水平将产生直接的影响。

(4) 美国供应管理协会(ISM)新订单指数(BCI-130)

该指数反映了消费者的新订单水平，作为一种扩散指数，它的值反映了前一个月中订单增长企业个数相对于订单减少企业个数的变动，因此这个序列往往领先于经济周期。当该指数的值大于50时，表明上个月的订单数已经增长。美国供应管理协会(Insititution for Suppy Management，ISM)基于月度调查数据编制ISM新订单指数，美国大型企业联合会(The Conference Board)用该指数标准化的值衡量其对先行合成指数的贡献。

(5) 制造商新订单：非国防资本品(1996年不变价)(BCI-33)

这一指标是制造商新订单中扣除了消费品和原材料新订单的剩余部分。

(6) 建筑许可，以新的个人住宅为单位(BCI-29)

这一指标衡量的是地方发证机构对住房单位许可数量的月度变化，来源是人口普查局。住宅建筑许可证发放的数量是建筑活动的一个指标，这个指标通常会领先于大多数其他经济领域的生产。

(7) 500种普通股股票价格指数(BCI-19)

这一指标也被称为S&P500指数，反映了在纽约证券交易所交易的普通股的价格变

① 指标序号是美国商务部发布的《商情摘要》(BCI)中的编号。

动,由 McGraw-Hill 公司的 Standard & Poor's 部门计算和报告。S&P500 指数的增加(减少)能够反映投资者的一般情绪和利率变动,这两者都是对未来经济活动预期的良好指标。

(8) 领先信贷指数(BCI-107)

该指数由六个金融指标组成:两年期的互换利差(实时)、三个月伦敦银行同业拆借利率与三个月美国国库债券利率的息差(实时)、经纪人保证金账户借方余额(月度)、美国个人投资者协会(AAII)对股市向好的预期、高级信贷员 C&I 信贷——银行对大中型企业信贷收缩调查(季度)、美联储流动资金报告金融负债部分中债券回购(季度),由于上述金融指标的领先性,这一指数领先于经济活动。

(9) 利率差额,10 年期国债与联邦基金利率,%(BCI-129)

这种利差,或长期和短期利率之间的差,是收益曲线斜率的一个简单测量。这一指标是采用 10 年期国债利率和联邦基金利率之差构建的。联邦基金利率是美联储的银行同业隔夜借贷利率。利差被认为是反映货币政策的立场和整体财务状况的一个指标,因为当短期利率相对低(高)时,利差上升(下降)。当利差变为负(即短期利率高于长期利率,收益率曲线反转)时,这一指标作为指示经济衰退的指标是特别重要的。

(10) 消费者对商业和经济状况的预期(平均)(BCI-125)

该指数反映了消费者对于未来经济形势预期的变化,也是先行指标组中唯一完全基于预期的指标。该指数是以下两个商业和经济预期指标的等权平均,一是领先于路透社或者密歇根大学消费者调查 12 个月的消费者预期;二是领先于大型企业联合会消费者信心调查 6 个月的消费者预期,这些调查中关于商业和经济状况问题的答案可分为积极的、消极的与不变的。

3. 先行指标的性质、作用及"三 D"方法

为什么先行指标具有先行性质,有两方面的原因,一方面某些先行指标本身就是景气动向的预期指标,如预期判断。另一方面,某些经济活动在时间上要比景气变动超前,例如占设备投资很大比重的购买机械,就要经过订货、生产、产品出厂、付货这样一系列过程,而制造商新订单这一指标表示了这些过程中最早阶段上的经济活动,所以具有先行性。新招工人数、新建住宅开工面积等都属于这类指标。

此外,有一部分先行指标是由于统计加工上技术性处理而产生了先行性性质。对某些略有超前或一致的指标,通过求变化率(与前年同月比),而使这一指标具有先行性。滞后指标逆转后所得到的逆转序列往往是很好的先行指标,还可根据经济意义通过某种方法组合出一些新的先行指标。

观察先行指标每个月的数据可以很明显的看出,先行指标出现的短暂下降并不预示着未来的经济一定会出现周期性衰退。事实上,如果经济学家们对每次一个月或两个月的指数下降都予以重视的话,那么每年他们将预测出几次经济衰退。

那么,如何才能确定先行指数在经济衰退真正来临之前发出了一个正确的信号呢?一种可行的方法就是检查"三 D"(three D's——the duration, depth, and diffusion of the leading indicators)——即先行指标的持续时间、深度和广度。衰退持续的时间越长,经济衰退的程度就会越深;它所涉及的范围越广,也越有可能发生经济衰退。经济指标下降持续的时间可能是经济失衡最明显的迹象,最终甚至可能会得到经济衰退的结果。然而,大多数

经济学家为了能够对这些下降做出可靠的解释，他们需要得到经济指标显著地向下运动和大多数经济要素的下降。这是"三D"方法的深度和广度。简而言之，下降的程度越大，越有可能发生一次严重的经济衰退，这种下跌很有可能并不是一种随机波动。通过计算给定时间跨度为几个月的经济指标下降百分比，可以对衰退的严重程度进行评估。同样，仅由10个指标中某一个指标的急剧下降并不会导致先行合成指数的大幅下降，但当有7个或8个指标发生同比例下降时可能就会导致先行合成指数的大幅下跌了。

3.7.2　一致指标

1. 一致指标的选择标准

一致指标(coincident indicators)(也称为同步指标)是指该指标达到高峰和低谷的时间和经济周期波动基准日期的时间大致相同。所以一致指标反映了当前的景气变动状况。确定一致指标的标准和先行指标大体类似，但一致指标更强调经济的重要性。在与基准循环的对应上，要求一致指标的特殊循环的时点与基准循环的时点的时差保持在正负三个月以内。

2. 美国一致指标

美国世界大型企业联合会确定的一致指标包括四个指标：

(1) 非农业就业人数(BCI-41)

这一指标通常被称为就业人数，包括全职和兼职工人，不区分长期和临时员工，来源是劳工统计局。由于这一指标的变化反映了除农业机构，政府机构和全国最小企业外的所有实际净雇佣和解雇的就业状况，它是观察经济发展是否正常的最受关注的指标之一。

(2) 减去转移支付的个人收入(1996年不变价)(BCI-51)

这一指标代表的是个人实际收入的总价值，平减后的实际指标。它包括工资和其他收入，但不包括政府的财政转移支付，如社会保障金。当前美元价值的收入名义值的来源是美国商务部经济分析局(BEA)。个人实际收入使用消费物价指数来进行平减。收入水平是很重要的，因为它们有助于确定总支出和经济发展是否正常。

(3) 工业生产指数(BCI-47)

该指数是基于价值增值的概念，并涵盖了制造业，采矿业，以及天然气和电力公用事业行业生产的各个阶段的物质产出，来源是美联储。尽管工业部门的增加值只是经济总量的一部分，但是该指数代表了总产出的波动。

(4) 制造业和商业的销售额(1996年不变价)(BCI-57)

该指标包括制造，批发和零售部门的销售额。经过价格平减，来源于美国商务部经济分析局(BEA)。按年计算时销售总额的水平总是大于GDP，这是因为有些产品和服务被重复计算(例如，作为中间产品或临时增加的批发和零售销售)。该指标代表了实际总支出，而且是顺周期的，但它比一致指标组的其他三个指标波动更大。

3.7.3　滞后指标

1. 滞后指标的选择标准

滞后指标(lagging indicators)是指那些转折点(峰或谷)滞后于经济周期波动的基准转

折点的指标。滞后指标的作用在于它的峰或谷的出现可以确认经济周期波动的高峰或低谷确已出现。确认滞后指标的标准和先行指标类似,只是在特殊循环与基准循环的时差关系上要求滞后3个月以上。

2. 美国滞后指标

美国世界大型企业联合会确定的滞后指标包括7个指标:

(1) 平均失业持续时间(BCI-91)

这个指标衡量的是失业者个人的平均失业持续时间(周)。来源是劳动统计局就业状况的综合月度报告。由于这一指标往往是在经济衰退期间较高,在扩张期间较低,当包括在滞后指标组时,它被逆转(即月度变化的符号是相反的)。平均失业持续时间的急剧上升,引起该指标的逆转序列下降,这种情况往往会出现在经济衰退开始后(当裁员很高,而招聘很慢时),而反弹总是倾向于在经济扩张到一定程度后出现。

(2) 制造业和商业库存对销售额的比率(1996年不变价)(BCI-77)

存货对销售额的比例是一种对个别企业,整个行业,乃至整个经济经营状况进行判断的通行方法。该指标由美国商务部经济分析局(BEA)计算,包括制造业,批发业和零售业的库存和销售数据(价格平减和季节调整后的形式)。因为当经济放缓和销售不旺时,库存有增加的趋势,所以该比率在经济衰退的中期通常达到其周期的顶峰。在企业倾向于销售产品进行库存调整时,该比率在经济扩张的初期也呈下降趋势。

(3) 制造业每单位产出劳动力成本指数,%(BCI-62)

当制造业企业劳动力成本上升的速度比他们的生产快时,该指数衡量每单位产出劳动力成本上升的变化率(反之亦然)。该指数是使用了来自各个不同来源的数据构建的,包括制造业的数据(工资、薪金所得加上补助金),来自美国商务部经济分析局(BEA),制造业的生产数据,来自美国联邦储备。由于这一指数的月度百分比变化非常不规则,因此采用6个月跨度计算劳动力成本的百分比变化。尽管在经济衰退期间生产工人被裁员,但由于产出的下降仍快于劳动力成本的下降,6个月的年变化率的周期性高峰通常发生在经济衰退期间。该指标的低谷更难以确定和描述。

(4) 银行收取的平均优惠利率,%(BCI-109)

这一指标被称为最优利率,通常解释为对一家银行风险最小的借款人的收费,历史上一直是用于为不同类型贷款确定利率的基准。数据是由美国联邦储备委员会编制的。因为最优利率的变化滞后于整体经济活动的变动,所以最优利率最初就被认为是一个滞后指标。即使大多数经济周期指标均以实际的或经过价格平减后的形式呈现,但是最优利率作为名义利率被选中。对这一选择,有一些经验的理由,而且经济周期和利率之间的关系很复杂。

(5) 未偿付的商业和工业贷款(1996年不变价)(BCI-101)

这一指标衡量的是银行持有的商业贷款和非金融机构发行的商业票据。基础数据是由美联储编制的,使用和实际货币供应量(M2)相同的平减指数,即使用消费价格指数对贷款进行平减。这一指标通常被称为C&I贷款。当许多企业需要额外的外部资金来弥补消减,甚至出现负的现金流时,该指标往往在经济衰退期间达到顶峰。当企业能够更好地获得利润来为内部运营和扩张提供资金时,低谷通常在经济衰退结束后的一年多的时间出现。

(6) 消费者未偿付的分期贷款对个人收入比率(BCI-95)

这一指标衡量的是消费者债务和收入之间的关系。信贷数据来自美联储,个人收入数据来自美国商务部经济分析局(BEA),并且所有的数据都经过季节调整。这个比率显示了在经济衰退结束许多个月后的一个低谷,因为消费者更倾向于最初持有个人借款,直到个人收入大幅上升。该比例的高峰期和整体经济的高峰期之间的滞后期不确定。

(7) 服务业的消费价格指数,%(BCI-120)

这一指标衡量了居民消费价格指数中的服务部分的变化率。经季节调整的百分比变化数据由劳工统计局编制和报告,采用 6 个月平均的方式计算年率和平滑,如 BCI-62(同样的原因,月度百分比变化非常不规则)。由于许多经济学家认为认识滞后和其他市场刚性,服务行业的通胀率往往在经济衰退的最初几个月增长,而在经济扩张的最初几个月下降。

表 3.7.1　美国经济周期指标

	指标名称	
	旧指标(2001 年)	新指标(2008 年后)
先行指标	BCI-01 制造业生产工人每周平均工作小时	BCI-01 制造业生产工人每周平均工作小时
	BCI-05 平均每周首次申请失业救济人数 *	BCI-05 平均每周首次申请失业救济人数 *
	BCI-08 制造商的新订单,消费品和原材料(不变价)	BCI-08 制造商的新订单,消费品和原材料(不变价)
	BCI-32 卖方业绩,交货缓慢扩散指数	BCI-130 美国供应管理协会(ISM)新订单指数
	BCI-27 制造商的新订单,非国防资本品(不变价)	BCI-33 制造商新订单,非国防资本品,飞机除外(不变价)
	BCI-29 建筑许可,以新的个人住宅为单位	BCI-29 建筑许可,以新的个人住宅为单位
	BCI-19 500 种普通股股票价格指数	BCI-19 500 种普通股股票价格指数
	BCI-106 货币供应量,M2(不变价)	BCI-107 领先信贷指数
	BCI-129 利率差额,10 年期国债与联邦基金利率,%	BCI-129 利率差额,10 年期国债与联邦基金利率,%
	BCI-83 消费者预期指数	BCI-125 消费者对商业和经济状况的预期
一致指标	BCI-41 非农业就业人数	BCI-41 非农业就业人数
	BCI-51 减去转移支付的个人收入(不变价)	BCI-51 减去转拨款项的个人收入(不变价)
	BCI-47 工业生产指数	BCI-47 工业生产指数
	BCI-57 制造业和商业的销售额(不变价)	BCI-57 制造业和商业的销售额(不变价)
滞后指标	BCI-91 平均失业持续时间 *	BCI-91 平均失业持续时间 *
	BCI-77 制造业和商业库存对销售额的比率(不变价)	BCI-77 制造业和商业库存对销售额的比率(不变价)
	BCI-62 制造业每单位产出劳动力成本指数,%	BCI-62 制造业每单位产出劳动力成本指数,%
	BCI-109 银行收取的平均优惠利率,%	BCI-109 银行收取的平均优惠利率,%
	BCI-101 未偿付的商业和工业贷款(不变价)	BCI-101 未偿付的商业和工业贷款(不变价)
	BCI-95 消费者分期付款信贷余额与个人收入比	BCI-95 消费者分期付款信贷余额与个人收入比
	BCI-120 服务业的消费价格指数,%	BCI-120 服务业的消费价格指数,%

注:指标序号是美国商务部发布的《商情摘要》(BCI)中的编号。

"*"表示逆转序列,这个指标对该类型指数呈负向变化。

"(%)"表示百分比变化的形式。

表 3.7.2 日本经济周期指标[①]

	指标名称	
	旧指标	新指标
先行指标	(1) 新招工人数(除毕业生外)	(1) 新招工人数(除毕业生外)
	(2) 实际机械订货(除去船舶和电力的民用机械订货/国内生产资料批发物价指数)	(2) 新建住宅开工面积
	(3) 建筑开工面积(矿工业、商业、服务业)	(3) 耐用消费品出厂指数(与前年同月比)
	(4) 新建住宅开工面积	(4) 生产制成品库存指数(逆转序列)
	(5) 建设工程未交工月数[建设工程未完成量(季调值)/施工量(季调值)]	(5) 日经主要商品价格指数(42 种主要商品的综合价格指数,与前年同月比)
	(6) 耐用消费品出厂指数(与前年同月比)	(6) 原材料库存指数(逆转序列)
	(7) 日经主要商品价格指数(42 种主要商品的综合价格指数,与前年同月比)	** (7) 消费者态度指数
	(8) 货币供应量[M2(活期存款+现金+定期存款数)+CD(转让性存款)](与前年同月比)	** (8) 长短期利率差额
	(9) 收益环境指数(制造业)	** (9) 东证股价指数
	(10) 投资环境指数(制造业)	
	(11) 中小企业状况的预期判断(全产业)	
	(12) 生产制成品库存指数(逆转序列)	
	(13) 原材料库存指数(逆转序列)	
一致指标	(1) 生产指数(矿工业)	(1) 生产指数(矿工业)
	(2) 原材料消费指数(制造业)	(2) 电力使用量
	(3) 电力使用量	(3) 矿工业生产资料出厂指数
	(4) 开工率指数(制造业)	(4) 生产资料出厂指数(除运输机械)
	(5) 劳动投入量指数(制造业)	(5) 百货店销售额(与前年同月比)
	(6) 生产资料出厂指数(除运输机械)	(6) 商业销售额指数(批发业)(与前年同月比)
	(7) 百货店销售额(与前年同月比)	(7) 中小企业销售额(制造业)
	(8) 商业销售额指数(批发业)(与前年同月比)	(8) 实际招工率(除毕业生)
	(9) 经常收益(全产业)	** (9) 额外劳动时间指数
	(10) 中小企业销售额(制造业)	
	(11) 实际招工率(除毕业生)	
滞后指标	(1) 生产制成品库存指数	(1) 生产制成品库存指数
	(2) 原材料库存指数	(2) 常用雇用指数(制造业)
	(3) 常用雇用指数(制造业)	(3) 家庭消费支出(全国劳动者家庭)(与前年同月比)
	(4) 实际法人企业设备投资(全产业)	(4) 完全失业率(逆转序列)
	(5) 家庭消费支出(全国劳动者家庭)(与前年同月比)	(5) 全国银行贷出约定平均利息
	(6) 法人税收入	
	(7) 完全失业率(逆转序列)	
	(8) 全国银行贷出约定平均利息	

注:“**”表示该指标是新加入的指标。

① 日本内阁府经济社会综合研究所,2011.10.23,http://www.esri.go.jp/。

第4章 季节变动调整及测定长期趋势

季节性变动的发生，不仅是由于气候的直接影响，社会制度及风俗习惯也会引起季节变动。经济统计中的月度和季度数据或大或小都含有季节变动因素，剔除这种因素，以取得适于分析目的的信息，叫做季节调整（seasonal adjustment）。

4.1 用虚拟变量的季节调整法[①]

当使用含有季节因素的经济数据进行回归分析时，为了消除原数据带有的季节性影响，常常使用虚拟变量（dummy 变量）方法。

下面利用 2004 年 1 季度至 2010 年 4 季度的数据对我国的工业总产值和社会消费品零售额进行回归分析。首先，从图 4.1.1 的工业总产值来看，第一季度由于新年和春节两个节日工作天数减少的影响，产值下降；第二季度由于节假日少，工作天数多，再加上气候正常，所以产值回升较快；第三季度由于处在炎热的夏天，所以产值略有下降或持平；第四季度产值又有所回升。但是 2008 年由于国际金融危机，产值变化不规律，情况比较特殊。而从图 4.1.2 的社会消费品零售额来看，春节前后，即第一季度增加，第二季度骤减，第三季度略有上升，第四季度达到高峰，有的年份在第一季度达到高峰。所以，若要分析工业总产值与社会消费品零售总额的对应关系，就必须调整原数据所具有的季节性。

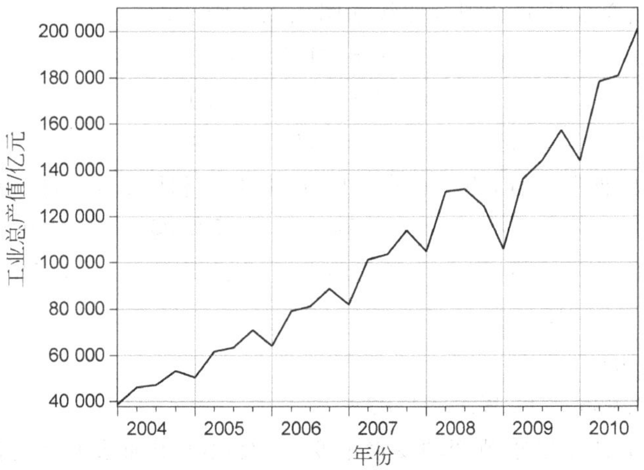

图 4.1.1 中国工业总产值

① 董文泉，周光亚，夏立显. 数量化理论及其应用[M]. 长春：吉林大学出版社，1979：1-49.

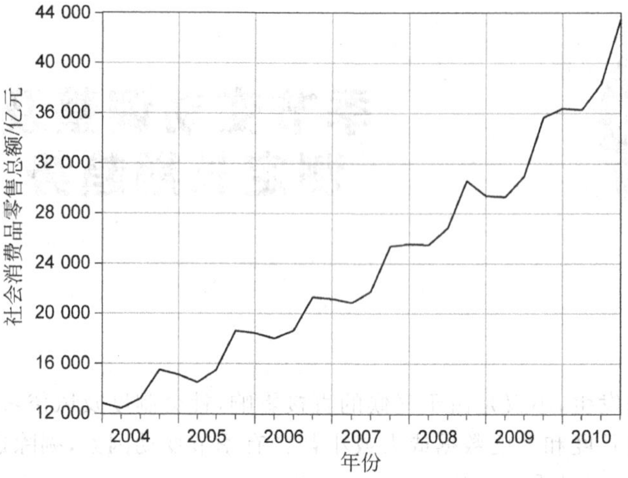

图 4.1.2 中国社会消费品零售总额

建立回归模型时,如果加入解释变量(虚拟变量)Q_1,Q_2,Q_3,因变量的季节性就被虚拟变量反映,从而可以正确分析两个变量之间的对应关系。季度虚拟变量由4个序列Q_1,Q_2,Q_3,Q_4构成。其形式如表4.1.1,即每个序列在相应季度上取1,其余取0。为了避免多重共线性,在回归模型中只能取3个季度虚拟变量。

表 4.1.1 虚拟变量

	Q_1	Q_2	Q_3	Q_4
第1季度	1	0	0	0
第2季度	0	1	0	0
第3季度	0	0	1	0
第4季度	0	0	0	1

设工业总产值为Y,社会消费品零售总额为C,$\hat{u}_t$代表方程残差,则不用虚拟变量的回归方程(未使用虚拟变量时Y和拟合曲线如图4.1.3所示)

$$y_t = -17\,276.31 + 5.015c_t + \hat{u}_t \quad (4.1.1)$$
$$(-2.85) \quad (21.08)$$
$$R^2 = 0.94, \quad \text{D.W.} = 1.88$$

使用虚拟变量的回归方程,由于存在一阶序列相关,利用AR(1)模型进行修正:

$$y_t = -22\,333 + 5.07c_t - 8\,086.7Q_{1t} + 13\,673.5Q_{2t} + 10\,200.6Q_{3t} + \hat{u}_t \quad (4.1.2)$$
$$(-3.49) \quad (23.5) \quad (-3.03) \quad (4.48) \quad (3.78)$$
$$\hat{u}_t = 0.4\,\hat{u}_{t-1} + \varepsilon_t$$
$$(2.06)$$
$$R^2 = 0.986, \quad \text{D.W.} = 1.82$$

这种季节调整方法是以季节变动要素不变,以及服从于加法模型为前提,使用简单,效果较好。当使用月度数据时,方法与上述类似,但仅需11个虚拟变量。

如果在回归时,不包含常数项,则季节要素可使用Q_1、Q_2、Q_3、Q_4四个虚拟变量,月度数据可使用Q_1,Q_2,…,Q_{12} 12个虚拟变量。

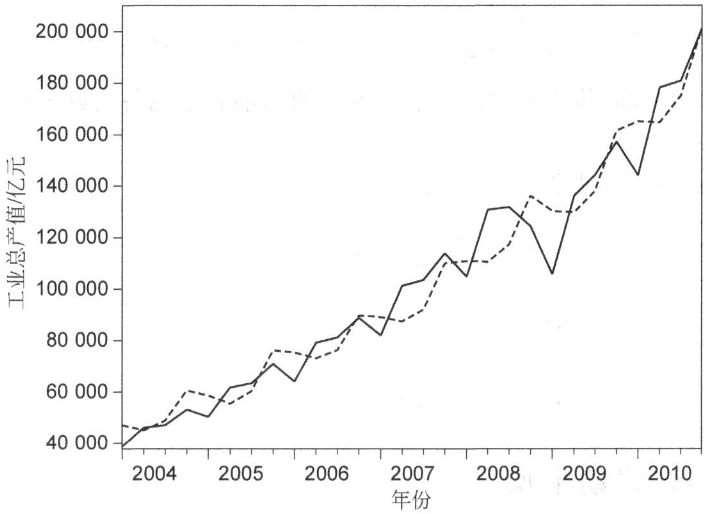

图 4.1.3　未使用虚拟变量时，Y（实线）和拟合曲线（虚线）

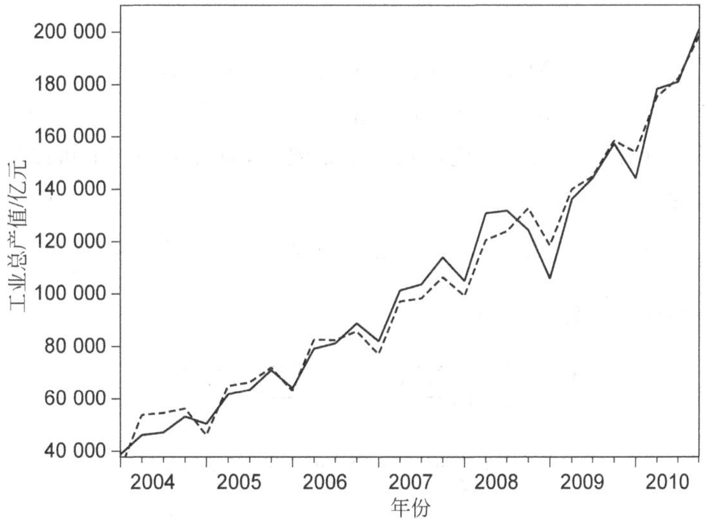

图 4.1.4　使用虚拟变量时，Y（实线）和拟合曲线（虚线）

4.2　移动平均方法

移动平均法(moving averages)的基本思路是很简单的，是算术平均的一种。它具有如下特性，即周期(及其整数倍)与移动平均项数相等的周期性变动基本得到消除，互相独立的不规则变动得到平滑。这两条特性将在 4.4，4.5 节详细讨论。

4.2.1　简单的移动平均公式

时间序列数据 $Y=\{y_1, y_2, \cdots, y_T\}$，$T$ 为样本长度，在时点 t 上的 $2k+1$ 项移动平均值 MA_t 的一般表示为

$$\mathrm{MA}_t = \frac{1}{2k+1}\sum_{i=-k}^{k} y_{t+i}, \quad t = k+1, k+2, \cdots, T-k \tag{4.2.1}$$

式中的 k 为正整数,此时移动平均后的序列 MA 的始端和末端各欠缺 k 项值,需要用插值或其他方法补齐。

例如,常用的三项移动平均

$$\mathrm{MA}_t = \frac{1}{3}\sum_{i=-1}^{1} y_{t+i}, \quad t = 2, \cdots, T-1 \tag{4.2.2}$$

$$\mathrm{MA}_1 = \frac{1}{3}(2y_1 + y_2) \tag{4.2.3}$$

$$\mathrm{MA}_T = \frac{1}{3}(2y_T + y_{T-1}) \tag{4.2.4}$$

4.2.2 中心化移动平均

考虑消除季节变动时,最简单的方法是对月度数据 Y 进行 12 个月移动平均。此时,由于项数是偶数,故常常进行所谓移动平均的中心化,即取连续的两个移动平均值的平均值作为该月的值。

$$\mathrm{MA}_{6.5} = (y_1 + y_2 + \cdots + y_{12})/12 \tag{4.2.5}$$

$$\mathrm{MA}_{7.5} = (y_2 + y_3 + \cdots + y_{13})/12 \tag{4.2.6}$$

式(4.2.5)和式(4.2.6)未中心化,因为 12 是偶数,通过求平均值可以达到中心化,即中心化移动平均值为

$$\mathrm{MA}_7 = \left(\frac{y_1 + y_2 + \cdots + y_{12}}{12} + \frac{y_2 + y_3 + \cdots + y_{13}}{12}\right)\Big/2 \tag{4.2.7}$$

中心化移动平均的一般公式为

$$\begin{aligned}\mathrm{MA}_t &= \frac{1}{2}\left(\frac{1}{12}\sum_{i=-5}^{6} y_{t+i} + \frac{1}{12}\sum_{i=-6}^{5} y_{t+i}\right)\\ &= \frac{1}{12}\left(\frac{1}{2}y_{t-6} + \sum_{i=-5}^{5} y_{t+i} + \frac{1}{2}y_{t+6}\right)\\ &= \frac{1}{12}\left(\sum_{i=-6}^{6} w_i y_{t+i}\right), \quad t = 7, 8, \cdots, T-6\end{aligned} \tag{4.2.8}$$

其中

$$w_i = \begin{cases} 0.5, & |i| = 6 \\ 1.0, & |i| < 6 \end{cases}$$

下面是简单的季节调整过程,如果 Y 用加法模型表示,则由第 3 章 3.3.1 节,有

$$Y = Y^{\mathrm{T}} + Y^{\mathrm{C}} + Y^{\mathrm{S}} + Y^{\mathrm{I}} \tag{4.2.9}$$

由式(4.2.8)可以得到

$$\mathrm{MA}_t = \frac{1}{12}\sum_{i=-6}^{6} w_i y_{t+i}^{\mathrm{T}} + \frac{1}{12}\sum_{i=-6}^{6} w_i y_{t+i}^{\mathrm{C}} + \frac{1}{12}\sum_{i=-6}^{6} w_i y_{t+i}^{\mathrm{S}} + \frac{1}{12}\sum_{i=-6}^{6} w_i y_{t+i}^{\mathrm{I}} \tag{4.2.10}$$

由于季节变动以 12 个月为周期,故

$$\frac{1}{12}\sum_{i=-6}^{6} w_i y_{t+i}^{\mathrm{S}} \approx 0 \tag{4.2.11}$$

又因为不规则变动的期望值为 0，所以近似地得出

$$\frac{1}{12}\sum_{i=-6}^{6} w_i y_{t+i}^{\mathrm{I}} \approx 0 \tag{4.2.12}$$

于是有

$$\mathrm{MA}_t \approx \frac{1}{12}\sum_{i=-6}^{6} w_i y_{t+i}^{\mathrm{T}} + \frac{1}{12}\sum_{i=-6}^{6} w_i y_{t+i}^{\mathrm{C}} \tag{4.2.13}$$

这是一个由趋势・循环变动要素构成的序列，从原序列中减去这一序列，就得到了季节・不规则要素序列 Y^{SI}

$$y_t^{\mathrm{SI}} = y_t - \mathrm{MA}_t \tag{4.2.14}$$

再对季节・不规则要素序列 Y^{SI} 进行移动平均（例如三项或五项加权移动平均）就可以把不规则变动剔除，从而得到季节变动要素 Y^{S}，从原序列 Y 减去 Y^{S}，就得到了季节调整后的序列 $\widetilde{Y}$

$$\tilde{y}_t = y_t - y_t^{\mathrm{S}}, \quad t = 7,8,\cdots,T-6 \tag{4.2.15}$$

如果采用乘法模型，则上述步骤中减法改成除法即可。对于季度数据也类似地采用中心化移动平均，通过上述方法剔除季节要素，从而得到季节调整后的序列。

需要指出的是由于采用 12 个月中心化移动平均后，序列的两端各有 6 个欠项值，需要用插值或其他数值计算方法将其补齐。

4.2.3　加权移动平均

上面介绍的 12 个月中心化移动平均是二次移动平均，也可以用一次移动平均式（4.2.8）表示，这种移动平均方法就叫做加权平均，其中每一期的权数不相等，下面介绍几种常用的加权移动平均方法。

1. 3×3 项移动平均

3×3 项移动平均是对三项移动平均值再进行三项移动平均。首先进行三项移动平均

$$\mathrm{MA}_2 = (y_1 + y_2 + y_3)/3$$
$$\mathrm{MA}_3 = (y_2 + y_3 + y_4)/3$$
$$\mathrm{MA}_4 = (y_3 + y_4 + y_5)/3$$

再进行三项移动平均

$$\begin{aligned}\mathrm{MA}_3^{(2)} &= (\mathrm{MA}_2 + \mathrm{MA}_3 + \mathrm{MA}_4)/3 \\ &= \left(\frac{y_1+y_2+y_3}{3} + \frac{y_2+y_3+y_4}{3} + \frac{y_3+y_4+y_5}{3}\right)\Big/3 \\ &= (y_1 + 2y_2 + 3y_3 + 2y_4 + y_5)/9 \end{aligned} \tag{4.2.16}$$

3×3 项移动平均的一般公式为

$$\mathrm{MA}_t = (y_{t-2} + 2y_{t-1} + 3y_t + 2y_{t+1} + y_{t+2})/9, \quad t = 3,4,\cdots,T-2 \tag{4.2.17}$$

式（4.2.17）也叫三项反复移动平均或五项加权移动平均。

2. 5×5 项移动平均

把 3×3 项移动平均公式的项数换成 5，用前述类似的方法就得到了 5×5 项移动平均公式，也叫五项反复移动平均或九项加权移动平均。

$$\mathrm{MA}_t = (y_{t-4} + 2y_{t-3} + 3y_{t-2} + 4y_{t-1} + 5y_t + 4y_{t+1} + 3y_{t+2} + 2y_{t+3} + y_{t+4})/25$$
$$t = 5,6,\cdots,T-4 \qquad (4.2.18)$$

3. Spencer 移动平均

Spencer 移动平均是比上述移动平均更高次的移动平均，Spencer 移动平均是 5×5×4×4 移动平均，或称四次移动平均。先对数据进行四项移动平均

$$\mathrm{MA}_{2.5}^{(1)} = (y_1 + y_2 + y_3 + y_4)/4$$
$$\mathrm{MA}_{3.5}^{(1)} = (y_2 + y_3 + y_4 + y_5)/4$$
$$\mathrm{MA}_{4.5}^{(1)} = (y_3 + y_4 + y_5 + y_6)/4$$
$$\mathrm{MA}_{5.5}^{(1)} = (y_4 + y_5 + y_6 + y_7)/4 \qquad (4.2.19)$$

然后在此基础上再进行四项移动平均

$$\mathrm{MA}_4^{(2)} = (\mathrm{MA}_{2.5}^{(1)} + \mathrm{MA}_{3.5}^{(1)} + \mathrm{MA}_{4.5}^{(1)} + \mathrm{MA}_{5.5}^{(1)})/4$$
$$= (y_1 + 2y_2 + 3y_3 + 4y_4 + 3y_5 + 2y_6 + y_7)/16 \qquad (4.2.20)$$

再对 $\mathrm{MA}^{(2)}$ 序列进行五项移动平均

$$\mathrm{MA}_6^{(3)} = (\mathrm{MA}_4^{(2)} + \mathrm{MA}_5^{(2)} + \mathrm{MA}_6^{(2)} + \mathrm{MA}_7^{(2)} + \mathrm{MA}_8^{(2)})/5$$
$$= (y_1 + 3y_2 + 6y_3 + 10y_4 + 13y_5 + 14y_6 + 13y_7 + 10y_8 + 6y_9 + 3y_{10} + y_{11})/80 \qquad (4.2.21)$$

再对 $\mathrm{MA}^{(3)}$ 序列进行五项加权移动平均

$$\mathrm{MA}_8^{(4)} = -\frac{3}{4}\mathrm{MA}_6^{(3)} + \frac{3}{4}\mathrm{MA}_7^{(3)} + M_8^{(3)} + \frac{3}{4}M_9^{(3)} - \frac{3}{4}M_{10}^{(3)}$$
$$= (-3y_1 - 6y_2 - 5y_3 + 3y_4 + 21y_5 + 46y_6 + 67y_7 + 74y_8 + 67y_9 + 46y_{10} + 21y_{11} + 3y_{12} - 5y_{13} - 6y_{14} - 3y_{15})/320 \qquad (4.2.22)$$

Spencer 移动平均的一般公式为

$$\mathrm{MA}_t = (-3y_{t-7} - 6y_{t-6} - 5y_{t-5} + 3y_{t-4} + 21y_{t-3} + 46y_{t-2} + 67y_{t-1} + 74y_t + 67y_{t+1} + 46y_{t+2} + 21y_{t+3} + 3y_{t+4} - 5y_{t+5} - 6y_{t+6} - 3y_{t+7})/320$$
$$t = 8,9,\cdots,T-7 \qquad (4.2.23)$$

对于 T 个数据的序列，可对 8 项到 $T-7$ 项计算 MA_t 值，每一平均值包括 15 项，为 15 项加权移动平均，前后各欠缺 7 项。

4. Henderson 移动平均

除了 Spencer 移动平均外，X-11 季节调整法中还采用 Henderson 的 5、7、9、13 和 23 项加权移动平均。选择特殊的移动平均法是基于数列中存在的随机因子，随机因子越大，求移动平均的项数应越多。

Henderson 的 5 项加权移动平均公式

$$\mathrm{MA}_t = -0.073y_{t-2} + 0.294y_{t-1} + 0.558y_t + 0.294y_{t+1} - 0.073y_{t+2}$$
$$t = 3,4,\cdots,T-2 \qquad (4.2.24)$$

Henderson 的 7 项加权移动平均公式

$$\mathrm{MA}_t = -0.059y_{t-3} + 0.059y_{t-2} + 0.294y_{t-1} + 0.412y_t + 0.294y_{t+1} + 0.059y_{t+2} - 0.059y_{t+3}$$
$$t = 4,5,\cdots,T-3 \qquad (4.2.25)$$

Henderson 的 9 项加权移动平均公式

$$\begin{aligned}\mathrm{MA}_t =& -0.041y_{t-4} - 0.01y_{t-3} + 0.119y_{t-2} + 0.267y_{t-1} + 0.33y_t \\ & + 0.267y_{t+1} + 0.119y_{t+2} - 0.01y_{t+3} - 0.041y_{t+4}\end{aligned}$$

$$t = 5,6,\cdots,T-4 \tag{4.2.26}$$

Henderson 的 13 项加权移动平均公式

$$\begin{aligned}\mathrm{MA}_t =& -0.019y_{t-6} - 0.028y_{t-5} + 0.0y_{t-4} + 0.066y_{t-3} + 0.147y_{t-2} + 0.214y_{t-1} + 0.24y_t \\ & + 0.214y_{t+1} + 0.147y_{t+2} + 0.066y_{t+3} + 0.0y_{t+4} - 0.028y_{t+5} - 0.019y_{t+6}\end{aligned}$$

$$t = 7,8,\cdots,T-6 \tag{4.2.27}$$

Henderson 的 23 项加权移动平均公式

$$\begin{aligned}\mathrm{MA}_t =& -0.004y_{t-11} - 0.011y_{t-10} - 0.016y_{t-9} - 0.015y_{t-8} - 0.005y_{t-7} + 0.013y_{t-6} \\ & + 0.039y_{t-5} + 0.068y_{t-4} + 0.097y_{t-3} + 0.122y_{t-2} + 0.138y_{t-1} + 0.148y_t \\ & + 0.138y_{t+1} + 0.122y_{t+2} + 0.097y_{t+3} + 0.068y_{t+4} + 0.039y_{t+5} + 0.013y_{t+6} \\ & - 0.005y_{t+7} - 0.015y_{t+8} - 0.016y_{t+9} - 0.011y_{t+10} - 0.004y_{t+11}\end{aligned}$$

$$t = 12,13,\cdots,T-11 \tag{4.2.28}$$

Henderson 加权移动平均公式根据项数的不同，序列两端补欠项的项数也不同，X-11 季节调整方法中采取对序列两端用对称的权重来补齐，由于篇幅就不一一列出。

4.3　周期波动与移动平均计算的关系

4.2 节介绍了几种常用的移动平均方法，但是为什么移动平均方法能消除周期波动，它有什么特点和意义？本节和下两节从数学上加以解释。

设具有周期波动的时间序列为 $Y=\{y_1, y_2, \cdots, y_T\}$，$T$ 为样本长度。周期振动可以用正弦函数表示，可以将时间序列 Y 看作由无数个波叠加而成的

$$y_t = \sum_{i=1}^{\infty} \sin\left(\alpha_i + \frac{2\pi}{\lambda_i}t\right) \tag{4.3.1}$$

其中 α_i 是位相常数，λ_i 是振动的波长。

为了推导方便，简化为由一个正弦函数表示

$$y_t = \sin\left(\alpha + \frac{2\pi}{\lambda}t\right) \tag{4.3.2}$$

为了计算移动平均，先考虑前 k 项的和

$$S = \sum_{t=1}^{k} y_t = \sum_{t=1}^{k} \sin\left(\alpha + \frac{2\pi}{\lambda}t\right) \tag{4.3.3}$$

式中 k 为正整数，于是

$$2S \cdot \sin\frac{\pi}{\lambda} = 2\sin\left(\alpha + \frac{2\pi}{\lambda}\right)\sin\frac{\pi}{\lambda} + 2\sin\left(\alpha + \frac{4\pi}{\lambda}\right)\sin\frac{\pi}{\lambda} + \cdots + 2\sin\left(\alpha + \frac{2k\pi}{\lambda}\right)\sin\frac{\pi}{\lambda} \tag{4.3.4}$$

利用三角函数的和差与积的关系公式，我们有

$$2S \cdot \sin\frac{\pi}{\lambda} = 2\sin\left(\alpha + \frac{(k+1)\pi}{\lambda}\right) \cdot \sin\frac{k\pi}{\lambda} \tag{4.3.5}$$

移项后得到

$$S=\frac{\sin\left(\frac{k\pi}{\lambda}\right)}{\sin\frac{\pi}{\lambda}}\cdot\sin\left(\alpha+\frac{(k+1)\pi}{\lambda}\right) \tag{4.3.6}$$

于是 k 项移动平均可表示为

$$\frac{1}{k}\sum_{t=1}^{k}y_t=\frac{1}{k}S=\frac{1}{k}\frac{\sin\frac{k\pi}{\lambda}}{\sin\frac{\pi}{\lambda}}\sin\left(\alpha+\frac{(k+1)\pi}{\lambda}\right) \tag{4.3.7}$$

令
$$\rho=\frac{1}{k}\sin\frac{k\pi}{\lambda}/\sin\frac{\pi}{\lambda},\quad \tilde{y}_{t'}=\frac{1}{k}\sum_{t=1}^{k}y_t,\quad t'=\frac{k+1}{2}$$

则式(4.3.6)可改写为

$$\tilde{y}_{t'}=\rho\sin\left(\alpha+\frac{2\pi}{\lambda}t'\right) \tag{4.3.8}$$

比较式(4.3.2)和式(4.3.8),可以看出周期波动序列的 k 项移动平均序列 $\tilde{Y}$ 与原序列 Y 的关系有以下两个特点:

① 移动平均序列 $\tilde{Y}$ 与原序列 Y 的波长 λ 完全一样。

② 移动平均序列 $\tilde{Y}$ 的振幅是原序列 Y 的振幅的 ρ 倍 $\{\rho=[(1/k)\sin(k\pi/\lambda)]/\sin(\pi/\lambda)\}$。因此,当 k 很大时,或者 k 是 λ 的整数倍时,ρ 很小或者是 0,于是进行这种 k 项移动平均时,频率为 λ 的周期振动几乎或完全被消去。

另外,当 k/λ 很小时,由于 $\rho=[(1/k)\sin(k\pi/\lambda)]/\sin(\pi/\lambda)\approx[(1/k)(k\pi/\lambda)]/(\pi/\lambda)=1$,于是移动平均序列 $\tilde{Y}$ 的振幅接近于原序列 Y 的振幅。即当波动频率 λ 比较大时,进行小项数的移动平均不改变原序列的振幅。由于频率和周期的关系是频率×周期$=2\pi$,因此小项数的移动平均可以消除短周期波动,而不改变原序列 Y 的振幅。

4.4 不规则变动与移动平均计算的关系

设不规则变动 $\{\varepsilon_t\}$ 是随机过程,$\{\varepsilon_t\}$ 对时间 t 而言是独立的,并且 $E(\varepsilon_t)=0,\sigma^2(\varepsilon_t)=\sigma^2$,则 ε_t 的 k 项移动平均序列为

$$\varepsilon_t'=\frac{1}{k}(\varepsilon_t+\varepsilon_{t+1}+\cdots+\varepsilon_{t+k-1}) \tag{4.4.1}$$

ε_t' 的方差以及相隔 s 项之间的协方差,可以计算如下

$$\begin{aligned}\sigma^2(\varepsilon_t')&=E(\varepsilon_t'^2)=E\left[\frac{1}{k^2}(\varepsilon_t+\varepsilon_{t+1}+\cdots+\varepsilon_{t+k-1})^2\right]\\&=\frac{1}{k^2}[E(\varepsilon_t^2+\varepsilon_{t+1}^2+\cdots+\varepsilon_{t+k-1}^2)+\\&\quad+2E(\varepsilon_t\varepsilon_{t+1}+\varepsilon_t\varepsilon_{t+2}+\cdots+\varepsilon_{t+k-2}\cdot\varepsilon_{t+k-1})]\end{aligned}$$

由于当 $j\neq0$ 时,$E(\varepsilon_t\varepsilon_{t+j})=0$ 则

$$\begin{aligned}\sigma^2(\varepsilon_t')&=\frac{1}{k^2}[E(\varepsilon_t^2)+E(\varepsilon_{t+1}^2)+\cdots+E(\varepsilon_{t+k-1}^2)]\\&=\frac{1}{k^2}[kE(\varepsilon_t^2)]=\frac{1}{k}\sigma^2\end{aligned} \tag{4.4.2}$$

又相隔 s 项之间的协方差

$$\begin{aligned}\operatorname{cov}(\varepsilon_t',\varepsilon_{t+s}') &= E(\varepsilon_t'\varepsilon_{t+s}') \\ &= \frac{1}{k^2}E[(\varepsilon_t+\varepsilon_{t+1}+\cdots+\varepsilon_{t+k-1})(\varepsilon_{t+s}+\varepsilon_{t+s+1}+\cdots+\varepsilon_{t+s+k-1})] \\ &= \frac{1}{k^2}[E(\varepsilon_{t+s}^2+\varepsilon_{t+s+1}^2+\cdots+\varepsilon_{t+k-1}^2)+E(\varepsilon_t\varepsilon_{t+s}+\varepsilon_t\varepsilon_{t+s+1}+\cdots+\varepsilon_{t+k-1}\varepsilon_{t+s+k-1})] \\ &= \begin{cases}\dfrac{1}{k^2}[(k-s)\sigma^2], & k>s \\ 0, & k\leqslant s\end{cases}\end{aligned} \tag{4.4.3}$$

由式(4.4.2)

$$\sigma^2(\varepsilon_t') = \sigma^2(\varepsilon_{t+s}') = \frac{1}{k}\sigma^2 \tag{4.4.4}$$

于是，序列 ε' 的 s 项自相关系数

$$\rho_{t,t+s} = \frac{\operatorname{cov}(\varepsilon_t',\varepsilon_{t+s}')}{\sqrt{\sigma^2(\varepsilon_t')\cdot\sigma^2(\varepsilon_{t+s}')}} = \begin{cases}\dfrac{1}{k^2}(k-s)\sigma^2 \Big/ \dfrac{1}{k}\sigma^2, & k>s \\ 0, & k\leqslant s\end{cases}$$

$$= \begin{cases}\dfrac{k-s}{k}, & k>s \\ 0, & k\leqslant s\end{cases} \tag{4.4.5}$$

观察序列 ε' 的 s 项自相关系数发现，不规则变动序列的 k 项移动平均序列，其间隔 1 项，2 项，…，s 项间的序列相关系数分别是 $(k-1)k$，$(k-2)k$，…，$(k-s)k$。由此可见，不规则变动的移动平均序列的相邻 s 项互相具有正的相关关系，这就与原序列的不规则变动不同，意味着它变成了前后有联系的某种光滑的波状运动。移动平均计算的这种使原来不相关的随机过程变成相关的效果称为 Slutsty-Yule 效果。

4.5　加权移动平均的几何意义

这节介绍移动平均以及加权移动平均的几何意义，如图 4.5.1 所示。

设移动平均项数取 $k=2m+1$ 项，今用直线 $Y=a+bt$ 来拟合这 $2m+1$ 个 y_t，原点取在 $t=m+1$ 处，这个直线段的中央点所对应的 $y_{(m+1)}$ 为

$$y_{(m+1)} = y_0' = a_{(m+1)} = \frac{1}{k}\sum_{i=-m}^{m} y_i' = \frac{1}{k}\sum_{t=1}^{k} y_t \tag{4.5.1}$$

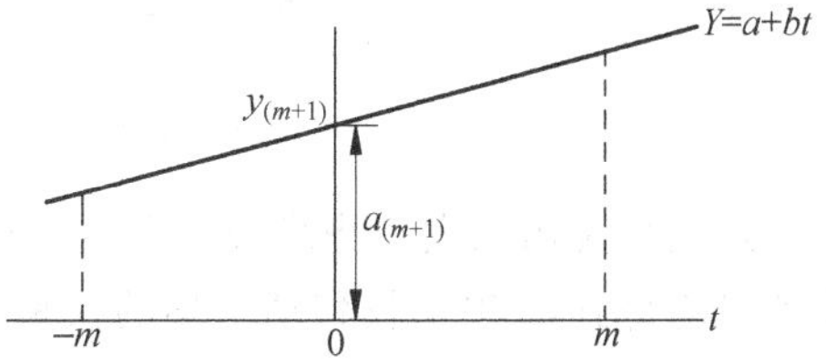

图 4.5.1　移动平均的几何意义示意

同样，取第 2 项到第 $k+1$ 项这个区间，计算直线其中央点对应的 $y_{(m+2)}$ 为

$$y_{(m+2)} = a_{(m+2)} = \frac{1}{k}\sum_{t=2}^{k+1} y_t \tag{4.5.2}$$

于是 $y_{(m+1)}$，$y_{(m+2)}$，$y_{(m+3)}$，…这一序列就是 k 项移动平均所形成的序列。这就是说趋

势线为直线时,用移动平均法所求得的趋势线与用最小二乘法所求得的趋势线在理论上是一致的。当趋势线不是直线时,譬如是向上凸的曲线,则单纯平均的趋势线就在它的下方,反之若是下凸的曲线,则趋势线就在它的上方。在这种情况下就必须考虑不用直线而用多项式

$$y = a_0 + a_1 t + a_2 t^2 + \cdots + a_p t^p \tag{4.5.3}$$

去拟合趋势线。与直线的情形一样地求各趋势线中央点的 y 值,置原点于 $t=m+1$ 处,考虑用下列二次抛物线

$$y = a_0 + a_1 t + a_2 t^2 \tag{4.5.4}$$

去拟合,并且取 $k=2m+1=5$。[①] 时间原点置于计算区间的中央 $m+1=3$ 处,由最小二乘法,估计 a_0,只需函数

$$Q(a_0, a_1, a_2) = \sum_{t=-2}^{2} [y_t - (a_0 + a_1 t + a_2 t^2)]^2 \tag{4.5.5}$$

取最小值。取 Q 关于 a_0, a_1, a_2 的偏导数,并令它们等于零。

$$\begin{cases} \dfrac{\partial Q}{\partial a_0} = -2\sum\limits_{t=-2}^{2}[y_t - (a_0 + a_1 t + a_2 t^2)] = 0 \\ \dfrac{\partial Q}{\partial a_1} = -2\sum\limits_{t=-2}^{2}[y_t - (a_0 + a_1 t + a_2 t^2)]t = 0 \\ \dfrac{\partial Q}{\partial a_2} = -2\sum\limits_{t=-2}^{2}[y_t - (a_0 + a_1 t + a_2 t^2)]t^2 = 0 \end{cases} \tag{4.5.6}$$

整理后,得到正规方程组

$$\begin{cases} \sum\limits_{t=-2}^{2} y_t = 5a_0 + 10a_2 \\ \sum\limits_{t=-2}^{2} t y_t = 10a_1 \\ \sum\limits_{t=-2}^{2} t^2 y_t = 10a_0 + 34a_2 \end{cases} \tag{4.5.7}$$

由此可以求出

$$\begin{aligned} a_0 &= \frac{1}{35}\left(17\sum_{t=-2}^{2} y_t - 5\sum_{t=-2}^{2} t^2 y_t\right) \\ &= \frac{1}{35}(-3y_{-2} + 12y_{-1} + 17y_0 + 12y_{+1} - 3y_{+2}) \end{aligned} \tag{4.5.8}$$

这就是说用二次趋势线去拟合时,可以得到中央趋势值 a_0,同时 a_0 也可以用5项加权移动平均得到,5项加权移动平均的权重分别是(1/35){−3,12,17,12,−3},即

$$\tilde{y}_t = \frac{1}{35}(-3y_{t-2} + 12y_{t-1} + 17y_t + 12y_{t+1} - 3y_{t+2}) \tag{4.5.9}$$

一般说来,在上述办法中用各种不同次数多项式去拟合曲线时,可求得相应的加权移动平均的公式,下面列举其中的一部分。

---

① 二项式的系数有3个,若取 $k=3$,则结果与原序列相同,无意义,故取 $k=5$ 是最低限度。

二次式或三次式时：

移动平均项数	加权移动平均权重
$k=5$	$\frac{1}{35}\{-3,12,17,12,-3\}$
$k=7$	$\frac{1}{21}\{-2,3,6,7,6,3,-2\}$
$k=9$	$\frac{1}{231}\{-21,14,39,54,59,54,39,14,-21\}$
$k=11$	$\frac{1}{429}\{-36,9,44,69,84,89,84,69,44,9,-36\}$

四次式或五次式时：

移动平均项数	加权移动平均权重
$k=7$	$\frac{1}{231}\{5,-30,75,131,75,-30,5\}$
$k=9$	$\frac{1}{429}\{15,-55,30,135,179,135,30,-55,15\}$
$k=11$	$\frac{1}{429}\{18,-45,-10,60,120,143,120,60,-10,-45,18\}$

把原点置于计算区间的中央时，由于 $\sum t=\sum t^3=\sum t^5=\cdots=0$，故对于二项式或三项式来说，确定 a_0 的正规方程的形式是一样的。一般说来，$2k$ 次同 $2k+1$ 次是完全相同的。

以上说明加权移动平均的几何意义就是用分段多项式逼近原序列的趋势，而移动平均值序列正是每个分段多项式的中央趋势值。

4.6　X-11 季节调整方法

1954 年，美国商务部国势普查局(Bureau of Census，Depart ment of Commerce)在美国全国经济研究局(NBER)战前研究的移动平均比法(the ratio-moving average method)的基础上，开发了关于季节调整的最初的电子计算机程序，开始大规模对经济时间序列进行季节调整。此后，季节调整方法不断改进，每次改进都以 X 再加上序号表示。1960 年，发表了 X-3 方法，X-3 方法和以前的程序相比，特异项的代替方法和季节要素的计算方法略有不同。1961 年，国势普查局又发表了 X-10 方法。X-10 方法考虑到了根据不规则变动和季节变动的相对大小来选择计算季节要素的移动平均项数。1965 年 10 月发表了 X-11 方法，这一方法历经几次演变，已成为一种相当精细、典型的季节调整方法①②。

X-11 方法是基于移动平均法的季节调整方法。它的特征在于除了能适应各种经济指标的性质，根据各种季节调整的目的，选择计算方式外，在不做选择的情况下，也能根据事先编入的统计基准，按数据的特征自动选择计算方式。在计算过程中可根据数据中的随机因

① Shiskin J. The X-11 Variant of the Census Method Ⅱ. Seasonal Adjustmnt Program[R]. U. S. Departmant of Commerce Bureau of the Census，November，1965.

② 阿部喜三. 季节变动调整法[M]. 日本经济企划厅经济研究所，1971.

素大小，采用不同长度的移动平均，随机因素越大，移动平均长度越大。X-11 方法是通过几次迭代来进行分解的，每一次对组成因子的估算都进一步精化。正因为如此，X-11 方法得到很高的评价，已为欧美、日本等国的官方和民间企业、国际机构(IMF)等采用，成为普遍使用的季节调整方法。

下面先介绍一下 X-11 方法中几种特殊的处理方法，然后介绍 X-11 方法的主要计算步骤。

4.6.1 各种变动要素的构成

在 X-11 方法中，原序列$\{Y\}$的变动，假定由下面四个要素构成：

① 趋势・循环要素(Y^{TC})；

② 季节变动要素(Y^{S})；

③ 不规则变动要素(Y^{I})；

④ 周工作日变动要素(trading day factors)(Y^{D})。

因经济指标的性质不同，这四种要素的构成也不同，同时季节调整的计算步骤也不一样，下面具体列举其不同的构成方法。

首先介绍几种记号。

D_p：先验的周工作日调整要素。

D_r：由回归式估计的周工作日变动要素。

P：先验的月份调整要素。

E：特异项。

I：残存的不规则要素。

然后介绍几种模型。

1. 月度序列的乘法模型

$$Y = Y^{TC} \times Y^{S} \times Y^{I''} \times Y^{D''}$$
$$Y = Y^{TC} \times Y^{S} \times Y^{I''} \times Y^{D'}$$
$$Y = Y^{TC} \times Y^{S} \times Y^{I'} \times Y^{D'}$$
$$Y = Y^{TC} \times Y^{S} \times Y^{I'}$$

其中，$Y^{D''} = D_p \times D_r$，$Y^{D'} = D_r$，$Y^{I''} = P \times E \times I$，$Y^{I'} = E \times I$。

2. 月度序列的加法模型

$$Y = Y^{TC} + Y^{S} + Y^{I''} + D_r$$
$$Y = Y^{TC} + Y^{S} + Y^{I'} + D_r$$
$$Y = Y^{TC} + Y^{S} + Y^{I'}$$

其中，$Y^{I'} = P + E + I$，$Y^{I'} = E + I$。

3. 季度序列的乘法模型

$$Y = Y^{TC} \times Y^{S} \times Y^{I'} \; (Y^{I'} = E \times I)$$

4. 季度序列的加法模型

$$Y = Y^{TC} + Y^{S} + Y^{I'}(Y^{I'} = E + I)$$

4.6.2　月份调整

月份调整(prior monthly adjustment)是在季节调整之前，根据工作日数进行调整，主要是去掉节假日或其他原因造成的给定月份在不同年份之间工作日数多少的差别，这项调整只针对月度数据。例如，在我国春节法定假日 3 天，但春节有时在一月份，有时在二月份，还有一月、二月里都有春节的假日，这样对在春节放假期间不生产或不营业的行业的某些统计指标影响就很大。

为剔除这种影响，一般利用月调整因子序列进行月份调整。如果进行这一调整，需要用户提供月调整因子序列 P(prior monthly adjustment factors)，这里 $P=\{p_1, p_1, \cdots, p_T\}$，其中 p_t 为 t 月的调整因子，T 为总月数。例如，我国元旦放假 1 天，春节放假 3 天，清明节放假 1 天，五一节放假 1 天，端午节放假 1 天，中秋节放假 1 天，国庆节放假 3 天，还有某年某月份因某种原因停产或停止营业的天数，从相应的月中扣除这些天数就得到实际工作天数的序列，可作为月调整因子序列。下面结合乘法模型讨论 P 序列的确定方法。

1. 月平均日值法

月平均日值法是适合于增长率序列的先验月份调整法。对于全星期不停产的企业和不停业的商店，月份调整因子 $P=\{p_t\}$序列可以是扣除了节假日的实际月工作天数序列，对于每星期休息 1 天或 2 天的企业和商业部门，P 序列可以是每月扣除节假日及休息日的实际工作天数序列。设$\widetilde{Y}$是月平均日值序列，则

$$\tilde{y}_t = y_t / p_t, \quad t = 1, 2, \cdots, T \tag{4.6.1}$$

式中 T 为月份个数。这样由式(4.6.1)得到的$\widetilde{Y}$序列是按工作日的月平均日值序列。计算原序列 Y 的增长率序列，记为 $R=\{r_t\}$，则

$$r_t = y_t / y_{t-12} - 1, \quad t = 13, 14, \cdots, T \tag{4.6.2}$$

计算月平均日值序列$\widetilde{Y}$的增长率，记为$\widetilde{R}=\{\tilde{r}_t\}$，则

$$\tilde{r}_t = \tilde{y}_t / \tilde{y}_{t-12} - 1 = \frac{y_t / p_t}{y_{t-12} / p_{t-12}} - 1 = \frac{y_t}{y_{t-12}} \times \frac{p_{t-12}}{p_t} - 1 \tag{4.6.3}$$

比较式(4.6.2)和式(4.6.3)可知，在无扣除天数或扣除相同天数的月份，由于 $p_{t-12}/p_t = 1$，故$\tilde{r}_t = r_t$，以消除春节因素为例，如果 P 序列中仅扣除每年春节假期天数，其他月份天数相同，则由月平均日值法得到的 1、2 月份的增长率$\tilde{r}_t$ 正是消除了春节因素后的增长率。

以 1990 年 1 月至 2012 年 2 月我国工业总产值为例，利用式(4.6.1)计算得到工业总产值月平均日值序列，再计算工业总产值月平均日值增长率，为了避免出现负值，仅做与上年同月比的增长率，即$\tilde{r}_t = \tilde{y}_t / \tilde{y}_{t-12}$，然后对$\tilde{r}_t$ 做季节调整去掉季节因素，仍记为$\tilde{r}_t$。中国工业生产总值增长率季节调整后序列图 4.6.1 中的实线序列是$\tilde{r}_t$，虚线序列是我国工业总产值未做调整，直接计算与上年同月比的增长率序列 $r_t = y_t / y_{t-12}$，对 r_t 也做季节调整。可以看出未调整增长率序列 r_t 在 1、2 月份出现奇异值，而调整后增长率序列$\tilde{r}_t$ 消除了春节因素。

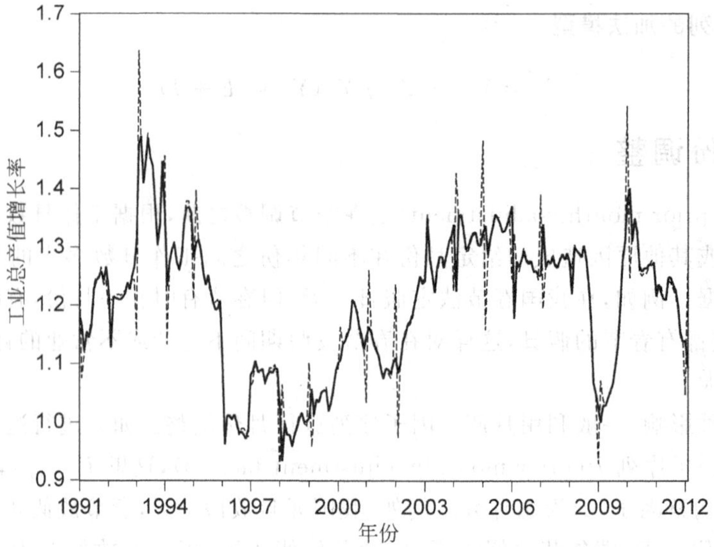

图 4.6.1 中国工业总产值增长率春节因素调整后序列(y_t/y_{t-12})

注：实线是利用月平均日值法调整的序列$\tilde{r}_t$；虚线是未调整的包含春节因素的序列 r_t。

2. 比例因子法

对于经济指标绝对水平的变化，一般采用比例因子法进行先验的月份调整，这种方法可以保持经济时间序列的性质不变。P 序列可以这样选择，已知每月的实际工作天数 D_t 及一段期间内的每月平均工作天数 $\overline{D}_L(L=1,2,\cdots,12)$，用每月的实际工作天数除以相应的月平均工作天数，就可得到工作天数调整系数序列。

以调整春节因素为例，1、2 月份仅扣除春节的天数，其他月份月天数不变，于是就可以得到月份调整因子序列 P(见表 4.6.1)

$$p_t = D_t/\overline{D}_L, \quad t=1,2,\cdots,T \tag{4.6.4}$$

在乘法模型的情况下，设$\widetilde{Y}$是调整后的序列

$$\tilde{y}_t = y_t/p_t, \quad t=1,2,\cdots,T \tag{4.6.5}$$

这样得到的月份调整后的$\widetilde{Y}$序列仍是月值序列。

在加法模型的情况下，采用减法

$$\tilde{y}_t = y_t - p_t, \quad t=1,2,\cdots,T \tag{4.6.6}$$

式(4.6.6)中 P 序列不能是天数，而应是和 Y 同量纲的绝对量序列，即假日或休息日，或停产(停业)日对指标绝对量的影响部分。由于影响的量值不好估计，所以一般采用乘法模型。

仍以我国工业总产值为例，利用式(4.6.4)计算得到工业总产值月份调整因子序列 P，再利用式(4.6.5)计算调整后序列$\widetilde{Y}$。图 4.6.2 中的虚线序列是$\widetilde{Y}$，实线序列是工业总产值原序列 Y。为清楚起见，只显示 2000 年 1 月至 2006 年 12 月的数据，可以看出未调整序列 Y 与调整后序列$\widetilde{Y}$的差异。

表 4.6.1　计算 1、2 月份扣除春节天数的调整因子表($\bar{D}_1=30.0392$,$\bar{D}_2=26.2157$)

年份	1月份天数	2月份天数	1月份调整因子	2月份调整因子	年份	1月份天数	2月份天数	1月份调整因子	2月份调整因子
1980	31	26	1.031 98	0.991 77	2006	31	26	1.031 98	0.991 77
1981	31	25	1.031 98	0.953 63	2007	31	25	1.031 98	0.953 63
1982	28	28	0.932 11	1.068 06	2008	28	28	0.932 11	1.068 06
1983	31	25	1.031 98	0.953 63	2009	31	25	1.031 98	0.953 63
1984	31	26	1.031 98	0.991 77	2010	31	26	1.031 98	0.991 77
1985	31	25	1.031 98	0.953 63	2011	28	28	0.932 11	1.068 06
1986	31	25	1.031 98	0.953 63	2012	31	25	1.031 98	0.953 63
1987	28	28	0.932 11	1.068 06	2013	31	25	1.031 98	0.953 63
1988	31	26	1.031 98	0.991 77	2014	28	29	0.932 11	1.106 21
1989	31	25	1.031 98	0.953 63	2015	31	25	1.031 98	0.953 63
1990	28	28	0.932 11	1.068 06	2016	28	28	0.932 11	1.068 06
1991	31	25	1.031 98	0.953 63	2017	31	25	1.031 98	0.953 63
1992	31	26	1.031 98	0.991 77	2018	31	26	1.031 98	0.991 77
1993	28	28	0.932 11	1.068 06	2019	28	28	0.932 11	1.068 06
1994	31	25	1.031 98	0.953 63	2020	28	29	0.932 11	1.106 21
1995	30	26	0.998 69	0.991 77	2021	31	25	1.031 98	0.953 63
1996	31	26	1.031 98	0.991 77	2022	30	26	0.998 69	0.991 77
1997	31	25	1.031 98	0.953 63	2023	28	28	0.932 11	1.068 06
1998	28	28	0.932 11	1.068 06	2024	31	26	1.031 98	0.991 77
1999	31	25	1.031 98	0.953 63	2025	28	28	0.932 11	1.068 06
2000	31	26	1.031 98	0.991 77	2026	31	25	1.031 98	0.953 63
2001	28	28	0.932 11	1.068 06	2027	31	25	1.031 98	0.953 63
2002	31	25	1.031 98	0.953 63	2028	28	29	0.932 11	1.106 21
2003	31	25	1.031 98	0.953 63	2029	31	25	1.031 98	0.953 63
2004	28	29	0.932 11	1.106 21	2030	31	25	1.031 98	0.953 63
2005	31	25	1.031 98	0.953 63					

注:$\bar{D}_1$ 和 $\bar{D}_2$ 分别是 1980—2030 年期间一月份和二月份天数的平均值。其他月份的调整因子为 1,因此表中仅列了 1、2 月份的调整因子。

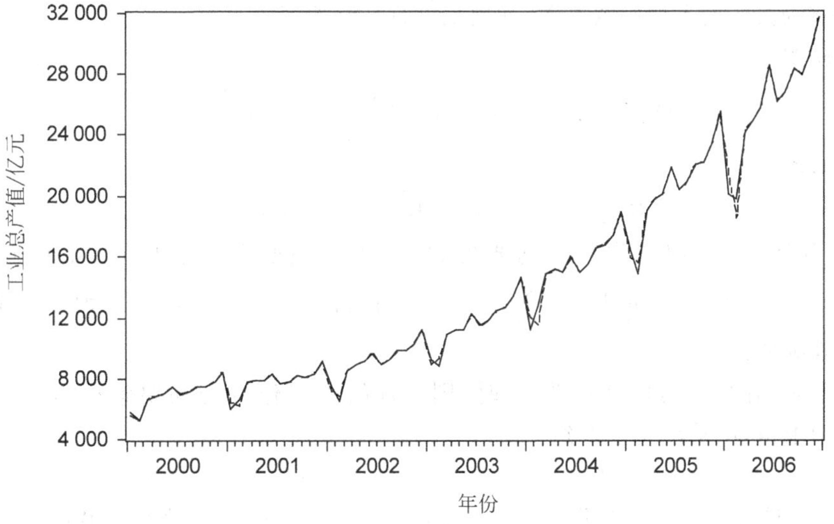

图 4.6.2　中国工业总产值原序列和比例因子法调整后序列

注:虚线是中国工业总产值原序列(Y);实线是利用比例因子法调整的序列$\widetilde{Y}$。

4.6.3 周工作日调整

所谓周工作日调整是从原序列中抽出因各月的周工作日(星期结构)不同而造成的变动。比如,百货商店的销售额受该月周围企业的休息日,以及百货商店的休息日数量的影响。这种情况下,除调整季节变动外,还应进行周工作日调整。

X-11 方法中的周工作日调整有两种。一种是用户已了解该指标的周工作日变动状况,在季节调整前,由用户先验地指定星期一至星期日各自的权数,从而得到周工作日调整要素,进行周工作日调整,称为先验的周工作日调整。另一种是在计算过程中,由计算程序通过回归分析自动求出星期一至星期日的权重,得到周工作日变动要素,然后根据 F 检验来判定是否进行周工作日调整。

1. 先验的周工作日调整

为了求出周工作日要素 D_p,用户要输入星期一至星期日的权数 $WEI_i(i=1,\cdots,7)$,则

$$D_{p,t}=\sum_{i=1}^{7}(x_{it}\times WEI_i)/A_t \tag{4.6.7}$$

式中,x_{it} 为第 t 个月中星期 i 的天数(此项由程序计算),A_t 为第 t 月的天数,并且 $\sum_{i=1}^{7}WEI_i=7.0$。于是,从 Y 中扣除 D_p,就进行了先验的周工作日调整。设 $\widetilde{Y}$ 为先验的周工作日调整后的序列,乘法模型为

$$\tilde{y}_t=y_t/D_{p,t},\quad t=1,2,\cdots,T \tag{4.6.8}$$

注意:加法模型不适合作先验的周工作日调整。

2. 利用回归分析进行周工作日调整

在 X-11 中,假设周工作日变动要素包含在不规则要素中,即不规则要素的形式是 ID_r,假设已从原序列分解出 ID_r。下面用回归分析求出星期一至星期日的相应权重,从而可以将 ID_r 分解为真正的不规则要素 Y^{I} 和周工作日变动要素 D_r。

乘法模型

$$ID_{r,t}-1.0=\frac{x_{1t}B_1+x_{2t}B_2+\cdots+x_{7t}B_7}{A_t}+y_t^{\mathrm{I}} \tag{4.6.9}$$

加法模型

$$ID_{r,t}=x_{1t}B_1+x_{2t}B_2+\cdots+x_{7t}B_7+y_t^{\mathrm{I}} \tag{4.6.10}$$

式中,ID_{rt} 为含第 t 月周工作日变动要素 D_r 的不规则要素;x_{it} 为 t 月中星期 i 的天数 $(t=1,\cdots,T)$;B_i 为星期 i 的权重 $\left(\sum_{i=1}^{7}B_i=0\right)$;$A_t$ 为 t 月的天数,2月取28.25天;y_t^{I} 为真正的不规则要素。

设由此得到的 B_i 的估计值为 b_i 时,则 t 月的周工作日变动要素可由式(4.6.9)或式(4.6.10)求得,由乘法模型得到

$$D_{r,t}=\{x_{1t}(b_1+1)+x_{2t}(b_2+1)+\cdots+x_{7t}(b_7+1)\}/A_t \tag{4.6.11}$$

注意:在进行先验的周工作日调整的情况下,用式(4.6.7)中的权数 $WEI_i(i=1,\cdots,7)$ 代替式(4.6.11)中的 b_i+1。

由加法模型得到

$$D_{r,t}=x_{1t}b_1+x_{2t}b_2+\cdots+x_{7t}b_7 \tag{4.6.12}$$

在 X-11 中是否采用周工作日调整，还要根据 t 检验和 F 检验的结果来判定，具体调整方法可参阅第 4.6.7 节 X-11 方法计算步骤的 B 部分($B15$)。

4.6.4　特异项的修正

特异项是在不规则变动中具有显著异常值的项，如罢工、气候恶劣的影响、数据的误差等。为了准确地分解经济时间序列中的各因素，必须预先修正原序列，使其不受异常值的影响。

1. 特异项的界限值的设定

假设已从原序列中分解出不规则要素 Y^{I}。为了排除不规则变动要素 Y^{I} 中的异常值，需要计算 Y^{I} 的 5 年移动平均标准差。下面以月度数据为例，首先计算初始的 5 年移动平均标准差，记为 $\{\sigma_j^0\}$，

$$\sigma_j^0=\sqrt{\frac{1}{60}\sum_{t=j\times12-36+1}^{j\times12+24}(y_t^{\mathrm{I}}-\bar{I}_j)^2},\quad j=3,4,\cdots,n-2 \tag{4.6.13}$$

式中，$\bar{I}_j$ 是 Y^{I} 序列的 5 年移动平均值；n 是 Y^{I} 序列的年数。让 σ_j^0 对应于 5 年期间的中心年，每年计算出一个 σ_j^0，故 $\{\sigma_j^0\}$ 是一个年度序列。当采用乘法模型时，将满足 $|y_t^{\mathrm{I}}-1|>2.5\sigma_j^0$ 的 y_t^{I} 认为是特异的，在采用加法模型时，将 $|y_t^{\mathrm{I}}|>2.5\sigma_j^0$ 的 y_t^{I} 认为是特异的。除去这些 y_t^{I}，由下式

$$\sigma_j=\sqrt{\frac{1}{60-a}\sum(y_t^{\mathrm{I}}-\bar{I}_j)^2}\quad j=3,4,\cdots,n-2 \tag{4.6.14}$$

再次算出 5 年移动标准差，记为 $\{\sigma_j\}$，式中 a 是 5 年内特异值的个数。$\{\sigma_j\}$ 序列两端各缺少 2 项，分别采用距离始端和终端第 3 年的 $\{\sigma_j\}$ 来代替两端欠缺的两年的 σ_j 值。

在 X-11 中，特异项的界限值取为

$$|y_t^{\mathrm{I}}-1|>2.5\sigma_j\quad\text{(乘法模型)}$$

或

$$|y_t^{\mathrm{I}}|>2.5\sigma_j\quad\text{(加法模型)}$$

这样的 y_t^{I} 值为特异值。

2. 特异项的修正

首先来计算修正的权数 w(乘法模型)，

$$w_t=\begin{cases}0, & \text{当 } |y_t^{\mathrm{I}}-1|>2.5\sigma_j \text{ 时}\\ 1, & \text{当 } |y_t^{\mathrm{I}}-1|<1.5\sigma_j \text{ 时}\\ 2.5-|y_t^{\mathrm{I}}-1|/\sigma_j, & \text{当 } 1.5\sigma_j\leqslant|y_t^{\mathrm{I}}-1|\leqslant2.5\sigma_j \text{ 时}\end{cases} \tag{4.6.15}$$

$$t=1,2,\cdots,T(T\text{ 是 }Y^{\mathrm{I}}\text{ 序列的月数}),j=1,2,\cdots,n$$

采用加法模型时，式(4.6.15)的各式中的 $|y_t^{\mathrm{I}}-1|$ 换成 $|y_t^{\mathrm{I}}|$ 即可。

利用上述的不等式可修正 Y^{I} 序列的特异项：对应于 $w_t<1$ 的 y_t^{I}，以该 w_t 为权，与相近的前后各两项的 y_{t-2}^{I}，y_{t-1}^{I}，y_{t+1}^{I}，y_{t+2}^{I}，(注意所取的项所对应的 w 必须等于 1，否则取旁边

的值)共5项做加权平均,用这样得到的值$\tilde{y}_t^{I}$替换y_t^{I}。若对应于$w_t<1$的y_t^{I}位于两端时,以该w_t为权,与其相近的3项$w_t=1$的Y^{I}值共4项做加权平均,用得到的这个平均值$\tilde{y}_t^{I}$替换y_t^{I}。修正特异项后的Y^{I}序列,记为Y^{Iw}。

4.6.5 X-11方法中移动平均项数的选择方法

由于不同的经济指标所含的随机因素的干扰程度不同,这样有的经济时间序列具有较剧烈的随机变动,而有的经济时间序列的变动曲线则较光滑。通常移动平均的项数越多,排除随机因素的概率越大。然而,移动平均的项数越多,在移动平均中损失的信息也越多。m项移动平均在数据序列的始端和终端各损失$(m-1)/2$个数据。数据序列的始端损失的信息,影响不大,而终端损失的信息,对分解的精度影响很大。为了解决这一问题,可以用较短长度的移动平均。然而对某些指标,较短长度的移动平均又不能完全消除随机因素,所以用固定项数的移动平均方法去排除随机因素,显然是不合适的。从而选择移动平均的适宜长度成为时间序列分解方法的重要内容。

1. 从TCI序列中分解I序列

假设已从原序列Y中去掉了季节要素Y^{S},得到Y^{TCI}序列。为了从Y^{TCI}序列中获得趋势·循环要素Y^{TC},必须消除不规则要素Y^{I},所使用的是亨德森(Henderson)加权移动平均法。亨德森加权移动平均有5、9、13、23项之别,不规则要素越大,需要的项数也越大。为了选择合适的移动平均项数,先采用亨德森13项移动平均求出初始的Y^{TC}和Y^{I}序列(以乘法模型为例)

$$\begin{aligned} y_t^{TC} &= (y_t^{TCI})^{\to(H,13)} \\ y_t^{I} &= y_t^{TCI}/y_t^{TC} \end{aligned} \qquad t=1,2,\cdots,T \tag{4.6.16}$$

式中,$(H,13)$表示13项亨德森加权移动平均。分别求出序列Y^{TC}和Y^{I}对前月变化率的绝对平均值,即

$$\bar{y}^{TC} = \frac{1}{T-1}\sum_{t=2}^{T}\frac{|\,y_t^{TC}\,|}{|\,y_{t-1}^{TC}\,|} \tag{4.6.17}$$

$$\bar{y}^{I} = \frac{1}{T-1}\sum_{t=2}^{T}\frac{|\,y_t^{I}\,|}{|\,y_{t-1}^{I}\,|} \tag{4.6.18}$$

然后根据$\bar{y}^{I}/\bar{y}^{TC}$的值选择亨德森移动平均的项数,见表4.6.2。

表4.6.2 亨德森移动平均的项数选择

$\bar{y}^{I}/\bar{y}^{TC}$	选择移动平均的长度 m
0.0~0.99	9项亨德森移动平均
1.0~3.49	13项亨德森移动平均
3.5以上	23项亨德森移动平均

按照表4.6.2选择的项数,做亨德森移动平均就可求出趋势·循环要素

$$y_t^{TC} = (y_t^{TCI})^{\to(H,m)} \qquad t=1,2,\cdots,T \tag{4.6.19}$$

式中,(H,m)表示m项亨德森加权移动平均。

对于季度数据,一般都采用亨德森五项加权移动平均。

2. 选择月别(季别)移动平均的项数

假设已从原序列中分解出季节・不规则要素 Y^{SI}。在 X-11 中对于季节・不规则要素 Y^{SI} 的分解，都是采用月别(季别)移动平均来处理的(以下以月度数据为例进行说明)。月别移动平均是按月份对 Y^{SI} 做移动平均，目的是把不规则要素 Y^{I} 排除掉，记以($Y^{SI\downarrow(m)}$)(m 是项数)。例如 Y^{SI} 序列的 4 月份的值见表 4.6.3 第二栏，则进行 3×3 项月别移动平均($Y^{SI\downarrow(3\times3)}$)的算法见表 4.6.3。

表 4.6.3　月别移动平均的计算例子

年份	4 月份的值	在开始和结尾部分各引进两个附加值	3×3 项移动平均值	
			3 项移动平均值	3×3 移动平均
		$(99+99.3)/2=\begin{cases}99.15\\99.15\end{cases}$	— 99.10	— —
1950	99	99.00	99.15	98.63
1951	99.3	99.30	97.63	98.85
1952	94.6	94.60	97.77	98.80
1953	105.4	105.4	99.00	99.68
1954	97.8	97.80	100.27	98.95
1955	97.7	97.70	97.57	98.45
1956	97.3	97.30	97.50	97.50
		$\frac{97.7+97.3}{2}=\begin{cases}97.5\\97.5\end{cases}$	97.43 —	— —

为了选择月别移动平均的项数，首先采用 7 项月别移动平均从季节・不规则要素 Y^{SI} 中分解出 Y^{S} 和 Y^{I}

$$\begin{aligned} y_t^S &= (y_t^{SI})^{\downarrow(7)} \\ y_t^I &= y_t^{SI}/y_t^S \quad t=1,2,\cdots,T \end{aligned} \tag{4.6.20}$$

分别按月求出序列 Y^{S} 和 Y^{I} 的对前年变化率的绝对平均值

$$\begin{aligned} \bar{y}_j^S &= \sum \left| \frac{y^S}{y_{-12}^S} - 1 \right| \Big/ (k-1) \\ \bar{y}_j^I &= \sum \left| \frac{y^I}{y_{-12}^I} - 1 \right| \Big/ (k-1) \quad j=1,2,\cdots,12 \end{aligned} \tag{4.6.21}$$

式中，k 是序列的年数。

然后求出比值 $\bar{y}_j^I/\bar{y}_j^S$，这个比值称做 MSR(moving seasonal ratio)。月别移动平均的项数是根据 MSR_j ($j=1,\cdots,12$)的值确定的，具体见表 4.6.4。

表 4.6.4　月别移动平均的项数选择

$MSR_j(\bar{y}_j^I/\bar{y}_j^S)$	移动平均项数 m
0～1.49	3 项
1.5～2.49	3×3 项
2.5～4.49	3×5 项
4.5～6.49	3×9 项
6.5～	3×15 项

再按照表4.6.4选择的项数 m 做月别移动平均便可以得到季节变动要素 Y^{S}

$$y_t^{S} = (y_t^{SI})^{\downarrow(m)} \tag{4.6.22}$$

4.6.6 X-11方法中的简明统计

在X-11中对各种分解要素给出了一套简明的统计分析结果,以便用户以此来分析经济指标的特性和季节调整的效果。

本节中,设 Y 为原序列,当用月度数据时,MQ取为12,当用季度数据时,MQ取为4。

1. 计算对前月(季)比(差分)的变化率序列

(1) 原序列 Y 对前月(季)比(差分)的变化率序列

$$(R_Y)_t = \frac{Y_t}{Y_{t-1}} - 1 \qquad \text{(乘法模型)}$$

$$(R_Y)_t = Y_t - Y_{t-1} \qquad \text{(加法模型)} \tag{4.6.23}$$

$$t = 1,2,\cdots,T$$

(2) 季节调整后序列 Y^{TCI} 的对前月(季)比(差分)的变化率序列 R_{TCI}

$$(R_{TCI})_t = \frac{y_t^{TCI}}{y_{t-1}^{TCI}} - 1 \qquad \text{(乘法模型)}$$

$$(R_{TCI})_t = y_t^{TCI} - y_{t-1}^{TCI} \qquad \text{(加法模型)} \tag{4.6.24}$$

$$t = 1,2,\cdots,T$$

比较 R_Y 和 R_{TCI} 这两个变化率序列,后者应比前者变化幅度小些。

2. 计算各要素的特性值

首先定义计算间隔 j 月(季)的变化率(量)的绝对平均值 M_j 的公式

$$M_j = \frac{100}{T-j}\sum_{t=j+1}^{T}\left|\frac{L_t - L_{t-j}}{L_{t-j}}\right| \qquad \text{(乘法模型)}$$

$$M_j = \frac{100}{T-j}\sum_{t=j+1}^{T}\left| L_t - L_{t-j} \right| \qquad \text{(加法模型)} \tag{4.6.25}$$

$$j = 1,2,\cdots,\mathrm{MQ}$$

将式(4.6.25)中的 L 分别用原序列 Y、季节调整后序列 Y^{TCI}、不规则要素序列 Y^{I}、趋势·循环要素序列 Y^{TC}、季节要素序列 Y^{S}、周工作日变动要素序列 Y^{D} 及仅去掉了不规则要素的 Y^{TCS} 序列来替换,就得到了各自的间隔 j 月(季)的变化的特性值,分别用 $M_Y, M_{TCI}, M_I, M_{TC}, M_S, M_D, M_{TCS}$ 来表示,可以用这些值来分析季节调整的效果。

(1) 由于去掉了季节要素,变化程度减弱了,原序列 Y 和季节调整后的序列 Y^{TCI} 相比较,应有 $(M_Y)_j \geqslant (M_{TCI})_j, j=1,\cdots,\mathrm{MQ}$。

(2) 由于不规则要素 Y^{I} 是随机变量序列,所以 $(M_I)_j$ 对于不同的 j 没有明显的差别。

(3) 由于季节要素 Y^{S} 是以一年为周期变动,在 $j=\mathrm{MQ}$ 时,应明显地小。

(4) 在该经济指标中,如果趋势·循环要素占支配地位,则 $(M_{TC})_j$ 应随着 j 递增。

3. 计算MCD值

在讨论序列的光滑性时,常常使用MCD(months for cyclical dominance)间隔方式的概念，MCD 值是趋势·循环要素变化率的绝对平均值大于不规则要素变化率的绝对平均值的最短月(季)数。平滑序列的 MCD 值较小，不规则变动要素大的序列的 MCD 值较大。首先计算下面的比值

$$\mathrm{MR}_j = \frac{(M_{\mathrm{I}})_j}{(M_{\mathrm{TC}})_j}, \quad j = 1,2,\cdots,8 \tag{4.6.26}$$

这 8 个比值说明在间隔不同月(季)数时不规则要素和趋势·循环要素的比例关系，MCD 取 MR_j 中最先小于 1 的间隔月(季)数 j'

$$\mathrm{MCD} = j' \tag{4.6.27}$$

例如：

MR_1	MR_2	MR_3	MR_4	MR_5	…
3.5	2.1	1.6	0.9	0.6	…

在这种情况下，取 MCD=4。

当 $j' \geqslant 6$ 时，取 MCD=6。若 $j' \leqslant 3$，则取 MCD=3。

4. 计算平均游程

首先定义符号序列：

$$A_t = \begin{cases} +(\text{比 } t-1 \text{ 月增加或相等}) \\ -(\text{比 } t-1 \text{ 月减少}) \end{cases} \quad (t = 1,2,\cdots,T) \tag{4.6.28}$$

$$\mathrm{ADR} = \frac{\text{数据个数 } T}{A \text{ 序列中改变符号的次数} + 1} \tag{4.6.29}$$

ADR(average duration of run)值表示了序列中正号和负号发生变化的平均延续时间，即序列中同方向变化的频度。分别对 Y^{TCI} 序列，Y^{I} 序列和 Y^{TC} 序列利用式(4.6.29)计算 ADR 值。ADR 值越大，说明序列的变化越平缓，ADR 值越小，说明序列的变化越剧烈。

在 X-11 中还计算间隔 j 月(季)的变化率(量)的均值和标准差。

4.6.7　X-11 方法的具体步骤

X-11 方法包括六个部分。

A：先验调整计算。

B：计算暂定的周工作日变动要素，特异项的修正权数。

C：计算最终的周工作日变动要素和特异项的修正权数。

D：计算最终季节要素，季节调整后的序列，趋势·循环要素及不规则要素。

E：简明统计(各类序列之间的比较)。

F：简明统计(计算各要素的特性值等)。

下面详细介绍 X-11 方法的计算步骤，为方便起见，仅以月度数据为例进行说明，将季节调整后的序列记为 TCI，趋势·循环要素记为 TC，季节要素记为 S，季节要素·不规则要素 SI，不规则要素记为 I。

1. 先验调整计算(A 部分)

这部分是在季节调整前对时间序列中存在的月份变动及周工作日变动进行调整，见表 4.6.5　X-11 方法的部分。但在实际计算中，大多数序列往往不进行这一调整，即跳过 A

部分,直接进行B部分的计算。对于季度数据的时间序列不做这一调整。

表 4.6.5 X-11 方法的 A 部分

序号及说明	符号表示	
	乘法模型	加法模型
A1. 输入原序列。	$Y=TCSI''D''$	$Y=TC+S+I''+D''$
A2. 输入月调整因子序列。	P	P
A3. 利用月调整因子序列做月份调整。	$Y=Y/P$	$Y=Y-P$
A4. 输入星期一至星期日权数,并进行先验的周工作日调整	$D_p=\sum_{i=1}^{7}X_{ij}\times WEI_i/A_j$ $Y=Y/D_P$	无

2. 计算暂定的周工作日变动要素,特异项的修正权数(B部分)

这部分计算暂定的周工作日变动要素 D_r 和计算修正特异项的权数等,见表 4.6.6 X-11 方法的B部分。

表 4.6.6 X-11 方法的 B 部分

序号及说明	符号表示	
	乘法模型	加法模型
B1. 若执行A部分,则 Y_1 是先验调整后序列,否则 Y_1 是原序列。	$Y_1=TCSI'D_r$	$Y_1=TC+S+I'+D_r$
B2. 利用12个月中心化移动平均计算暂定的趋势·循环要素。	$TC_1=(Y_1)^{\rightarrow(12\times2)}$	$TC_1=(Y_1)^{\rightarrow(12\times2)}$
B3. 从 Y_1 中去掉 TC_1,便得到暂定的季节·不规则要素。	$SI_1=Y_1/TC_1$	$SI_1=Y_1-TC_1$
B4. ①为了去掉不规则要素,按用户选择的项数,对 SI 进行月别移动平均,如果用户没有选择,按 3×3 移动平均处理。 ②考虑到 S_1 中还可能残留趋势循环要素,再对 S_1 进行中心化12个月移动平均,TS 两端的欠项部分用延长两端移动平均值来添补。 ③再从 S_1 中除去 TS,得到暂定季节要素。 ④求暂定的不规则要素 ID_1。 ⑤采用4.6.4中介绍的方法利用 ID_1 计算特异项修正的权数 w 并修正 SI_1 中的特异项,记为 SI_1^w	$S_1=(SI_1)^{\downarrow(3\times3)}$ $TS=(S_1)^{\rightarrow(12\times2)}$ $S_1=S_1/TS$ $ID_1=SI_1/S_1$ SI_1^w	$S_1=(SI_1)^{\downarrow(3\times3)}$ $TS=(S_1)^{\rightarrow(12\times2)}$ $S_1=S_1-TS$ $ID_1=SI_1-S_1$ SI_1^w
B5. ① 对修正特异项后的 SI_1^w 做月别移动平均得到 S'。 ②对 S' 作中心化12个月移动平均得到 TS。补欠项的方法和B4②一样。 ③求暂定的季节要素 S_2。 注意:在 S' 中12个月中心化移动平均所产生的欠项,在这里用 S' 两端相邻年的对应月补齐。	$S'=(SI_1^w)^{\downarrow(3\times3)}$ $TS=(S')^{\rightarrow(12\times2)}$ $S_2=S'/TS$	$S'=(SI_1^w)^{\downarrow(3\times3)}$ $TS=(S')^{\rightarrow(12\times2)}$ $S_2=S'-TS$
B6. 求暂定的季节调整后的序列。	$TCI_1=Y_1/S_2$	$TCI_1=Y_1-S_2$

续表

序号及说明	符号表示	
	乘法模型	加法模型
B7. ①求暂定的趋势·循环要素，采用亨德森(Henderson)加权移动平均来消除不规则要素，亨德森移动平均项数 m 的选择方法参见 4.6.5 节中的介绍。 ②如果被调整的指标中存在罢工或由特殊事件引起的数据偏离现象，可由用户选择进行变形调整，变形调整可视为又一次更精细的特异项修正。从 TCI_1 中消除 TC_2，得到不规则要素 I'， 利用 4.6.4 中介绍的方法计算特异项修正的权数 w，并修正 TCI_1 中的特异项，记为 $TCI_1{}^w$，重新求 TC_2。	$TC_2=TCI_1{}^{\to(H,m)}$ $I'=TCI_1/TC_2$ TCI_1^w $TC_2=TCI_1^w{}^{\to(H,m)}$	$TC_2=TCI_1{}^{\to(H,m)}$ $I'=TCI_1-TC_2$ TCI_1^w $TC_2=TCI_1^w{}^{\to(H,m)}$
B8. 再求出新的暂定季节·不规则要素 SI_2。	$SI_2=Y_1/TC_2$	$SI_2=Y_1-TC_2$
B9. 和 B4 同样步骤，对 SI_2 进行特异项修正。	SI_2^w	SI_2^w
B10. 和 B5 同样步骤，求出新的暂定季节要素 S_2。	$S_2=(SI_2^w)^{\downarrow(3\times3)}$	$S_2=(SI_2^w)^{\downarrow(3\times3)}$
B11. 求出新的季节调整后序列。	$TCI_2=Y_1/S_2$	$TCI_2=Y_1-S_2$
B12. 不做。		
B13. 求不规则要素的第一次近似值，假定周工作日要素包含在不规则要素中，故记为 ID_r。	$ID_r=TCI_2/TC_2$	$ID_r=TCI_2-TC_2$
B14. 为了估计周工作日变动要素，对 ID_r 做特异项修正，为方便起见，ID_r^w 仍记为 ID_r。 注意：季度数据不计算 B14～B16，如果用户选择不做周工作日调整，也不进行 B14～B16 的计算。	ID_r^w	ID_r^w
B15. 根据 4.6.3(2)中介绍的方法，利用回归分析得到的星期一至星期日的权重，进行周工作日调整。 由最小二乘法得到的 B_j 的估计值 $b_j(j=1,2,\cdots,7)$后，需做假设检验，确定应否做周工作日调整。 t 检验：构造 $t_j=b_j/\tilde{\sigma}_j$，其中 $\tilde{\sigma}_j$ 是 b_j 的估计方差，若 $\|t_j\|>2.62$(1%显著性水平)，则认为 b_j 非零。 F 检验：构造 $F=\sigma_R^2/\sigma_D^2$，其中 σ_D^2 是平均残差平方和，σ_R^2 是回归自变量解释的平均回归平方和。 零假设为 H_0：$b_1=\cdots=b_7=0$，若 $F>2.95$(1%显著性水平)则拒绝原假设，即认为序列具有明显的周工作日变动。 当 t 检验和 F 检验后，认为周工作日变动要素显著，则可计算周工作日变动要素 D_1。	$ID_1\to D_1$	$ID_1\to D_1$
B16. 求出暂定的不规则要素 I_1。若不做周工作日调整，则 $I_1=ID_1$。	$I_1=ID_1/D_1$	$I_1=ID_1-D_1$
B17. 按 4.6.5 中介绍的方法，计算特异项修正权数 w_1。	w_1	w_1
B18. 对 I_1 做特异项修正。	I_1^w	I_1^w
B19. 对原序列做周工作日调整。注意：不做周工作日调整或 F 检验不显著的情况，$Y_1=Y_2$	$Y_2=Y_1/D_1$	$Y_2=Y_1-D_1$

3. 计算最终的周工作日变动要素和特异项的修正权数(C 部分)

这部分利用 B 部分求出的周工作日调整后的序列 Y_2(不做周工作日调整则 $Y_2=Y_1$)，计算最终的周工作日变动要素和特异项的修正权数，具体见表 4.6.7 X-11 方法的 C 部分。

表 4.6.7 X-11 方法的 C 部分

序号及说明	符号表示	
	乘法模型	加法模型
C1. 利用 I_1^w 计算经特异项修正后的序列 Y_3。	$Y_3=Y_2\times\frac{I_1^w}{I_1}$	$Y_3=Y_2-I_1\times(1-w_1)$
C2. 计算暂定的趋势·循环要素。	$TC_3=(Y_3)^{\rightarrow(12\times2)}$	$TC_3=(Y_3)^{\rightarrow(12\times2)}$
C3. 不做。		
C4. 计算暂定的季节·不规则要素。	$SI_3=Y_3/TC_3$	$SI_3=Y_3-TC_3$
C5. 用与 B5 相同的方法求暂定季节要素 S_3。	S_3	S_3
C6. 求暂定的季节调整后的序列。	$TCI_3=Y_3/S_3$	$TCI_3=Y_3-S_3$
C7. 用与 B7 相同的方法,用亨德森移动平均求暂定的趋势·循环要素。	$TC_4=(TCI_3)^{\rightarrow(H,m)}$	$TC_4=(TCI_3)^{\rightarrow(H,m)}$
C8. 不做。		
C9. 求暂定的季节不规则要素。	$SI_4=Y_3/TC_4$	$SI_4=Y_3-TC_4$
C10. 和 B10 同样方法求新的季节要素。	S_4	S_4
C11. 从原序列中扣除季节要素,求出新的季节调整后序列。	$TCI_4=Y_1/S_4$	$TCI_4=Y_1-S_4$
C12. 不做。		
C13. 求不规则要素的第二次近似值。	$ID_2=TCI_4/TC_4$	$ID_2=TCI_4-TC_4$
C14~C16. 用 B14~B16 的相同方法再求出周工作日变动要素 D_2,求出暂定的不规则要素 I_2。	$ID_2\rightarrow D_2$	$ID_2\rightarrow D_2$
C17. 再次计算特异项修正权数 w_2。	w_2	w_2
C18. 对 I_2 做特异项修正。	I_2^w	I_2^w
C19. 从原序列中扣除周工作日变动要素。	$Y_4=Y_1/D_2$	$Y_4=Y_1-D_2$

4. 计算最终的季节要素,季节调整后序列,趋势·循环要素及不规则要素等(D 部分)

这部分计算最终的季节要素、季节调整后序列、趋势·循环要素及不规则要素等,见表 4.6.8X-11 方法的 D 部分。

表 4.6.8 X-11 方法的 D 部分

序号及说明	符号表示	
	乘法模型	加法模型
D1. 利用 I_2^w 计算经特异项修正后的序列 Y_5。	$Y_5=Y_4\times\frac{I_2^w}{I_2}$	$Y_5=Y_4-I_2\times(1-w_2)$
D2. 求出暂定的趋势·循环要素。	$TC_5=(Y_5)^{\rightarrow(12\times2)}$	$TC_5=(Y_5)^{\rightarrow(12\times2)}$
D3. 不做。		
D4. 求出暂定的季节·不规则要素。	$SI_5=Y_5/TC_5$	$SI_5=Y_5-TC_5$
D5. 用与 B5 相同的方法求暂定季节要素。	S_5	S_5
D6. 求暂定的季节调整后的序列。	$TCI_5=Y_5/S_5$	$TCI_5=Y_5-S_5$
D7. 用与 B7 相同的方法,用亨德森移动平均求暂定的趋势·循环要素。	$TC_6=(TCI_5)^{\rightarrow(H,m)}$	$TC_6=(TCI_5)^{\rightarrow(H,m)}$
D8. 计算最终的季节·不规则要素。	$SI_6=Y_5/TC_6$	$SI_6=Y_5-TC_6$

续表

序号及说明	符号表示	
	乘法模型	加法模型
D9. 对 SI_6 进行方差分析，通过 F 检验来检验季节因素是否显著，F>2.95，(1%显著性水平)，则 SI_6 具有稳定的季节性。		
D10. 用与 B10 同样方法求最终的季节要素 S_6。并用 S_6 外推出未来一年的季节要素：$(S_6)_{nn+1,j}=(S_6)_{nn,j}+\frac{1}{2}((S_6)_{nn,j}-(S_6)_{nn-1,j})$ $j=1,2,\cdots,MQ$，nn：原序列的最终年，$MQ=\begin{cases}12 & 月度\\ 4 & 季度\end{cases}$	S_6	S_6
D11. 计算最终的季节调整后序列。	$TCI_6=Y_5/S_6$	$TCI_6=Y_5-S_6$
D12. 用与 B7 相同的方法计算最终的趋势·循环要素。	$TC_7=(TCI_6)^{\to(H,m)}$	$TC_7=(TCI_6)^{\to(H,m)}$
D13. 计算最终的不规则要素	$I_3=TCI_6/TC_7$	$I_3=TCI_6-TC_7$

X-11 方法的 E 和 F 部分的主要内容在 4.6.6 节中已做了介绍，不再重复。

在 X-11 方法中，每追加一次新数据，就必须对过去的所有数据进行一次季节调整，经季节调整的序列就要回溯数年进行修订。但是，由于每月进行这样的季节调整计算和修订过去的季节调整数据，不仅麻烦，而且使得过去每月的数据都有变动，产生了漂移问题，所以一般是一年进行一次季节调整。由于未来一年的季节变动要素还不知道，在 X-11 方法中简便地算出未来一年的季节要素的预测值(见表 4.6.8 的 D10)，利用这个暂时的预测值对未来一年进行季节调整。待到每年一整年的数据收集齐了，在下年年初利用 X-11 做季节调整，过去的季节调整后的序列重新得到修订，再计算未来一年的季节变动要素的预测值。

4.6.8 季节调整方法的进展①

X-11 方法是基于移动平均法的季节调整方法。它的一个主要缺点是在进行季节调整时，需要在原序列的两端补欠项，如果补欠项的方法不当，就会造成信息损失。

加拿大统计局于 1975 年推出 X-11ARIMA 方法(Dagum，E. B.，1988)。1996 年，美国商务部又推出了 X-12ARIMA 方法(U. S. Cenus Bureau，2002，2007)。X-12ARIMA 方法加入了节日要素，比 X-11 方法更精细，但基本计算步骤没有大的变动。X-12ARIMA 方法是由 X-11 方法和时间序列模型组合而成的季节调整方法。该方法引入随机建模的思想，通过用 ARIMA 模型(Autoregressive Integrated Moving Average)延长原序列。在进行季节调整之前，首先通过建立 ARIMA 模型对序列进行前向预测和后向预测来补充数据，以保证在使用移动平均进行季节调整的过程中数据的完整性，从而弥补了 X-11 方法的移动平均末端项补欠值的问题。

X-12ARIMA 方法对 X-11 方法做了修正，试图使季节调整的结果稳定，但从根本上说它仍是移动平均法，因此移动平均法的问题并未全部解决。

1996 年，西班牙银行的 Gomez 和 Maraval(G'omez，V. and Maravall，A.，1996)研制推出 TRAMO/SEATS 模型，它是以 ARIMA 模型为基础，使用信号提取技术进行季节调整。

① 中国人民银行调查统计司. 时间序列 X-12-ARIMA 季节调整——原理与方法[M]. 北京：中国金融出版社，2006.

TRAMO(Time Series Regression with ARIMA Noise,Missing Observation,and Outliers)用来估计和预测具有缺失观测值、非平稳 ARIMA 误差及外部影响的回归模型。它能够对原序列进行插值,识别和修正几种不同类型的异常值,并对工作日变化及复活节等特殊回归因素及假定为 ARIMA 过程的误差项的参数进行估计。SEATS(Signal Extraction in ARIMA Time Series)是基于 ARIMA 模型来对时间序列中不可观测成分进行估计。

这两个程序往往联合起来使用,先用 TRAMO 对数据进行预处理,然后用 SEATS 将时间序列分解为趋势要素、循环要素、季节要素及不规则要素 4 个部分。TRAMO/SEATS 方法的优点在于它可以灵活地设定回归变量。虽然 X-12ARIMA 程序也提供了相类似的功能,但 TRAMO/SEATS 在操作上相对简单,并且较少主观判断成分。对 TRAMO/SEATS 程序的更详尽的描述参见(Maravall,A.,2001)。

2006 年,美国普查局推出季节调整的新版本 X-13ARIMA-SEATS(Monsell,B.,2007),简称 X-13A-S。

国际上没有统一规定要采用哪一种方法或模型作季节调整,各国都根据各自的实际情况来选择。如美国、日本、德国、加拿大和韩国等国采用 X-12ARIMA 方法;澳大利亚、法国、新西兰和葡萄牙等国采用 X-11-ARIMA 方法;德国、意大利、奥地利、西班牙等国采用 TRAMO/SEATS。各国采用这些模型做季节调整时,一般都依据本国节假日的特点,特别是调整本国移动节假日的需要,和本国时间序列的特点进行软件本地化改造。如韩国中央银行在 X-12ARIMA 的基础上开发了适合韩国特点的 BOK-X-12ARIMA 软件,欧盟统计局将 X-12ARIMA 和 Tramo/Seats 结合起来开发出 DEMETRA 软件。

4.7 测定长期趋势

利用 X-11 方法可以对经济时间序列进行分解,但是在 X-11 方法中,趋势和循环要素视为一体,不能分开。在本节中,专门讨论如何将趋势和循环要素进行分解的方法。为了简便起见,本节中讨论的序列 $X=\{x_1,x_2,\cdots,x_T\}$ 都假定为季节调整后的序列,即假定

$$X = X^{T}\times X^{C}\times X^{I} \quad 或 \quad X = X^{T}\times X^{C} \quad (乘法模型)$$
$$X = X^{T}+X^{C}+X^{I} \quad 或 \quad X = X^{T}+X^{C} \quad (加法模型) \qquad (4.7.1)$$

式中,X^{T} 是 X 的趋势要素,X^{C} 是 X 的循环要素,X^{I} 是 X 的不规则要素。

测定长期趋势有多种方法,比较常用的方法有回归分析方法、移动平均法、阶段平均法(PA 法)以及第 11 章介绍的 HP 滤波方法和 BP 滤波方法等。

本节以美国工业生产指数①为例介绍趋势和循环要素的分解。美国工业生产指数记为 US_ip,样本期间为 1945 年 1 月至 2014 年 2 月,时间跨度是 69 年共 830 个月。

4.7.1 回归分析方法

如果经济时间序列具有线性趋势,即该指标样本的曲线随时间的推移呈直线型增加或减少。设 t 表示时间,X 为(4.7.1)给定的形式,则可用线性回归方程模拟

$$x_t = a + bt, \quad t = 1,2,\cdots,T \qquad (4.7.2)$$

若 $\tilde{a}$,$\tilde{b}$ 是由最小二乘法得到的 a,b 的估计值,则趋势 X^{T} 可近似地由下式给出

---

① 数据的来源于 The Conference Board,Business Cycle Indicators Handbook. http://www.conference-board.org/.

$$x_t^{\mathrm{T}} = \tilde{a} + \tilde{b}t, \quad t = 1,2,\cdots,T \tag{4.7.3}$$

图 4.7.1 是利用上述的回归分析方法计算的美国工业生产指数的线性趋势。从图 4.7.1 可以看出，长期看来美国工业生产指数接近线性趋势，而如果考察近 20 年的数据会发现，用线性趋势去拟合美国工业生产指数的趋势误差很大。

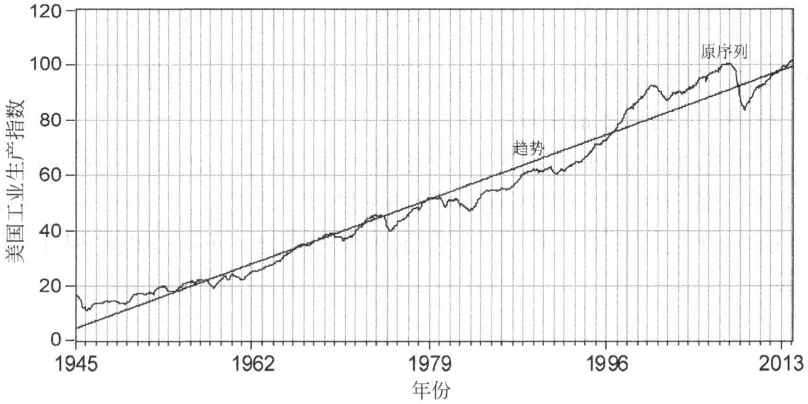

图 4.7.1　美国工业生产指数(2007 年＝100)和线性趋势(*US_ip_L_T*)

若经济时间序列具有非线性趋势，需用非线性回归分析求趋势要素。经济时间序列中，较常见的是呈指数曲线增长的指数型趋势。用指数曲线方程

$$x_t = a\mathrm{e}^{bt} \tag{4.7.4}$$

来模拟。

将式(4.7.4)两边同时取自然对数，得

$$\ln x_t = \ln a + bt \tag{4.7.5}$$

令 $\ln x_t = z_t$，$\ln a = c$，将式(4.7.4)化为线性回归方程，

$$z_t = c + bt \tag{4.7.6}$$

若 $\tilde{c}$，$\tilde{b}$ 是由最小二乘法得到的 c，b 的估计值，趋势 X^{T} 可由下式近似给出

$$x_t^{\mathrm{T}} = \mathrm{e}^{\tilde{c}} \cdot \mathrm{e}^{\tilde{b}t} \tag{4.7.7}$$

从图 4.7.2 可以看出对于美国工业生产而言，指数形式的趋势比线性趋势拟合得要好。但是利用回归方法的缺点是计算趋势时需要给定函数形式，但是没有一种函数形式能够很好地拟合整个样本区间。

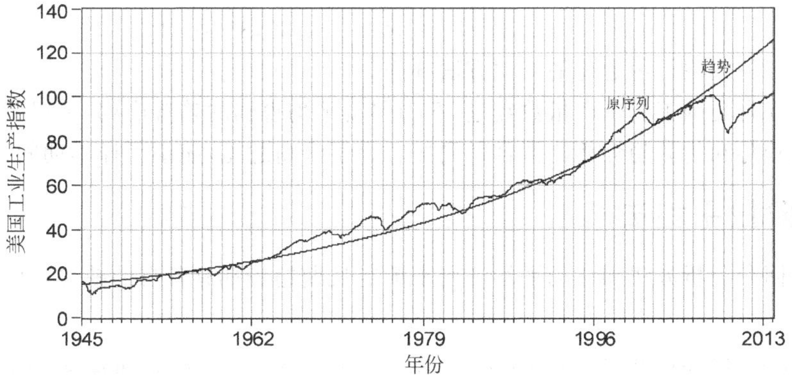

图 4.7.2　美国工业生产指数和指数趋势(*US_ip_E_T*)

4.7.2 移动平均法

设 m 为移动平均项数,T 为样本长度。由 4.3 节的讨论可知,当移动平均项数 m 很大时,X 的循环波动将被消去,这种情况下,可把移动平均后的序列视为原序列的趋势要素 X^{T},即

$$x_t^T = \frac{1}{m}\sum_{i=l}^{m+l-1} x_i, \quad l = 1,\cdots,T-m+1, t = [m/2]+l \tag{4.7.8}$$

式中[ ]表示取整。进行 m 项移动平均,在数据序列的开始和结尾各损失$[m/2]$个数据值。为了避免这一损失,要用估算值来取代每一损失值。

下面以 75 项移动平均($m=75$)为例,介绍补欠项的方法。进行 75 项移动平均,在时间序列的开始和结尾各损失 37 个数据值。本节采用开始(结尾)75 个月的平均值和开始两年后(结尾两年前)的平均增长率对开始(结尾)的欠项作外推。下面仅以序列开始的欠项为例做一说明。设

$$A = \left(\sum_{t=1}^{m} x_t\right)\Big/m \tag{4.7.9}$$

$$B = \left(\sum_{t=25}^{m+24} x_t\right)\Big/m \tag{4.7.10}$$

式中,A 是前 75 个月的平均值,B 是 2 年后 75 个月的平均值,设序列开始 2 年的平均增长率为 R,则有

$$B = A(1+R)^{24} \tag{4.7.11}$$

上式两边取对数

$$\ln B = \ln A + 24\ln(1+R) \tag{4.7.12}$$

即

$$\ln(1+R) = (\ln B - \ln A)/24 \tag{4.7.13}$$

当 R 很小时,可近似为

$$R = (\ln B - \ln A)/24 \tag{4.7.14}$$

实际上,$x_{38}^{\mathrm{T}}=A$,则

$$x_{37}^{\mathrm{T}} \times (1+R) = A \tag{4.7.15}$$

注意到 $1/(1+R)\approx 1-R$,则有

$$x_{37}^{\mathrm{T}} \approx A(1-R) = A - AR \tag{4.7.16}$$

从而有递推关系或

$$x_t^{\mathrm{T}} = x_{t+1}^{\mathrm{T}} - x_{t+1}^{\mathrm{T}} \times R, \quad t = 36,35,\cdots,1 \tag{4.7.17}$$

序列结尾的欠项可用上述的类似方法补齐。

图 4.7.3 是美国工业生产指数经过 75 项移动平均得到的趋势序列,可以看出这个趋势序列与线性趋势和指数趋势相比拟合得要好。为了清晰起见,缩小了样本期间。

4.7.3 阶段平均法[①]

前述的回归分析方法和移动平均法用来测定长期趋势都有各自的缺欠。回归分析需要

① Boschan C, Ebankns W E. The Phase-Average Trend: A New Way of Easuring Economic Growth[J]. Proceedings of Business and Economic Statistics Section of American Statistical Association,1978: 332-335.

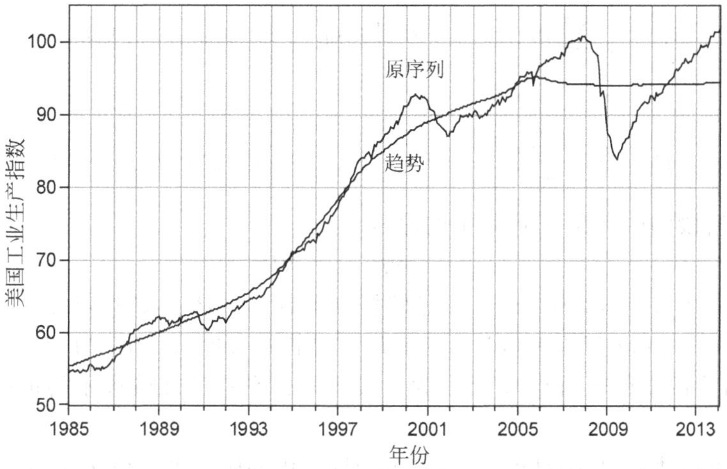

图 4.7.3　美国工业生产指数和利用移动平均法分离的趋势(*US_ip_M_T*)

预先选择固定的模型形式,但是趋势的构造往往随着时间的推移而发生变化,而所选模型却不能与趋势的构造变化相对应。移动平均法是以景气循环按一定期间反复为前提,但是实际上每个周期变动期间长短不一,为了消除这些缺点,美国全国经济研究局(NBER)开发了用具有同样趋势构造的阶段来分段估计趋势的方法,称为阶段平均法(phase average,PA)。

利用阶段平均法测定长期趋势分两个步骤。

1. 确定具有同样趋势构造的阶段

首先利用移动平均法来求出初始趋势。根据经济时间序列 X 的实际周期长度选择移动平均的项数 m。为了消除循环变动,m 可以取得稍稍大一些,如 $m=75$。对序列进行 m 项移动平均,求出初始趋势,记为 $X^{T[0]}$。然后从 X 序列中消除 $X^{T[0]}$,得到循环要素,记为 $X^{C[0]}$,则

$$X^{C[0]} = (X/X^{T[0]}) \times 100.0 \quad \text{(乘法模型)}$$

$$X^{C[0]} = X - X^{T[0]} \quad \text{(加法模型)} \qquad (4.7.18)$$

利用 Bry-Boschan 方法(将在第 5 章 5.2 节中介绍),确定循环要素 $X^{C[0]}$ 的峰、谷日期,叫做暂定转折点,这些暂定转折点把 $X^{C[0]}$ 序列分成上升和下降的阶段,在同一阶段里,可以认为 X 序列的趋势变化是相同的。

2. 利用阶段平均法确定最终趋势

下面介绍阶段平均法的具体计算步骤。

(1) 阶段平均:现对各阶段(包括起点至第一个转折点,最后一个转折点至终点)用以下算式算出 X 序列的阶段几何平均或阶段平均。

设参数 G 是阶段平均的对数选择信息

$$G = \begin{cases} 0, & x_t \text{ 取对数} \\ 1, & x_t \text{ 不取对数} \end{cases}$$

当 $G=0$ 时,

$$PA_j = \left\{ \sum_{t=MB_j}^{ME_j} \ln x_t + 0.5 \times (\ln x_{MB_j-1} + \ln x_{ME_j+1}) \right\} \Big/ (L_j - 1) \tag{4.7.19}$$

当 $G=1$ 时,

$$PA_j = \left\{ \sum_{t=MB_j}^{ME_j} x_t + 0.5 \times (x_{MB_j-1} + x_{ME_j+1}) \right\} \Big/ (L_j - 1) \tag{4.7.20}$$

求出每个阶段的中点在 X 序列中的序号

$$pm_j = (NP_{j-1} + NP_j)/2 \tag{4.7.21}$$

在以上三式中,$j=1,2,\cdots,k+1$(k 是转折点个数);NP_j 为转折点在 X 序列中的序号;MB_j 为 $NP_{j-1}+1$ (设 $NP_0=1, NP_{k+1}=T$,T 是样本长度);ME_j 为 NP_j-1;L_j 为阶段的月数(包括阶段两端的转折点);PA_j 为阶段的几何平均值或阶段平均值;pm_j 为阶段的中点。

(2) 三元组移动平均(triplets average):对(1)中的阶段平均值 $PA_j(j=1,2,\cdots,k+1)$ 做3项移动平均,即

$$PAM_{i+1} = \left(\sum_{j=i}^{i+2} PA_j \right) \Big/ 3, \quad i = 1,2,\cdots,k-1 \tag{4.7.22}$$

求出每三个阶段的中间阶段的中位月,即三个阶段的中间月的序号

$$pmm_{i+1} = \left(\sum_{j=i}^{i+2} pm_j \right) \Big/ 3, \quad i = 1,2,\cdots,k-1 \tag{4.7.23}$$

(3) 计算趋势的第一次近似:把经过阶段平均,并经过三项移动平均后的序列 PAM,作为每3个阶段的中间阶段的中位月的值(midpoint)。然后,计算出各中位月间连结的斜率,用算出的斜率确定出各中位月之间的直线,算做趋势的第一次近似。

计算斜率

$$SLN_i = \frac{PAM_{i+1} - PAM_i}{pmm_{i+1} - pmm_i}, \quad i = 2,3,\cdots,k-1 \tag{4.7.24}$$

将趋势的第一次近似,记为 $X^{T[1]}$,则

$$\begin{aligned} & x_1^{T[1]} = x_1 \\ & x_j^{T[1]} = x_{j-1}^{T[1]} + SLN_i \\ & \begin{cases} j \in [1, pmm_3], & i = 2 \text{ 时} \\ j \in [pmm_i, pmm_{i+1}], & i = 3,4,\cdots,k-1 \text{ 时} \end{cases} \end{aligned} \tag{4.7.25}$$

注意:由于在始端出现欠项,所以不能求出始端期间 $[1, pmm_2]$ 的斜率,为了补欠项,$[1, pmm_2]$ 的斜率用 SLN_2 代替。

(4) 计算趋势的第二次近似:把各中位月间 $X^{T[1]}$ 的累积值,以及周期的 X 序列的累积值求出来,在第一个期间 $[1, pmm_3]$ 中

$$\begin{aligned} S1_2 &= \sum_{j\in[1,pmm_3]} x_j^{T[1]} \\ S2_2 &= \sum_{j\in[1,pmm_3]} x_j \end{aligned} \tag{4.7.26}$$

在其他期间

$$S1_i = \sum_{j\in[pmm_i,pmm_{i+1}]} x_j^{T[1]}$$

$$S2_i = \sum_{j \in [pmm_i, pmm_{i+1}]} x_j, \quad i = 3,4,\cdots,k-1 \tag{4.7.27}$$

将以上两个累积值相减，并除以该期间的月数，用此值调整 $X^{T[1]}$，便得到了趋势的第二次近似，记为 $X^{T[2]}$：

$$D_i = (S2_i - S1_i)/(pmm_{i+1} - pmm_i + 1) \tag{4.7.28}$$

$$x_j^{T[2]} = x_j^{T[1]} + D_i \tag{4.7.29}$$

$$\begin{cases} j \in (1, pmm_3), & i = 2 \text{ 时} \\ j \in (pmm_i, pmm_{i+1}), & i = 3,4,\cdots,k-1 \text{ 时} \end{cases}$$

在最后一个中位月后，即考虑$[pmm_k, T]$期间，分两种情况处理，取 $L = T - pmm_k + 1$，当 $L \leqslant 12$ 时

$$D_k = SLN_{k-1}$$

$$x_i^{T[2]} = x_{i-1}^{T[1]} + D_k, \quad i = pmm_k, pmm_k + 1, \cdots, T \tag{4.7.30}$$

当 $L > 12$ 时

$$S1_k = L \times x_{pmm_k}^{T[1]}$$

$$S2_k = \sum_{i=pmm_k}^{n} x_i$$

$$D_k = (S2_k - S1_k)/[(1+L)L/2]$$

$$x_i^{T[2]} = x_{i-1}^{T[1]} + D_k, \quad i = pmm_k, pmm_k + 1, \cdots, T \tag{4.7.31}$$

(5) 求最终趋势：对趋势的第二次近似 $X^{T[2]}$ 进行 12 个月移动平均，将其结果仍记为 X^T，若 $G=0$，再对 X^T 取指数，X^T 序列便是所求的最终趋势。

图 4.7.4 是美国工业生产指数利用阶段平均法(PA 法)得到的趋势序列。可以看出由 PA 法得到的趋势序列与 75 项移动平均得到的趋势序列相差不多，但是仔细分析可以看出要比 75 项移动平均拟合得更好，尤其是在序列末端的走势上，PA 法要好于 75 项移动平均。

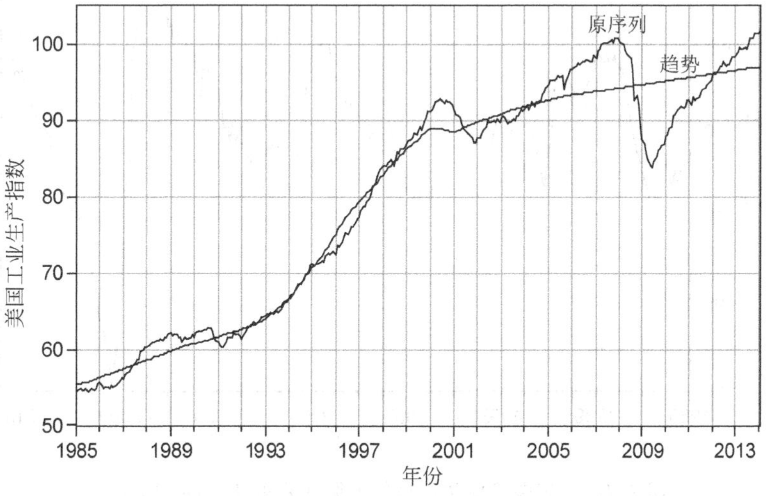

图 4.7.4 美国工业生产指数和利用 PA 法分离的趋势(*US_ip_PA_T*)

4.7.4 计算循环要素

以上介绍了三种测定长期趋势的方法,还可以利用第 11 章介绍的 HP 滤波方法、BP 滤波方法来分解趋势和循环要素。利用其中的某一种方法将长期趋势 X^{T} 确定之后,从 X 序列中消除趋势 X^{T},便可以得到循环要素 X^{C}

$$X_{M}^{C} = \frac{X}{X^{T}} \times 100 \qquad (乘法模型)$$

$$X_{A}^{C} = X - X^{T} \qquad (加法模型) \qquad (4.7.32)$$

乘法模型得到的是相对量的循环要素,而加法模型得到的是绝对量的循环要素,具有量纲,不同指标之间不好比较。一般相对的产出缺口可以计算如下

$$Gap = \left(\frac{X - X^{T}}{X^{T}}\right) \times 100 == \left(\frac{X}{X^{T}} - 1\right) \times 100 = X_{M}^{C} - 100 \qquad (4.7.33)$$

也可以表示为

$$Gap = \left(\frac{X - X^{T}}{X^{T}}\right) \times 100 == \frac{X_{A}^{C}}{X^{T}} \times 100 \qquad (4.7.34)$$

乘法模型得到的是相对量的循环要素 X_{M}^{C},围绕着 100 上下波动,而由式(4.7.33)得到的产出缺口(Gap)是围绕着零上下波动,两种形式都反映了经济时间序列 X 围绕着趋势线上下的波动状况,其曲线形状是一样的。

图 4.7.5 显示的是利用阶段平均法(PA 法)得到的美国生产指数的趋势,进而由式(4.7.32)的乘法模型计算得到的美国工业生产指数的循环要素 $US\_ip\_PA\_C_{t}$,也就是增长周期波动曲线。可以看出美国工业生产指数围绕着趋势线上下的波动很大。1991 年 3 月至 2001 年 3 月的 120 个月期间,美国处于古典循环的上升期,但是图 4.7.5 的美国工业生产指数的循环要素却不是一直上升的,而是经历了多次波动,其中 1996 年下滑得最大。还可以看出当美国古典循环处于低谷时,如 2009 年的谷底,增长循环的谷底就更深了。

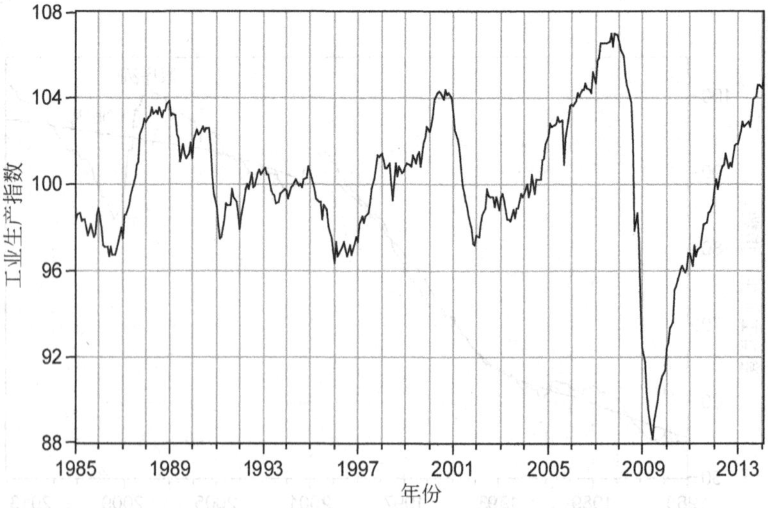

图 4.7.5 美国工业生产指数的循环要素($US\_ip\_PA\_C_{t}$)

第2篇

传统的经济周期波动测度、分析与预测方法

第
5
章

景气指标选择方法

随着经济的发展、各国统计体系及统计方法的不断完善，统计的种类越来越多，统计指标的数目也日趋庞大，形成了规模巨大的信息资源。同时，由于在数据处理、存储、传递等方面运用了通讯技术、光电子、计算机等最先进的技术手段，使得从巨大的信息资源中，及时准确地加工提炼出反映经济运行状态的特征信息成为可能。例如美国的先行、一致、滞后景气指标就是从近千个经济指标中筛选出来的。本章将介绍如何从众多的经济指标中筛选出适用且可靠的景气指标(cyclical indicators)的几种常用的方法。由于研究中国经济增长率周期波动的需要，本章所筛选的中国经济景气指标都是增长率指标，且都采用季节调整并去掉不规则要素后的序列，后文不再加以说明。

5.1 景气指标选择的基准和数据处理①

5.1.1 景气指标的选择基准

形成并影响景气波动的不仅有产业的活动，还包括就业、金融、财政、消费、物价、库存、贸易等领域的广泛的经济活动，因此收集数据时应尽量包含这些领域。从大量经济指标中选择景气指标应考虑到以下几条基准。

(1) 经济上的重要性。

(2) 统计上的充分性。

(3) 统计的适时性。

(4) 与景气波动的对应性。

经济上的重要性是指所选指标在把握景气上是特别重要的，并且代表经济活动的一个领域，所选指标合起来代表经济活动的主要方面。统计上的充分性是指该指标是月度(或季度)统计数据，并且数据区间较长、较完整、覆盖面大、可信度高。统计的适时性是指数据能及时定期地统计上来并予以公布，在每月(季度)后的一两个月(季度)内即能使用。与景气波动的对应性是指所选指标的峰、谷应与经济周期波动的基准日期的峰、谷一一对应，并有稳定的对应关系(超前、一致或滞后)。

① 如无特殊说明，本书中有关中国的数据都来自于中国经济信息网的宏观经济月度数据库，http://www.cei.gov.cn。

5.1.2 基准指标及其处理

景气指标的筛选是以一个重要的、能够准确、敏感地反映所研究领域经济运行现状的指标作为基准指标,因此选择好基准指标非常重要。

宏观经济活动的基本度量指标是国内生产总值(gross domestic product,GDP),但是由于各国发布的GDP只有年度和季度指标,都没有月度GDP指标,对于及时研究宏观经济波动及其发展态势,就显得时间间隔长了一些,所以大多数国家都采用工业生产指数作为基准指标。由于中国基本上不存在古典经济周期波动,因此本书重点研究中国的增长率周期波动。本章采用国家统计局公布的工业增加值月度实际增长率指标作为基准指标,见表5.1.1。

表5.1.1 工业增加值实际增长率($[(y_t-y_{t-12})/y_{t-12}]\times 100$,%)

年/月	1月	2月	3月	4月	5月	6月	7月	8月	9月	10月	11月	12月
1995	13.1	13.1	16.4	15.4	13.1	13.9	13.6	11.8	11.4	12.9	12.1	14.9
1996	14.5	14.5	12.2	13.7	13.1	13.8	12.2	10.6	13.7	13.3	13.4	14.0
1997	12.5	12.5	13.5	11.9	11.9	12.1	8.4	10.9	11.1	11.8	11.6	9.2
1998	5.5	5.5	9.0	7.2	8.0	7.9	7.6	7.9	10.2	10.6	11.0	11.5
1999	10.6	10.6	9.0	9.1	8.9	9.1	9.3	9.5	8.2	7.0	7.6	7.4
2000	10.4	10.4	11.9	11.4	11.5	12.2	12.8	12.8	12.0	11.4	10.6	10.4
2001	10.2	10.2	12.1	11.5	10.2	10.1	8.1	8.1	9.5	8.8	7.9	8.7
2002	10.9	10.9	10.9	12.1	12.9	12.4	12.8	12.7	13.8	14.2	14.5	14.9
2003	17.5	17.5	16.9	14.9	13.7	16.9	16.5	17.1	16.3	17.2	17.9	18.1
2004	16.6	16.6	19.4	19.1	17.5	16.2	15.5	15.9	16.1	15.7	14.8	14.4
2005	16.9	16.9	15.1	16.0	16.6	16.8	16.1	16.0	16.5	16.1	16.6	16.5
2006	16.2	16.2	17.8	16.6	17.9	19.5	16.7	15.7	16.1	14.7	14.9	14.7
2007	18.5	18.5	17.6	17.4	18.1	19.4	18.0	17.5	18.9	17.9	17.3	17.4
2008	15.4	15.4	17.8	15.7	16.0	16.0	14.7	12.8	11.4	8.2	5.4	5.7
2009	3.8	3.8	8.3	7.3	8.9	10.7	10.8	12.3	13.9	16.1	19.2	18.5
2010	20.7	20.7	18.1	17.8	16.5	13.7	13.4	13.9	13.3	13.1	13.3	13.5
2011	14.1	14.1	14.8	13.4	13.3	15.1	14.0	13.5	13.8	13.2	12.4	12.8
2012	11.4	11.4	11.9	9.3	9.6	9.5	9.2	8.9	9.2	9.6	10.1	10.3
2013	9.9	9.9	8.9	9.3	9.2	8.9	9.7	10.4	10.2	10.3	10.0	9.7

注:表中数据为国家统计局公布的工业增加值实际增长率数据,其中1,2月份用1~2月累计增长率代替。

5.1.3 价格基期指数的计算与价格平减

由于作为基准指标的工业生产指数一般采用实际值指标,因此在建立景气指数之前需要对大量的价值型经济指标进行价格平减,以得到实际值指标,下面介绍价格基期指数的计算方法,为下章所介绍的景气指数计算做数据处理准备工作。不同的经济指标需要采用相应的价格指数进行平减,为此本章计算了6种基期价格指数(以下用后缀"_B"表示基期价格指数),本书附录中给出6种基期价格指数1994年1月至2013年12月的数据。

1. 居民消费月度基期价格指数(CPI_B)

居民消费价格指数(consumer price index,CPI)衡量的是一定时期内城乡居民所购买的生活消费品价格和服务项目价格变动趋势和程度的相对数，是对城市居民消费价格指数和农村居民消费价格指数进行综合汇总计算的结果。是由调查人员实地调查，包括食品、衣着、家庭设备及用品、医疗保健用品、交通和通信工具、娱乐教育文化用品、居住、服务项目八个大类必报商品和服务项目价格的加权平均。国家统计局公布两种月度 CPI 指数：居民消费价格指数(上年同月＝100)和居民消费价格指数(上月＝100)，即同比价格指数和环比价格指数。

本章首先利用公布的 2005 年 1～12 月份居民消费价格的环比数据计算出 2005 年 1～12 月的基期数据(2005 年 1 月＝1)，然后利用 CPI 同比指数向前向后计算出以 2005 年 1 月为基期的基期序列(样本期间：1994 年 1 月至 2013 年 12 月)，最后计算出 2005 年全年月基期数据的平均值，将整个序列除以 2005 年全年的平均值，得到 CPI 月度基期价格指数(2005 年＝1)。消费、金融、财政等类指标用 CPI 基期指数平减。

2. 商品零售月度基期价格指数(RPI_B)

商品零售价格指数(retail price index，RPI)反映城乡商品零售价格，是消费者购买的、固定的一篮子商品的价格，是由调查人员实地调查包括食品、饮料烟酒、服装鞋帽、纺织品、中西药品、化妆品、书报杂志、文化体育用品、日用品、家用电器、首饰、燃料、建筑装潢材料、机电产品十四个大类(不包括农业生产资料)正在出售商品价格的加权平均。

国家统计局也同时公布两种月度 RPI 指数：商品零售价格指数(上年同月＝100)和商品零售价格指数(上月＝100)，即同比价格指数和环比价格指数。RPI 月度基期价格指数(2005 年＝1)的计算方法与 CPI 月度基期价格指数计算方法类似。社会消费品零售额等商品零售类指标用 RPI 基期指数平减。

3. 工业品出厂月度基期价格指数(PPI_B)

工业品出厂价格指数(producer price index，PPI)衡量的是全部工业产品出厂价格总水平的变动趋势和程度，包括工业企业售给本企业以外所有单位的各种产品和直接售给居民用于生活消费的产品。通过工业品出厂价格指数可以观察和研究工业产品出厂价格变动对工业生产及国民经济的影响，也可以消除价格变动对各种用现价计算的价值量指标(如工业总产值、净产值、产品成本、利润、税金、工资等指标)的影响，正确反映工业发展的规模、水平、速度、比例和效益。

国家统计局公布工业品出厂价格指数(上年同月＝100)，本章的工业品出厂价格月环比指数(上月＝100)的数据来源于 Wind 资讯，即工业品出厂价格指数 PPI 也同样有同比指数和环比指数。因此可以用和 CPI 月度基期价格指数类似的方法计算 PPI 月度基期价格指数(2005 年＝1)。工业价值型指标用 PPI 基期指数平减。

4. 固定资产投资月度基期价格指数(PIIFA_B)

固定资产投资价格指数(price index of investment in fixed assets，PIIFA)是反映固定资产投资额价格变动趋势和程度的相对数。固定资产投资额是由建筑安装工程投资完成额、设备、工器具购置投资完成额和其他费用投资完成额三部分组成的。编制固定资产投资价格指数首先分别编制上述三部分投资的价格指数，然后采用加权算术平均法求出固定资产投资价格总指数。

国家统计局发布固定资产投资价格的年度同比指数(上年=100),2004年后发布固定资产投资价格的季度同比指数(上年同季=100),因此本章首先将1994—2003年度固定资产投资同比价格指数转换成年度基期指数,然后利用二次插值方法转换得到季度基期固定资产投资价格指数(1994年1季度至2003年4季度)。接下来利用计算得到的2003年季度基期数据和2004年1季度至2013年4季度发布的固定资产投资季度同比数据计算得到季度基期数据,再对整个季度基期序列(1994年1季度至2013年4季度)利用二次插值方法得到月度基期数据(1994年1月至2013年12月)。最后,计算2005年月平均值,整个月度基期序列除以2005年平均值得到PIIFA月度基期价格指数(2005年=1)。投资类价值型指标用PIIFA基期指数平减。

5. 出口月度基期价格指数(EPI_B)

出口价格指数(export price index,EPI)是根据预先选定的出口商品的样本进行计算,作为计算价格指数的样本要求能够代表和反映出口全部商品平均价格水平的变动,是反映出口商品的平均价格变化的指数。

中华人民共和国海关总署(以下简称海关总署)公布两种出口价格指数(EPI):出口商品价格总指数(上年同月=100)和出口商品价格总指数_当月(上年全年=100)(来自中国对外贸易月报,中华人民共和国海关总署)。其中出口商品价格总指数_当月(上年全年=100)实际上是基期数据,只是各年的基期不同。因此本章首先将出口商品价格总指数_当月(上年全年=100)中的2005年各月数据转换成以2005年1月为基期的基期序列。然后利用同比指标(出口商品价格总指数(上年同月=100))向前向后计算出以2005年1月为基期的基期序列。最后,计算2005年各月的平均值,整个序列除以2005年平均值得到EPI月度基期价格指数(2005年=1)。出口类价值型指标先利用汇率转换成人民币后,利用EPI基期指数平减。

6. 进口月度基期价格指数(IPI_B)

进口价格指数(import price index,IPI)衡量一国进口商品价格水平变动情形,是根据预先选定的进口商品的样本进行计算,作为计算价格指数的样本要求能够代表和反映进口全部商品平均价格水平的变动。

与出口价格指数类似,海关总署公布两种进口价格指数(EPI):进口商品价格总指数(上年同月=100)和进口商品价格总指数_当月(上年全年=100)(来自中国对外贸易月报,中华人民共和国海关总署)。IPI月度基期价格指数(2005年=1)的计算方法和EPI月度基期价格指数类似。进口类价值型指标先利用汇率转换成人民币后,利用IPI基期指数平减。

5.1.4 经济指标的数据处理

为了能及时反映宏观经济波动的变化,一般采用月度经济指标作为备选指标。数据处理准备工作包括以下三个方面。

(1) 对于价值型经济指标利用相应的基期价格指数进行价格平减。

(2) 计算同比增长率(如有非价值型指标,统计局公布其增长率则采用公布的增长率数据)。利用指标筛选方法计算时,为了避免计算时出现负数,一般增长率公式采用 y_t/y_{t-12} 形式,即增长10%的数据为1.10,增长−5%的数据为0.95。为了阅读方便,本书图表的增长率公式仍采用$[(y_t-y_{t-12})/y_{t-12}]\times 100\%$形式,即增长10%、−5%的百分比形式。

(3) 对指标进行季节调整以去掉季节因素或不规则要素。

5.2 测定经济时间序列的转折点

经济时间序列转折点的测定和预测是景气分析的一项重要内容。由于季节要素和不规则要素的影响,人们往往不能准确地从经济时间序列的曲线上观察到真正的转折点,即峰、谷的出现时间。为此,美国全国经济研究局(NBER)的布赖(Gerhard Bry)和鲍斯钦(Charlotte Boschan)于1971年开发了一种测定经济时间序列转折点的方法(Bry-Boschan method,简称B-B法)①。B-B法的产生,使得测定经济时间序列转折点这种烦琐的工作成为可以由标准的计算机程序迅速、准确地完成的简单工作。

B-B法的基本思路(见图5.2.1)是将原序列适当光滑,在光滑曲线上推测其峰与谷的出现时间,然后逐渐迫近原序列的峰和谷的出现时间。设原序列为 $y=\{y_1, y_2, \cdots, y_T\}$,下面介绍测定转折点的具体步骤。

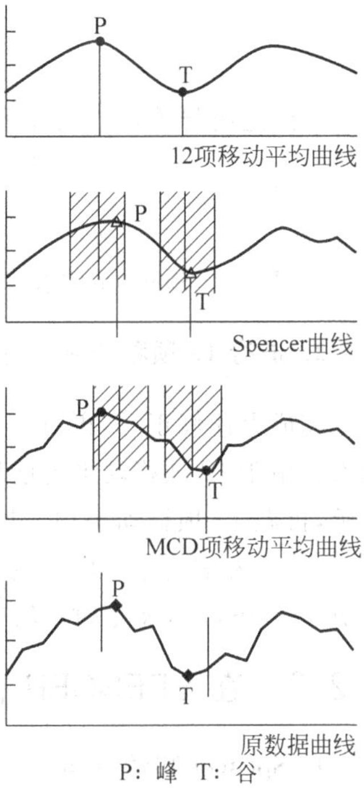

图5.2.1 Bry-Boschan方法的示意图

使用B-B法确定经济时间序列的峰、谷的出现时间,要加上两个约束条件:

(1) 要求峰与谷或谷与峰之间,即一个(下降或上升)阶段持续期间在6个月以上。

(2) 一个周期的持续期间,即两个相同转折点(峰—峰或谷—谷)之间的间隔大于15个月。

这是从通常的经验出发得到的约束条件,目的是避免较短波动的干扰,以便确定主要的(较高的)峰和(较低的)谷。

5.2.1 消除特异值,经过12项移动平均曲线上确定转折点

1. 修正特异值

首先要确定特异值的上、下界,为此求原序列的不规则要素。设 v 序列是 y 序列经过Spencer移动平均(参见第4.2节)得到的序列,故 v 序列中已消除了不规则要素,从而可以从 y 序列中分离出不规则要素

① Bry G, Boschan C. Cyclical Analysis of Time Series: Selected Procedures and Computer Programs[J]. New York, NBER, 1971: 20.

$$I_t = y_t / v_t \quad (\text{乘法模型}) \tag{5.2.1}$$

$$I_t = y_t - v_t \quad (\text{加法模型}) \tag{5.2.2}$$

其中,t=1,2,…,T。求不规则要素的均值Ī和标准差σ,即

$$\bar{I} = \left(\sum_{t=1}^{T} I_t\right) \Big/ T \tag{5.2.3}$$

$$\sigma = \sqrt{\sum_{t=1}^{T} (I_t - \bar{I})^2 / T} \tag{5.2.4}$$

根据实际情况取参数 A(=1,2 或 3),则判断数据是否为特异值的上下界为

$$\bar{I} - A\sigma \quad (\text{下界})$$

$$\bar{I} + A\sigma \quad (\text{上界})$$

设经过特异值修正的序列为 w,特异值的修正方法是

$$w_t = \begin{cases} y_t, & \bar{I} - A \cdot \sigma \leqslant I_t \leqslant \bar{I} + A \cdot \sigma \\ v_t, & I_t < \bar{I} - A \cdot \sigma \text{ 或 } I_t > \bar{I} + A \cdot \sigma \end{cases} \quad (t = 1, 2, \cdots, T) \tag{5.2.5}$$

其中 v 序列是 Spencer 曲线。

2. 进行12项移动平均并初步确定转折点

完成上述修正后,再对 w 序列进行一次 12 项移动平均,目的是进一步消除残余的季节因素。由于 12 项移动平均前后各有 6 个欠项值,先将 w 序列始端的前 6 项和终端的后 6 项外延,再做 12 项移动平均。12 项移动平均后的序列记为 w_1,然后在 w_1 曲线上通过循环比较方式,并考虑前述的两个约束条件,初步确定峰、谷的出现时间。记初步确定的峰、谷序号为 $p_1, p_2, \cdots, p_m$,m 是暂定转折点个数。

5.2.2 在 SPENCER 曲线上进一步确定转折点

1. Spencer 移动平均

对 w 序列进行一次 Spencer 移动平均,其目的是进一步排除不规则要素。Spencer 移动平均是 15 项移动平均,由于在序列的开始和结束各损失 7 个值,故采用向两边延伸数据的做法来补欠项,用 w 序列前四项的均值向前延伸 7 项,用后四项的均值向后延伸 7 项。设

$$B = \left(\sum_{t=1}^{4} w_t\right)/4, \quad E = \sum_{t=T-3}^{T} w_t / 4$$

则

$$\tilde{w}_t = \begin{cases} B, & t = 1, 2, \cdots, 7 \\ w_{t-7}, & t = 8, 9, \cdots, T+7 \\ E, & t = T+8, T+9, \cdots, T+14 \end{cases} \tag{5.2.6}$$

其中,$\tilde{w}$是延伸后的序列,它的长度是 $T+14$,对$\tilde{w}$序列做 Spencer 移动平均,记为 w_2。

2. 确定 Spencer 曲线上的转折点

在第一步中初步确定的转折点的基础上,确定 w_2 曲线上的转折点。记变量 r 为

$$r = \begin{cases} 4, & MCD \leqslant 4 \\ MCD, & MCD > 4 \end{cases} \tag{5.2.7}$$

MCD 值是衡量序列是否光滑的一种度量，计算方法参见第 4.6 节。在式(5.2.7)式中的 MCD 值是由 y 序列计算得到的。对 $p_i(i=1,2,\cdots,m)$依次重新确定峰、谷的出现时间。如果 p_i 是暂定峰，在它的小邻域$[p_i - r, p_i + r]$选取最大值，即

$$w_{2j'} = \max_{p_i - r \leqslant j \leqslant p_i + r} w_{2j} \tag{5.2.8}$$

则这个最大值 $w_{2j'}$ 就为 w_2 曲线上的暂定峰，相应序号 $j' \Rightarrow p_i$。

类似地，如果 p_i 为暂定谷，在它的小邻域$[p_i - r, p_i + r]$中选取最小值，即

$$w_{2j'} = \min_{p_i - r \leqslant j \leqslant p_i + r} w_{2j} \tag{5.2.9}$$

则这个最小值 $w_{2j'}$，即为 w_2 曲线上的谷，相应序号 $j' \Rightarrow p_i$。

5.2.3　进行 MCD 项移动平均，在 MCD 曲线上确定转折点

对原序列 y 进行 MCD 项移动平均，目的是初步消除不规则要素，移动平均后的序列记为 w_3。

由第 4.6 节的介绍可知，$3 \leqslant MCD \leqslant 6$，故进行 MCD 项移动平均，两端欠项不多，始端的欠项用序列的前 MCD 项的均值来补，终端的欠项用序列的后 MCD 项的均值去补。然后，在第二步 Spencer 移动平均 w_2 曲线上已确定的转折点的基础上确定 w_3 曲线上的对应转折点。选取转折点的方法与 5.2.2 节类似，也是在 $p_i(i=1,2,\cdots,m)$的 r 邻域中选取最大值或最小值来确定 w_3 曲线上的对应转折点，并将记录转折点序号的 $p_i(i=1,2,\cdots,m)$更新为 w_3 曲线上转折点的序号。

5.2.4　确定原序列 Y 的转折点

在第三步确定 w_3 曲线的转折点的基础上，再用类似方法确定原序列 y 的对应转折点。这样就从光滑序列的峰和谷逐渐迫近到原序列的峰和谷，第四步得到的转折点称为最终转折点。最后，再检验一下每对最终转折点是否满足前述的两个约束条件，如果不满足则舍弃较低的峰或较高的谷，直至满足约束条件为止。

表 5.2.1 是由 B-B 法计算出来的 1995 年 1 月至 2013 年 12 月我国工业增加值实际增长率(季节调整后的 TC 序列)的最终转折点，其中排除了一些小的波动，图 5.2.2 是我国工业增加值实际增长率(季节调整后的 TC 序列)的曲线图。

表 5.2.1　工业增加值实际增长率序列的转折点

谷		峰	
年	月	年	月
		1996	3
1998	4	1998	12
1999	10	2000	7
2001	9	2003	12
2005	5	2007	9
2009	1	2010	1
2012	7		

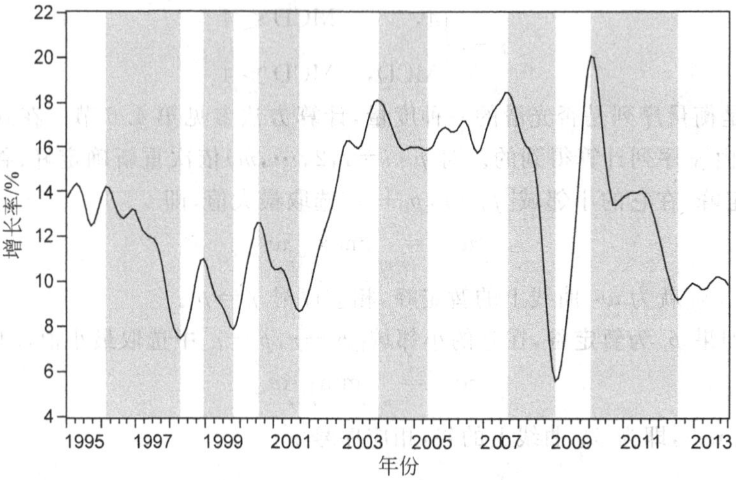

图 5.2.2 我国工业增加值实际增长率序列曲线图

(阴影部分是峰谷之间的下降阶段)

从图 5.2.2 中可以看出有些小的峰谷,由于间隔未超过 6 个月而没有被选上。

5.3 时差相关分析

时差相关分析是利用相关系数验证经济时间序列先行、一致或滞后关系的一种常用方法。时差相关系数的计算方法是以一个重要的能够敏感地反映当前经济活动的经济指标作为基准指标,一般选择一致指标作为基准指标,本节选用我国工业增加值实际月度增长率作为基准指标。然后使被选择指标超前或滞后若干期,计算它们的相关系数。设 $y=\{y_1, y_2,\cdots,y_T\}$ 为基准指标,$x=\{x_1,x_2,\cdots,x_T\}$ 为被选择指标,T 为样本个数,r 为时差相关系数,则

$$r_l=\frac{\sum_{t=t'}^{T_l}(x_{t+l}-\bar{x})(y_t-\bar{y})}{\sqrt{\sum_{t=t'}^{T_l}(x_{t+l}-\bar{x})^2\sum_{t=t'}^{T_l}(y_t-\bar{y})^2}},\quad l=0,\pm1,\pm2,\cdots,\pm L,t'=\begin{cases}1, & l\geqslant 0\\ 1-l, & l<0\end{cases} \tag{5.3.1}$$

式(5.3.1)中 l 表示超前、滞后期,l 取负数时表示超前,取正数时表示滞后,l 被称为时差或延迟数;L 是最大延迟数;T_l 是数据取齐后的数据个数。在选择景气指标时,一般计算若干个不同延迟数的时差相关系数,然后进行比较,其中最大的时差相关系数

$$r_{l'}=\max_{-L\leqslant l\leqslant L} r_l \tag{5.3.2}$$

被认为反映了被选指标与基准指标的时差相关关系,相应的延迟数 l' 表示超前或滞后期。

图 5.3.1 是我国工业增加值实际增长率(基准指标)与水泥产量增长率曲线,两个指标都是季节调整后的 TC 序列,时间期间是 2000 年 1 月至 2013 年 12 月。

图 5.3.2 表示了两个指标的时差相关系数(横轴是延迟数,纵轴是时差相关系数),延迟数从 -12 变化到 $+12$,从图 5.3.2 中可以看出延迟数 $l'=-4$ 时,时差相关系数最大,$r_{-4}=0.73$,从而可以初步判断水泥产量增长率序列比工业增加值实际增长率序列超前 4 个月。

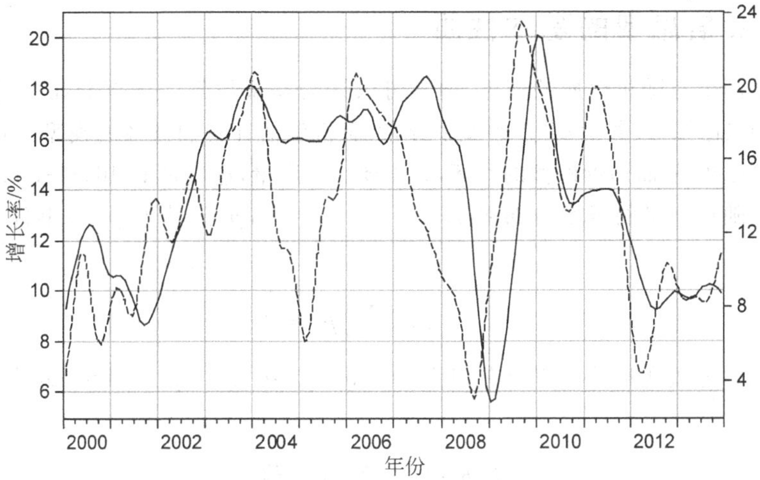

图 5.3.1　工业增加值实际增长率（实线），水泥增长率（虚线）

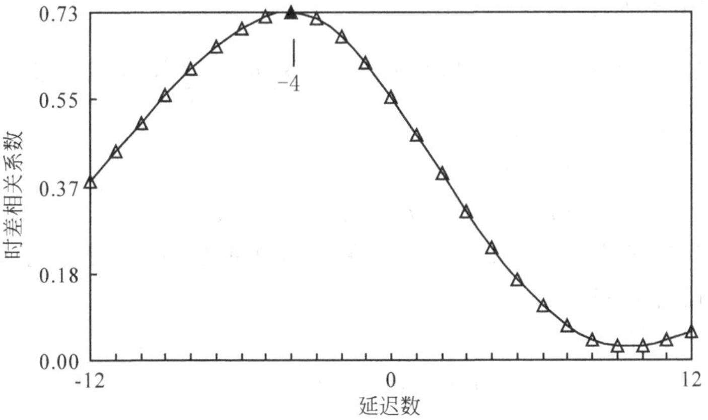

图 5.3.2　工业增加值实际增长率和水泥增长率的时差相关系数

计算时差相关系数时必须注意的是，如果两个变量都具有很强的趋势时，所有延迟数的时差相关系数都会很高，数据的超前滞后关系就不明显。这种情况下，适当地进行变量变换，消除两个变量的各自趋势，超前滞后关系就变得明显了。

需要指出的是，相关系数仅从统计上表明数据的相关关系，即使相关系数接近于 1，也并不意味着数据之间一定存在着经济上的因果关系，因此在经济上是否存在着相应的因果关系，还要进一步进行分析。

5.4　K-L 信息量

20 世纪中叶，统计学家 Kullback 和 Leibler 提出一个信息量，后人称之为 K-L 信息量，用以判定两个概率分布的接近程度。近年来 K-L 信息量被运用到经济分析中。本节使用这个度量来选择景气指标。下面首先介绍 K-L 信息量的基本概念及其性质，然后介绍计算方法。

5.4.1 K-L 信息量的基本性质

对于偶然的带有随机性质的现象,通常可以认为是服从某一概率分布的随机变量的一些实现值。如果已知(或假设)真正的概率分布,而希望估计我们选择的模型与这一真的概率分布相近似的程度,从而估价模型的好坏,就需要一个度量,这就是 Kullback-Leibler 信息量。

设(基准)随机变量的概率分布列为 $p=\{p_1,p_2,\cdots,p_n\}$,其中 p_i 为事件 w_i 发生的概率,限定

$$p_i>0,\quad \sum_{i=1}^{n}p_i=1 \tag{5.4.1}$$

设(评价的)随机变量的概率分布列为 $q=\{q_1,q_2,\cdots,q_n\}$,q_i 为事件 w_i 发生的概率,则定义期望

$$I(p,q)=\sum_{i=1}^{n}p_i\ln\frac{p_i}{q_i} \tag{5.4.2}$$

为分布列 q 关于分布列 p 的 K-L 信息量。

K-L 信息量有下列性质。

设 p,q 是满足 $p_i>0,q_i>0(i=1,2,\cdots,n)$ 和 $\sum_{i=1}^{n}p_i=\sum_{i=1}^{n}q_i=1$ 的概率分布,上述定义的$I(p,q)$满足:

$$I(p,q)\geqslant 0 \tag{5.4.3}$$

$$I(p,q)=0\Leftrightarrow p_i=q_i\quad(i=1,2,\cdots,n) \tag{5.4.4}$$

证明:对 $x>0$,函数 $f(x)=\ln x-x+1$ 在 $x=1$ 处取唯一极大值 0,于是有 $\ln x\leqslant x-1$,等式成立,当且仅当 $x=1$。

取 $x=q_i/p_i$,则有

$$\ln(q_i/p_i)\leqslant q_i/p_i-1 \tag{5.4.5}$$

从而有

$$\sum_{i=1}^{n}p_i(\ln q_i/p_i)\leqslant\sum_{i=1}^{n}p_i(q_i/p_i-1)=\sum_{i=1}^{n}q_i-\sum_{i=1}^{n}p_i=1-1=0 \tag{5.4.6}$$

即

$$I(p,q)=\sum_{i=1}^{n}p_i\ln(p_i/q_i)=-\sum_{i=1}^{n}p_i\ln(q_i/p_i)\geqslant 0 \tag{5.4.7}$$

当且仅当 $x=1$,即 $p_i=q_i$ 时,式(5.4.7)的等号成立,从而式(5.4.3)和式(5.4.4)得证。

K-L 信息量加负号称为负熵,在许多领域都有应用。当使用 K-L 信息量 $I(p,q)$测定接近程度时,值越小则分布列 q 与分布列 p 越接近。

连续型分布也有类似的结果。设 $g(x)$是随机变量 Y 的密度函数,$f(x)$是随机变量 X 的密度函数,则 X 关于 Y 的 K-L 信息量定义为

$$I(g,f)=\int_{-\infty}^{+\infty}\ln(g(x)/f(x))\cdot g(x)\mathrm{d}x \tag{5.4.8}$$

类似地有以下性质。

(1) $I(g,f)\geqslant 0$。

(2) $I(g,f)=0\quad\Leftrightarrow\quad g=f$。

5.4.2 K-L 信息量的实际计算

将 K-L 信息量用于选择景气指标的实际计算中，也是以一个重要的，能够敏感地反映当前经济活动的经济指标作为基准指标，设基准指标为 $y=\{y_1,y_2,\cdots,y_T\}$，T 为样本个数。由于任意满足 $p_i>0$，$\sum_{i=1}^{n}p_i=1$ 的序列 p 均可视为某随机变量的概率分布列。因此，对基准指标做标准化处理，使得指标的和为单位 1，处理后的序列记为 p，则

$$p_t=y_t\Big/\left(\sum_{j=1}^{T}y_j\right),\quad t=1,2,\cdots,T\quad (\text{其中假定 } y_t>0) \tag{5.4.9}$$

设被选择的指标 $x=\{x_1,x_2,\cdots,x_T\}$，也做标准化处理，处理后的序列记为 q，则

$$q_t=x_t\Big/\left(\sum_{j=1}^{T}x_j\right),\quad t=1,2,\cdots,T\quad (\text{其中假定 } x_t>0) \tag{5.4.10}$$

由式(5.4.2)，K-L 信息量可由下式计算

$$k_l=\sum_{t=t'}^{T_l}p_t\ln(p_t/q_{t+l}),\quad l=0,\pm1,\cdots,\pm L,t'=\begin{cases}1, & l\geqslant 0\\ 1-l, & l<0\end{cases} \tag{5.4.11}$$

式(5.4.11)中，l 表示超前或滞后期，l 取负数时表示超前，取正数时表示滞后，l 被称为时差或延迟数；L 是最大延迟数；T_l 是数据取齐后的数据个数。当计算出 $2L+1$ 个 K-L 信息量后，从这些 k_l 值中选出一个最小值 $k_{l'}$ 作为被选指标 x 关于基准指标 y 的 K-L 信息量，即

$$k_{l'}=\min_{-L\leqslant l\leqslant L}k_l \tag{5.4.12}$$

式(5.4.12)中相对应的延迟数 l' 就是被选指标最适当的超前或滞后月数(季度)。K-L 信息量越小，越接近于 0，说明指标 x 与基准指标 y 越接近。图 5.4.1 显示了与 5.2 节相同以工业增加值实际增长率作为基准指标，被选择指标是水泥产量增长率的 K-L 信息量的曲线图，最大延迟数 L 取 12。为了方便起见，把计算出的 K-L 信息量扩大了 10 000 倍。一般地，扩大后的 K-L 信息量在 50 以下，就可以考虑初步选上。

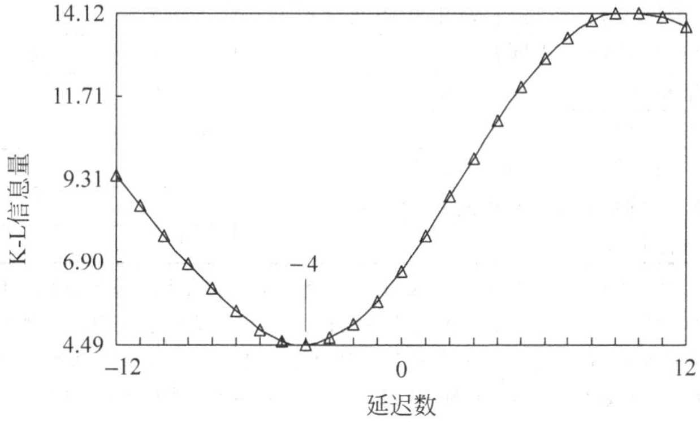

图 5.4.1 工业增加值实际增长率和水泥增长率的 K-L 信息量

从图 5.4.1 中可以看出当延迟数 $l'=-4$ 时，K-L 信息量最小，$k_{-4}=4.49$，从而可以得出和上节同样的结论，即初步判断水泥产量增长率序列比工业增加值实际增长率序列超前 4 个月。

表 5.4.1 是 2012 年所选择的中国先行、一致、滞后景气指标组及与指标相对应的 K-L 信

息量和时差相关系数。表中的指标除物价指数外均为增长率序列。从判断与基准指标的接近程度和超前(滞后)期上来看,表中各指标的 K-L 信息量和时差相关分析所显示的结果比较接近。在实际应用中,一般 K-L 信息量和时差相关分析这两种方法都被用来大批筛选指标。

表 5.4.1 备选景气指标组

	指 标 名 称	延迟月数	K-L 信息量	时差相关系数
长先行指标	1. 金融机构储蓄存款增速 *	−12	9.25	0.69
	2. 固定资产新建投资额增速 *	−9,−10	38.41	0.61
	3. 货币和准货币(M2)增速 *	−9	8.28	0.49
	4. 金融机构各项贷款增速 *	−8	12.28	0.49
	5. 固定资产投资完成额增速 *	−8	8.51	0.72
	6. 地方项目固定资产投资额增速 *	−8	10.71	0.73
	7. 固定资产投资_自筹资金增速 *	−7,−8	29.29	0.62
	8. 固定资产投资本年新开工项目个数累计增速	−5,−6	60.22	0.50
短先行指标	9. 固定资产投资施工项目个数累计增速	−4,−5	27.32	0.65
	10. 货币供应量(M1)增速 *	−4	13.04	0.51
	11. 水泥产量增速	−4	4.49	0.73
	12. 粗钢产量增速	−3	19.04	0.79
	13. 生铁产量增速	−3	16.43	0.79
一致指标	1. 工业增加值增速 *	0	0	1.00
	2. 工业企业产品销售收入增速 *	−1	9.67	0.87
	3. 发电量增速	−1	3.16	0.89
	4. 国家财政收入增速 *	−1,−2	16.96	0.65
	5. 进口额增速 *	−1	24.11	0.67
	6. 增值税增速 *	0	11.19	0.60
	7. 房地产开发综合景气指数	1	2.66	0.72
	8. 出口额增速 *	1	42.10	0.66
	9. 铁路货运量增速	1	4.40	0.71
	10. 沿海主要港口货物吞吐量累计增速	1	8.83	0.54
滞后指示	1. 商品房本年施工面积累计增速	+3	7.61	0.64
	2. 原材料、燃料、动力购进价格指数(上年同月=100)	+4	7.30	0.80
	3. 工业品出厂价格指数(上年同月=100)	+4	2.74	0.80
	4. 居民消费价格指数(上年同月=100)	+6	2.85	0.63
	5. 社会消费品零售总额增速 *	+6	5.23	0.41
	6. 出口商品价格总指数(上年同月=100)	+8	3.53	0.77
	7. 建筑材料类购进价格指数(上年同月=100)	+10	3.53	0.67
	8. 工业企业产成品增速 *	+12	9.75	0.71

注:[1] 表中的结果是利用 2000 年 1 月至 2013 年 12 月的数据计算的结果。基准指标:工业增加值实际增速。各指标均为同比增长率序列,并且是经过季节调整、去掉了季节要素 S 和不规则要素 I 的 TC 序列。

[2] 延迟月数有两个数时,前一个是 K-L 信息量的延迟月数,后一个是时差相关系数的延迟月数。K-L 信息量越小,越接近于 0,说明指标 x 与基准指标 y 越接近。表中计算出的 K-L 信息量扩大了 10 000 倍。

[3] 指标名后标有“*”表示经过价格平减的实际值指标①。

① 表中带有“*”的指标分别是利用 5.1.3 节计算的 6 种基期价格指数(2005 年全年平均值=1):居民消费价格指数、商品零售价格指数、工业品出厂价格指数、出口价格指数、进口价格指数,和固定资产价格指数,经过平减得到的实际值计算的增长率序列。

5.5 基准循环分段平均法

基准循环分段平均法(stage average of reference cycle,以下简称马场方法)是日本京都大学教授马场正雄在美国 NBER 的景气变动分析法的基础上加以改进,提出的一种方法[①],故又称为马场方法。这一方法是以景气循环基准日期为尺度,检验被选择指标本身的周期波动的峰和谷与经济周期波动的峰和谷的关系,并将这种关系用经济指标变动分析表的形式给出。从经济指标变动分析表中可以分析出被选指标在景气循环的扩张和收缩阶段的综合状态,从而得出该指标是否是与景气变动对应较好的景气指标,还可以分析出该指标是先行指标、一致指标还是滞后指标。

马场方法的基本做法介绍如下:

(1) 按基准日期把每个循环(从谷到谷)分成九段,除了峰和谷的月份外,把开始的谷和峰之间(扩张期)以及峰与后来的谷之间(收缩期)分别分割成大体相等的三段期间,对所选指标序列求每一阶段上的平均值。同时,对于峰(或谷)取包括峰(或谷)在内前后月的三个月之值的平均值。这样共求出九个平均值,注意每一循环的最后一段的平均值和下一循环的第一段平均值相同。

(2) 比较各段上的平均值。若比前一段增长了,则数字前面的符号取"+";若比前一段减少了,则取"-";若与前一段相等,取"="。

(3) 假定被选指标的数据期间包含 m 个循环,综合考虑 m 个循环的变动情况。平均栏中的符号是在这 m 个循环中占多数的符号。检验栏中的数字是平均栏中的符号在 m 个循环中所占的比例。

表 5.5.1 是我国增长率周期波动的基准日期[②],表 5.5.2 是我国工业增加值实际增长率季节调整后的 TC 序列,表 5.5.3 是它的变动分析表。

表 5.5.1 我国增长率周期波动的基准日期(1997.1—2013.12)

谷		峰	
年	月	年	月
1998	5	1998	12
1999	9	2000	7
2001	9	2003	12
2005	2	2007	9
2009	1	2010	1
2012	8		

① 马场正雄. 杉浦一平. 景气变动与分析预测[M]. 名古屋名:古屋大学出版会,1988.

② 我国未公布经济周期波动的基准日期,表 5.5.1 的基准日期是采用 5 个一致指标:工业增加值实际增速、发电量增速、工业企业销售收入实际增速、财政收入实际增速、进口额实际增速。这些指标都采用季节调整后的 TC 序列,利用 HDI 计算得到,并经过调整。计算方法请参阅第 6 章 6.1 节。

表 5.5.2 我国工业增加值实际增长率季节调整后的 TC 序列(y_t/y_{t-12})

年/月	1	2	3	4	5	6	7	8	9	10	11	12
1995	1.138	1.140	1.142	1.143	1.143	1.139	1.133	1.128	1.125	1.126	1.130	1.135
1996	1.140	1.142	1.141	1.139	1.146	1.131	1.129	1.129	1.130	1.131	1.132	1.132
1997	1.129	1.126	1.123	1.121	1.120	1.120	1.119	1.117	1.113	1.107	1.099	1.091
1998	1.084	1.079	1.076	1.075	1.076	1.079	1.084	1.090	1.098	1.105	1.109	1.110
1999	1.107	1.102	1.097	1.094	1.091	1.090	1.087	1.084	1.080	1.079	1.081	1.086
2000	1.093	1.101	1.108	1.114	1.120	1.124	1.126	1.126	1.123	1.117	1.111	1.107
2001	1.105	1.106	1.106	1.105	1.102	1.097	1.092	1.088	1.087	1.088	1.090	1.094
2002	1.099	1.105	1.111	1.116	1.121	1.125	1.129	1.134	1.139	1.147	1.154	1.160
2003	1.163	1.163	1.162	1.160	1.160	1.161	1.165	1.170	1.175	1.178	1.180	1.181
2004	1.181	1.179	1.176	1.172	1.169	1.165	1.162	1.159	1.159	1.160	1.160	1.161
2005	1.160	1.160	1.160	1.159	1.159	1.159	1.161	1.164	1.167	1.169	1.169	1.168
2006	1.167	1.167	1.168	1.170	1.172	1.172	1.169	1.164	1.160	1.158	1.159	1.163
2007	1.167	1.172	1.175	1.177	1.178	1.180	1.182	1.184	1.185	1.182	1.178	1.173
2008	1.168	1.164	1.161	1.160	1.157	1.152	1.142	1.127	1.109	1.090	1.074	1.062
2009	1.056	1.057	1.064	1.073	1.085	1.098	1.112	1.128	1.146	1.165	1.118	1.194
2010	1.201	1.200	1.192	1.180	1.167	1.154	1.144	1.138	1.135	1.134	1.135	1.137
2011	1.138	1.139	1.139	1.140	1.140	1.140	1.140	1.139	1.137	1.133	1.129	1.124
2012	1.118	1.112	1.107	1.101	1.097	1.094	1.093	1.093	1.095	1.097	1.098	1.099
2013	1.099	1.098	1.097	1.097	1.097	1.099	1.101	1.102	1.103	1.102	1.101	1.099

注:与表 5.1.1 中工业增加值实际增长率的形式不同,为了计算中不出现负值,采用 y_t/y_{t-12} 的形式,以下指标增长率序列多采用这种形式。表中是工业增加值实际增长率的季节调整后的 TC 序列。

表 5.5.3 工业增加值实际增长率(TC 序列)变动分析表 (%)

	谷	扩张			峰	收缩			谷
	1	2	3	4	5	6	7	8	9
第1次循环	1.079	+ 1.082	+ 1.094	+ 1.107	+ 1.110	− 1.104	− 1.094	− 1.086	− 1.081
第2次循环	1.081	+ 1.083	+ 1.101	+ 1.118	+ 1.124	− 1.120	− 1.105	− 1.094	− 1.089
第3次循环	1.089	+ 1.105	+ 1.148	+ 1.168	+ 1.179	− 1.176	− 1.164	− 1.158	+ 1.159
第4次循环	1.159	+ 1.164	+ 1.166	+ 1.175	+ 1.184	− 1.177	− 1.155	− 1.092	− 1.058
第5次循环	1.058	+ 1.070	+ 1.113	+ 1.168	+ 1.192	− 1.157	− 1.139	− 1.110	− 1.095
平均		+	+	+	+	−	−	−	−
检验		1	1	1	1	1	1	1	0.8

本节以工业增加值实际增长率为例,说明如何形成经济指标变动分析表。首先按基准日期把每个循环(从谷到谷)分成九段。例如,第一个循环是从 1998 年 5 月到 1999 年 9 月。1998 年 5 月(谷)到 1998 年 12 月(峰)是扩张期,在它们之间(不包括峰、谷月份)有六个月,大致均分为三段,每段两个月。从 1998 年 12 月(峰)到 1999 年 9 月(谷)是收缩期,它们之间有八个月,也大致均分为三段,每段三个月(中间一段两个月)。然后把 1998 年 5 月(谷)和它前后两个月,即 1998 年 4 月、1998 年 5 月和 1998 年 6 月这三个月算做一段。同样把 1998 年 12 月(峰)和前后两个月算做一段,1999 年 9 月(谷)和前后两个月算作一段,共计九段。然后分别求工业增加值实际增长率序列在这九段上的平均值,这些平均值就是表 5.5.3 中第 1 循环所列的数字。数字前的符号是表示各阶段的变化方向,比前段大就取+号,比前段小就取"−"号,如第 1 次循环的第 4 段比第 3 段大,则 1.107 前取"+"号。在表 5.5.3

中，前四个是“＋”号占多数，后四个是“－”号占多数，说明工业增加值的增长速度和基准循环一样，第 5 段前处于上升期，第 5 段后处于下降期。检验栏中的比例数字说明同样是“＋”号(或“－”号)占多数，但程度不同，当然比例是 1 为最好，说明在 5 个循环中这一阶段都处于同一状态(上升或下降)。在表 5.5.3 中，第 8 个－号占的比例是 0.8，说明在这一阶段有 4 次循环都处于下降阶段，只有第 3 次循环是“＋”号，处于上升阶段。其余 7 个符号占的比例都是 1，说明 5 次循环中工业增加值实际增长率基本和基准循环处于同样的阶段。

利用马场方法，判断一个指标是好的景气指标有两个标准：一个标准是平均栏中的 8 个符号要类似于(＋，＋，＋，＋，－，－，－，－)或(－，＋，＋，＋，＋，－，－，－)那样，相同的符号连续出现，表明该指标的循环变动与景气循环变动有良好的对应关系。当出现类似于(＋，－，＋，＋，－，＋，－，－)这样的情况，说明被选指标的变动没有规律；另一个标准是如果 8 个符号中有 4 个及 4 个以上的符号的比例是微弱多数，例如当 $m=5$ 时，出现比例为 0.6 的符号多于 4 个，则认为这个指标的对应性不好而被筛选掉。

1. 一致指标的判断标准

由于谷到峰期间为经济周期波动的扩张区，峰到谷期间为收缩区，所以如果指标为一致指标时，平均栏中的符号应为(＋，＋，＋，＋，－，－，－，－)的情形，表示在 m 个循环中指标的变动与经济周期波动基本是一致的。像表 5.5.3 中工业增加值增长率序列的情况。对表 5.4.1 中的 10 个一致指标(季节调整后的 TC 序列)利用马场方法进行检验，发现有 5 个指标(工业增加值实际增速、发电量增速、工业企业销售收入实际增速、财政收入实际增速、进口额实际增速)符合平均栏中的符号为(＋，＋，＋，＋，－，－，－，－)的情形。其他 5 个指标出现了(＋，＋，＋，－，－，＋，－，－)，(＋，＋，＋，＋，－，＋，－，－)等情况，虽然也可以判断为一致指标，但这些指标的扩张区或收缩区与基准循环不太一致。

2. 先行指标的判断标准

若指标是先行指标，则平均栏中的符号应是(＋，＋，＋，－，－，－，－，＋)或(＋，＋，－，－，－，－，＋，＋)或(＋，－，－，－，－，＋，＋，＋)的情形，表示指标的波动先于经济周期波动，当景气变动仍在扩张区时，先行指标已开始下降，进入收缩区。而当景气变动还处于收缩区时，先行指标已开始回升，进入扩张区。表 5.5.4 中的货币和准货币(M2)实际增长率是先行指标的例子。

表 5.5.4　货币和准货币(M2)实际增长率序列的变动分析表　(%)

	谷		扩张						峰		收缩						谷
	1		2		3		4		5		6		7		8		9
第 1 次循环	1.157	＋	1.163	＋	1.172	＋	1.177	＋	1.181	＋	1.190	＋	1.197	－	1.181	－	1.165
第 2 次循环	1.165	－	1.156	－	1.143	－	1.131	－	1.128	－	1.123	－	1.120	＋	1.145	＋	1.165
第 3 次循环	1.165	＋	1.179	－	1.175	＋	1.190	－	1.168	－	1.151	－	1.103	－	1.101	＋	1.111
第 4 次循环	1.111	＋	1.146	＋	1.154	－	1.130	－	1.113	－	1.097	－	1.086	＋	1.125	＋	1.190
第 5 次循环	1.190	＋	1.257	＋	1.306	－	1.285	－	1.242	－	1.165	－	1.099	＋	1.134	＋	1.157
平均		＋		＋		－		－		－		－		＋		＋	
检验		0.80		0.60		0.60		0.80		0.80		0.80		0.60		0.80	

在表5.5.4中,8个检验符号比例有3个为0.6,5个为0.8,说明大体上有5个循环都有4个循环处于同样是上升(或下降)阶段,有1个循环是相反的一号(或+),处于下降(或上升)阶段。5个循环相同符号占比还是占大多数,符合要求。与基准循环相比的符号变化说明,在扩张期,当基准循环还处在上升阶段时,货币和准货币(M2)实际增长率已进入下降阶段了,而在收缩期,当基准循环还处在下降阶段时,货币和准货币(M2)实际增长率已开始上升了。因此可以判断货币和准货币(M2)实际增长率是较好的先行指标。

3. 滞后指标的判断标准

若指标是滞后指标,则符号应类似于(−,+,+,+,+,−,−,−)或(−,−,+,+,+,+,−,−)或(−,−,−,+,+,+,+,−)的情形,表明指标的波动滞后于经济周期波动。表5.5.5中的居民消费价格指数是滞后指标的例子。

表5.5.5 居民消费价格指数序列的变动分析表(%)

	谷	扩张			峰	收缩			谷
	1	2	3	4	5	6	7	8	9
第1次循环	99.26	− 98.77	− 98.58	+ 98.71	+ 98.75	− 98.52	− 98.01	+ 98.40	+ 99.02
第2次循环	99.02	+ 99.20	+ 99.68	+ 100.2	+ 100.3	+ 101.6	+ 101.2	+ 101.3	− 100.5
第3次循环	100.5	− 99.29	+ 99.58	+ 101.1	+ 102.9	+ 103.4	+ 104.9	− 103.2	− 102.5
第4次循环	102.5	− 101.6	− 101.3	+ 103.5	+ 106.2	+ 107.3	+ 107.5	− 103.4	− 100.3
第5次循环	100.3	− 98.81	− 98.47	+ 100.1	+ 101.8	+ 103.3	+ 105.6	− 104.0	− 102.0
平均		−	−	+	+	+	+	−	−
检验		0.80	0.60	0.80	1.00	0.80	0.80	0.60	0.80

在表5.5.5中,8个检验符号比例有两个0.6,4个0.8,2个1.0,说明五个循环波动的一致性较好,占多数的多一些,基本符合要求。与基准循环相比的符号变化说明,当基准循环在扩张期结束转向下降阶段时,居民消费价格指数还继续上升一段时间,在收缩期中间才转为下降,而当基准循环已转为上升阶段了,居民消费价格指数还在下降,也是在扩张期的中间才转为上升。可以判断居民消费价格指数是滞后指标。

由于马场方法过于严格,要求与历次基准循环都要有较好的对应规律,因此具有一定的局限性。按照马场方法,只有当被选指标的m个循环变动对应性都很好时,才能得出相应的结论。但是这样的标准指标是不容易找到的,尤其是在经济结构发生较大变动的时期,更是不易找到,于是,会使一批比较好的景气指标漏选了。马场方法一般用来对筛选出的指标做进一步的检验。

5.6 聚类分析

事物之间"亲疏远近"的程度存在着差异,衡量事物的亲近程度有两类度量。一类是相似性度量,如相关系数、相似系数等,相关系数越大,认为事物越接近,通常用来衡量指标(变量)间的接近程度。另一类是非相似性度量,如各种距离,距离越小,认为事物越接近,通常用来衡量样品间的接近程度。因此,如果是对n个企业考查它们的p项经济指标,根据得到的观测数据,对企业进行分类,就称为对样品聚类且选择距离等非相似性度量。如果是对重要且能反映整个经济活动的 p 项经济指标，根据它们历年的统计数据，将 p 项经济指标分成先行、一致、滞后等类，就称为对指标分类，这时应选择相关系数等为相似性度量。本书主要介绍对指标分类的用法，为了叙述方便，将这两类度量统称为亲近度。

聚类的方法有许多，本书只介绍系统聚类法①，因其研究结果丰富，且可根据聚类过程得到聚类图，在实际中使用得最多。其基本思想是：先将 m 个指标各自看成一类，规定指标间的亲近度和类间亲近度。开始时，类间亲近度等于指标间的亲近度，先将亲近度最大的类合并成新的类，再计算新类与其他类的亲近度，再次将亲近度最大的两类合并，这样每次至少减少一类，直至所有的指标成为一类。类间亲近度有多种定义方法，不同的定义产生了系统聚类的不同方法，但基本原理与步骤完全相同。

5.6.1 数据的标准化

用于比较的各指标的时间序列应处于同一期间，即数据长度相同，且初始年、月和终止年、月相同。考虑到各经济指标数据的量纲不同，大小也相差较大，不便于运算和比较，为了消除量纲的影响，在进行聚类分析时，可先对各指标序列进行标准化处理。

设观测数据矩阵为 $\boldsymbol{X}=(x_{ij})_{n\times m}$，其中 n 是样品长度，m 为指标个数，记 $x_{(\alpha)}$ 为第 α 个样品($\alpha=1,2,\cdots,n$)的 m 项指标值，x_j 为第 j 个经济指标($j=1,2,\cdots,m$)的序列数据。记

$$\bar{x}_j = \frac{1}{n}\sum_{i=1}^{n} x_{ij}$$

$$S_j^2 = \frac{1}{n-1}\sum_{i=1}^{n}(x_{ij}-\bar{x}_j)^2 \tag{5.6.1}$$

则称

$$x'_{ij} = \frac{x_{ij}-\bar{x}_j}{S_j} \tag{5.6.2}$$

为数据的标准化处理。显然

$$\sum_{i=1}^{n} x'_{ij} = 0,\quad \frac{1}{n-1}\sum_{i=1}^{n} x'^2_{ij} = 1 \tag{5.6.3}$$

为了简单起见，下面将标准化后的数据 x'_{ij} 仍记为 x_{ij}。

5.6.2 亲近度定义

1. 样品间的亲近度

在对样品聚类时，最常用的有闵考夫斯基(Minkowski)距离，$x_{(\alpha)}$ 和 $x_{(\beta)}$ 之间的距离定义如下

$$d_{\alpha\beta}(q) = \left[\sum_{k=1}^{m} |x_{\alpha k}-x_{\beta k}|^q\right]^{1/q},\quad q>0 \tag{5.6.4}$$

当 $q=1,2$ 时，分别得到绝对值距离

$$d_{\alpha\beta}(1) = \sum_{k=1}^{m} |x_{\alpha k}-x_{\beta k}| \tag{5.6.5}$$

和欧氏距离

① 张尧庭，方开泰. 多元统计分析引论[M]. 北京：科学出版社，1983：393-457.

$$d_{\alpha\beta}(2)=\left[\sum_{k=1}^{m}(x_{\alpha k}-x_{\beta k})^2\right]^{\frac{1}{2}} \tag{5.6.6}$$

在统计中使用更多的是马氏(Mahalanobis,常简称马氏)距离,即

$$d_{\alpha\beta}^2=(\boldsymbol{x}_{(\alpha)}-\boldsymbol{x}_{(\beta)})'\boldsymbol{\Sigma}^{-1}(\boldsymbol{x}_{(\alpha)}-\boldsymbol{x}_{(\beta)})' \tag{5.6.7}$$

其中$\boldsymbol{\Sigma}$是观测数据矩阵$\boldsymbol{X}$的协方差阵,在应用中可用样本协方差阵$\hat{\boldsymbol{\Sigma}}$替代,$\hat{\boldsymbol{\Sigma}}$的表达式为

$$\hat{\boldsymbol{\Sigma}}=\sum_{\alpha=1}^{n}(\boldsymbol{x}_{(\alpha)}-\bar{\boldsymbol{x}})(\boldsymbol{x}_{(\alpha)}-\bar{\boldsymbol{x}})' \tag{5.6.8}$$

其中

$$\bar{\boldsymbol{x}}=\frac{1}{n}\sum_{\alpha=1}^{n}\boldsymbol{x}_{(\alpha)}$$

需要指出的是,马氏距离既可消除量纲的影响,亦可消除指标间的相关性。

2. 指标间的亲近度

指标间的亲近度一般用相关系数表示,指标$\boldsymbol{x}_i$和$\boldsymbol{x}_j$的相关系数为

$$r_{ij}=\frac{\sum_{t=1}^{n}(x_{ti}-\bar{x}_i)(x_{tj}-\bar{x}_j)}{\sqrt{\sum_{t=1}^{n}(x_{ti}-\bar{x}_i)^2\sum_{t=1}^{n}(x_{tj}-\bar{x}_j)^2}} \tag{5.6.9}$$

式中$\bar{x}_i$和$\bar{x}_j$分别是第i个指标x_i和第j个指标x_j的均值。

尽管对指标分类与对样品分类在选择亲近度上存在较大差异,但这两者也有着一定的联系。例如,若指标x_i,x_j已经过标准化处理,我们也可按下式计算其间的平方欧氏距离

$$d_{ij}^2(2)=\sum_{t=1}^{n}(x_{ti}-x_{tj})^2=\sum_{t=1}^{n}x_{ti}^2+\sum_{t=1}^{n}x_{tj}^2-2\sum_{t=1}^{n}x_{ti}x_{tj} \tag{5.6.10}$$

由于数据已标准化,则

$$\frac{1}{n-1}\sum_{t=1}^{n}x_{ti}^2=\frac{1}{n-1}\sum_{t=1}^{n}x_{tj}^2=1$$

指标x_i,x_j间的相关系数

$$r_{ij}=\sum_{t=1}^{n}x_{ti}x_{tj}$$

于是有

$$d_{ij}^2(2)=2-2r_{ij} \tag{5.6.11}$$

由于r_{ij}越大,$d_{ij}^2(2)$越小,反之亦然,可见以此距离分类与以相关系数r_{ij}分类是一致的。

3. 类与类之间的距离

在聚类分析中计算类与类之间的距离有多种方法。设G_p和G_q中分别有m_p个和m_q个指标,它们之间的类间距离用$D(p,q)$表示。下面介绍几种常用的定义方法。

(1) 最短距离法

定义G_p和G_q的类间距离等于G_p和G_q中最临近的两个指标的距离,即

$$D(p,q)=\min\{d_{jk}\mid j\in G_p,k\in G_q\} \tag{5.6.12}$$

为了方便起见，以下用 G_r 表示由 G_p 与 G_q 合并的新类，那么新类 G_r 与其他类 G_t 距离的递推公式为

$$D(r,t)=\min(D(p,t),D(q,t)) \tag{5.6.13}$$

(2) 最长距离法

将式(5.6.12)与式(5.6.13)中的 min 换成 max，就得到最长距离法，它是将两类之间的指标的最长距离定义为类间距离。

(3) 中间距离法

由聚类过程不难看出，只要定义了指标间的距离，所谓不同的聚类方法，最后均归结为新类 G_r 与其他类 G_t 的类间距离的递推公式。中间距离法是最短与最长距离法的折中，即

$$D^2(r,t)=\frac{1}{2}D^2(p,t)+\frac{1}{2}D^2(q,t)-\frac{1}{4}D^2(p,q) \tag{5.6.14}$$

(4) 类平均法

类平均法是将两类之间的距离的平方定义为这两类指标两两之间距离平方的平均值，即

$$D^2(p,q)=\frac{1}{m_p m_q}\sum_{i\in G_p}\sum_{j\in G_q}d_{ij}^2 \tag{5.6.15}$$

则 G_r 与 G_t 的递推公式为

$$D^2(r,t)=\frac{m_p}{m_r}D^2(p,t)+\frac{m_q}{m_r}D^2(q,t) \tag{5.6.16}$$

通常，类平均法有较好的分类效果。

(5) 可变类平均法

如果将式(5.6.16)修改成

$$D^2(r,t)=\frac{m_p}{m_r}(1-\beta)D^2(p,t)+\frac{m_q}{m_r}(1-\beta)D^2(q,t)+\beta D^2(p,q) \tag{5.6.17}$$

就得到可变类平均法。

(6) 可变法

将式(5.6.14)修改成

$$D^2(r,t)=\frac{1}{2}(1-\beta)[D^2(p,t)+D^2(q,t)]+\beta D^2(p,q) \tag{5.6.18}$$

就得到可变法。

这两种修改主要为了反映 $D(p,q)$ 的影响。两式中的 $\beta<1$，需要主观给定，通常 β 取负值。

以上已介绍了6种类间距离的递推公式。这六种方法既适用于指标的分类，也适用于样品间的聚类。而以下介绍的2种方法主要用于对样品的分类。

(7) 重心法

$$D(p,q)=d_{\bar{X}_p\bar{X}_q}=[(\bar{X}_p-\bar{X}_q)'(\bar{X}_p-\bar{X}_q)]^{\frac{1}{2}} \tag{5.6.19}$$

它等于两个重心 $\bar{X}_p$ 和 $\bar{X}_q$ 间的距离，其中

$$\bar{X}_p=\frac{1}{m_p}\sum_{\alpha\in G_p}X_{(\alpha)}$$

新类 G_r 与 G_t 的距离的递推公式为

$$D^2(r,t)=\frac{m_p}{m_r}D^2(p,t)+\frac{m_q}{m_r}D^2(q,t)-\frac{m_p}{m_r}\frac{m_q}{m_r}D^2(p,q) \qquad (5.6.20)$$

(8) 离差平方和法

离差平方和法的思想来自方差分析,如果类分得正确,同类样品的离差平方和应当较小,类与类之间的离差平方和应当较大。在类 G_p 中的样品的离差平方和是

$$S_p=\sum_{\alpha\in G_p}(X_{(\alpha)}-\overline{X}_p)'(X_{(\alpha)}-\overline{X}_p) \qquad (5.6.21)$$

其中 $\overline{X}_p$ 是 G_p 的重心。

用离差平方和法定义类 G_p 和 G_q 之间的距离为

$$D^2(p,q)=S_r-S_p-S_q=\frac{m_pm_q}{m_r}(\overline{X}_p-\overline{X}_q)'(\overline{X}_p-\overline{X}_q) \qquad (5.6.22)$$

它是 G_p,G_q 合并一类后,离差平方和的增加量,其中 S_r、S_p、S_q 分别是 G_r,G_p,G_q 的离差平方和。

新类 G_r 和 G_t 的递推公式为

$$D^2(r,t)=\frac{m_p+m_t}{m_t+m_r}D^2(p,t)+\frac{m_q+m_t}{m_t+m_r}D^2(q,t)-\frac{m_t}{m_t+m_r}D^2(p,q) \qquad (5.6.23)$$

系统聚类的8种方法的递推公式尽管不同,但 Wishart 发现,这些递推公式可以统一表示成[①]

$$D^2(r,t)=\alpha_pD^2(p,t)+\alpha_qD^2(q,t)+\beta D^2(p,q)+\gamma\mid D^2(p,t)-D^2(q,t)\mid \qquad (5.6.24)$$

其中系数 α_p、α_q、β、γ的不同取值(见表5.6.1),对应于不同的聚类方法,这为编制统一的计算机软件提供了方便。

表5.6.1 系统聚类法参数表

方 法	α_p	α_q	β	γ
最短距离法	$\frac{1}{2}$	$\frac{1}{2}$	0	$-\frac{1}{2}$
最长距离法	$\frac{1}{2}$	$\frac{1}{2}$	0	$\frac{1}{2}$
中间距离法	$\frac{1}{2}$	$-\frac{1}{2}$	$-\frac{1}{4}\leqslant\beta\leqslant0$	0
类平均法	$\frac{m_p}{m_r}$	$\frac{m_q}{m_r}$	0	0
可变类平均法	$\frac{(1-\beta)m_p}{m_r}$	$\frac{(1-\beta)m_q}{m_r}$	<1	0
可变法	$\frac{1-\beta}{2}$	$\frac{1-\beta}{2}$	<1	0
重心法	$\frac{m_p}{m_r}$	$\frac{m_q}{m_r}$	$-\alpha_p\beta_q$	0
离差平方和法	$\frac{m_p+m_t}{m_t+m_r}$	$\frac{m_q+m_t}{m_t+m_r}$	$-\frac{m_t}{m_t+m_r}$	0

5.6.3 聚类分析法的基本步骤

我们以距离作为指标间的亲近度,归纳系统聚类法计算的一般步骤如下。

---

① Wishart W. An Algorithm for Hierarchical Classification[J]. Biometrics,1969(25): 165-170.

(1) 计算 m 个指标两两之间的距离 $\{d_{ij}\}$，距离矩阵记为 $\boldsymbol{D}^{(0)}$。

$$\boldsymbol{D}^{(0)}=\begin{pmatrix} d_{11} & d_{12} & d_{13} & \cdots & d_{1m} \\ d_{21} & d_{22} & d_{23} & \cdots & d_{2m} \\ d_{31} & d_{32} & d_{33} & \cdots & d_{3m} \\ \vdots & \vdots & \vdots & \ddots & \vdots \\ d_{m1} & d_{m2} & d_{m3} & \cdots & d_{mm} \end{pmatrix} \tag{5.6.25}$$

(2) 构造 m 个类，$G_1, G_2, \cdots, G_m$，每类只包含一个指标。

(3) 合并距离最近的两类为一新类。即寻找 $\boldsymbol{D}^{(0)}$ 的非对角最小元素。例如，设为 d_{13}，则将 G_1 和 G_3 合并成一新类，记为 G_r，$G_r=\{G_1, G_3\}$。如果 $\boldsymbol{D}^{(0)}$ 中的最小元素不止一个，则对应的这些类可同时合并，并将这一最短距离和合并信息记录下来。

(4) 计算新类与当前各类的距离。具体做法是将已合并的原来的类从 $\boldsymbol{D}^{(0)}$ 矩阵中删去。例如 G_1 和 G_3 合并成一新类，就把第 1,3 行及第 1,3 列删去。再利用已选定的类与类之间的距离公式求出新类 G_r 与其他类的距离，并加到距离矩阵 $\boldsymbol{D}^{(0)}$ 中去，记为 $\boldsymbol{D}^{(1)}$。

若类的个数等于 1，转到步骤(5)，否则回到步骤(3)，又得到 $\boldsymbol{D}^{(2)}, \boldsymbol{D}^{(3)}, \cdots$，直到所有的指标都成一类为止。

(5) 画聚类分析图。

(6) 决定类的个数和类。整个聚类过程可以画成一张图，叫做聚类分析图。注意到每次并类时得到的最短距离形成一个单调递增序列。聚类分析图画出后，用一条水平直线，若其与聚类图有三个交点，例如图 5.6.1 中的直线 AB，就得到 m 个指标分三类的情形，分别对应先行指标、一致指标和滞后指标。类似地，欲想将这些指标分为 k 类，如果一条水平直线与聚类图有 k 个交点，就得到分 k 类的相应情况。

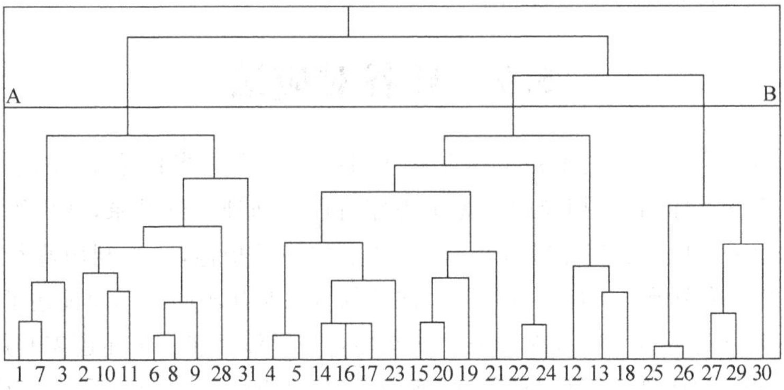

图 5.6.1　聚类分析图

一般说来，我们可以通过前述的三种筛选指标的方法，知道比较好的先行、一致、滞后指标。例如，工业增加值实际增速是一致指标，固定资产投资本年新开工项目个数增速是先行指标，居民消费价格指数是滞后指标。那么我们观察已知类型的这些指标被分到哪一类中，含有已知一致指标的类被认为是一致指标类，同样含有先行指标的类被认为是先行指标类，含有滞后指标的类被认为是滞后指标类。从表 5.6.2 中可以看出滞后指标有两个(28、31)分错了类，分到先行指标类了，这是由于有时滞后指标的峰谷可能被看成基准指标下一个峰谷的先行。还有四个先行指标(4,5,12,13)和 1 个滞后指标(24)被分到一致指标组里。因此,聚类分析方法对指标进行分类是一种辅助的方法,还需用其他方法验证。

表 5.6.2 分类指标名称表

先行指标	一致指标	滞后指标
1. 金融机构储蓄存款增速 *	14. 工业增加值增速 *	25. 原材料、燃料、动力购进价格指数
2. 固定资产新建投资额增速 *	15. 工业企业产品销售收入增速 *	26. 工业品出厂价格指数
3. 货币和准货币(M2)增速 *	16. 发电量增速	27. 居民消费价格指数
6. 地方项目固定资产投资额增速 *	17. 国家财政收入增速 *	29. 出口商品价格总指数
7. 固定资产投资来源中自筹资金增速 *	18. 进口额增速 *	30. 建筑材料类购进价格指数
8. 固定资产投资本年新开工项目个数增速	19. 增值税增速 *	
9. 固定资产投资施工项目个数增速	20. 出口额增速 *	
10. 货币供应量(M1)增速 *	21. 房地产开发综合景气指数	
11. 水泥产量增速	22. 铁路货运量增速	
×28. 社会消费品零售总额增速 *	23. 沿海主要港口货物吞吐量累计增速	
×31. 工业企业产成品增速 *	×4. 金融机构各项贷款增速 *	
	×5. 固定资产投资完成额增速 *	
	×12. 粗钢产量增速	
	×13. 生铁产量增速	
	×24. 商品房本年施工面积累计增速	

注:指标名后标有“*”号表示经过价格平减的实际值指标;价格指数都是上年同月=100 的同比指数;标号前有“×”号的指标是分错了类的指标。

5.7 峰谷对应法

前述的四种方法都可以用来初步筛选景气指标。特别是当预选指标很多时,譬如几百个乃至上千个经济指标,利用相应的计算机程序可以迅速地得到结果,从而筛选掉一大批明显不合要求的指标。但是通过比较分析,初步选上的一批指标,还需利用峰谷对应法来决定哪些指标可以最终选做景气指标。这是因为前述的方法是从不同的侧面描述了指标的某些整体性质,但缺乏对指标的各个特殊循环波动状态的直观具体描述。因而还需利用画图,求转折点日期等方式,研究每个选上指标与景气循环峰、谷的对应状态,以此来最终确认入选指标。

5.7.1 比较转折点

利用 5.2 节介绍的计算转折点的 Bry-Boschan 方法,求出被选指标(季节调整后的 TC 序列)的转折点日期,比较被选指标与基准日期的对应情况,可以准确地算出超前或滞后的时间。列表将备选指标的转折点和基准日期相比较,计算出备选指标各个转折点的超前期和峰谷的平均超前期。

表 5.7.1 给出了基准日期和先行指标——金融机构储蓄存款实际增长率序列的各个转折点,其谷的平均超前期为−10.6 个月,峰的平均超前期为−13.75 个月。

表 5.7.1　金融机构储蓄存款实际增长率序列的转折点及超前期

谷			峰		
基准日期	贷款增速	超前期	基准日期	贷款增速	超前期
1998 年 5 月	1997 年 8 月	－9	1998 年 12 月	—	—
1999 年 9 月	—	—	2000 年 7 月	1999 年 4 月	－15
2001 年 9 月	2000 年 6 月	－15	2003 年 12 月	2002 年 12 月	－12
2005 年 2 月	2004 年 9 月	－5	2007 年 9 月	2006 年 2 月	－19
2009 年 1 月	2007 年 12 月	－13	2010 年 1 月	2009 年 4 月	－9
2012 年 8 月	2011 年 9 月	－11	—	2012 年 10 月	—
平均超前期		－10.6	平均超前期		－13.75

表 5.7.2 给出了基准日期和一致指标——工业企业产品销售收入实际增长率序列的各个转折点，其谷的平均超前期为－0.5 个月，峰的平均超前期为 0 个月。

表 5.7.2　工业企业产品销售收入实际增长率序列的转折点及超前期

谷			峰		
基准日期	销售收入增速	超前期	基准日期	销售收入增速	超前期
1998 年 5 月	1998 年 3 月	－2	1998 年 12 月	1998 年 11 月	－1
1999 年 9 月	1999 年 9 月	0	2000 年 7 月	2000 年 7 月	0
2001 年 9 月	2001 年 8 月	－1	2003 年 12 月	2004 年 1 月	＋1
2005 年 2 月	2005 年 2 月	0	2007 年 9 月	2007 年 9 月	0
2009 年 1 月	2009 年 1 月	0	2010 年 1 月	2010 年 1 月	0
2012 年 8 月	2012 年 8 月	0			
平均超前期		－0.5	平均超前期		0

表 5.7.3 给出了基准日期和滞后指标——居民消费价格指数(上年同月＝100)序列的各个转折点，其谷的平均滞后期为＋7.8 个月，峰的平均滞后期为＋10.5 个月。

表 5.7.3　居民消费价格指数序列的转折点及滞后期

谷			峰		
基准日期	CPI 增速	超前期	基准日期	CPI 增速	超前期
1998 年 5 月	1999 年 5 月	＋12	1998 年 12 月	—	—
1999 年 9 月	—	—	2000 年 7 月	2001 年 5 月	＋10
2001 年 9 月	2002 年 5 月	＋8	2003 年 12 月	2004 年 8 月	＋8
2005 年 2 月	2006 年 3 月	＋13	2007 年 9 月	2008 年 3 月	＋6
2009 年 1 月	2009 年 6 月	＋5	2010 年 1 月	2011 年 7 月	＋18
2012 年 8 月	2012 年 9 月	＋1			
平均滞后期		＋7.8	平均滞后期		＋10.5

5.7.2　画图比较

画图比较有两种方式。

(1) 在被选指标曲线图上画上基准日期线，参见图 5.7.1。基准日期线上面所标的字母

"P"表示基准日期的峰，字母"T"表示基准日期的谷，阴影部分是基准循环峰——谷的收缩期，从而可以直观地观察到备选指标和基准日期相比，指标的峰、谷超前或滞后多少个月(或季度)。

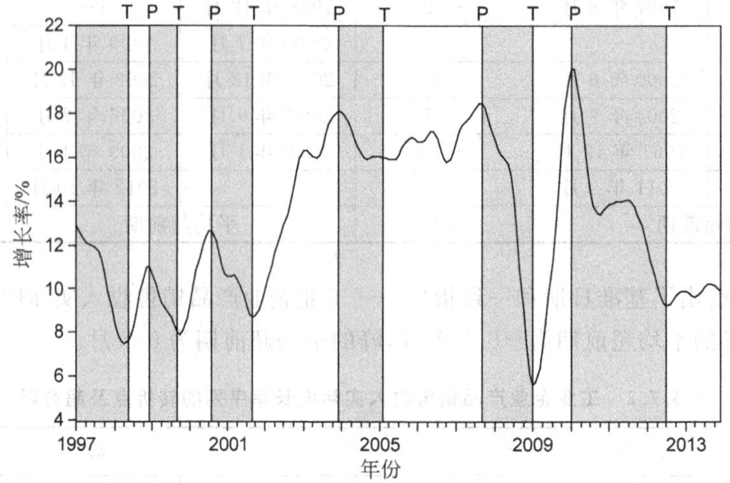

图 5.7.1　工业增加值实际增长率序列

由于工业增加值实际增速是基准指标，因此可以看出，图 5.7.1 中工业增加值实际增速的峰谷时点和基准日期很吻合。图 5.7.2 是先行指标——金融机构储蓄存款实际增长率的图形。可以看出与基准日期的峰谷点比较，金融机构储蓄存款实际增长率的峰谷基本是先行的。

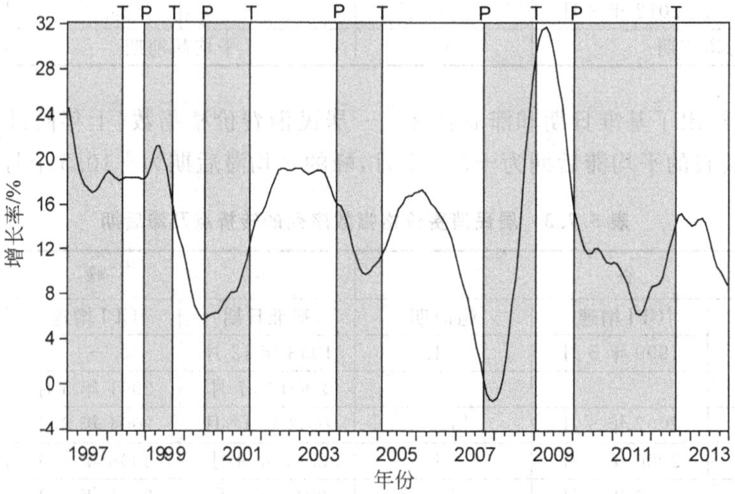

图 5.7.2　金融机构储蓄存款实际增长率

(2) 选择一个重要的能够敏感地反映当前经济活动的一致指标作为基准指标。把基准指标与被选指标画在一张图上，这样峰、谷的对应状况就一目了然了。图 5.7.3 中，基准指标是工业增加值实际增长率，被选指标是金融机构储蓄存款实际增长率，可以明显地看出其中的先行关系，图 5.7.4 中，基准指标也是工业增加值实际增长率，被选指标是居民消费价格指数，可以明显地看出滞后关系。

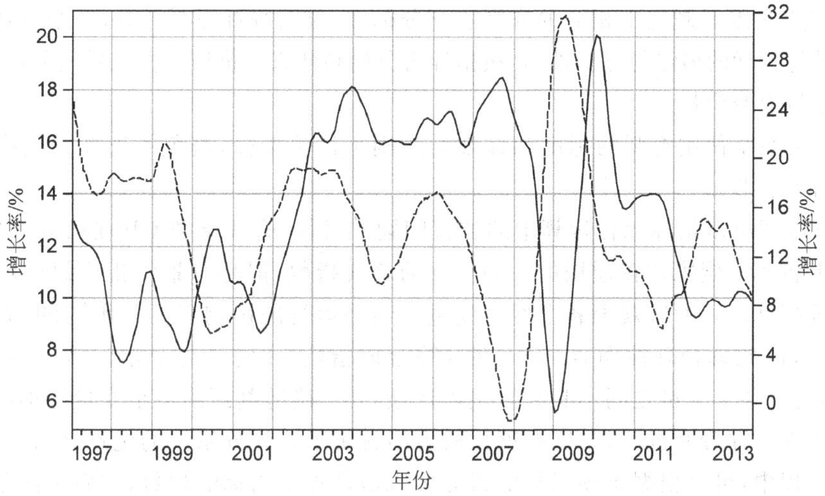

图 5.7.3　工业增加值实际增长率(实线,左),金融机构储蓄存款实际增长率(虚线,右)

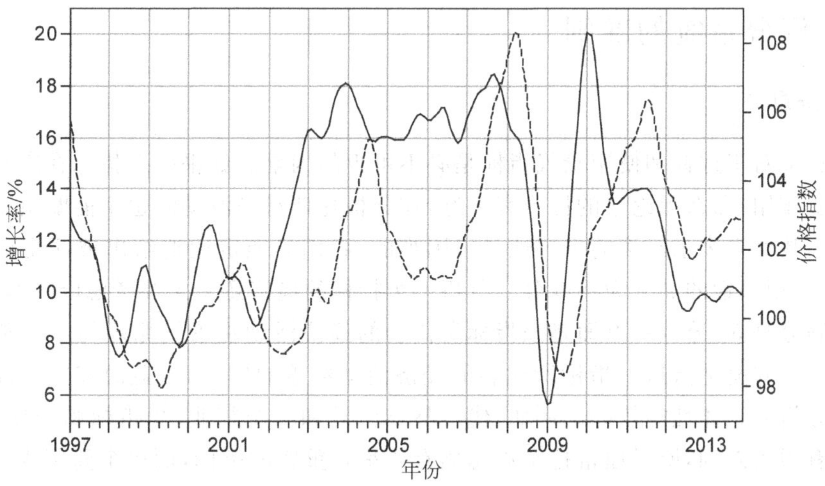

图 5.7.4　工业增加值实际增长率(实线,左),居民消费价格指数(上年同月=100,虚线,右)

5.8　评分系统[①]

1967 年,美国全国经济研究局(NBER)的穆尔和美国商务部的希斯金在总结景气指标选择方法的基础上,提出了一种定性和定量相结合的指标选择方法,称为评分系统(Scoring System)。美国商务部利用评分系统定期对近千个经济指标进行评估,1975 年和 1982 年他们分别对评分系统做了修订工作,但基本上变动不大。

5.8.1　评分系统的基本思想及其特点

评分系统包括六个主要因素:经济意义,统计的充分性,与景气循环的历史一致性,峰、谷的定时性,序列的光滑性和公布的适时性。

① Moore G H,Shiskin J. Indicaters of Business Expansions and Contraction[M]. New York: NBER,1967.

对上述六个因素制定出相应的准则和评分标准，分别按百分制评分，六个分数的加权平均值作为被评指标的最终得分。然后，按指标得分的高低来评价该指标在景气分析中的作用。

评分系统有两个特点。

(1) 评分系统使用客观的标准和详细的准则来评价指标，避免了选择景气指标时的主观随意性和片面性。

(2) 可以解决多指标综合运算中的加权问题。譬如，合成指数CI(在第6章中介绍)是目前国际上各先进国家比较通用的一种重要的景气指数，但是对景气指标组中的构成指标大多采用等权处理。而客观上各个经济变量对经济运行的影响程度是不同的，有的经济变量影响小些，因此就合理性而言，应该在计算合成指数CI时给每个指标赋以相应的权数。但实际上，由于各个变量之间不具有直接可比性，要正确地判断出每个变量应加的权数是困难的。然而采用评分系统，这一问题就比较容易解决了。评分系统的优点是，在处理多指标综合运算过程中，可以根据每项指标的得分客观地计算出指标的权数，克服了简单算术平均方法的弊病。

5.8.2 评分系统的准则

1. 经济意义

经济意义对于选择和使用景气指标是必不可少的因素。如果一个指标在宏观经济分析中不起重要作用，那么无论它的性质有多好，在分析短期经济波动时也不能赋给它较大的权数。但是用数值来表示经济的重要性是很困难的，我们只能定性地给出被评指标经济意义的分数，这一项因素的满分为100分。分析一个指标的经济意义主要考虑以下两个方面，每一方面的满分是50分。一方面是该指标所代表的经济活动在景气循环的产生和控制方面的作用；另一方面是指这一指标所代表的经济活动覆盖的广度，覆盖面较广的经济指标对宏观经济分析的总体性能较好。例如，代表整体活动和单个行业，总指标和分项指标，覆盖的广度就有很大差别，所以通常把销售总额看作是较重要的指标，而单个商店或单个行业的销售额就比较次要了。

2. 统计的充分性

统计的充分性是指搜集来的统计指标的全面性、可靠性和统计资料整理方法的完备性。统计的充分性具体包括以下七个方面。

(1) 数据来源：如果数据来源于各基层单位的原始统计报表，如钢产量、存贷款、税收等指标，可以得到满分10分。而建立在非直接来源基础上的指标，该项一般不得分，或根据来源的可靠程度适当计分。

(2) 统计抽样范围：在抽样调查获得统计数据的过程中，存在一个能否确保抽样调查的全面性问题。如果指标的数据是以整个国民经济为统计范围，而不是局部或地区的数据，那么该项指标可获得满分15分，否则减分或不得分。

(3) 统计时间范围：统计数据是以月、季度定期发表的指标，该项可以评满分10分。由于某些原因，某些序列只反映出每个月份中部分期间的经济活动，则这项不得分。

(4) 数据期间：较长的经济指标序列比短的序列具有更易观察的周期性行为，我们可

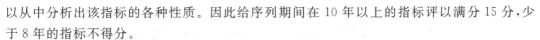

以从中分析出该指标的各种性质。因此给序列期间在 10 年以上的指标评以满分 15 分，少于 8 年的指标不得分。

(5) 修改程度：通常有些经济指标，如工业生产中的产值、产量等指标，每月月底或下月月初以快报的形式先发表当前统计结果，在获得更确切的信息后，再做修改，每到年底还要做适当的调整。这样，如果这个指标存在再修改的问题，指标序列是修改后的数据，可得满分 15 分，如果是快报数据则不得分。

(6) 误差度量：由于在统计过程中，存在抽样误差和统计误差，同时由于某些人为的因素，包含有虚报、假报等水分在内，所以需要对误差进行估计。对总的误差进行估计相当困难，这就要根据统计人员的经验进行估计。如果误差较小，则得满分 15 分，否则视情况减分。

(7) 历史可比性：历史可比性包括两项(每项 10 分)：一是指标序列的连续程度，是否有间断，如果没有则可获满分 10 分，否则减分或不得分。二是经济指标口径的一致性。口径的一致性包括两个方面。一方面是指该指标在它所包含的期间里，它的性质是否因经济结构的变动、技术发展、消费者兴趣的改变或其他因素改变而发生变化。例如，如果考虑物价指数改革前后的变化情况，在改革前，物价由国家统管，基本上没有多大变化，而改革以来，随着物价的逐步放开，物价指数出现了较大的波动，而且明显地呈现出滞后于经济周期波动的滞后性质。这说明经济结构的变化引起了物价指数的性质发生了变化。口径一致性的另一方面是指标的统计范围和统计方法是否发生变化。如工业企业产品销售收入这一指标在 1997 年前统计范围是独立核算工业企业，而 1998 年后为全部国有工业企业及年产品销售收入在 500 万元以上的非国有工业企业，这样这一指标的统计口径在 1998 年前后就不一致了。如果不存在上述问题，此项可得满分 10 分，如果存在，但做了调整可适当评分。

上述七项得分的合计分为该指标统计充分性的得分。

3. 与景气循环的历史一致性

与景气循环的历史一致性是指被评指标序列的波动与宏观经济周期波动相符合的程度。首先利用 K-L 信息量，来判定指标序列与宏观经济周期波动的概率分布的接近程度，即指标序列与过去的景气循环的一致程度。根据 K-L 信息量的大小给指标评分，K-L 信息量越小，指标的得分越高，用 60 分减 K-L 信息量，然后四舍五入计算这项得分，如果 K-L 信息量超过 60，这项为零分。

其次，与历史上景气循环的峰、谷相比，指标序列如果没有多余的峰、谷出现，又不缺少峰、谷，即一一对应，那么它可以获得一个满分 20 分。如果有多余或缺少峰、谷，则按占转折点总数的比例扣分。如果近期的两个周期(从峰到峰或从谷到谷为一个周期)的峰谷与景气循环的峰谷对应也很好，又可获得一个满分 10 分。如果它的振幅能清晰而明确地反映出循环变动的程度，那么它可以获得最后一个满分 10 分。这样，四个分数的累积得分即为该指标这一准则的最后得分。

4. 峰、谷的定时性

所谓峰、谷的定时性主要是与历史上的景气循环变动相比较，来了解被评指标的先行(一致或滞后)程度。分别对峰、谷按百分制评分，两个分数的平均值即为被评指标该项的最后得分。

下面以峰为例介绍评分方法。

(1) 首先确定被评指标的类型(先行、一致或滞后)。这里假定被评指标是先行指标。

(2) 评价指标的先行程度。做法是把基准日期的峰与被评指标的峰的出现时间相比较,用被评指标序列峰的先行个数占基准日期峰的个数的比例来衡量其先行程度。比例越大,分数越高。该项满分为60分,得分应为所得到的比例乘以60。

(3) 判断超前的分散程度。被评指标序列超前的峰的日期与基准日期峰的日期之差形成了一个序列,即超前期,用 $K=\{k_1,k_2,\cdots,k_m\}$ 表示,m 为超前的峰的个数,平均超前期记为 $\bar{k}$,则该指标峰的先行期的标准差

$$\mathrm{SD}=\sqrt{\frac{1}{m}\sum_{i=1}^{m}(k_i-\bar{k})^2} \tag{5.8.1}$$

越小,表明该指标的超前时间越集中,得分就越高。该项满分为20分,$20-2\times\mathrm{SD}$ 为该项得分,SD超过10,则该项为0分。

(4) 最后的20分是用来评判指标近期的峰与基准日期相比,其先行程度的情况,做法与(2)类似,可取近期的两三个峰做比较。累积(2)(3)(4)三项得分,即得到该指标在峰处的最终得分。

谷的定时性的评分方法与峰类似。若被评指标类型为一致指标或滞后指标,做法相同。

5. 序列光滑性

因为光滑序列比不规则序列能更敏感地觉察到一个循环新局面的开始,能更清楚地反映循环波动的状况,所以给予光滑序列以较高的分数。在讨论序列的光滑性时,常常使用MCD(Months for Cyclical Dominance)间隔方式的概念。MCD值是循环变动要素变化率绝对值的平均值大于不规则变动要素变化率绝对值的平均值的最短月数(MCD值的计算方法参见第4章4.6.6节)。光滑序列的MCD值较小,不规则变动要素大的序列的MCD值较大。当被评指标的MCD值小于等于3时,该指标的序列光滑性可得满分100分,随着MCD值按步长1递增,此项分数按20分递减。

6. 公布的适时性

对经济指标的一个重要的要求是能立刻投入使用。如果一个指标是景气循环的一个重要因素,但是两三个月后,仍得不到所需的数据,那么这一指标就不能被选为景气循环指标。事实上能较快投入使用的重要经济指标,在制定决策的过程中将起很大的作用。我们给那些能够尽早公布的指标评以高分,一般能在下月月初公布的指标可得满分。

5.8.3 指标的最终得分和合成指数CI的权数计算

1. 评分系统的加权计算体系

根据上述六项评分准则,分别按百分制评出分数,然后按表5.8.1中的加权比例进行加权平均,其结果即为被评指标的最终得分。我们取分数较高的指标作为景气指标。

从表5.8.1的加权比例可以看出评分系统实际上对被评指标的循环特征加了较大的权数,因为准则3和准则4都是反映被评指标的循环特征的。

表 5.8.1　评分系统的加权比例

准　则	比例(%)	准　则	比例(%)
1. 经济意义	20	4. 峰、谷的定时性	20
2. 统计的充分性	20	5. 序列的光滑性	10
3. 与景气循环的历史一致性	20	6. 公布的适时性	10

2. 制作合成指数 CI 过程中的加权问题

当我们利用前述方法从大批的经济指标中筛选出先行、一致、滞后三组景气指标后，还需在各指标组中对每个构成指标计算出应赋予的权数。

下面以一致指标组为例，说明如何利用指标的得分来计算应赋予的权数。

设一致指标组有 m 个指标，通过评分系统求出每个指标的得分是 $S_1, S_2, \cdots, S_m$，又设各指标的权数为 $w_1, w_2, \cdots, w_m$，计算权数的公式为

$$w_i = S_i/\overline{S}, \quad i = 1,2,\cdots,m \tag{5.8.2}$$

其中

$$\overline{S} = \frac{1}{m}\sum_{i=1}^{m} S_i$$

这样，在计算合成指数 CI 的过程中，可以对每个指标赋予具体的权数。

5.8.4　评分系统的应用实例

本书第 1 版利用评分系统对我国的一批月度经济指标的增长率序列进行了评分，数据期间是 1976 年 1 月至 1991 年 8 月，从中选出得分较高的 15 项指标[①]。表 5.4.1 中列出了重新筛选出来的 31 个指标(数据期间：1997 年 1 月至 2013 年 12 月)，本书计算各指标的评分。

1. 以“工业企业产成品实际增速”为例的详细说明

下面以“工业企业产成品实际增速”[②]这个指标的评分为例来说明评分系统的应用。

(1) 经济意义

“工业企业产成品”是存量指标，指工业企业在报告期末完成全部生产过程，已验收入库或可作为商品对外销售的各种产品价值。“工业企业产成品实际增速”代表产成品库存的变化，在很大程度上反映了经济周期波动的变化。当经济增长处于低谷时，工业企业产成品库存大幅度增加，反之当经济增长处于高峰时，工业企业产成品库存的增长将减少。所以就经济意义而言，“工业企业产成品实际增速”是一项覆盖面较广的工业指标，因此给该项指标的经济意义一项评以 100 分。

(2) 统计的充分性

通过考察工业统计具体方法知道：第一，工业企业产成品是在全社会范围内各工业企业库存报表的汇总，因此分别给“数据来源”和“统计抽样范围”评满分(10 分、15 分)；第二，所利用的数据期间超过了 10 年，而且每个数据表示了整个月份工业企业产成品库存的变化情况，因此给“数据期间”和“统计时间范围”评满分(15 分、10 分)；第三，工业企业产成品库

---

① 李幸，高铁梅. 选择景气指标的评分系统[J]，数量经济技术经济研究，1994(8).

② 工业企业产成品是价值型指标，本节采用工业品出厂基期价格指数(PPI-B)进行平减，然后计算同比增长率，并进行季节调整，去掉季节要素和不规则要素，得到工业企业产成品实际增速指标。

存属于快报数据,常常与年底公布的数据有些出入,因此给“修改程度”一项评以10分;第四,据统计部门介绍,人为地虚报、假报现象比较严重,因此给“误差度量”一项评以10分;第五,该指标在整个数据期间是连续的,因此“连续程度”评满分(10分);该指标在2007—2010年由月度数据变为2、5、8、11月份发布累计数据,2011年恢复按月发布。2007—2010年由于统计范围发生了变化,导致了数据口径前后不一致,尽管我们利用插值方法对这4年数据进行了处理,但仍有影响,所以给“口径一致性”评以5分,“历史可比性”是这两项相加为15分。这样工业企业产成品实际增速的统计充分性一项累积得分为85分。

(3) 与景气循环的历史一致性

计算“工业企业产成品实际增速”的K-L信息量,当延迟数为+12时,K-L信息量最小为9.75,说明这一指标是滞后指标。用60分-K-L信息量,然后四舍五入计算这项得分,因此该项可得50分。然后,通过比较基准日期和该指标的转折点可以发现,该指标峰和谷都一一对应,因此“峰谷对应情况”一项得20分。其次,我们考察基准日期近期的两个周期的峰、谷对应情况,发现峰、谷近期的对应情况很好,给其评以10分。同时该指标的振幅能够较清晰地反映出景气循环变化的程度,给这一项评以10分。这样,“工业企业产成品实际增速”这一项累计得分为90分。

(4) 峰、谷的定时性

从“工业企业产成品实际增速”与基准日期峰、谷对照表5.8.2中可以看出,该指标在峰处的平均滞后月数为14.8个月,在谷处平均滞后月数为9.2个月,由此可以断定该指标为滞后指标。然后评价指标的滞后程度。基准日期存在5个峰,而指标相对应的峰只有4个滞后,因此得48分(60×4/5=48)。基准日期存在6个谷,由于样本期间内滞后指标的最后一个谷还无法确认,所以只考虑基准日期的前5个谷,而相对应的谷也只有4个滞后,所以得48分(60×4/5=48)。接着采用式(5.8.1)计算标准差S来分别判断指标滞后期的分散程度。该指标滞后期峰、谷的标准差(SD)分别为11.32和11.05,峰、谷的分散程度得分的计算,得满分20分,20-2×SD为该项得分,SD超过10时,该项为0分,故该指标峰、谷的分散程度都为0分。最后考虑指标近期的滞后程度,近期基准日期存在2个峰,与指标相对应的峰都是滞后的,因此给其评以20分。同理,谷的近期滞后性得分也为20分。分别累积峰和谷的上述得分,峰的定时性为68分,谷为68分,平均得分为68分。

表5.8.2 工业企业产成品增长率序列与基准日期峰、谷比较对照表

峰	基准日期	1998年12月	2000年7月	2003年12月	2007年9月	2010年1月
	产成品增长率	1998年6月	2001年10月	2006年1月	2008年12月	2012年2月
	超前(滞后)月数	−6	+15	+25	+15	+25
谷	基准日期	1998年5月	1999年9月	2001年9月	2005年2月	2009年1月
	产成品增长率	1997年6月	2000年5月	2002年10月	2006年12月	2010年3月
	超前(滞后)月数	−11	+8	+13	+22	+14

注:+表示滞后,−表示超前。

(5) 序列的光滑性

“工业企业产成品实际增速”的MCD值为3,按光滑性评分准则,该指标可得满分100分。

(6) 公布的适时性

关于适时性,由于“工业企业产成品”每月的数据在下月底或再下一个月的月初公布,故公布的适时性一项评以 80 分。

这样，利用表 5.8.1 所介绍的权数比例可以计算出“工业企业产成品实际增速”的最终得分为 86.6 分。

2. 31 个备选景气指标的评分结果

表 5.8.3～表 5.8.5 是表 5.5.1 中 31 个备选的景气指标（样本期间：1997 年 1 月至 2013 年 12 月）的评分结果。

表 5.8.3　评分系统计算结果表

指标类型	指标名称	K-L 信息量	MCD 值	平均超前（滞后）月数		标准差(SD)	
				谷	峰	谷	峰
先行指标	1. 金融机构储蓄存款增速 *	9.25	3	−10.6	−13.75	3.44	3.70
	2. 固定资产新建投资额增速 *	38.41	3	−6.8	−10.5	4.71	7.02
	3. 货币和准货币(M2)增速 *	8.28	3	−7.4	−11.75	4.13	7.19
	4. 金融机构各项贷款增速 *	12.28	3	−7.8	−10.25	4.26	5.58
	5. 固定资产投资完成额增速 *	8.51	3	−3.8	−12.75	3.43	8.87
	6. 地方项目固定资产投资额增速 *	10.71	3	−4.6	−6.4	3.32	6.41
	7. 固定资产投资_自筹资金增速 *	29.29	3	−9.4	−8.2	8.49	6.91
	8. 固定资产投资本年新开工项目个数累计增速	60.22	3	−7.2	−7.75	6.76	5.40
	9. 固定资产投资施工项目个数累计增速	27.32	3	−4.8	−10.8	5.15	5.15
	10. 货币供应量(M1)增速 *	13.04	3	−1.4	−5.50	2.15	4.72
	11. 水泥产量增速	4.49	3	−2.0	−5.00	3.03	7.81
	12. 粗钢产量增速	19.04	3	−5.4	−5.25	4.54	4.32
	13. 生铁产量增速	16.43	3	−3.75	−5.67	3.70	4.50
一致指标	14. 工业增加值增速 *	0	3	+0.83	+0.25	1.07	0.40
	15. 工业企业产品销售收入增速 *	9.67	3	−0.5	0	0.76	0.63
	16. 发电量增速	3.16	3	+1.8	−5.25	4.66	4.97
	17. 国家财政收入增速 *	16.96	3	+1.67	−1.2	3.73	4.62
	18. 进口额增速 *	24.11	3	+1.4	−1	1.50	4.00
	19. 增值税增速 *	11.19	3	+1	−1	5.40	10.56
	20. 房地产开发综合景气指数	2.66	3	+1	+2.8	6.95	4.65
	21. 出口额增速 *	42.10	3	−0.6	−5.75	5.00	6.50
	22. 铁路货运量增速	4.40	3	+3.8	−5.25	3.66	7.01
	23. 沿海主要港口货物吞吐量累计增速	8.83	3	−3.6	−3.3	5.89	4.99
滞后指标	24. 商品房本年施工面积累计增速	7.61	3	+3.8	+5.8	1.94	5.71
	25. 原材料、燃料、动力购进价格指数	7.30	3	+6.0	+9.5	3.07	6.80
	26. 工业品出厂价格指数	2.74	3	+9.2	+10	10.07	5.66
	27. 居民消费价格指数	2.85	3	+7.8	+10.5	4.45	4.66
	28. 社会消费品零售总额增速 *	5.23	3	+14.2	+11.5	8.69	4.21
	29. 出口商品价格总指数	3.53	3	+7.75	+11.0	1.92	5.89
	30. 建筑材料类购进价格指数	3.53	3	+7.2	+10.0	4.71	5.61
	31. 工业企业产成品增速 *	9.75	3	+9.2	+14.8	11.05	11.32

注：[1] 表中 K-L 信息量的结果是利用 2000 年 1 月至 2013 年 12 月的数据计算的结果。

各指标均为同比增长率序列，并且经过季节调整，去掉了季节要素 S 和不规则要素 I 的 TC 序列。

平均超前（滞后）月数是各指标序列的谷（或峰）的日期与表 5.5.1 中基准日期谷（或峰）的月份之差的平均值。

标准差(SD)根据式(5.8.1)计算得到。

[2] K-L 信息量越小，越接近于 0，说明指标 x 与基准指标 y 越接近。表中计算出的 K-L 信息量扩大了 10 000 倍。

[3] 指标名后标有“ * ”号表示经过价格平减的实际值指标。

表 5.8.4 指标得分情况一览表(1)

指标类型	指标名称	经济意义	统计的充分性									与景气循环的历史一致性				
			(1)	(2)	(3)	(4)	(5)	(6)	(7) 连续	(7) 一致	合计	一致程度	峰谷对应	近期峰谷	振幅	合计
先行指标	1. 金融机构储蓄存款增速 *	90	10	15	10	15	15	15	10	10	100	51	16	10	10	87
	2. 固定资产新建投资额增速 *	85	10	15	10	15	10	10	10	10	90	22	16	10	10	58
	3. 货币和准货币(M2)增速 *	100	10	15	10	15	15	15	10	10	100	52	16	10	10	88
	4. 金融机构各项贷款增速 *	100	10	15	10	15	15	15	10	10	100	48	16	10	10	84
	5. 固定资产投资完成额增速 *	100	10	15	10	15	10	10	10	10	90	51	16	10	10	87
	6. 地方项目固定资产投资额增速 *	80	10	15	10	15	10	10	10	10	90	49	16	10	10	85
	7. 固定资产投资_自筹资金增速 *	85	10	15	10	15	10	10	10	10	90	31	16	10	10	67
	8. 固定资产投资本年新开工项目个数累计增速	85	10	15	10	15	10	10	10	10	90	0	16	10	10	37
	9. 固定资产投资施工项目个数累计增速	85	10	15	10	15	10	10	10	10	90	33	18	10	10	71
	10. 货币供应量(M1)增速 *	100	10	15	10	15	15	15	10	10	100	47	16	10	10	83
	11. 水泥产量增速	80	10	15	10	15	10	10	10	10	90	56	16	10	10	92
	12. 粗钢产量增速	80	10	15	10	15	10	10	10	10	90	41	16	10	10	77
	13. 生铁产量增速	80	10	15	10	15	10	10	10	10	90	44	7	8	10	69
一致指标	14. 工业增加值增速 *	100	10	15	10	15	10	10	10	10	90	60	20	10	10	100
	15. 工业企业产品销售收入增速 *	100	10	15	10	15	10	10	10	5	85	50	20	10	10	90
	16. 发电量增速	100	10	15	10	15	10	15	10	10	95	57	18	10	10	95
	17. 国家财政收入增速 *	100	10	15	10	15	15	15	10	10	100	43	20	10	10	83
	18. 进口额增速 *	100	10	15	10	15	15	15	10	10	100	36	18	10	10	74
	19. 增值税增速 *	80	10	15	10	15	15	15	10	10	100	49	20	10	10	89
	20. 房地产开发综合景气指数	90	10	15	10	15	10	10	10	10	90	57	20	10	10	97
	21. 出口额增速 *	100	10	15	10	15	15	15	10	10	100	18	16	10	10	54
	22. 铁路货运量增速	90	10	15	10	15	10	10	10	10	90	56	16	10	10	92
	23. 沿海主要港口货物吞吐量累计增速	90	10	15	10	15	10	10	10	10	90	51	16	10	10	87

续表

指标类型	指标名称	经济意义	统计的充分性									与景气循环的历史一致性				
			(1)	(2)	(3)	(4)	(5)	(6)	(7)		合计	一致程度	峰谷对应	近期峰谷	振幅	合计
									连续	一致						
滞后指标	24. 商品房本年施工面积累计增速	85	10	15	10	15	10	10	10	10	90	52	20	10	10	92
	25. 原材料、燃料、动力购进价格指数	85	10	15	10	15	10	10	10	10	90	53	16	10	10	89
	26. 工业品出厂价格指数	100	10	15	10	15	10	10	10	10	90	53	16	10	10	89
	27. 居民消费价格指数	100	10	15	10	15	10	10	10	10	90	53	16	10	10	89
	28. 社会消费品零售总额增速 *	100	10	15	10	15	10	10	10	10	90	55	20	10	10	95
	29. 出口商品价格总指数	100	10	15	10	15	10	10	10	10	90	56	15	8	10	89
	30. 建筑材料类购进价格指数	85	10	15	10	15	10	10	10	10	90	56	16	10	10	92
	31. 工业企业产成品增速 *	100	10	15	10	15	10	10	10	5	85	50	20	10	10	90

注：指标名后标有“ * ”号表示经过价格平减的实际值指标。

表 5.8.5 指标得分情况一览表(2)

指标类型	指标名称	谷、峰定时性							序列的光滑性	公布的适时性	总分
		谷			峰			峰谷的平均分			
		对应程度	分散程度	近期	对应程度	分散程度	近期				
先行指标	1. 金融机构储蓄存款增速 *	50	13	20	48	13	20	82.0	100	100	91.8
	2. 固定资产新建投资额增速 *	40	11	20	48	6	20	72.5	100	100	81.1
	3. 货币和准货币(M2)增速 *	40	12	20	48	6	20	73.0	100	100	92.2
	4. 金融机构各项贷款增速 *	40	11	20	48	9	20	74.0	100	100	91.6
	5. 固定资产投资完成额增速 *	30	13	20	36	2	20	60.5	100	100	87.5
	6. 地方项目固定资产投资额增速 *	40	13	20	36	7	10	61.5	100	100	83.3
	7. 固定资产投资_自筹资金增速 *	30	3	20	48	6	10	58.5	100	100	80.1
	8. 固定资产投资本年新开工项目个数累计增速	40	6	20	48	9	20	71.5	100	90	75.7
	9. 固定资产投资施工项目个数累计增速	30	10	20	60	10	20	75.0	100	90	83.2
	10. 货币供应量(M1)增速 *	20	16	20	24	11	10	50.5	100	100	86.7
	11. 水泥产量增速	30	14	20	24	4	20	56.0	100	100	83.6
	12. 粗钢产量增速	30	11	10	24	11	10	48.0	100	100	79.0
	13. 生铁产量增速	20	13	0	24	11	10	39.0	100	100	75.6

续表

指标类型	指标名称	谷、峰定时性							序列的光滑性	公布的适时性	总分
		谷			峰			峰谷的平均分			
		对应程度	分散程度	近期	对应程度	分散程度	近期				
一致指标	14. 工业增加值增速 *	50	18	20	60	19	20	93.5	100	100	96.7
	15. 工业企业产品销售收入增速 *	60	18	20	60	19	20	98.5	100	80	92.7
	16. 发电量增速	40	11	20	24	10	10	57.5	100	100	89.5
	17. 国家财政收入增速 *	30	13	10	36	11	20	60.0	100	90	87.6
	18. 进口额增速 *	40	17	20	48	12	20	78.5	100	100	90.5
	19. 增值税增速 *	20	9	10	12	0	0	25.5	100	90	77.9
	20. 房地产开发综合景气指数	20	6	20	24	11	10	45.5	100	80	82.5
	21. 出口额增速 *	10	13	0	0	7	0	15.0	100	100	73.8
	22. 铁路货运量增速	30	13	20	24	6	10	51.5	100	90	83.7
	23. 沿海主要港口货物吞吐量累计增速	30	8	20	24	10	10	51.0	100	90	82.6
滞后指标	24. 商品房本年施工面积累计增速	30	16	10	36	9	20	60.5	100	100	85.5
	25. 原材料、燃料、动力购进价格指数	40	14	10	36	6	20	63.0	100	100	85.4
	26. 工业品出厂价格指数	40	0	10	36	9	20	57.5	100	100	87.3
	27. 居民消费价格指数	40	11	10	48	11	20	70.0	100	100	89.8
	28. 社会消费品零售总额增速 *	60	3	20	48	12	20	81.5	100	100	93.3
	29. 出口商品价格总指数	48	16	20	48	8	20	80.0	100	80	89.8
	30. 建筑材料类购进价格指数	40	11	10	48	9	20	69.0	100	100	87.2
	31. 工业企业产成品增速 *	48	0	20	48	0	20	68.0	100	80	86.6

注：本表的峰(谷)定时性的计算，按表5.5.1的基准日期对应计算，谷的个数为6个，峰的个数为5个。
指标名后标有“*”号表示经过价格平减的实际值指标。

3. 计算各指标组的加权系数

本章利用前述评分系统计算的得分对筛选出的长先行、短先行、一致和滞后四组，按照式(5.8.2)分别计算各指标组中对每个构成指标应赋予的权数，各指标权重见表5.8.6。注意先行指标组分为两个组：长先行指标组和短先行指标组，由于一致指标组的构成指标非常重要，仅选取前五个得分较高的指标。

表5.8.6 各指标组权重一览表

	指标名称	得分(S)	权重(W)
长先行指标	1. 金融机构储蓄存款增速 *	91.8	1.075
	2. 固定资产新建投资额增速 *	81.1	0.950
	3. 金融机构各项贷款增速 *	92.2	1.079
	4. 固定资产投资完成额增速 *	91.6	1.073
	5. 地方项目固定资产投资额增速 *	87.5	1.024
	6. 固定资产投资资金来源中自筹资金增速 *	83.3	0.975
	7. 广义货币供给量(M2)增速 *	80.1	0.938
	8. 固定资产投资本年新开工项目个数增速	75.7	0.886

续表

	指 标 名 称	得分(S)	权重(W)
短先行指标	9. 固定资产投资施工项目个数增速	83.2	1.020
	10. 狭义货币供给量(M1)增速 *	86.7	1.062
	11. 水泥产量增速	83.6	1.024
	12. 粗钢产量增速	79.0	0.968
	13. 生铁产量增速	75.6	0.926
一致指标	1. 工业增加值增速 *	96.7	1.058
	2. 工业企业产品销售收入增速 *	92.7	1.014
	3. 发电量增速	89.5	0.979
	4. 国家财政收入增速 *	87.6	0.958
	5. 进口额增速 *	90.5	0.991
滞后指标	1. 商品房本年施工面积累计增速	85.5	0.970
	2. 原材料、燃料、动力购进价格指数(上年同月=100)	85.4	0.969
	3. 工业品出厂价格指数(上年同月=100)	87.3	0.991
	4. 居民消费价格指数(上年同月=100)	89.8	1.019
	5. 社会消费品零售总额增速 *	93.3	1.059
	6. 出口商品价格总指数(上年同月=100)	89.8	1.019
	7. 建筑材料类购进价格指数(上年同月=100)	87.2	0.990
	8. 工业企业产成品增速 *	86.6	0.983

注：指标名后标有“*”号表示经过价格平减的实际值指标。

第6章 景气指数方法

景气指数方法是一种实证的景气观测方法。它的基本出发点是：

(1) 经济周期波动是通过一系列经济活动来传递和扩散的，任何一个经济变量本身的波动过程都不足以代表宏观经济整体的波动过程；

(2) 为了正确地测定宏观经济波动状况，必须综合地考虑生产、消费、投资、贸易、物价、财政、金融、企业经营、就业等各领域的景气变动及相互影响；

(3) 各领域的周期波动并不是同时发生的，而是一个从某些领域向其他领域，从某些产业向其他产业，从某些地区向其他地区波及、渗透的极其复杂的过程。

基于这种认识，从各领域中选择出一批对景气变动敏感，有代表性的经济指标，用数学方法合成为一组景气指数(先行、一致、滞后)，以此来作为观测宏观经济波动的综合尺度。

目前国际上通用的景气指数方法有扩散指数(diffusion index，DI)方法和合成指数(composite index，CI)方法，以及利用主成分分析方法合成景气指数。1988 年，美国全国经济研究局的 J. H. Stock 和 M. Watson 利用状态空间模型方法开发了一种新的景气指数，称为 S-W 景气指数，将在第 12 章中介绍。

由于中国在 1978 年改革开放以后，大多数经济指标在绝对量上都是增长的，只是增长速度波动较大，因此中国大多数研究部门和政府机构都利用增长率循环研究中国的经济周期波动状况。本章关于中国的研究都是以中国经济增长率循环为主，即以指标的增长率序列为例进行研究，关于中国经济增长循环的研究，即分离了趋势的循环要素变动研究将在第 11 章介绍。本章关于美国和日本的研究都是基于古典循环，而关于 OECD 的研究是基于增长循环。

6.1 HDI 与基准日期的确定[①]

HDI(historical diffusion index)是历史扩散指数，适用于确认过去的景气变动模式和转折点的位置。根据 HDI_t 可以初步确定基准日期，然后根据经济周期波动年表和专家意见再进行检验和修订，最终确定基准日期。

计算 HDI_t 和确定基准日期的方法如下。

(1) 从经济各领域中选择比较重要而且被认为其变动与经济周期波动大体上一致的经

① 金森久雄. 景气预测入门[M]. 东京：日本经济新闻社出版，1977：45.

济指标 5～10 个。

(2) 对每个序列进行季节调整，然后利用 5.2 节介绍的 Bry-Boschan 方法确定每个指标的峰、谷日期。

(3) 计算变化方向表。对每个序列由谷到峰期间均规定是上升的，都标上同一符号“＋”，峰本身也标以“＋”号；由峰到谷期间均规定是下降的，都标以同一符号“－”，谷本身也标以“－”号，这样就得到一个变化方向表(见表 6.1.1)。每个月上升指标的个数占总指标个数的百分比就是 HDI_t。

(4) 这里所关心的是 HDI_t 穿过 50％ 线的时点。HDI_t 将由下方向上方通过 50％ 线之前的月份取为经济周期波动“谷”的基准日期，而将由上方向下方通过 50％ 线之前的月份取为经济周期波动“峰”的基准日期。

下面以 1997 年 1 月至 2013 年 12 月期间，表 5.8.6 中的 5 个一致指标为例计算 HDI_t，进一步确定中国增长率循环的基准日期。本节各指标均采用同比增长率序列，并经过 X-12 季节调整方法调整，去掉了季节要素和不规则要素。这 5 个一致指标为工业增加值实际增速、发电量增速、工业企业产品销售收入实际增速、国家财政收入实际增速和进口额实际增速。

表 6.1.1 和表 6.1.2 分别是计算 HDI_t 得到的部分结果和中国增长率循环基准日期，从表 6.1.1 中可以看出 2009 年 1 月 HDI_t 为 0.2，而 2009 年 2 月 HDI_t 就变成 1.0 了，此时 HDI_t 由下方向上方通过了 50％线(即 0.5)，于是，2009 年 1 月就取为经济增长率周期波动谷的基准日期。类似地，2010 年 1 月 HDI_t 为 0.8，而 2 月就变成 0.2，说明 HDI_t 已由上方向下方穿过了 50％线，于是，2010 年 1 月就取为经济增长率周期波动峰的基准日期。

表 6.1.1　HDI_t 部分结果表

年	月	HDI_t	1	2	3	4	5
⋮	⋮	⋮	⋮	⋮	⋮	⋮	⋮
2008	9	0.00	－	－	－	－	－
2008	10	0.00	－	－	－	－	－
2008	11	0.00	－	－	－	－	－
2008	12	0.00	－	－	－	谷	－
2009	1	0.20	谷	谷	谷	＋	谷
2009	2	1.00	＋	＋	＋	＋	＋
2009	3	1.00	＋	＋	＋	＋	＋
2009	4	1.00	＋	＋	＋	＋	＋
⋮	⋮	⋮	⋮	⋮	⋮	⋮	⋮
2009	11	1.00	＋	＋	＋	＋	＋
2009	12	1.00	＋	＋	＋	峰	＋
2010	1	0.80	峰	峰	峰	－	＋
2010	2	0.20	－	－	－	－	峰
2010	3	0.00	－	－	－	－	－
2010	4	0.00	－	－	－	－	－
⋮	⋮	⋮	⋮	⋮	⋮	⋮	⋮

表6.1.2给出了由HDI_t计算的基准日期。由于利用Bry-Boschan方法确定每个指标的转折点(峰、谷)时要去掉较短的波动,如下降或上升阶段不超过6个月的峰或谷,周期不超过15个月的峰或谷,因此表6.1.2已经去掉了一些较小的波动。

表6.1.2 由HDI_t得到的中国增长率循环基准日期表

谷		峰	
年	月	年	月
1998	5	1998	12
1999	9	2000	7
2001	9	2003	12
2005	2	2006	5
2006	10	2007	9
2009	1	2010	1
2012	8		

由HDI_t确定的基准日期一般要根据专家意见进行修正,对HDI_t计算得到的基准日期进行适当的调整,还要去掉一些较小的波动,如表6.1.2中2006年5月和2006年10月的一对峰谷,时间期间较短,且波动幅度较小应去掉。使基准日期与历史上经济周期波动的状况更加吻合。表6.1.3列出了修正后的中国增长率循环基准日期。

表6.1.3 中国增长率循环基准日期表

	谷	峰	谷	期间(月数)		
				扩张期	收缩期	全循环
第1循环	1998年5月	1998年12月	1999年9月	7	9	16
第2循环	1999年9月	2000年7月	2001年9月	10	14	24
第3循环	2001年9月	2003年12月	2005年2月	27	14	41
第4循环	2005年2月	2007年9月	2009年1月	31	16	47
第5循环	2009年1月	2010年1月	2012年8月	12	31	43
第6循环	2012年8月	2013年9月	—	13	—	—

注:数据期间为1997年1月至2013年12月。

6.2 扩散指数

景气可以分为扩张、收缩两大局面。经济繁荣时,各种经济活动活泼向上,大部分经济指标持续上升。但是,当景气迎来成熟阶段后,几个指标开始改变方向,转而下降的指标多了起来,当保持上升的指标与转为下降的指标相均等时,即是景气由扩张局面向收缩局面变换的转折点(景气的峰)。其后,下降的指标逐渐占了上风,经济进入了萧条,大部分指标在收缩期里保持下降趋势。再往后,景气的前景又明朗起来,数个指标又转向上升,景气开始恢复,当仍在下降的指标和转而回升的指标相均等时,即是景气由收缩期局面向扩张局面变换的转折点(景气的谷)。因此,扩散指数(Diffusion Index,DI)的基本思想是把保持上升(或下降)的指标占上风的动向,看作是景气波及、渗透的过程,将其综合,用来把握整个景气。

6.2.1 扩散指数的制作方法①②

利用第 5 章介绍的各种方法,可以从大量的经济指标中选择出先行、一致、滞后三类指标组。对这三类指标组分别制作扩散指数。

所谓扩散指数是(先行、一致或滞后)指标组内第 t 月扩张(上升)指标个数占组内所采用指标个数的比率

$$DI_t = \frac{\text{扩张指标数}_t}{\text{采用指标数}} \times 100\%, \quad t = 1,2,\cdots,T \tag{6.2.1}$$

其中,T 是样本期间的数据个数。

这里的关键问题是认定扩张与否是与什么时点相比较而言。一般来说,把本月值与它上个月的值相比是最理想的。但是用与上月比制成的扩散指数有可能因不规则变化而产生偏差,因此为了避免这种偏差,考虑用 3 个月做比较间隔。

设一指标序列对应于 1 月,2 月,3 月,…的数值为 $x_1, x_2, x_3, \cdots$。要求 4 月份的数值与 1 月份的数值相比较,即考虑 $x_4 - x_1$。由于

$$\frac{x_4 - x_1}{3} = \frac{x_2 + x_3 + x_4}{3} - \frac{x_1 + x_2 + x_3}{3}$$

于是 4 月份的数值与 1 月份数值相比较的变化方向同 3 月份的 3 项移动平均与 2 月份的 3 项移动平均相比较的变化方向一致。后者比较稳定,故在扩散指数的制做中一般要求与前 3 个月值做比较。还有一种更细致的做法是分别采用每个指标值的 MCD 做比较间隔月数。(在第 4 章 4.6.6 节第 3 部分介绍了 MCD 值的计算方法)。MCD(months for cyclial dominance)值是在指标序列中循环变动要素变化率绝对值的平均值大于不规则要素变化率的绝对值的平均值的最短月数。利用 MCD 值做比较间隔可以针对指标组中各序列的不规则变动不同而采用不同的比较间隔,增强了结果的稳定性。

制作一个变化方向表。具体做法是,对属于先行、一致、滞后各组的序列,令当月之值与前 3 个月之值相比较,若前者大于后者,则记以"+"号,若不增不减则记以 0.5 个"+"号,若前者小于后者则记以"−"号,然后分别计算先行、一致、滞后指标组各自的"+"号占本组序列数的百分比,它们分别是先行、一致、滞后扩散指数。为了使扩散指数较为光滑,去掉不规则要素的影响,对得到的扩散指数再进行五项加权移动平均,结果序列记为 MDI_t。

本节以 1997 年 1 月至 2013 年 12 月期间,中国增长率周期波动的一致指标组③为例计算中国增长率周期的一致扩散指数,在扩散指数的制作中认定扩张与否是与前 3 个月值做比较。表 6.2.1 是一致扩散指数(DI_t、MDI_t、CDI_t)④的部分结果。图 6.2.1 和图 6.2.2 分别是一致扩散指数 DI_C_t 和 MDI_C_t 的图形。

---

① 金森久雄. 景气预测入门[M]. 东京：日本经济新闻社,1977：33.

② 日本内阁府经济社会综合研究所,景气动向指数使用指南,http://www.esri.go.ip.

③ 这 5 个一致指标为表 5.8.6 中一致指标组：工业增加值实际增速、工业企业产品销售收入实际增速、发电量增速、国家财政收入实际增速、进口额实际增速,经过季节调整的 TC 序列。

④ CDI_t 为累积扩散指数,在 6.2.4 节介绍。

表 6.2.1 中国一致扩散指数的部分结果表 单位：%

年	月	DI_t	MDI_t	CDI_t	1	2	3	4	5
⋮	⋮	⋮	⋮	⋮	⋮	⋮	⋮	⋮	⋮
2008	10	0.0	0.80	−210	−	−	−	−	−
	11	0.0	5.60	−260	−	−	−	−	−
	12	0.0	14.40	−310	−	−	−	−	−
2009	1	0.0	27.20	−360	−	−	−	−	−
	2	20.0	44.00	−390	−	−	−	+	−
	3	100.0	63.20	−340	+	+	+	+	+
	4	100.0	78.40	−290	+	+	+	+	+
⋮	⋮	⋮	⋮	⋮	⋮	⋮	⋮	⋮	⋮
2009	10	100.00	99.20	10	+	+	+	+	+
	11	100.00	95.20	60	+	+	+	+	+
	12	100.00	87.20	110	+	+	+	+	+
2010	1	100.00	75.20	160	+	+	+	+	+
	2	80.00	59.20	190	+	+	+	−	+
	3	20.00	40.80	160	−	−	−	−	+
	4	0.0	24.80	110	−	−	−	−	−
	5	0.0	12.80	60	−	−	−	−	−
⋮	⋮	⋮	⋮	⋮	⋮	⋮	⋮	⋮	⋮

注：CDI_t 是累积扩散指数，6.2.4 节介绍计算方法。

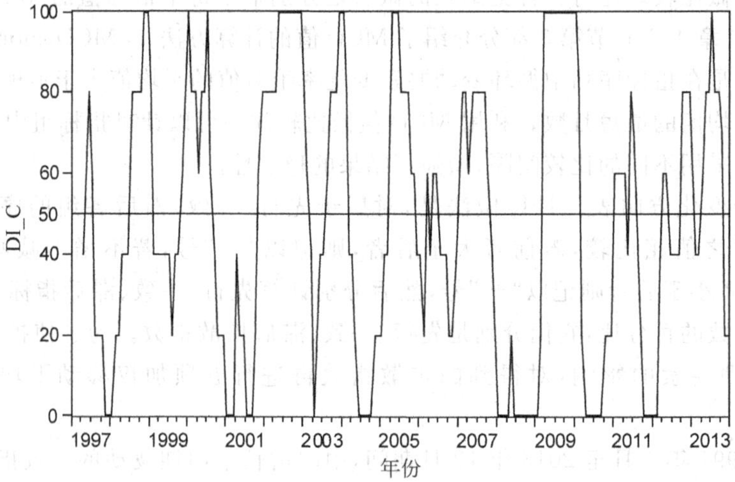

图 6.2.1 中国一致扩散指数 DI_C_t

6.2.2 扩散指数的分析与预测

1. 扩散指数的转折点

由扩散指数 DI_t 的定义可见，当它大于 50%时，意味着有过半数的指标所代表的经济活动上升，反之，扩散指数低于 50%时，有过半数的经济活动下降。扩散指数是大于 50%还是小于 50%是重要的，而百分比的水平却没有更大的意义，因为它并不表示经济周期波动的振幅。

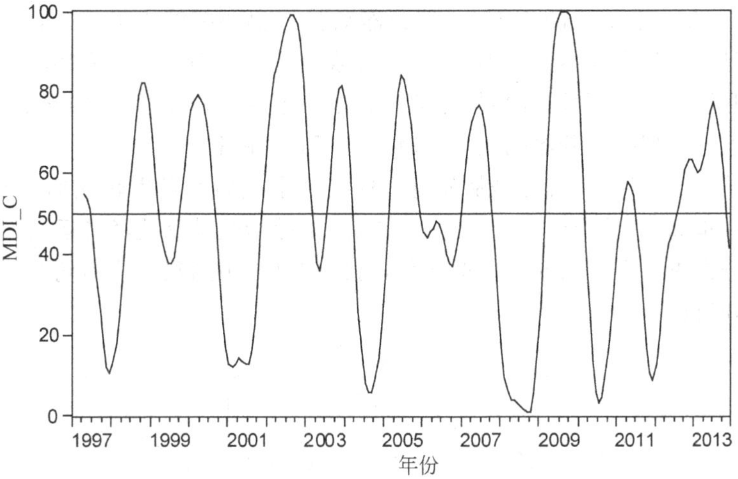

图 6.2.2　中国五次加权移动平均后的一致扩散指数 MDI_C_t

扩散指数之值为 50%时，就意味着经济活动的上升趋势与下降趋势平衡，表示该时刻是景气的转折点。在确定扩散指数的转折点时，为了避免不规则因素的影响，一般采用五项加权移动平均后的扩散指数(MDI_t)序列确定扩散指数的峰、谷日期。当 MDI_t 由上方向下方穿过 50%线时，取前一个月作为扩散指数峰的日期。而当 MDI_t 由下方向上方穿过 50%线时，取前一个月作为扩散指数谷的日期。图 6.2.3 显示了扩散指数的变动与宏观经济总体波动的对应关系，从中可以清楚地看到扩散指数的极大值点和极小值点比宏观经济总体波动的峰和谷先行一段时间，这是扩散指数的特点之一。利用这一性质，可以提前预测景气的峰、谷的出现时间。

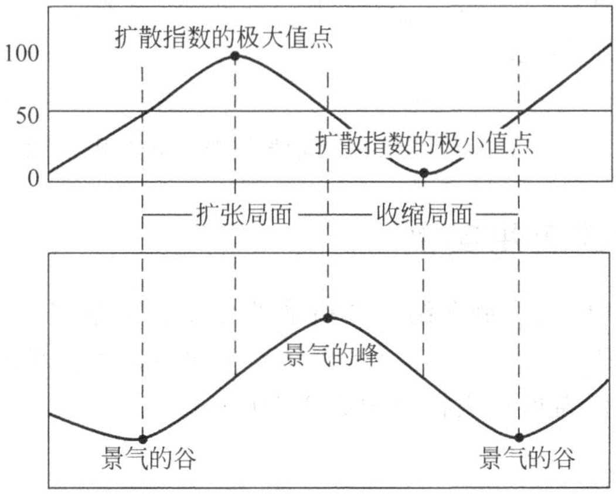

图 6.2.3　扩散指数的变动与宏观经济总体波动

2. 先行、一致、滞后扩散指数的作用

在经济的扩张阶段，首先是显示领先性的先行指标中出现下降的指标，这时，先行扩散指数达到极大值点。随之，当经济进入过热状态后，对经济趋势有强劲影响力，以生产活动为中心的一致指标中也出现了下降的指标，从而一致扩散指数也达到了极大值点。随着下降指标的增多，上升指标和下降指标相均衡，达到了景气的峰。随着下降指标的增加，经济

进入收缩阶段。在收缩阶段的初期,一部分滞后指标仍要持续上升一段时间才开始下降。随着经济的衰退,下降指标不断增加,但是经济收缩到某一阶段,先行指标中的一部分出现了回升,经济开始复苏,这种回升趋势逐渐向各领域渗透,回升的势头加强了,一致指标也开始上升,不久下降序列和上升序列相均衡就达到了景气的谷。

总之,如图6.2.4所示,首先是从先行指标出现景气局面发生转换的苗头,经过若干时差,逐渐向一致指标、滞后指标波及、渗透。因此,扩散指数是反映经济运动方向的一种综合尺度,定期地分析先行、一致、滞后扩散指数,可以较早地预测到经济周期波动的变化方向和转折点出现的时机。

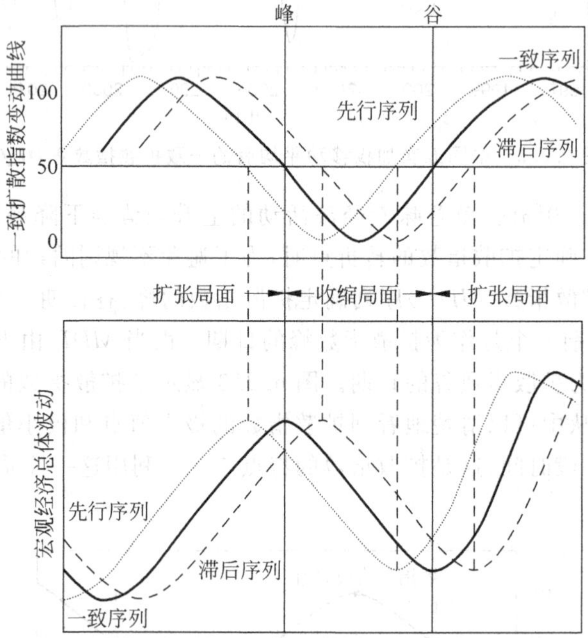

图6.2.4 先行、一致、滞后扩散指数的变动与宏观经济总体波动

6.2.3 扩散指数的应用实例

本节以美国、日本和中国为例介绍扩散指数的使用。本章将经过五项加权移动平均后的一致扩散指数记为 MDI_C_t,经过五项加权移动平均后的先行扩散指数记为 MDI_L_t,经过五项加权移动平均后的滞后扩散指数记为 MDI_B_t。

1. 美国扩散指数的分析

下面,分析一下美国定期公布的扩散指数①。在美国扩散指数的制作中认定扩张与否是与前3个月值做比较。需要注意的是美国的扩散指数基于古典循环。

图6.2.5是美国的一致扩散指数,数据期间:1959年4月至2013年11月。为了使扩散指数较为光滑,去掉不规则要素的影响,对已得到的扩散指数再进行五项加权移动平均,

① 美国 DI_t 指数的数据来源于 The Conference Board,网址为 http://www.conference-board.org/,时间是2014年4月15日。

得到的序列记为 MDI_t。

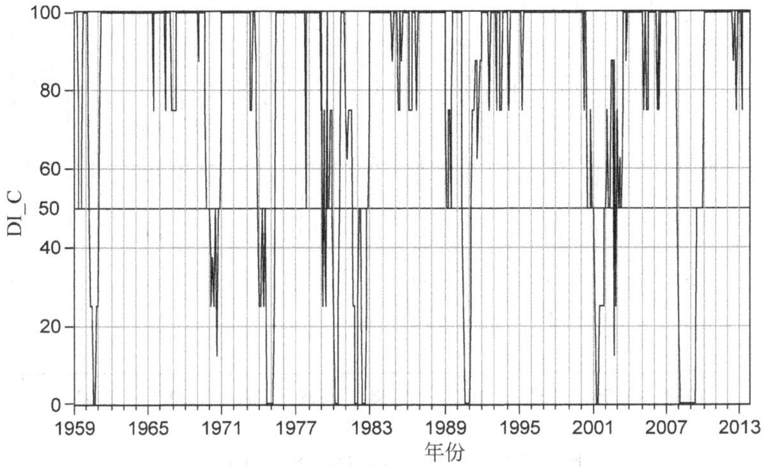

图 6.2.5 美国一致扩散指数(DI_C_t)

图 6.2.6～图 6.2.8 是美国经过五项加权移动平均的先行扩散指数(MDI_L_t)、一致扩散指数(MDI_C_t)和滞后扩散指数(MDI_B_t)。

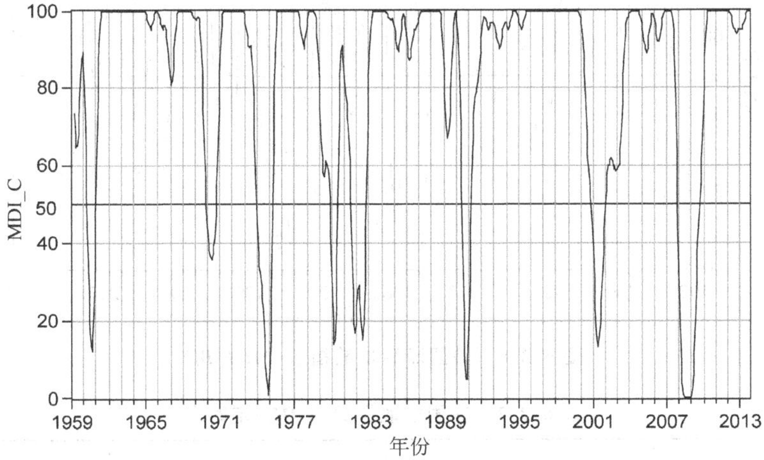

图 6.2.6 美国一致扩散指数(MDI_C_t)

一般分析扩散指数除了画出图形进行分析外，还要列出定时表。定时表列出了三种类型的扩散指数的转折点和基准日期的转折点(峰、谷)相比的超前期或滞后期，并且清楚地标明了平均超前期，便于预测时使用。表 6.2.2 是作者根据美国世界大型企业联合会(The Conference Board)构建的美国先行、一致和滞后扩散指数(DI)的数据经过五项加权移动平均后的 MDI_t 序列计算的定时表。从表 6.2.2 可以看出美国的先行扩散指数的极大(小)值点和峰(谷)(即与 50%线的交点)都具有相当长的超前期，并且一致扩散指数的极大(小)值点也具有较长的超前期。但是可以看出关于峰的超前期较长，关于谷的超前期短些。这样当上述信息出现时，加上平均超前期，即可预测出未来转折点的出现时间。但是有时会在与 50%线相交前出现多个极大(小)值的虚假信息，一般取离 50%线交点最近的一个。也会出现多一对峰谷的情况，一般是虚假的峰谷，需要具体分析，减少误判的概率。

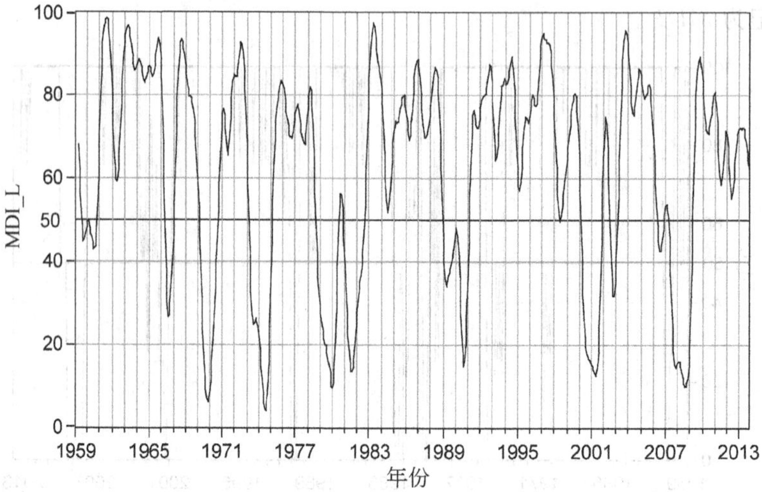

图 6.2.7 美国先行扩散指数(MDI_L_t)

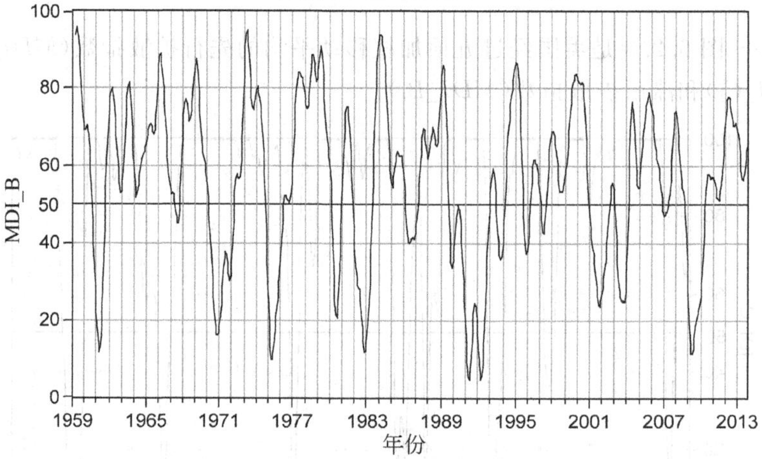

图 6.2.8 美国滞后扩散指数(MDI_B_t)

表 6.2.2 美国扩散指数(MDI_t)定时表

谷							峰						
基准日期	极小值点			50%线的交点			基准日期	极大值点			50%线交点		
年/月	先行	一致	滞后	先行	一致	滞后	年/月	先行	一致	滞后	先行	一致	滞后
1961 年 2 月	−6	−5	+3	−4	−1	+7	1969 年 12 月	−27	−15	−10	−10	0	+3
1970 年 11 月	−12	−6	0	−3	−2	+4	1973 年 11 月	−16	−11	−7	−9	+1	+11
1975 年 3 月	−11	−3	+2	−1	+2	+13	1980 年 1 月	−22	−16	−8	−17	+2	+1
1980 年 7 月	−6	−4	+1	0	−1	+5	1981 年 7 月	−10	−9	−2	−8	0	+4
1982 年 11 月	−16	−5	0	−3	−1	+7	1990 年 7 月	−26	−6	−16	−20	−1	−11
1991 年 3 月	−6	−5	+2	−1	0	+21	2001 年 3 月	−18	−16	−15	−13	−4	−3
2001 年 11 月	−6	−5	0	0	+2	+9	2007 年 12 月	−27	−6	+1	−20	−1	+9
2009 年 6 月	−10	−12	−1	−3	+2	+11	—						
平均期间	−9	−6	+1	−2	0	+10	平均期间	−21	−11	−8	−14	0	+2

注:[1] 扩散指数 MDI_t 采用 5 项加权移动平均后的序列。

[2] "−"表示先行,"0"表示一致,"+"表示滞后。平均期间四舍五入取整得到。

2. 日本扩散指数的分析

下面，分析一下日本定期公布的扩散指数①，如图 6.2.9 所示。在日本扩散指数的制作中认定扩张与否是与前 3 个月值作比较。

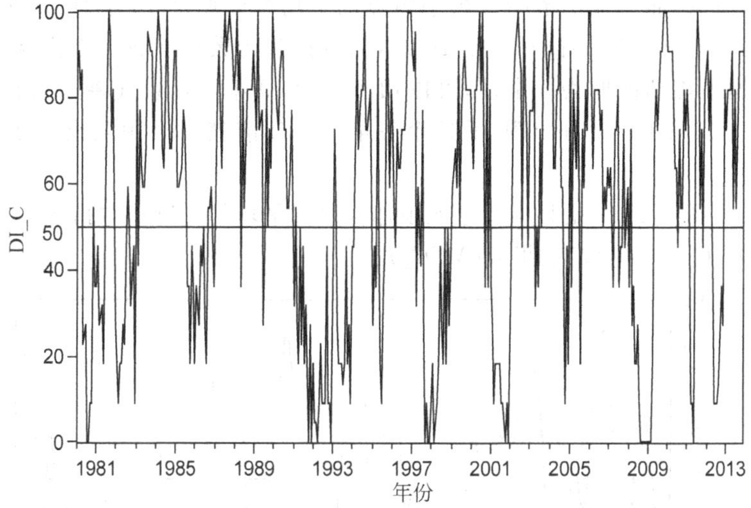

图 6.2.9 日本一致扩散指数(DI_C_t)

表 6.2.3 是作者根据日本内阁府经济社会综合研究所网站上下载的日本先行、一致和滞后扩散指数(DI_t)的数据，进行五项加权移动平均后的 MDI_t 序列计算的定时表。

表 6.2.3 日本扩散指数(MDI_t)定时表

谷							峰						
基准日期	极小值点			50%线的交点			基准日期	极大值点			50%线交点		
年/月	先行	一致	滞后	先行	一致	滞后	年/月	先行	一致	滞后	先行	一致	滞后
1983 年 2 月	−10	−10	−2	−5	−2	+3	1985 年 6 月	−22	−16	−7	−13	+1	+4
1986 年 11 月	−14	−10	−6	−4	−1	−4	1991 年 2 月	−10	−10	−12	−7	−2	+4
1993 年 10 月	−18	−18	−14	−6	+3	+8	1997 年 5 月	−15	−6	−6	−3	0	+5
1999 年 1 月	−13	−13	−9	−3	+1	+8	2000 年 11 月	−11	−5	0	−2	+1	+3
2002 年 1 月	−10	−4	−1	−1	0	+13	2008 年 2 月	−26	−25	−13	−15	−2	−1
2009 年 3 月	−4	−5	0	+1	+1	+13	—						
平均期间	−12	−10	−5	−3	0	+7	平均期间	−17	−12	−8	−8	0	+3

注：[1] 扩散指数 MDI 采用 5 项反复移动平均后的序列。

[2] "−"表示先行，"0"表示一致，"+"表示滞后。平均期间四舍五入取整得到。

从表 6.2.3 可以看出日本的先行扩散指数的极大(小)值点和峰(谷)(即与 50%线的交点)也都具有相当长的超前期，并且一致扩散指数的极大(小)值点也具有较长的超前

① 日本先行、一致和滞后扩散指数(DI_t)的数据来源于日本内阁府经济社会综合研究所 http://www.esri.go.jp/ 2014 年 4 月 1 日。

期。但是可以看出关于峰的超前期较长，关于谷的超前期短些。这样当上述信息出现时，加上平均超前期，即可预测出未来转折点的出现时间。例如，1997 年 12 月，日本的先行扩散指数达到极小值点，由表 6.2.3 可知先行扩散指数极小值点的平均超前期是 12 个月，从而可以预测 1998 年 12 月可能达到景气的谷。1997 年 12 月日本一致扩散指数也达到了极小值点，而一致扩散指数极小值点的平均超前期是 10 个月，可再次预测 1998 年 10 月将达到景气的谷。到 1998 年 10 月，先行扩散指数从下方向上方穿过了 50%线，达到谷，则根据平均超前期为 3 个月，可以预测出 1999 年 1 月景气将达到谷。实际上，日本的景气的谷在 1999 年 1 月出现，而这个谷早在一年前就已经预测出来了，时间上仅相差了 1～3 个月。

图 6.2.10～图 6.2.12 是日本经过五项加权移动平均的先行扩散指数(MDI_L_t)、一致扩散指数(MDI_C_t)和滞后扩散指数(MDI_B_t)。

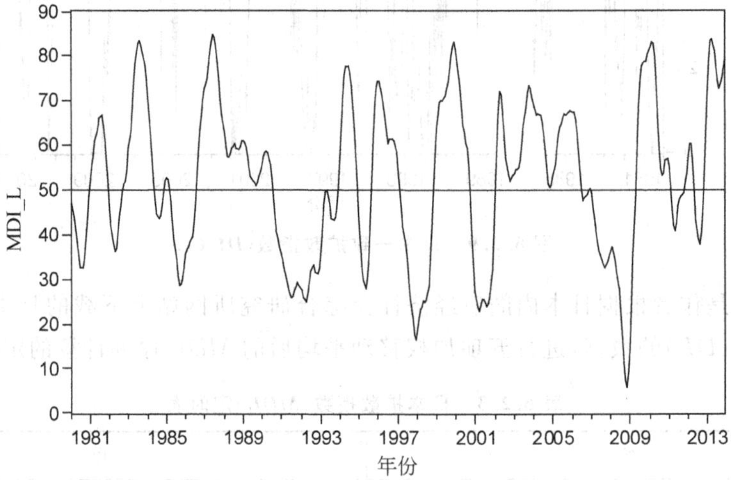

图 6.2.10　日本先行扩散指数(MDI_L_t)

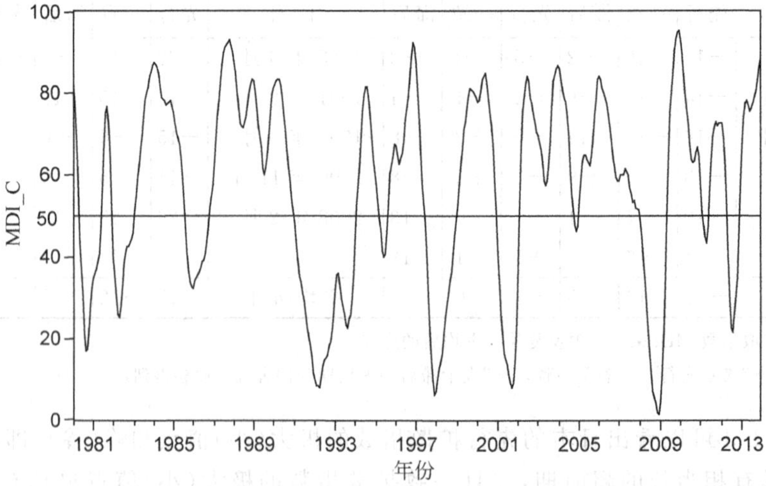

图 6.2.11　日本一致扩散指数(MDI_C_t)

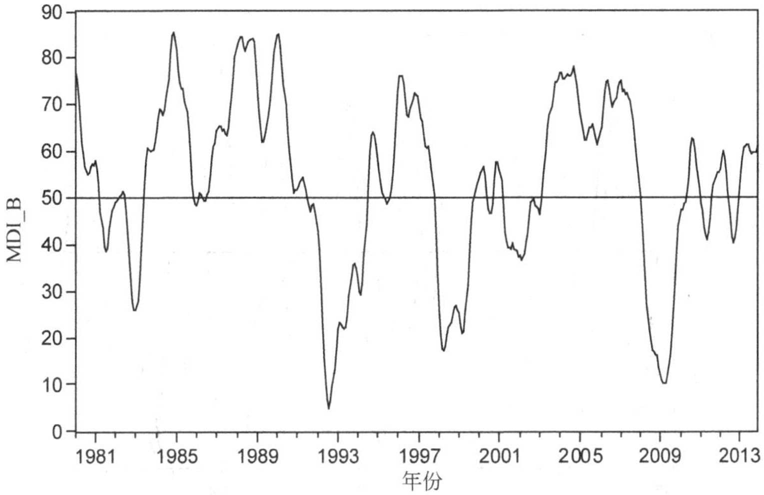

图 6.2.12　日本滞后扩散指数(MDI_B_t)

3. 中国增长率周期波动的扩散指数分析

先行、一致、滞后扩散指数的景气指标组的构成见表 6.2.4。表 6.2.5 和图 6.2.13～图 6.2.15 分别是中国增长率周期波动的五项加权移动平均后扩散指数(MDI_t)的定时表和图形。

表 6.2.4　中国景气指标组表

	指标名称
长先行指标	1. 金融机构储蓄存款增速 * 2. 固定资产新建投资额增速 * 3. 金融机构各项贷款增速 * 4. 固定资产投资完成额增速 * 5. 地方项目固定资产投资额增速 * 6. 固定资产投资资金来源中自筹资金增速 * 7. 广义货币供给量(M2)增速 * 8. 固定资产投资本年新开工项目个数增速
短先行指标	9. 固定资产投资施工项目个数增速 10. 狭义货币供给量(M1)增速 * 11. 水泥产量增速 12. 粗钢产量增速 13. 生铁产量增速
一致指标	1. 工业增加值增速 * 2. 工业企业产品销售收入增速 * 3. 发电量增速 4. 国家财政收入增速 * 5. 进口额增速 *
滞后指标	1. 商品房本年施工面积累计增速 2. 原材料、燃料、动力购进价格指数(上年同月=100) 3. 工业品出厂价格指数(上年同月=100) 4. 居民消费价格指数(上年同月=100) 5. 社会消费品零售总额增速 * 6. 出口商品价格总指数(上年同月=100) 7. 建筑材料类购进价格指数(上年同月=100) 8. 工业企业产成品增速 *

注：指标名后标有“*”号表示经过价格平减的实际值指标。

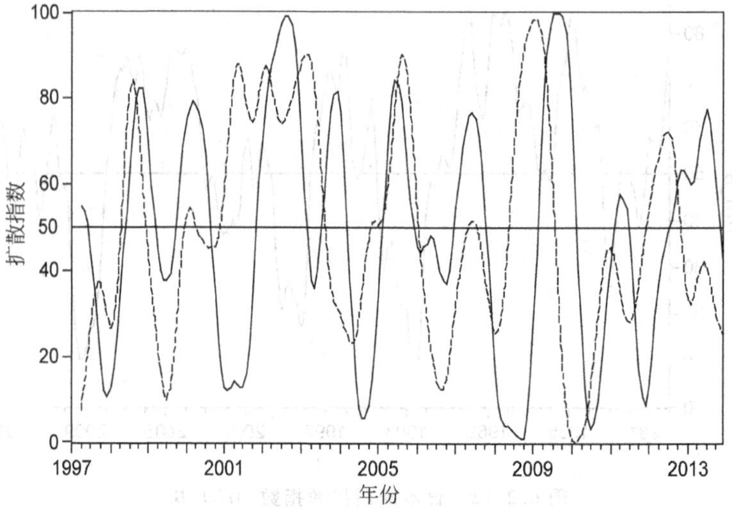

图 6.2.13 中国一致扩散指数(MDI_C_t,实线)和中国长先行扩散指数(MDI_LL_t,虚线)

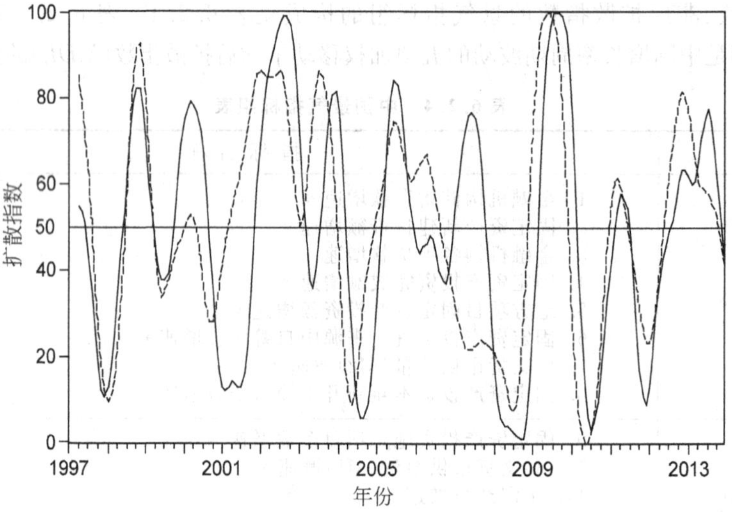

图 6.2.14 中国一致扩散指数(MDI_C_t,实线)和中国短先行扩散指数(MDI_LS_t,虚线)

从图 6.2.13 可以看出,一致扩散指数在 2012 年 8 月从下向上穿越 50%线,取前一个月作为本轮扩散指数下降周期的谷底,即 2012 年 7 月为一致扩散指数的谷底。同时从图 6.2.15 的滞后扩散指数的曲线可以看出,滞后扩散指数已于 2013 年 5 月从下向上穿越 50%线,即达到谷底。当滞后扩散指数的谷出现时,可以断定中国经济增长率周期波动确已于 2012 年 7 月越过了谷底,开始处于上升阶段。

图 6.2.13 中的长先行扩散指数的极大值点于 2012 年 7 月出现,除去较低的极大值点后计算得到,长先行扩散指数的极大值点相对于一致扩散指数峰的平均超前期为 15 个月,由此可以预测一致扩散指数将于 2013 年 10 月达到峰。随后长先行扩散指数于 2012 年 9 月由上向下穿过 50%线,也即长先行扩散指数的峰已出现在 2012 年 10 月,长先行扩散指

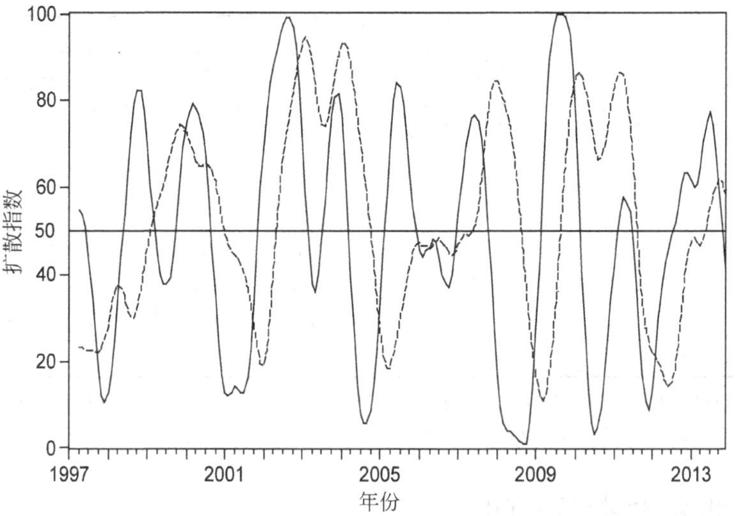

图 6.2.15 中国一致扩散指数（MDI_C_t，实线）和中国滞后扩散指数（MDI_B_t，虚线）

数的峰相对于一致扩散指数峰的平均超前期为 10 个月，由此可以预测一致扩散指数将于 2013 年 7 月达到峰。随后短先行扩散指数的极大值点在 2012 年 11 月出现，短先行扩散指数极大值点相对于一致扩散指数峰的平均超前期为 13 个月，由此可以预测一致扩散指数将于 2013 年 12 月达到峰。随后一致扩散指数的极大值点在 2013 年 7 月出现，一致扩散指数极大值点的平均超前期为 3 个月，由此可以预测一致扩散指数将于 2013 年 10 月达到峰。可以看出陆续出现的领先预测信息得到的预测结果不十分一致，但是误差在±3 个月内都是正确的，而实际的峰出现在 2013 年的 9 月份。

从表 6.2.5 中可以看出长短两个先行指数和滞后指数在 2000 年前领先或滞后的规律性不强，这是由于中国的经济结构发生变化的原因。在出现多个极大(小)值时，一般取离 50%线交点最近的一个。也会出现多一对峰谷的情况，一般是虚假的峰谷，需要判断，减少预测的错误。

表 6.2.5 中国增长率周期扩散指数 MDI_t 定时表

谷								
基准日期	极小值点				50%线的交点			
年/月	长先行	短先行	一致	滞后	长先行	短先行	一致	滞后
1998 年 5 月	—	—	−5	—	—	—	0	+8
1999 年 9 月	—	—	−3	—	—	—	0	—
2001 年 9 月	−26	−12	−7	+4	−11	−7	+2	+7
2005 年 2 月	−9	−9	−6	+1	−4	−3	0	+27
2009 年 1 月	−12	−6	−4	+2	−8	−2	+1	+7
2012 年 8 月	−18	−8	−8	−2	−8	−3	−1	+9
平均期间	−16	−9	−6	+1	−8	−4	0	+12

续表

峰								
基准日期	极大值点				50%线的交点			
年/月	长先行	短先行	一致	滞后	长先行	短先行	一致	滞后
1998年12月	—	—	−2	+11	—	—	+3	—
2000年7月	—	—	−4	—	—	—	+1	+5
2003年12月	−10	−5	0	+2	−4	0	+3	+10
2007年9月	−25	−27	−3	+3	−18	−13	+1	+11
2010年1月	−12	−8	−5	+14	−6	−2	+1	+19
2013年9月	−14	−10	−2	—	−11	+1	—	—
平均期间	−15	−13	−3	+7	−10	−4	+2	+11

注:[1] 扩散指数 MDI_t 采用5项反复移动平均后的序列。"—"表示缺失的峰谷,或没有规律。

[2] "−"表示先行,"0"表示一致,"+"表示滞后。平均期间四舍五入取整得到。

6.2.4 累积扩散指数 CDI

从扩散指数的图形上观测景气变动不太直观,而且光滑性差,通常使用累积值的曲线。这种累积值的序列叫做累积扩散指数(cumulative diffusion index,CDI)。一般的累积扩散指数是将每月的扩散指数减去50后,再累积得到,用 CDI_t 表示

$$CDI_t = \sum_{j=1}^{t}(DI_j - 50), \quad t = 1,2,\cdots,T \tag{6.2.2}$$

令 $CDI_0 = 0$,则可得递推关系式

$$CDI_t = CDI_{t-1} + (DI_t - 50), \quad t = 1,2,\cdots,T \tag{6.2.3}$$

其中,T 是样本期间的数据个数。

从每月的扩散指数中减50,是为了使景气上升(或下降)的变动与累积扩散指数的上升(或下降)的变动相对应。求出扩散指数各月的数值的累积值,把它画成曲线,得到的曲线不

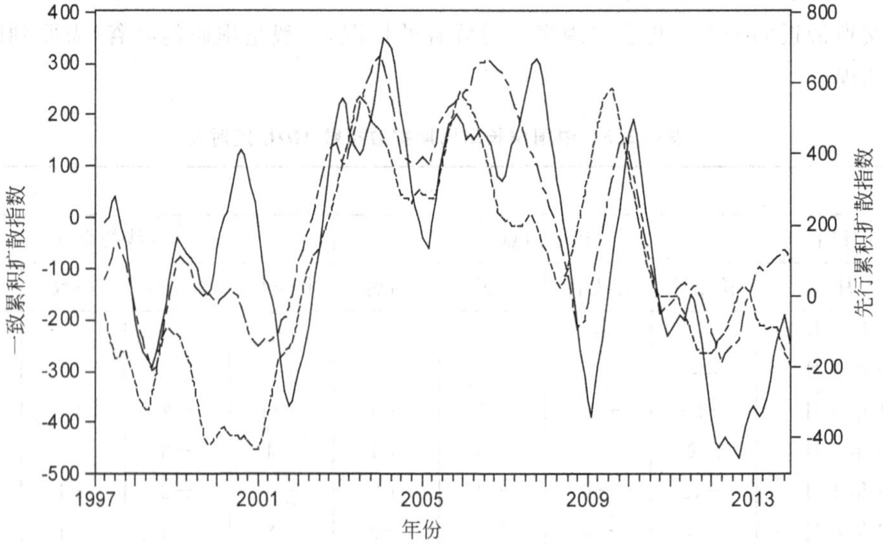

图 6.2.16 中国一致累积扩散指数(实线,左)、中国长先行累积扩散指数(短虚线,右)和中国短先行累积扩散指数(点划线,右)

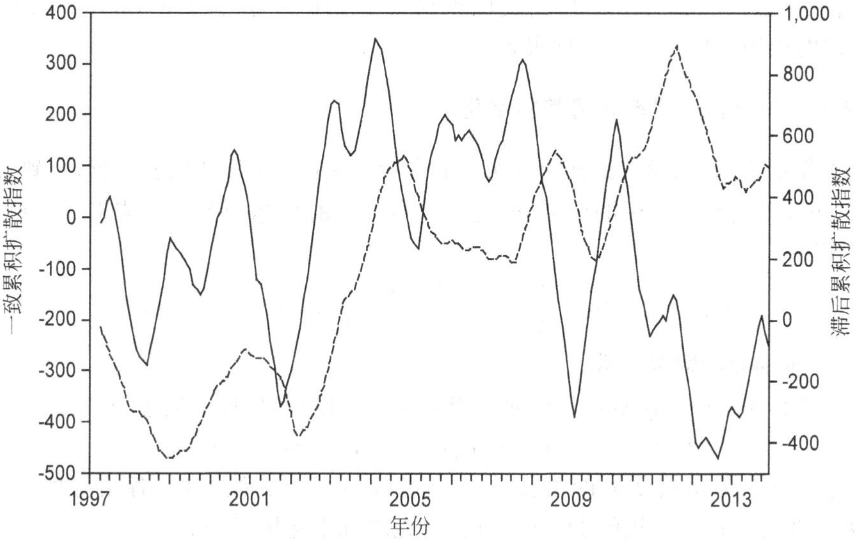

图 6.2.17 中国一致累积扩散指数(实线,左)和中国滞后累积扩散指数(虚线,右)

仅变动平滑,中间变动被消除,而且转折点明显了,和人们通常观测的景气变动的峰、谷一致。但需要注意的是累积扩散指数 CDI_t 和扩散指数的功能一样,也只能表明景气的变化方向而不反映变化的幅度。

6.3 合成指数

扩散指数虽然能有效地预测经济周期波动的转折点,但却不能表示经济周期波动变化的强弱,即不反映波动的振幅。为了弥补这一不足,美国商务部的希斯金和 NBER 的穆尔编制了合成指数(composite index,CI),并于 1968 年使其实用化。合成指数除了能预测经济周期波动的转折点外,还能在某种意义上反映经济周期波动的振幅。合成指数 CI 和扩散指数 DI 一样,也是从表示各种经济活动的主要经济指标中选取一些对景气敏感的指标,用合成各指标变化率的方式,把握景气变动的大小。合成指数的构成也分为先行、一致、滞后指标组,各指标组的功能与扩散指数相同,所以扩散指数和合成指数常常使用同一套指标组。

目前国际上正使用的合成指数主要有三种计算方法(美国合成指数的计算方法、日本经济企划厅的合成指数的计算方法、OECD 的合成指数计算方法),下面分别介绍。

6.3.1 美国合成指数的计算方法①

美国国家经济研究局(NBER)的 Wesley C. Mitchell 和 Arthur E. Burns 在 20 世纪 30 年代中期率先将景气指数方法广泛用于经济周期波动的分析当中。20 世纪 50 年代,在 Geoffrey H. Moore 领导下的 NBER 对该方法进行了发展和完善。20 世纪 60 年代末,美国商务部开始发布美国古典经济周期波动的先行、一致和滞后(leading, coincident and

① U.S.A. Bureau of Economic Analysis, Department of Commerce. Handbook of Cyclical Indicators-a Supplement to the Business Conditions Digest, 1984: 65-70.

lagging)合成指数。1995年10月,由美国世界大型企业联合会(The Conference Board)接手负责数据的维护工作和发布月度报告。

1. 求指标的对称变化率并将其标准化

(1) 设指标 $Y_{ij}(t)$ 为第 j 指标组的第 i 个指标,$j=1,2,3$ 分别代表先行、一致、滞后指标组,$i=1,2,\cdots,k_j$ 是组内指标的序号,k_j 是第 j 指标组的指标个数。首先对 $Y_{ij}(t)$ 求对称变化率 $C_{ij}(t)$①:

$$C_{ij}(t) = 200 \times \frac{Y_{ij}(t) - Y_{ij}(t-1)}{Y_{ij}(t) + Y_{ij}(t-1)}, \quad t = 2,3,\cdots,T \tag{6.3.1}$$

其中,T 是样本期间的数据个数。

当构成指标 $Y_{ij}(t)$ 中有零或负值或者指标是比率序列时,取一阶差分

$$C_{ij}(t) = Y_{ij}(t) - Y_{ij}(t-1), \quad t = 2,3,\cdots,T \tag{6.3.2}$$

(2) 为了防止变动幅度大的指标在合成指数中取得支配地位,各指标的对称变化率 $C_{ij}(t)$ 都被标准化,使其平均绝对值等于1。首先求标准化因子 A_{ij}

$$A_{ij} = \sum_{t=2}^{T} \frac{|C_{ij}(t)|}{T-1} \tag{6.3.3}$$

用 A_{ij} 将 $C_{ij}(t)$ 标准化,得到标准化变化率 $S_{ij}(t)$

$$S_{ij}(t) = \frac{C_{ij}(t)}{A_{ij}}, \quad t = 2,3,\cdots,T \tag{6.3.4}$$

2. 求各指标组的标准化平均变化率

(1) 求出先行、一致、滞后指标组的组内平均变化率 $R_j(t)$

$$R_j(t) = \frac{\sum_{i=1}^{k_j} S_{ij}(t) \cdot w_{ij}}{\sum_{i=1}^{k_j} w_{ij}}, \quad j = 1,2,3, t = 2,3,\cdots,T \tag{6.3.5}$$

其中,w_{ij} 是第 j 组的第 i 个指标的权数,权数的计算方法可参考第5章的5.8.3节,也可以使用等权,即 $w_{ij}=1$。

(2)计算指数标准化因子 F_j

$$F_j = \left[\sum_{t=2}^{T} |R_j(t)|/(T-1)\right] \Big/ \left[\sum_{t=2}^{T} |R_2(t)|/(T-1)\right], \quad j = 1,2,3 \tag{6.3.6}$$

注意:$F_2=1$。

(3) 计算标准化平均变化率 $V_j(t)$

$$V_j(t) = R_j(t)/F_j, \quad t = 2,3,\cdots,T \tag{6.3.7}$$

用一致指标序列的平均变化率的振幅去调整先行指标序列和滞后指标序列的平均变化率,其目的是为了把三个指数当作一个协调一致的体系来应用。

---

① 计算百分比变化率的公式一般是 $100\times(Y_i - Y_{i-1})/Y_{i-1}$,而这里采用对称变化率公式(6.3.1)是为了使正的变化与负的变化具有对称的形式。以序列4,8,4,8,4,8,4,…为例,它尽管没有上升的趋势,却交替地出现100%的增加与50%的减少,从而平均变化率为+25%。与此对照,用公式(6.3.1)计算,交替地出现67%的增加,与67%的减少,从而平均变化率为零。

3. 求初始合成指数 $I_j(t)$

令 $I_j(1)=100$，当前面各指标取对称变化率时

$$I_j(t) = I_j(t-1) \times \frac{200+V_j(t)}{200-V_j(t)}, \quad j=1,2,3, t=2,3,\cdots,T \tag{6.3.8a}$$

当取一阶差分时

$$I_j(t) = I_j(t-1) + V_j(t), \quad j=1,2,3, t=2,3,\cdots,T \tag{6.3.8b}$$

4. 趋势调整

趋势调整这一步骤是使三个指标组得到的合成指数的趋势与计算一致指标组中被采用的序列的趋势平均值一致而进行的。后者可以认为是总体经济活动中趋势动向的线性近似。虽然合成指数的作用是显示总体经济活动的方向变化，但是许多用户也把合成指数作为活动水准的指标。趋势调整使得三个合成指数成为具有整合性的系统，为测定循环变动带来方便。一般依据增长率周期波动或增长周期波动构建合成指数不做趋势调整。

(1) 对一致指标组的每个序列分别求出各自的平均增长率，使用的方法是复利公式

$$r_i = \left(\sqrt[m_i]{C_{L_i}/C_{I_i}} - 1\right) \times 100, \quad i=1,2,\cdots,k_2 \tag{6.3.9.a}$$

$$C_{I_i} = \left(\sum_{t\in 最先循环} Y_i(t)\right)\Big/ m_{I_i} \tag{6.3.9.b}$$

$$C_{L_i} = \left(\sum_{t\in 最后循环} Y_i(t)\right)\Big/ m_{L_i} \tag{6.3.9.c}$$

其中，C_{I_i} 与 C_{L_i} 分别是一致指标组第 i 个指标最先与最后循环的平均值；m_{I_i} 与 m_{L_i} 分别是一致指标组第 i 个指标最先与最后循环的月数；k_2 是一致指标个数；m_i 是最先循环的中心到最后循环的中心之间的月数(见趋势调整示意图 6.3.1)。

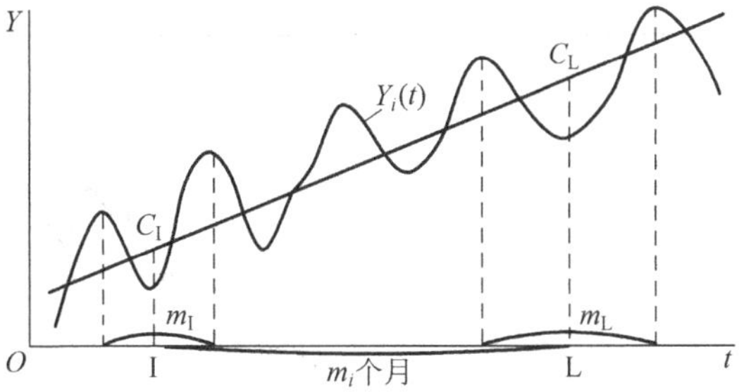

图 6.3.1　趋势调整示意图

然后求出一致指标组的平均增长率，把它称为目标趋势，且记为 G_r

$$G_r = \left(\sum_{i=1}^{k_2} r_i\right)\Big/ k_2 \tag{6.3.10}$$

(2) 对先行、一致、滞后的初始合成指数 $I_j(t)(j=1,2,3)$ 分别用复利公式求出它们各自的平均增长率 r_j'

$$r'_j = \left(\sqrt[m_j]{C_{L_j}/C_{I_j}} - 1\right) \times 100 \tag{6.3.11}$$

这里，将式(6.3.9.b)和式(6.3.9.c)中的 $Y(t)$ 换成 $I(t)$，即

$$C_{I_j} = \left(\sum_{t \in 最先循环} I_j(t) \right) \Big/ m_{I_j}$$

$$C_{L_j} = \left(\sum_{t \in 最后循环} I_j(t) \right) \Big/ m_{L_j}$$

(3) 分别对三个指标组的标准化平均变化率 $V_j(t)$ 做趋势调整

$$V'_j(t) = V_j(t) + (G_r - r'_j), \quad j = 1,2,3, t = 2,3,\cdots,T \tag{6.3.12}$$

5. 计算合成指标

(1) 令 $I'_j(1)=100$,当前面各指标取对称变化率时

$$I'_j(t) = I'_j(t-1) \times \frac{200 + V'_j(t)}{200 - V'_j(t)}, \quad j = 1,2,3, t = 2,3,\cdots,T \tag{6.3.13a}$$

当取一阶差分时

$$I'_j(t) = I'_j(t-1) + V'_j(t), \quad j = 1,2,3, t = 2,3,\cdots,T \tag{6.3.13b}$$

(2) 制成以基准年份为 100 的合成指数

$$CI_j(t) = (I'_j(t)/\bar{I}') \times 100 \tag{6.3.14}$$

其中,$\bar{I}'$ 是 $I'_j(t)$ 在基准年份的平均值。

图 6.3.2～图 6.3.4 是美国世界大型企业联合会发布的美国经济周期(business cycle)先行、一致、滞后合成指数(composite indexes,2004 年=100)曲线图①,时间期间:1960 年 1 月至 2014 年 2 月。图中阴影部分是美国经济周期基准日期的下降阶段(峰—谷,见表 3.6.1)。

美国合成指数基于古典循环,所以可以从图 6.3.3 的一致合成指数看出,50 多年来,美国经济增速大多数时期都是处于正增长,出现绝对量下降的时期是很短的,而且幅度也不大。最大的下降期是 2008 年国际金融危机爆发后,美国经济从 2008 年开始陷入衰退,经济连续 18 个月负增长,到 2009 年 6 月达到谷底后开始步入复苏通道,到 2014 年 2 月已保持

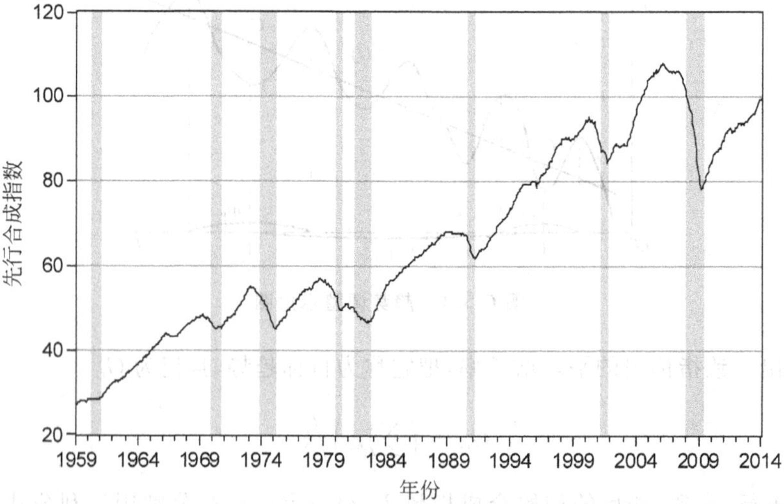

图 6.3.2 美国先行合成指数

① 资料来源于 The Conference Board, Business Cycle Indicators Handbook. http://www.conference-board.org/ 2014 年 4 月 15 日。

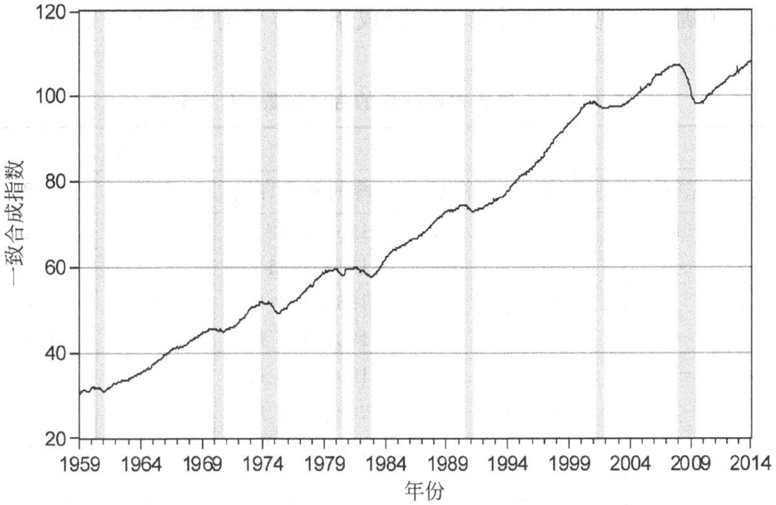

图 6.3.3 美国一致合成指数

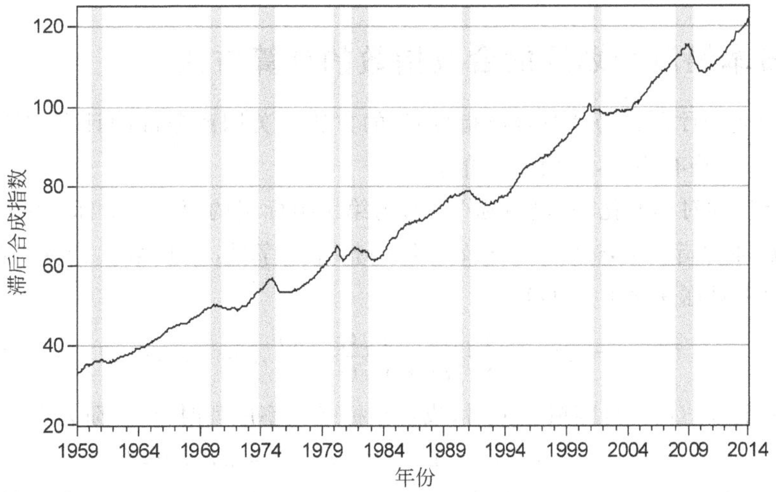

图 6.3.4 美国滞后合成指数

56 个月正增长,持续温和复苏。图 6.3.3 的美国一致合成指数显示了 2009 年 6 月出现谷底,进入上升的状态,但是可以看出直到 2013 年 9 月,美国经济才恢复到 2007 年 12 月的水平。从图 6.3.4 可以看出,美国滞后合成指数也于 2010 年 5 月达到谷底,转入回升,因此可以确认 2009 年 6 月为美国古典周期波动第 11 个循环的谷,也即美国结束了第 11 个循环,于 2009 年 6 月进入美国古典周期波动第 12 个循环的上升期。

一般分析合成指数除了画出图形进行分析外,还要列出定时表,定时表列出了三种类型的合成指数的转折点和基准日期的转折点(峰、谷)相比的超前期或滞后期,并且清楚地标明了平均超前期,便于预测时使用。表 6.3.1 是作者根据美国世界大型企业联合会构建的美国先行、一致和滞后合成指数(CI)的数据计算的定时表。从表 6.3.1 可以看出美国先行合成指数的峰都具有较长的超前期,而谷的超前期短些。这样当合成指数的上述信息出现时,加上平均超前期,即可预测出未来转折点的出现时间。滞后合成指数是用来确认经济周期波动的转折点是否确已出现,可以看出滞后合成指数的平均滞后期分别为6个月(谷)和5个月(峰)。

表 6.3.1 美国古典循环的合成指数 CI_t 定时表

谷				峰			
谷的基准日期	先行	一致	滞后	峰的基准日期	先行	一致	滞后
1961年2月	−15	−1	+5	1969年12月	−8	−2	+3
1970年11月	−6	0	+7	1973年11月	−9	0	+13
1975年3月	0	0	+5	1980年1月	−15	0	+3
1980年7月	−2	0	+3	1981年7月	−8	+1	+2
1982年11月	−3	−1	+6	1990年7月	−18	−1	+6
1991年3月	0	0	+4	2001年3月	−11	−1	−4
2001年11月	−1	0	+6	2007年12月	−21	0	+13
2009年6月	−3	0	+11	—			
平均期间	−4	0	+6	平均期间	−13	0	+5

注:"0"表示一致,"−"表示超前,"+"表示滞后。平均期间四舍五入取整得到。

6.3.2 日本经济企划厅的合成指数的计算方法①

日本经济企划厅调查局计算合成指数CI的方法与美国商务部的计算方法思想上是一致的,但是方法上略有不同,下面做一介绍。

(1) 求指标的对称变化率,设指标 $Y_{ij}(t)$ 为第 j 指标组的第 i 个指标,$j=1,2,3$ 分别代表先行、一致、滞后指标组,$i=1,2,\cdots,k_j$ 是组内指标的序号,k_j 是第 j 指标组的指标个数。首先对 $Y_{ij}(t)$ 求对称变化率 $C_{ij}(t)$

$$C_{ij}(t)=200\times\frac{Y_{ij}(t)-Y_{ij}(t-1)}{Y_{ij}(t)+Y_{ij}(t-1)},t=2,3,\cdots,T \tag{6.3.15}$$

当构成指标 $Y_{ij}(t)$ 中有零或负值时,或者指标是比率序列时,取一阶差分

$$C_{ij}(t)=Y_{ij}(t)-Y_{ij}(t-1),\quad t=2,3,\cdots,T \tag{6.3.16}$$

(2) 指标对称变化率的过去5年间的平均值 $\mu_{ij}(t)$、标准差 $\sigma_{ij}(t)$、标准化变化率 $Z_{ij}(t)$

$$\mu_{ij}(t)=\sum_{l=t-59}^{t}C_{ij}(l)/60 \tag{6.3.17}$$

$$\sigma_{ij}(t)=\sqrt{\sum_{l=t-59}^{t}(C_{ij}(l)-\mu_{ij}(t))^2/60} \tag{6.3.18}$$

$$Z_{ij}(t)=(C_{ij}(t)-\mu_{ij}(t))/\sigma_{ij}(t),\quad t=61,62,\cdots,T \tag{6.3.19}$$

(3) 分别将先行、一致、滞后指标组内各指标的 $\mu_{ij}(t)$、$\sigma_{ij}(t)$、$Z_{ij}(t)$ 加以平均,求出各指标组的合成平均变化率 $\overline{\mu_j(t)}$、合成标准差 $\overline{\sigma_j(t)}$、合成标准化变化率 $\overline{Z_j(t)}$。然后求出各指标组的合成变化率 $V_j(t)$。

① 资料来源于日本经济企划厅调查部1993年出版的《经济变动观测资料年报》214-215页.
日本内阁府经济社会综合研究所(http://www.esri.go.jp)《景气动向指数使用指南》中介绍了对计算方法的一些小的改进,本节仍根据日本经济企划厅调查部的方法进行介绍。

$$\overline{\mu_j(t)} = \sum_{i=1}^{k_j} \mu_{ij}(t)/k_j \tag{6.3.20}$$

$$\overline{\sigma_j(t)} = \sum_{i=1}^{k_j} \sigma_{ij}(t)/k_j \tag{6.3.21}$$

$$\overline{Z_j(t)} = \sum_{i=1}^{k_j} Z_{ij}(t)/k_j \tag{6.3.22}$$

$$V_j(t) = \overline{\mu_2(t)} + \overline{\sigma_j(t)} \times \overline{Z_j(t)}, \quad j = 1,2,3, t = 61,62,\cdots,T \tag{6.3.23}$$

其中,先行及滞后指标组的合成平均变化率都采用一致指标组的合成平均变化率$\overline{\mu_2(t)}$。

(4) 求合成指数 $I_j(t)$。

① 令 $I_j(1)=100$,当前面各指标取对称变化率时

$$I_j(t) = I_j(t-1) \times \frac{200 + V_j(t)}{200 - V_j(t)}, \quad j = 1,2,3, t = 61,62,\cdots,T \tag{6.3.24a}$$

取一阶差分时

$$I_j(t) = I_j(t-1) + V_j(t), \quad j = 1,2,3, t = 61,62,\cdots,T \tag{6.3.24b}$$

② 制成以基准年份为 100 的 CI_t 指数

$$CI_j(t) = (I_j(t)/\bar{I}) \times 100 \tag{6.3.25}$$

其中,$\bar{I}$ 是 $I_j(t)$ 在基准年份的平均值。

图 6.3.5 和图 6.3.6 是根据日本内阁府经济社会综合研究所网站上下载的日本先行、一致和滞后合成指数(CI_t)的数据画的图形[①],阴影部分显示的是日本经济周期基准日期峰到谷的下降阶段(见表 3.6.2 的日本经济周期基准日期表)。图 6.3.5 和图 6.3.6 中的 3 类 CI_t 指数都呈现出大的波动,而且没有明显的趋势,可能是由于日本的先行、一致、滞后指标组中(见表 3.7.2)都包含一些与前年同月比的增长率指标,所以得到的 CI_t 指数就不是古典周期波动的性质,而显示出增长率周期波动的性质。

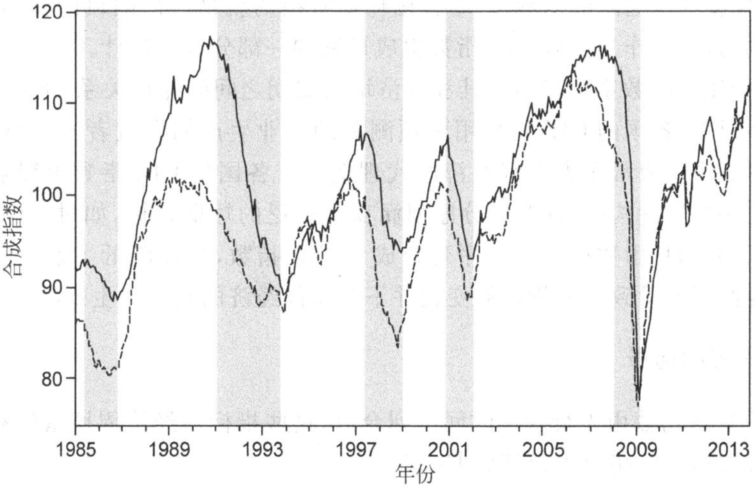

图 6.3.5 日本一致合成指数(实线)和日本先行合成指数(虚线)

① 日本先行、一致和滞后合成指数(CI_t 指数)的数据来源于日本内阁府经济社会综合研究所网站,网址为 http://www.esri.go.jp/,日期是 2014 年 3 月 31 日。

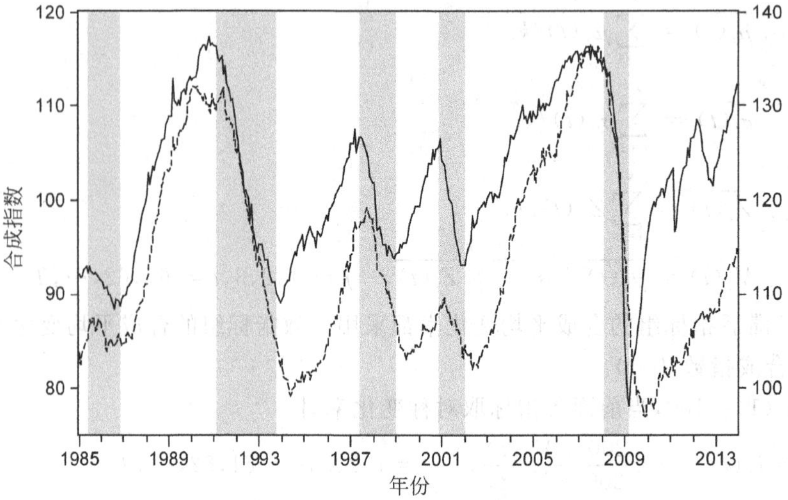

图 6.3.6 日本一致合成指数(实线)和日本滞后合成指数(虚线)

6.3.3 OECD的合成指数的计算方法①

经济合作与发展组织(Orgonisation for Economic Co-operation and Development, OECD)从1978年开始,基于增长循环(growth cycle)编制了各成员国的先行合成指数(composite leading indicators,CLI),用来给出经济活动转折点的早期信号,这些信息对经济学家、企业和政策制定者及时分析当前和短期的经济形势是十分重要的。OECD的CLIs指数系统是基于增长循环方法,对各成员国筛选出先行指标组,通过合成方法构建的,以相对于趋势的偏离来测度和识别景气循环与转折点。CLI指数可用于预测经济周期转折点、超前判断经济活动的波动,衡量现实产出相对于其长期潜在产出的变化,即度量产出缺口(潜在产出和现实产出之间的差异)。增长循环通常指的就是产出缺口的波动,产出缺口是不可直接观测的,往往作为整体CLI指数生成过程的一部分进行估计。

OECD的CLIs指数系统显示了其和经济增长周期之间的先行关系,平均的先行期是6个月。通常情况下,各国的CLI指数用于预测总的工业生产周期或者工业总产值,工业生产周期或工业总产值通常作为宏观经济的代理变量。各国的CLI指数由覆盖各国整体经济关键部门的多个序列构成,这些成分序列涵盖了广泛的短期指标,如对经济活动的预期、房地产指标、金融和货币数据等。各序列合成为CLI指数,从而降低了发出错误信号的风险,因此,不规则因素导致部分指标的变化并不对总体经济的判断产生影响。

1. 基准指标的选择

OECD的CLI指数由先行经济时间序列合成,这些指标与经济周期指标有类似的波动特征,但重要的是,它们超前于经济周期波动。

为了判断经济指标的先行性,基准指标的选择非常重要。GDP是基准指标的较好选择,但官方通常只公布GDP季度数据,而CLI指数是月度数据。因此,2012年3月前,

① 资料来源于OECD. StatExtracts,网址为http://stats.oecd.org/。

OECD 的先行指标系统采用了工业生产指数(index of industrial production,IIP)作为基准指标,这个指标的频率为月度,并且表现出与国内生产总值强烈的相关性与波动形态。

2012 年 3 月,OECD 研究是否可以应用季度 GDP 序列估算月度 GDP,结果表明,方法是可行的,并且结果也较好。因此,自 2012 年 4 月开始,OECD 开始使用 GDP 作为基准指标,不再依靠作为中间目标的工业生产指数(IIP)。

基准指标转折点的确定也是该阶段的重要内容。基准指标初始转折点的估计,使用 Bry-Boschan 程序计算(见第 5.2 节的介绍),使用此过程得出的转折点列表意味着波峰和波谷的初步确定。然后,该过程还指定每个阶段(峰到谷或谷到峰)的最短持续时间(6 个月)和一个周期的最短持续时间(15 个月)。最后,OECD 的专家评价将从经济现实的角度来验证每一个转折点,找出主要和次要周期之间的区别。

2. 组成序列的选择和处理

组成序列选择和处理过程主要考虑了以下标准。

(1) 经济相关性

① 经济意义,仅观察一个潜在的指标组成序列和基准序列之间的先行关系是不够的,在潜在的可选指标作为一个组成指标之前,需要一个经济上的解释。② 指标的覆盖范围,相比狭义定义的序列,覆盖广泛经济活动的序列更为合适。

(2) 指标的适宜性

① 频率,月度序列好于季度序列。② 修订程度,首选不显著修订的序列。③ 及时性,数据应该是及时更新的。④ 长度,首选无间断的长时间序列。

(3) 先行的经济特征

特别地,经济意义方面,还可以用以下 4 种经济因素对潜在的先行指标进行评估,看其是否适合作为先行指标。①(生产)上游阶段,衡量生产早期阶段,即产业链上游的指标,如新订单、建设工程审批等。② 快速响应,对经济活动的变化迅速作出反应的指标,如平均工作小时数、利润和股票等。③ 预期敏感,衡量对预期敏感的指标,如股票价格、原材料价格、基于商情调查的数据、消费者信心指数等。④ (经济的)主要推动力量,有关货币政策、对外经济贸易的指标,如货币供应量、贸易条件等。

(4) 季节性调整

在 CLI 指数中的很多组成序列是经过季节性调整的,通过使用 X12 方法或者 TRAMO/SEATS 方法来进行季节性调整。

(5) 异常值检测

异常值是指在组成序列中不在观测值预期正常范围内的值,OECD 先行合成指数的计算中,往往采用 TRAMO/SEATS 中 TRAMO 模块的调整程序来识别每个序列中的异常值。在异常值的位置和性质确定后,异常值被一个估计值所取代。

(6) 先行期的长度和稳定性检验

先行的时间以月份衡量,反映组成序列和基准序列转折点之间的差距。当然,先行的时间因不同的转折点而各不相同,但构建先行指数所用指标的先行期平均在 6～9 个月左右。要评估先行期的长度,同时用到平均数和中位数,先行期的稳定性由序列平均值的标准偏差来衡量。

(7) 选定的指标和基准指标之间的周期一致性

基准指标和组成指标(或先行合成指数本身)之间的(时差)相关系数,提供了关于周期一致性的宝贵信息。(时差)相关系数的峰值是平均超前期的一个很好的表示。与基准指标比较而言,明确选择的组成指标不应该标记额外的周期,更不应该丢失任何周期。事实上,如果标记了太多额外的周期,CLI 指数给出错误信号的风险就会变大。同样,如果 CLI 指数没有预测到过去的几个周期,那么预测未来的变化就是不可靠的。

(8) 滞后的逆转

对一个基准指标而言,可以基于其对其他指标进行分类,先行指标(波动超前于基准指标),一致指标(波动与基准指标相一致)或滞后指标(波动滞后于基准指标),表 6.3.2 中的 OECD 指标选择类型的分类标准在 CLI 系统中使用。

表 6.3.2 OECD 指标选择类型表

波动类型(与基准指标比较)	平均先行(-)、滞后(+)
一致	在-2/+2 个月之间
短期/中等先行	超前期在-3~-8 个月之间
长先行	超前期超过-8 个月
滞后	滞后期超过+3 个月

需要指出的是,与基准指标相比,一些组成指标可能具有反周期(逆周期)的波动特征。但是,这种指标通过逆转,在 CLI 指数的构建中,可以和顺周期序列一样有用。

3. 周期识别(去趋势、平滑和转折点检测)

确定组成指标潜在的周期性模式。这需要去除两个因素:长期趋势和高频率噪音。除去这些因素的过程可以在单个步骤中进行(带通(BP)滤波),或者分不同的步骤来去除趋势和平滑。

2008 年 11 月前,OECD 的 CLI 系统通过使用由美国国家经济研究局(NBER)研发的阶段平均法(phase pverage,PA,第 4.7.3 节介绍)来确定长期趋势。在 2008 年进行的 PA、HP 滤波和 CF 滤波的对比研究中,OECD 决定用 HP 滤波(第 11.2 节介绍)替换 PA 方法。

在应用 HP 滤波之前,TRAMO 模块被应用到组成序列中,以确定应选择加法或乘法形式。对乘法序列进行一次对数变换,之后它们可以采用和加法序列一样的处理方法。

目前用于检测转折点的算法是一个简化版本的 Bry-Boschan 算法,转折点的识别也是一个用于确定组成指标是否有合适先行关系的重要标准。

4. OECD 编制合成指数的方法①

利用阶段平均法(PA 法)将先行指标组中各指标(已经过季节调整并去掉不规则要素的序列)的趋势分解出来,从指标中除去趋势,得到了循环要素序列,设其为 $C_j(t)$,$(j=1, 2,\cdots,m)$,m 为先行指标个数。同时基准指标也应是循环要素序列,设为 $X(t)$。

用于构建任何先行合成指数的组成指标具有相同的权重。但对于一个地区多个国家的指数

---

① OECD Department of Economics and Statistics. OECD Leading Indicators and Business Cycles in Member Countries 1960-1985[J]. Source and Methods, 1987: 38-42.

合成，CLI 指数本身是被加权的，以反映国家权重。这些指标以其平均绝对偏差的倒数为权重。

(1) 求各指标的标准化偏差 SD_j

$$SD_j = \left(\sum_{t=1}^{T} |C_j(t) - \bar{C}_j| \right) \Big/ T, \quad j = 1,2,\cdots,m \tag{6.3.26}$$

其中，$\bar{C}_j$ 是第 j 个指标的均值，T 是样本期间的数据个数。

(2) 计算先行指标组的平均标准化序列 $S(t)$

$$S(t) = \left(\sum_{j=1}^{m} (C_j(t) - \bar{C}_j)/SD_j \right) \Big/ m, \quad t = 1,2,\cdots,T \tag{6.3.27}$$

(3) 求两个调整因子 k,d，目的是通过幅度调整，使得先行合成指数和基准指数相一致，容易比较。

$$k = \left(\sum_{t=1}^{T} |X(t) - \bar{X}| \right) \Big/ \left(\sum_{t=1}^{T} |S(t) - \bar{S}| \right) \tag{6.3.28}$$

$$d = \bar{X} - \bar{S} \tag{6.3.29}$$

其中，$X(t)$是基准指标，$\bar{X}$ 是 $X(t)$的均值，$\bar{S}$ 是 $S(t)$的均值。

(4) 计算增长循环的初始先行合成指数：

$$CI'(t) = k \times (S(t) + d), \quad t = 1,2,\cdots,T \tag{6.3.30}$$

(5) 制成以基准年份为 100 的先行合成指数：

$$CI_j(t) = (CI'_j(t)/\overline{CI'}) \times 100 \tag{6.3.31}$$

其中$\overline{CI'}$是初始先行合成指数 $CI'_j(t)$在基准年份的平均值。

图 6.3.7 和图 6.3.8[①] 分别是 OECD 构建的 OECD 总体先行合成指数和美国增长周期波动先行合成指数的图形。

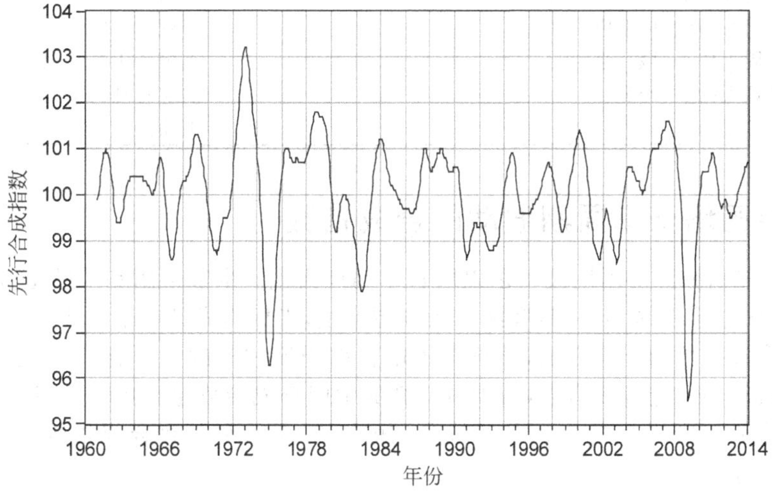

图 6.3.7　OECD 总体先行合成指数(CLI_OECD_t)

图 6.3.8 中阴影部分是美国古典周期基准日期的下降阶段(峰—谷)(美国古典周期基准日期见表 3.6.1)。由表 6.3.3 可看到，OECD 关于美国增长周期波动所选的先行指标和美国古典循环的先行指标(美国古典经济周期指标见表 3.7.1)是不同的，这是由于所基于的

① 数据来源于 OECD 统计数据库，网址：http://stats.oecd.org/。

周期波动类型不同。由图 6.3.8 可以看出增长周期波动要比古典周期波动多出一些峰谷,因此监测增长周期波动是很必要的。OECD 构建的美国 CLI_US_t 指数的峰相对于古典周期基准日期的峰都是超前的,但是相对于谷却不领先,也就是说还不能提前预测出复苏的到来。

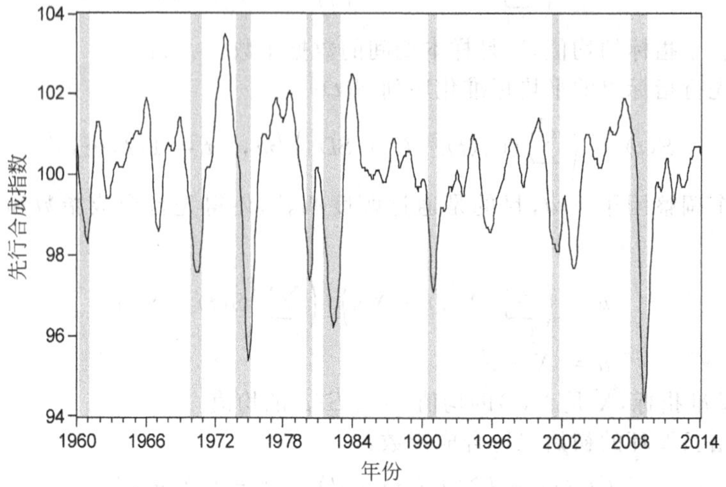

图 6.3.8 美国先行合成指数(CLI_US_t)

表 6.3.3 美国 CLI_US_t 的构成指标名称及来源

构成指标(单位)	来 源
新开工住宅数(个)	美国人口普查局
耐用消费品新订单(百万美元)	美国人口普查局
NYSE 综合股票价格(2005 年=100)	美国人口普查局
消费者信心指数(标准值=100)	密歇根大学
制造业周工作小时数(小时)	美国劳工统计局
采购经理人指数(BS)	供应管理协会
利率价差(%)	美联储

6.3.4 中国增长率周期波动的合成指数

中国近年来研究经济周期波动多以增长率循环为主。本节采用和扩散指数(DI)相同的 4 类指标组:长先行、短先行、一致和滞后景气指标组,指标构成见本章 6.2.3 节的表 6.2.4。本节按美国合成指数的计算方法,计算中国增长率周期波动的三类合成指数 CI。但是,美国是基于古典循环构造合成指数,而本节计算的中国合成指数建立在增长率循环的基础上。图 6.3.9~图 6.3.11 分别是中国的长先行、短先行、滞后和一致合成指数,表 6.3.4 是这 4 个合成指数的定时表。

从图 6.3.9 的一致合成指数曲线可以看出中国宏观经济呈现出明显的增长周期波动特征(阴影部分为基准日期的景气收缩阶段,见表 6.1.3)。按照谷—谷的周期计算,1998 年 5 月至 2012 年 8 月期间中国宏观经济增长率周期波动已经历了 5 次完整的景气循环。从图 6.3.9 可以看出,由于国际金融危机的影响,第 4 轮景气循环在 2009 年 1 月形成了 1997 年以来的最低谷,在政府大力度的经济刺激政策出台的作用下,景气随后快速回升,经 1 年的急速扩张达到 1997 年以来的历史最高峰后,经济的大起必然伴随着大落,从 2010 年 1 月(峰)开始转入第 5 轮循环的下降阶段,经过长达 30 个月的景气回落局面,于 2012 年 8 月达

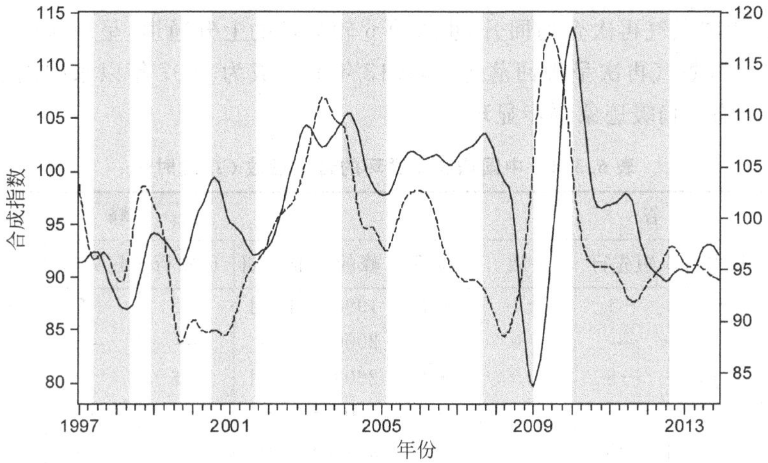

图 6.3.9 中国增长率循环的一致合成指数 CI_C_t（实线，左坐标）和长先行合成指数 CI_LL_t（虚线，右坐标）

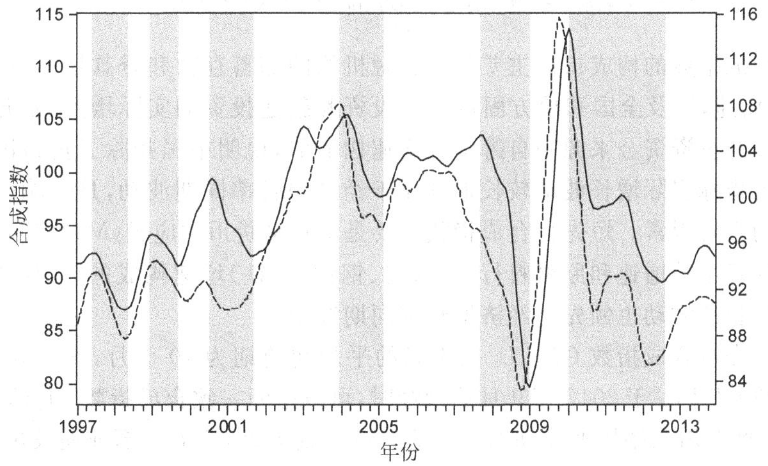

图 6.3.10 中国增长率循环的一致合成指数 CI_C_t（实线，左坐标）和短先行合成指数 CI_LS_t（虚线，右坐标）

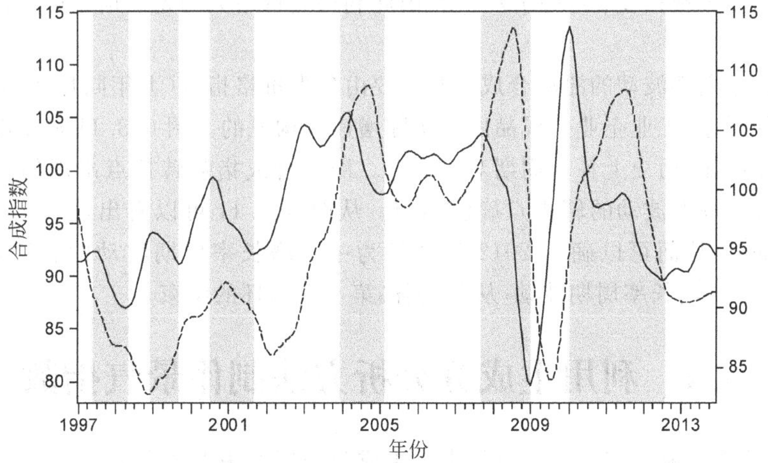

图 6.3.11 中国增长率循环的一致合成指数 CI_C_t（实线，左坐标）和滞后合成指数 CI_B_t（虚线，右坐标）

到谷底。随后我国景气再次企稳回升,步入第6轮循环的上升通道,呈现缓慢复苏的弱回升态势,2013年9月景气再次呈现回落迹象,2013年9月成为1997年以来中国景气循环的最低峰,景气波动幅度趋缓迹象逐步显现。

表 6.3.4 中国增长率循环的合成指数 CI_t 定时表

谷					峰				
谷的基准日期	长先行	短先行	一致	滞后	峰的基准日期	长先行	短先行	一致	滞后
1998年5月	−3	−1	−1	+5	1998年12月	−2	+2	+1	—
1999年9月	—	—	0	—	2000年7月	—	—	+1	+5
2001年9月	−10	−8	0	+6	2003年12月	−6	0	+2	+9
2005年2月	0	0	0	+7	2007年9月	−25	−16	0	+10
2009年1月	−9	−3	0	+7	2010年1月	−7	−3	0	+18
2012年8月	−11	−5	+1	+7	—	—	—	—	—
平均期间	−7	−3	0	+6	平均期间	−10	−4	+1	+11

注:"0"表示一致,"−"表示超前,"+"表示滞后。平均期间四舍五入取整得到。

长先行合成指数的构成指标主要是由金融机构的储蓄存款和贷款增速、广义货币供应量(M2)实际增速,以及全国和地方固定资产投资和新建投资的实际增速、新开工项目个数增速和固定资产投资资金来源中自筹资金增速构成的,说明中国扣除了价格因素的金融类指标和投资类指标实际增长波动较长地领先于经济增长率同期波动,是影响中国经济增长率同期波动的主要因素。短先行合成指数主要是由狭义货币供应量(M1)实际增速、固定资产投资施工项目个数增速和原材料行业(水泥、钢铁、生铁)增速构成的,这说明M1和重要原材料行业增长的波动也领先于经济增长率同期波动。

经计算长先行合成指数 CI_LL_t 关于峰的平均超前期为10个月,图6.3.9显示,当长先行合成指数 CI_LL_t 于2012年9月达到峰时,可以推断一致合成指数 CI_C_t 将在2013年9月达到中国此轮增长率周期波动的峰。短先行合成指数 CI_LS_t 超前期较短,关于峰的平均超前期仅4个月左右。图6.3.10显示,短先行合成指数 CI_LS_t 在2013年8月也呈现调头下降的迹象,也进一步可以推断中国经济景气于2013年底达到峰,2014年进入下降阶段。而实际的峰出现在2013年的9月份,因此利用先行指数的超前信息可以提前半年左右进行预测。

中国增长率周期波动的滞后合成指数主要由各类价格指数(上年同月=100)、社会商品零售总额实际增速、工业企业产成品库存实际增速等构成的。图6.3.11显示滞后合成指数的滞后期比较明显,历史上各个周期对应较好。滞后合成指数转折点出现的一个重要作用就是确认增长率周期波动的转折点确已出现。从图6.3.11可以看出,2013年3月滞后合成指数筑底回升,从而可以确认2012年8月为中国增长率周期波动的谷底,也意味着自1997年以来,中国增长率周期波动(从谷到谷)第5个循环的结束。

6.4 利用主成分分析方法制作景气指数

近年来,许多人利用多元统计分析中的主成分分析方法来合成景气指数。例如,日本的钢铁业景气动向指数就是采用主成分分析方法来制作景气指数的。

6.4.1 主成分分析的基本思想

在多元分析中，为了尽可能完整地收集信息，往往要取多个指标，面对大量收集到的资料，人们希望把原始指标组合成较少的综合指标，仍能较好地反映样本各指标的变化。主成分分析就是用 1 个或少数个（m 个）综合指标来代表多个变量的值，并尽可能地减少信息损失的一种方法。

设 $\boldsymbol{X}=(\boldsymbol{x}_1,\boldsymbol{x}_2,\cdots,\boldsymbol{x}_p)'$ 为由 p 个指标组成的 p 维随机变量，n 为样本长度，$\boldsymbol{z}$ 为这 p 个变量的线性组合得到的合成变量

$$\boldsymbol{z}=a_1\boldsymbol{x}_1+a_2\boldsymbol{x}_2+\cdots+a_p\boldsymbol{x}_p=\boldsymbol{\alpha}'\boldsymbol{X} \tag{6.4.1}$$

其中，

$$\boldsymbol{\alpha}=(a_1,a_2,\cdots,a_p)'$$

$$\boldsymbol{X}=(\boldsymbol{x}_1,\boldsymbol{x}_2,\cdots,\boldsymbol{x}_p)'=\begin{bmatrix} x_{11} & x_{12} & \cdots & x_{1n} \\ x_{21} & x_{22} & \cdots & x_{2n} \\ \vdots & \vdots & & \vdots \\ x_{p1} & x_{p2} & \cdots & x_{pn} \end{bmatrix}$$

为使合成变量 $\boldsymbol{z}$ 能很好地代表 p 个变量，设立下列判断基准。

基准 1：合成变量 $\boldsymbol{z}$ 的方差最大。

基准 2：由 p 维空间中的 n 个点向直线 OZ 做垂线，其垂线长度的平方和最小。

基准 3：用合成变量 $\boldsymbol{z}$ 作说明变量，原变量 $\boldsymbol{x}_1,\boldsymbol{x}_2,\cdots,\boldsymbol{x}_p$ 分别做因变量，则回归式的残差平方和的合计为最小。

基准 4：合成变量 $\boldsymbol{z}$ 和原变量 $\boldsymbol{x}_1,\boldsymbol{x}_2,\cdots,\boldsymbol{x}_p$ 的相关系数的平方和最大。

其中，由基准 1～基准 3 均可导出 $\boldsymbol{x}_1,\boldsymbol{x}_2,\cdots,\boldsymbol{x}_p$ 的协方差矩阵的特征值问题，并有同样的结果。由基准 4 可以导出相关矩阵的特征值问题。

6.4.2 具体的计算步骤

1. 计算主成分

由式(6.4.1)，$\boldsymbol{z}$ 的方差

$$\mathrm{var}(\boldsymbol{z})=\frac{1}{n-1}\sum_{i=1}^{n}(z_i-\bar{z})^2=\sum_{j=1}^{p}\sum_{k=1}^{p}s_{jk}a_ja_k=\boldsymbol{\alpha}'\boldsymbol{S}\boldsymbol{\alpha} \tag{6.4.2}$$

其中，s_{jk} 是 $\boldsymbol{x}_j$ 和 $\boldsymbol{x}_k$ 的协方差。

$$s_{jk}=\frac{1}{n-1}\sum_{i=1}^{n}(x_{ji}-\bar{x}_j)(x_{ki}-\bar{x}_k) \tag{6.4.3}$$

$\boldsymbol{S}$ 是以 s_{jk} 为元素的协方差矩阵，系数 $a_1,a_2,\cdots,a_p$ 分别是 $\boldsymbol{x}_1,\boldsymbol{x}_2,\cdots,\boldsymbol{x}_p$ 轴和直线 OZ 的方向余弦$(\cos\theta_1,\cos\theta_2,\cdots,\cos\theta_p)$，所以 $a_1,a_2,\cdots,a_p$ 满足

$$\boldsymbol{\alpha}'\boldsymbol{\alpha}=a_1^2+a_2^2+\cdots+a_p^2=1 \tag{6.4.4}$$

因此，问题就变成了以式(6.4.4)为约束条件，使式(6.4.2)最大化的问题。使用拉格朗日乘数法

$$F(\boldsymbol{\alpha},\lambda)=\boldsymbol{\alpha}'\boldsymbol{S}\boldsymbol{\alpha}-\lambda(\boldsymbol{\alpha}'\boldsymbol{\alpha}-1) \tag{6.4.5}$$

其中,λ 是拉格朗日乘数。

对上式求向量$\boldsymbol{\alpha}$的偏微分

$$\frac{1}{2}\frac{F}{\boldsymbol{\alpha}}=(\boldsymbol{S}-\lambda\boldsymbol{I})\boldsymbol{\alpha}=0 \tag{6.4.6}$$

这样就得到矩阵 $\boldsymbol{S}$ 的特征值问题。$\boldsymbol{S}$ 是非负定矩阵,对任意$\boldsymbol{\alpha}$,有

$$\boldsymbol{\alpha}'\boldsymbol{S}\boldsymbol{\alpha}=\mathrm{var}(\boldsymbol{\alpha}'\boldsymbol{X})\geqslant 0 \tag{6.4.7}$$

故存在 p 个非负实特征值

$$\lambda_1\geqslant\lambda_2\geqslant\cdots\geqslant\lambda_p\geqslant 0 \tag{6.4.8}$$

设各特征值所对应的单位正交特征向量为$\boldsymbol{\alpha}_1,\boldsymbol{\alpha}_2,\cdots,\boldsymbol{\alpha}_p$,其中$\boldsymbol{\alpha}_j=(a_{1j},a_{2j},\cdots,a_{pj})'$,由式(6.4.6)

$$\boldsymbol{S}\boldsymbol{\alpha}_j=\lambda_j\boldsymbol{\alpha}_j \tag{6.4.9}$$

上式两边左乘$\boldsymbol{\alpha}_j'$,则得

$$\boldsymbol{\alpha}_j'\boldsymbol{S}\boldsymbol{\alpha}_j=\lambda_j\boldsymbol{\alpha}_j'\boldsymbol{\alpha}_j=\lambda_j \tag{6.4.10}$$

式(6.4.10)中的 λ_j 恰好是 $z_j=\boldsymbol{\alpha}_j'\boldsymbol{X}$ 的方差。用最大特征值 λ_1 所对应的特征向量$\boldsymbol{\alpha}_1=(a_{11},a_{21},\cdots,a_{p1})'$ 的元素作为系数,合成变量的方差最大,则

$$z_1=\boldsymbol{\alpha}_1'\boldsymbol{X}=a_{11}\boldsymbol{x}_1+\cdots+a_{p1}\boldsymbol{x}_p \tag{6.4.11}$$

称为第1主成分(first principal component),第1主成分 z_1 的方差是 λ_1,方差最大意味着在所有 $\boldsymbol{X}$ 的线性组合变量中,合成变量 z_1 所包含的信息最多且反映 $\boldsymbol{X}$ 的变动部分最大,表明 z_1 能很好地代表 p 个变量。

有时,仅仅第1主成分还不能完全代表 p 个变量,再回到 z 的线性组合式(6.4.1),考虑第1主成分 z_1 不能说明的部分。$\boldsymbol{Z}$ 和 z_1 不相关,即

$$\mathrm{cov}(z,z_1)=\boldsymbol{\alpha}'\boldsymbol{S}\boldsymbol{\alpha}_1=\lambda_1\boldsymbol{\alpha}'\boldsymbol{\alpha}_1=0 \tag{6.4.12}$$

就变成了在约束条件式(6.4.4)、式(6.4.12)下,使式(6.4.2)的方差最大的问题。使用2个拉格朗日乘数 λ,ν

$$F(\boldsymbol{\alpha},\lambda,\nu)=\boldsymbol{\alpha}'\boldsymbol{S}\boldsymbol{\alpha}-\lambda(\boldsymbol{\alpha}'\boldsymbol{\alpha}-1)-\nu(\boldsymbol{\alpha}'\boldsymbol{\alpha}_1) \tag{6.4.13}$$

对$\boldsymbol{\alpha}$偏微分

$$\frac{1}{2}\frac{F}{\boldsymbol{\alpha}}=\boldsymbol{S}\boldsymbol{\alpha}-\lambda\boldsymbol{\alpha}-\frac{\nu}{2}\boldsymbol{\alpha}_1=0 \tag{6.4.14}$$

在上式两端左乘 $\boldsymbol{\alpha}'$,由式(6.4.12),$\boldsymbol{\alpha}'\boldsymbol{\alpha}_1=0$,则式(6.4.14)归结为式(6.4.6)相同的求特征值问题。

因此,现用第二大的特征值 λ_2 所对应的特征向量$\boldsymbol{\alpha}_2=(a_{12},a_{22},\cdots,a_{p2})'$ 的元素作为系数合成:

$$z_2=\boldsymbol{\alpha}_2'\boldsymbol{X}=a_{12}\boldsymbol{x}_1+a_{22}\boldsymbol{x}_2+\cdots+a_{p2}\boldsymbol{x}_p \tag{6.4.15}$$

式(6.4.15)的 z_2 就满足上述要求,称为第2主成分,其方差是 λ_2。

类似地可求第3主成分,…,第 p 主成分,方差分别为 $\lambda_3,\cdots,\lambda_p$,它们的线性组合系数分别是$\boldsymbol{\alpha}_3,\cdots,\boldsymbol{\alpha}_p$。

2. 贡献率、累积贡献率

考虑到下面的关系

$$\underbrace{\lambda_1+\lambda_2+\cdots+\lambda_p}_{\text{主成分方差的和}}=\underbrace{s_{11}+s_{22}+\cdots+s_{pp}}_{\text{原变量方差的和}} \tag{6.4.16}$$

把 $\lambda_k \Big/ \sum_{j=1}^{p} \lambda_j$ 叫做第 k 主成分的贡献率，$\sum_{j=1}^{k} \lambda_j \Big/ \sum_{j=1}^{p} \lambda_j$ 称为第 1～k 主成分的累积贡献率。

3. 变量的标准化

由于方差、协方差依赖于观测值的单位，这样由协方差矩阵的特征向量得到的主成分的系数也依赖于观测值的单位。所以常把各变量标准化，使其均值为 0，方差为 1。在这种情况下，协方差矩阵 $\boldsymbol{S}$ 和相关矩阵 $\boldsymbol{C}$ 相等。类似于式(6.4.6)有

$$(\boldsymbol{C} - \lambda \boldsymbol{I})\boldsymbol{\alpha} = 0 \tag{6.4.17}$$

由此可导出相关矩阵的特征值问题，这恰好等同于根据基准 4 求主成分。

6.4.3　中国增长率周期波动的主成分分析应用实例

本例与前述的扩散指数和合成指数采用同样的指标组。为了区别于前述的合成指数，将基于主成分分析方法构建的指数称为综合指数。所用数据期间仍是 1997 年 1 月至 2013 年 12 月，在分析时，为了消除季节性因素和不规则因素的影响，对各指标均做了季节调整。

主成分分析的目的是用尽可能少的 k 个主成分来代替原来 p 个指标，k 的取值由主成分的累积贡献率

$$\sum_{j=1}^{k} \lambda_j \Big/ \sum_{j=1}^{p} \lambda_j \tag{6.4.18}$$

决定，通常只要前 k 个主成分的累积贡献率达到 70%以上就可以。

1. 一致指标组的主成分分析

一致指标组的主成分分析构成指标与第 5 章表 5.8.6 中的一致指标相同，选择了以下 5 个指标。

(1) 工业增加值实际增速；

(2) 发电量增速；

(3) 工业企业产品销售收入实际增速；

(4) 国家财政收入实际增速；

(5) 进口额实际增速。

根据这 5 个指标所做的主成分分析的结果见表 6.4.1。

表 6.4.1　一致指标组的主成分分析结果

		第 1 主成分	第 2 主成分	第 3 主成分	第 4 主成分	第 5 主成分
特征向量	1	0.461	−0.189	−0.570	−0.386	0.572
	2	0.485	−0.166	−0.123	0.850	0.005
	3	0.491	−0.113	−0.094	−0.311	−0.800
	4	0.357	0.928	0.069	−0.014	0.085
	5	0.428	−0.252	0.804	−0.179	0.273
特征值		3.846	0.590	0.383	0.101	0.080
贡献率(%)		76.93	11.80	7.65	2.03	1.59
累积贡献率(%)		76.93	88.73	96.38	98.41	100.00

由表6.4.1可以看出,第1主成分的贡献率为76.93%,已能很好地反映5个一致指标的总体变动情况,所以可以把它作为反映中国增长率周期波动的一致综合指数。

图6.4.1中的实线是由第1主成分得到的一致综合指数的曲线,记为PCA_C_t。从图形上可以看出,一致综合指数PCA_C_t不仅能够反映景气波动的变化趋势和峰谷的转折点,而且还能反映波动的幅度。图中由虚线显示的曲线是6.3.4节构成的中国一致合成指数CI_C_t的图形,显然,两者的变化趋势和转折点几乎完全相同,只是波动幅度略有差异。这也说明了第1主成分作为景气变动指数的有效性。

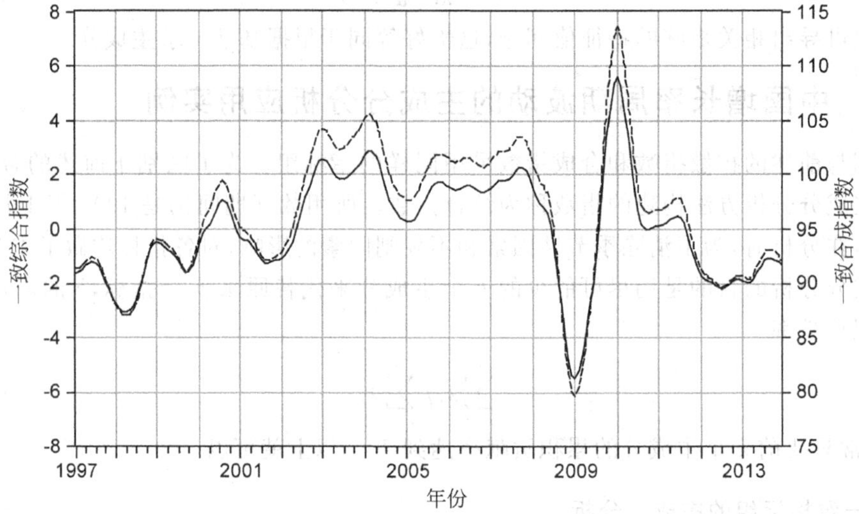

图6.4.1 由第1主成分得到的中国一致综合指数PCA_C_t(实线,左)和中国一致合成指数CI_C_t(虚线,右)

2. 先行指标组的主成分分析

先行指标组分为两个:长先行指标组和短先行指标组。通过计算可以发现这两个先行指标组的主成分分析结果可以各得到两个先行指数,因此可以有四个先行指数参与预测,增加了预测信息。

(1) 长先行综合指数

长先行指标组包括下面8个指标[①];

① 金融机构储蓄存款实际增速*;

② 固定资产新建投资额实际增速*;

③ 广义货币供给量(M2)实际增速*;

④ 金融机构各项贷款实际增速*;

⑤ 固定资产投资完成额实际增速*;

⑥ 地方项目固定资产投资额实际增速*;

⑦ 固定资产投资资金来源中自筹资金实际增速*;

① 指标名后标有"*"号表示经过价格平减的实际值指标。

⑧ 固定资产投资本年新开工项目个数增速。

由这 8 个长先行指标所做的主成分分析的结果见表 6.4.2。数据区间是 1997 年 1 月至 2013 年 12 月。由表 6.4.2 可以看出，第 1 主成分的贡献率为 60.28%，只用它还不能充分代表长先行指标组的变动情况。第 2 主成分的贡献率为 21.72% 也较显著，前两个主成分的累计贡献率为 82%，这样，第 1 与第 2 主成分基本可以包含了原有八个指标的长先行变动信息。由表 6.4.2 中第 1 列的第 1 特征向量的系数可以看出，八项指标对第 1 主成分的贡献率全为正，说明第 1 主成分能较好体现这 8 个指标的共同变动趋势，即第 1 主成分包含了投资类和金融类的共同影响。将长先行指标组的第 1 主成分记为长先行综合指数 PCA_LL1_t。

表 6.4.2 长先行指标组的主成分分析结果

主成分序号		1	2	3	4	5	6	7	8
特征向量	1	0.321	0.416	−0.248	0.545	0.533	0.144	−0.163	−0.185
	2	0.373	−0.289	−0.422	0.330	−0.208	−0.306	0.129	0.580
	3	0.326	0.486	0.017	−0.287	−0.084	0.286	0.674	0.180
	4	0.328	0.456	−0.045	−0.424	−0.145	−0.504	−0.476	0.013
	5	0.392	−0.309	−0.292	−0.082	−0.215	−0.092	0.217	−0.746
	6	0.398	−0.268	−0.049	−0.263	−0.048	0.683	−0.449	0.167
	7	0.336	−0.359	0.394	−0.243	0.661	−0.273	0.158	0.088
	8	0.345	0.043	0.718	0.444	−0.399	−0.009	−0.05	−0.067
特征值		4.823	1.737	0.634	0.306	0.230	0.154	0.079	0.037
贡献率(%)		60.28	21.72	7.927	3.829	2.873	1.931	0.983	0.457
累积贡献率(%)		60.28	82.00	89.93	93.76	96.63	98.56	99.54	100.0

图 6.4.2 中虚线是长先行指标组第 1 主成分 PCA_LL1_t 的图形，实线是由主成分分析得到的一致综合指数 PCA_C_t 曲线，而且 PCA_LL1_t 和长先行合成指数 CI_LL_t 的图形也几乎重合。通过比较很容易发现，1997 年以来，它一直具有很稳定的先行变动特性，其峰的平均超前期在 10 个月左右，谷的平均超前期在 7 个月左右。

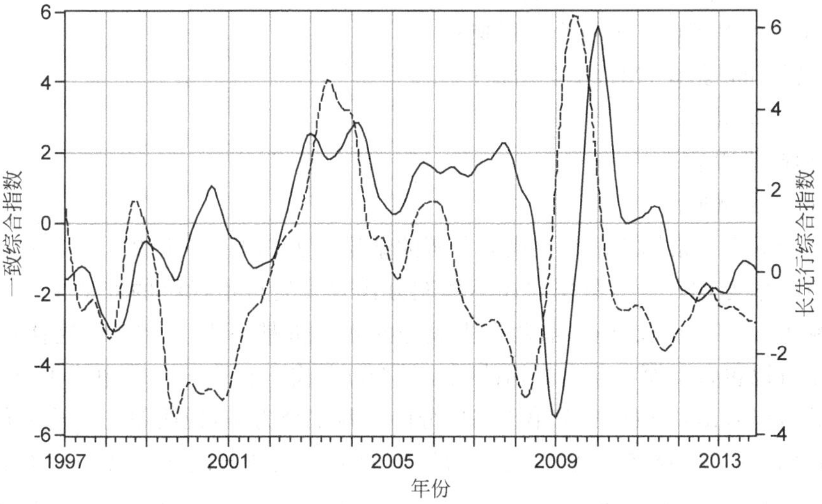

图 6.4.2 中国一致综合指数 PCA_C_t(实线，左)和长先行综合指数 PCA_LL1_t(虚线，右)

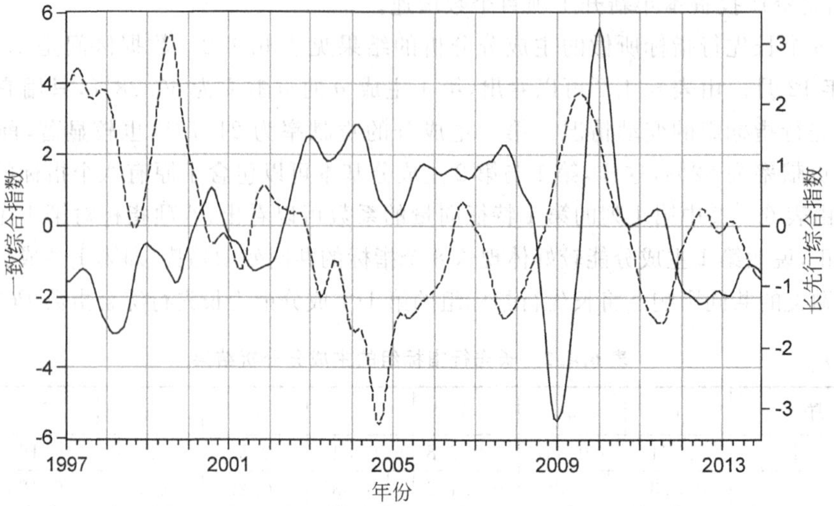

图 6.4.3 中国一致综合指数 PCA_C_t(实线,左)和长先行综合指数 PCA_LL2_t(虚线,右)

从表 6.4.2 中第 2 列的第 2 特征向量可以看出,金融机构储蓄存款实际增速、金融机构各项贷款实际增速、广义货币供给量(M2)实际增速的系数都比较大,说明这 3 个金融类指标对第 2 主成分的贡献比较大,这说明第 2 主成分主要体现了 3 个金融指标的先行性,将长先行指标组的第 2 主成分记为长先行综合指数 PCA_LL2_t。

由长先行指标组第 2 主成分所代表的长先行综合指数 PCA_LL2_t 的变动情况如图 6.4.3 中虚线所示。从波形来看,它具有很好的超前于一致综合指数 PCA_C_t 变动的先行性。其峰平均超前期为 13 个月,谷的平均超前期为 10 个月左右。说明 3 个金融指标代表的长先行综合指数 PCA_LL2_t 的超前期要略长些。

(2) 短先行综合指数

短先行指标组包括下面 5 个指标。

① 固定资产投资施工项目个数增速;

② 狭义货币供给量(M1)实际增速;

③ 水泥产量增速;

④ 粗钢产量增速;

⑤ 生铁产量增速。

由这 5 个短先行指标所做的主成分分析的结果见表 6.4.3。由表 6.4.3 可以看出,第 1 主成分的贡献率为 61.12%,只用它还不能充分代表长先行指标组的变动情况。第 2 主成分的贡献率为 17.1%也较显著,前两个主成分的累计贡献率为 78.22%,这样,第 1 与第 2 主成分基本可以包含了原有 5 个指标的短先行变动信息。由表 6.4.3 中第 1 列的第 1 特征向量的系数可以看出,5 项指标对第 1 主成分的贡献率全为正,说明第 1 主成分能较好体现这 5 个指标的共同变动趋势。将短先行指标组的第 1 主成分记为短先行综合指数 PCA_LS1_t。5 个短先行指标中原材料指标占多数,因此 PCA_LS1_t 主要代表了原材料方面的先行性影响。

表 6.4.3　短先行指标组的主成分分析结果

		第 1 主成分	第 2 主成分	第 3 主成分	第 4 主成分	第 5 主成分
特征向量	1	0.433	0.064	0.651	0.620	0.024
	2	0.288	0.857	−0.405	0.135	−0.013
	3	0.465	0.156	0.408	−0.766	−0.082
	4	0.514	−0.318	−0.331	−0.007	0.724
	5	0.499	−0.369	−0.370	0.104	−0.684
特征值		3.056	0.855	0.680	0.351	0.059
贡献率(%)		61.12	17.10	13.60	7.01	1.17
累积贡献率(%)		61.12	78.22	91.82	98.83	100.00

图 6.4.4 中虚线是短先行指标组第 1 主成分 PCA_LS1_t 的图形，实线是由主成分分析得到的中国一致综合指数 PCA_C_t 曲线，而且 PCA_LS1_t 和短先行合成指数 CI_LS_t 的图形也几乎重合。通过比较很容易发现，1997 年以来，它一直具有很稳定的先行变动特性，其峰的平均超前期在 4 个月左右，谷的平均超前期在 3 个月左右。

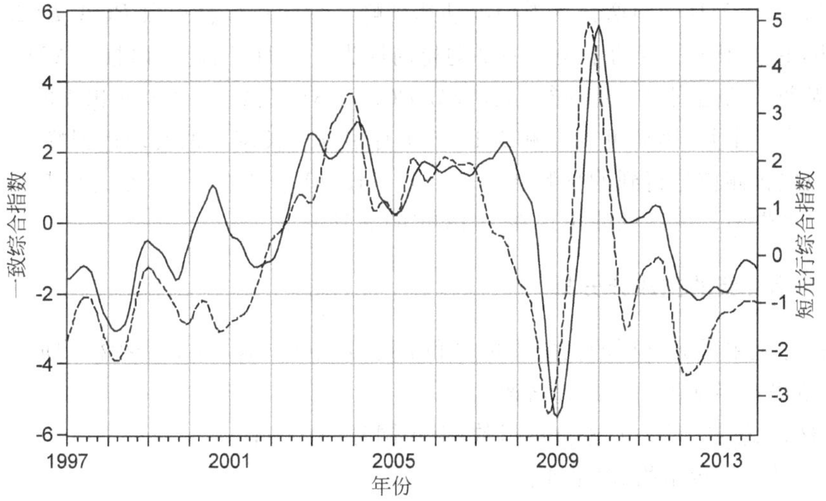

图 6.4.4　中国一致综合指数 PCA_C_t(实线，左)
和短先行综合指数 PCA_LS1_t(虚线，右)

从表 6.4.3 中第 2 列的第 2 特征向量可以看出，狭义货币供给量(M1)实际增速的系数(0.857)很大，说明 M1 对第 2 主成分的贡献最大，即第 2 主成分主要体现了 M1 的先行性。将短先行指标组的第 2 主成分记为短先行综合指数 PCA_LS2_t。从图 6.4.5 可以看出，PCA_LS2_t 的波动在 2008 年前不太稳定，不具有超前性，2008 年后具有较好的先行性质，而且还略长一些，其峰的平均超前期在 6 个月左右，谷的平均超前期在 9 个月左右。

(3) 对 2013 年中国增长率周期波动的峰进行预测

从上述计算结果可以分析，长先行综合指数 PCA_LL2_t 在 2012 年 7 月出现峰，它关于峰的平均超前期为 13 个月，因此可以推测 2013 年 8 月中国增长率周期波动达到峰。随后长先行综合指数 PCA_LL1_t 在 2012 年 9 月出现峰，它关于峰的平均超前期为 10 个月，因此

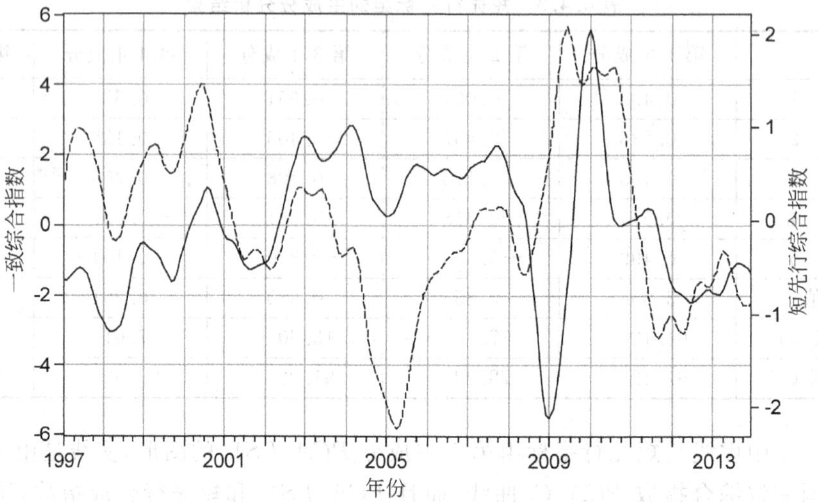

图 6.4.5 中国一致综合指数 PCA_C_t(实线,左)
和短先行综合指数 PCA_LS2_t(虚线,右)

可以推测 2013 年 7 月中国增长率周期波动达到峰。短先行综合指数 PCA_LS2_t 在 2013 年 4 月出现峰,它关于峰的近两个循环的平均超前期为 6 个月,因此可以推测 2013 年 10 月中国增长率周期波动达到峰。短先行综合指数 PCA_LS1_t 在 2013 年 9 月出现峰,它关于峰的平均超前期为 4 个月,因此可以推测 2014 年 1 月中国增长率周期波动达到峰。可以看出陆续出现的领先预测信息得到的预测结果不十分一致,但是误差在±3 个月内都是正确的,而中国增长率周期波动实际的峰出现在 2013 年的 9 月份。

3. 滞后指标组的主成分分析

滞后指标组主成分分析的构成指标也和 DI、CI 指数一样,由 8 个指标构成:

① 商品房本年施工面积累计增速;
② 原材料、燃料、动力购进价格指数(上年同月=100);
③ 工业品出厂价格指数(上年同月=100);
④ 居民消费价格指数(上年同月=100);
⑤ 社会消费品零售总额实际增速;
⑥ 出口商品价格总指数(上年同月=100);
⑦ 建筑材料类购进价格指数(上年同月=100);
⑧ 工业企业产成品实际增速。

由这 8 个滞后指标所做的主成分分析的结果见表 6.4.4,数据区间是 1997 年 1 月至 2013 年 12 月。

由表 6.4.4 可以看出,第 1 主成分的贡献率为 58.22%,只用它还不能充分代表滞后指标组的变动情况。第 2 主成分的贡献率为 16.17%也较显著,前两个主成分的累计贡献率为 74.39%,这样,第 1 与第 2 主成分基本可以包含了原有 8 个指标的滞后变动信息。由表 6.4.4 中第 1 列的第 1 特征向量的系数可以看出,8 项指标对第 1 主成分的贡献率全为正,说明第 1 主成分能较好体现这 8 个指标的共同变动趋势,即第 1 主成分包含了物价类、消费、库存和商品房本年施工面积的共同影响。将滞后指标组的第1主成分记为滞后综合指数 PCA_B1_t。

表 6.4.4 滞后指标组的主成分分析结果

主成分序号		1	2	3	4	5	6	7	8
特征向量	1	0.254	−0.450	0.155	0.815	−0.098	0.178	−0.026	0.042
	2	0.430	−0.127	−0.157	−0.228	−0.441	−0.184	−0.178	0.680
	3	0.439	−0.108	−0.171	−0.154	−0.376	−0.114	−0.245	−0.727
	4	0.398	0.221	−0.110	0.202	0.629	−0.533	−0.244	0.031
	5	0.207	−0.301	0.828	−0.325	0.122	−0.191	0.149	−0.039
	6	0.429	0.191	−0.175	0.024	−0.002	0.045	0.863	−0.031
	7	0.412	0.166	0.064	−0.193	0.305	0.773	−0.261	0.059
	8	0.054	0.752	0.436	0.275	−0.389	−0.042	−0.111	−0.005
特征值		4.658	1.293	0.882	0.612	0.259	0.198	0.091	0.008
贡献率(%)		58.22	16.17	11.02	7.65	3.24	2.47	1.14	0.09
累积贡献率(%)		58.22	74.39	85.41	93.06	96.30	98.77	99.91	100.0

图6.4.6中虚线是滞后指标组第1主成分 PCA_B1_t 的图形，实线是由主成分分析得到的一致综合指数 PCA_C_t 曲线，而且 PCA_B1_t 和滞后合成指数 CI_B_t 的图形也几乎重合。通过比较很容易发现，1997年以来，它一直具有很稳定的滞后变动特性，其峰的平均滞后期在11个月左右，谷的平均滞后期在6个月左右。

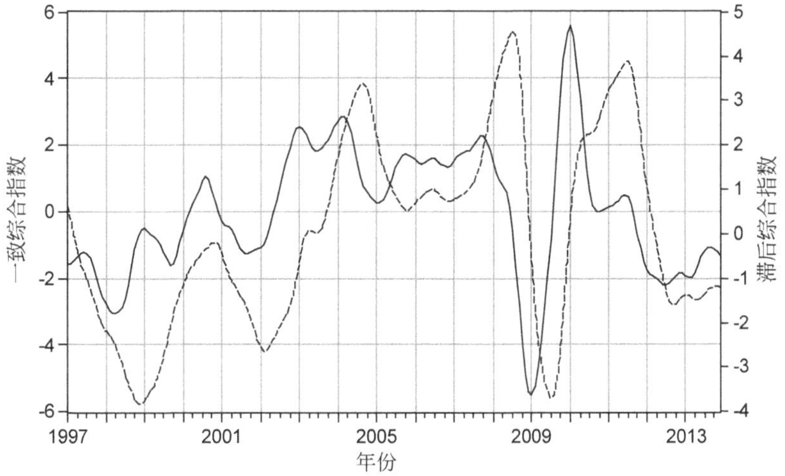

图 6.4.6 中国一致综合指数 PCA_C_t(实线，左)和滞后综合指数 PCA_B1_t(虚线，右)

从表6.4.4中第2列的第2特征向量可以看出，工业企业产成品实际增速的系数很大，为0.752，这说明第2主成分主要体现了库存调整的影响。从图6.4.7可以看出，该指标具有较好的滞后性质，而且还比较长，其峰的平均滞后期在18个月左右，谷的平均滞后期在15个月左右。将滞后指标组的第2主成分记为滞后综合指数 PCA_B2_t。

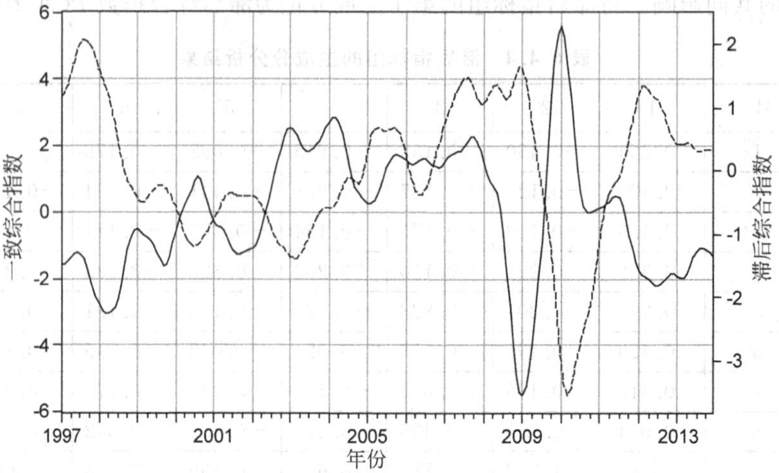

图 6.4.7　中国一致综合指数 PCA_C_t(实线,左)和滞后综合指数 PCA_B2_t(虚线,右)

第7章 宏观经济监测预警信号系统

研制预警系统最早可追溯到1962年。当时美国政府为了防止经济过度萧条，确定了以失业率为判断经济是否萧条的监控指标。当失业率在过去四个月中有三个月上升，或当月失业率出现连续三个月比四个月前高百分之一的状况时，美国政府最迟在两个月内必须进行20亿美元限额内的公共投资，以刺激经济复苏。1965年法国政府制定了综合性的景气政策信号制度，除考虑失业率外，还考虑物价、生产、国际收支、投资等项目。随后，日本经济企划厅参考法国的景气政策信号制度的构想，于1968年首次发表了日本景气警告指标。其作用主要是把握不同的景气调整政策开始时机，及时发出指示信号。日本的景气警告指标定期公布后，受到社会各界的重视，并迅速成为日本政府宏观经济调控的重要依据。但是石油危机爆发后，日本的经济增长率大幅度下降，由于这个原因，1974年以后，反映过去高速增长时期景气动向的预警界限已不适应了，1976年后景气警告指标中断使用①。由于这一方法对经济高速发展时期进行监测预警，效果较好，本章7.1节将介绍这一方法。

1982年，美国全国经济研究局(NBER)的杰弗里·H.穆尔(Geoffrey H. Moore)和维克托·扎尔诺维茨(Victor Zarnowitz)合作开发了指示景气循环衰退和复苏的序列信号系统(sequential signals of recession and recovery)。他们利用该系统对美国1948—1980年的6次景气循环的高峰和低谷进行了测试，没有发现错误的信号指示②。本章7.2节介绍这一方法。

7.1 预警信号系统

在中国预警信号系统设计中，首先要选择一组反映中国经济增长状况的敏感性指标，然后，运用有关的数据处理方法，将多个指标合并为一个综合性的指标，并通过类似于一组交通管制信号红、黄、绿灯的标志，对这组指标和综合指标的当时经济状况发出不同的信号。最后，通过观察分析信号的变动情况，来判断未来经济增长的趋势，并明确提示经济决策部门应当针对当前经济运行的动态采取何种调控措施。

---

① 田原昭四.景气变动与日本经济[M].东京：东洋经济新报社，1984：252-254.

② Zarnowitz V, Moore G H. Sequential Signals of Recession and Recovery[J]. Journal of Business, 1982, 55(1).

7.1.1 预警信号系统的设计

1. 预警指标的选取

建立预警信号系统最首要的工作就是选择宏观经济预警指标。预警指标应能在不同的方面反映国民经济总体的发展规模、发展水平和发展速度。入选的指标应具备如下条件。

(1) 所选指标必须具有经济上的重要性,所选指标合起来能代表经济活动的主要方面,并且所选指标在一段时期内是稳定的,即对该指标所确定的预警界限保持相对的稳定性。

(2) 先行性或一致性。即与经济循环变动大体一致或略有超前或滞后,能敏感地反映景气动向。

(3) 统计上的迅速性和准确性。

所有的预警指标都采用与前年同月比的增长率序列。再经过 X-11 季节调整取 TC 序列(即去掉了季节要素和不规则要素后的序列)构成预警系统。

2. 预警界限的确定

本章构建的预警信号系统的预警界限是四个数值,称为检查值(check point)。以这四个检查值为界限,确定红灯、黄灯、绿灯、浅蓝灯、蓝灯五种信号,分别对应着过热、趋热、正常、趋冷、过冷。当指标的数值超过某一检查值时就亮出相应的信号,同时,每一种信号给以不同的分数。设选择了 m 个预警指标,每月将 m 个指标所示的信号分数合计得到综合指数。

最后按比例将信号分数和综合指数转化为百分制,即使合计的综合指数值在 0~100 的范围内,下式中 i 为 5 种信号的序号,5 代表红灯,4 代表黄灯,3 代表绿灯,2 代表浅蓝灯,1 代表蓝灯,GV_i 为转换后各种灯的分数。

$$GV_i = \frac{100 \times (i-1)}{4 \times m}, \quad i = 5,4,\cdots,1 \tag{7.1.1}$$

例如预警指标为 10 个时,即 $m=10$,则由式(7.1.1),红灯~蓝灯的信号分数分别为 10,7.5,5,2.5,0。然后通过综合指数的检查值来综合判断当月的预警信号应亮哪一种灯。7.1.2 节具体介绍预警界限的确定方法。

3. 输出信号图

系统以景气信号图为输出结果。图 7.1.1 显示了由 12 个预警指标合成的我国景气动向综合指数变动图,由于不能显示彩色,用记号表示各种灯型。

图 7.1.1 中显示综合指数曲线和各信号的灯区,从中可以直观地看出这一期间景气变动的趋势。还可以显示预警指标信号图(图 7.1.17),显示了每个月各指标的景气信号以及综合分数的景气信号。从中既可以研究综合判断的景气信号,分析全面的景气变动情况,又可以分析各指标当月的景气信号,从中观察出各项指标的变动是否稳定,是否发生异常现象。

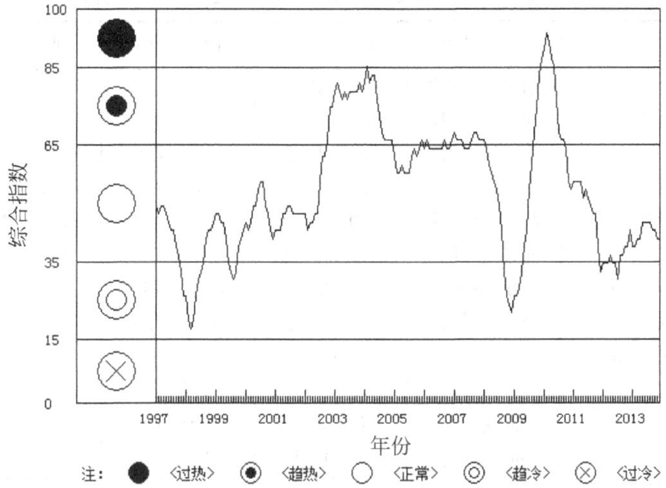

图 7.1.1 景气动向综合指数图

下面介绍一下如何从图 7.1.1 中观察和判断宏观经济调控政策的取向。

若信号亮出绿灯，也即处于正常阶段，则表示当时的经济发展很稳定，政府可采取促进经济稳定增长的调控措施。

黄灯则表示景气尚稳，经济增长处于趋热阶段，在短期内有转热和趋稳的可能。由红灯转变为黄灯时，表示经济已开始趋稳，不宜继续紧缩。由绿灯转为黄灯时，在绿灯时期所采取的措施虽可继续维持，但不宜进一步采取促进经济增长的措施，并且应密切注意今后的景气变化，以便及时采取调控措施避免经济过热。

红灯则表示景气已处于过热阶段，此时财政金融机构应采取紧缩措施，使经济逐渐恢复正常状况。

浅蓝灯表示经济增长处于趋冷阶段，短期内有转稳和趋于衰退的可能。由浅蓝灯转为绿灯时，表示经济发展速度趋稳，可继续采取促进经济增长的措施。由绿灯转为浅蓝灯时，表示经济增长率下降，此时宜密切注意今后的景气动向，适当采取调控措施，以避免经济过度下滑。

信号由浅蓝灯转为蓝灯时，经济增长处于过冷阶段，表示经济增长率开始跌入谷底，此时政府应采取强有力的措施来刺激经济增长。

由上述可知，预警信号系统的目的，就是通过发出信号来综合判断短期未来的经济走势是否将进入过热和衰退，供决策机构制定宏观调控政策时参考，企业界也可根据信号的变化调整其投资计划和经营方针。

7.1.2 预警界限的具体确定方法

预警界限确定得是否合适，对于准确地监测各项经济指标的变动情况，从而对整个国民经济运行状况作出正确的判断影响很大。

表 7.1.1 是日本经济企划厅于 1973 年 3 月第二次调整后的景气警告指标的构成指标及相应的预警界限。

表 7.1.1 日本景气警告指标的构成指标及预警界限

指标名称	比较时点	红灯	黄灯	绿灯	蓝灯
1. 原材料批发物价	前6个月比	1.2%以上	0.2~1.2	−0.8~0.2	−0.8%以下
2. 工业制成品批发物价	前6个月比	0.7%以上	0.2~0.7	−0.3~0.2	−0.3%以下
3. 新招工人数	前6个月比	7.0%以上	3.0~7.0	−1.0~3.0	−1.0%以下
4. 规定外劳动时间	前6个月比	4.5%以上	0.5~4.5	−3.5~0.5	−3.5%以下
5. 日银券平均发行额	前6个月比	9.0%以上	8.0~9.0	7.0~8.0	7.0%以下
6. 存款通货余额	前6个月比	10.0%以上	9.0~10.0	8.0~9.0	8.0%以下
7. 全国银行货款增加额	前年比	50%以上	25.5~50.0	0.0~25	0%以下
8. 矿工业生产指数	前6个月比	9.0%以上	6.5~9.0	4.0~6.5	4.0%以下
9. 工业制成品库存率指数		96以下			96以上
10. 工资费用比率	前6个月比	−1.0%以下	−1.0~1.0	1.0~3.0	3.0%以上
11. 机械订货	前年比	40%以上	20~40	0~20	0%以下
12. 民间建设定货	前年比	30%以上	15~30	0~15	0%以下
综合指数		40以上	30~39	21~29	20以下

1968年,日本景气警告指标的大部分构成指标都是利用与上年同期比的增长率序列。1970年第一次调整时,为了能迅速地了解经济的变化,判断景气动向,对构成指标都改为对季节调整后的值采用与前6个月比的方法。而且,为了避免不规则变动对警告信号的影响,对构成指标的季节调整后序列进行3个月移动平均,然后再与前6个月比。

日本经济企划厅的景气警告指标的预警界限是三个数值(见表7.1.1),其确定方法是,各指标红灯与黄灯的界限是根据历史上每次景气调整政策(实施紧缩政策)出台前6个月的指标变动率的数值(3~4个)取平均来确定的。蓝灯和绿灯的界限是根据每次景气调整政策(实施缓和政策)解除前6个月的指标变动率的数值(3~4个)取平均来确定。而这两个预警界限值的中间值就是黄灯和绿灯的预警界限。这种确定预警界限的方法有很大的局限性,首先要依赖于历史上景气调整政策(即紧缩政策或缓和政策)出台或解除的时机是否合适,其次由于各个指标在经济运行中起着不同的作用又有其特殊性,确定预警界限时应予以考虑。所以日本确定预警界限的方法不适合我国国情,这种确定方法的局限性也是日本景气警告指标失败的一个原因。

在确定我国预警指标的预警界限值时,我们根据过去经济变动或经济循环的情形,各变量在经济活动中的作用与性质,以及各个时期所采取的宏观调控政策,并参考未来经济发展计划的目标等情况来综合考虑。

需要指出的是,确定预警界限都是根据各指标季节调整后的 TC 序列计算的。设预警指标用 x_i($i=1,2,\cdots,m$)来表示,m 为预警指标个数,本例 $m=12$,样本期间为1998年1月至2013年12月。

1. 工业增加值实际增长率的预警界限

由于工业增加值实际增长率的变动与景气循环变动基本一致,因此首先确定工业增加值增长率的预警界限,以下称为检查值。考虑我国景气循环的基准日期(表6.1.3),自1998年以来历次景气循环较高的几个峰前三个月工业增加值实际增长率的平均值为17%,考虑到2011年后我国经济已很难如此高速增长,因此取15%作为工业增加值的红灯和黄灯的界限。而历次景气循环较低的几个谷前三个月工业增加值实际增长率的平均值为6%，因此取6%为浅蓝灯和蓝灯的界限。选择峰和谷前三个月的平均值作为预警界限，是为了能在景气过热或衰退前就及时报警。这里三个月的时间间隔的取法，是考虑到我国景气循环期间较短，幅度较大的特点而定的。

绿灯上下界检查值的确定，是参考我国九五～十二五计划中制定的国民生产总值(GDP)的增长速度大体在7%～8%的经济发展目标，而工业增加值实际增长速度一般高于GDP增速2～3个百分点，所以增长率控制在10%～12%左右是比较适度的，并考虑到在1998年以来16年中工业增加值平均增长率在13%左右，故取13%作为绿灯的上界，取9%作为绿灯的下界，这样就确定了工业增加值实际增长率的四个检查值，分别为15%、13%、9%和6%。图7.1.2是工业增加值实际增长率及预警界限的图形。

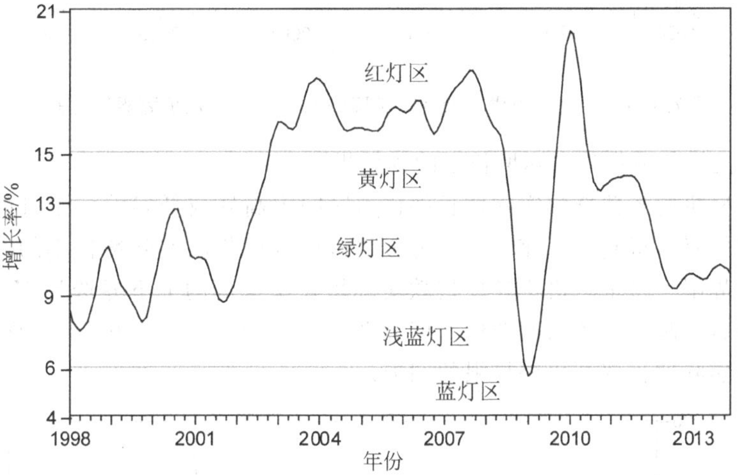

图7.1.2　工业增加值实际增长率(实线)及预警界限(虚线)

2. 其他指标增长率的预警界限

首先考虑指标$x_i(i=2,\cdots,m)$，红灯和黄灯的界限，和工业增加值一样考虑景气循环高峰前三个月的时点，取x_i在各时点的增长率的平均值，作为此指标的红灯和黄灯的界限。各指标浅蓝灯和蓝灯之间的界限是在上述方法中把峰换成谷，用类似方法确定。

确定各指标绿灯的上下界，首先考虑政府对每个指标的宏观调控目标和经济学界认为合适的增长速度，同时考虑各指标本身的内在性质和在经济运行中的作用，综合上述因素确定各指标绿灯的上下界。

(1) 狭义货币供应量M1实际增长率的预警界限

首先分别将样本区间内高峰或低谷前三个月的值(去掉奇异的峰或谷)取平均值，得到20%和3%分别作为M1实际增速的红灯和黄灯、浅蓝灯和蓝灯界限的检查值。根据费雪方程式，假设货币流通速度不变，则货币供给增长率应近似等于通货膨胀率与实际GDP增长率之和。M1作为货币政策的中间目标，当经济增长目标为7%，通货膨胀率控制在5%以下，则M1的增长速度应大体控制在12%左右。M1实际增长率的四个检查值分别为20%、16%、8%和3%。图7.1.3是M1实际增长率及预警界限的图形。

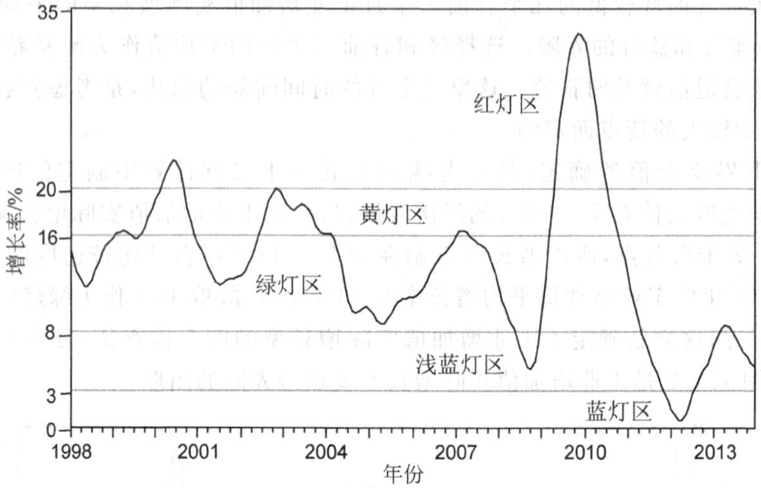

图 7.1.3 狭义货币供应量 M1 实际增长率(实线)及预警界限(虚线)

(2) 金融机构各项贷款实际增长率的预警界限

分别将金融机构各项贷款实际增长率样本区间内高峰或低谷前3个月的值(去掉奇异的峰或谷)取平均值,得到20%和7%作为金融机构各项贷款实际增长率的红灯和黄灯、浅蓝灯和蓝灯的界限。将金融机构各项贷款实际增长率绿灯的上下界选为17%和11%。金融机构各项贷款实际增长率的四个检查值分别为20%、17%、11%和7%。图7.1.4是金融机构各项贷款实际增长率及预警界限的图形。

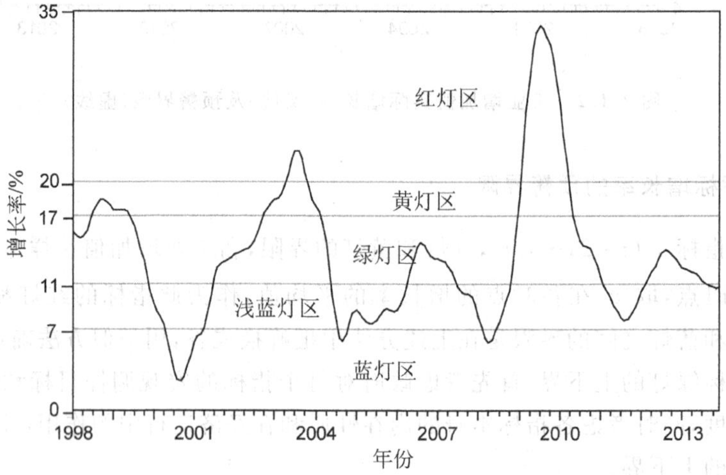

图 7.1.4 金融机构各项贷款实际增长率(实线)及预警界限(虚线)

(3) 固定资产投资实际增长率的预警界限

首先分别将样本区间内固定资产投资实际增长率的高峰或低谷前三个月的值(去掉奇异的峰或谷)取平均值。从图7.1.5可以看出2004年和2009年的高峰都超过了30%,因此将这两个峰去掉,其他的高峰前三个月的值取平均值,得到26%作为固定资产投资实际增长率的红灯和黄灯界限的检查值。只有1999年的低谷低于10%,其余的谷都比较高,因此将10%作为固定资产投资实际增长率浅蓝灯和蓝灯界限的检查值。绿灯的上下界分别取为 22%和 14%。固定资产投资实际增长率的四个检查值分别为 26%、22%、14%和 10%。图 7.1.5 是固定资产投资实际增长率及预警界限的图形。

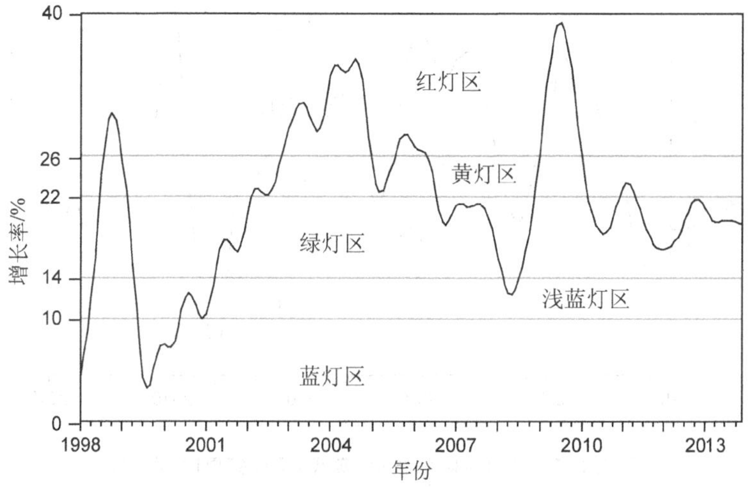

图 7.1.5　固定资产投资实际增长率(实线)及预警界限(虚线)

(4) 社会消费品零售总额实际增长率的预警界限

分别将样本区间内社会消费品零售总额实际增长率的高峰或低谷前三个月的值(去掉奇异的峰或谷)取平均值,得到 18%和 9%作为社会消费品零售总额实际增长率的红灯和黄灯、浅蓝灯和蓝灯的界限。考虑到社会消费品零售总额实际增速波动较小,因此将"绿灯"的上下界选为 16%和 11%。社会消费品零售总额实际增速的四个检查值分别为 18%、16%、11%和 9%。图 7.1.6 是社会消费品零售总额实际增长率及预警界限的图形。

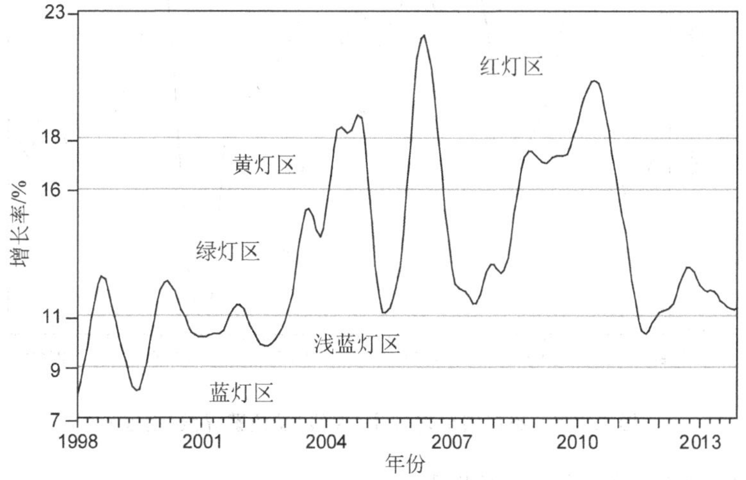

图 7.1.6　社会消费品零售总额实际增长率(实线)及预警界限(虚线)

(5) 进口实际增长率的预警界限

分别将样本区间内进口实际增长率的高峰或低谷前三个月的值(去掉奇异的峰或谷)取平均值,得到 23%和 3%作为进口实际增长率的红灯和黄灯、浅蓝灯和蓝灯的界限。将绿灯的上下界选为 20%和 5%。进口实际增长率的四个检查值分别为 23%、20%、5%和 3%。

图 7.1.7 是进口实际增长率及预警界限的图形。

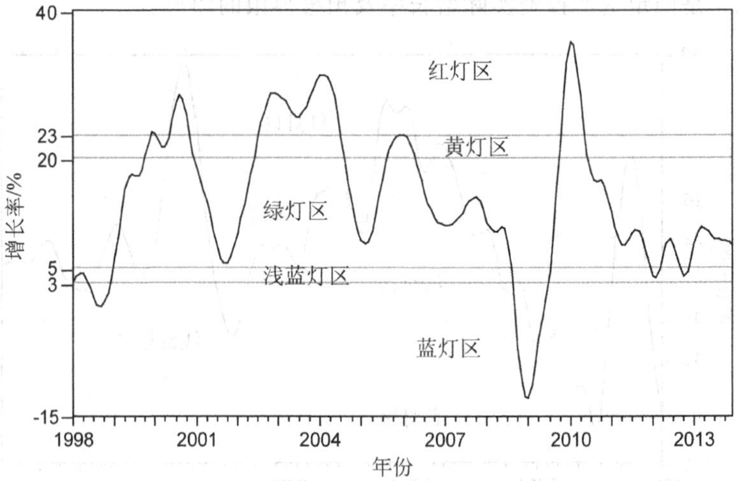

图 7.1.7　进口实际增长率(实线)及预警界限(虚线)

(6) 出口实际增长率的预警界限

分别将样本区间内出口实际增长率的高峰或低谷前三个月的值(去掉奇异的峰或谷)取平均值,得到 24%和 2%作为出口实际增长率的红灯和黄灯、浅蓝灯和蓝灯的界限。将绿灯的上下界选为 20%和 5%。出口实际增长率的四个检查值分别为 24%、20%、5%和 2%。图 7.1.8 是出口实际增长率及预警界限的图形。

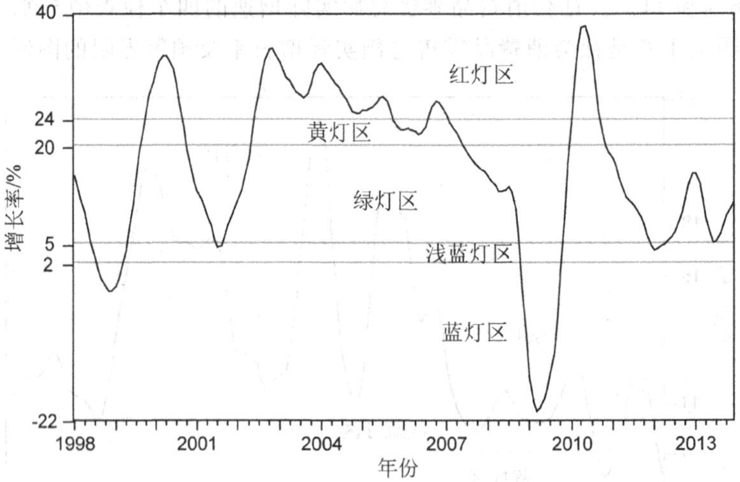

图 7.1.8　出口实际增长率(实线)及预警界限(虚线)

(7) 财政收入实际增长率的预警界限

分别将样本区间内财政收入实际增长率的高峰或低谷前三个月的值(去掉奇异的峰或谷)取平均值,得到 26%和 4%作为财政收入实际增速的红灯和黄灯、浅蓝灯和蓝灯的界限。考虑到财政收入实际增速波动较大,因此将绿灯的上下界选为 20%和 8%。财政收入实际增速的四个检查值分别为 26%、20%、8%和 4%。图 7.1.9 是财政收入实际增长率及预警界限的图形。

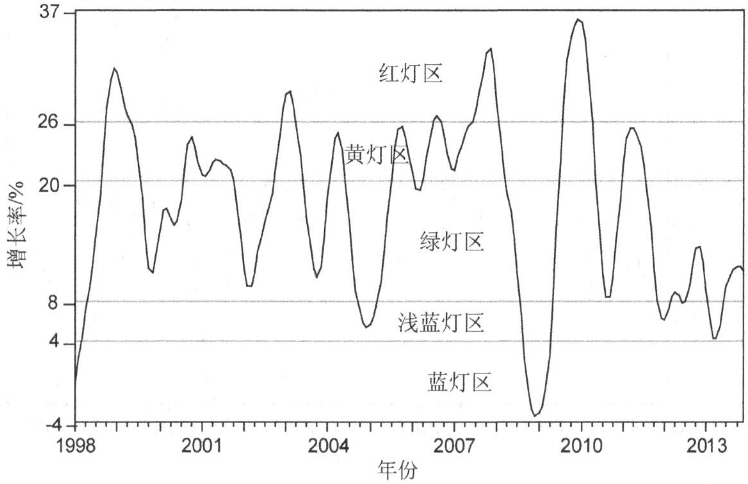

图 7.1.9　财政收入实际增长率(实线)及预警界限(虚线)

(8) 我国通货膨胀率(π)的预警界限

我国通货膨胀率(π)采用国家统计局公布的居民消费价格指数(CPI)(上年同月＝100)减去 100 得到 CPI 的增速,即为我国的通货膨胀率(π)。分别将 π 的样本区间内高峰或低谷前三个月的值(去掉奇异的峰或谷)取平均值,得到 6%和 0%(物价零增长)作为 π 的红灯和黄灯、浅蓝灯和蓝灯的界限。将绿灯的上下界选为 5%和 2%。π 的四个检查值分别为 6%、5%、2%和 0%。图 7.1.10 是通货膨胀率(π)及预警界限的图形。

(9) 工业企业销售收入实际增长率的预警界限

分别将样本区间内工业企业销售收入实际增长率的高峰或低谷前三个月的值(去掉奇异的峰或谷)取平均值,得到 25%和 7%作为工业企业销售收入实际增速的红灯和黄灯、浅蓝灯和蓝灯的界限。考虑到工业企业销售收入实际增速波动较大,一般高于工业增加值的实际增速,因此将绿灯的上下界选为 20%和 10%。工业企业销售收入实际增速的四个检查值分别为 25%、20%、10%和 7%。图 7.1.11 是工业企业销售收入实际增长率及预警界限的图形。

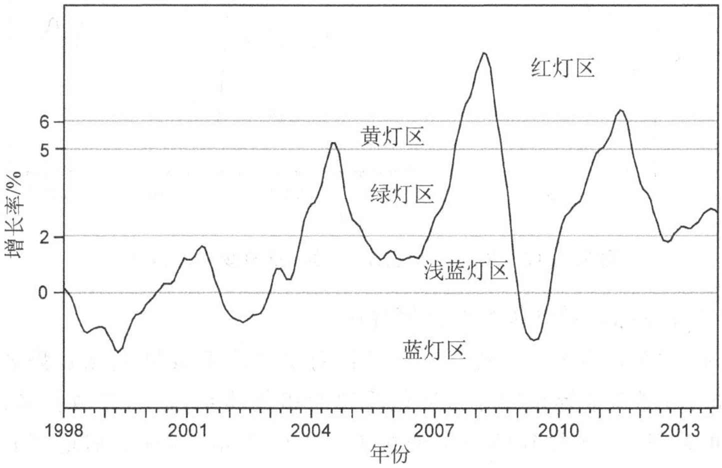

图 7.1.10　通货膨胀率(π,实线)及预警界限(虚线)

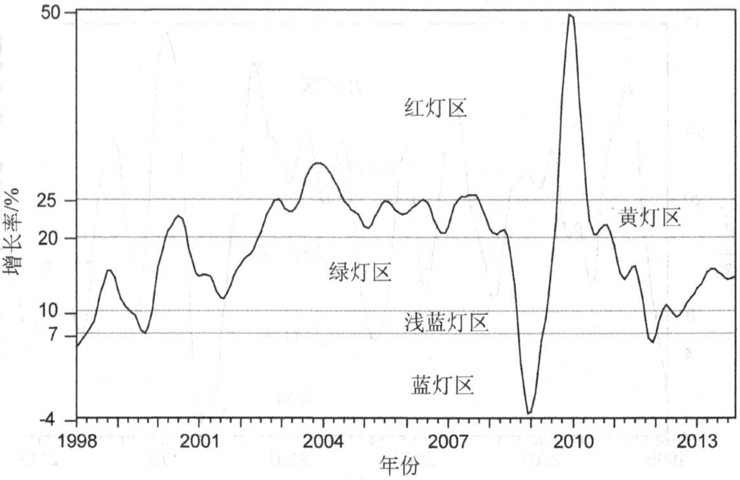

图 7.1.11 工业企业销售收入实际增长率(实线)及预警界限(虚线)

(10) 发电量增长率的预警界限

发电量增长率采用国家统计局公布的当月增长率,为了消除春节因素,将一、二月份的增长率用1~2月份的累计增长率替代。分别将样本区间内高峰或低谷前三个月的值(去掉奇异的峰或谷)取平均值,得到16%和3%作为发电量增速的红灯和黄灯、浅蓝灯和蓝灯的界限。考虑到发电量的增速一般低于工业增加值的增速,因此将绿灯的上下界选为14%和5%。发电量增长率的四个检查值分别为16%、14%、5%和3%。图7.1.12是发电量增长率及预警界限的图形。

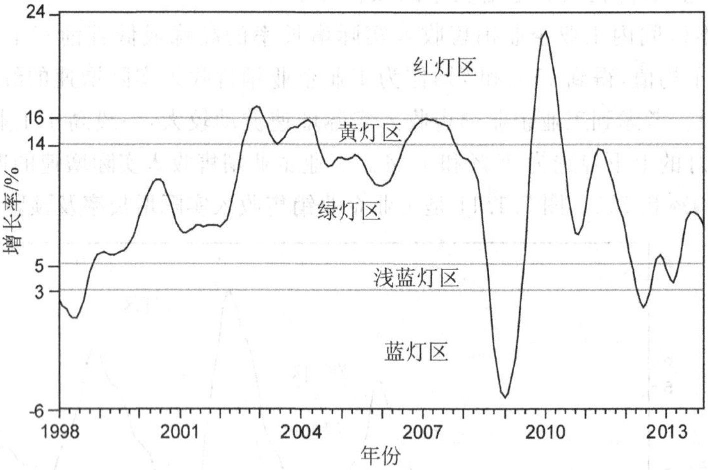

图 7.1.12 发电量增长率(实线)及预警界限(虚线)

(11) 房地产开发综合景气指数的预警界限

国家统计局在1997年研制并建立了一套针对房地产业发展变化趋势和变化程度的土地、资金、开发量、市场需求等角度综合量化反映的指数体系,根据合成指数的计算方法,在计算分类指数的基础上,而得到的一个加权平均的综合指数,称为房地产开发综合景气指数。分别将样本区间内房地产开发综合景气指数的高峰或低谷前三个月的值(去掉奇异的峰或谷)取平均值，得到105和97作为房地产开发综合景气指数的红灯和黄灯、浅蓝灯和蓝灯的界限。考虑到房地产开发综合景气指数以100为临界值，指数值高于100为景气空间，低于100则为不景气空间，因此将绿灯的上下界选为103和100。房地产开发综合景气指数的四个检查值分别为105、103、100和97。图7.1.13是房地产开发综合景气指数及预警界限的图形。

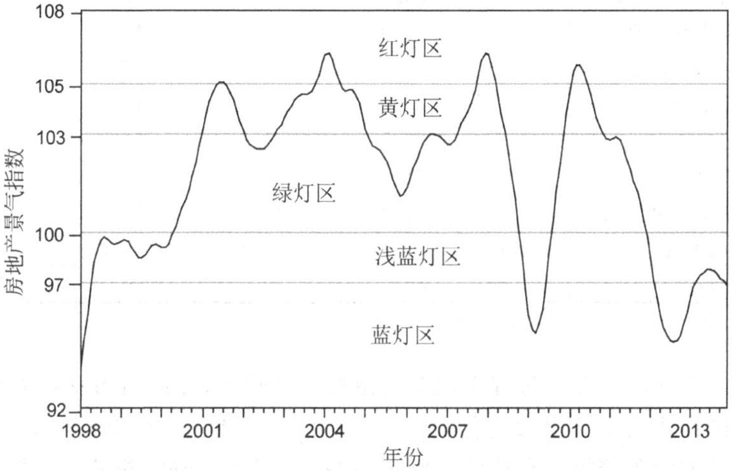

图7.1.13　房地产开发综合景气指数(实线)及预警界限(虚线)

3. 综合预警界限

确定了各指标的检查值后，还要确定综合指数的检查值。1996年的综合预警界限值与所选取的指标个数有关，2014年的修正方法是按式(7.1.1)将各预警指标信号分数按比例转化为百分制，然后合计成综合指数值，即使合计分数在0～100的范围内。当预警指标选为10个时，即$m=10$，则由式(7.1.1)，红灯～蓝灯的信号分数分别为10、7.5、5、2.5、0。

1996年时，4个综合预警界限值都取为85、70、40、20，即取85%为红灯与黄灯的界限，取70%和40%为绿灯的上下界，20%为浅蓝灯与蓝灯的界限。

2014年预警指标选择了12个，即$m=12$，则由式(7.1.1)，红灯～蓝灯的信号分数分别为8.33、6.25、4.17、2.083、0。2014年对综合预警界限值做了适当调整，4个综合预警界限值都取为85、65、35、15，即取85%为红灯与黄灯的界限，取65%和35%为绿灯的上下界，15%为浅蓝灯与蓝灯的界限。

4. 确定的预警界限值

初步确定后，还要根据经济理论、调控目标以及专家意见等对各预警指标所确定的预警界限进行修改，以得到合适的预警界限值。对于已选取的预警指标和相应的预警界限，还要随着经济结构的变化进行修正，一般是一个循环过后，做一次修改。

表7.1.2是1996年选取的我国的预警指标及预警界限。所有的预警指标都采用与前年同月比的增长率序列。再经过X-11季节调整取TC序列(即去掉了季节要素和不规则要素后的序列)构成预警系统，下面的例子采用修正后的综合预警界限值。

表 7.1.2 我国预警信号系统的构成指标及预警界限(1996 年)

指标名称	红灯 过热		黄灯 趋热	绿灯 正常	浅蓝灯 趋冷	蓝灯 过冷
1. 工业总产值增速	←	18.0	15.0	10.0	6.0	→
2. 轻工业产值增速	←	20.3	14.7	10.7	6.0	→
3. 预算内工业销售收入增速	←	23.2	17.4	10.4	7.2	→
4. 社会消费品零售额增速	←	28.0	22.0	13.5	8.6	→
5. 货币流通量(M0)增速	←	32.0	24.8	16.2	12.0	→
6. 狭义货币供应量(M1)增速	←	27.6	20.8	15.7	12.6	→
7. 企业存款增速	←	31.5	21.3	14.0	7.4	→
8. 基建投资额增速	←	31.2	18.4	11.4	6.9	→
9. 银行工资性现金支出增速	←	29.0	18.6	14.6	11.3	→
10. 商品零售价格增速	←	13.0	9.6	4.0	2.0	→
综合指数	←	85	70	40	20	→

注：表中的预警界限值都是增长率，需加上“%”。

由于我国经济在改革开放过程中逐渐向市场经济转换，经济结构发生了相当大的变化，某些预警指标的性质发生了很大变化，表 7.1.3 是 2014 年基于 1998 年 1 月至 2013 年 12 月的数据重新选取的预警指标和预警界限值，包括了工业、金融、投资、消费、外贸、财政、物价及房地产等多个领域。

表 7.1.3 我国预警信号系统的构成指标及预警界限(2013 年)

指标名称	红灯 过热		黄灯 趋热	绿灯 正常	浅蓝灯 趋冷	蓝灯 过冷
1. 工业增加值增速 *	←	15.0	13.0	9.0	6.0	→
2. 货币供应量(M1)增速 *	←	20.0	16.0	8.0	3.0	→
3. 金融机构各项贷款增速 *	←	20.0	17.0	11.0	7.0	→
4. 固定资产投资增速 *	←	26.0	22.0	14.0	10.0	→
5. 社会消费品零售总额增速 *	←	18.0	16.0	11.0	9.0	→
6. 进口增速 *	←	23.0	20.0	5.0	3.0	→
7. 出口增速 *	←	24.0	20.0	5.0	2.0	→
8. 财政收入增速 *	←	26.0	20.0	8.0	4.0	→
9. 居民消费价格增速	←	6.0	5.0	2.0	0.0	→
10. 工业产品销售收入增速 *	←	25.0	20.0	10.0	7.0	→
11. 发电量增速	←	16.0	14.0	5.0	3.0	→
12. 房地产开发综合景气指数	←	105	103	100	97	→
综合指数	←	85	65	35	15	→

注：表中除最后的指标外，预警界限值都是增长率，需加上“%”。指标名称标有“ * ”的指标是经过价格平减的实际增长率。

7.1.3 预警信号系统的应用实例

由于 1982—1996 年和 1997—2013 年(计算增长率后，初始年为 1998 年)两个时期的预警指标系统不一样，因此采取两套不同的预警指标系统分别进行分析。1982 年 1 月至 1996

年 12 月期间采用表 7.1.2 的预警指标系统和预警界限，1997 年 1 月至 2013 年 12 月期间采用表 7.1.3 的预警指标系统和预警界限。

"景气动向综合指数图"和"预警指标信号图"都可以在微机屏幕上显示出醒目的彩色信号。在本书中用五种特殊的符号来显示各指标和综合指数的信号，信号灯的意义在图中用文字简要说明。

1. 对景气动向综合指数图的分析

(1) 对 1982 年 1 月至 1996 年 12 月期间景气动向综合指数的走势分析

图 7.1.14 给出了预警信号系统计算得到 1982 年 1 月至 1996 年 12 月期间的景气动向综合指数的走势。

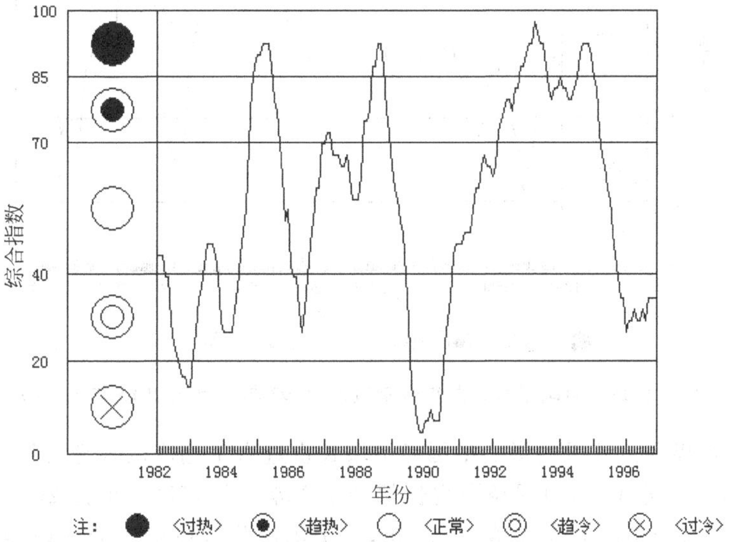

图 7.1.14　中国景气动向综合指数图(1982 年 1 月至 1996 年 12 月)

从图 7.1.14 中，可以看到在 1982 年 1 月至 1996 年 12 月的 15 年期间，我国有四个时期处在红灯区，即经济增长处于过热状态，这四个时期是，1984 年 12 月至 1985 年 6 月，1988 年 6 月至 1988 年 10 月，1992 年 11 月至 1993 年 8 月，1994 年 8 月至 1995 年 1 月。由于 1993 年 9 月至 1994 年 7 月期间"景气动向综合指数"在预警界限上下波动，所以，将后两个时期合为一个时期，可以说在 1992 年 4 季度至 1995 年 1 季度几乎都处在过热阶段。在经济处于过热阶段时，各种经济关系都达到了非常紧张的程度，并且伴随着严重的通货膨胀，于是开始了艰难的治理整顿阶段，抽紧银根，压缩投资和贷款，停建、缓建一大批在建项目，提高储蓄利率以缓解由于巨大的结余购买力形成的市场压力。每次经过治理整顿，经济迅速降温，但是高峰往往伴随着低谷，随之而来的经济衰退也给社会和整个国民经济带来了重大的损失和浪费。如果能在黄灯区就及时采取适当的调控措施，使得过热的经济增长再趋于稳定发展，就可避免经济大起大落所带来的严重后果。

在第 6.3 节中所述的合成指数是当前许多先进国家广泛使用的景气指数。合成指数不仅能预测经济循环的转折点，还能在某种意义上反映经济循环变动的幅度。对 1982 年 1 月至1996年12月期间内,中国一致合成指数①和预警信号系统的综合指数求相关系数,所得结果为$R=0.96$。由此可见,预警信号系统的综合指数与一致合成指数在趋势和循环变动上基本是一致的。

(2) 对1997年1月至2013年12月期间景气动向综合指数的走势分析

图7.1.15给出了预警信号系统计算得到1996年1月至2013年12月期间的景气动向综合指数的走势。

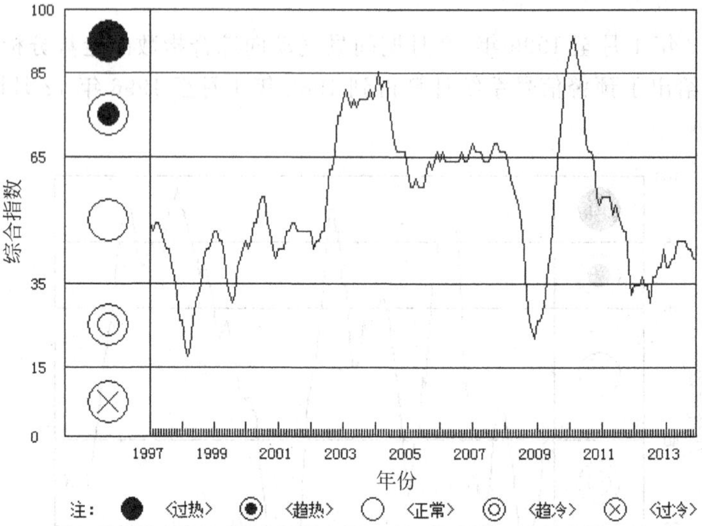

图7.1.15 中国景气动向综合指数图(1997年1月至2013年12月)

1998年受世界经济危机的影响中国经济增长也进入了趋冷的浅蓝灯区。从1997年以来17年期间的大部分年份,中国经济增长都处于正常的绿灯区。但是2008—2012年间出现了景气动向综合指数的大起大落,2008年,由美国次贷危机引发的全球经济危机波及中国,2008年8月之后中国经济迅速下滑,政府为了应对全球金融危机的影响,采用4万亿投资的刺激政策,导致2009年初至2010年初,景气动向综合指数由趋冷的浅蓝灯区迅速上升至过热的红灯区,随后景气快速回落,于2011年11月已滑落至绿灯区下界。

2012年8月以后景气动向综合指数出现止跌企稳回升态势,但回升幅度非常有限,并于2013年9月再显调头向下回落态势。

对1997年1月至2013年12月期间内,中国一致合成指数(见6.3.4节)和预警信号系统的景气动向综合指数求相关系数,所得结果为$R=0.938$。图7.1.16是两个指数的曲线图,可以看出走势非常相似。从而说明预警信号系统不仅能反映经济循环的峰、谷状况,而且在某种意义下能反映经济循环的波动幅度,同时也说明预警指标和预警界限的选取是比较合理的。

① 此处的中国一致指标组由下列指标构成:工业总产值增长率、轻工业产值增长率、社会消费品零售额增长率、银行工资性现金支出增长率、预算内工业销售收入增长率、货币供应量(M1)增长率。样本期间为1982年1月至1996年12月。

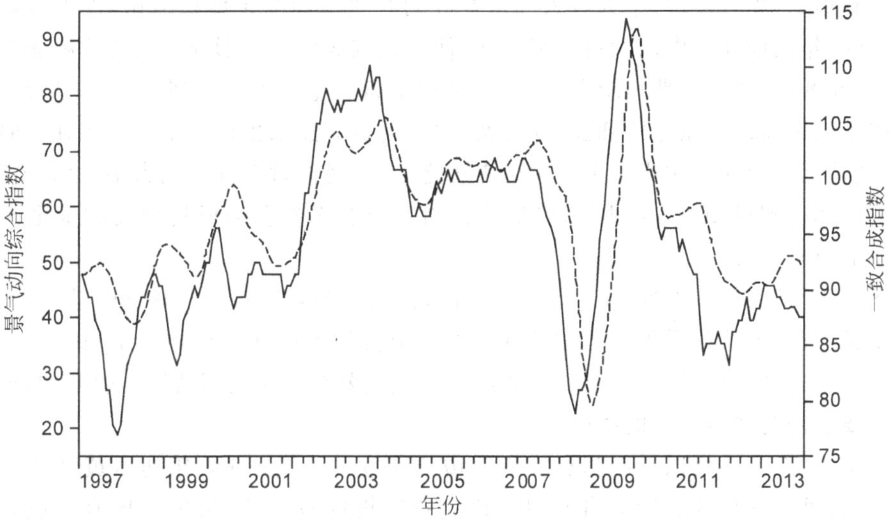

图 7.1.16 景气动向综合指数（实线，左坐标）和一致合成指数（虚线，右坐标）

2. 对景气预警指标信号图的分析

由于经济周期波动的特殊性，每一轮经济周期波动的产生原因、波动过程、振幅和长度都不相同，因此需要进行细致的分析，针对周期波动的特点和原因采用不同的调控方法。下面对中国四个不同的周期波动阶段进行分析。

(1) 由通货膨胀预期和消费需求膨胀导致的经济过热及其治理（1988—1989 年）

图 7.1.17 和图 7.1.18 中以表格形式显示出了 1988 年和 1989 年各预警指标和综合指数的信号。

指标名称	1988											
	1	2	3	4	5	6	7	8	9	10	11	12
1. 工业总产值增速	○	○	◉	◉	◉	◉	◉	●	●	●	◉	◉
2. 轻工业产值增速	○	○	◉	◉	◉	◉	◉	●	●	◉	◉	◉
3. 预算内工业销售收入增速	◉	◉	●	●	●	●	●	●	●	●	●	●
4. 社会消费品零售总额增速	○	◉	◉	◉	◉	●	●	●	●	●	◉	◉
5. 货币流通量(M0)增速	○	○	◉	◉	◉	●	●	●	●	●	●	●
6. 货币供应里(M1)增速	◉	◉	◉	◉	●	●	●	●	●	●	◉	◉
7. 国家银行企业存款增速	◉	◉	◉	◉	◉	◉	◉	◉	◉	○	◎	◎
8. 基建投资额(累计值)增速	◉	◉	○	○	○	○	○	○	○	○	○	◎
9. 银行工资性现金支出增速	◉	◉	◉	◉	◉	●	●	●	●	●	●	◉
10. 全国商品零售价格指数	○	◉	◉	◉	◉	●	●	●	●	●	●	●
综合判断	○	○	◉	◉	◉	●	●	●	●	●	◉	◉
	58	63	75	75	78	88	88	93	93	88	78	73

注：●〈过热〉 ◉〈趋热〉 ○〈正常〉 ◎〈趋冷〉 ⊗〈过冷〉

图 7.1.17 预警指标和综合指数信号图（1988 年）

从图 7.1.17 和图 7.1.18 中可以看到宏观经济增长的变化趋势，1988 年初处于绿灯区，很快进入黄灯区，3 个月后就进入红灯区，又于 1989 年跌入蓝灯区的全过程。在预警指标中可以看出,首先与货币、个人收入和消费等的有关指标开始增长加速,进入黄灯区。这是由于1988年的前几年中国物价连续上涨,使得我国居民逐渐形成了高通货膨胀的心理预期。进入1988年,居民消费需求急剧增加,出现了席卷全国的抢购风潮。人们为了规避未来通货膨胀的风险而大量抢购商品,连火柴、洗衣粉等商品都抢购一空。由于在当时的情况下,居民储蓄已成为我国积累资金的主要来源之一,居民储蓄存款在国家银行信贷资金来源中所占的比例已超过20%,因此,居民消费行为的突变必然会造成货币投放量迅速增加和物价涨幅的急剧上升。

从图7.1.17中可以看到M0、M1和物价指数从1988年的二、三月份就进入了黄灯区,而工资增长,社会消费品零售总额和预算内工业销售收入比其他指标更早,在一、二月份就进入了黄灯区。从而可以看出1988年的经济过热主要是由居民消费行为引起的,即总需求的膨胀主要表现为消费需求的膨胀。

从图7.1.17中又可以看出基建投资额增长速度并不高,1988年初由黄灯区转入绿灯区,并且一直处于绿灯区。1988年全社会固定资产投资增长了23.5%,国有单位固定资产投资增长了20.2%,比前两年的增长率高不到4个百分点,因此1988年的经济过热并不是投资膨胀引起的。

但是当时政府的宏观调控的方向和力度却出现了偏差。面对货币过度投放和物价涨幅急剧上升的严重局面,1988年9月,政府决定进行治理整顿。一开始采取的措施是提高居民存款利率,对部分产品征收消费税等抑制消费的调控政策,但是见效不大。从1989年初开始实行压缩投资与控制信贷规模的政策,其中最主要的是用行政手段压缩投资和控制集团消费支出,随着这些政策的实施,1989年投资规模下降了8%。从图7.1.18中可以看出1989年整年,1990年上半年基建投资额增长率都处在蓝灯区,工业生产增长率从1989年7月进入浅蓝灯区,8月份直到1990年上半年都处在蓝灯区。显然当时实行大规模压缩投资的宏观调控政策是不合适的,最终造成市场疲软,经济增长率低下,国民经济为此付出了沉重的代价。

指标名称	1989											
	1	2	3	4	5	6	7	8	9	10	11	12
1. 工业总产值增速	○	○	○	○	○	◎	◎	⊗	⊗	⊗	⊗	⊗
2. 轻工业产值增速	⊙	⊙	○	○	○	◎	◎	⊗	⊗	⊗	⊗	⊗
3. 预算内工业销售收入增速	●	●	●	⊙	⊙	○	◎	⊗	⊗	⊗	⊗	⊗
4. 社会消费品零售总额增速	⊙	○	○	○	○	◎	⊗	⊗	⊗	⊗	⊗	⊗
5. 货币流通量(M0)增速	●	●	●	●	●	●	⊙	⊗	⊗	⊗	⊗	⊗
6. 货币供应量(M1)增速	⊙	○	○	◎	⊗	⊗	⊗	⊗	⊗	⊗	⊗	⊗
7. 国家银行企业存款增速	⊗	⊗	⊗	⊗	⊗	⊗	⊗	⊗	⊗	⊗	⊗	⊗
8. 基建投资额(累计值)增速	⊗	⊗	⊗	⊗	⊗	⊗	⊗	⊗	⊗	⊗	⊗	⊗
9. 银行工资性现金支出增速	⊙	⊙	⊙	⊙	⊙	⊙	○	⊗	⊗	⊗	⊗	⊗
10. 全国商品零售价格指数	●	●	●	●	●	●	●	●	●	⊙	○	○
综合判断	○	○	○	○	○	◎	◎	⊗	⊗	⊗	⊗	⊗
	65	60	58	53	50	40	30	15	13	8	5	5

注: ●〈过热〉 ⊙〈趋热〉 ○〈正常〉 ◎〈趋冷〉 ⊗〈过冷〉

图7.1.18 预警指标和综合指数信号图(1989年)

(2) 消费、投资需求拉动的全面过热(1993—1995 年)

1992 年,邓小平视察南方讲话以后,非国有经济得到了迅猛的发展。国有经济与非国有经济双重体制格局并存决定了这个阶段经济波动的特点。这一轮的经济波动在很大程度上仍然具有易于膨胀和过热的特点,经济增长率由 1991 年的 9.11%上升到 1992 年、1993 年和 1994 年的 14.07%、13.67%和 13.11%,与此同时,通货膨胀率也迅猛上升,由 1992 年 6.4%上升到 1993 年的 14.7%,1994 年更高达 24.1%。

图 7.1.19 和图 7.1.20 分别显示出了 1993 年和 1994 年各预警指标和综合指数的信号。从预警指标中可以看出,除极个别指标外,几乎所有的预警指标都加速增长,消费需求、投资需求大多数月份都处于红灯区,因此,1993 年的经济过热是经济系统中总需求各个部分都增加拉动的膨胀。由于这时的中国经济处于向市场经济转轨的阶段,开始出现依据市

指标名称	1992			1993								
	10	11	12	1	2	3	4	5	6	7	8	9
1. 工业总产值增速	●	●	●	●	●	●	●	●	●	●	●	●
2. 轻工业产值增速	●	●	●	●	●	●	●	●	●	●	●	●
3. 预算内工业销售收入增速	○	⊙	⊙	●	●	●	●	●	●	●	●	●
4. 社会消费品零售总额增速	○	○	○	○	⊙	⊙	●	●	●	●	●	⊙
5. 货币流通量(M0)增速	⊙	●	●	●	●	●	●	●	●	●	●	●
6. 货币供应量(M1)增速	●	●	●	●	●	●	●	●	●	●	⊙	⊙
7. 国家银行企业存款增速	●	●	●	●	●	●	●	⊙	○	◎	◎	⊗
8. 基建投资额(累计值)增速	●	●	●	●	●	●	●	●	●	●	●	●
9. 银行工资性现金支出增速	●	●	●	●	●	●	●	●	●	●	⊙	⊙
10. 全国商品零售价格指数	○	○	○	○	○	○	⊙	⊙	⊙	●	●	●
综合判断	⊙	●	●	●	●	●	●	●	●	●	●	⊙
	83	88	88	90	93	93	98	95	93	93	88	83

注: ●〈过热〉 ⊙〈趋热〉 ○〈正常〉 ◎〈趋冷〉 ⊗〈过冷〉

图 7.1.19　预警指标信号图(1992 年 10 月至 1993 年 9 月)

指标名称	1994											
	1	2	3	4	5	6	7	8	9	10	11	12
1. 工业总产值增速	●	●	●	●	●	●	●	●	●	●	●	●
2. 轻工业产值增速	●	●	●	●	●	●	●	●	●	●	●	⊙
3. 预算内工业销售收入增速	⊙	○	○	○	◎	◎	◎	○	○	○	○	○
4. 社会消费品零售总额增速	⊙	⊙	⊙	⊙	⊙	⊙	●	●	●	●	●	●
5. 货币流通量(M0)增速	●	⊙	⊙	○	○	○	○	○	⊙	⊙	⊙	⊙
6. 货币供应量(M1)增速	⊙	○	○	○	○	⊙	⊙	●	●	●	●	●
7. 国家银行企业存款增速	○	⊙	⊙	⊙	●	●	●	●	●	●	●	●
8. 基建投资额(累计值)增速	●	●	●	●	●	●	●	●	●	●	●	●
9. 银行工资性现金支出增速	⊙	●	●	●	●	●	●	●	●	●	●	●
10. 全国商品零售价格指数	●	●	●	●	●	●	●	●	●	●	●	●
综合判断	⊙	⊙	⊙	⊙	⊙	⊙	⊙	●	●	●	●	●
	85	83	83	80	80	83	85	90	93	93	93	90

注: ●〈过热〉 ⊙〈趋热〉 ○〈正常〉 ◎〈趋冷〉 ⊗〈过冷〉

图 7.1.20　预警指标信号图(1994 年)

场经济法则行事的经济主体,双重体制的并存、微观基础的改变要求此时的宏观调控不能像计划经济那样主要依靠行政控制和管理,而应该采取多种手段综合治理出现的过热问题。这阶段,我国取消了货币化融资,消除了引致通货膨胀的隐患,并基于当时出现的严重通货膨胀,提高利率、对投资课以重税等,抑制投资过热现象。通货膨胀率由1995年17.1%下降到1996年8.3%,同时经济增长仍保持了较高水平,1996年GDP增长率仍然高达10.19%,既抑制了经济过热,又没有造成经济衰退,牺牲率很低,即实现了"软着陆",因此是一次较为成功的宏观调控政策操作。

(3) 亚洲金融危机带来的低谷(1998年)

1998年亚洲的金融危机波及我国,使我国经济增长速度下降到了很低的水平,这迫使我国政府开始采取扩张的财政政策,连续增发国债扩大政府支出,同时,屡次采取降低利息率等货币政策,努力扩大内需,从而摆脱通货紧缩,避免出现进一步的衰退。经过几年持续实施扩张性宏观调控政策,2003年经济增长率达到了9.1%,各项宏观经济经济指标都出现上升态势,有些指标已经进入过热区域。

从图7.1.21的预警指标信号可以看出,1998年8月综合判断指数进入绿灯区。1998年下半年,除了受亚洲金融危机影响,进口、出口和CPI仍在蓝灯区,其他各项预警指标都逐渐走出低谷,出现回升,特别是投资和财政收入、贷款指标更是回升显著,已进入黄灯区或红灯区。

指标名称	1998											
	1	2	3	4	5	6	7	8	9	10	11	12
1. 工业企业增加值实际增长率	○	◎	◎	◎	◎	◎	◎	◎	○	○	○	○
2. 货币供应量M1实际增长率	⊙	○	○	○	○	○	○	○	○	○	○	○
3. 金融机构各项贷款实际增长率	⊙	○	○	○	○	○	○	⊙	⊙	⊙	⊙	⊙
4. 固定资产投资实际增长率	⊗	⊗	◎	◎	○	⊙	●	●	●	●	●	●
5. 社会消费品零售额实际增长率	⊗	⊗	⊗	◎	◎	○	○	○	○	○	○	◎
6. 进口实际增长率	⊗	⊗	⊗	⊗	⊗	⊗	⊗	⊗	⊗	⊗	⊗	◎
7. 出口实际增长率	○	○	○	○	○	◎	◎	⊗	⊗	⊗	⊗	⊗
8. 国家财政收入实际增长率	◎	◎	◎	◎	◎	○	○	○	⊙	●	●	●
9. 居民消费价格指数	◎	◎	⊗	⊗	⊗	⊗	⊗	⊗	⊗	⊗	⊗	⊗
10. 工业产品销售收入实际增长率	◎	◎	⊗	⊗	◎	◎	◎	○	○	○	○	○
11. 发电量产量增长率	⊗	⊗	⊗	⊗	⊗	⊗	⊗	⊗	◎	◎	◎	○
12. 房地产开发综合景气指数	⊗	⊗	⊗	⊗	◎	◎	◎	◎	◎	◎	◎	◎
综合判断	◎	◎	◎	◎	◎	◎	◎	○	○	○	○	○
	27	21	19	21	27	31	33	35	42	44	44	46

注: ●〈过热〉 ⊙〈趋热〉 ○〈正常〉 ◎〈趋冷〉 ⊗〈过冷〉

图7.1.21 预警指标信号图(1998年)

(4) 美国次贷危机引起的全球金融危机的影响(2008—2009年)

2008—2012年间出现了景气动向综合指数的大起大落,受政府应对全球金融危机的一系列刺激政策措施的影响,2009年初至2010年初,景气动向综合指数由趋冷的浅蓝灯区迅速上升至过热的红灯区,随后景气快速回落,至2012年8月已滑落至浅蓝灯区。

从图7.1.22的预警指标信号可以看出,2008年受全球金融危机的影响;国民经济各领域,工业、进出口、财政收入、物价、房地产等都先后进入蓝灯区,唯独投资由绿灯区很快进入红灯区，这是由于政府出台了 4 万亿投资等一系列刺激政策的影响，从而带动货币指标 M1 增速和贷款增速也很快进入红灯区。从图 7.1.23 可以看出，到了 2009 年底至 2010 年初，各项指标全面过热，2010 年 2 月出现了一个高峰，这种由大规模投资带来的经济增长是不能持久的，大起必然伴随着大落，很快又迅速出现了下跌，到 2012 年 7 月就跌入低谷。虽然刺激性的扩张政策使我国很快走出了低谷，但是这样的大起大落给国民经济带来的危害是巨大的，负作用更大，如所产生的产能过剩、环境污染等问题在短时间内难以消除，给后续的经济发展带来了隐患。

指标名称	2008				2009							
	9	10	11	12	1	2	3	4	5	6	7	8
1. 工业企业增加值实际增长率	○	◎	◎	◎	⊗	⊗	◎	◎	◎	○	○	○
2. 货币供应量M1实际增长率	◎	◎	◎	◎	○	○	○	⊙	●	●	●	●
3. 金融机构各项贷款实际增长率	◎	◎	○	○	⊙	●	●	●	●	●	●	●
4. 固定资产投资实际增长率	○	○	○	⊙	●	●	●	●	●	●	●	●
5. 社会消费品零售额实际增长率	⊙	⊙	⊙	⊙	⊙	⊙	⊙	⊙	⊙	⊙	⊙	⊙
6. 进口实际增长率	⊗	⊗	⊗	⊗	⊗	⊗	⊗	⊗	⊗	⊗	◎	○
7. 出口实际增长率	○	◎	⊗	⊗	⊗	⊗	⊗	⊗	⊗	⊗	⊗	⊗
8. 国家财政收入实际增长率	⊗	⊗	⊗	⊗	⊗	⊗	⊗	◎	○	○	⊙	●
9. 居民消费价格指数	○	○	○	◎	◎	⊗	⊗	⊗	⊗	⊗	⊗	⊗
10. 工业产品销售收入实际增长率	◎	⊗	⊗	⊗	⊗	⊗	⊗	⊗	◎	○	○	⊙
11. 发电量产量增长率	⊗	⊗	⊗	⊗	⊗	⊗	⊗	⊗	⊗	⊗	○	○
12. 房地产开发综合景气指数	○	◎	◎	⊗	⊗	⊗	⊗	⊗	⊗	⊗	◎	◎
综合判断	◎	◎	◎	◎	◎	◎	◎	◎	○	○	○	○
	33	27	25	23	27	27	29	33	40	44	54	60

注：●〈过热〉 ⊙〈趋热〉 ○〈正常〉 ◎〈趋冷〉 ⊗〈过冷〉

图 7.1.22　预警指标信号图(2008 年 9 月至 2009 年 8 月)

指标名称	2009				2010							
	9	10	11	12	1	2	3	4	5	6	7	8
1. 工业企业增加值实际增长率	⊙	●	●	●	●	●	●	●	●	●	⊙	⊙
2. 货币供应量M1实际增长率	●	●	●	●	●	●	●	●	●	●	●	⊙
3. 金融机构各项贷款实际增长率	●	●	●	●	●	●	●	⊙	⊙	○	○	○
4. 固定资产投资实际增长率	●	●	●	●	●	⊙	○	○	○	○	○	○
5. 社会消费品零售额实际增长率	⊙	⊙	⊙	●	●	●	●	●	●	●	●	●
6. 进口实际增长率	○	⊙	●	●	●	●	●	●	●	⊙	○	○
7. 出口实际增长率	⊗	⊗	○	○	⊙	●	●	●	●	●	●	●
8. 国家财政收入实际增长率	●	●	●	●	●	●	●	⊙	○	○	⊙	○
9. 居民消费价格指数	⊗	⊗	◎	◎	◎	○	○	○	○	○	○	○
10. 工业产品销售收入实际增长率	●	●	●	●	●	●	●	●	●	⊙	⊙	⊙
11. 发电量产量增长率	⊙	●	●	●	●	●	●	●	●	⊙	○	○
12. 房地产开发综合景气指数	○	○	○	⊙	⊙	●	●	●	●	●	⊙	⊙
综合判断	⊙	⊙	⊙	●	●	●	●	●	●	⊙	⊙	⊙
	69	75	83	88	90	94	92	88	85	77	69	67

注：●〈过热〉 ⊙〈趋热〉 ○〈正常〉 ◎〈趋冷〉 ⊗〈过冷〉

图 7.1.23　预警指标信号图(2009 年 9 月至 2010 年 8 月)

从上述分析可以看出,景气预警指标信号图不但可以分析综合指数的预警信号,从中了解宏观经济形势的变动情况,还可以分析各指标的预警信号,从中分析引起经济波动的原因,为采取相应的调控措施及时提供参考意见。

7.2 景气序列信号系统①

1982年,美国的穆尔和扎尔诺维茨提出了一个新的景气序列信号系统(sequential siginals of recession and recovery)。这一信号指示系统起源于美国商务部经济发展局(Economic Development Administration,EDA)一项研究工作。这项研究的内容是借助于景气循环指标系统,对联邦政府公共投资计划实施时机设计一个高效率的指标器。其目的是为了在景气衰退期,适时地实施景气调整政策,通过公共事业投资,促进就业。实际上,美国在景气衰退期,以促进就业为目的的政策计划很晚才被实施,一般在经济开始回升后的9~19个月以后,即在经济繁荣开始时才被实施。这样不仅减少了预计的安定化效果,而且还导致了未曾预料的不稳定效果。

穆尔和扎尔诺维茨的景气序列信号系统具有以下特点。

(1) 首先没有采取从与景气变动密切相关的众多景气指标中重新选择指标的做法,而是从已有的景气指数中选择了被认为预测价值较高的合成指数(第6.3节中介绍,以下略记为CI)。这一点与日本、德国、法国等国以往的景气预警系统有很大不同。

(2) 在美国过去的景气循环中,观察先行合成指数的性能可见,虽然景气高峰有很长的先行期,但其长度很不稳定,另外,在景气谷底的先行期又非常短。所以这一景气序列信号系统是利用先行合成指数和一致合成指数的变化率来发出信号,指示未来的景气动向。穆尔和扎尔诺维茨将这一信号系统称为反周期政策的触发器(counter cyclical policy triggers)。

7.2.1 景气序列信号系统的计算方法

1. 计算合成指数的变化率

由于美国的合成指数CI是基于古典循环的景气指数,从而合成指数的变化率序列的峰谷要比合成指数的峰谷超前一些,所以首先计算合成指数的变化率。他们使用的是所谓"a smoothed 6-month rate"变化率,即将每月合成指数值,用过去12个月的平均值来除,得到百分比变化率。

设$\overline{CI}_{t-6.5}$为CI在t时点前12个月的平均值,R_t为合成指数的百分率变化率,则

$$\overline{CI}_{t-6.5}=\frac{1}{12}\left(\sum_{k=1}^{12}CI_{t-k}\right) \tag{7.2.1}$$

$$R_t=\left(\frac{CI_t}{\overline{CI}_{t-6.5}}-1\right)\times 100\%,\quad t=13,14,\cdots,T \tag{7.2.2}$$

令先行CI的变化率序列为L,一致合成指数的变化率序列为C。用这种与前一年平均值相比的方法求变化率的目的在于增加稳定性,减少不规则要素的影响。

---

① Zarnowitz V, Moore G H. Sequential Signals of Recession and Recovery[J]. Journal of Business, 1982, 55(1).

2. 计算目标趋势

所谓目标趋势(target trend)是一段时期内的长期增长率。目标趋势的求法和第6.3节中介绍的合成指数算法中的趋势调整部分的方法相同。对一致指标组中的每个指标用复利公式求长期趋势

$$r_i = \sqrt[m_i]{\frac{C_{L_i}}{C_{I_i}}} - 1, \quad i = 1,2,\cdots,k \tag{7.2.3}$$

其中,C_{I_i} 和 C_{L_i} 分别是一致指标组中第 i 个指标的最先和最后循环的平均值,m_i 是第 i 个指标最先循环的中心到最后循环的中心之间的月数,k 是一致指标个数。

$$G = \frac{1}{k}\sum_{i=1}^{k} r_i \tag{7.2.4}$$

G 被称为目标趋势,是由一致指标组得到的平均长期趋势,它是月度变化率。美国在《商情摘要》(*Business Conditions Digest*,BCD)上发表的1949—1975年的月度目标趋势是0.272%,而1949—1982年的月度目标趋势是0.271%,相差不大。转换成年率,则年度目标趋势为3.3%,即美国经济每年以3.3%的速度增长。

在美国,这种由全体一致指标计算出来的年率增长率与整个经济的长期增长率,如国民生产总值GNP的长期增长率是一致的。而日本的长期增长率在石油危机以前的高速增长时期与以后的低增长率之间有明显的差距,所以日本是分段计算目标趋势的。

3. 景气序列信号

景气序列信号是基于变化率来确认的。如果先行合成指数变化率低于目标趋势,则表示增长循环正趋向于下降局面,而如果一致合成指数变化率低于目标趋势,则把这种情况理解为增长循环正处于下降局面。相反,如果先行合成指数变化率超过目标趋势,则意味着增长循环开始趋向于上升局面,而一致合成指数变化率超过目标趋势,表明增长循环已处于上升局面。

为了防止错误信号的发生,首先从先行合成指数变化率的变化上得到信号,然后通过一致指数变化率的变化来确认其意义,从而减少错误警告信号发生的可能性。

用图7.2.1来具体说明穆尔-扎尔诺维茨的景气序列信号系统。由于美国先行合成指数变化率的不规则要素的标准差为0.91%,一致合成指数变化率的不规则要素的标准差为1%,所以将目标趋势确定为3.3%±1%的区间,同时再确定一个0±1%的区间作为判断古典循环是否衰退的界限。

(1) 首先介绍如何确认峰的信号

① 景气高峰第1信号 P_1:

$$L < 2.3\%, \quad C \geqslant 0\%$$

当先行合成指数变化率自上而下横切图7.2.1的上方区间3.3%±1%,且一致合成指数变化率最好在0%以上,就发出接近景气高峰的最初信号 P_1,表示正在进行的繁荣开始减少。如果其后,即使 L 再次上升,只要停留在区间内,则 P_1 就有效。若判断信号为虚假信号,必须是 L 上升到区间的上方。

② 景气高峰的第2信号 P_2:

$$L < -1.0\%, \quad C < 2.3\%$$

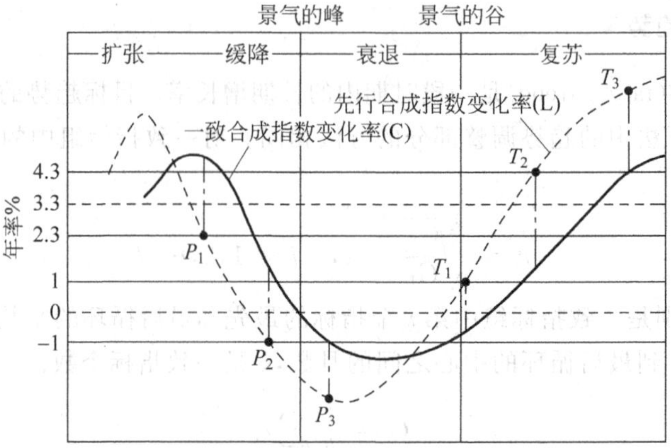

图 7.2.1 景气序列信号系统示意图

如果一致合成指数变化率低于2.3%,即可确认低速增长局面开始,这表明景气循环收缩的可能性增大了。如果先行合成指数变化率下降到0±1%区间以下,则景气收缩的可能性更大了,此时,发出景气衰退的第2信号 P_2。

③ 景气高峰第3信号 P_3:

$$L<0\%,\quad C<-1.0\%$$

最后,如果 C 紧跟着 L,下降到0±1%区间以下,其间,如果 L 停留在0以下,则确定景气衰退的第3信号 P_3 出现。如图7.2.1所示。此时,实际的景气状态已越过了高峰,进入景气收缩期。

(2) 下面来确认谷的信号

① 景气谷底的第1信号 T_1:

$$L>1.0\%,\quad C<1.0\%$$

当先行合成指数变化率 L 自下而上横切0±1%时,且一致合成指数变化率 C 最好在0±1%区间以内或下面,则发出接近景气谷底的第一信号 T_1。其后,如果 L 下降,但只要停留在区间内,则 T_1 继续适用。如果 L 下降到区间以下,则信号为虚假信号。

② 景气谷底第2信号 T_2:

$$L>4.3\%,\quad C>1.0\%$$

如果先行合成指数变化率 L 从下方向上方横切3.3±1%区间,而一致合成指数变化率 C 从下方向上方横切0±1%区间,则发出开始走出景气谷底的第二信号 T_2。

③ 景气谷底第3信号 T_3:

$$L>4.3\%,\quad C>4.3\%$$

当先行合成指数变化率 L 与一致合成指数变化率 C 均超过3.3%±1%区间的上方,即可确定景气完全处于上升局面,发出景气谷底的第三信号 T_3。

7.2.2 景气序列信号系统的应用实例

穆尔和扎尔诺维茨利用前述的景气序列信号系统对美国1948—1980年的6次景气循环的峰和谷进行了测试,得出的指示美国景气衰退和恢复的六个信号的定时结果分别列在表7.2.1和表7.2.2中。

表 7.2.1　指示美国景气衰退的三个信号的定时表

增长循环峰	古典循环峰	P_1 ($L<2.3\%$) ($C>0\%$)	P_2 ($L<-1.0\%$) ($C<2.3\%$)	P_3 ($L<0\%$) ($C<-1.0\%$)	与古典循环峰比较 超前(－)或滞后(＋)月数 P_1	P_2	P_3
1948.7	1948.11	—	—	—	—	—	—
1951.3	—	1951.3	1951.7	—	—	—	—
1953.3	1953.7	1953.6	1953.8	1953.9	－1	＋1	＋2
1957.2	1957.8	1956.1	1956.7	1957.9	－19	－13	＋1
1960.2	1960.4	1959.9	1960.6	1960.9	－7	＋2	＋5
1962.5	—	1962.5	—	—	—	—	—
1966.6	—	1966.6	—	—	—	—	—
1969.3	1969.12	1969.6	1969.11	1970.4	－6	－1	＋4
1973.3	1973.11	1973.8	1974.1	1974.3	－3	＋2	＋4
1978.12	1980.1	1978.11	1979.5	1980.3	－14	－8	＋2
平均	—	—	—	—	－8	－3	＋3

表 7.2.2　指示美国景气恢复的三个信号的定时表

增长循环谷	古典循环谷	T_1 ($L>1.0\%$) ($C<1.0\%$)	T_2 ($L>4.3\%$) ($C>1.0\%$)	T_3 ($L>4.3\%$) ($C>4.3\%$)	与古典循环谷比较 超前(－)或滞后(＋)月数 T_1	T_2	T_3
1949.10	1949.10	1949.8	1950.1	1950.3	－2	＋3	＋5
1954.8	1954.5	1954.5	1954.11	1954.12	0	＋6	＋7
1958.4	1958.4	1958.6	1958.10	1958.11	＋2	＋6	＋7
1961.2	1961.2	1961.3	1961.6	1961.8	＋1	＋4	＋6
1970.11	1970.11	1970.11	1971.5	1971.12	0	＋6	＋13
1975.3	1975.3	1975.6	1975.9	1975.11	＋3	＋6	＋8
1980.	1980.7	1980.9	1980.12	1981.4	＋2	＋5	＋9
平均	—	—	—	—	＋1	＋5	＋8

从表 7.2.1 中可以看到美国 1948—1980 年的七次景气高峰中，3 次信号的定时平均值是

$$\begin{cases} P_1 = -8 \text{ 个月} \\ P_2 = -3 \text{ 个月} \\ P_3 = +3 \text{ 个月} \end{cases}$$

该结果表明，P_1 在实际景气高峰到来的八个月以前就出现了，P_2 则在三个月以前出现，而确定景气高峰的信号 P_3 的发出是在实际高峰出现的三个月以后。

与景气高峰情况一样，从表 7.2.2 中可以看出，美国战后景气循环中，谷底的三个信号的定时平均值为

$$\begin{cases} T_1 = +1 \text{ 个月} \\ T_2 = +5 \text{ 个月} \\ T_3 = +8 \text{ 个月} \end{cases}$$

谷底的信号虽然都很晚,但是,按照穆尔和扎尔诺维茨的说法,应该接受这一事实。其理由是刚刚开始恢复时,经济活动水平较低,而且失业率正处在峰的水平,此时采取逐渐减少公共投资计划并经过一短暂的时期后再中止的做法是比较适当的。虽然第三个信号比谷底的出现滞后八个月,但是,此时大多数经济活动的循环扩张才刚刚开始。实际上,不论选择六个景气恢复的哪一个例子,用一致合成指数来计算的总体经济活动在到达第三信号时,都还未恢复到前一个高峰的水平。

上述的景气序列信号指示系统较好地运用于战后美国的景气循环中,对于以调整就业为目的的公共投资计划等景气对策实施时机的选择是十分有效的。

图 7.2.2[①] 是先行合成指数变化率 L 和一致合成指数变化率 C 的曲线图,并标上了景气信号。需要指出的是,图中的信号是利用 3.3%±1%和 0±1%的区间,利用两个带状区间判断,叫做区间方法,而仅考虑 3.3%和 0%两条水平线,这种方法叫水平方法。他们比较了区间方法和水平方法的结果,相差并不大,区间方法比水平方法更可靠,结果更稳定。

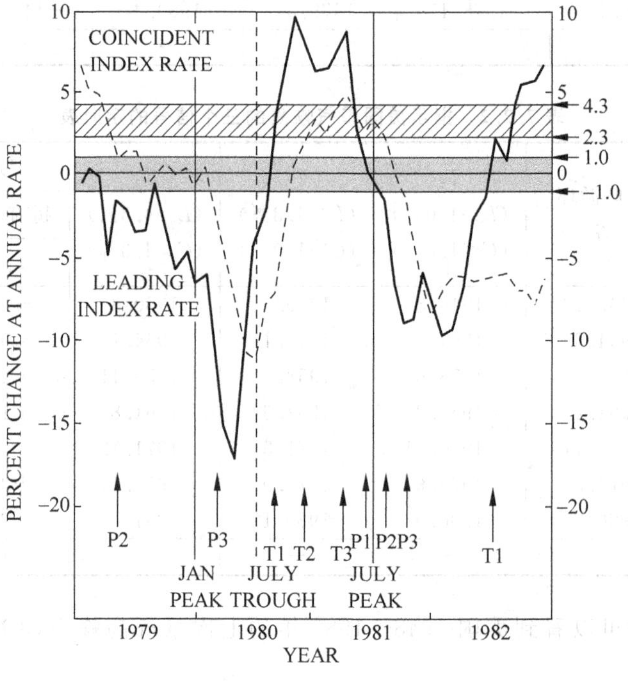

图 7.2.2 美国先行合成指数变化率(实线)、一致合成指数变化率(虚线)及景气信号

① 资料来源于 Zarnowitz V, Moore G H. Sequential Signals of Recession and Recovery[J]. Ballinger in NBER Book Series Studies in Business Cycles, 1983.

第8章 商情调查方法

商情调查方法(business survey)也叫景气动向调查方法，是第二次世界大战后欧美国家首先发起的，到20世纪50年代中叶，世界各国已广泛推广。商情调查方法与传统的统计方法不同，是通过问卷方式定期收集调查对象对其企业经营、投资决策、订单、利润、库存、用工、产能利用率、产品销售、价格等当前状况和未来走势的判断，并对调查结果进行综合处理得到反映行业和宏观经济变动的景气指数，是一种较快了解经济情况的便捷途径，也称为晴雨表系统。商情调查来自微观经济基础，不仅弥补了传统统计方法的不足，而且具有超前性和代表性，既可以预测短期经济趋势，指导企业的生产经营和投资决策，又可以为宏观经济调控政策提供参考。

8.1 商情调查分类

目前世界上广泛开展的定期商情调查根据调查对象的不同，主要有以下四种类型：企业景气调查、采购经理调查、消费者调查和经济学家调查。

1. 企业景气调查

企业景气调查是通过对部分企业负责人定期进行问卷调查，并根据他们对企业经营状况及宏观经济环境的判断和预期来编制景气指数，从而准确、及时地反映宏观经济运行和企业经营状况，预测经济发展的变动趋势。

各国开展的面向国内主要大中型企业的调查较多，这些大中型企业数量不多，但是在整个国民经济中所占比重却相当大。例如，日本银行的《主要企业短期经济观测调查》(以下简称《主要企业短观调查》)①，1992年被调查企业是690家。这690家企业的资产占资产在10亿日元以上的法人企业总数的20%，但销售额却占76.3%，设备投资额占74.8%，其代表性相当强。若与资本金1亿日元以上的全部22 230家法人企业比较，《主要企业短观调查》企业户数所占比重仅为3.1%，而销售额却占55.2%，设备投资额占49.3%，也具有相当的代表性。中国人民银行于1992年3季度开始发布全国5 000户工业企业景气调查结果。调查企业以国有大、中型工业生产企业为主，还包括一些具有相当经济规模，有代表性的非国有工业生产企业及企业集团，以及部分合资外资及股份制工业生产企业。

不少国家除开展面向大企业的调查外，还开展覆盖面很广的中小企业的调查。例如日

---

① 花田實.根据商情调查数据的景气观测[M]//金森久雄.景气预测入门.东京：日本经济新闻社，1977：56-81.

本银行在进行上述的主要企业的短期观测调查的同时,并行实施的还有《全国企业短期经济观测调查》。这项调查1994年包括9 918家企业,其中,中小企业5 889家。这些企业中,制造业销售额占全部法人企业的65%以上。德国IFO企业景气调查包括制造业企业3 600个、建筑业1 200个、零售业2 000个、服务业2 500个。中国国家统计局企业景气调查的企业为20 000个,其中工业12 000个,服务业8 000个。[①]

还有一种企业景气调查是设备投资意向调查,其主要目的是把握企业未来投资的基本动向。由于投资活动是引起宏观经济波动的重要因素,所以这种调查对政府掌握景气动向,进行宏观调控是十分必要的。例如,日本兴业银行对3 000多家企业按季度进行设备投资计划调查。1990年8月调查对象的规模是3 103家,其中10亿日元资产以上的大企业1 012家,中等企业1 208家,1亿资产以下的小企业883家。调查内容主要是前一年的投资状况,当年和下一年的投资计划。设备投资调查结果作为先行指数对预测景气起着很重要的作用。

2. 采购经理调查[②]

采购经理指数(purchasing managers' index,PMI)是通过对企业采购经理的月度调查,了解其对产品订货、生产量、生产经营人员、供应商配送时间、主要原材料库存、主要原材料价格和主要产品价格等商业活动指标的判断,并采用科学方法对调查指标进行汇总编制而成的综合指数。由于PMI具有先行性、及时性和可靠性的特点,已成为国际上通行的宏观经济监测指标之一。

美国是最早建立PMI指标体系的国家。美国的PMI由美国供应管理协会(Institute for Supply Management,ISM)负责,定期发布PMI调查数据和基于调查的商务报告。中国物流与采购联合会经过2003年和2004年两年的努力,建立了采购经理指数统计调查制度。中国物流与采购联合会与国家统计局合作,于2005年7月和2008年1月先后正式发布中国制造业和非制造业PMI。2004年,汇丰银行与英国Markit集团合作,共同编制、发布汇丰中国PMI指数。汇丰中国PMI体系包括汇丰中国制造业PMI和汇丰中国服务业PMI,以及汇丰中国综合PMI。

3. 消费者调查

消费者调查主要是了解消费者的消费态度、购买意向等消费动向。无论哪个国家,居民消费,特别是耐用消费品需求的循环变动都对经济波动起着很大的影响,所以这也是政府进行宏观经济调控时所关注的重要问题。

20世纪40年代,美国密歇根大学调查研究中心(Survey Research Center,SRC)开始研究消费需求对经济周期的影响,调查收集居民家庭消费收支,以及对经济环境,如就业、物价、经济形势的看法等指标,建立了完善的调查制度。1967年起,美国大型企业联合会(The Conference Board)也开始进行消费者调查,他们更关注的是就业和劳动力市场的状况。

20世纪60年代后,加拿大、澳大利亚、德国、英国、法国、意大利以及日本等国都逐渐开

① 郑京平.中国宏观经济景气监测指数体系研究[M].中国统计出版社,2013:97.

② 中国物流与采购联合会.中国PMI研究与实践[M].中国财富出版社,2012:10-25.

展针对本国居民的消费者调查，并开始编制和发布消费者调查相应的指数。

1997 年，国家统计局中国经济景气监测中心开始建立全国范围内的消费者调查制度。消费者调查每月进行一次，每月编制和发布消费者预期指数、消费者满意指数和消费者信心指数。

4. 经济学家调查[①]

经济学家调查是以问卷调查的形式，定期收集经济学家对某个国家或地区经济运行的判断和预期，进而编制经济学家信心指数。

最早开展经济学家调查的是德国 IFO 经济研究所。IFO 研究所从 1989 年开始，于每年的 1 月、4 月、7 月和 10 月进行调查并发布世界经济学家信心指数。1983 年 3 月，IFO 世界经济学家正式调查开始时，调查样本为 482 个，来自 50 个国家的经济学家接受调查。多年来随着调查专家和国家数量的不断扩大，从 2000 年开始，调查样本已经超过 600 个，涵盖 80 多个国家。从 2002 年 4 月开始，世界经济学家调查的样本量一直稳定在 1 000 个左右，接受调查的国家来自于 90 多个国家和地区。参与 IFO 调查的 1 000 多位经济学家中，有 65%的经济学家来自跨国机构，其中 45%来自企业，15%来自银行，5%来自保险公司，10%来自研究机构，10%来自商务部门，5%来自咨询部门，其余 10%来自国际性组织（如 OECD、IMF 和亚洲开发银行）。

中国经济景气监测中心借鉴 IFO 世界经济学家调查的成功经验，于 2004 年开始进行中国经济学家信心试调查，2005 年开始正式调查，编制和发布中国经济学家信心指数，调查时间定于每年的 3 月、6 月、9 月和 12 月。

8.2　商情调查概述[②]

商情调查是运用抽样调查的方法，以固定问卷（questionaire）方式，并依据一定时间频度向活跃于经营、生产、消费和其他经济活动一线的企业家、消费者提问，要求答卷者在几种简单明了的答案中进行选择回答。问卷主要包括诸如企业总体状况、企业策略和变化方向、资金可能投向、生产要素供给状况、市场需求状况、资本状况、成本效益状况和对经济形势及未来发展的评价和判断等方面的问题。通过调查信息来把握企业经营者对本企业基本经营活动状况的判断和对未来发展的预期。再运用特定的汇总、分析模式，对当前经济形势进行分析，对未来经济变化趋势进行预测。本节以日本银行的《主要企业短观调查》的定性判断调查为例，介绍商情调查方法。

8.2.1　商情调查问卷的设计

1. 问卷的形式

各国商情调查的问卷大多是以三值判断型为主的选择性形式，回答以定性为主，要求被

① 郑京平. 中国宏观经济景气监测指数体系研究[M]. 中国统计出版社，2013：129-135.

② 王潼，张元生，李凯，等. 景气问卷模糊预测方法及其在我国的应用[J]. 预测，1991(4).

调查企业的管理者在每一指标的三个可能回答中根据掌握的情况选择一个(见表8.2.1),这种形式也叫做判断调查(judgement survey)。由于这种定性的选择方法简便易行,使得企业家们不必查阅统计报表和汇总资料,根据他们手中掌握的情况和丰富的管理经验,很容易地使用打钩和填写阿拉伯数字的方式回答,因此,回答问卷并没有给企业家们增加多少负担。商情调查机构将问卷汇总结果及时反馈给填表人,使企业更好地了解其外部环境,更好地了解他们同行的情况,这样,商情调查也能为企业的生产经营决策科学化服务,使回答问卷的企业在此项工作中受益。

从统计规律上讲,某种经济状态出现的频率与出现的程度具有比较稳定的统计关系,这种定性的问卷形式把经济活动的各种状态抽象为如“上升、不变、下降”,或“旺盛、一般、疲软”等三种特征,概括了经济波动过程中的所有可选择的状态。通过对调查结果所具有的频数进行分析和加工,也可以得出反映经济现象变化程度的结果,从而在一定程度上满足定量分析的需要。

在国际上进行商情调查的著名机构,如德国的IFO(慕尼黑经济研究所)、英国的CBI(英国产业联盟)、法国的INSEE(国家统计经济研究所)、美国的商务部、意大利的ISCO(半官半民的调查机构)等都是以定性的判断调查为主。唯独日本银行和中国人民银行的商情调查采取定量和定性调查同时进行的方式。例如,日本银行的《主要企业短观调查》的调查内容分为定量调查和定性调查两个部分。定量调查主要涉及企业生产、销售、库存等有关经济活动财务指标的实际数据和预测(或计划)数据,共有62项指标,其中主要财务统计38项,计划指标24项。定性调查17项,主要是调查企业家对本企业经营状况、库存水平及其他情况所做的判断和评价(见表8.2.1)。虽然日本银行的《主要企业短观调查》问卷的形式复杂,内容繁多,但自1964年以来调查表的回收率均在100%,可信度也很高。在日本,日本银行的《主要企业短观调查》公布的信息最具影响力和权威性。但是对这种调查形式也有不同意见,这些不同意见认为对企业进行景气调查不宜过细,如果只是诸如“贵企业的收益是增加了,不变还是减少了”之类的定性问题,企业家本人就可随时回答。如果要求给出过细的定量回答,则企业家就会因太麻烦而责成下属工作人员填写,这样就会造成调查质量的下降。所以哪一种问卷形式好,是采用欧美风格的定性方式,还是采用日本风格的定量定性相结合的方式,还要根据本国国情来确定。

2. 调查内容

调查内容由指标体系决定。设计符合本国国情的、能反映经济运行情况的指标体系是商情调查工作成败的关键。

商情调查问卷的设计应遵循下列原则。

(1) 在设计问卷指标体系时,既要照顾宏观经济和决策的需要,又要切合企业生产经营的实际情况,使问卷答卷人(企业家)易于接受,愿意回答。因此应选取他们日常生产经营管理中最常用的、最熟悉的指标,以便通过答卷,挖掘他们头脑中非常有把握的经验估计信息。问卷的指标体系中除反映生产经营状况外,还要反映生产各环节、各层次的情况,在考虑到企业内部因素的同时,也要考虑到企业外部环境。

表8.2.1 日本银行《主要企业短期经济观测调查表》(定性判断部分)

问题	现状			下季		
1. 贵企业的经营状况	1 良好	2 一般	3 恶化	1 良好	2 一般	3 恶化
2. 本行业的产品供求	1 供不应求	2 大体均衡	3 供过于求	1 供不应求	2 大体均衡	3 供过于求
3. 贵企业的产成品库存	1 过大～稍多	2 适当	3 稍少～不足	1 过大～稍多	2 适当	3 稍少～不足
4. 本行业经销商库存水平	1 过大～稍多	2 适当	3 稍少～不足	1 过大～稍多	2 适当	3 稍少～不足
5. 贵企业原材料库存水平	1 过大～稍多	2 适当	3 稍少～不足	1 过大～稍多	2 适当	3 稍少～不足
6. 贵企业的生产设备	1 过剩	2 适当	3 不足	1 过剩	2 适当	3 不足
7. 贵企业的雇佣人员	1 过剩	2 适当	3 不足	1 过剩	2 适当	3 不足
8. 贵企业的资金筹措状况	1 乐观	2 不困难	3 困难	1 乐观	2 不困难	3 困难
9. 金融机构贷款态度	1 较宽松	2 适度	3 偏严	1 较宽松	2 适度	3 偏严
10. 贵企业的现有存款水平	1 稍多	2 适当	3 稍少	1 稍多	2 适当	3 稍少
11. 借贷利率水平	(与3个月前比) 1 上升	2 不变	3 降低	(与3个月前比) 1 上升	2 不变	3 降低
12. 贵企业产成品价格	(与3个月前比) 1 上升	2 持平	3 降低	(与3个月前比) 1 上升	2 持平	3 降低
13. 贵企业的进货价格	(与3个月前比) 1 上升	2 持平	3 降低	(与3个月前比) 1 上升	2 持平	3 降低
14. 贵企业的产成品盈利	(与3个月前比) 1 变好	2 不变	3 恶化	(与3个月前比) 1 变好	2 不变	3 恶化
15. 贵企业的销售贷款收款方式	(与3个月前比) 1 变好	2 不变	3 恶化	(与3个月前比) 1 变好	2 不变	3 恶化
16. 贵企业的支付条件	(与3个月前比) 1 变好	2 不变	3 恶化	(与3个月前比) 1 变好	2 不变	3 恶化
17. 贵企业的生产调整	1 实施	2 不实施		1 实施	2 不实施	

注:[1] 根据除去季节变动因素后的实际趋势,在相应的序号上画"○"。

[2] 资料来源:日本银行调查统计局《短观》(企业短期经济观测调查〈主要企业·全国企业〉),1997年8月调查结果。

(2) 在每一个选择性问题中,要包括对现状的实际判断和对下期的预期性判断两部分的内容,这是商情调查一个不可缺少的特点。生产经营活动者的判断、预计是影响经济活动,进而影响经济现象的重要因素之一。商情调查方法就是利用企业家先有判断与预期,后形成经营计划,最后导致计划完成这一特点,抓住了概念与行动之间的内在联系,利用这种因果关系,从询问、整理和分析生产经营者,即企业家的判断、预测入手,估计经济发展的趋势。

(3) 问卷的指标体系基本固定不变,即问卷形式相对稳定,从而能形成具有可比性的时间序列,便于进行深入的数量分析,如将商情调查的某些指标引入计量经济模型和作为景气指标使用。

中国的企业景气调查问题和选项设置与国外基本一致,采用三个选项定性判断的方式。此外中国的景气调查问卷设计还具有以下两个特点:① 国家统计局的企业景气调查行业分类更加细致,根据不同行业,调查表格设计成一张基本情况表和八张基层调查问卷,即企业基本情况以及工业、建筑业、批发和零售业、交通运输(包含仓储)和邮政业、住宿和餐饮业、信息技术服务业(包含信息传输和软件业)、房地产业、社会服务业八个行业的景气调查问卷。② 在工业企业景气调查中设有对每个指标影响重要程度的排序。[①]

8.2.2 商情调查的方式

各国商情调查的方式基本上采用将调查表邮送给被调查企业,并由企业家或相关部门填写后,邮寄给商情调查机构的调查方式。随着互联网的发展,调查数据也由邮寄改为通过网络传递的方式,提高了数据传递的效率。各国的商情调查机构充分利用计算机替代人工重复性劳动。利用商情调查处理软件和数据库系统进行调查数据的录入、汇总处理、结果分析和编制报表、报告,具有很高的工作效率。

调查的频度有半年、四个月、季度或月度,但多数国家采用季度调查。如日本银行的《主要企业短观调查》在每年的2月、5月、8月、11月进行,选择这样的调查时间是因为这些月份是能够取得各季度(分别为10～12月,1～3月,4～6月,7～9月)企业经济活动统计数据的最快时间。一般调查结果在调查月份的次月初发表,即在调查月下月的10日发表。

由于商情调查制度需要企业的积极配合,因此调查机构要与用户建立良好的合作关系。例如法国的商情调查有下列特点:

(1) 高质量的服务。由于具有良好的工作基础,商情调查的信息处理速度快、质量高,因而可以迅速反馈给企业,满足企业的需要。这样企业就愿意与商情调查机构合作,双方共同获益。

(2) 保持良好的信誉,即为企业保密。商情调查机构只提供各种汇总信息,不提供个别企业的信息,这样就解除了企业在竞争中的后顾之忧,提高了企业家回函积极性和回函率。

(3) 建立良好的联谊关系,商情调查机构经常通过一些小活动,保持与企业家的友好关系。[②]

8.2.3 调查对象的选择

商情调查对象的选择原则基本上是由对总体有较大代表性,同时又尽可能少的调查单位来组成样本。例如日本银行的《主要企业短观调查》选取调查企业原则上要符合两个条件:一是拥有10亿日元资本的上市企业(不包括金融保险业);二是要有行业代表性,个别资本金不足10亿日元,但在某产业中具有较高代表性的企业,也包括在调查范围内。

日本银行《主要企业短观调查》开始时的调查对象企业是从日本统计局的本国主要企业经营分析调查中选取的,为524家。为了保持时间序列的连续性,要求被调查企业原则上固定不变。但随着时间的推移,企业合并、倒闭,新企业增加等变化造成被调查企业的代表性下降,以及对行业的覆盖不平衡。为了弥补这些不可避免的问题,《主要企业短观调查》多次调整和增补被调查企业,1994年被调查企业总数增加到709家。在增补企业时,一般考虑

① 郑京平. 中国宏观经济景气监测指数体系研究[M]. 中国统计出版社,2013:100.

② 预测杂志编辑部. 国外景气调查发展概述[J]. 预测,1994(2).

以下几方面：第一，保证被调查企业维持在 500 家以上的足够数量；第二，以覆盖率低的产业为增补重点；第三，增补企业为资本金 10 亿日元以上的具有实力的企业（包括非上市企业）。日本银行《主要企业短观调查》调查对象行业分布情况见表 8.2.2。

表 8.2.2　日本银行《主要企业短观调查》调查对象行业分布表

行业名称	企业数(户)	行业名称	企业数(户)
制造业	396	非制造业	295
食品业	31	建筑	41
纺织	39	不动产	21
造纸业	14	商社	58
化学	65	零售业	32
石油化工	9	运输通讯	63
陶瓷砖瓦业	21	国内铁路	26
钢铁	26	海运	18
有色金属	21	电力	9
金属制品	14	煤气	5
一般机械	41	服务业	44
电气机械	46	租赁业	15
运输用机械	39	渔业	2
国内造船	6	采矿业	5
汽车	28		
精密机械	11		
其他制造业	19		
		全产业	691

注：资料来源同表 8.2.1。

8.2.4　调查结果的汇总与分析

商情调查机构把从各个地区、各个行业得到的反映企业微观经济活动的各种独立的、单一的判断信息经过汇总、加工处理后，形成一系列反映整个宏观经济活动轨迹和未来发展趋势的综合信息。这些丰富的信息对宏观经济管理、调控都具有十分重要的参考作用。

1. 调查结果的汇总

(1) 统计问卷户数的分布

将各项回答选择的企业数按不同选择分别汇总。例如 1991 年 8 月，日本银行《主要企业短观调查》被调查企业是 691 家，对“企业经营状况”的判断是，选择“良好”的企业 304 户，选择“一般”的企业 339 户，选择“恶化”的企业 48 户。该信息可以直观地看出被调查企业对各调查问题的选择判断户数。

(2) 问卷户数比重

计算选择 1、2、3 的企业户数分别占被调查企业总户数的百分比。根据上面的例子，可以计算出对“企业经营状况”的判断中，选择“1”的企业比重为 44%，选择“2”的企业比重为

49%,选择3的企业比重为7%,分别用 w_1、w_2、w_3 来表示对调查问题本季情况的判断中选择1、2、3的企业比重并将其乘以100,则上例中的比重分别为 $w_1=44$、$w_2=49$、$w_3=7$。同时用 $\tilde{w}_1$、$\tilde{w}_2$、$\tilde{w}_3$ 表示本季对未来情况的预计,即对下季度判断选择1、2、3的企业比重。

这两组信息可以按总计或按地区、行业、企业规模等进行分类计算,并且分别按本季和下季计算出分类信息。

2. 商情调查的扩散指数 $D\cdot I_t$

由上述的汇总信息不再加工也可用来进行分析,但要综合观测上述信息所代表的景气动向,还必须对汇总信息进行加工,把商情调查的结果制成扩散指数形式。以日本银行《主要企业短期经济观测调查表》(定性判断部分)共有17个问题为例,可以分别得到17个扩散指数。为了与第6章介绍的扩散指数 DI_t 相区别,将其称为判断调查的 $D\cdot I_t$。$D\cdot I_t$ 为第 t 个月第 i 个问题选择1的企业比重与选择3的企业比重之差。即

$$D\cdot I_{it}=w_{1i,t}-w_{3i,t},\quad i=1,2,\cdots,17 \tag{8.2.1}$$

从式(8.2.1)可以看出判断调查的 $D\cdot I_t$ 和扩散指数 DI_t 一样都反映了宏观经济波动的变化方向。与 DI_t 的区别是,$D\cdot I_t$ 的峰、谷是和景气波动相一致的,而不是穿过50%线的时点。

日本银行《主要企业短观调查》汇总时没有根据企业的规模大小加权,而是把大企业和较小规模企业的回答都作为相同的一个单位予以计算。为什么在计算D·I指数时不考虑权数呢?有两个理由,一是判断调查采用的D·I指数,是要从量上了解各企业家主观感觉上的倾向。因为扩散指数D·I的Diffusion就是渗透、扩散的意思,而非深度、大小之意,也就是说所要收集的是690家企业经营者们的感觉。从这个意义上说,不进行加权,把数据转换成扩散指数D·I后观测其动态变化更切合实际一些。二是日本银行在进行定性调查的同时还对这些企业进行定量调查,定量调查已反映了企业规模的大小,体现了权重的变化。

8.3 消费者调查

8.3.1 日本经济企划厅的消费动向调查

消费支出是在国民经济总支出中所占比例最大的支出项目。所以消费,特别是耐用消费品的循环变动对企业的设备投资,对景气循环起着相当大的影响。虽然影响消费支出的主要因素是消费者收入、消费品价格、消费者资产状况等,但是消费者的感情因素,即消费意识也是不容忽视的,是影响消费支出的重要因素。因此,许多国家都在开展消费者调查,其中比较成功的是日本经济企划厅的消费动向调查。下面对消费动向调查①做一简单介绍。

1. 调查的抽样方法及实施

日本两人以上的普通家庭(除外国人家庭外)约有3 000万户左右。每次按照经济企划厅确定的方法从这些普通家庭中按市、区、家庭的3段抽出法,选择5 000户以上的家庭作

---

① 资料来源于日本经济企划庁调查局1986年的消费动向调查(1985年3月实际调查结果)。

为调查对象，1985 年 3 月的调查对象是 6 015 户。调查时间是每年的 3 月、6 月、9 月、12 月。1985 年 3 月的调查时间是 1985 年 3 月 15 日。

消费调查由经济企划厅主持，委托各都道府县的知事实施，通过调查员进行具体的调查工作。1985 年 3 月的 6 015 户调查对象中有效回答的家庭是 6 004 户，有效回答率是 99.8%。

2. 消费调查的内容

消费动向调查的内容由五个主要部分组成：家庭支出的实际状况和计划、消费者的意向、耐用消费品的拥有及购买状况、住宅的购买状况、家庭的状况（职业、户主年龄、配偶职业、家庭人口数、就业人数、非就业者状况、三代同居、收入、住宅状况等）。

以上前四个方面的内容全部是定性选择，下面分别介绍。

（1）家庭支出的实际状况和计划

这部分有以下 10 个问题。

① 饮食费（包括外面用餐费用）。

② 与住房有关的费用（房租、维修、水、电、煤气等）。

③ 衣料用品费用（购买衣物、床上用品等）。

④ 耐用消费品购入费用（家具、家用电器、汽车等）。

⑤ 体育娱乐费（旅行、体育、娱乐等）。

⑥ 教育费用。

⑦ 保健、医疗费。

⑧ 交际费（婚丧、礼品、会费等）。

⑨ 零用钱。

⑩ 储蓄（包含各种保险金）。

对每个问题分为已支出的实际状况和今后的支出计划两个方面，每个方面又给出 5 种选择：增加、稍稍增加、不变、稍稍减少、减少。从中可以了解到消费者的实际消费状况和今后的消费动向。

（2）消费者意向调查和消费者态度指数

日本经济企划厅的消费动向调查表中的第二部分，关于消费者意向的 10 个问题列在表 8.3.1 中，其中每个问题有与前一年比较的消费者满意程度，和与今后一年比较的消费者对将来消费的态度，是乐观还是悲观。这样，消费者意向调查为 20 项，每一项制作一个指标，共得到 20 个消费者意向指标。

消费者意向指标制作方法是，对每一个项目，先求出被调查者的回答分布（%），如设汇总得到回答“变好”的户数比重为 w_1，“稍稍好转”为 w_2，“不变”为 w_3，“稍稍变坏”为 w_4，“恶化”为 w_5。然后，分别乘以权数 1，0.75，0.5，0.25，0，再求和。

设第 t 个月第 i 项回答分布分别为 $w_{1i,t}$，$w_{2i,t}$，$w_{3i,t}$，$w_{4i,t}$，$w_{5i,t}$，则

$$CS_{it} = 1 \times w_{1i,t} + 0.75 \times w_{2i,t} + 0.5 \times w_{3i,t} + 0.25 \times w_{4i,t} + 0 \times w_{5i,t}, \quad i = 1,2,\cdots,20 \tag{8.3.1}$$

式(8.3.1)的 CS_{it} 被称为消费者意向指标，它们的变化代表了消费者对这 10 个问题满足程度。这些指标往往受到季节因素的影响，所以还要经过季节调整。

表 8.3.1 日本经济企划厅消费动向调查表(第二部分)

Ⅱ 消费者意向(请把选择的序号填到回答栏中)			回答栏
1. 家庭生活情况	①	1. 变好 2. 稍稍好转 3. 不变 4. 稍稍变坏 5. 恶化	
	②	1. 变好 2. 稍稍好转 3. 不变 4. 稍稍变坏 5. 恶化	
2. 收入的增长	①	1. 增加 2. 稍稍增加 3. 不变 4. 稍稍减少 5. 减少	
	②	1. 增加 2. 稍稍增加 3. 不变 4. 稍稍减少 5. 减少	
3. 扣除了物价上涨因素收入的增长	①	1. 增加 2. 稍稍增加 3. 不变 4. 稍稍减少 5. 减少	
	②	1. 增加 2. 稍稍增加 3. 不变 4. 稍稍减少 5. 减少	
4. 储蓄占收入的比例	①	1. 降低 2. 稍稍降低 3. 不变 4. 稍稍提高 5. 提高	
	②	1. 降低 2. 稍稍降低 3. 不变 4. 稍稍提高 5. 提高	
5. 购买耐用消费品时的感觉	①	1. 宽松 2. 稍稍宽松 3. 不变 4. 稍稍紧张 5. 紧张	
	②	1. 宽松 2. 稍稍宽松 3. 不变 4. 稍稍紧张 5. 紧张	
6. 各种贷款的利率负担感	①	1. 较低 2. 稍稍低 3. 不变 4. 稍稍高 5. 较高	
	②	1. 较低 2. 稍稍低 3. 不变 4. 稍稍高 5. 较高	
7. 对消费生活的满足感	①	1. 提高 2. 稍稍提高 3. 不变 4. 稍稍降低 5. 降低	
	②	1. 提高 2. 稍稍提高 3. 不变 4. 稍稍降低 5. 降低	
8. 消费物价的上涨	①	1. 下降 2. 稍稍下降 3. 不变 4. 稍稍上升 5. 上升	
	②	1. 下降 2. 稍稍下降 3. 不变 4. 稍稍上升 5. 上升	
9. 就业环境	①	1. 变好 2. 稍稍好转 3. 不变 4. 稍稍变坏 5. 恶化	
	②	1. 变好 2. 稍稍好转 3. 不变 4. 稍稍变坏 5. 恶化	
10. 全国的景气状况	①	1. 变好 2. 稍稍好转 3. 不变 4. 稍稍变坏 5. 恶化	
	②	1. 变好 2. 稍稍好转 3. 不变 4. 稍稍变坏 5. 恶化	

注：表中① 行表示与一年前相比的情况；② 行表示今后一年与现在相比的情况。

消费者态度指数(consumer sentiment index,CSI)是将以上20个指标做简单的算术平均得到的，即

$$CSI_t = \frac{1}{20}\sum_{i=1}^{20} CS_{it} \tag{8.3.2}$$

从表8.3.1所列的问题中可以看出，有关消费物价的内容占较大比例，所以合成的消费者态度指数 CSI_t 较强地反映了消费者的通货膨胀意识。日本经济企划厅在季刊《日本经济指标》上公布消费者态度指数分为全体、农村家庭、非农家庭。

(3) 主要耐用消费品的拥有及购买状况

在消费动向调查表中共列出46项主要耐用消费品，从中选出10项列在表8.3.2中。这10项主要耐用消费品购买状况的每季调查的户数比重也在日本经济企划厅的《日本经济指标》上公布。

这项调查结果对相应的生产行业无疑是很重要的信息。从中可以分出各种耐用消费品的普及率，消费者购买状况和购买欲望。

(4) 住宅的购买状况

居民住宅的购买动向关系到房地产业、建材业、建筑业的发展。消费动向调查的住宅购

买状况包括两部分。一部分是最近一年住宅的购买的实际情况，自宅还是公寓，新房还是旧房等，以及后一年的购买计划。另一部分是住宅的增加和改建状况和计划。

表 8.3.2　日本经济企划厅消费动向调查表(第三部分)

Ⅲ　主要耐用消费品的拥有及购买状况(部分商品)

品名	现有数量	本季购买状况				下季购买计划			
		利用货款	新买	替换	增加	利用货款	新买	替换	增加
电冰箱	台	台	台	台	1有 2无	台	台	台	1有 2无
洗衣机	台	台	台	台	1有 2无	台	台	台	1有 2无
吸尘器	台	台	台	台	1有 2无	台	台	台	1有 2无
微波炉	台	台	台	台	1有 2无	台	台	台	1有 2无
空调机	台	台	台	台	1有 2无	台	台	台	1有 2无
暖气炉	台	台	台	台	1有 2无	台	台	台	1有 2无
彩电	台	台	台	台	1有 2无	台	台	台	1有 2无
录像机	台	台	台	台	1有 2无	台	台	台	1有 2无
照相机	台	台	台	台	1有 2无	台	台	台	1有 2无
汽车	台	台	台	台	1有 2无	台	台	台	1有 2无

注：表中“新买”表示原来没有；“替换”表示原来已有被替换掉；“增加”表示原来已有，又增加的；“利用贷款”表示利用贷款购买。在表中填上本季已购买或下季要买的数量。

8.3.2　中国国家统计局的消费者信心调查①

1997年12月，国家统计局中国经济景气监测中心开始开展全国范围内的消费者信心调查，并于1998年开始定期发布中国消费者信心指数。

1. 调查对象、方式和范围

消费者信心调查的对象是城镇常住户和农村常住户、年龄在19～64岁的城乡消费者。样本来自12个省市，2014年总样本为3 400个城乡消费者，其中城镇2 400个，农村1 000个。从空间分布上看，东部地区抽取北京、上海、山东、浙江和广东；中部地区抽取安徽、河南、湖南和吉林；西部地区抽取甘肃、四川和贵州。这一调查的方式主要是电话调查和当面访问两种。消费者信心调查每月进行一次，高频率的调查可以使政府、企业和个人及时了解消费状况和趋势。

2. 调查问卷

消费者信心调查问卷中除个人基本情况外，包括核心问题和特别关注的问题两部分。

(1)核心问题

① 消费者对当前经济形势的评价和未来的预期。

---

① 郑京平. 中国宏观经济景气监测指数体系研究[M]. 北京：中国统计出版社，2013：118-128，204-205，214-216.

② 消费者对当前就业形势的评价和未来的预期。

③ 消费者对个人(或家庭)收入状况的评价和未来的预期。

④ 消费者对个人(或家庭)购买耐用消费品时机的判断。

(2) 特别关注的问题

① 消费者对物价、房价等主要宏观经济变量的评价和趋势预测。

② 消费者的储蓄、消费和投资意愿。

③ 消费者对个人(或家庭)收入状况的评价和未来的预期。

④ 消费者个人(或家庭)耐用消费品的购买计划。

3. 指数的计算方法

消费者信心指数由消费者满意指数和消费者预期指数构成,其中消费者满意指数衡量消费者对当前经济生活的评价,消费者预期指数是消费者对未来经济生活变化的预测。

每个问题一般都分为对当前状况的判断和对未来预期两个部分,每个部分又设置5个定性选择判断。一般是"非常好"、"比较好"、"不太好"、"很不好"、"不知道"。当消费者选择"非常好"时权重 $x_1=2$;选择"比较好"时权重 $x_2=1$;选择"不太好"时权重 $x_3=-1$;选择"很不好"时权重 $x_4=-2$;选择"不知道"时权重 $x_5=0$。则第 t 个月每道题的得分为

$$CS_{it}=(x_1\times N_{1i,t}+x_2\times N_{2i,t}+x_3\times N_{3i,t}+x_4\times N_{4i,t}+0\times N_{5i,t})/N,\quad i=1,2,\cdots,m \tag{8.3.3}$$

其中,$N_{ki,,t}$ 为第 t 个月回答第 i 题时选择 x_k 的人数,N 为答题总人数,m 为题数,CS_{it} 取值在 $-2\sim2$ 之间。消费者满意指数(CSI_t)由式(8.3.3)计算的得分做算术平均得到

$$CSI_t=\frac{100}{2m}\sum_{i=1}^{m}CS_{it}+100 \tag{8.3.4}$$

消费者预期指数(CEI_t)的计算方法与消费者满意指数(CSI_t)相同。消费者信心指数(consumer confidence index,CCI)由消费者满意指数和消费者预期指数加权平均取得

$$CCI_t=CSI_t\times40\%+CEI_t\times60\% \tag{8.3.5}$$

消费者信心指数(CCI_t)、消费者满意指数(CSI_t)和消费者预期指数(CEI_t)的取值均在0~200之间。0表示"极端悲观",200表示"极端乐观",100为"乐观"与"悲观"的临界值。当消费者信心指数大于100时,表明消费者趋于乐观,越接近200乐观程度越高;小于100时,表示消费者趋于悲观,越接近0悲观程度越深。

图8.3.1是三个指数经过季节调整,去掉了季节因素、不规则要素的曲线图[①],其中实线是消费者信心指数(CCI_t),虚线和点划线是消费者预期指数(CEI_t)和消费者满意指数(CSI_t)。可以看出1999年以来,虽然波动较大,但是除个别年份外,中国消费者信心指数大都在100以上,说明中国消费者对消费的态度总体上趋于乐观。从图8.3.1还可以看出,消费者预期指数(CEI_t)一般高于消费者满意指数(CSI_t),说明消费者对预期还是有很好的期待,但是对现实满意程度要差一点。

① 数据来源于中国经济信息网数据库《宏观月度库》(http://www.cei.gov.cn),数据期间为1999年1月至2014年6月。

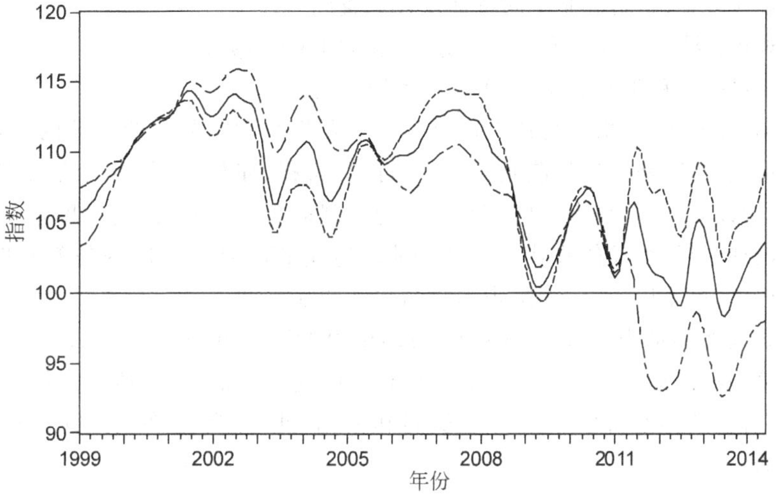

图 8.3.1　中国消费者信心指数（CCI_t，实线）、中国消费者预期指数（CEI_t，虚线）和中国消费者满意指数（CSI_t，点划线）

8.4　采购经理指数（PMI）[①]

8.4.1　美国供应管理协会公布的 ISM 指数[②]

ISM 指数是由美国供应管理协会（The Institute for Supply Management，ISM）公布的重要数据，对反映美国经济繁荣度及美元走势均有重要影响。美国供应管理协会（ISM）是全球最权威的采购管理、供应管理、物流管理等领域的专业组织，该组织成立于 1915 年，其前身是美国采购管理协会（The National Associate of Purchasing Management，NAP）。

早在 20 世纪 30 年代，美国就开始了采购经理人指数的调查。1948 年以后，美国供应管理协会就开始每月发布调查数据和基于调查的商务报告。ISM 建立 PMI 体系经历了一个不断完善的过程。ISM 的制造业 PMI 体系最初选取了产量、新订单、库存、雇员和产品价格五个指标，直到 1971 年才加入供应商配送指标，1988 年、1989 年、1993 年又依次加入新出口订单、进口和积压订单三个指标，以后美国制造业 PMI 指标又加上了消费库存指标。美国非制造业 PMI 是 1997 年后制定的，它是对标准行业分类（SIC）中 9 个类别 62 个不同的行业小类、超过 370 个服务业企业的采购与供应经理调查的结果汇总而成。

美国 PMI 的编制过程简述如下：

（1）确定调查报告的目的和性质，美国供应管理协会（ISM）进行数据收集、负责调查项目的运行；

（2）ISM 按照规模、行业、地理位置等指标对企业详细分类后随机选择被调查者、样本规模；

① 来源于中国网财经中心，中国采购经理指数（PMI）专题网站，《国外 PMI 的发展》，网址是 http://www.china.com.cn/economic/txt/2008-04/24/content_15009137.htm。

② 来源于美国供应管理协会网站，网址是 http://www.ism.ws/。

(3) 根据制造业、非制造业不同特征设计调查问卷;

(4) 根据问卷结果进行数据处理和分析,编制 PMI 指数;

(5) 发布制造业和非制造业 PMI 指数和研究报告。

目前,ISM 中的 PMI 指数总体上可分为制造业指数和非制造业指数两项,其中制造业采购经理人指数 PMI 是反映制造业在生产、订单、价格、雇员、交货等各方面综合发展状况的晴雨表,通常以 50 为临界点,高于 50 被认为是制造业处于扩张状态,低于 50 则意味着制造业的萎缩,影响经济增长的步伐。ISM 的非制造业 PMI 指数反映的是美国非制造业商业活动的繁荣程度,也是以 50 作为扩张和收缩状态的临界点。

ISM 指数发布网址为 http://www.ism.ws/ISMReport/index.cfm。ISM 公布的 PMI 指数已成为美国经济运行监测的及时、可靠、权威的先行性指标,得到了美联储、美国金融与投资公司、政府与商界经济学家的普遍认同和采用,此外,美国许多州还开展了区域性的 PMI 商业调查。

8.4.2 Markit 公布的欧洲国家 PMI 指数①

20 世纪 90 年代初,在 NTC-Research 集团(一家全球商业信息研究和咨询机构)的支持下,欧洲多数国家已经建立了 PMI 编制和发布制度。NTC-Research 集团更名为 Markit 集团,其中的 Markit Economics 为全球知名的财经信息服务公司,承担欧洲以及世界很多国家和地区的 PMI 指数编制工作。Markit Economics 的采购经理人指数(PMI)调查目前覆盖全球 32 个国家及欧元区等重要区域。该指数系列已成为全球密切关注的商业调查数据,能够及时、准确而且独到地把握每月经济动态,因此深受各国央行、金融市场和商业决策者的推崇。

Markit 公布的 PMI 指数主要包括制造业、服务业和零售业三大行业指数,这些指数均以 50 为分界线,若指数超过 50,代表经理人对目前景气持乐观态度,反之,该指数低于 50,则代表经理人对景气的判断并不乐观。

各国 PMI 指数方面,英国是欧洲国家编制 PMI 指数的典型。英国的 PMI 数据与报告均为月度发布,由 Markit、英国皇家采购与供应学会和路透社共同研究、发布和出版。以英国制造业 PMI 为例,该指数基于对 600 个英国私人制造业公司经理的调查,编制了 12 个制造业 PMI 指数:产量、新订单、新出口订单、工作积压、制成品库存、就业、产品价格、采购品价格、供应商配送时间、采购量、采购库存、采购经理指数(综合指数)。这些指数提供了对英国制造业活动最为及时的监测。该指数的调查覆盖了基于标准工业分类(SIC)的工业部门,如化学、电子、食品饮料、机械工程、金属、纺织、木材、造纸、运输等。

综合 PMI 指数方面,欧元区 PMI 指数是 Markit 在地区 PMI 编制方面的重要贡献。Markit 在各国完成 PMI 调查基础上,建立了欧元区 PMI 体系和欧元区 PMI 总指数。欧元区 PMI 总指数是在每个月定期调查超过 5 000 个公司采购经理的基础上完成的,该指数由欧元区制造业与服务业数据加权形成,权重是将欧元区作为一个整体,基于各国总产值对于欧元区经济发展的相对重要性来进行计算。整个欧元区 PMI 体系包括六个指标:欧元区综合生产指数、新订单指数、雇员指数、采购品价格指数、积压订单指数、产出品价格指数。

① 来源于 Markit 集团的 http://www.markit.com/en/,Markit 经济的 http://www.markiteconomics.com/。

主要欧元区国家PMI指数的发布信息见表8.4.1。

表8.4.1 欧元区主要国家PMI指数发布信息

国家	承担人	合作者	网址
德国	Markit	BME/Reuters	www.bme.de
法国	Markit	CDAF/Reuters	www.cdaf.asso.fr
意大利	Markit	Reuters/ADACI	www.adaci.it
西班牙	Markit	AERCE	www.aerce.org
荷兰	Markit	NEVI/YACHT	www.nevi.nl
奥地利	Markit	BA Creditanstalt/OPWZ	www.ba-ca.com
希腊	Markit	HPI	www.hpi.org
爱尔兰	Markit	NAB Stockbrokers	www.ncbdirect.com

特别地，Markit还与汇丰银行合作共同发布中国采购经理人指数(PMI)，即汇丰PMI。汇丰PMI已经成为判断我国制造业总体状况、国内政府部门和研究机构广泛关注的一项重要指标。

8.4.3 中国PMI指数①②

中国制造业PMI指数于2005年7月正式发布，非制造业PMI指数于2008年1月正式发布。本节以中国制造业PMI指数为例来介绍。

1. 调查对象、方式和范围

中国PMI调查采用每月定性调查方式，调查对象是企业采购经理或从事同类工作的高层管理人员。中国PMI调查采用分层概率抽样法(probability proportional to size sampling，PPS)，首先以制造业21个行业大类为抽样主体，按照各行业对GDP贡献的大小选取一定数量的企业；其次考虑了地理分布，样本企业具有足够的地理代表性；最后还考虑了企业类型，如国有企业、民营企业、外资企业等不同类型的企业均有代表。运用这种的抽样方法，较好地解决了在中国这样一个大国开展抽样调查的调查样本代表性问题。

2. 调查问卷

中国PMI调查包括了国际PMI调查通用的核心问题，如生产、订货、进口、价格、库存等，又增加了反映中国企业采购特点的问题，如主要原材料的采购量，同时对一些问题根据企业采购情况进行了修订，如企业主要生产经营人员数量、企业主要供应商发货时间、原材料提前订货时间等，调查还设计了一些开放式问题，如供应短缺的主要商品、价格上涨或下降的主要商品等。中国制造业采购经理调查问卷具体内容见表8.4.2。

① 中国物流与采购联合会.中国PMI研究与实践[M].北京：中国财富出版社，2012：28-56.
② 郑京平.中国宏观经济景气监测指数体系研究[M].北京：中国统计出版社，2013：105-117，192-199.

表 8.4.2 中国制造业采购经理调查问卷①

A 法人单位名称________________ B 法人单位代码 □□□□□□□□□-□

01 生产量：贵企业本月主要产品的生产量比上月
□ 增加 □ 基本持平 □ 减少

02 产品订货：贵企业本月来自客户的产品订货数量比上月
□ 增加 □ 基本持平 □ 减少

021 出口订货：贵企业本月用于出口的产品订货数量比上月
□ 没有出口 □ 增加 □ 基本持平 □ 减少

03 现有订货：贵企业目前存有但尚未交付客户的产品订货数量比一个月前
□ 不好估计 □ 增加 □ 基本持平 □ 减少

04 产成品库存：贵企业目前主要产品的产成品库存数量比一个月前
□ 增加 □ 基本持平 □ 减少

05 采购量：贵企业本月主要原材料(含零部件)的采购数量比上月
□ 增加 □ 基本持平 □ 减少

051 进口：贵企业本月主要原材料(含零部件)的进口数量比上月
□ 没有进口 □ 增长 □ 基本持平 □ 减少

06 购进价格：贵企业本月主要原材料(含零部件)的平均购进价格比上月
□ 提高 □ 变化不大 □ 下降

061 在本月购进的主要原材料中，价格上升或下降的有哪些？(请按常用名称列示)
价格上升：________________
价格下降：________________

07 主要原材料库存：贵企业目前主要原材料(含零部件)的库存数量比一个月前
□ 增加 □ 基本持平 □ 减少

08 生产经营人员：贵企业目前主要生产经营人员的数量比一个月前
□ 增加 □ 基本持平 □ 减少

09 供应商配送时间：贵企业本月主要供应商的交货时间比一个月前
□ 加快 □ 差别不大 □ 放慢

091 下列各类原材料一般需要提前多少天订货？(不包括套期保值与投机商品)

国内采购的生产用原材料	□ 随用随买	□30 天	□ 60 天	□ 90 天	□ 6 个月	□ 1 年
进口的生产用原材料	□ 随用随买	□30 天	□ 60 天	□ 90 天	□ 6 个月	□ 1 年
生产或维修用零部件	□ 随用随买	□30 天	□ 60 天	□ 90 天	□ 6 个月	□ 1 年
生产用固定资产	□ 随用随买	□30 天	□ 60 天	□ 90 天	□ 6 个月	□ 1 年

092 在企业主要原材料中，本月出现供应短缺的有哪些？(请按常用名称列示)
____

010 贵企业目前在原材料采购中遇到的主要问题或困难是什么？您有何评价或建议？

采购经理： 电话： 报出日期： 年 月 日

① 中国物流与采购联合会. 中国 PMI 研究与实践[M]. 北京：中国财富出版社，2012：40.

3. PMI 指数的计算方法

PMI 指数计算方法采用国际通行方法，即单个指标采用扩散指数方法，综合指数采用加权综合指数方法。

(1) 单个指数的计算

单个指数的计算涉及生产量、产品订货、出口订货、现有订货、产成品库存、采购量、进口、购进价格、主要原材料库存、生产经营人员、供应商配送时间 11 个问题，而原材料订货提前天数单独处理。

① 汇总方法

汇总方法分为加权和不加权两种方法。

采用加权方法：以每个企业上年营业收入作为权重，加权计算各企业选择增加、基本持平、减少分别占被调查企业总户数的百分比。

采用不加权方法：计算选择增加、基本持平、减少的企业户数分别占被调查企业总户数的百分比。

计算各选项(增加、基本持平、减少)百分比时，要从总数中剔除无关项(如不好估计、没有出口、没有进口等)，即增加、基本持平、减少三项的百分比之和为 100%。设增加、基本持平、减少三项百分比分别用 $w_{1i}, w_{2i}, w_{3i}, i=1,2,\cdots,11$ 来表示。

② 指数计算

采用扩散指数方法计算第 t 个月单个指数

$$pmi_{it} = w_{1i,t} + 0.5 \times w_{2i,t}, \quad i = 1,2,\cdots,11 \tag{8.4.1}$$

其中，供应商配送时间是逆指标。

③ 提前采购天数计算

先计算随用随买、30 天、60 天、90 天、6 个月、1 年企业所占的百分比，设为 q_1、q_2、q_3、q_4、q_5、q_6，然后计算提前采购天数。

$$\text{提前采购天数} = 5 \times q_1 + 30 \times q_2 + 60 \times q_3 + 90 \times q_4 + 180 \times q_5 + 360 \times q_6 \tag{8.4.2}$$

④ PMI 指数的季节调整

由于采购经理调查结果反映了当月对上月的变化情况，受季节性因素影响比较明显，需要进行季节调整。可采用国际上通用的 X-12-ARIMA 等方法，中国 PMI 指数的季节调整，由于缺乏有效长度的时间序列及农历节假日的影响，根据采购经理对每个问题受季节变动因素影响程度的选择，计算季节影响程度因子来进行调整。

(2) 综合指数(PMI)的计算

综合 PMI 指数是由 5 个扩散指数加权而成：

$$PMI_t = 0.25 \times pmi_{1t} + 0.3 \times pmi_{2t} + 0.1 \times pmi_{7t} + 0.2 \times pmi_{8t} + 0.15 \times (1 - pmi_{9t}) \tag{8.4.3}$$

其中，与表 8.4.2 对应：pmi_1 是生产量；pmi_2 是产品订货；pmi_7 是主要原材料库存；pmi_8 是生产经营人员；pmi_9 是供应商配送时间。

中国制造业 PMI 综合指数由上述 5 个指数加权平均计算得到，这同国际上大多数国家的通行做法基本一致，美国 2008 年后调整为用上述 5 个指数等权算术平均。图 8.4.1 是中国制造业 PMI 综合指数曲线图。[①]

① 数据来源于中国经济信息网数据库《宏观月度库》，网址是 http://www.cei.gov.cn，数据期间为 2005 年 1 月至 2014 年 6 月。

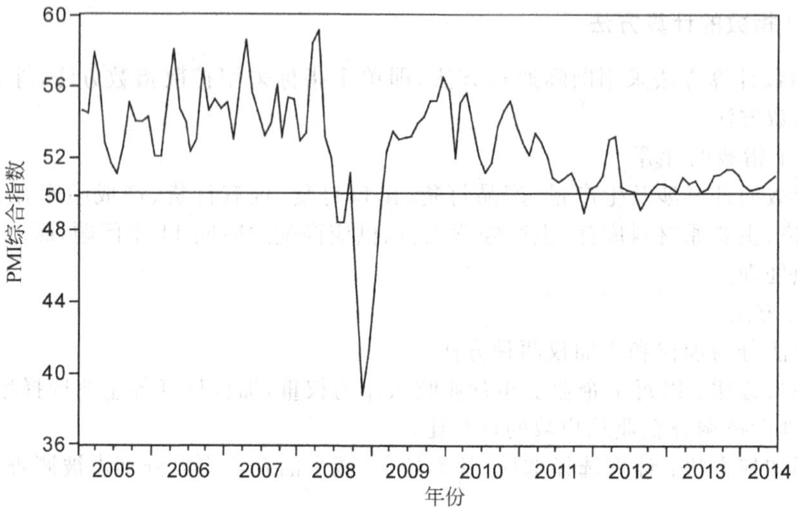

图 8.4.1 中国制造业 PMI 综合指数

8.5 中国工业景气调查数据的综合分析

8.5.1 我国的工业景气调查①

在我国目前正在进行的企业景气调查主要有国家统计局中国经济景气监测中心的全国8大类行业20 000户企业景气调查和中国人民银行的全国5 000户工业企业景气调查。下面以中国人民银行的工业企业景气调查为例介绍。

为了及时了解我国工业经济景气状况，把握工业未来发展态势，以便为中央银行制定货币政策提供依据，在中国人民银行调查统计司的主持下，于1990年建立了全国5 000户工业生产企业景气调查制度。调查包括月度工业企业主要财务指标统计(定量部分)及季度工业企业景气状况问卷调查(问卷调查是1992年3季度开始的)。调查企业以国有大、中型工业生产企业为主，还包括一些具有相当经济规模，有代表性的集体工业生产企业及企业集团。1993年以后增加了部分合资、外资及股份制工业生产企业。调查企业涉及27个行业，样本企业结构与中国工业的企业结构基本适应。

该景气调查系统的问卷调查部分是通过按季度向企业家发放问卷的形式，进行工业经济活动的定性调查。问卷反映了企业家们对企业总体经营状况、各生产要素供给状况、市场需求变化、资金流转状况、成本效益核算以及投资状况六大方面的29个问题的回答。每个问题还分本季实际判断和下季预测判断。作为例子，在表8.5.1列出了其中的市场需求状况部分。由于问卷是季度调查，所以设计的调查时点规定为每季度的季初(1月、4月、7月、10月)，于是问卷中"本季实际"是指刚结束季度的实际情况，而不是指刚开始的季度情况，"下季预测"是指刚开始季度的预计情况。

① 资料来源于中国人民银行调查统计司编写的《中国人民银行统计季报》，中国金融出版社出版。

表 8.5.1 中国人民银行工业景气调查问卷(市场需求状况部分)

问 题 栏	企业判断栏		汇 总 栏	
	本季实际	下季预测	本季	下季
产品的市场需求状况	a. 旺盛 b. 一般 c. 疲软	d. 旺盛 e. 一般 f. 疲软	[ ]	[ ]
产品销售情况	a. 旺销 b. 平销 c. 滞销	d. 旺销 e. 平销 f. 滞销	[ ]	[ ]
产成品库存水平	a. 偏高 b. 适中 c. 偏低	d. 偏高 e. 适中 f. 偏低	[ ]	[ ]
国内订货水平	a. 饱满 b. 一般 c. 不足	d. 饱满 e. 一般 f. 不足	[ ]	[ ]
出口产品订单	a. 增加 b. 不变 c. 减少	d. 增加 e. 不变 f. 减少	[ ]	[ ]

在问卷调查过程中,问卷的回收是调查系统的关键问题。怎样才能提高问卷的回收率呢?如果由人民银行总行直接发放和回收问卷,对于如此点多面广的调查系统来说,其工作量是相当大的,问卷回收率肯定受到影响。所以中国人民银行调查统计司采用了一级采样、多级汇总的实施方案。也就是在全国银行系统中,利用二级分行(即地、市级分行)同企业之间联系,定期发放和回收问卷,并直接把回收到的问卷内容输入到计算机,经检验校对后,使用通信网络只把数据文件传递到一级分行(即省、直辖市级分行)。一级分行汇总了自己管辖范围内的所有二级分行采样的数据后,再传递到总行,最后由总行汇总全国一级分行的数据。

对于这些汇总的数据,总行使用配套的计算机软件进行统计分析,并将分析结果定期向一级分行反馈,再由一级分行定期向企业提供反馈信息,以便企业家根据这些信息来确定本企业的经营决策,从而形成了工业景气调查的良性循环。

表 8.5.2 是中国人民银行发布的主要调查问题判断调查 $D \cdot I_{it}$(i 为问题序号,t 为季度)的部分数据。到 2014 年 2 季度已进行了 92 期景气问卷调查,每一期的调查结果都在《中国人民银行统计季报》及其网站上公布。工业景气调查的结果已成为我国分析和判断宏观经济运行状况和未来发展动向的重要信息之一,为中央银行利用金融政策进行宏观调控提供了科学依据。并且,随着历史数据的积累和调查的不断深入,工业景气调查所得到的各种信息越来越受到我国经济界和企业界的广泛重视。

表 8.5.2 我国 5 000 户工业企业问卷调查扩散指数 $D \cdot I_{it}$

问 题	2012 年			
	Q1	Q2	Q3	Q4
1. 宏观经济热度指数	39.2	37.3	31.4	31.6
2. 企业总体经营状况	64.3	63.7	61.1	61.8
3. 能源供应状况	66.6	67.6	68.3	70
4. 原材料供应情况	64.0	64.5	65.7	66.5
5. 设备能力利用水平	40.4	40.9	39.7	40.0
6. 产品销售情况	55.3	55.4	53.1	53.8
7. 产成品库存水平 *	45.7	45.3	44.0	45.5
8. 国内订货水平	50.5	50.2	47.4	47.7
9. 出口产品订单	46.9	48.8	47.5	47.1
10. 资金周转状况	60.7	60.4	59.5	59.7
11. 销货款回笼情况	65.3	64.1	62.8	63.8

续表

问　　题	2012年			
	Q1	Q2	Q3	Q4
12. 银行贷款掌握状况	33.8	35.2	37.6	38.6
13. 企业赢利情况	51.2	52.6	51.4	53.1
14. 产品销售价格水平	50.3	48.7	45.1	46.4
15. 原材料购进价格	67.3	65.7	59.3	60.7
16. 固定投资情况	50.0	50.5	49.6	49.6
17. 设备投资情况	49.2	49.0	48.5	48.6

注：[1] 资料来源于《中国人民银行统计季报》,中国人民银行调查统计司编写,中国金融出版社出版。

[2] Q1、Q2、Q3、Q4 分别表示一季度、二季度、三季度、四季度。

[3] 2013 年二季度中国人民银行统计季报停止发布能源供应状况、原材料供应情况、产品销售情况、设备投资情况；新增发布宏观经济热度指数、原材料购进价格；企业总体经营状况改名为企业景气指数。

[4] 产成品库存水平指标加"＊"号,表示逆转指标。

图 8.5.1 是中国 GDP 季度名义增长率[①]和工业景气调查企业总体经营状况扩散指数 $D\cdot I_{2t}$ 经过季节调整后的曲线图,可以看出两者的走势很吻合,其相关系数为 0.54。企业总体经营状况扩散指数 $D\cdot I_{2t}$ 的波动滞后于 GDP 季度名义增长率,而且 2008 年后振幅也略高于 GDP 季度名义增长率,说明 2008 年后企业家对企业总体经营状况的感觉好于实际经营状况,即高于 GDP 季度名义增长率。

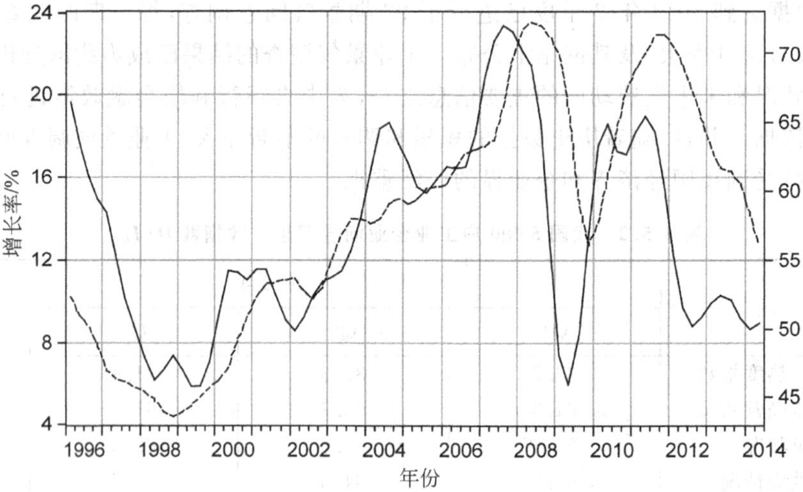

图 8.5.1　中国 GDP 季度名义增长率(实线)和企业总体经营状况扩散指数 $D\cdot I_{2t}$(虚线)

① 中国 GDP 季度名义增长率是利用国家统计局发布的季度国内生产总值(现价)_累计值转换为季值后,计算的与上年同月比并经过季节调整后的增长率序列。数据来源于中国经济信息网宏观月度库,数据期间：1995 年一季度至 2014 年二季度。

8.5.2　中国人民银行 5 000 户企业主要财务指标的景气指数分析

本节选择中国人民银行 5 000 家企业财务调查表中的工业总产值(现价)同比增长率[①]作为基准指标，从图 8.5.2 中可以看出，工业企业财务调查的工业总产值和全国工业总产值(现价)同比增长率的峰、谷基本一致，而且两者的相关系数为 0.843。中国人民银行的财务调查数据直接来源于大中型企业，比较真实、客观。

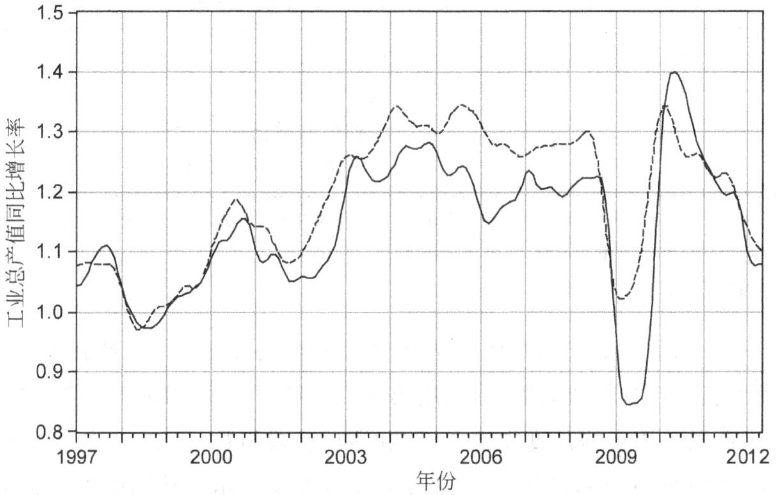

图 8.5.2　全国工业总产值(虚线，与上年同月比)和工业企业财务调查的工业总产值(实线，与上年同月比)

在确认了基准指标的基础上，本章利用 K-L 信息量、时差相关系数等方法对中国人民银行的 5 000 家工业企业主要财务指标进行了筛选，从其中的 16 个指标中选出三个先行指标(注：表 8.5.3 中还包括三个逆转指标)、四个一致指标、四个滞后指标。表 8.5.3 中的指标主要包括企业生产、销售、库存等有关经济活动的财务指标，从货物流通到资金流通，涉及企业的资产、利润、负债、货币资金等多方面，与企业的资本结构有很大关系。这些指标所描述的正是所谓的微观经济个体的行为，将其综合就将它们与宏观经济联系起来，可以建立反映宏观经济状况的景气指数。

表 8.5.3　5 000 家工业企业财务指标景气指标组

指标类型	指标名称
先行指标	工业产品销售率 货币资金增长率 货币资金占用系数 存货增长率 * 短期借款增长率 * 固定资产合计增长率 *

① 国家统计局于 2012 年 6 月之后不公布全国工业总产值(现价)月度数据，因此图 8.5.2 中的全国工业总产值同比增长率截止到 2012 年 5 月。同比增长率计算：$r_t = y_t / y_{t-12}, t=1,2,\cdots,T$。

续表

指标类型	指标名称
一致指标	工业总产值增长率 产品销售收入增长率 成本费用利润率 流动资产合计增长率
滞后指标	存货增长率 资产负债率 短期借款增长率 固定资产合计增长率

注:[1] 资料来源于《中国人民银行统计季报》,中国人民银行调查统计司编写,中国金融出版社出版。

[2] 表中所列指标都经过季节调整,去掉季节因素。

[3] 表中加"*"的指标表示逆转。

可以看出表 8.5.3 的景气指标组代表企业经营的各主要方面,具有较强的经济意义。本章进一步使用表 8.5.3 所列的指标,利用第 6 章介绍的美国 NBER 计算合成指数(CI_t)的方法,计算了工业景气调查的月度先行、一致和滞后合成指数(以 2005 年为基期,数据期间:1996 年 1 月至 2014 年 6 月),结果如图 8.5.3、图 8.5.4 所示。从图中可以看出先行合成指数的先行性和滞后合成指标的滞后性都较好。因此可以通过工业调查数据的汇总、合成,从微观角度来分析全国工业经济形势,使央行和政府对发生在微观企业的一些经济现象引起重视,从而全面地制定合理的宏观经济调控政策。

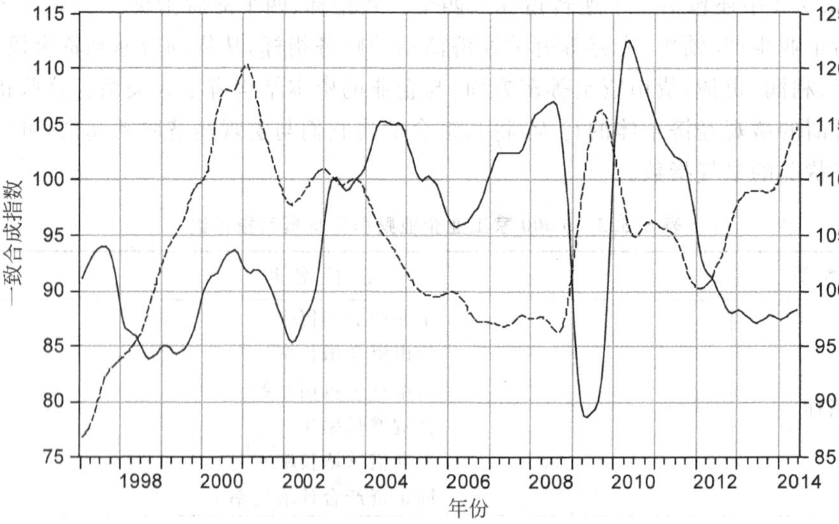

图 8.5.3 工业企业财务调查的一致合成指数(实线,左坐标)和工业企业财务调查的先行合成指数(虚线,右坐标)

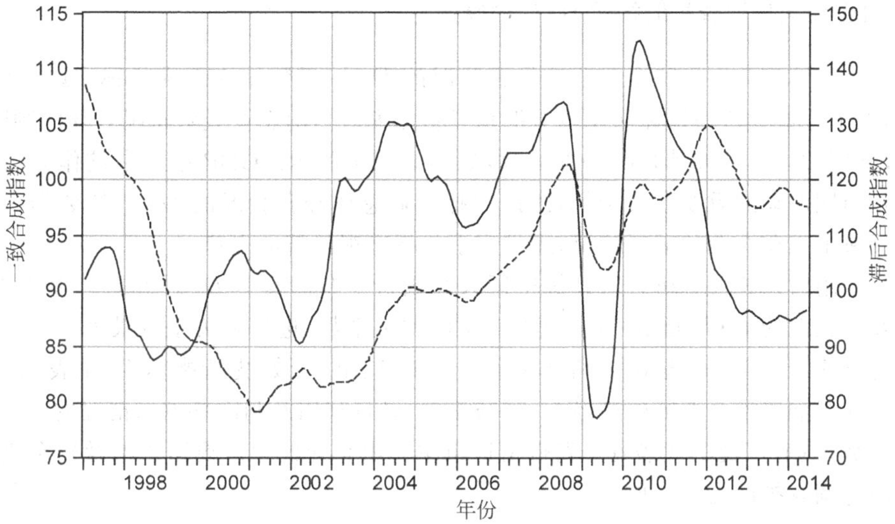

图 8.5.4　工业企业财务调查的一致合成指数(实线,左坐标)和工业企业财务调查的滞后合成指数(虚线,右坐标)

8.5.3　中国人民银行 5 000 户企业问卷调查结果的景气指数分析

1. 5 000 户企业问卷调查扩散指数 $D \cdot I_{it}$ 的计算

5 000 户企业景气扩散指数(diffusion indices of business survey of 5 000 principal enterpri-ses,D•I)是对景气调查中定性数据的量化描述,用以反映该指标所处的状态。第 t 个季度第 i 个问题扩散指数值的计算公式[①]如下

$$D \cdot I_{it} = \frac{100 \times (w_{1i,t} - w_{3i,t}) + 100}{2}, \quad i = 1,2,\cdots,k \tag{8.5.1}$$

其中,w_1 表示企业家回答良好或上升的百分比;w_2 表示企业家回答恶化或下降的百分比;k 为指数个数(也即问题个数)。其数值在[0,100]之间,一般而言 $D \cdot I_{it}$ 指数取值越接近 0,表示大多数企业家对这个问题的判断在下降;取值在 50 附近,表明变化不大;取值越接近 100,表示大多数企业家对这个问题的判断在上升。《中国人民银行统计季报》每季公布了由 15 项问题回答结果计算出的 15 个问卷调查扩散指数 $D \cdot I_{it}$[②],即 $k=15$,从而把定性的问题转化为定量的时间序列来考虑。

① 为了便于与其他指标进行比较,自 2003 年 3 季度起,中国人民银行 D•I 指数采用新的计算方法,原方法是用上升的比重 w_1 减去下降的比重 w_3,其差额的数值在−100 到 100 之间,改为将差额加上 100 除以 2,转化为在 0 和 100 之间围绕 50%波动的指数数值。

② 2013 年二季度中国人民银行统计季报停止发布能源供应状况、原材料供应情况、产品销售情况、设备投资情况;新增发布宏观经济热度指数、原材料购进价格;企业总体经营状况改名为企业景气指数。发布指数由原来的 15 个缩减为 13 个。本章仍按原来的 15 个指标计算。

2. 对企业问卷调查扩散指数 $D\cdot I_{it}$ 的筛选

本章以表 8.5.2 中反映企业总体经营状况的 $D\cdot I_{it}$ 指数作为基准指标，选择其作为基准指标，除了考虑到这一指标从总体上汇总了企业家对当前企业经营状况好坏的判断外，其还与 GDP 同比增速的波动状况基本一致，如图 8.5.1 所示。GDP 增速常被作为衡量我国经济增长周期波动的重要参考指标，因此选择企业总体经营状况的 $D\cdot I_{it}$ 指数作为基准指标不仅反映了工业企业的运行状况，还可用于分析宏观经济的走势。

本章采用时差相关分析方法计算中国人民银行公布的其他 $D\cdot I_{it}$ 指数与基准指标(企业总体经营状况的 $D\cdot I_{it}$ 指数)在不同时滞下的相关系数，选择相关系数最大的时滞得到该指标的先行或滞后期。筛选出分别反映企业景气变动的一致、先行指标组(见表 8.5.4)，其中一致指标组涵盖了企业的生产经营、市场需求、设备利用及利润各方面情况的五个问卷调查扩散指数，具有广泛的代表性；先行指标组主要由企业的生产要素供给及资金供给等四个相关问卷调查扩散指数构成。

表 8.5.4 5 000 家工业企业问卷调查扩散指数 $D\cdot I_{it}$ 的景气指标组

指标类型	指标名称
先行指标	银行贷款掌握状况($D\cdot I_{12t}$) 原材料供应情况($D\cdot I_{4t}$) 产成品库存水平 *($D\cdot I_{7t}$) 能源供应状况($D\cdot I_{3t}$)
一致指标	企业总体经营状况($D\cdot I_{2t}$) 产品销售情况($D\cdot I_{6t}$) 企业赢利情况($D\cdot I_{13t}$) 设备能力利用水平($D\cdot I_{5t}$) 国内订货水平($D\cdot I_{8t}$)

注：[1] 表中所列问卷调查扩散指数 $D\cdot I_{it}$ 的下标序号与表 8.5.2 一致。

[2] 表中加“*”的指标表示逆转。

[3] 数据期间：1993 年一季度至 2013 年一季度。

3. 我国工业企业问卷调查合成指数的计算

本章利用表 8.5.4 的指标计算了工业企业商情调查的季度先行、一致合成指数，如图 8.5.5 所示，合成指数以 2005 年为基期。图 8.5.5 给出了定性景气调查的一致合成指数与先行合成指数从 1993 年一季度至 2013 年一季度的波动状况，先行合成指数因其具有超前反映经济景气状况和预测转折点的特点，一直受到人们的普遍关注。从图 8.5.5 可以看出，先行合成指数具有非常明显的先行性。

中国人民银行 5 000 家工业企业财务调查指标和工业企业问卷调查扩散指数 $D\cdot I_{it}$ 的数据对于从微观角度来刻画宏观经济起到非常重要的作用，从而为我们提供了又一种分析宏观经济形势非常有效的方法。这些丰富的信息及结果对我国宏观经济管理、调控都具有十分重要的参考作用。

中国人民银行调查统计司仅公布了工业景气调查的一部分数据，如果能公布关于企业家对下季判断的调查数据和分行业的调查数据，将会得到更多的先行信息，可增加预测未来

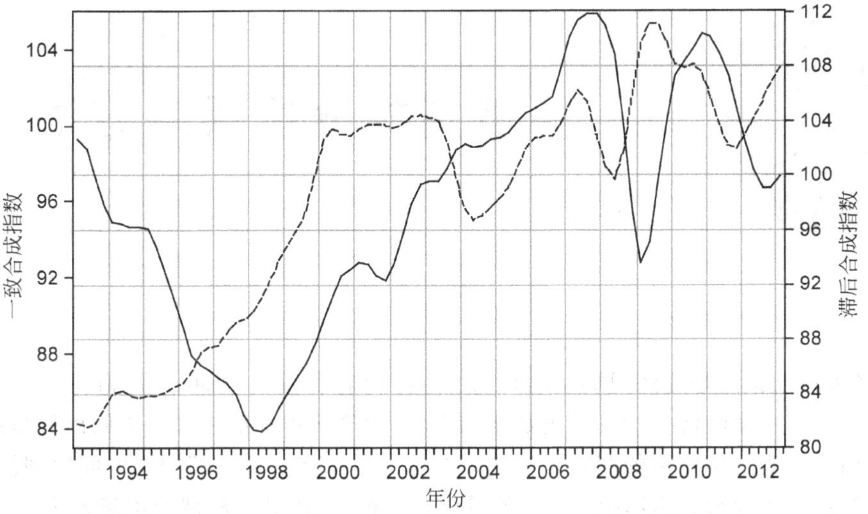

图 8.5.5　5 000 家工业企业问卷调查的一致合成指数(实线,左坐标)和 5 000 家工业企业问卷调查的先行合成指数(虚线,右坐标)

的经济走势的准确性和可靠性。

我国商情调查的数据对于分析企业层次的微观经济问题,以及利用汇总计算得到的景气指数去分析宏观经济问题,都具有非常好的参考价值,说明我国商情调查信息的重要性,而这一点恰恰需要引起政府宏观调控部门、经济学界和企业界的广泛重视,使我国商情调查发挥其应有的作用。

第9章 经济指标分析预测方法

经济指标的预测是经济周期波动研究的主要内容和重要方面，经济指标预测主要是采取科学的方法，根据经济指标的历史数据和事实，对经济指标的未来动向做出科学的判断或预见，进而为宏观经济政策的制定提供决策参考。本章将主要介绍限界时间序列模型、增长曲线模型、增长率模型、ARIMA 模型、数量化理论模型、Probit 模型等预测方法。

9.1 预测与预测评价

设经济指标 y_t 样本观测值的个数为 T，一般将模型中的样本分为两个区间：$[1,T_1]$ 和 $[T_1+1,T]$，前一个区间用于估计，后一个区间用于检验。

9.1.1 预测误差与方差

为说明预测过程，我们从一个简单的线性回归模型开始，因变量是 y_t，解释变量是 $\boldsymbol{x}_t=(1,x_{1t},x_{2t},\cdots,x_{kt})'$，$k$ 为解释变量个数，其中不含因变量的滞后。假设模型由下式给定

$$y_t=\boldsymbol{x}_t'\boldsymbol{\beta}+u_t,\qquad u_t\sim i.i.d.\,N(0,\sigma^2),\quad t=1,2,\cdots,T \tag{9.1.1}$$

对模型进行参数估计，虽然生成 y_t 的真实模型尚不知道，但得到了未知参数 $\boldsymbol{\beta}=(\beta_0,\beta_1,\beta_2,\cdots,\beta_k)'$ 的估计值 $\boldsymbol{b}$，用第 t 个样本点上所有解释变量取值构成的行向量，可以估计出 $\hat{y}_t$

$$\hat{y}_t=\boldsymbol{x}_t'\boldsymbol{b},\quad t=1,2,\cdots,T \tag{9.1.2}$$

实际值与预测值之差称为误差，即

$$\hat{u}_t=y_t-\hat{y}_t=y_t-\boldsymbol{x}_t'\boldsymbol{b},\quad t=1,2,\cdots,T \tag{9.1.3}$$

9.1.2 预测类型

1. 拟合(fitting)

对于经济指标 y_t，给定样本期内 $[1,T]$ 解释变量的观测值 $\boldsymbol{x}_t(t\leqslant T)$，由式(9.1.1)估计得到参数估计值 $\boldsymbol{b}$，再由式(9.1.2)计算得到的 $\hat{y}_t$ 是拟合值，也称为样本内预测(in-sample forecast)。把经济指标 y_t 的原始时间序列数据与模拟结果进行比较，是一种很有用的检验模型效果的方法。

2. 预测(forecasting)

预测是对经济指标 y_t 的估计样本区间以外进行外推。要进行预测，必须拥有整个预测

期内所有外生解释变量的时间序列数据。预测可以分为两类。

(1) 事后预测

如果估计区间是 $[1, T_1]$，预测区间是 $[T_1+1, T]$，即由估计样本区间以外的解释变量观测值 $x_t(t\in[T_1+1, T])$，计算得到的 $\hat{y}_t$ 是预测值。然后把得到的预测结果与 $[T_1+1, T]$ 区间内的经济指标 y_t 的已知数据进行比较，这种预测称为事后预测(ex post)，通常用来检验模型预测的准确性。事后预测还可以用于政策方案的分析，通过改变政策参数的值，就可以考察不同的政策产生的不同效果。

(2) 事前预测

另一种预测是预测的起始时刻 t 在样本区间的终止时刻 T 之后，即 $t=T+1, T+2, \cdots, T+h$ 时，h 是预测期长度，这被称作事前预测(ex ante)。拟合、事前和事后预测期间如图 9.1.1 所示。

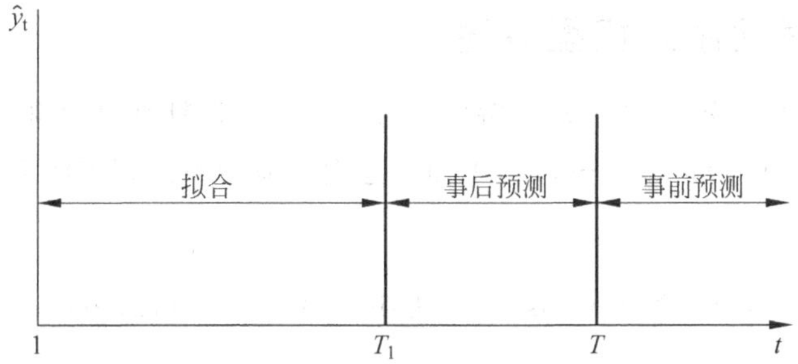

图 9.1.1　拟合、事前和事后预测期间

9.1.3　预测评估

对于模型预测功能的评估，通常利用事后预测，将经济指标 y_t 的整个样本区间分成两部分，用 $[1, T_1]$ 样本估计模型，然后利用所估计的模型对剩余区间 $[T_1+1, T]$，即 $t=T_1+1, T_1+2, \cdots, T_1+h(T=T_1+h)$ 的数据点进行预测。一般是用 85%～90%的数据进行估计，剩余的数据进行检验。通过实际值和预测值的对比，评价模型预测功能。

常用的度量模型预测精度的评价方法分别为

$$\text{平均绝对误差(MAE)} = \frac{1}{h}\sum_{t=T+1}^{T+h}|\hat{y}_t - y_t| \tag{9.1.4}$$

$$\text{平均相对误差(MPE)} = 100\times\left(\frac{1}{h}\sum_{t=T+1}^{T+h}\left|\frac{\hat{y}_t - y_t}{y_t}\right|\right) \tag{9.1.5}$$

$$\text{均方根误差(RMSE)} = \sqrt{\frac{1}{h}\sum_{t=T+1}^{T+h}(\hat{y}_t - y_t)^2} \tag{9.1.6}$$

$$\text{Theil 不等系数 U} = 100\times\frac{\sqrt{\frac{1}{h}\sum_{t=T+1}^{T+h}(\hat{y}_t - y_t)^2}}{\sqrt{\frac{1}{h}\sum_{t=T+1}^{T+h}\hat{y}_t^2}+\sqrt{\frac{1}{h}\sum_{t=T+1}^{T+h}y_t^2}} \tag{9.1.7}$$

其中，h 为预测期数，$\hat{y}_t$ 和 y_t 分别为预测值和实际值。平均绝对误差(MAE)和均方根误差

(RMSE)都是绝对量的差额,受因变量量纲影响,不同指标之间不能比较。平均相对误差(MPE)和 Theil 不等系数 U 是不受量纲影响的相对指标。由于平均相对误差(MPE)是误差所占的百分比,比较直观,因此一般采用平均相对误差(MPE)来评估预测误差。为了减少经济结构变化对经济指标预测的影响,一般对月度或季度数据采用近 5 年的数据进行估计和预测。

为比较方便起见,本章各预测方法都将经济指标 y_t 的数据截止到 2013 年 3 月,对其模型进行估计,然后利用估计的模型在 2013 年 4 月至 2013 年 9 月期间对经济指标 y_t 进行预测,并采用平均相对误差(MPE)与同期的实际值进行比较,评估预测效果。

9.2 限界时间序列模型[①]

9.2.1 限界时间序列模型概述

可以把经济时间序列 y_t 的变动分解成无穷多个不同周期变动之和。假定存在 m 个角频率(angular frequency)$\omega_1,\omega_2,\cdots,\omega_m$,下面考虑由对应于不同频率的多个周期变动和构成的模型

$$\hat{y}_t = \sum_{k=1}^{m}(A_k\cos\omega_k t + B_k\sin\omega_k t),\quad t=1,2,\cdots,T \tag{9.2.1}$$

限界平均时间序列模型的思想是利用三角级数式(9.2.1)来模拟经济时间序列 y_t 的波动,并且通过对三角级数展开不同项来得到多个预测模型($m=2,\cdots,N$),其中 N 为正整数,确定相应的界限,采用平均模型的概念,从多个预测值中选取落入界内的预测值取平均来作为最终预测值。设经济时间序列为 y_t,采用三角级数 $f(t)$ 来拟合 y_t。

$$f(t) = \sum_{k=1}^{m}[A_k\sin(\omega_k t) + B_k\cos(\omega_k t)],\quad t=1,2,\cdots,T \tag{9.2.2}$$

其中,角频率 $\omega_i\neq\omega_j$(当 $i\neq j$ 时),$0<\omega_k<\pi$,$i,j=1,2,\cdots,m$,$1\leqslant t\leqslant T$。并且角频率 ω_k,A_k,B_k 将由 $f(t)$ 的观测值 y_t 确定。将三角函数的和差公式应用于式(9.2.2),可得到

$$f(i+P)+f(i-P) = 2\sum_{k=1}^{m}\cos(P\omega_k)[A_k\sin(\omega_k i)+B_k\cos(\omega_k i)] \tag{9.2.3}$$

将式(9.2.3)两端乘以权数 a_p,并就 $p=0,1,\cdots,m-1$ 求和可得

$$\sum_{p=0}^{m-1}a_p[f(i+P)+f(i-P)] = 2\sum_{k=1}^{m}[A_k\sin(\omega_k i)+B_k\cos(\omega_k i)]\times\left[a_0+\sum_{p=1}^{m-1}a_p\cos(p\omega_k)\right] \tag{9.2.4}$$

其次,确定 a_p 之值使式(9.2.5)成立(即 a_p 是式(9.2.5)的解)

$$a_0+\sum_{p=1}^{m-1}a_p\cos(p\omega_k) = \cos(m\omega_k),\quad k=1,2,\cdots,m \tag{9.2.5}$$

对于由式(9.2.5)所确定的 a_p,有式(9.2.6)成立。

① Vysotskiy V M, Ivakhnenko A G, Cheberkus V I. Long-term Prediction of Oscillatory Processes by Finding & Harmonic Trend of Optimum Complexity by the Balance of Variables Criterion[J]. Soviet Aut Control, 1975, 8(1): 18-24.

$$\begin{aligned}&\sum_{p=0}^{m-1}a_p[f(i+P)+f(i-P)]\\&\quad=2\sum_{k=1}^{m}[A_k\sin(\omega_k i)+B_k\cos(\omega_k i)]\times\cos(m\omega_k)\\&\quad=f(i+m)+f(i-m)\end{aligned}\tag{9.2.6}$$

于是有

$$f(i+m)-\sum_{p=0}^{m-1}a_p[f(i+P)+f(i-P)]+f(i-m)=0\tag{9.2.7}$$

其中，a_p 是式(9.2.5)的解。

对于式(9.2.3)中的 $f(t)$，式(9.2.7)是严格成立的。但是由于实际的观测值满足

$$y(t)=f(t)+\varepsilon(t)\tag{9.2.8}$$

其中，$\varepsilon(t)$是观测噪音。式(9.2.2)中的 ω_k，A_k，B_k 可用下列方法确定。

当角频率给定时，式(9.2.7)中的 a_p 可通过式(9.2.5)确定。然而确定 ω_k 时，要反过来先用 $f(t)$的观测值 y_t 确定 a_p，再由 a_p 来确定 ω_k。确定 a_p 的准则是，对于给定的 m，使式(9.2.9)中的 B 为最小。

$$B=\sum_{i=m+1}^{N-m}b_i^2\tag{9.2.9}$$

$$b_i=y(i+m)-\sum_{p=0}^{m-1}a_p[y(i+p)+y(i-p)]+y(i-m)\tag{9.2.10}$$

以这样求得的 a_p，再用下述方法，用式(9.2.5)来确定 ω_k 的值。若得 ω_k 记作 ω。则式(9.2.5)就成为

$$\cos(k\omega)=2\cos((k-1)\omega)\cos\omega-\cos((k-2)\omega),\quad k\geqslant 2\tag{9.2.11}$$

用递推式得

$$a_0+\sum_{p=1}^{m-1}a_p\cos(p\omega)=\cos(m\omega)\tag{9.2.12}$$

就可以将式(9.2.11)变为 $\cos\omega$ 的 m 次多项式。于是这个多项式有 m 个根。由它们所确定的 m 个 ω_k，满足式(9.2.5)。角频率 ω_k 被确定后，就按普通最小二乘法来确定系数 A_k，B_k。

9.2.2 限界时间序列模型的预测过程

1. 预测

一般取三角级数 $f(t)$展开的项数 $m=2,3,\cdots,[T/3]$[①]，T 是样本个数。但是由于月度或季度指标的计算量较大，一般不展开太多的项数，设 $N=[T/3]$，则取 $N\leqslant 8$。这样可以求得 $N-1$ 个不同的三角级数 $f_i(t)$，$i=1,2,\cdots,N-1$。

利用上节的方法确定了式(9.2.2)中的 ω_k，A_k，B_k 后，就可以利用式(9.2.2)进行预测

① $[x]$表示对 x 取整，即取其整数部分。如 $x=16/3$，则$[x]=5$。

$$f_m(t)=\sum_{k=1}^{m}[A_k\cos\omega_k(t)+B_k\sin\omega_k(t)],$$
$$t=T+1,T+2,\cdots,T+h,m=2,3,\cdots,N \qquad (9.2.13)$$

其中,h 是预测个数。

为了消除经济时间序列 y_t 的趋势,考虑计算 y_t 的差分 $\Delta y_t=y_t-y_{t-1}$ 所形成的时间序列。并将 Δy_t 减去其均值后记以 $\Delta y_t'$。采用式(9.2.13)中三角级数 $f_m(t)$ 来拟合 $\Delta y_t'$,然后将预测值 $\Delta\hat{y}_{m,t}'$ 还原为原序列 $\hat{y}_{m,t}$ 的形式。

2. 确定界限与平均模型

由于得到的 $N-1$ 个预测值 $\hat{y}_{m,t}$ 可能会落在一个较大的区间里,直接取平均的误差较大。为了提高预测精度,需要确定一个界限区间。界限区间的确定方法是:对于预测月份,例如 4 月份,将 4 月份各年样本观测值的平均值 $\pm\gamma\sigma$ 作为上下界限,其中,γ 是正整数权数,σ 是标准差。用同样的方法,分别对 $t=T+1,T+2,\cdots,T+h$ 的每个预测月份确定界限区间。

3. 平均模型与预测结果

对每个预测月份,将落入其界限区间的预测值 $\hat{y}_{m,t}$ 选出来,如果没有预测值落入区间,则将 γ 增大,直到有预测值落入为止。然后将选上的预测值取平均,作为最终预测值 $\hat{y}_t(t=T+1,T+2,\cdots,T+h)$。因此,此模型称为限界平均时间序列模型。

本节采用限界平均时间序列模型,对固定资产投资、M2、贷款、社会商品零售总额 4 个重要的经济指标在 2013 年 4 月至 2013 年 9 月的半年期间进行了预测,预测结果如表 9.2.1 所示。

表 9.2.1 限界时间序列模型的预测结果 单位:亿元

指标名称	数据类型	2013-04	2013-05	2013-06	2013-07	2013-08	2013-09	MPE
固定资产投资完成额_当月	预测值	33 223	37 163.1	45 721.3	37 996.1	37 835	42 403.8	6.34%
	公布值	**33 226.9**	**3 9891.5**	**50 107**	**40 404.6**	**40 855.9**	**46 629.5**	
货币和准货币(M2)_月末数	预测值	1 041 175	1 048 424	1 064 194	1 062 397	1 070 184	1 081 292	0.76%
	公布值	**1 032 552**	**1 042 169**	**1 054 404**	**1 052 212**	**1 061 256**	**1 077 379**	
金融机构各项贷款_月末数	预测值	664 606.9	671 372.6	679 222.8	684 078.9	689 164	694 591.6	0.51%
	公布值	**665 514.8**	**672 209**	**680 837.2**	**687 834.5**	**694 962.2**	**702 832.3**	
社会消费品零售总额_当月	预测值	17 685.1	18 583.2	18 412.9	18 269	18 507.8	19 721.4	2.02%
	公布值	**17 600.3**	**18 886.3**	**18 826.7**	**18 513.2**	**18 886.2**	**20 653.3**	

9.3 增长曲线模型

9.3.1 增长曲线预测模型概述与基本假设

增长曲线是描述某项经济指标依时间而呈某种规律性变化的一种曲线。增长曲线预测法，就是利用增长曲线模型来描述、分析和预测经济指标的发展变化，即通过建立增长曲线模型，进行数据的拟合，确定参数的数值，在此基础上外推得到预测值。

增长曲线预测模型，也叫趋势外推法。这种方法基于如下两个假设：

(1) 决定某项经济指标历史和未来发展的因素没有大的变化；

(2) 经济指标的发展属于渐进增长变化，而不是跳跃式变化。

在实际运用此方法进行预测工作时，应注意检验这两个假设是否成立。本节将重点介绍最为常用的五种增长曲线：多项式曲线、逻辑增长曲线、龚铂兹曲线、指数曲线和修正指数曲线。在增长曲线预测中，一般使用五种增长曲线预测模型同时进行预测，主要类型与基本特征如下。

1. 多项式曲线

以三次多项式增长曲线为例，函数形式为

$$y_t = b_0 + b_1 t + b_2 t^2 + b_3 t^3 \tag{9.3.1}$$

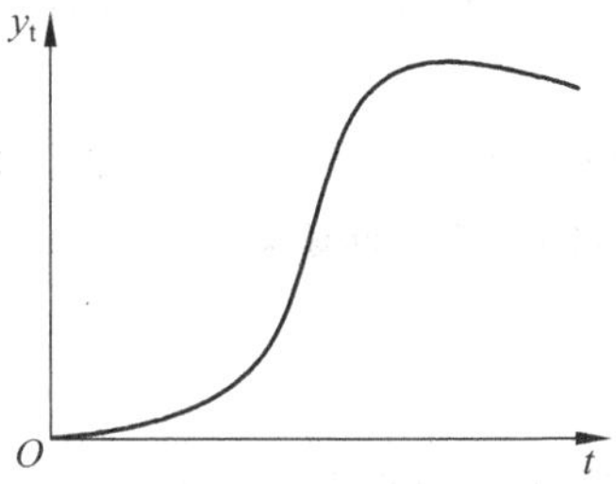

图 9.3.1　三次多项式增长曲线形式

其中，t 是时间变量，y_t 是经济指标，b_0、b_1、b_2、b_3 是模型参数。假定 b_0、b_1 和 b_3 大于 0，b_2 小于 0，曲线图形如图 9.3.1 所示。

此外，多项式增长曲线中 n 次多项式的 n 阶导数为常数。以三次多项式(9.3.1)为例，$y_t = b_0 + b_1 t + b_2 t^2 + b_3 t^3$ 中 y 对 t 求导的各阶导数为

$$\frac{dy_t}{dt} = b_1 + 2b_2 t + 3b_3 t^2, \quad \frac{d^2 y_t}{dt^2} = 2b_2 + 6b_3 t, \quad \frac{d^3 y_t}{dt^3} = 6b_3 \tag{9.3.2}$$

2. 逻辑增长曲线(生长曲线)

逻辑增长曲线的函数形式如式(9.3.3)所示。

$$y_t = \frac{L}{1 + b_0 \cdot e^{-b_1 t}}, \quad b_0, b_1 > 0, \quad L > 0 \tag{9.3.3}$$

其中，L 为极限参数。一般而言，逻辑增长曲线的图形如图 9.3.2 所示。

逻辑增长曲线具有如下典型特征：(1)当 $t \to -\infty$ 时，$y_t \to 0$；(2)当 $t \to +\infty$ 时，$y_t \to L$；(3)以转折点为中心，两边为对称数。

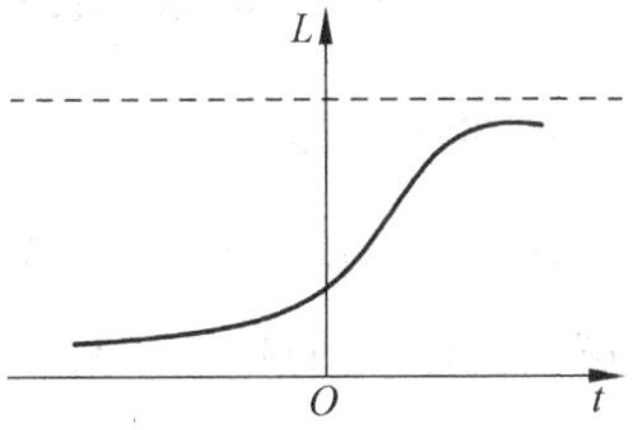

图 9.3.2　逻辑增长曲线函数

3. 龚铂兹(Gompertz)曲线

龚铂兹曲线的函数形式为

$$y_t = L \cdot e^{-b_0 \cdot e^{-b_1 t}}, \quad b_0 > 0, \quad b_1 > 0 \tag{9.3.4}$$

为分析龚铂兹曲线中所描述的增长特征，将式(9.3.4)两边取对数，得到

$$\ln y_t = \ln L - b_0 \cdot e^{-b_1 t} \tag{9.3.5}$$

进一步地，对式(9.3.5)两边求一阶导数和二阶导数，可得

$$(\ln y_t)' = -b_0 \cdot (-b_1) \cdot e^{-b_1 t}$$
$$= b_0 \cdot b_1 \cdot e^{-b_1 t} \quad (9.3.6)$$
$$(\ln y_t)'' = b_0 \cdot b_1 \cdot (-b_1) e^{-b_1 t}$$
$$= -b_0 \cdot b_1^2 \cdot e^{-b_1 t} \quad (9.3.7)$$

在 $b_0>0, b_1>0$ 的约束下,龚铂兹曲线的一阶导数为正,二阶导数为负,即随着时间的推移,y_t 将保持增长,但增长速度下降,如图 9.3.3 所示。

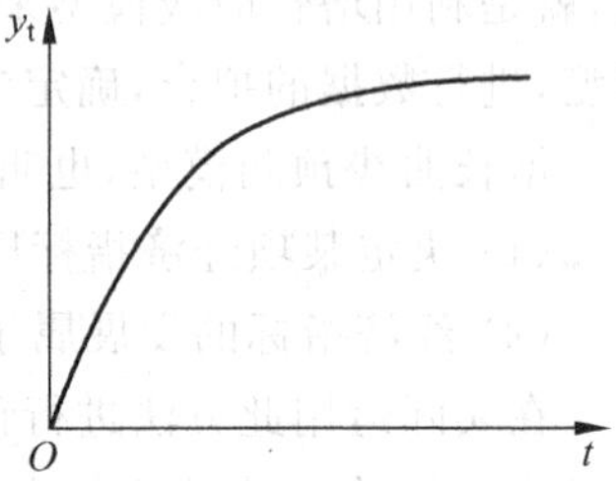

图 9.3.3 龚铂兹增长曲线

4. 指数曲线

指数曲线的一般形式如式(9.3.8)所示。

$$y_t = b_0 \cdot e^{b_1 t}, \quad b_0 > 0, \quad b_1 > 0 \quad (9.3.8)$$

类似式(9.3.8)所示的指数增长曲线图形如图 9.3.4 所示。

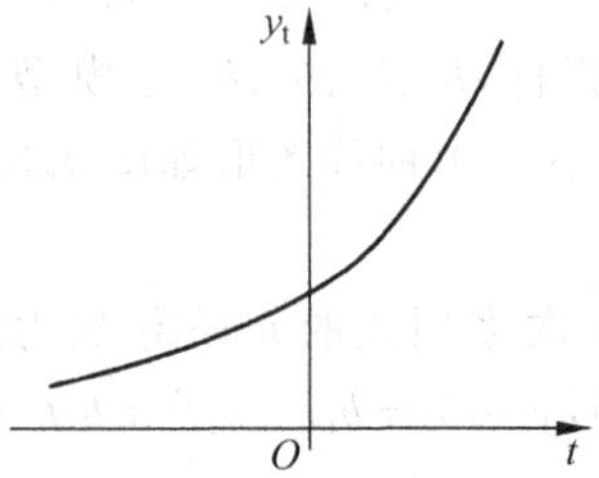

图 9.3.4 指数增长曲线

指数增长函数最易于转化为线性形式并进行求解,将式(9.3.8)两边取对数可得

$$\ln y_t = \ln b_0 + b_1 t \quad (9.3.9)$$

由式(9.3.9)可见,$\ln y_t$ 为时间 t 的线性函数。

5. 修正指数曲线

在指数曲线的基础上发展得到的修正指数曲线,函数形式为

$$y_t = L - b_0 \cdot e^{-b_1 t}, \quad 0 < b_0 \leqslant L, \quad b_1 > 0 \quad (9.3.10)$$

修正指数曲线在求解时,一般是先求其一阶导数,再两边取对数进行线性化处理,如式(9.3.11)和式(9.3.12)所示。

$$y_t' = -b_0 \cdot (-b_1) \cdot e^{-b_1 t} = b_0 \cdot b_1 \cdot e^{-b_1 t} \quad (9.3.11)$$
$$\ln(y_t') = \ln b_0 + \ln b_1 - b_1 t \quad (9.3.12)$$

因此,$\ln(y_t')$ 为时间 t 的线性函数。

9.3.2 增长曲线预测过程和预测方法

1. 准备工作

在进行实际预测之前,先利用 X-11 季节调整程序,对经济时间序列 y_t 进行季节调整,分解出指标 y_t 的趋势·循环 y_t^{TC} 序列和季节要素 y_t^{S} 序列。

2. 拟合曲线

利用前节介绍的五种增长曲线表达式分别对 y_t^{TC} 进行计算,得到各增长曲线函数的参数估计值,也就是得到了各增长曲线模型的具体函数形式。其中对多项式曲线采用逐步回归的方法确定每个参数。对其余四种曲线,先进行一些相应的数学变换,使之线性化后,再采用多元线性回归的方法,求得待估的参数,进而还原确定原曲线函数的参数值。

例如，对线性化指数曲线式(9.3.9)和线性化修正指数曲线式(9.3.12)，采用普通最小二乘(OLS)方法进行参数 $\ln b_0$ 和 b_1 的估计，进而可以求得原指数曲线式(9.3.8)和修正指数曲线式(9.3.10)的估计值 $\hat{b}_0$ 和 $\hat{b}_1$。

3. 外推 y_t^{TC} 序列

用通过步骤 2 得到的五种增长曲线函数，对指标的 y_t^{TC} 序列值分别进行外推，得到五个模型对指标的 y_t^{TC} 序列的预测值 $y_{i,t+j}^{TC}$，$i=1,2,3,4,5$，$j=1,2,\cdots,h$，h 是预测个数。

4. 求五个模型的预测结果

预测值 $y_{i,t+j}^{TC}(i=1,2,3,4,5,j=1,2,\cdots,h)$，只是五种模型对指标的 y_t^{TC} 的各自预测值，而要求得到 y_t 的预测结果，还必须把 y_t 的季节要素 y_t^S 考虑进去。利用通过步骤 1 得到指标 y_t 的季节因素 y_t^S 序列，通过季节要素的外推公式，可以求得季节因素的预测值 $\hat{y}_{t+j}^S(j=1,2,\cdots,h)$，如果季节调整采用乘法模型，则用 $\hat{y}_{t+j}^S$ 与 $y_{i,t+j}^{TC}(i=1,2,3,4,5,j=1,2,\cdots,h)$ 的乘积 $\hat{y}_{i,t+j}=y_{i,t+j}^{TC}\times\hat{y}_{t+j}^S(i=1,2,3,4,5,j=1,2,\cdots,h)$ 作为最终预测值。如果季节调整采用加法模型，则用 $\hat{y}_{t+j}^S$ 与 $y_{i,t+j}^{TC}(i=1,2,3,4,5,j=1,2,\cdots,h)$ 的和 $\hat{y}_{i,t+j}=y_{i,t+j}^{TC}+\hat{y}_{t+j}^S(i=1,2,3,4,5,j=1,2,\cdots,h)$ 作为最终预测值。

5. 求五个模型的平均预测结果

一般是将五个模型的预测值 $\hat{y}_{i,t+j}(i=1,2,3,4,5,j=1,2,\cdots,h)$ 加起来，再取平均作为增长曲线模型的预测值

$$\hat{y}_{t+j}=\frac{1}{5}\sum_{i=1}^{5}\hat{y}_{i,t+j},\quad j=1,2,\cdots,h \tag{9.3.13}$$

本节利用五种增长曲线模型，对固定资产投资、M2、贷款、社会商品零售总额 4 个重要的经济指标在 2013 年 4 月至 2013 年 9 月的半年期间进行了预测，并利用式(9.3.13)得到平均模型的预测结果、实际值和相对误差列在表 9.3.1。

表 9.3.1　五种增长曲线模型的预测结果　　单位：亿元

指标名称	数据类型	2013-04	2013-05	2013-06	2013-07	2013-08	2013-09	MPE
固定资产投资完成额_当月	预测值	32 552.2	39 223.1	53 182	40 420.9	40 083.6	46 395.9	2.05%
	公布值	**33 226.9**	**39 891.5**	**50 107**	**40 404.6**	**40 855.9**	**46 629.5**	
货币和准货币(M2)_月末数	预测值	1 032 594	1 042 444	1 066 359	1 060 331	1 071 181	1 089 508	0.67%
	公布值	**1 032 552**	**1 042 169**	**1 054 404**	**1 052 212**	**1 061 256**	**1 077 379**	
金融机构各项贷款_月末数	预测值	665 315.4	672 544.9	680 141.8	685 182.4	690 322.3	695 236.3	0.39%
	公布值	**665 514.8**	**672 209**	**680 837.2**	**687 834.5**	**694 962.2**	**702 832.3**	
社会消费品零售总额_当月	预测值	17 463.3	18 653.4	18 336.1	18 004.7	18 257.1	19 589.3	2.64%
	公布值	**17 600.3**	**18 886.3**	**18 826.7**	**18 513.2**	**18 886.2**	**20 653.3**	

9.4 增长率模型

增长率模型的计算方法是首先预测经济指标增长率的变化，然后根据增长率的变化预测经济指标的未来值。具体做法如下。

9.4.1 变增长率模型

1. 三次样条函数插值的原理及算法

取 $n+1$ 个插值结点 $x_0, x_1, \cdots, x_n$，共有 n 个区间，对应的函数值取为 $\{z_i\}(i=0,1,2,\cdots,n)$ 序列的样本值。在这组插值区间上，我们构造三次样条函数 $S_i(x)$。

三次样条函数 $S_i(x)$ 在每个分段 $(x_i, x_{i+1})(i=0,1,\cdots,n-1)$ 上都是三次多项式，且满足下列条件。

(1) 插值条件：$S_i(x_i)=z_i, S_i(x_{i+1})=z_{i+1}(i=0,1,\cdots,n)$。

(2) 连接条件：在分点 x_{i+1} 处具有连续的一阶和二阶导数，即

$$\left.\begin{aligned} S'_{i+1}(x_{i+1}-0) &= S'_i(x_{i+1}+0) \\ S''_{i+1}(x_{i+1}-0) &= S''_i(x_{i+1}+0) \end{aligned}\right\} \quad (i=0,1,\cdots,n-2)。 \tag{9.4.1}$$

(3) 自然边界条件：$S''(x_0)=S''(x_n)=0$。

在每个子区间 $[x_i, x_{i+1}]$ $(i=0,1,\cdots,n-1)$ 上，设 $S_i(x)$ 为三次多项式函数：

$$S_i(x) = a_i + b_i(x-x_i) + c_i(x-x_i)^2 + d_i(x-x_i)^3 \tag{9.4.2}$$

$$S'_i(x) = b_i + 2c_i(x-x_i) + 3d_i(x-x_i)^2 \tag{9.4.3}$$

$$S''_i(x) = 2c_i + 6d_i(x-x_i) \tag{9.4.4}$$

代入样条函数条件：

① 由 $S_i(x_i)=z_i(i=0,1,\cdots,n-1)$，在式(9.4.2)中取 $x=x_i$，则有

$$S_i(x_i) = a_i = z_i \tag{9.4.5}$$

② 由 $S_i(x_{i+1})=z_{i+1}(i=0,1,\cdots,n-1)$，在式(9.4.2)中取 $x=x_{i+1}$，则有

$$S_i(x_{i+1}) = z_{i+1} = a_i + b_i(x_{i+1}-x_i) + c_i(x_{i+1}-x_i)^2 + d_i(x_{i+1}-x_i)^3 \tag{9.4.6}$$

③ 由 $S'_i(x_{i+1})=S'_{i+1}(x_{i+1})$ $(i=0,1,\cdots,n-2)$，在式(9.4.3)中取 $x=x_{i+1}$，则有

$$S'_i(x_{i+1}) = b_i + 2c_i(x_{i+1}-x_i) + 3d_i(x_{i+1}-x_i)^2 \tag{9.4.7}$$

$$S'_{i+1}(x_{i+1}) = b_{i+1} + 2c_{i+1}(x_{i+1}-x_{i+1}) + 3d_{i+1}(x_{i+1}-x_{i+1})^2 = b_{i+1} \tag{9.4.8}$$

由此可得

$$b_i + 2c_i(x_{i+1}-x_i) + 3d_i(x_{i+1}-x_i)^2 - b_{i+1} = 0 \tag{9.4.9}$$

④ 由 $S''_i(x_{i+1})=S''_{i+1}(x_{i+1})$ $(i=0,1,\cdots,n-2)$，在式(9.4.4)中取 $x=x_{i+1}$，则有

$$S''_i(x_{i+1}) = 2c_i + 6d_i(x_{i+1}-x_i) \tag{9.4.10}$$

$$S''_{i+1}(x_{i+1}) = 2c_{i+1} + 6d_i(x_{i+1}-x_{i+1}) = 2c_{i+1} \tag{9.4.11}$$

由此可得

$$2c_i + 6d_i(x_{i+1}-x_i) - 2c_{i+1} = 0 \tag{9.4.12}$$

⑤ 在式(9.4.4)中取 $x=x_i$，可得 $S_i''(x_i)=2c_i$，则可由式(9.4.12)解出 d_i

$$d_i=\frac{S_{i+1}''(x_{i+1})-S_i''(x_i)}{6(x_{i+1}-x_i)} \tag{9.4.13}$$

⑥ 已知 a_i,c_i,d_i，由式(9.4.6)又可解出 b_i

$$\begin{aligned}S_i(x_{i+1})=&S_i(x_i)+b_i(x_{i+1}-x_i)+\frac{S_i''(x_i)}{2}(x_{i+1}-x_i)^2\\&+\frac{S_{i+1}''(x_{i+1})-S_i''(x_i)}{6}(x_{i+1}-x_i)^2\end{aligned} \tag{9.4.14}$$

由此可得

$$\begin{aligned}b_i=&\frac{S_i(x_{i+1})-S_i(x_i)}{(x_{i+1}-x_i)}-\frac{S_i''(x_i)}{2}(x_{i+1}-x_i)\\&-\frac{S_{i+1}''(x_{i+1})-S_i''(x_i)}{6}(x_{i+1}-x_i)\end{aligned} \tag{9.4.15}$$

⑦ 将 a_i,b_i,c_i,d_i 的表达式代入式(9.4.9)，得

$$\begin{aligned}&\frac{S_i(x_{i+1})-S_i(x_i)}{(x_{i+1}-x_i)}-\frac{S_i''(x_i)}{2}(x_{i+1}-x_i)-\frac{S_{i+1}''(x_{i+1})-S_i''(x_i)}{6}(x_{i+1}-x_i)\\&+S_i''(x_i)(x_{i+1}-x_i)+\frac{1}{2}(S_{i+1}''(x_{i+1})-S_i''(x_i))(x_{i+1}-x_i)\\=&\frac{S_{i+1}(x_{i+2})-S_{i+1}(x_{i+1})}{(x_{i+2}-x_{i+1})}-\frac{S_{i+1}''(x_{i+1})}{2}(x_{i+2}-x_{i+1})\\&-\frac{S_{i+2}''(x_{i+2})-S_{i+1}''(x_{i+1})}{6}(x_{i+2}-x_{i+1})\end{aligned} \tag{9.4.16}$$

⑧ 令 $h_i=x_{i+1}-x_i$，可以将式(9.4.16)整理为

$$\begin{aligned}&h_iS_i''(x_i)+2(h_i+h_{i+1})S_{i+1}''(x_{i+1})+h_{i+1}S_{i+2}''(x_{i+2})\\&=6\times\left(\frac{S_{i+1}(x_{i+2})-S_{i+1}(x_{i+1})}{h_{i+1}}-\frac{S_i(x_{i+1})-S_i(x_i)}{h_i}\right)\end{aligned} \tag{9.4.17}$$

令 $S_i''=S_i''(x_i)$，$S_{i+1}''=S_{i+1}''(x_{i+1})$，$S_{i+2}''=S_{i+2}''(x_{i+2})$，且 $S_i(x_i)=z_i$，$S_i(x_{i+1})=S_{i+1}(x_{i+1})=z_{i+1}$，$S_{i+1}(x_{i+2})=z_{i+2}$，由此可得 $S_i''(i=0,1,\cdots,n-2)$ 满足三对角线性方程组

$$h_iS_i''+2(h_i+h_{i+1})S_{i+1}''+h_{i+1}S_{i+2}''=6\times\left(\frac{z_{i+2}-z_{i+1}}{h_{i+1}}-\frac{z_{i+1}-z_i}{h_i}\right) \tag{9.4.18}$$

还有

$$S_0''=S_n''=0 \tag{9.4.19}$$

求解方程组(9.4.18)，求出未知的 $S_i''(i=0,1,2,\cdots,n-2)$，然后用式(9.4.5)、(9.4.13)、(9.4.15)分别求出 a_i,b_i,c_i,d_i 的值，再代入式(9.4.2)、(9.4.3)、(9.4.4)，就可以分别求出三次样条函数 $S_i(x)$ 这组插值点上的函数值 $S_i(x_i)$，一阶导数值 $S_i'(x_i)$ 和二阶导数值 $S_i''(x_i)$。

2. 求出增长率序列，并进行季节调整

设经济指标的时间序列为 $y_t(t=1,2,\cdots,T)$，T 为样本个数。首先，计算 y_t 的增长率序列

$$r_t = \frac{y_t}{y_{t-q}}, \quad t = q+1, q+2, \cdots, T \tag{9.4.20}$$

其中,当 y_t 为月度数据时,$q=12$;当 y_t 为季度数据时,$q=4$。

式(9.4.20)得到的 r_t 是与上年同期比的增长率序列。增长率序列 r_t 比指标 y_t 的时间序列少了一年的样本。为叙述方便起见,去掉经济指标 y_t 初始年一年的样本后,重新排序,样本个数仍记为 T。然后用 X-11 季节调整程序对 r_t 序列进行季节调整。在季节调整中,我们采用乘法模型,即 $r_t = r_t^{TC} \times r_t^S \times r_t^I$。这里 r_t^{TC} 是趋势·循环要素,r_t^S 是季节要素,r_t^I 是不规则要素。由于 r_t^{TC} 序列不包含季节要素和不规则要素,所以波动较小,并且光滑。基于此种原因,本节采用前述的三次样条函数 $S(x)$ 来拟合它。

3. 用 r_t^{TC} 拟合曲线的一阶导数值近似替代增量 Δr_t^{TC}

r_t^{TC} 序列的增量可表示为

$$\Delta r_t^{TC} = r_t^{TC} - r_{t-1}^{TC}, \quad t = 2, 3, \cdots, T \tag{9.4.21}$$

由于 $\Delta t = t-(t-1) = 1$,故

$$\frac{\Delta r_t^{TC}}{\Delta t} = \Delta r_t^{TC} \tag{9.4.22}$$

在用三次样条函数 $S(x)$ 来拟合 r_t^{TC} 序列时,对应三次样条函数的插值点,取 $n+1=T$,$x_t = t$,($t=1,2,\cdots,T$),在插值点上求出该函数的一阶导数值 $S'_t(t=1,2,\cdots,T)$,设 r_t^{TC} 的近似增量为

$$\Delta r_t^{TC} \approx S'_t, \quad t = 1, 2, 3, \cdots, T \tag{9.4.23}$$

从而可求出 $r_t^{TC}(t=T+1, T+2, \cdots, T+h)$ 的近似值

$$\hat{r}_{T+j}^{TC} \approx \hat{r}_{T+j-1}^{TC} + \Delta \hat{r}_{T+j-1}^{TC}, \quad j = 1, 2, \cdots, h \tag{9.4.24}$$

其中,h 是预测个数,当 $j=1$ 时,$\hat{r}_{T+j-1}^{TC} = r_T^{TC}$,$\Delta \hat{r}_{T+j-1}^{TC} = S'_T$,计算出 $\hat{r}_{T+1}^{TC}$,当 $j=2,\cdots,h$ 时,$\Delta \hat{r}_{T+j-1}^{TC} = \hat{r}_{T+j-1}^{TC} - \hat{r}_{T+j-2}^{TC}$。由此求出 $\hat{r}_t^{TC}(t=T+1, T+2, \cdots, T+h)$ 的预测值。

4. 外推未来一年季节要素序列的值

设 $k=(T+1)-q$,$j=(T+1)-2\times q$,其中

$$q = \begin{cases} 12 & \text{当时间序列为月度数据} \\ 4 & \text{当时间序列为季度数据} \end{cases}$$

外推公式为

$$\hat{r}_{T+l}^s \approx r_{k+l}^s + \frac{1}{2}(r_{k+l}^s - r_{j+l}^s) \quad l = 1, 2, \cdots, q \tag{9.4.25}$$

式(9.4.25)是利用预测月(或季)前一年同月(或季)和前二年同月(或季)的季节要素来外推未来一年预测月(或季)的季节要素。

5. 预测经济指标 y_t

在上述步骤的基础上,可近似地求出预测月(或季)的增长率 $\hat{r}_t(t=T+1, T+2, \cdots,$

$T+h$)，即

$$\hat{r}_t=\hat{r}_t^{\mathrm{TC}}\times\hat{r}_t^{\mathrm{S}},\quad t=T+1,T+2,\cdots,T+h \tag{9.4.26}$$

在式(9.4.26)中，忽略了不规则要素 r_t^{I}。然后近似求出$\hat{y}_t(t=T+1,T+2,\cdots,T+h)$

$$\hat{y}_t\approx\hat{r}_t\times y_{t-q},\quad t=T+1,T+2,\cdots,T+h \tag{9.4.27}$$

式(9.4.27)中的 q 与式(9.4.25)的定义相同，即预测月(或季)上年同月(或季)比的值。

9.4.2 等增长率模型

等增长率模型的思想是，当经济波动不大时，预测月的同比增长率与其前一个月的同比增长率近似相等，即

$$\frac{\hat{y}_{t+1}}{y_{t+1-q}}=\frac{y_t}{y_{t-q}} \tag{9.4.28}$$

其中，当 y_t 为月度数据时，$q=12$；当 y_t 为季度数据时，$q=4$。

若 $t+1$ 月是未知的预测月份，则由下式

$$\hat{y}_{t+1}=\frac{y_t}{y_{t-q}}\times y_{t+1-q} \tag{9.4.29}$$

就可以求出预测值$\hat{y}_{t+1}$。当需要预测多个预测值时，有

$$\hat{y}_{T+j+1}=\frac{\hat{y}_{T+j}}{y_{T+j-q}}\times y_{T+j+1-q},\quad j=0,1,\cdots,h-1 \tag{9.4.30}$$

其中，h 是预测个数，当 $j=0$ 时，$\hat{y}_{T+j}=y_T$。由此求出$\hat{y}_t(t=T+1,T+2,\cdots,T+h)$的预测值。

这个模型虽然很简单、直观，但当经济增长比较稳定时，预测精度也很高，可以作为一个单一模型使用。

一般是将变增长率和等增长率模型的两个预测值加起来，再取平均作为增长率模型的预测值。通过大量的计算，可以看出增长率模型用于预测由月度或季度序列构成的经济指标精度比较高。本节采用增长率模型对固定资产投资、M2、贷款、社会商品零售总额等 4 个重要的经济指标对 2013 年 4 月至 2013 年 9 月的半年期间进行了预测，预测结果、实际值和相对误差列在表 9.4.1 中。

表 9.4.1 增长率模型的预测结果 单位：亿元

指标名称	数据类型	2013-04	2013-05	2013-06	2013-07	2013-08	2013-09	MPE
固定资产投资完成额_当月	预测值	33 691.8	40 297.9	50 646.1	40 502.4	39 928.7	45 853.3	1.28%
	公布值	**33 226.9**	**39 891.5**	**50 107**	**40 404.6**	**40 855.9**	**46 629.5**	
货币和准货币(M2)_月末数	预测值	1 028 963	1 036 489	1 064 779	1 060 118	1 067 773	1 092 108	0.77%
	公布值	**1 032 552**	**1 042 169**	**1 054 404**	**1 052 212**	**1 061 256**	**1 077 379**	
金融机构各项贷款_月末数	预测值	665 422.8	67 3931.7	68 4951.6	691 512.6	699 488.9	707 541.2	0.46%
	公布值	**665 514.8**	**672 209**	**680 837.2**	**687 834.5**	**694 962.2**	**702 832.3**	
社会消费品零售总额_当月	预测值	17 588.1	18 849.7	18 693.9	18 367.9	18 683.3	20 390.7	0.68%
	公布值	**17 600.3**	**18 886.3**	**18 826.7**	**18 513.2**	**18 886.2**	**20 653.3**	

9.5 ARIMA模型[①]

9.5.1 平稳时间序列的概念

经济时间序列不同于横截面数据存在重复抽样的情况,它是一个随机事件的唯一记录,从经济的角度看,这个过程是不可重复的。横截面数据中的随机变量可以非常方便地通过其均值、方差或生成数据的概率分布加以描述,但是在时间序列中这种描述很不清楚。因此,经济时间序列需要对均值和方差给出明晰的定义。

如果时间序列 u_t 的均值、方差和自协方差都不取决于时刻 t,则称时间序列 u_t 是弱平稳或协方差平稳,即满足下列3个性质

$$E(u_t) = \mu \quad \text{对于所有的 } t \tag{9.5.1}$$

$$\mathrm{var}(u_t) = \sigma^2 \quad \text{对于所有的 } t \tag{9.5.2}$$

$$\mathrm{cov}(u_t, u_{t-s}) = \mathrm{cov}(u_{t-j}, u_{t-j-s}) = \gamma_s \quad \text{对于所有的 } t \text{ 和 } s \tag{9.5.3}$$

需要指出的是,如果一个时间序列 u_t 是弱平稳的,则 u_t 与 u_{t-s} 之间的协方差不依赖于时刻 t 而仅依赖于 s,即仅与两个观测值之间的间隔长度 s 有关。

9.5.2 ARMA模型的基本形式

1. 自回归模型AR(p)

p 阶自回归模型记作AR(p),满足下面的方程

$$u_t = c + \phi_1 u_{t-1} + \phi_2 u_{t-2} + \cdots + \phi_p u_{t-p} + \varepsilon_t, \quad t = 1,2,\cdots,T \tag{9.5.4}$$

其中,参数 c 为常数; $\phi_1, \phi_2, \cdots, \phi_p$ 是自回归模型系数; p 为自回归模型阶数; ε_t 是均值为0,方差为 σ^2 的白噪声序列。

2. 移动平均模型MA(q)

q 阶移动平均模型记作MA(q),满足如下方程

$$u_t = \mu + \varepsilon_t + \theta_1 \varepsilon_{t-1} + \cdots + \theta_q \varepsilon_{t-q}, \quad t = 1,2,\cdots,T \tag{9.5.5}$$

其中,参数 μ 为常数; 参数 $\theta_1, \theta_2, \cdots, \theta_q$ 是 q 阶移动平均模型的系数; ε_t 是均值为0,方差为 σ^2 的白噪声序列。

3. ARMA(p,q)模型

$$u_t = c + \phi_1 u_{t-1} + \cdots + \phi_p u_{t-p} + \varepsilon_t + \theta_1 \varepsilon_{t-1} + \cdots + \theta_q \varepsilon_{t-q}, \quad t = 1,2,\cdots,T \tag{9.5.6}$$

显然,模型(9.5.6)是模型(9.5.4)与模型(9.5.5)的组合形式,称为混合模型,记作ARMA(p,q)。当 $p=0$ 时,ARMA($0,q$)=MA(q); 当 $q=0$ 时,ARMA($p,0$)=AR(p)。

---

① 詹姆斯·D汉密尔顿.时间序列分析[M].刘明志,译.北京:中国社会科学出版社,1994.

9.5.3 ARMA 模型的识别与阶数确定

1. AR 模型的识别与阶数确定

可以证明，AR(p)过程自相关系数的表达式为

$$r_k = g_1\lambda_1^k + g_2\lambda_2^k + \cdots + g_p\lambda_p^k \tag{9.5.7}$$

其中，$\lambda_1,\lambda_2,\cdots,\lambda_p$是 AR($p$)模型的特征多项式

$$\lambda^p - \phi_1\lambda^{p-1} - \phi_2\lambda^{p-2} - \cdots - \phi_p = 0 \tag{9.5.8}$$

的 p 个特征根，$g_1,g_2,\cdots,g_p$ 为任意给定的 p 个常数。由此可知，AR(p)模型的自相关系数会由于 $g_1,g_2,\cdots,g_p$ 及 k 取值的不同，呈现出不同的衰减形式，可能是指数式的衰减，也可能是符号交替的震荡式的衰减。例如，对于 AR(1)模型，其自相关系数为 $r_k=\lambda_1^k$，($\lambda_1=\phi_1$)当 $\lambda_1>0$ 时，r_k呈指数式的衰减；当 $\lambda_1<0$ 时，r_k 呈震荡式的衰减。

因此，可以通过自相关系数来获得一些有关 AR(p)模型的信息，如低阶 AR(p)模型系数符号的信息。但是，对于自回归过程 AR(p)，自相关系数并不能帮助我们确定 AR(p)模型的阶数 p。所以，可以考虑使用偏自相关系数 $\varphi_{k,k}$，以便更加全面地描述自相关过程 AR(p)的统计特征。

这里我们通过简单的证明给出 AR(p)模型的偏自相关系数。对于一个 AR(p)模型

$$u_t = \phi_1 u_{t-1} + \phi_2 u_{t-2} + \cdots + \phi_p u_{t-p} + \varepsilon_t, \quad t = 1,2,\cdots,T \tag{9.5.9}$$

将式(9.5.9)两边同时乘以 u_{t-k}($k=1,2,\cdots,p$)，再对方程两边取期望值并除以序列 u_t 的方差得到如下关于系数 $\phi_1,\phi_2,\cdots,\phi_p$的线性方程组

$$\begin{cases} \phi_1 + \phi_2 r_1 + \cdots + \phi_p r_{p-1} = r_1 \\ \phi_1 r_1 + \phi_2 + \cdots + \phi_p r_{p-2} = r_2 \\ \qquad\vdots \\ \phi_1 r_{p-1} + \phi_2 r_1 + \cdots + \phi_p = r_p \end{cases} \tag{9.5.10}$$

对于形如式(9.5.10)的 p($p=1,2,\cdots,k$)阶方程组求解，可以求得序列 u_t的 $1,2,\cdots,p$ 阶自相关系数 $r_1,r_2,\cdots,r_p$。在此基础上，可以采用式(9.5.11)计算偏自相关系数 $\varphi_{1,1}$，$\varphi_{2,2},\cdots,\varphi_{k,k}\cdots$。

$$\varphi_{k,k} = \begin{cases} r_1, & k = 1 \\ \dfrac{r_k - \sum_{j=1}^{k-1}\varphi_{k-1,j}r_{k-j}}{1 - \sum_{j=1}^{k-1}\varphi_{k-1,j}r_{k-j}}, & k > 1 \end{cases} \tag{9.5.11}$$

对于一个 AR(p)模型，偏自相关系数最多度量了 p 期相关，$\varphi_{k,k}$的最高阶数为 p，也即 AR(p)模型的偏自相关系数是 p 阶截尾的。因此，可以通过识别 AR(p)模型偏自相关系数的个数，来确定 AR(p)模型的阶数 p，进而设定正确的模型形式，并通过具体的估计方法估计出 AR(p)模型的参数。

2. MA 模型的识别与阶数确定

MA(q)模型

$$u_t = \mu + \varepsilon_t + \theta_1\varepsilon_{t-1} + \cdots + \theta_q\varepsilon_{t-q}, \quad t = 1,2,\cdots,T \tag{9.5.12}$$

其中，ε_t 是均值为 0，方差为 σ^2 的白噪声序列，u_t 的均值为μ，则自协方差 γ_k 为

$$\gamma_k = \mathrm{E}(u_{t+k}-\mu)(u_t-\mu) = \mathrm{E}\left(\varepsilon_t + \sum_{j=1}^{q}\theta_j\varepsilon_{t-j}\right)\left(\varepsilon_{t+k} + \sum_{i=1}^{q}\theta_i\varepsilon_{t+k-i}\right) \tag{9.5.13}$$

计算可得

$$\gamma_k = \begin{cases}\sigma^2(1+\theta_1^2+\cdots+\theta_q^2), & k=0\\ \sigma^2(\theta_k+\theta_1\theta_{k+1}+\cdots+\theta_{q-k}\theta_q), & 0<k\leqslant q\\ 0, & k>q\end{cases} \tag{9.5.14}$$

进而得到

$$r_k = \frac{\gamma_k}{\gamma_0} = \begin{cases}1, & k=0\\ \dfrac{\theta_k+\theta_1\theta_{k+1}+\cdots+\theta_{q-k}\theta_q}{1+\theta_1^2+\cdots+\theta_q^2}, & 0<k\leqslant q\\ 0, & k>q\end{cases} \tag{9.5.15}$$

式(9.5.15)表明对 MA(q)模型,当 $k>q$ 时,$r_k=0$。u_t 与 u_{t+k} 不相关,即 MA(q) 模型的自相关系数在 q 步以后是截尾的。

MA(q) 的偏自相关系数的具体形式随着 q 的增加变得越来越复杂,很难给出一个关于 q 的一般表达式,但是,一个 MA(q) 模型对应于一个 AR(∞) 模型。因此,MA(q)模型的偏自相关系数一定呈现出某种衰减的形式是拖尾的。因此,也可以通过识别一个序列的偏自相关系数的拖尾特征,大致确定它是否服从一个 MA(q) 过程。

3. 利用自相关系数和偏自相关系数识别 ARMA(p,q)模型

在实际研究中,所能获得的只是经济指标时间序列 u_t 的数据,根据经济指标的样本特征,来推断其总体(真实)特征。通常的,AR(p) 模型的自相关系数是随着滞后阶数 k 的增加而呈现指数衰减或者震荡式的衰减,具体的衰减形式取决于 AR(p) 模型滞后项的系数。因此,可以通过自相关系数来获得一些有关 AR(p) 模型的信息,如低阶 AR(p) 模型系数符号的信息。如果 $r_1\neq 0$,意味着序列 u_t 是一阶自相关。如果 r_k 随着滞后阶数 k 的增加而呈几何级数减小,表明序列 u_t 服从低阶自回归过程。如果 r_k 在小的滞后阶数下趋于零,表明序列 u_t 服从低阶移动平均过程。

如果这种自相关的形式可由滞后小于 k 阶的自相关表示,那么偏自相关在 k 期滞后下的值趋于零。一个纯的 p 阶自回归过程 AR(p)的偏自相关系数在 p 阶截尾,而纯的移动平均函数的偏自相关过程渐进趋于零。因此,如果我们能求出关于 $\varphi_{k,k}$ 的估计值 $\hat{\varphi}_{k,k}$,并检验其显著性水平,就能够确定时间序列 u_t 的自相关的阶数。

理论上可以通过样本数据估计出来的自相关系数和偏自相关系数来识别随机序列所服从模型的阶数,但由于样本的随机性,会导致计算上的不同,进而导致识别结果的不同。这就需要通过检验异于零的自相关系数和偏自相关系数来确定模型的阶数。一个可行的解决办法就是通过随机序列的分布,计算随机序列自相关系数和偏自相关系数的分布,确定显著性水平,进而通过假设检验来判断其异于0的程度。最终,在设定的显著性水平下确定非零的自相关和偏自相关系数的个数,进而确定模型的阶数。

对于一个样本个数为 T 的平稳时间序列,它的自相关系数的估计值在理论自相关系数为0的假设下的近似分布为

$$\hat{r} \sim N(0,1) \tag{9.5.16}$$

偏自相关系数的估计值在理论偏自相关系数 $\varphi_{k,k}$ 为0情况下的近似分布为

$$\hat{\varphi}_{k,k} \sim N\left(0, \frac{1}{\sqrt{T}}\right) \tag{9.5.17}$$

对于一个平稳序列 u_t，可以计算出序列 u_t 的自相关系数和偏自相关系数的估计值。根据计算出的数值还可以画出估计值序列的直方图，并且给出 2 倍标准差的边界线。我们知道，一个正态分布的随机变量的绝对值超出 2 倍标准差的概率约为 0.05。因此，可以通过自相关和偏自相关估计值序列的直方图来大致判断在 5% 的显著性水平下模型的自相关系数和偏自相关系数不为零的个数，进而大致判断序列应选择的具体模型形式。

4. 模型阶数检验的 AIC 准则

以上关于 ARMA 模型等的估计与预测均是在模型确定的阶数条件下得到的，实际上，真实模型的阶数也是需要确定的未知参数。除了上述的自相关和偏自相关系数方法外，赤池弘次(Akaike)提出的 AIC 准则(Akaike information criterion)为给时间序列模型的定阶带来很大方便，在实际中得到广泛应用。

AIC 准则是使 AIC 准则函数

$$\text{AIC} = -2\ln \text{模型极大似然值} + (\text{模型的独立参数个数}) \tag{9.5.18}$$

达到极小。将此准则用于 ARMA 模型，得到

$$\text{AIC}(p,q) = T\ln\hat{\sigma}_\varepsilon^2 + 2(p+q+1) \tag{9.5.19}$$

其中，T 是样本个数，$\hat{\sigma}_\varepsilon^2$ 是 σ_ε^2 的极大似然估计。由于极大似然估计求解困难，实际应用中一般取 $\hat{\sigma}_\varepsilon^2$ 为基于残差平方和的估计。显然，随着模型阶数的增大，残差平方和将减少，式(9.5.19)中的第 1 项变小，第 2 项增大。理论上使得式(9.5.19)达到最小的 p,q 就是 ARMA 模型的阶数，但实际应用时，还需兼顾其他因素，例如系统的稳定性、模型的拟合优度等。

9.5.4 ARMA 模型的估计及预测

设平稳序列 u_t 是三种模型 AR(p)、MA(q)和 ARMA(p,q)之一，模型的阶数已初步确定。下面分别介绍这三类模型的简单估计和预测方法。

1. AR 模型的参数估计及预测方法

对于 AR(p)模型

$$u_t = \phi_1 u_{t-1} + \phi_2 u_{t-2} + \cdots + \phi_p u_{t-p} + \varepsilon_t, \quad t = p+1, \cdots, T \tag{9.5.20}$$

其中，ε_t 是白噪声序列，$E(\varepsilon_t)=0$，$\text{var}(\varepsilon_t)=\sigma^2$。

模型参数 $\boldsymbol{\alpha}=(\phi_1,\phi_2,\cdots,\phi_p,\sigma^2)$ 的 Yule-Walker 估计(又称矩估计)方法简单易操作且精度较高，与其他方法如最小二乘估计等精估计比较相差甚微。其基本原理为，$\boldsymbol{\alpha}$ 满足方程

$$\begin{pmatrix} \hat{r}_0 & \hat{r}_1 & \cdots & \hat{r}_{p-1} \\ \hat{r}_1 & \hat{r}_0 & \cdots & \hat{r}_{p-2} \\ \vdots & \vdots & \cdots & \vdots \\ \hat{r}_{p-1} & \hat{r}_{p-2} & \cdots & \hat{r}_0 \end{pmatrix} \begin{pmatrix} \hat{\phi}_1 \\ \hat{\phi}_2 \\ \vdots \\ \hat{\phi}_p \end{pmatrix} = \begin{pmatrix} \hat{r}_1 \\ \hat{r}_2 \\ \vdots \\ \hat{r}_p \end{pmatrix} \tag{9.5.21}$$

式中 $\hat{r}_p$ 为序列 u_t 的 p 阶自相关系数的估计值。

由式(9.5.21)解得 $\hat{\phi}_1,\cdots,\hat{\phi}_p$，可得序列在 t 时点的估计值

$$\hat{u}_t = \hat{\phi}_1 u_{t-1} + \hat{\phi}_2 u_{t-2} + \cdots + \hat{\phi}_p u_{t-p}, \quad t = p+1, p+2, \cdots, T \tag{9.5.22}$$

在模型(9.5.22)的基础上,做趋势外推可以得到预测值,即

$$\hat{u}_{T+j} = \hat{\phi}_1 \hat{u}_{T+j-1} + \cdots + \hat{\phi}_p \hat{u}_{T+j-p}, \quad t = 1,2,\cdots,h \tag{9.5.23}$$

其中,h 是预测的长度。

2. MA 模型的参数估计和预测方法

在 MA 模型的估计中,除了广泛使用的牛顿-拉夫森(Newton-Raphson)算法外,一种简单的估计方法是将其转化为 AR 模型进行估计。假定 MA(q)模型的算子形式为

$$u_t = \theta(L)\varepsilon_t \tag{9.5.24}$$

设 $\pi(L)=1-\pi_1 L-\pi_2 L^2\cdots-\cdots$ 是 $\theta(L)$ 的逆算子,即 $\pi(L)\theta(L)=1$,那么由式(9.5.24)可得

$$\pi(L)u_t = \pi(L)\theta(L)\varepsilon_t = \varepsilon_t \tag{9.5.25}$$

通常称上式为 MA(q)的逆转形式,MA(q)模型就转换成无穷阶的 AR 模型了。根据 $\pi(L)$ 与 $\theta(L)$ 的关系

$$(1-\pi_1 L-\pi_2 L\cdots-\cdots)(1-\theta_1 L-\theta_2 L^2-\cdots-\theta_q L^q)=1 \tag{9.5.26}$$

展开整理,并根据多项式的性质可以得到

$$\pi_1 = -\theta_1 \tag{9.5.27}$$

$$\pi_j = \begin{cases} \sum_{i=1}^{j-1} \pi_{j-i}\theta_i - \theta_j, & 2 \leqslant j \leqslant q \\ \sum_{i=1}^{q} \pi_{j-i}\theta_i, & j > q \end{cases} \tag{9.5.28}$$

当且仅当 $\theta(L)=0$ 的根全在单位圆外时,$MA(q)$可逆时,可得

$$\sum_{j=1}^{\infty} |\pi_j| < +\infty \tag{9.5.29}$$

故存在 k 使 $\sum_{j>k}^{\infty} |\pi_j|$ 充分小,于是近似地有 $\left(1-\sum_{j=1}^{k}\pi_j L^j\right)y_t \approx \varepsilon_t$ 成立,即

$$u_t = \sum_{j=1}^{k} \pi_j u_{t-j} + \varepsilon_t, \quad t = k+1,k+2,\cdots \tag{9.5.30}$$

如式(9.5.30)所示,MA(q)模型就转换成 AR(k)阶模型了。参照 AR(p)模型的估计与预测方法,可以得到 u_t 样本期内的拟合值也可得样本期外的预测值。

3. ARMA 模型参数估计及预测

设序列 u_t 的阶数 p,q 已初步设定,即

$$u_t = \hat{\phi}_1 u_{t-1} + \cdots + \hat{\phi}_p u_{t-p} + \varepsilon_t - \theta_1 \varepsilon_{t-1} - \cdots - \theta_q \varepsilon_{t-q} \tag{9.5.31}$$

由于 AR 模型的估计方法简单且精度高,实际应用中常采取分离参数的方法分步进行估计。首先根据式(9.5.21)计算自回归参数向量 $\boldsymbol{\varphi}=(\phi_1,\phi_2,\cdots,\phi_p)'$ 的矩估计

$$\hat{\boldsymbol{\varphi}} = (\hat{\phi}_1,\hat{\phi}_2,\cdots,\hat{\phi}_p)' \tag{9.5.32}$$

然后计算

$$\tilde{u}_t = u_t - (\hat{\phi}_1 u_{t-1} + \cdots + \hat{\phi}_p u_{t-p}), \quad t = p+1,p+2,\cdots,T \tag{9.5.33}$$

将 $\{\tilde{u}_t\}$ 近似视为 MA(q)型,即

$$\tilde{u}_t = \varepsilon_t - \theta_1 \varepsilon_{t-1} - \cdots - \theta_q \varepsilon_{t-q} \tag{9.5.34}$$

如前所述，当式(9.5.34)满足可逆性条件时，由 $\theta_1, \theta_2, \cdots, \theta_p$，可得 $\hat{\pi}_1, \hat{\pi}_2, \cdots, \hat{\pi}_k$，即

$$\hat{\hat{u}} = \sum_{j=1}^{k} \hat{\pi}_j \tilde{u}_{t-j}, \quad t = k+1, \cdots, T, T+1, \cdots \tag{9.5.35}$$

求得 MA(q)中参数 $\theta_1, \theta_2, \cdots, \theta_p$ 的估计后，就得模型 ARMA(p,q)全部参数的估计值。与 AR 模型和 MA 模型类似，ARMA 模型可外推用于预测。

4. 模型平稳性的检验及阶数的确定

若令

$$\Phi(z) = 1 - \phi_1 z - \phi_2 z^2 - \cdots - \phi_p z^p = 0 \tag{9.5.36}$$

ARMA(p,q)模型(9.5.19)平稳的充要条件是 AR 模型特征多项式 $\Phi(z)$ 的根全部落在单位圆之外，可以利用 Jury 准则进行模型的平稳性检验。

前面已给出三类时间序列模型的参数估计与预测，它们均是在序列平稳的前提下得到的，而经济时间序列大都具有较强的趋势性与周期性，不经过适当的处理，就不能对这些经济时间序列直接使用这三类模型。因此实际应用中需对序列进行平稳性检验，如果经检验序列是非平稳的，则将其做适当变换以便得到新的与之有关的平稳序列。

9.5.5　ARIMA 模型

前述的 AR(p)、MA(q)和 ARMA(p,q) 三个模型只适用于刻画一个平稳序列的自相关性。一个平稳序列的数字特征，如均值、方差和协方差等是不随时间的变化而变化的，时间序列在各个时间点上的随机性服从一定的概率分布，可以通过时间序列过去时间点上的信息，建立模型拟合过去信息，进而预测未来的信息等。然而，对于一个非平稳时间序列而言，时间序列的数字特征是随着时间的变化而变化的，也就是说，非平稳时间序列在各个时间点上的随机规律是不同的，难以通过序列已知的信息去掌握时间序列整体上的随机性。因此，对于一个非平稳序列去建模、预测是困难的，并且在实践中遇到的经济和金融数据大多是非平稳的时间序列。

一般非平稳序列 y_t 可以通过差分运算，得到平稳性的序列，y_t 称为单整(integration)序列。单整阶数是序列中单位根个数，或者是使序列平稳而差分的阶数。一般而言，表示存量的数据，如以不变价格资产总值、储蓄余额等存量数据经常表现为 2 阶单整，以不变价格表示的消费额、收入等流量数据经常表现为 1 阶单整；而像利率、收益率等变化率的数据则经常表现为 0 阶单整。

1. ARIMA 模型的形式

对于单整序列能够通过 d 次差分将非平稳序列转化为平稳序列。设 y_t 是 d 阶单整序列，即 $y_t \sim I(d)$，则

$$w_t = \Delta^d y_t = (1-L)^d y_t \tag{9.5.37}$$

其中，w_t 为平稳序列，即 $w_t \sim I(0)$，因此，可以对 w_t 建立 ARMA(p,q)模型

$$w_t = c + \phi_1 w_{t-1} + \cdots + \phi_p w_{t-p} + \varepsilon_t + \theta_1 \varepsilon_{t-1} + \cdots + \theta_q \varepsilon_{t-q} \tag{9.5.38}$$

用滞后算子表示，则可得

$$\Phi(L) w_t = c + \Theta(L) \varepsilon_t \tag{9.5.39}$$

其中，$\Phi(L)=1-\phi_1 L-\phi_2 L^2-\cdots-\phi_p L^p$，$\Theta(L)=1+\theta_1 L+\theta_2 L^2+\cdots+\theta_q L^q$。

经过 d 阶差分变换后的 ARMA(p,q) 模型称为 ARIMA(p,d,q) 模型(autoregressive integrated moving average models)，式(9.5.39)等价于式(9.5.40)。

$$\Phi(L)(1-L)^d y_t = c+\Theta(L)\varepsilon_t \tag{9.5.40}$$

估计 ARIMA(p,d,q) 模型同估计 ARMA(p,q) 具体的步骤相同，唯一不同的是在估计之前要确定原序列的差分阶数 d，对 y_t 进行 d 阶差分。因此，ARIMA(p,d,q)模型区别于 ARMA(p,q) 之处就在于前者的自回归部分的特征多项式含有 d 个单位根。因此，对一个序列建模之前，应当首先确定该序列是否具有非平稳性，即首先需要对序列的平稳性进行检验，特别是要检验其是否含有单位根及所含有的单位根的个数。

2. 应用 ARIMA(p,d,q)模型建模的过程

博克斯-詹金斯(Box-Jenkins)提出了针对非平稳时间序列建模具有广泛影响的建模思想，能够对实际建模起到指导作用。博克斯-詹金斯的建模思想可分为如下 4 个步骤：

(1) 对原序列进行平稳性检验，如果序列不满足平稳性条件，可以通过差分变换(单整阶数为 d，则进行 d 阶差分)或者其他变换，如对数差分变换使序列满足平稳性条件；

(2) 通过计算能够描述序列特征的一些统计量(如自相关系数和偏自相关系数)，来确定 ARMA 模型的阶数 p 和 q，并在初始估计中选择尽可能少的参数；

(3) 估计模型的未知参数，并检验参数的显著性，以及模型本身的合理性；

(4) 进行诊断分析，以证实所得模型确实与所观察到的数据特征相符。

对于博克斯-詹金斯建模思想的第 3、4 步，需要一些统计量和检验来分析在第 2 步中的模型形式选择得是否合适，所需要的统计量和检验如下：

(1) 检验模型参数显著性水平的 t 统计量；

(2) 为保证 ARIMA(p,d,q) 模型的平稳性，模型的特征根的倒数皆小于 1；

(3) 模型的残差序列应当是一个白噪声序列。

本节采用 ARIMA 预测方法对固定资产投资、M2、贷款、社会商品零售总额 4 个重要的经济指标对 2013 年 4 月至 2013 年 9 月的半年期间进行了预测。在进行预测之前，先利用 X-11 季节调整程序，对经济时间序列 y_t 进行季节调整，分解出指标 y_t 的趋势。循环要素 y_t^{TC} 序列和季节要素 y_t^S 序列，对 y_t^{TC} 序列进行预测，然后利用 9.3 节的方法计算原指标 y_t 的预测值。预测结果、实际值和相对误差列在表 9.5.1 中。

表 9.5.1 ARIMA 模型的预测结果 单位：亿元

指标名称	数据类型	2013-04	2013-05	2013-06	2013-07	2013-08	2013-09	MPE
固定资产投资完成额_当月	预测值	32 518.8	39 044.6	52 699.5	39 846.9	39 310.3	45 291.1	2.91%
	公布值	**33 226.9**	**39 891.5**	**50 107**	**40 404.6**	**40 855.9**	**46 629.5**	
货币和准货币(M2)_月末数	预测值	1 034 147	1 042 530	1 064 498	1 056 737	1 066 308	1 083 631	0.44%
	公布值	**1 032 552**	**1 042 169**	**1 054 404**	**1 052 212**	**1 061 256**	**1 077 379**	
金融机构各项贷款_月末数	预测值	664 385.9	670 619.8	677 175.9	681 281	685 367.7	689 167.6	0.87%
	公布值	**665 514.8**	**672 209**	**680 837.2**	**687 834.5**	**694 962.2**	**702 832.3**	
社会消费品零售总额_当月	预测值	17 422.5	18 572.3	18 208.1	17 825.7	18 015.1	19 257.1	3.51%
	公布值	**17 600.3**	**18 886.3**	**18 826.7**	**18 513.2**	**18 886.2**	**20 653.3**	

9.6　数量化理论模型①

数量化理论(theory of quantification)是多元分析的一个分支,是根据观测数据研究多个(随机)变量间关系的一种数理统计方法。经济分析中所考虑的变量可分为两种：一种是通常所说的变量,如产值、产量、投资额等,称之为定量变量；另一种变量并非真有数量上的变化,而只有性质上的差异,如天气(阴、晴)、品种、月份、季度等,称之为定性变量。数量化理论(Ⅰ)和回归分析的区别是前者含有定量和定性两种说明变量。

在经济时间序列中常常包含由于气候与社会习惯等原因所产生的季节因素。如果能把这些季节因素分离出来,就会有助于正确地进行预测。经济时间序列有季度数据和月度数据,而某季度和某月份,可以看成是定性变量。数量化理论(Ⅰ)的主要特点是用虚拟变量(dummy variable)来描述季度和月度。这样季节因素就被这些定性季节变量所反映了。

一般而言,数量化理论中使用如下模型

$$y_t = \alpha_0 + \sum_{i=1}^{q-1} \alpha_i s_{it} + \sum_{i=1}^{k} \beta_i x_{it}, \quad t = 1,2,\cdots,T \tag{9.6.1}$$

其中,y_t 是因变量,T 是样本个数,α_0 是常数项,x_i 是定量解释变量,k 是定量解释变量个数,$s_1 \sim s_{q-1}$ 是 $q-1$ 个虚拟定性变量,用以解释月份或季度,其中 q 的值为月度数据取 12,季度数据取 4。对于月度数据,若是 2 月的数据,则 s_{2t} 的取值为 1,否则为 0；若是 3 月的数据,则 s_{3t} 的取值为 1,否则为 0；…；若是 12 月的数据,则 s_{12t} 的取值为 1,否则为 0；而对于 1 月份的数据,s_{1t} 的所有值取值为 0。季度数据取值方法类似,只需 3 个定性季节变量。

上式中的 $\alpha_0,\alpha_1,\cdots,\alpha_{q-1},\beta_1,\cdots,\beta_k$ 是待定的参数,可以用最小二乘法确定。即求解下列正规方程

$$\hat{\boldsymbol{B}} = (\boldsymbol{X}'\boldsymbol{X})^{-1}\boldsymbol{X}'\hat{\boldsymbol{Y}} \tag{9.6.2}$$

用求得的 $\hat{\boldsymbol{B}}$ 就可得到 $\boldsymbol{Y}$ 的最小二乘估计值 $\hat{\boldsymbol{Y}}$

$$\hat{\boldsymbol{Y}} = \boldsymbol{X}\cdot\hat{\boldsymbol{B}} = \boldsymbol{X}(\boldsymbol{X}'\boldsymbol{X})^{-1}\boldsymbol{X}'\boldsymbol{Y} \tag{9.6.3}$$

其中

$$\boldsymbol{Y} = \begin{pmatrix} y_1 \\ y_2 \\ y_3 \\ \vdots \\ \vdots \\ \vdots \\ y_T \end{pmatrix}, \quad \boldsymbol{B} = \begin{pmatrix} \alpha_0 \\ \alpha_1 \\ \vdots \\ \alpha_{q-1} \\ \beta_1 \\ \vdots \\ \beta_k \end{pmatrix}$$

① 董文泉,周光亚,夏立显. 数量化理论及其应用[M]. 长春：吉林人民出版社,1979：120-123.

$$
\boldsymbol{X}=\begin{pmatrix} 1 & s_{11} & s_{12} & \cdots & s_{1,q-1} & x_{11} & \cdots & x_{1k} \\ 1 & s_{21} & s_{22} & \cdots & s_{2,q-1} & x_{21} & \cdots & x_{2k} \\ 1 & s_{31} & s_{32} & \cdots & s_{3,q-1} & x_{31} & \cdots & x_{3k} \\ \vdots & \vdots & \vdots & \cdots & \vdots & \vdots & \vdots \\ 1 & s_{T1} & s_{T2} & \cdots & s_{T,q-1} & x_{T1} & \cdots & x_{Tk} \end{pmatrix}
$$

注意定量解释变量需给出预测值 $x_{it}, i=1,2,\cdots,k, t=T+1,T+2,\cdots,T+h$, h 是预测个数。这样就可利用模型(9.6.2)求解出未知系数 $\hat{\boldsymbol{B}}=(\hat{\alpha}_0,\hat{\alpha}_1,\cdots,\hat{\alpha}_{p-1},\hat{\beta}_1,\cdots,\hat{\beta}_k)$,进而求出因变量 y_t 的相应月份或季度的预测值($\hat{y}_t, t=T+1,T+2,\cdots,T+h$),即采用系数估计值和解释变量预测值,进行点预测,如模型(9.6.4)所示。

$$
\hat{y}_t=\hat{\alpha}_0+\sum_{i=1}^{p-1}\hat{\alpha}_i s_{it}+\sum_{i=1}^{k}\hat{\beta}_i x_{it}, \quad t=T+1,T+2,\cdots,T+h \tag{9.6.4}
$$

本节采用数量化理论模型①对固定资产投资、M2、贷款、社会消费品零售总额 4 个重要的经济指标对 2013 年 4 月至 2013 年 9 月的半年期间进行了预测,预测结果、实际值和相对误差列在表 9.6.1 中。

表 9.6.1 数量化理论模型的预测结果 单位:亿元

指标名称	数据类型	2013-04	2013-05	2013-06	2013-07	2013-08	2013-09	MPE
固定资产投资完成额_当月	预测值	32 518.8	39 044.5	52 700	39 847.1	39 310.3	45 291.4	2.91%
	公布值	**33 226.9**	**39 891.5**	**50 107**	**40 404.6**	**40 855.9**	**46 629.5**	
货币和准货币(M2)_月末数	预测值	1 038 810	1 046 241	1 064 776	1 060 425	1 067 492	1 077 276	0.56%
	公布值	**1 032 552**	**1 042 169**	**1 054 404**	**1 052 212**	**1 061 256**	**1 077 379**	
金融机构各项贷款_月末数	预测值	664 256.8	671 242.4	680 887.2	685 251.3	690 877	696 916.8	0.36%
	公布值	**665 514.8**	**672 209**	**680 837.2**	**687 834.5**	**694 962.2**	**702 832.3**	
社会消费品零售总额_当月	预测值	17 711.8	18 653.5	18 533.2	18 406.9	18 684.1	19 788	1.54%
	公布值	**17 600.3**	**18 886.3**	**18 826.7**	**18 513.2**	**18 886.2**	**20 653.3**	

9.7 Probit 模型②

通常的经济计量模型都假定因变量是连续的,但是在现实的经济决策中经常面临许多选择问题。与通常被解释变量是连续变量的假设相反,此时因变量只取有限多个离散的值。以决策结果作为被解释变量建立的计量经济模型,称为离散选择模型(discrete choice model,DCM)。在离散选择模型中,最简单的情形是在两个可供选择的方案中选择其一,此时被解释变量只取两个值,称为二元选择模型(binary choice model,BCM)。

例如,在经济周期的研究方面,经济运行总是表现为扩张与收缩的交替出现,而政策制

① 对这 4 指标建立的数量化理论模型采用的解释变量分别为:固定资产投资的解释变量是固定资产新建投资额;M2 的解释变量是 M1;贷款的解释变量是金融机构各项存款;社会消费品零售总额的解释变量是居民消费价格指数。这些解释变量都采用增长曲线模型或 ARIMA 模型得到 2013 年 4 月至 2013 年 9 月的预测值。

② 丹尼尔·L 鲁宾费尔德,罗伯特·S 平狄克. 计量经济模型与经济预测[M]. 北京:机械工业出版社,1999.

定者、企业家以及投资者感兴趣的是如何准确预测经济运行的转折点，以使他们能够采取适当的反周期策略或政策。将经济周期波动分为上升期和下降期，可以采用二元选择模型(probit 模型)预测经济周期波动的转折点。

设 $\boldsymbol{x}_t=(x_{1t},x_{2t},\cdots,x_{kt})$ 是由 k 个经济时间序列构成的解释变量行向量，二元选择模型的回归形式为

$$y_t=\beta_1x_{1t}+\beta_2x_{2t}+\cdots+\beta_kx_{kt}+u_t,\quad t=1,2,\cdots,T \tag{9.7.1}$$

其中，T 是样本容量，k 是解释变量个数，y_t 表示取值为 0 和 1 的离散型随机变量，u_t 为相互独立且均值为 0 的随机扰动项。

令 y_t 取 1 的概率 $p_t=P(y_t=1)$，那么 $1-p_t=P(y_t=0)$，可得

$$E(y_t)=1\cdot P(y_t=1)+0\cdot P(y_t=0)=p_t \tag{9.7.2}$$

由于 $E(u_t)=0,E(y_t)=\boldsymbol{x}_t'\boldsymbol{\beta}$，$x_t=(x_{1t},x_{2t},\cdots,x_{kt}),\beta=(\beta_1,\beta_2,\cdots,\beta_k)'$，从而有下面的等式

$$E(y_t)=P(y_t=1)=p_t=\boldsymbol{x}_t'\boldsymbol{\beta} \tag{9.7.3}$$

式(9.7.3)只有当 $\boldsymbol{x}_t'\boldsymbol{\beta}$ 的取值在(0,1)之间时才成立，否则就会产生矛盾，而在实际应用时很可能超出这个范围。因此，二元选择概率模型通常写成

$$p_t=\begin{cases}\boldsymbol{x}_t'\boldsymbol{\beta}, & 0<\boldsymbol{x}_t'\boldsymbol{\beta}<1\\ 1, & \boldsymbol{x}_t'\boldsymbol{\beta}\geqslant 1\\ 0, & \boldsymbol{x}_t'\boldsymbol{\beta}\leqslant 0\end{cases} \tag{9.7.4}$$

式(9.7.4)就将因变量限制在概率取值范围内。

此外，扰动项的方差可以表示为

$$E(u_t^2)=(1-\boldsymbol{x}_t'\boldsymbol{\beta})^2p_t+(-\boldsymbol{x}_t'\boldsymbol{\beta})^2(1-p_t)=p_t(1-p_t) \tag{9.7.5}$$

结合式(9.7.2)，式(9.7.5)可以改写为

$$\sigma_t^2=E(u_t^2)=E(y_t)[1-E(y_t)] \tag{9.7.6}$$

由式(9.7.6)可以看出，误差项具有异方差性。异方差性使得参数估计不再是有效的，修正异方差的一个方法就是使用加权最小二乘估计。但是加权最小二乘法无法保证预测值 $\hat{y}_t$ 在(0,1)范围之内，这是线性概率模型一个严重的弱点。由于上述问题，我们考虑对线性概率模型进行一些变换，由此得到下面要讨论的模型。

假设有一个潜在变量 y_t^*，它与 x_t 之间具有线性关系，即

$$y_t^*=\boldsymbol{x}_t'\boldsymbol{\beta}+u_t^* \tag{9.7.7}$$

其中，u_t^* 是随机扰动项。

y_t 和 y_t^* 的关系为

$$y_t=\begin{cases}1, & y_t^*>0\\ 0, & y_t^*\leqslant 0\end{cases} \tag{9.7.8}$$

式(9.7.8)中 y_t^* 大于临界值 0 时，$y_t=1$；y_t^* 小于等于 0 时，$y_t=0$。事实上只要 x_t 包含有常数项，临界值的选择就是无关的，所以不妨设为 0。由此可得

$$P(y_t=1\mid \boldsymbol{x}_t,\boldsymbol{\beta})=P(y_t^*>0)=P(u_t^*>-\boldsymbol{x}_t'\boldsymbol{\beta})=1-F(-\boldsymbol{x}_t'\boldsymbol{\beta})$$

$$P(y_t=0\mid \boldsymbol{x}_t,\boldsymbol{\beta})=P(y_t^*\leqslant 0)=P(u_t^*\leqslant-\boldsymbol{x}_t'\boldsymbol{\beta})=F(-\boldsymbol{x}_t'\boldsymbol{\beta}) \tag{9.7.9}$$

其中，F 是 u_t^* 的分布函数，一般要求它是连续并且单调递增的。因此，综合式(9.7.3)和式

(9.7.9)原始的回归模型(9.7.1)可以视为如下模型(9.7.10)。

$$y_t = 1 - F(-\boldsymbol{x}_t'\boldsymbol{\beta}) + u_t \tag{9.7.10}$$

分布函数的类型决定了二元选择模型的类型，根据分布函数 F 的不同，二元选择模型可以有多种不同的类型。最为常用的两种二元选择模型为，当分布函数 F 为标准正态分布函数时，称为 probit 模型；当分布函数 F 为逻辑分布，即分布函数为 $F(x)=e^x/(1+e^x)$时，称为 logit 模型。

本章选取二元选择模型中的 probit 模型，采用极大似然估计。似然函数为

$$L = \prod_{y_t=0}[1-F(\boldsymbol{x}_t'\boldsymbol{\beta})]\prod_{y_t=1}F(\boldsymbol{x}_t'\boldsymbol{\beta}) \quad 或 \quad L = \prod_{t=1}^{T}[F(\boldsymbol{x}_t'\boldsymbol{\beta})]^{y_t}[1-F(\boldsymbol{x}_t'\boldsymbol{\beta})]^{1-y_t} \tag{9.7.11}$$

在式(9.7.11)得到对数似然函数为

$$\ln L = \sum_{t=1}^{N}\{y_t \ln F(\boldsymbol{x}_t'\boldsymbol{\beta}) + (1-y_t)\ln[1-F(\boldsymbol{x}_t'\boldsymbol{\beta})]\} \tag{9.7.12}$$

对数似然函数的一阶条件为

$$\frac{\partial \ln L}{\partial \boldsymbol{\beta}} = \sum_{t=1}^{N}\left[\frac{y_t f_i}{F_t} + (1-y_t)\frac{-f_t}{(1-F_t)}\right]\boldsymbol{x}_t = 0 \tag{9.7.13}$$

其中，f_t 表示概率密度函数。根据分布函数和密度函数的表达式及样本值，求解该方程组，就可以得到参数的极大似然估计量。式(9.7.13) 通常是非线性的，需用迭代法进行求解。

二元选择模型中估计的系数不能被解释成对因变量的边际影响，只能从符号上判断。如果为正，表明解释变量越大，因变量取 1 的概率越大；反之，如果系数为负，表明相应的概率将越小。

二元选择模型中一般选用麦克法登 R^2(McFadden R^2) 以测定模型的拟合优度，该 R^2 统计量的计算公式为

$$\text{McFadden } R^2 = 1 - L(\hat{\boldsymbol{\beta}})/L(\tilde{\boldsymbol{\beta}}) \tag{9.7.14}$$

其中，$L(\hat{\boldsymbol{\beta}})$是估计得到的极大似然函数的最大值，$L(\tilde{\boldsymbol{\beta}})$是受限似然函数值。与传统的拟合优度 R^2 类似，McFadden R^2 也介于 0 和 1 之间，并且值越大，说明拟合优度越好。

在经济周期波动转折点问题的研究中，首先需要确定经济增长率周期波动的扩张期和收缩期，采用 Bry 和 Boschan(1971)开发的测定经济波动转折点的方法来识别第 6 章构建的中国宏观经济增长率周期波动的一致合成指数(CI_C_t)的转折点，确定经济增长率周期波动的收缩期和扩张期，采用式(9.7.15)赋值得到一个取值为 0 和 1 的二元离散型随机变量

$$y_t = \begin{cases} 1, & 经济处于收缩期 \\ 0, & 经济处于扩张期 \end{cases} \tag{9.7.15}$$

在此基础上，利用时差相关系数、K-L 信息量等方法筛选出具有不同滞后期的 9 个先行指标作为解释变量向量 $\boldsymbol{x}_t$，构建二元选择模型

$$y_t = \beta_1 x_{1,t-l_1} + \beta_2 x_{2,t-l_2} + \cdots + \beta_k x_{k,t-l_k} + u_t, \quad t = T+1, T+2, \cdots, T+h \tag{9.7.16}$$

其中，h 是预测个数，解释变量下标中的 $t-l_i$ 中的 l_i 代表第 i 个变量的先行期。根据第 5

章中的指标选择方法，选取 9 个($k=9$)先行指标：滞后 11 期的金融机构储蓄存款实际增速($x_{1,t-11}$)、滞后 10 期的固定资产新建投资额实际增速($x_{2,t-10}$)、滞后 9 期的货币和准货币(M2)实际增速($x_{3,t-9}$)、滞后 9 期的地方项目固定资产投资额实际增速($x_{4,t-9}$)、滞后 8 期的金融机构各项贷款实际增速($x_{5,t-8}$)、滞后 8 期的固定资产投资完成额实际增速($x_{6,t-8}$)、滞后 6 期的固定资产投资本年新开工项目个数累计增速($x_{7,t-6}$)、滞后 5 期的固定资产投资自筹资金实际增速($x_{8,t-5}$)、滞后 5 期的固定资产投资施工项目个数累计增速($x_{9,t-5}$)为解释变量。

选取第 6 章中国宏观经济增长率周期波动一致合成指数(CI_C_t)的计算结果，首先计算 CI_C_t 序列的转折点，确定经济增长率周期波动的收缩期和扩张期，由式(9.7.15)可得 y_t，即收缩期 $y_t=1$；扩张期 $y_t=0$。然后采用 1997 年 1 月至 2013 年 4 月的数据和 probit 方法对模型(9.7.16)进行估计和预测，其中解释变量的最短滞后期为 5 个月，因此可以进行 5 个月的样本外预测，即预测个数为 $h=5$。

采用 probit 模型，利用式(9.7.16)进行样本外预测，预测 2013 年 5 月至 2013 年 9 月中国宏观经济增长处于收缩期的概率预测值，以概率值 0.5 为界限，预测值$\hat{y}_t$ 大于 0.5 时认为未来经济增长处于下降期，预测值$\hat{y}_t$ 小于 0.5 时则为上升期。得到结果列在表 9.7.1，此外，得到$\hat{y}_t$ 的概率图如图 9.7.1 所示，其中阴影部分为预测值。

表 9.7.1 Probit 模型的预测结果

指标名称	预测	2013-05	2013-06	2013-07	2013-08	2013-09
中国宏观经济一致合成指数(CI_C)	概率值	0.377	0.344	0.301	0.264	0.249
	趋势	上升	上升	上升	上升	上升

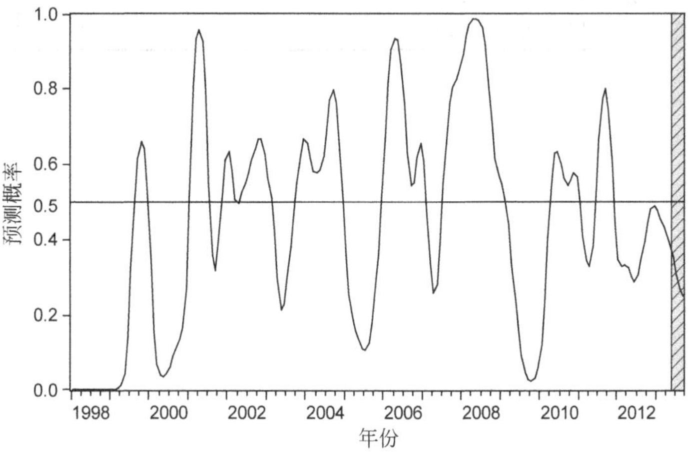

图 9.7.1 Probit 模型预测概率图

从预测结果可以看出，2013 年 5 月至 2013 年 9 月的概率预测值都小于 0.5，表明 2013 年 5 月至 2013 年 9 月宏观经济增长速度都将处于上升期，而实际经济增长也处于上升期，说明 probit 模型的预测是准确的。

9.8 平均模型

由于利用各种不同的模型对经济指标进行预测都有一定的局限性,可以证明,由平均模型得到的预测结果可靠性比单一模型要好。由上述多个预测模型对每个预测月份(或季度)得到 m 个预测结果 $y_{k,T+j}$,$k=1,2,\cdots,m$,$j=1,2,\cdots,h$,T 为样本个数,h 为预测个数,平均模型的计算公式为

$$\hat{y}_t = \frac{1}{m}\sum_{k=1}^{m} y_{k,t}, \quad t = T+1, T+2, \cdots, T+h \tag{9.8.1}$$

需要指出的是,在计算平均模型的过程中,一般要对得到的预测结果进行分析,将其中明显奇异的、不符合实际情况的 i 个预测结果去掉,然后对较接近的 $m-i$ 个预测结果,利用式(9.8.1)得到平均预测值,作为最终预测值。对前面表 9.2.1、表 9.3.1、表 9.4.1、表 9.5.1、表 9.6.1 利用 5 种模型得到的 4 个指标的预测结果,采用平均模型的预测结果如表 9.8.1 所示。

表 9.8.1 平均模型的预测结果 单位:亿元

指标名称	数据类型	2013-04	2013-05	2013-06	2013-07	2013-08	2013-09	MPE
固定资产投资完成额_当月	预测值	32 900.9	38 954.6	50 989.8	39 722.7	39 293.6	45 047.1	2.33%
	公布值	**33 226.9**	**39 891.5**	**50 107**	**40 404.6**	**40 855.9**	**46 629.5**	
货币和准货币(M2)_月末数	预测值	1 035 138	1 043 226	1 064 921	1 060 002	1 068 588	1 084 763	0.58%
	公布值	**1 032 552**	**1 042 169**	**1 054 404**	**1 052 212**	**1 061 256**	**1 077 379**	
金融机构各项贷款_月末数	预测值	664 797.6	671 942.3	680 475.9	685 461.3	691 043.9	696 690.7	0.33%
	公布值	**665 514.8**	**672 209**	**680 837.2**	**687 834.5**	**694 962.2**	**702 832.3**	
社会消费品零售总额_当月	预测值	17 574.2	18 662.4	18 436.8	18 174.9	18 429.5	19 749.3	2.01%
	公布值	17 600.3	18 886.3	18 826.7	18 513.2	18 886.2	20 653.3	

第3篇

经济周期波动测度、分析与预测方法的拓展研究

第10章 经济周期波动的谱分析

20 世纪 50 年代以来，利用统计方法特别是时间序列分析方法研究经济时间序列和经济周期的变动特征得到越来越广泛的应用。自时间序列分析产生以来，一直存在两种观察、分析和解释时间序列的方法。第一种是直接分析数据随时间变化的结构特征，即所谓时域分析法，使用的工具是自相关(或自协方差)函数和差分方程；另一种方法是把时间序列看成不同谐波的叠加，研究时间序列在频率域里的结构特征，即所谓频域分析法或谱分析，使用的工具主要是傅氏变换和谱密度函数。这两种方法相辅相成，从不同的侧面以不同的方式刻画了时间序列的特征。有关时域方法的应用在前面各章已有介绍，本章主要介绍频域方法即谱分析在经济周期波动研究中的应用。

早在 19 世纪，人们就发现普通白光实际上是由不同频率(不同颜色)、不同强度的光波组成的，如果用统一的坐标图(其中横、纵坐标分别代表频率和强度)来描述的话，则不同颜色的光源具有各自不同的光谱曲线。这种思想被应用到具有类似波动现象(如电磁波、振动)等其他物理和天文学研究中，逐渐形成了谱分析方法。到 20 世纪中叶，随着应用物理学和工程技术发展的需要，同时伴随着电子计算机的诞生和使用，谱分析从理论到应用都得到很大发展，逐渐走向成熟。

1959 年，美国经济学家摩根斯坦(Oskar Morgenstern)等人在普林斯顿大学发起了一项名为“经济计量研究项目”的研究计划，在现代谱分析的开创者之一图基(John Tukey)的大力支持下，尝试把谱分析方法应用于经济时间序列分析中，从而开创了谱分析在经济学中的应用。1964 年，格兰奇(C. W. J. Granger)等人总结了有关的研究成果，出版了《经济时间序列的谱分析》[①]一书。在此前后，一大批数学家、统计学家、经济学家也发表文章探讨了谱分析在经济中的应用技术，从而推动这一方法的应用在 20 世纪 60 年代中后期和 20 世纪 70 年代达到新的发展水平。从那时开始，随着计算技术的发展与普及，包括频域和时域在内的整个时间序列分析方法在经济分析和预测中得到越来越广泛和深入的应用。近些年来，谱分析方法在我国经济学界也开始受到重视和应用。

谱分析的基本思想是：把时间序列看作是互不相关的周期(频率)分量的叠加，通过研究和比较各分量的周期变化，以充分揭示时间序列的频域结构，掌握其主要波动特征。因此，在研究时间序列的周期波动方面，它具有时域方法所无法企及的优势。

与时域分析中的单变量和多变量模型相对应，谱分析技术中也有单变量谱分析和多变

① Granger C W J，Hatanaka M. Spectral Analysis of Economic Time Series[M]. Princetion：Princetion University Press，1964.

量谱分析两种。单变量谱分析适合于研究考察单个经济时间序列的周期波动特征。具体来说,就是对某个经济时间序列剔除趋势和季节因素后的循环项(一般情况下,该序列接近一个平稳序列)进行谱估计,根据估计出的谱密度函数,找出序列中存在的主要频率分量,从而把握该序列的周期波动特征。尤其是当这些频率分量的行为或内在机制互不相同时,谱分析可以避免时域方法带来的混淆(因为时域方法所衡量的只是各频率分量共同叠加后的结果),更精细地研究各种行为及因素。因此,它可以比传统方法更详细地研究经济活动的内涵。

多变量谱分析则提供了互谱分析这一有力工具,可以用来研究两个经济时间序列中各相应频率分量所对应的周期波动之间的关系,如相关程度、超前滞后期和比例关系等。由于本书的篇幅所限,故在这里不做具体介绍。

10.1 谱分析的基本原理

10.1.1 频域方法的直观意义

无论在实际应用中还是在理论分析上,人们往往习惯于以时间为坐标来描述某个事物的运动变化。而频域方法则不同,它是从频率的角度来描述事物。我们通过两个简单的例子先直观地了解一下这种方法的实际意义,确定性周期的频域图如图 10.1.1 所示。

首先考察一下确定性的三角函数 $y(t)=A\cos(2\pi\omega_0 t+\varphi)$ 所描述的简单周期波动,其中 t 是表示时间的自变量,φ 是相位。显然,这个周期函数的振幅为 $|A|$,频率为 ω_0。注意,相位 φ 仅与所选择的起始时间有关,对波动无本质影响,若抛开相位差别,这种周期函数完全取决于频率 ω_0 和振幅 $|A|$ 或 A^2。换句话说,所有这种单一频率的周期波动都对应一对参数 (ω_0, A^2),即频率—振幅平面上的一个点,如图 10.1.1(a)所示,它也可以用函数形式表示成

$$f(\omega)=\begin{cases}A^2, & \omega=\omega_0\\ 0, & \omega\neq\omega_0\end{cases}$$

这个函数的自变量是频率,而函数值则是相应频率分量的振幅或强度,$f(\omega)$ 仅在 $\omega=\omega_0$ 处不为零,正表明它仅含有单一频率 ω_0 的分量。$f(\omega)$ 与 $y(t)$ 的表达式完全不同,但它从另一个侧面同样描述了这种三角函数的波动特征,两个函数实际上是等价的。

类似地,由多个上述形式的三角函数叠加在一起的函数也可仿照这一方法来描述。比如函数

$$y(t)=A_1\cos(2\pi\omega_1 t+\varphi_1)+A_2\cos(2\pi\omega_2 t+\varphi_2)$$

由两个余弦函数叠加而成,在频域上来描述则如图 10.1.1(b)所示,用函数形式表示便有

$$f(\omega)=\begin{cases}A_1^2, & \omega=\omega_1\\ A_2^2, & \omega=\omega_2\\ 0, & \text{其他}\end{cases}$$

$f(\omega)$不但从频率角度描述了 $y(t)$ 包含有两个不同周期的波动,还同时显示了每个周期分量在叠加后的波动中各自的重要性。从图 10.1.1(b)中明显可以看出,对应于频率 ω_2

的周期分量即 $A_2\cos(2\pi\omega_2 t+\varphi_2)$ 在总量 $y(t)$ 中占有更重要的地位。

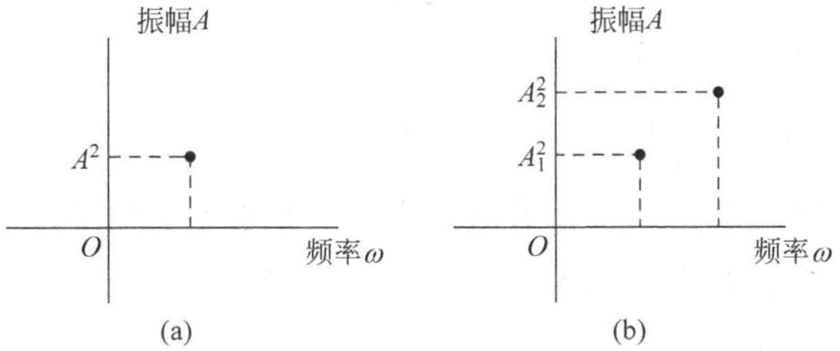

图 10.1.1 确定性周期函数的频域图示

上述两例中的 $f(\omega)$ 称为对应函数 $y(t)$ 的谱密度或功率谱，它是频域中的核心工具。频域分析法的特点通过这两个简单的例子已显露出来，它可将时域中一个复杂的波动变量分解为若干个各自独立的周期分量。这种方法在很多情况下，特别是在分析经济周期方面具有重要作用和价值。

事实上，在下面的介绍中可以看到，对于一般的确定性函数或随机函数（如随机过程或时间序列），也可以采用类似的方法在频域上加以描述，只是表示的形式和意义比起以上两例要复杂得多。

在对时间序列进行谱分析之前，我们先从较简单的情形入手，考察一下非随机函数在频域内的分解即所谓的谱表示。

10.1.2 确定性函数的谱表示

我们知道，确定性的周期函数在一定条件下可表示成一些不同频率的正弦和余弦函数之和，这是数学家傅立叶(Fourier)首先提出的基本思想。

设 $X(t)$ 为确定性的周期函数，其周期为 $2T$，在一定条件下（如 $X(t)$ 在 $[-T,T]$ 可积，并在 t 点连续）有如下的傅氏级数展开

$$X(t)=\frac{a_0}{2}+\sum_{k=1}^{\infty}[a_k\cos(2\pi f_k t)+b_k\sin(2\pi f_k t)] \tag{10.1.1}$$

其中

$$a_k=\frac{1}{T}\int_{-T}^{T}X(t)\cos(2\pi f_k t)\mathrm{d}t,\quad k=0,1,2,3\cdots$$

$$b_k=\frac{1}{T}\int_{-T}^{T}X(t)\sin(2\pi f_k t)\mathrm{d}t,\quad k=1,2,3\cdots \tag{10.1.2}$$

$$f_k=\frac{k}{2T},\quad k=1,2,3\cdots$$

该式表明周期函数 $X(t)$ 通常可以分解为常数项 $a_0/2$（通常表示均值或直流分量）与频率为 f_k 的正弦和余弦函数之和。

为了描述上的方便，通常用复数形式来表示式(10.1.1)。令

$$A_0=\frac{a_0}{2},\quad A_k=\frac{a_k-\mathrm{i}b_k}{2},\quad A_{-k}=\overline{A}_k=\frac{a_k+\mathrm{i}b_k}{2}\qquad k=1,2,3,\cdots$$

便可得到简洁的复数形式的傅氏级数展开

$$X(t)=\sum_{k=-\infty}^{\infty}A_k e^{i2\pi f_k t} \tag{10.1.3}$$

而式(10.1.2)傅氏级数的系数为

$$A_k=\frac{1}{2T}\int_{-T}^{T}X(t)e^{-i2\pi f_k t}\mathrm{d}t,\quad k=0,\pm1,\pm2,\cdots \tag{10.1.4}$$

类似地,我们称$|A_k|$和 f_k 为复指数函数 $A_k e^{i2\pi f_k t}$ 的振幅和频率。实际上,如果把 $A_k=(a_k-ib_k)/2$ 直接写成指数形式便有 $A_k=|A_k|e^{i\theta_k}$,其中 $|A_k|=\sqrt{a_k^2+b_k^2}/2$, $\theta_k=\arctan(-b_k/a_k)$,从而式(10.1.3)可写成

$$X(t)=\sum_{k=-\infty}^{\infty}|A_k|e^{i\theta_k}e^{i2\pi f_k t}=\sum_{k=-\infty}^{\infty}|A_k|e^{i(2\pi f_k t+\theta_k)} \tag{10.1.5}$$

式(10.1.5)更明确地表明,周期函数 $X(t)$可以表示成具有不同频率 f_k 及不同振幅$|A_k|$的正弦和余弦函数之和,这就是函数 $X(t)$的谱表示。

当 $X(t)$为实函数时便有

$$X(t)=A_0+2\sum_{k=1}^{\infty}|A_k|\cos(2\pi f_k t+\theta_k) \tag{10.1.6}$$

下面利用 $X(t)$的谱表示考查一下 $X(t)$的能量和功率问题。如果 $X(t)$代表某种随时间变化的物理过程如电流,那么,根据电路理论的基本定律,电流 $X(t)$在一个周期内通过一个单位电阻时的能量为

$$\int_{-T}^{T}X^2(t)\mathrm{d}t$$

若 $X(t)$ 在$[-T,T]$上的能量为有穷,即

$$\int_{-T}^{T}X^2(t)\mathrm{d}t<+\infty$$

那么,利用正弦和余弦函数的正交性,由式(10.1.1)或式(10.1.3)容易推出

$$\int_{-T}^{T}X^2(t)\mathrm{d}t=2T\left(A_0^2+\sum_{k=1}^{\infty}2|A_k|^2\right)=2T\sum_{k=-\infty}^{\infty}|A_k|^2$$

这个结果给出了在周期$[-T,T]$内 $X(t)$消耗的能量。注意,上式右端的每一项 $2T|A_k|^2$ 正是频率为 $f_k(k=0,\pm1,\pm2,\cdots)$的三角函数分量 $A_k e^{i2\pi f_k t}$ 所消耗的能量。这表明,在一个周期内 $X(t)$ 所消耗的总能量,等于每个不同频率的三角函数分量所消耗的能量之和。

进一步考察 $X(t)$在每单位时间上的能量消耗,即 $X(t)$的功率,记为 p_X,由上式有

$$p_X=\frac{1}{2T}\int_{-T}^{T}X^2(t)\mathrm{d}t=\sum_{k=-\infty}^{\infty}|A_k|^2 \tag{10.1.7}$$

这样,我们便得到一个重要结论:$X(t)$ 的总功率等于各频率分量的功率之和。换句话说,上式右边的每一项$|A_k|^2$ 代表了频率为 f_k 的周期分量对 $X(t)$ 总功率的贡献。现在我们引入一个重要概念,称功率依不同频率的分布为功率谱,用函数形式可表示成

$$h(f)=\begin{cases}|A_k|^2, & f=f_k \\ 0, & f\neq f_k\end{cases}\qquad k=0,\pm1,\pm2,\cdots$$

称此函数为功率谱密度函数,其图形(见图 10.1.2)是一条条谱线,称之为线功率谱或离散功率谱,它直观地描述了 $X(t)$的总功率在各不同频率分量上的分布情况。

现在,我们进一步考虑更一般的确定性非周期函数 $X(t)$ 的谱表示。此时 $X(t)$ 已不能

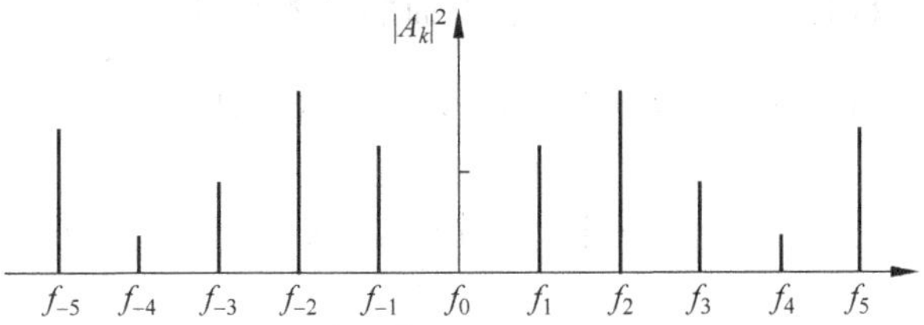

图 10.1.2　确定性周期函数的功率谱图

直接利用傅氏级数来表示，但我们可以构造一个以 $2T$ 为周期的函数 $X_T(t)$，使得

$$X_T(t) = X(t), \qquad -T \leqslant t \leqslant T$$

$$X_T(t+2nT) = X_T(t), \quad n = 1,2,3,\cdots$$

依照前述，$X_T(t)$在一定条件下可以展成傅氏级数。利用式(10.1.3)和式(10.1.4)，在$[-T,T]$内有

$$\begin{aligned} X(t) = X_T(t) &= \sum_{k=-\infty}^{\infty} A_k \mathrm{e}^{\mathrm{i}2\pi f_k t} \\ &= \sum_{k=-\infty}^{\infty} \left(\frac{1}{2T}\int_{-T}^{T} X(t)\mathrm{e}^{-\mathrm{i}2\pi f_k t}\,\mathrm{d}t\right)\mathrm{e}^{\mathrm{i}2\pi f_k t} \\ &= \sum_{k=-\infty}^{\infty} \left(\int_{-T}^{T} X(t)\mathrm{e}^{-\mathrm{i}2\pi f_k t}\,\mathrm{d}t\right)\mathrm{e}^{\mathrm{i}2\pi f_k t}\,\Delta f_k \end{aligned}$$

此处，记 $\Delta f_k = f_k - f_{k-1} = k/2T-(k-1)/2T=1/2T$。当 $T\rightarrow\infty$ 时，$\Delta f_k\rightarrow 0$，离散谱点$(\cdots,f_{-2},f_{-1},f_0,f_1,f_2,\cdots)$靠得越来越近，变成了点的连续集合，上式右端的求和变成积分。如这个积分存在，则对任何 t 有

$$X(t) = \int_{-\infty}^{\infty}\left(\int_{-\infty}^{\infty} X(t)\mathrm{e}^{-\mathrm{i}2\pi ft}\,\mathrm{d}t\right)\mathrm{e}^{\mathrm{i}2\pi ft}\,\mathrm{d}f \tag{10.1.8}$$

这就是确定性非周期函数的傅氏积分表示。如果令

$$G(f) = \int_{-\infty}^{\infty} X(t)\mathrm{e}^{-\mathrm{i}2\pi ft}\,\mathrm{d}t \tag{10.1.9}$$

则式(10.1.8)可写成

$$X(t) = \int_{-\infty}^{\infty} G(f)\mathrm{e}^{\mathrm{i}2\pi ft}\,\mathrm{d}f \tag{10.1.10}$$

上式实质上仍然是将 $X(t)$分解为不同频率的正弦和余弦项之和的一种极限形式，与周期函数的不同之处在于这里的频率是在$(-\infty,+\infty)$区间上连续变化的。

函数 $G(f)$被称为 $X(t)$的傅氏变换，记作 $G(f)=F[X(t)]$。相应地，$X(t)$是 $G(f)$的逆(或反)傅氏变换，记为 $X(t)=F^{-1}[G(f)]$。

$X(t)$的傅氏变换及逆变换的存在须具有一定条件，一个基本的条件是 $X(t)$绝对可积，即

$$\int_{-\infty}^{\infty} |X(t)|\,\mathrm{d}t < \infty$$

另一个较为方便的条件是 $X(t)$ 的能量为有穷，即

$$\int_{-\infty}^{\infty} X^2(t)\,\mathrm{d}t < \infty$$

与周期函数的情况类似,关于 $X(t)$ 的能量有下面的重要结果

$$\begin{aligned}\int_{-\infty}^{\infty} X^2(t)\mathrm{d}t &= \int_{-\infty}^{\infty} X(t)\left[\int_{-\infty}^{\infty} G(f)\mathrm{e}^{\mathrm{i}2\pi ft}\mathrm{d}f\right]\mathrm{d}t \\ &= \int_{-\infty}^{\infty} G(f)\left[\int_{-\infty}^{\infty} X(t)\mathrm{e}^{\mathrm{i}2\pi ft}\mathrm{d}t\right]\mathrm{d}f \\ &= \int_{-\infty}^{\infty} G(f)\,\overline{G(f)}\mathrm{d}f \\ &= \int_{-\infty}^{\infty} |G(f)|^2\mathrm{d}f \qquad (10.1.11)\end{aligned}$$

式(10.1.11)表明,$X(t)$ 的全部能量可以按照连续变化的频率 f 在 $(-\infty,+\infty)$ 上进行分解,$|G(f)|^2\mathrm{d}f$ 则是频率范围在 $[f,f+\mathrm{d}f]$ 内的那些分量对总能量的贡献。因此,$|G(f)|^2$ 是在频率 f 处的能量密度,可称之为连续能量谱密度函数。

当 $X(t)$ 是实函数时,容易验证 $|G(f)|^2$ 是一个偶函数,即

$$|G(-f)|^2 = |G(f)|^2$$

另外,与周期函数不同,能量为有穷的非周期函数 $X(t)$ 的总功率为

$$\lim_{T\to\infty}\frac{1}{2T}\left(\int_{-T}^{T} X^2(t)\mathrm{d}t\right) = 0$$

10.1.3 平稳过程的频域分析

上小节的内容告诉我们,对于确定性函数,可以通过傅立叶分析将其分解为有限或无限多个不同频率的三角函数分量之和,从而揭示它的频谱结构以及能量或功率依不同频率的分布情况。那么是否可以用同样的方法来研究平稳随机过程的频域特征呢?答案是否定的。因为随机过程 $\{X(t)\}$ 是随机变量的集合,在研究时只能从单个实现入手,而对于一个实现 $x(t)$,既不能保证它具有周期性,也不可能保证它在整个实数轴上的可积性。

为了克服上述困难,我们设想采取与上小节中处理确定性非周期函数相类似的方法,对平稳过程的实现 $x(t)$ 加以"截取"以构造新函数

$$x_T(t) = \begin{cases} x(t), & -T \leqslant t \leqslant T \\ 0, & \text{其他} \end{cases}$$

$x_T(t)$ 在有限区间 $[-T,T]$ 以外全为零,显然是绝对可积的,故可将它写成傅氏积分的形式(参看式(10.1.9)和式(10.1.10))如下:

$$x_T(t) = \int_{-\infty}^{\infty} G_T(f)\mathrm{e}^{\mathrm{i}2\pi ft}\mathrm{d}f$$

$$G_T(f) = \int_{-\infty}^{\infty} x_T(t)\mathrm{e}^{-\mathrm{i}2\pi ft}\mathrm{d}t = \int_{-T}^{T} x(t)\mathrm{e}^{-\mathrm{i}2\pi ft}\mathrm{d}t$$

从上小节的讨论我们知道,$|G(f)|^2$ 是 $x_T(t)$ 的能量谱密度函数。现在让 $T\to\infty$,这样 $x_T(t)$ 在所有 t 处和 $x(t)$ 相等,$\lim\limits_{T\to\infty}|G_T(f)|^2$ 将描述 $x(t)$ 的能量分布特征。但一般情况下 $x(t)$ 不是绝对可积的,其能量是无限的,因而 $\lim\limits_{T\to\infty}|G_T(f)|^2$ 不存在(非有限)。

这一点从物理意义上考虑也是很明显的,由于平稳过程具有"稳定状态"的性质,支持过程从 $t=-\infty$ 到 $t=+\infty$ 所需的能量显然是无限的。然而我们注意到,虽然总能量是无限的,但单位时间内的能量——功率却可能是有限的,即在适当条件下极限

$$\lim_{T\to\infty}\frac{|G_T(f)|^2}{2T}$$

对所有 f 都存在，此时

$$\lim_{T\to\infty}(|G_T(f)|^2/(2T))\mathrm{d}f$$

代表频率范围在 $(f, f+\mathrm{d}f)$ 内的分量对 $x(t)$ 总功率的贡献，因此上式就是功率谱密度函数。

上面的分析针对的是过程的个别实现，对于平稳过程应考虑所有实现的平均，即引入数学期望，令

$$h(f)=\lim_{T\to\infty}E\left(\frac{|G_T(f)|^2}{2T}\right) \tag{10.1.12}$$

当 $h(f)$ 存在时，称它为平稳过程 $X(t)$ 的功率谱密度函数，简称功率谱或谱密度，它表示平稳过程的总平均功率在连续频率上的分布情况，即 $h(f)\mathrm{d}f$ 表示频率范围在 $(f, f+\mathrm{d}f)$ 内的分量对平稳过程 $X(t)$ 总平均功率的贡献。在平稳过程的频域分析中，谱密度函数起着核心的作用。

我们再引进一个与谱密度相关的函数 —— 积分谱 $H(f)$，其定义如下

$$H(f)=\int_{-\infty}^{f}h(\theta)\mathrm{d}\theta \tag{10.1.13}$$

它表示所有频率小于或等于 f 的分量对总平均功率的贡献。由于 $H(f)$ 是 $h(f)$ 的积分，我们还可将 $h(f)$ 写成 $H(f)$ 的微分，即

$$h(f)=\frac{\mathrm{d}H(f)}{\mathrm{d}f} \tag{10.1.14}$$

积分谱也称为谱分布函数，它与随机变量的概率分布函数颇为相似，这点在后面的讨论中将更加清楚。

一般来说直接由式(10.1.12)的定义出发求平稳过程 $\{X(t)\}$ 的谱密度是相当困难的。幸运的是，通过对 $\{X(t)\}$ 的自协方差函数和谱密度之间关系的研究，可以得到计算谱密度的有效方法。通过前面的介绍不难看出，$\{X(t)\}$ 的谱密度 $h(f)$ 完全由其概率性质所决定，而 $\{X(t)\}$ 的自协方差函数 $R(\tau)$ 是刻画过程性质的最重要的数字特征，其中应包含反映 $\{X(t)\}$ 波动特征的重要信息。这使我们想到，$\{X(t)\}$ 的自协方差函数与它的谱密度之间可能具有内在联系。虽然平稳过程无法像确定性函数那样直接展成傅氏级数或傅氏积分，但由于它的自协方差函数中所保存的重要信息，使我们有可能通过对这个非随机函数的傅氏分析，来达到对平稳过程进行随机频谱分析之目的。事实也确实如此。

可以证明，一个平稳过程 $\{X(t)\}$ 的谱密度 $h(f)$ 只要存在，则它与过程的自协方差函数 $R(\tau)$ 有以下的傅氏变换关系，即

$$h(f)=\int_{-\infty}^{\infty}R(\tau)\mathrm{e}^{-\mathrm{i}2\pi f\tau}\mathrm{d}\tau=F[R(\tau)]^{①} \tag{10.1.15}$$

$$R(\tau)=\int_{-\infty}^{\infty}h(f)\mathrm{e}^{\mathrm{i}2\pi f\tau}\mathrm{d}f=F^{-1}[h(f)] \tag{10.1.16}$$

式(10.1.15)可作为谱密度的等价定义。由此可以看出，如果平稳过程 $\{X(t)\}$ 的自协

---

① 顾岚. 时间序列分析在经济中的应用[M]. 北京：中国统计出版社，1994.

方差函数 $R(\tau)$ 绝对可积，即

$$\int_{-\infty}^{\infty}|R(\tau)|\mathrm{d}\tau<\infty \tag{10.1.17}$$

则$\{X(t)\}$的谱密度必存在。

对于实值过程$\{X(t)\}$，式(10.1.15)和式(10.1.16)可简化成

$$h(f)=\int_{-\infty}^{\infty}R(\tau)\cos(2\pi f\tau)\mathrm{d}\tau=R(0)+2\int_{0}^{\infty}R(\tau)\cos(2\pi f\tau)\mathrm{d}\tau \tag{10.1.18}$$

$$R(\tau)=\int_{-\infty}^{\infty}h(f)\cos(2\pi f\tau)\mathrm{d}f=2\int_{0}^{\infty}h(f)\cos(2\pi f\tau)\mathrm{d}f \tag{10.1.19}$$

显然，此时 $R(\tau)$ 和 $h(f)$ 都是偶函数。

根据式(10.1.16)，当 $\tau=0$ 时便有

$$\sigma_x^2=R(0)=\int_{-\infty}^{\infty}h(f)\mathrm{d}f=H(\infty) \tag{10.1.20}$$

可见，方差 σ_x^2 代表过程的总平均功率，它可以依谱密度 $h(f)$在所有频率上进行分解，而 $h(f)\mathrm{d}f$ 则代表频率在$(f,f+\mathrm{d}f)$ 内的分量对方差即总功率的贡献。

有时还用到所谓标准化功率谱密度函数

$$p(f)=h(f)/\sigma_x^2 \tag{10.1.21}$$

$p(f)\mathrm{d}f$ 代表频率范围在$(f,f+\mathrm{d}f)$内的分量对标准化为1单位的总功率的贡献率。在式(10.1.15)等号两边都除以 σ_x^2，并注意$\{X(t)\}$的自相关函数 $r(\tau)=R(\tau)/\sigma_x^2$，便有

$$p(f)=\frac{h(f)}{\sigma_x^2}=\int_{-\infty}^{\infty}\frac{R(\tau)}{\sigma_x^2}\mathrm{e}^{-\mathrm{i}2\pi f\tau}\mathrm{d}\tau=\int_{-\infty}^{\infty}r(\tau)\mathrm{e}^{-\mathrm{i}2\pi f\tau}\mathrm{d}\tau \tag{10.1.22}$$

同样由式(10.1.16)有

$$r(\tau)=\frac{R(\tau)}{\sigma_x^2}=\int_{-\infty}^{\infty}\frac{h(f)}{\sigma_x^2}\mathrm{e}^{\mathrm{i}2\pi f\tau}\mathrm{d}f=\int_{-\infty}^{\infty}p(f)\mathrm{e}^{\mathrm{i}2\pi f\tau}\mathrm{d}f \tag{10.1.23}$$

以上两式表明，平稳过程$\{X(t)\}$的标准化谱密度 $p(f)$是自相关函数 $r(\tau)$的傅氏变换，而 $r(\tau)$则是 $p(f)$的逆傅氏变换。

与积分谱 $H(f)$相类似，标准化积分谱或谱分布函数 $P(f)$为

$$P(f)=\int_{-\infty}^{f}p(\theta)\mathrm{d}\theta \tag{10.1.24}$$

从而有

$$p(f)=\mathrm{d}P(f)/\mathrm{d}f \tag{10.1.25}$$

$P(f)$表示所有频率小于或等于 f 的分量对总功率的贡献率。

就一个过程的物理性质而言，标准化谱密度 $p(f)$ 与非标准化谱密度 $h(f)$ 包含有基本相同的信息，选用哪一个无太大差别。然而，我们将看到 $p(f)$ 较 $h(f)$ 具有更好的数学性质，它与概率密度函数相似，基本性质如下。

(1) $\int_{-\infty}^{\infty}p(f)\mathrm{d}f=1$。

(2) $p(f)\geqslant 0$，对任何 f。

(3) 对实值过程有 $p(f)=p(-f)$，对任何 f。

性质(1)只要令式(10.1.23)中 $\tau=0$ 便可得到；性质(2)因式(10.1.12)中$|G(f)|^2\geqslant 0$，从而有 $h(f)\geqslant 0$ 和 $p(f)\geqslant 0$；性质(3)由 $r(\tau)$ 的对称性和式(10.1.22)便知。

由 $p(f)$ 的头两个性质很容易推出，标准化积分谱 $P(f)$ 具有下列基本性质：

(1) $0 \leqslant P(f) \leqslant 1$，对任何 f；

(2) $P(-\infty)=0, P(+\infty)=1$；

(3) $P(f)$ 是 f 的单调非减函数，即 $P(f_1) \geqslant P(f_2)$，当 $f_1 \geqslant f_2$ 时。

可以看出，标准化积分谱具有和随机变量的分布函数相似的性质。所以 $P(f)$ 也经常被称为（标准化）谱分布函数。

与式(10.1.18)和式(10.1.19)相对应，对实值过程有

$$p(f)=\int_{-\infty}^{\infty} r(\tau)\cos(2\pi f\tau)\mathrm{d}\tau = r(0)+2\int_{0}^{\infty} r(\tau)\cos(2\pi f\tau)\mathrm{d}\tau \tag{10.1.26}$$

$$r(\tau)=\int_{-\infty}^{\infty} p(f)\cos(2\pi f\tau)\mathrm{d}f = 2\int_{0}^{\infty} p(f)\cos(2\pi f\tau)\mathrm{d}f \tag{10.1.27}$$

前面已经提到，对某些类型的平稳过程来说，它们的谱密度可能不存在，即 $h(f)$ 不一定对所有 f 都存在有限值，当然在这种情况下，标准化谱密度 $p(f)$ 也不存在。我们知道，概率密度函数对某些随机变量来说也不存在（如随机变量只取离散值时），但是分布函数却总是存在的（当随机变量只取离散值时，其分布函数是阶梯函数，因此不是处处可微的）。这使我们联想到所有平稳过程都存在谱分布函数 $P(f)$，但谱密度 $p(f)$ 只在 $P(f)$ 绝对连续时或相应地当自相关函数 $r(\tau)$ 绝对可积时才存在。即使 $r(\tau)$ 不绝对可积，它们与过程的谱性质之间的联系仍然应该存在，当然，此时式(10.1.23)不再成立。然而，这个问题可以通过使用更一般的斯蒂吉斯(Stieltjes)积分形式来解决，即我们只要把式(10.1.23)改写成

$$r(\tau)=\int_{-\infty}^{\infty} \mathrm{e}^{\mathrm{i}2\pi f\tau}\mathrm{d}P(f) \tag{10.1.28}$$

式(10.1.28)右边的积分称为傅立叶-斯蒂吉斯积分，当 $P(f)$ 并非处处可微（如在一些 f 处有阶跃）时，积分仍然存在。当 $P(f)$ 的导数对所有 f 都存在时，则 $\mathrm{d}P(f)=p(f)\mathrm{d}f$，从而式(10.1.28)变成式(10.1.23)。美国数学家维纳(N. Wiener)和苏联数学家辛钦最早证明了上述关系的存在，给出了著名的维纳-辛钦定理。

维纳-辛钦定理①：$r(\tau)$ 是某个平稳（连续）随机过程 $\{X(t)\}$ 的自相关函数的充分必要条件是存在一个函数 $P(f)$，在 $(-\infty, +\infty)$ 上具有分布函数的性质（即 $P(-\infty)=0$，$P(+\infty)=1$，且 $P(f)$ 单调非减），使得对一切 τ，$r(\tau)$ 可以表示成

$$r(\tau)=\int_{-\infty}^{\infty} \mathrm{e}^{\mathrm{i}2\pi f\tau}\mathrm{d}P(f) \tag{10.1.29}$$

同样，自协方差函数 $R(\tau)$ 也可相应表示如下

$$R(\tau)=\int_{-\infty}^{\infty} \mathrm{e}^{\mathrm{i}2\pi f\tau}\mathrm{d}H(f) \tag{10.1.30}$$

这里，$H(-\infty)=0, H(+\infty)=R(0)$。

上述两式分别称为自相关函数和自协方差函数的谱表示。

如果 $P(f)$ 是绝对连续的分布函数，则对任何 f 都存在谱密度函数

$$p(f)=\mathrm{d}P(f)/\mathrm{d}f$$

此时，称过程 $\{X(t)\}$ 具有纯连续谱。大多数平稳过程都属此类，如纯随机过程，AR 过程、

① Priestley M B. Spectral Analysis and Time Series[J]. Academic Press, 1981, 1: 218-222.

MA 过程、ARMA 过程及一般线性过程。

10.1.4 平稳时间序列的频域分析

上小节我们讨论了频域中的连续参数过程,即随时间连续观测的过程 $\{X(t), -\infty< t<+\infty\}$,现在我们转而考虑离散参数平稳过程,即平稳序列 $\{X(t), t=0,\pm1,\pm2,\cdots\}$ 的频域性质。由于平稳序列是连续平稳过程的一种特殊情况,所以两者具有完全并行的谱理论,所用的基本概念(即谱密度和积分谱)都有相同的物理解释和定义。特别地,自协方差(或自相关)函数与谱密度函数之间的基本关系仍然存在。但有下面两点差别应当注意。

(1) 因 t 只限于取整数值,故自协方差函数 $R(k)$ 和自相关函数 $r(k)$ 也只在整数 k 处有定义,从而式(10.1.15)和式(10.1.22)中的积分应换成离散和。

(2) 平稳序列的谱密度只在 $[-1/2,1/2]$ 范围内有定义。下面解释一下其中的原因。当 t 仅限于取整数值时,对任意整数 s 有

$$e^{i2\pi st} = \cos(2\pi st) + i\sin(2\pi st) = 1$$

从而

$$e^{i2\pi(f+s)t} = e^{i2\pi ft}e^{i2\pi st} = e^{i2\pi ft}$$

这表明上式是关于 f 的周期为 1 的函数。这样,如果序列 $\{X(t)\}$ 是连续平稳过程 $\{X(t), -\infty<t<+\infty\}$ 在 $t=0,\pm1,\pm2,\cdots$ 处的采样,则所有频率为 $f\pm1, f\pm2,\cdots$ 的分量似乎都只有频率 $f\in[-1/2,1/2]$,被称为所有这些频率的混叠(alias)频率。由于在 $[-1/2, 1/2]$ 以外的每一个频率在 $[-1/2,1/2]$ 内都有它的混叠频率 f,因此它们都以 f 的频率包含在 $[-1/2,1/2]$ 中,在此区间内,积分谱 $P(f)$ 在频率 $(f, f+df)$ 内的增量实际上是所有频率为 $(f\pm j, f\pm j+df)$, $j=0,1,2,\cdots$ 的分量对功率贡献率的叠加。很明显,此时已不需要在 $[-1/2,1/2]$ 以外定义谱密度或积分谱,这就是离散采样导致的频率混叠,也称为混叠效应。图 10.1.3 显示了频率为 4/5(周期为 5/4)的波动分量在采样时刻为 $t=1,2,3,\cdots$ 时,采样点的变化周期变成 5,对应混叠频率为 1/5。

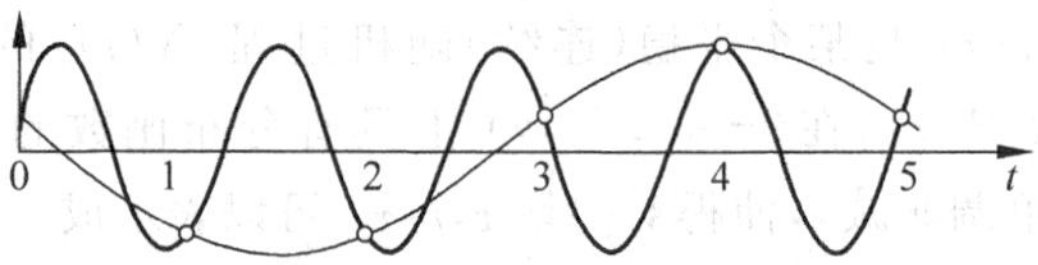

图 10.1.3 混叠效应

平稳序列的自相关函数与标准化积分谱之间的关系,由下面与维纳-辛钦定理类似的沃尔德(Wold)定理给出。

Wold 定理:序列 $\{r(k), k=0,\pm1,\pm2,\cdots\}$ 作为某个平稳序列 $\{X(t), t=0,\pm1,\pm2,\cdots\}$ 的自相关函数的充分必要条件是:存在一个 $[-1/2,1/2]$ 上的单调非减函数 $P(-1/2)=0$, $P(1/2)=1$,使得

$$r(k) = \int_{-\frac{1}{2}}^{\frac{1}{2}} e^{i2\pi fk} dP(f), \quad k = 0, \pm 1, \pm 2, \cdots \text{①} \tag{10.1.31}$$

① Wold 定理可直接由维纳-辛钦定理推出。Priesstley M B. Spectral Analysis and Time Series[J]. Academic Press, 1981,1: 222-224.

如果序列$\{X(t)\}$的标准化积分谱 $P(f)$ 处处可微，则标准化谱密度 $P(f)=\mathrm{d}p(f)/\mathrm{d}f$ 对所有 $f\in[-1/2,1/2]$ 都存在，式(10.1.31)可写成

$$r(k)=\int_{-\frac{1}{2}}^{\frac{1}{2}}p(f)\mathrm{e}^{\mathrm{i}2\pi fk}\mathrm{d}f,\quad k=0,\pm1,\pm2,\cdots \tag{10.1.32}$$

反过来，与式(10.1.22)相对应，便有

$$p(f)=\sum_{k=-\infty}^{\infty}r(k)\mathrm{e}^{-\mathrm{i}2\pi fk},\quad -\frac{1}{2}\leqslant f\leqslant\frac{1}{2} \tag{10.1.33}$$

与前面类似，当$\{X(t)\}$是实值序列时，$r(k)$或$R(k)$为偶函数，上式简化成余弦变换，即

$$p(f)=\sum_{k=-\infty}^{\infty}r(k)\cos2\pi fk=1+2\sum_{k=1}^{\infty}r(k)\cos2\pi fk,\quad -\frac{1}{2}\leqslant f\leqslant\frac{1}{2} \tag{10.1.34}$$

在式(10.1.31)等号两边都乘以序列的方差 σ_X^2，便得到自协方差函数 $R(k)$的谱表示，即

$$R(k)=\int_{-\frac{1}{2}}^{\frac{1}{2}}\mathrm{e}^{\mathrm{i}2\pi fk}\mathrm{d}H(f),\quad k=0,\pm1,\pm2,\cdots \tag{10.1.35}$$

这里，$H(f)=\sigma_X^2P(f)$是非标准化积分谱，当它处处可微时，与式(10.1.32)和式(10.1.33)相对应有

$$R(k)=\int_{-\frac{1}{2}}^{\frac{1}{2}}h(f)\mathrm{e}^{\mathrm{i}2\pi fk}\mathrm{d}f,\quad k=0,\pm1,\pm2,\cdots \tag{10.1.36}$$

$$h(f)=\sum_{k=-\infty}^{\infty}R(k)\mathrm{e}^{-\mathrm{i}2\pi fk},\quad -\frac{1}{2}\leqslant f\leqslant\frac{1}{2} \tag{10.1.37}$$

当序列为实值时可写成

$$h(f)=\sigma_X^2+2\sum_{k=1}^{\infty}R(k)\cos2\pi fk,\quad -\frac{1}{2}\leqslant f\leqslant\frac{1}{2} \tag{10.1.38}$$

关于 $h(f)$ 的存在条件，与平稳过程的情形相类似。如果平稳序列的自协方差函数 $R(k)$满足绝对可和条件①

$$\sum_{k=-\infty}^{\infty}|R(k)|<+\infty$$

那么谱密度 $h(f)$在 $[-1/2,1/2]$ 上处处存在，且有式(10.1.36)和式(10.1.37)成立。

下面举例计算一下纯随机序列，即白噪声的谱密度。

纯随机序列$\{\varepsilon_t\}$是由互不相关的随机变量组成的，它的协方差函数为

$$R(k)=\begin{cases}\sigma_\varepsilon^2, & k=0\\ 0, & k=\pm1,\pm2,\cdots\end{cases}$$

其中 σ_ε^2 为序列方差。显然序列满足绝对可和条件，利用式(10.1.38)，其谱密度函数为

$$h(f)=\sigma_\varepsilon^2,\quad -\frac{1}{2}\leqslant f\leqslant\frac{1}{2} \tag{10.1.39}$$

标准化处理后有

$$p(f)=h(f)/\sigma_\varepsilon^2=1,\quad -\frac{1}{2}\leqslant f\leqslant\frac{1}{2} \tag{10.1.40}$$

上面的计算结果表明，纯随机序列具有常值谱密度，如图 10.1.4 中的白噪声序列的标

① 绝对可和条件是指无穷级数的绝对值和小于无穷。

准化谱密度图。这意味着其总功率或方差在 $f\in[-1/2,1/2]$ 上是均匀分布的,即每个频率成分对总功率或方差的贡献是完全一样的。我们知道,在光谱分析中,白光的光谱在各频率(即颜色)上有相同的强度,而纯随机序列恰恰具有和白光类似的谱特征,因此,它也经常被称为白噪声。

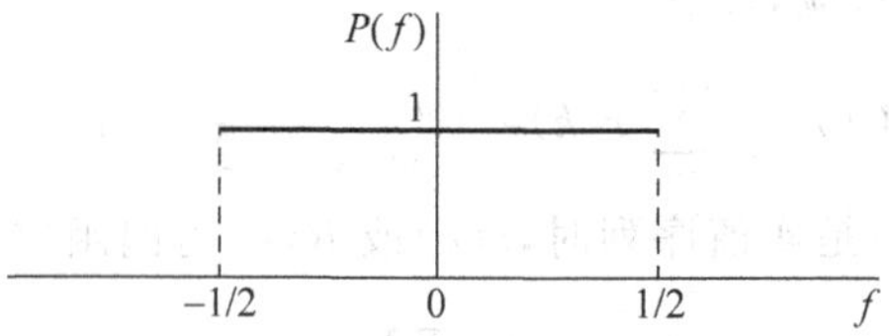

图 10.1.4 白噪声序列的标准化谱密度图

就一般情况来说,具有纯连续谱的时间序列的谱密度可划分成三种类型,如图 10.1.5 中的三种典型谱图所示(因谱密度函数的对称性,故图中只画出频率从 0 到 1/2 间的谱图)。在(a)图中,谱密度从频率 0 到频率 1/2 呈递减状,高谱密度值集中在相对低频处,表明序列以长周期波动为主要特征。与此相反,(b)图中在高频处显示高谱密度,说明序列中主要包含短周期的波动,是比白噪声还不规则的随机过程。(c)图中的谱密度主要集中在某个特定频率附近,意味着序列的变动主要是由这个频率所确定的周期波动。经济时间序列多数变化较慢,且有较强的趋势性,因此,典型的谱密度形状类似图 10.1.5(a)。

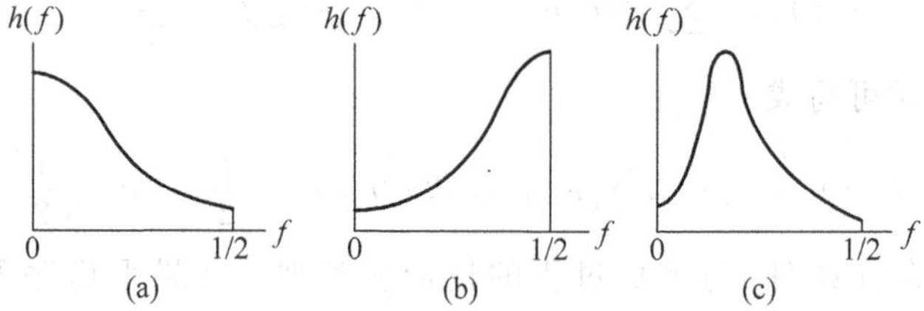

图 10.1.5 三种典型的谱图

季度或月度经济数据通常还呈现季节性变动,这种变动多数是以一年为周期的,但也可能小于一年。例如,对月度序列可能有周期为 $T_n=12/n, n=1,2,\cdots,6$ 的长度不等的季节性变动,此时在谱图上对应的频率处应有突出的谱峰,见图 10.1.6。图中的虚线为经过季节调整后经济时间序列的谱密度图。很明显,原有在频率 $f_n=n/12, n=1,2,\cdots,6$ 处的季节性谱峰全都被削平了,表明序列中的季节性因素已被有效剔除。

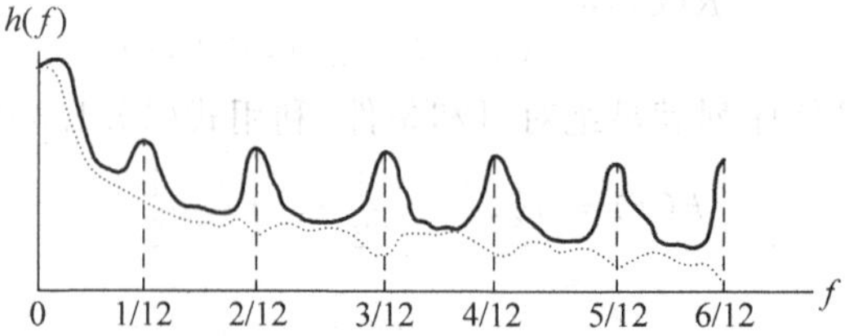

图 10.1.6 季节调整前后的经济时间序列的典型谱图

被去掉的季节变动 S 序列的谱密度如图 10.1.7 所示。如果再进一步除去原序列中的不规则变动 I(其谱图接近白噪声),则剩下的趋势循环序列 TC 因以中长期波动为主,其谱密度将主要集中在 0 附近的低频处,如图 10.1.8 所示。

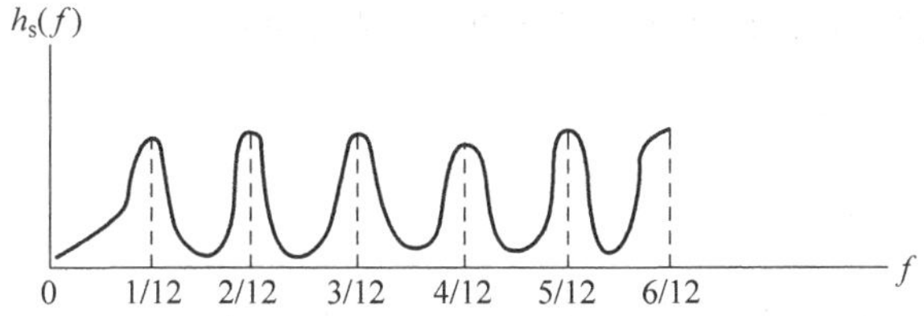

图 10.1.7　季节要素 S 序列的典型谱图

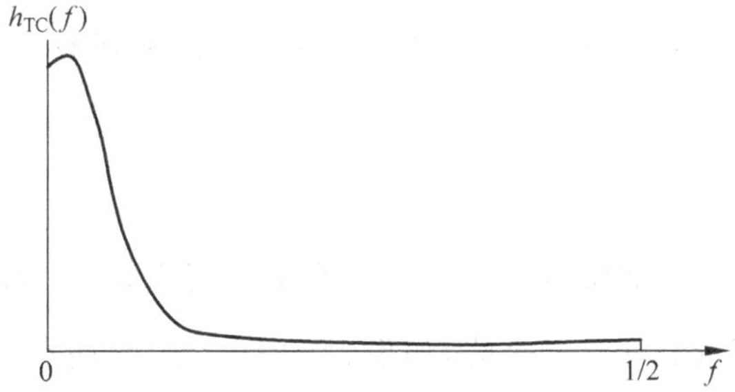

图 10.1.8　趋势循环要素 TC 序列的典型谱图

10.2　谱　估　计

平稳过程(序列)在频域分析中的核心概念是功率谱密度函数,它集中反映了过程(序列)中不同频率分量对功率或方差的贡献程度。本节我们讨论如何从得到的观测序列即平稳时间序列的一个有限样本去估计它的谱密度函数,从而揭示其隐含的主要周期波动。这里只介绍具有相当普遍性的纯连续谱的估计方法,关于纯离散谱和混合谱的估计则不在我们所关心的范围之内,有兴趣的读者可参阅有关文献。

设$\{X_t\}$为具有纯连续谱的平稳时间序列,其谱密度为 $h(f)$,记$\hat{h}_N(f)$为根据样本 x_1, x_2,…,x_N 所得到的$h(f)$的估计量。显然,如何评价谱密度估计量$\hat{h}_N(f)$的优劣是具有理论和实际意义的重要问题。下面我们先介绍几种衡量$\hat{h}_N(f)$优劣的常用指标。

1. 偏倚(或偏差)

偏倚定义为

$$b_N(f) = E[\hat{h}_N(f)] - h(f), \quad |f| \leqslant \frac{1}{2}$$

它反映了谱密度估计量的均值与真实谱密度间的偏离程度。当 $b_N(f)=0$ 时,$\hat{h}_N(f)$是$h(f)$的无偏估计。如果 $N\to\infty$ 时,$b_N(f)\to 0$,则称$\hat{h}_N(f)$为 $h(f)$ 的渐近无偏估计。

2. 方差

根据方差的一般定义有

$$\mathrm{var}[\hat{h}_N(f)] = E\{\hat{h}_N(f) - E[\hat{h}_N(f)]\}^2, \quad |f| \leqslant \frac{1}{2}$$

它描述了$\hat{h}_N(f)$偏离均值的程度。方差越小,估计量越好。

3. 均方误差

均方误差的定义如下

$$E[\hat{h}_N(f)-h(f)]^2 = \mathrm{var}[\hat{h}_N(f)]+b_N{}^2(f),\quad |f|\leqslant\frac{1}{2}$$

偏倚和方差两个指标往往呈相反变化,不能同时达到最小,因而常用同时兼顾两者的折中性指标——均方误差。若N趋于无穷时均方误差趋于零,则称$\hat{h}_N(f)$是$h(f)$在均方意义下的一致估计。

4. 分辨力

分辨力是谱估计中一个非常重要的概念,它的直观意义如下:假设真实谱密度$h(f)$在$f=f_1$和$f=f_2$两个邻近点处有两个峰,如果$\hat{h}_N(f)$在f_1、f_2两点处也呈现出两个相应的峰,即$\hat{h}_N(f)$能将这两个峰分辨出来,则认为$\hat{h}_N(f)$的分辨力较高,否则,认为其分辨力较低。可见,分辨力仅是一个定性的概念,实际上分辨力的高低可用偏倚来近似表达,即偏倚小(大),分辨力高(低),故有时也称偏倚为分辨误差。

谱密度估计有两类主要方法:非参数方法与参数方法。所谓非参数谱估计方法就是不事先假定谱密度的函数形式,或者说不假定序列$\{X_t\}$具有有限参数模型,而直接由观测样本$x_1,x_2,\cdots,x_N$给出$h(f)$的估计量$\hat{h}_N(f)$。而参数谱估计方法是指事先已假定谱密度具有某种函数形式$h(f,\Psi)$,仅仅其参数Ψ未知,或者等价地假定$\{X_t\}$具有某种有限阶(参数集合为Ψ)模型(如ARMA模型从而有相应的有理谱),希望从观测样本出发给出Ψ的合理估计$\hat{\Psi}$,并用$\hat{h}_N(f,\hat{\Psi})$作为$h(f,\Psi)$的估计。

本节主要介绍两种常用的非参数估计方法即周期图和窗谱估计,并简要介绍两种参数估计方法即ARMA和极大熵谱估计。

10.2.1 谱密度的周期图估计

周期图的概念最早由舒斯特(A. Schuster)于1898年提出,目的是研究观测数据中可能隐藏的周期性,即寻找"隐周期"或者周期分量。利用周期图,舒斯特发现了天文、气象中的许多周期现象。虽然周期图还存在一定的不足之处,但直到现在,它在谱估计中仍占有很重要的地位。

1. 周期图的定义

假设一个时间序列$\{X_t\}$含有k个周期分量,其模型如下

$$X_t=\sum_{i=1}^{k}C_i\cos(2f_it+\varphi_i)+\varepsilon_t \tag{10.2.1}$$

其中,频率$\{f_i\}$($f_i\in[0,1/2]$)和振幅$\{C_i\}$,$i=1,2,\cdots,k$是常数;$\{\varphi_i\}$是在$[-\pi,\pi]$内均匀分布的独立随机变量;$\{\varepsilon_t\}$是独立于$\{\varphi_i\}$的白噪声序列,且$E[\varepsilon_t]=0$,$\mathrm{var}[\varepsilon_t]=\sigma_\varepsilon^2$,代表观测

误差。由于序列中存在观测误差的干扰，掩盖了三角函数项的周期性，换句话说，这些周期分量隐藏于噪声过程之中。现在的问题是如何由$\{X_t\}$的带有干扰的 N 个观测数据 x_1，x_2，…，x_N 中，识别出这些不同的周期分量。

将式(10.2.1)的余弦项展开，可改写为如下方便的形式

$$X_t = \sum_{i=1}^{k}(A_i\cos 2f_it + B_i\sin 2f_it) + \varepsilon_t \tag{10.2.2}$$

其中，$A_i = C_i\cos\varphi_i$，$B_i = -C_i\sin\varphi_i$ 从而有

$$C_i = \sqrt{A_i^2 + B_i^2},\quad \varphi_j = \arctan(B_j/A_j) \tag{10.2.3}$$

如果事先已知 k 个频率 $f_1,f_2,\cdots,f_k$，那么式(10.2.2)变成多元线性回归模型，由最小二乘法可以得到 A_i 和 B_i 的估计值。但一般来说，我们并不知道观测序列中所隐含的周期分量的频率，事实上这正是我们想要识别和估计的。然而，我们可以先设定一组备选频率$\hat{f}_1,\hat{f}_2,\hat{f}_3,\cdots$，针对它们建立式(10.2.2)的回归模型，并得到参数估计值$\hat{A}_i,\hat{B}_i,i=1,2,3,\cdots$。可以设想，如果某一个备选频率$\hat{f}_p$ 接近或等于$\{X_t\}$的某个隐含周期频率 f_i，那么，估计值$\hat{A}_p$ 和$\hat{B}_p$ 就应该接近 A_i 和 B_i，从而$(\hat{A}_p^2+\hat{B}_p^2)$应明显大于零。反之，如果$\hat{f}_p$ 和任一 f_i 都相差甚远，则所估计到的$\hat{A}_p$ 和$\hat{B}_p$ 实际上是不存在的，应接近零，当然$\hat{A}_p^2+\hat{B}_p^2$ 也接近零。

基于以上想法，便可以得到搜寻隐含周期的基本思路：用一组足够密的备选频率 f_1，$f_2,f_3,\cdots$作试探，建立式(10.2.2)的模型并得到参数估计值$(\hat{A}_1,\hat{B}_1)$，$(\hat{A}_2,\hat{B}_2)$，…，画出振幅的平方$\hat{C}_i^2=\hat{A}_i^2+\hat{B}_i^2$ 对应于频率 $f_i,i=1,2,3,\cdots$的图形，根据平方振幅足够大处(即图形中较明显的峰值)所对应的备选频率便可识别出隐含周期频率，并同时得到相应的振幅。

当备选频率取 $1/N$ 的整数倍时，即

$$f_i = \frac{i}{N},\quad i = 0,1,2,\cdots,\left[\frac{N}{2}\right]^{①}$$

根据式(10.2.2)的模型，并利用正弦函数和余弦函数的正交关系，可以得到各备选频率分量的平方振幅如下

$$\hat{C}_i^2 = \hat{A}_i^2 + \hat{B}_i^2 = \left(\frac{2}{N}\sum_{t=1}^{N}x_t\cos 2\pi f_it\right)^2 + \left(\frac{2}{N}\sum_{t=1}^{N}x_t\sin 2\pi f_it\right)^2,\quad i = 1,2,\cdots,\left[\frac{N-1}{2}\right]$$

$$\hat{C}_i^2 = \hat{A}_i^2 = \left(\frac{1}{N}\sum_{t=1}^{N}x_t\right)^2 = \bar{x}^2,\quad i = 0\text{ 或 }\frac{N}{2}(N\text{ 是偶数}) \tag{10.2.4}$$

这样，根据$\hat{C}_i^2$ 是否显著大于零，便可以判别其相应频率 f_i 是否是隐含周期的频率。

对给定的观测序列$\{x_t\}$，$t=1,2,\cdots,N$，将上述结果推广到任意 $f\in[-1/2,1/2]$，并将对应的平方振幅加以适当放大，以使图形中的峰值更加明显，便可以得到周期图的一般定义如下

$$I_N(f) = [A(f)]^2 + [B(f)]^2,\quad |f| \leqslant \frac{1}{2} \tag{10.2.5}$$

① $[X]$ 表示不超过 X 的最大整数。

其中

$$A(f)=\sqrt{\frac{1}{N}}\sum_{t=1}^{N}x_t\cos 2\pi ft$$

$$B(f)=\sqrt{\frac{1}{N}}\sum_{t=1}^{N}x_t\sin 2\pi ft$$

上式还可以等价地写成

$$I_N(f)=\frac{1}{N}\left|\sum_{t=1}^{N}x_t\mathrm{e}^{-\mathrm{i}2\pi ft}\right|^2,\quad |f|\leqslant\frac{1}{2} \tag{10.2.6}$$

对照式(10.2.5)和式(10.2.4)可以看到,在备选频率 $f_i=j/N, j=1,2,\cdots,[(N-1)/2]$ 处,周期图有

$$I_j=I_N(f_j)=[A(f_j)]^2+[B(f_j)]^2=\frac{N}{4}\hat{C}_j^2$$

显然,在频率 $f_j=j/N$ 处,周期图 I_j 与该频率对应的周期分量的平方振幅$\hat{C}_j^2$ 成正比。当 $f_j=j/N$ 确实是$\{X_t\}$的隐含周期频率时,由于相应的$\hat{C}_j^2$ 值较大,周期图应有较大的峰值(因子 $N/4$ 具有放大峰值的作用)。相反,当 f_j 不是隐周期频率时,$\hat{C}_j^2$ 应近似于零,从而周期图的值很小。

对模型(10.2.1)中时间序列周期图的统计特征做进一步分析还表明,当序列的隐周期频率为 $[0,1/2]$ 内的任意值时(不一定是 $1/N$ 的整数倍),依然可以从周期图 I_j 的峰值来判断序列的隐含周期①。

由式(10.2.6),我们可以推导出周期图的另一种等价形式

$$\begin{aligned}I_N(f)&=\frac{1}{N}\left|\sum_{t=1}^{N}x_t\mathrm{e}^{-\mathrm{i}2\pi ft}\right|^2=\frac{1}{N}\left(\sum_{t=1}^{N}x_t\mathrm{e}^{-\mathrm{i}2\pi ft}\right)\left(\sum_{t=1}^{N}x_t\mathrm{e}^{\mathrm{i}2\pi ft}\right)\\&=\frac{1}{N}\sum_{t=1}^{N}\sum_{s=1}^{N}x_tx_s\mathrm{e}^{-\mathrm{i}2\pi f(t-s)}\end{aligned}$$

现在做变量替换 $t-s=k$,则上式变成

$$I_N(f)=\frac{1}{N}\sum_{k=-N+1}^{N-1}\sum_{t=1}^{N-|k|}x_tx_{t+|k|}\mathrm{e}^{-\mathrm{i}2\pi fk}=\sum_{k=-N+1}^{N-1}\left(\frac{1}{N}\sum_{t=1}^{N-|k|}x_tx_{t+|k|}\right)\mathrm{e}^{-\mathrm{i}2\pi fk}$$

注意到括号中的表达式正是$\{X_t\}$的样本协方差函数$\hat{R}(k)$②,于是有

$$I_N(f)=\sum_{k=-N+1}^{N-1}\hat{R}(k)\mathrm{e}^{-\mathrm{i}2\pi fk},\quad |f|\leqslant\frac{1}{2} \tag{10.2.7}$$

由谱密度与协方差函数之间的傅氏变换关系(参见式(10.1.37))可知,周期图恰好是从样本数据出发通过样本协方差函数对谱密度进行直接估计的统计量,这样,周期图作为谱密度的样本估计值就是很自然的了。由于这个原因,周期图有时也被称为样本谱密度函数,有些书还直接将式(10.2.7)作为周期图的定义。

---

① 顾岚. 时间序列分析在经济中的应用[M]. 北京:中国统计出版社,1994.

② 对模型(10.2.1)有 $E[X_t]=0$,因此在计算样本协方差函数时,不必从中减去样本均值。

2. 周期图的统计性质及精度

上面我们说明了利用周期图进行谱估计直观上是合理的。关于它的统计性质可以证明有下面的结果①。

如果平稳序列$\{X_t\}$的自协方差函数$R(k)$满足绝对可和条件，则由其样本$\{x_t, t=1, 2, \cdots, N\}$构成的周期图$I_N(f)$是谱密度$h(f)$的渐近无偏估计，即

$$\lim_{N\to\infty} E[I_N(f)] = h(f), \quad |f| \leqslant \frac{1}{2}$$

如果进一步假定$h(f)$是足够光滑的（例如满足利普希茨（Lipshitz）条件），则还可以得到

$$E[I_N(f)] = h(f) + O\left(\frac{\ln N}{N}\right), \quad N \to \infty$$

即此时$I_N(f)$的偏倚趋于零的速度不低于$\ln N/N$。

另外，还可以证明对于零均值正态平稳序列$\{X_t\}$有

$$\lim_{N\to\infty} \mathrm{var}[I_N(f)] = \begin{cases} h^2(f), & f \in \left(-\frac{1}{2}, \frac{1}{2}\right) \text{且 } f \neq 0 \\ 2h^2(f), & f = 0, \pm\frac{1}{2} \end{cases}$$

$$\lim_{N\to\infty} \mathrm{cov}[I_N(f_1), I_N(f_2)] = 0, \quad |f_1 \pm f_2| \neq 0, \frac{1}{2}$$

这表明：① 对于使$h(f) \neq 0$的所有f，当$N \to \infty$时，周期图方差趋向于谱密度的平方，而不趋向于零，从而周期图不是谱密度在均方意义下的一致估计；② 对于不同的f，$I_N(f)$是渐近不相关的，因而当N增大时，$I_N(f)$特别不稳定、不平滑，即周期图曲线有很多锯齿状的上下波动。

综合以上周期图的统计性质可以看出，虽然周期图是谱密度的渐近无偏估计并有一定的收敛速度，从而在直观上和理论上用做谱估计具有一定的合理性，但随着样本数据个数N的增大，周期图的方差并不趋于零（从而它不是均方意义下谱密度的一致估计），且周期图曲线呈剧烈的抖动，估计精度较差，因此它并不是一个较好的谱密度估计量。

10.2.2 谱密度的窗谱估计

1. 窗谱估计的基本概念

由上小节的内容我们知道，周期图$I_N(f)$和样本协方差函数$\hat{R}(k)$之间的关系与谱密度$h(f)$和理论协方差函数$R(k)$之间的关系完全对应。而一般情况下样本协方差函数$\hat{R}(k)$由下式给出

$$\hat{R}(k) = \frac{1}{N}\sum_{t=1}^{N-k}(x_t - \bar{x})(x_{t+k} - \bar{x}), \quad k = 0, 1, \cdots, N-1 \tag{10.2.8}$$

① 顾岚. 时间序列分析在经济中的应用[M]. 北京：中国统计出版社. 1994.

根据时域分析中的性质可知,$\hat{R}(k)$是 $R(k)$的一致估计,且每项$\hat{R}(k)$的估计方差都是 $O(1/N)$。但正如我们已指出的那样,$I_N(f)$ 却不是 $h(f)$ 的一致估计。追究造成这一缺陷的原因,主要是由于周期图 $I_N(f)$中平等地包含了 N 个样本数据所能估计出的全部 N 个样本自协方差,这样,$I_N(f)$的方差是 N 项 $O(1/N)$的累加,即 $I_N(f)$的方差为 $O(1)$,从而不论 N 多么大,$I_N(f)$的方差都保持一不为零的常量。另外,我们还知道,当 k 接近于 N 时,由于$\hat{R}(k)$中包含的样本观测值很少,用它们作为理论值 $R(k)$的估计是很不准确的。为了改善周期图的统计性质,使其方差趋于零,很自然的想法是对周期图进行适当的加工处理,以去掉或减少延迟接近于 N 的那些样本自协方差的不良影响。

对周期图进行加工处理的最简单方法就是截断,即将式(10.2.7)中两头的若干求和项去掉,而得到谱密度的新估计量

$$\hat{h}_0(f) = \sum_{k=-M}^{M} \hat{R}(k)\mathrm{e}^{-\mathrm{i}2\pi fk} \tag{10.2.9}$$

其中,M 是小于 $N-1$ 的正整数,通常称此 M 为截断点,而上面的估计式称为截断周期图。由于$\hat{h}_0(f)$中只包含 $M+1$ 个样本自协方差,所以$\hat{h}_0(f)$的方差大约是 $O(M/N)$,而$\hat{h}_0(f)$的期望值为

$$E[\hat{h}_0(f)] = \sum_{k=-M}^{M}\left(1-\frac{|k|}{N}\right)R(k)\mathrm{e}^{-\mathrm{i}2\pi fk}$$

只要使 $N\to\infty$时,$M\to\infty$,$\hat{h}_0(f)$便仍是 $h(f)$的渐近无偏估计。同时,如果 M 比 N 小得多,当 $N\to\infty$时,$M\to\infty$的速度相对足够慢,从而 $M/N\to 0$,则有 $\mathrm{var}[\hat{h}_0(f)]\to 0$,这样,$\hat{h}_0(f)$便是 $h(f)$的一致估计。满足上述要求的 M 是容易找到的,如取 $M=\sqrt{N}$,或更一般地,取 $M=N^a$,$0<a<1$。

需要指出,那些被去掉的自协方差估计值虽然精度较差,但毕竟还包含有一定的信息,将它们完全截掉,也不尽合理。因此,自然希望通过某种途径,既能利用它们所提供的信息,又使它们不至于对估计量产生太大的不良影响。为此,可以考虑更一般形式的谱密度估计,即

$$\hat{h}_N(f) = \sum_{k=-N+1}^{N-1} w(k)\,\hat{R}(k)\mathrm{e}^{-\mathrm{i}2\pi fk} \tag{10.2.10}$$

其中,$w(k)$是$\hat{R}(k)$的权函数,在此被形象地称为时窗函数或时窗,由于它针对具有不同时滞的样本自协方差进行加权,故也称其为滞后窗,$\hat{h}_N(f)$则称为窗谱估计。

显然,当$\{w(k)\}$取为矩形函数时,即

$$w(k) = \begin{cases} 1, & |k|\leqslant M \\ 0, & |k|>M \end{cases}$$

窗谱估计$\hat{h}_N(f)$就是截断周期图$\hat{h}_0(f)$。

在式(10.2.10)的窗谱估计中,我们有理由考虑权函数 $w(k)$是随 k 绝对值的增大而逐渐减少的,而不是截断窗的非连续型。这时,延迟接近 $N-1$ 的自协方差函数(即自协方差函数的尾部)的贡献将被逐渐削弱或消失。只要 $w(k)$(相对于 N)以适当的速度减小,窗谱估计就可以是 $h(f)$的一致估计,而能满足此条件的 $w(k)$的选择余地是很大的。

窗谱估计$\hat{h}_N(f)$还可写成相应在频域里的表达形式。由式(10.2.7)可知周期图 $I_N(f)$是样本自协方差$\hat{R}(k)$的离散傅氏变换,而对应地$\hat{R}(k)$则是 $I_N(f)$的逆傅氏变换,即

$$\hat{R}(k) = \int_{-\frac{1}{2}}^{\frac{1}{2}} I_N(\lambda) e^{i2\pi\lambda k} d\lambda, \quad |k| \leqslant N-1 \tag{10.2.11}$$

将上式代入式(10.2.10)得

$$\begin{aligned} \hat{h}_N(f) &= \sum_{k=-N+1}^{N-1} w(k)\left(\int_{-\frac{1}{2}}^{\frac{1}{2}} I_N(\lambda) e^{i2\pi\lambda k} d\lambda\right) e^{-i2\pi fk} \\ &= \int_{-\frac{1}{2}}^{\frac{1}{2}} I_N(\lambda)\left[\sum_{k=-N+1}^{N-1} w(k) e^{-i2\pi(f-\lambda)k}\right] d\lambda \\ &= \int_{-\frac{1}{2}}^{\frac{1}{2}} I_N(\lambda) W(f-\lambda) d\lambda \end{aligned} \tag{10.2.12}$$

其中

$$W(f) = \sum_{k=-N+1}^{N-1} w(k) e^{-i2\pi fk} \tag{10.2.13}$$

式(10.2.12)就是窗谱估计在频域中的表达式,它是对周期图的加权积分,也就是一种加权平均。其中,权 $W(f)$被形象地称为谱窗函数,简称谱窗。由上式可见,它是时窗函数 $w(k)$的离散傅氏变换。相应地,$w(k)$也就是 $W(f)$的逆傅氏变换,即

$$w(k) = \int_{-\frac{1}{2}}^{\frac{1}{2}} W(f) e^{i2\pi fk} df \tag{10.2.14}$$

我们将会看到,对大多数时窗 $w(k)$,对应谱窗 $W(f)$都具有在 $f=0$ 附近的小区间上高度集中的特点,而在此区间以外基本为零。也就是说,式(10.2.12)中 $\lambda=f$ 附近的权值最大。因此,权函数 $W(f)$好似一个窗口,使通过此窗口见到的周期图 $I_N(\lambda)$在谱估计$\hat{h}_N(f)$中出现,其他见不到的 $I_N(\lambda)$ 则不起作用。

根据式(10.2.12),可以得到窗谱估计的另一种较为直观的解释。我们知道,如果对同分布的 N 个不相关随机变量取平均,则平均值的方差仅为原来每个变量方差的 $1/N$。而窗谱估计$\hat{h}_N(f)$正是将周期图 $I_N(f)$在不同点上的值(它们渐近不相关)进行加权平均来降低其方差的。此外,对 $I_N(f)$的加权平均处理也使得其不稳定性得到改善,从而产生较平滑的谱估计量。

前面就窗谱估计的一种特殊情形——截断周期图已说明,只要适当选取截断点 M,$\hat{h}_N(f)$就是谱密度的一致估计。事实上,就一般情形可以证明,只要适当选取窗函数(时窗或谱窗),窗谱估计$\hat{h}_N(f)$就可以是谱密度 $h(f)$的渐进无偏、一致估计。

在实际进行谱估计时,由于我们所针对的都是实值观测序列$\{x_t\}$,从而式(10.2.10)的窗谱估计变成如下形式

$$\hat{h}_N(f) = \sum_{k=-N+1}^{N-1} w(k)\hat{R}(k)\cos 2\pi fk \tag{10.2.15}$$

而谱窗也相应变为

$$W(f) = \sum_{k=-N+1}^{N-1} w(k)\cos 2\pi fk \tag{10.2.16}$$

我们还可直接利用式(10.2.12)进行谱估计,但须将式中的积分用周期图的坐标加权平均来代替,即

$$\hat{h}_N(f_j)=\sum_{k=-L}^{L}W(k)I_N(f_{j+k}),\quad j=L,\cdots,\left[\frac{N}{2}\right]-L \tag{10.2.17}$$

其中

$$f_j=\frac{j}{N},\quad j=0,1,\cdots,\left[\frac{N}{2}\right],\quad L<\left[\frac{N}{2}\right]$$

且

$$\sum_{k=-L}^{L}W(k)=1,\quad W(k)=W(-k)\geqslant 0$$

这就是所谓的平滑周期图法。L 愈大,谱估计愈平滑,估计方差愈小,但可能会增大估计的偏倚。应根据情况适当确定 L 的取值。

2. 窗谱估计的统计性质

为了保证窗谱估计具有较好的统计性质,需要对窗函数 $w(k)$ 或 $W(f)$ 加以适当的限制,通常要求窗函数具备以下基本条件:①$w(k)=w(-k)$,对应地 $W(f)=W(-f)$,即窗函数为偶函数;②$w(0)=1$,对应地 $\int_{-\frac{1}{2}}^{\frac{1}{2}}W(f)\mathrm{d}f=1$;③当 $|k|\to\infty$ 时,$w(k)\to 0$,对应地,当 $N\to\infty$ 时,对任意 $\varepsilon>0$,当 $|f|>\varepsilon$ 时一致地有 $W(f)\to 0$。

此外,为使窗谱估计不出现负值,有时还要求 $W(f)\geqslant 0$。

上述头一个条件保证窗谱估计 $\hat{h}_N(f)$ 为实偶函数,后两个条件保证随着样本个数 N 的增大,$W(f)$ 愈来愈集中在 $f=0$ 附近,即 N 充分大时,$W(f)$ 接近于 δ 函数,从而使得 $\hat{h}_N(f)$ 的值近似为 $I_N(\lambda)$ 在 $\lambda=f$ 附近的加权平均,以确保谱估计有较小的偏倚和方差。由这三个条件可见,两端变小的偶函数都适合构造窗函数。

一般来说,窗谱估计的样本统计性质是相当复杂的,只能针对一些特殊情况求得准确的结果。然而,我们可以求得关于窗谱估计的均值、方差、协方差等较简单的渐近表达式,当样本个数 N 很大时,这些渐近结果提供了很有效的近似表示,在实用分析中经常被使用。

(1) 窗谱估计的偏倚

我们首先强调一点,无论是时窗 $w(k)$ 还是谱窗 $W(f)$,实际上它们都依赖于样本个数 N(如前面截断周期图中 M 的取值)。关于窗谱估计的偏倚可以证明以下结果。①

如果平稳时间序列 $\{X_t\}$ 的谱密度 $h(f)$ 满足利普希茨条件,则对任一满足前述三个基本条件的窗函数,其窗谱估计 $\hat{h}_N(f)$ 都必是渐近无偏的,即有

$$\lim_{N\to\infty}E[\hat{h}_N(f)]=h(f),\quad |f|\leqslant\frac{1}{2}$$

另外,在理论上还可证明,谱密度 $h(f)$ 的起伏变化越小,则窗谱估计的偏倚越小,但一般来说,窗谱估计的偏倚要比周期图的偏倚大,这是对周期图加权平均来降低方差所付出的代价。

---

① 施仁杰,卢科学.时间序列分析引论[M].西安:西安电子科技大学出版社,1988.

(2) 窗谱估计的方差

对于一般平稳序列来说，其窗谱估计方差的性质较为复杂，但就具有广泛代表性的一般线性过程(具体见 11.1.2 节的介绍)，则有下面的结果。

对于形如式(11.1.22)的一般线性序列，若谱估计$\hat{h}_N(f)$中采用的时窗或谱窗能满足条件

$$\frac{1}{N}\int_{-\frac{1}{2}}^{\frac{1}{2}}[W(f)]^2\mathrm{d}f \to 0,\quad \text{当 } N\to\infty \text{ 时} \tag{10.2.18.a}$$

或

$$\frac{1}{N}\sum_{k=-N+1}^{N-1}[w(k)]^2 \to 0,\quad \text{当 } N\to\infty \text{ 时} \tag{10.2.18.b}$$

则当 $N\to\infty$时，有

$$\mathrm{var}[\hat{h}_N(f)]\to 0,\quad |f|\leqslant\frac{1}{2}$$

由此可见，只要适当选择窗函数，相应的窗谱估计$\hat{h}_N(f)$的方差在样本个数 N 不断增大时可以趋于零，从而克服周期图的缺点。

综合上面两个结论可知，对一般线性序列，若窗函数满足式(10.2.18)和其他一些必要条件，则相应的窗谱估计$\hat{h}_N(f)$是谱密度 $h(f)$在均方意义下的一致估计。

3. 一些常用的窗函数及其特征

由前述可知，窗谱估计的优劣主要取决于时窗或谱窗函数的选择，那么应如何选取窗函数以保证窗谱估计具有最好的统计性质呢？关于这个问题，没有完全确定的答案。这是因为评价谱估计的标准包含许多方面，如估计的偏倚、方差、分辨力等，而偏倚和方差往往呈相反变化，难以同时达到最优。此外，窗函数的选择还有赖于人们对谱估计量的具体要求。长期以来，人们对窗函数进行了大量的研究，从不同的优化原则出发提出了种类繁多的窗函数形式，每种窗函数都有各自的运用范围和优缺点。

在具体构造满足条件的窗函数时，大多数方法都采用下面的原则和步骤。

选一实值连续的偶函数 $K(t)$满足：①$K(0)=1$；②当$|t|>1$ 时，$K(t)=0$；③$K(t)$几乎处处可导。

选一与样本个数 N 有关的适当正整数 M 满足：①$M<N$；②当 $N\to\infty$时，$M\to\infty$；③当 $N\to\infty$时，$M/N\to 0$。

令滞后窗 $w(k)=K(k/M)$，$k=0,\pm1,\cdots,\pm(N-1)$。根据 $K(t)$的性质，当$|k|>M$ 时，$w(k)=0$。

特别称 $K(t)$为核函数或(时)窗产生器，称 M 为窗参数。

根据以上选取窗函数的方法以及式(10.2.16)和式(10.2.15)，实序列的谱窗函数和窗谱估计为

$$W(f)=\sum_{k=-M}^{M}w(k)\mathrm{e}^{-\mathrm{i}2\pi fk}=\sum_{k=-M}^{M}w(k)\cos2\pi fk \tag{10.2.19}$$

$$\hat{h}_N(f)=\sum_{k=-M}^{M}w(k)\hat{R}(k)\cos2\pi fk=\int_{-\frac{1}{2}}^{\frac{1}{2}}I_N(\lambda)W(f-\lambda)\mathrm{d}\lambda \tag{10.2.20}$$

可以证明,按上述方法选择的 $w(k)$ 或 $W(f)$,满足窗函数的基本条件,且相应的窗谱估计 $\hat{h}_N(f)$ 有如下的重要结果。[①]

① 谱估计的方差为

$$\mathrm{var}[\hat{h}_N(f)]=\begin{cases}\dfrac{M}{N}[h(f)]^2\displaystyle\int_{-1}^{1}[K(t)]^2\mathrm{d}t, & f\neq 0,\pm\dfrac{1}{2}\\ \dfrac{2M}{N}[h(f)]^2\displaystyle\int_{-1}^{1}[K(t)]^2\mathrm{d}t, & f=0,\pm\dfrac{1}{2}\end{cases} \tag{10.2.21}$$

其中,$A=\int_{-1}^{1}[K(t)]^2\mathrm{d}t$ 称为核能。

② $\hat{h}_N(f)$ 是 $h(f)$ 的一致估计。

下面介绍一些常见的经典窗函数。

(1) 截断窗(矩形时窗)

令核函数为

$$K(t)=\begin{cases}1, & |t|\leqslant 1\\ 0, & |t|>1\end{cases}$$

从而有矩形滞后窗

$$w(k)=K\left(\frac{k}{M}\right)=\begin{cases}1, & |k|\leqslant M\\ 0, & |k|>M\end{cases} \tag{10.2.22}$$

在前面已给出这个窗函数,窗参数 $M(<N-1)$ 为截断点。

由式(10.2.19)可得相应的谱窗是

$$W(f)=\sum_{k=-M}^{M}\cos 2\pi fk=\frac{\sin(2M+1)\pi f}{\sin\pi f}=D_M(f) \tag{10.2.23}$$

谱窗 $D_M(f)$ 称为狄利克雷(Dirichlet)核,其形状可参见图 10.2.1。容易发现,$D_M(f)$ 在 $f=0$ 处有一个很高很陡的峰。在这个主峰(也称主瓣)两侧还有许多依次减小的次峰,形成了一些正负相间的旁瓣。可见,谱窗 $D_M(f)$ 在式(10.2.12)中对周期图进行加权平均计算 $\hat{h}_N(f)$ 时,主瓣将对 f 附近的周期图给以充分大的权数,但由于旁瓣的存在,对距 f 稍远一些的周期图也将在次峰附近给以稍大的权数,且可能使 $\hat{h}_N(f)$ 出现负值。

(2) 巴特利特(Bartlett)窗(三角窗)

巴特利特窗的核函数为

$$K(t)=\begin{cases}1-|t|, & |t|\leqslant 1\\ 0, & |t|>1\end{cases}$$

从而滞后窗为

$$w(k)=K\left(\frac{k}{M}\right)=\begin{cases}1-\dfrac{|k|}{M}, & |k|\leqslant M\\ 0, & |k|>M\end{cases} \tag{10.2.24}$$

---

① 施仁杰,卢科学.时间序列分析引论[M].西安:西安电子科技大学出版社,1988.

窗参数 $M(<N)$ 仍具有截断点的作用，但这里对直到滞后 M 的样本自协方差不是给予相同的权，而是采用线性减小的权，参见图 10.2.1。

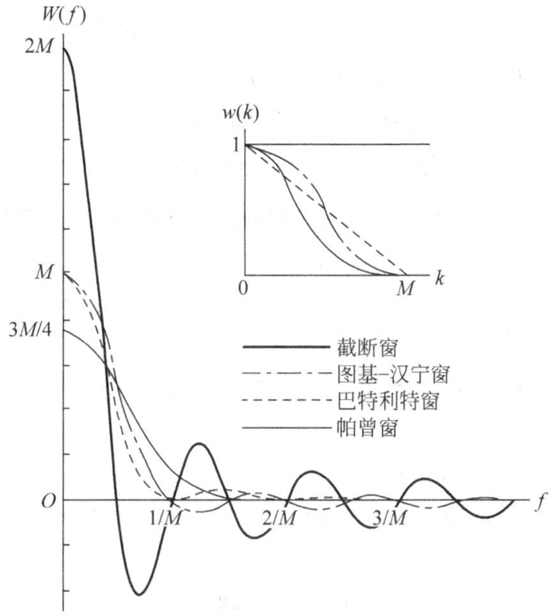

图 10.2.1　几种经典时窗与谱窗的对比

巴特利特窗相应的谱窗为

$$W(f)=\sum_{k=-M}^{M}\left(1-\frac{|k|}{M}\right)\cos 2\pi fk=\frac{1}{M}\left[\frac{\sin(M\pi f)}{\sin(\pi f)}\right]^2=F_M(f) \qquad (10.2.25)$$

函数 $F_M(f)$ 称为费耶(Fejer)核，它的图形(参见图 10.2.1)在 $f=0$ 处有一突出的主峰，峰值为 M，随着 $|f|$ 的增加，其值迅速减小，并在主峰两侧形成逐浪下降的旁瓣。于 $\pm 1/M, \pm 2/M, \cdots$ 处达到最小值零。与 $D_M(f)$ 不同的是，$F_M(f)$ 是非负函数，从而相应的窗谱估计也同样是非负的。

(3) 一般图基(Tukey)窗

现代谱分析理论的主要开创者图基提出了基于核函数

$$K(t)=\begin{cases}1-a+a\cos(\pi t), & |t|\leqslant 1\\ 0, & |t|>1\end{cases}$$

的滞后窗

$$w(k)=\begin{cases}1-a+a\cos\dfrac{\pi k}{M}, & |k|\leqslant M\\ 0, & |k|>M\end{cases} \qquad (10.2.26)$$

这个窗函数仍然属于截断型，窗参数 M 决定了截断点。而常数 a 是范围在 $(0,1/2]$ 内(以保证对任意 k, $w(k)\geqslant 0$)的附加参数。

图基窗对应的谱窗如下

$$W(f)=\sum_{k=-M}^{M}\left[1-a+a\cos\frac{k}{M}\right]e^{-i2\pi fk}$$

$$= (1-a)\sum_{k=-M}^{M} e^{-i2\pi fk} + \frac{a}{2}\sum_{k=-M}^{M}(e^{-i\frac{k}{M}} + e^{i\frac{k}{M}})e^{-i2\pi fk}$$

$$= (1-a)D_M(f) + \frac{a}{2}D_M\left(f+\frac{1}{2M}\right) + \frac{a}{2}D_M\left(f-\frac{1}{2M}\right) \qquad (10.2.27)$$

可见谱窗是截断周期图的谱窗 $D_M(f)$在 $f-1/2M, f, f+1/2M$ 处的加权移动平均。由于移动的位置大约是 $D_M(f)$波动的半个周期，所以移动后的加权平均可以达到减小 $D_M(f)$旁瓣波动的目的，同时也降低了 $D_M(f)$陡峭的主瓣。

由式(10.2.12)和式(10.2.27)，图基窗谱估计$\hat{h}_T(f)$实际上是截断周期图估计$\hat{h}_0(f)$在频率 $f-1/2M, f, f+1/2M$ 处的加权平均，即

$$\hat{h}_T(f) = \frac{a}{2}\hat{h}_0\left(f-\frac{1}{2M}\right) + (1-a)\hat{h}_0(f) + \frac{a}{2}\hat{h}_0\left(f+\frac{1}{2M}\right) \qquad (10.2.28)$$

$\hat{h}_T(f)$比$\hat{h}_0(f)$有很大改进，虽然仍可能出现负值，但一般来说对于较平滑的周期图，出现负值的可能性不大。

(4) 图基-汉宁(Tukey-Hanning)窗

如果在式(10.2.26)的一般图基窗中取 $a=0.5$，则成为如下的图基-汉宁窗，有时也简称为图基窗或汉宁窗

$$w(k) = \begin{cases} \frac{1}{2}\left(1+\cos\frac{\pi k}{M}\right), & |k| \leqslant M \\ 0, & |k| > M \end{cases} \qquad (10.2.29)$$

这个滞后窗随$|k|$的增加呈较平缓的下降趋势(参见图 10.2.1)。

汉宁窗对应的谱窗为

$$W(f) = \frac{1}{2}D_M(f) + \frac{1}{4}D_M\left(f+\frac{1}{2M}\right) + \frac{1}{4}D_M\left(f-\frac{1}{2M}\right) \qquad (10.2.30)$$

其图形可参见图 10.2.1。

(5) 图基-汉明(Tukey-Hamming)窗

在一般图基窗式(10.2.26)中，如果取 $a=0.46$，则成为如下的图基-汉明窗，或简称汉明窗

$$w(k) = \begin{cases} 0.54 + 0.46\cos\frac{\pi k}{M}, & |k| \leqslant M \\ 0, & |k| > M \end{cases} \qquad (10.2.31)$$

汉明窗对应的谱窗为

$$W(f) = 0.23D_M\left(f-\frac{1}{2M}\right) + 0.54D_M(f) + 0.23D_M\left(f+\frac{1}{2M}\right) \qquad (10.2.32)$$

该谱窗与汉宁谱窗近似，从而两者所给出的谱估计也相近。

(6) 帕曾(Parzen)窗

产生帕曾窗的核函数如下

$$K(t) = \begin{cases} 1-6t^2+6|t|^3, & |t| \leqslant 1/2 \\ 2(1-|t|)^3, & 1/2 \leqslant |t| \leqslant 1 \\ 0, & |t| > 1 \end{cases}$$

从而滞后窗为

$$w(k)=\begin{cases}1-6(k/M)^2+6(|k|/M)^3, & |k|\leqslant M/2\\ 2(1-|k|/M)^3, & M/2\leqslant |k|\leqslant M\\ 0, & |k|>M\end{cases} \tag{10.2.33}$$

它较图基-汉宁滞后窗下降的速度要快(参见图 10.2.1)。

对应的谱窗函数较复杂,当 M 较大时,在 $f=0$ 附近通常可采用下面的近似表达式

$$W(f)\approx\frac{3}{4M^3}\left[\frac{\sin(\pi Mf/2)}{\sin(\pi f)/2}\right]^4 \tag{10.2.34}$$

可见,该谱窗恒为正,且从后面的图 10.2.1 还可以看出,它几乎没有旁瓣。

4. 各种窗谱估计方法的比较及选择

窗谱估计的优劣主要取决于窗函数,而前面介绍的几种常见经典窗函数又是由核函数 $K(t)$ 和窗参数 M 的选择所决定的。因此,下面分别讨论一下 $K(t)$ 即窗函数形式和 M 的选取问题。

(1) 窗的选择

在样本长度 N 和窗参数 M 取定的情况下,如何选取好的核函数即选取好的时窗或谱窗呢? 这需要从各窗函数所对应的谱估计的统计特征来加以判断。

首先考虑偏倚和分辨力。对窗谱估计式(10.2.12)取期望可得

$$E[\hat{h}_N(f)]=\int_{-\frac{1}{2}}^{\frac{1}{2}}E[I_N(\lambda)]W(f-\lambda)\mathrm{d}\lambda$$

根据周期图的渐近无偏性,对于充分大的 N 近似地有

$$E[\hat{h}_N(f)]\approx\int_{-\frac{1}{2}}^{\frac{1}{2}}h(\lambda)W(f-\lambda)\mathrm{d}\lambda$$

可见,谱窗 $W(f)$ 的主瓣越高越窄,则偏倚越小,分辨力越高。

此外,如果谱窗 $W(f)$ 包含旁瓣,则旁瓣范围内的频率成分也会影响窗谱估计的均值,这一现象称为谱泄漏。由于谱泄漏的作用可能造成:① $h(f)$ 在旁瓣中的强峰可能淹没主瓣内的弱峰,从而在 $\hat{h}_N(f)$ 中分瓣不出弱峰;② $\hat{h}_N(f)$ 中出现伪峰。这两种结果都会增大谱估计的偏差,降低分辨力。谱窗的旁瓣越高,泄漏作用越大,因此,应选择泄漏较小的窗函数。

再考查一下窗谱估计的方差,由式(10.2.21)可知,核能 A 越小,则谱估计方差越小。从而应该选择核能 A 较小的窗函数,表 10.2.1 列出了常见窗函数的核能 A 值。

表 10.2.1　经典谱窗的核能和窗宽

窗　名	核能 A	窗宽 B_P
截断窗	2.000	$1/(2M)$
巴特利特窗	0.667	$1/M$
汉明窗	0.795	$1/M$
汉宁窗	0.750	$1/M$
帕曾窗	0.539	$4/(3M)$

图 10.2.1 将上面介绍的几种经典谱窗做了对比,从图中可以看出:截断窗的主瓣最高、最陡,但旁瓣的峰(谷)值太大(低),将产生较严重的谱泄漏,且可使谱估计出现负值,其 A 值也最大,总体看不理想;巴特利特窗有较高较窄的主瓣,且非负,A 值很小,表达式也简单,但旁瓣峰值稍大,易产生谱泄漏;汉宁窗的主瓣与巴特利特窗差不多,旁瓣则相对较小,但可能取负值,且 A 值稍大;帕曾窗的 A 值最小,旁瓣也小,且非负,但主瓣略宽,峰值略低,不如巴特利特和汉宁窗好,而且表达式过于复杂。通过以上的比较,不难发现,除截断窗较差以外,其余谱窗都有各自的优缺点,无最佳方法。在工程技术中,现在使用较广泛的是汉宁窗(或汉明窗)和帕曾窗。对于实际问题,应根据具体情况和要求加以选用,并需反复尝试不断积累经验。

(2) 窗宽与窗参数的选取

与窗形即核函数的选择相比,窗参数 M 的选取更为重要,它起着控制谱窗宽度(简称窗宽)或时窗下降速度的作用,而窗宽又直接影响到谱估计的偏倚、方差和分辨力。

窗宽是反映谱窗函数的一个重要参数,其直观意义就是指频域内一个谱窗的宽度。从不同的考虑出发有多种窗宽的定义方法,但在衡量谱窗宽窄程度时,它们的作用是相互一致的,其中较为简单、直观的定义有以下两种。

① 主瓣宽度:对截断周期图谱窗 $D_M(f)$ 和巴特利特谱窗 $F_M(f)$(参见图 10.2.1)等,在工程中常用靠近原点的两个零点间的距离来描述窗宽。如巴特利特谱窗的主瓣宽度为 $2/M$。

② 帕曾宽度(或等效宽度)B_P:高度为 $W(0)$、面积与 $W(f)$ 相同(恒为 1)的矩形谱窗的宽度,即

$$B_P = \int_{-\frac{1}{2}}^{\frac{1}{2}} W(f) \mathrm{d}f / W(0) = 1/W(0) \tag{10.2.35}$$

表 10.2.1 同时给出了以上介绍的各种窗的窗宽 B_P。

从式(10.2.12)易知,如果窗宽较大,则在较宽的频率范围内对周期图 $I_N(f)$ 做加权平均,因而可以减小 $\hat{h}_N(f)$ 的估计方差,但窗宽大,也会导致谱估计的偏倚增大,分辨力降低;反之,若窗宽较小,则谱估计的方差增大,但偏倚减小,分辨力提高。可见,窗谱估计的方差和偏倚呈相反变化,要降低其中的一个指标就要以另一个指标的增大为代价,因此窗宽应折中适当选取。

由图 10.2.1 及表 10.2.1 可以看出,窗宽与窗参数 M 呈反比变化,即 M 增加,窗宽减小;M 减小,窗宽增大。因此,在样本个数 N 和核函数 $K(t)$ 给定的情况下,M 的选择既不能太大,也不能太小,必须兼顾对偏倚、方差及分辨力的要求。有些文献建议可根据实际问题取 $M=2\sqrt{N}$、$M=\sqrt{N}$ 或 $M=\sqrt[3]{N}$ 等。

10.2.3 AR、ARMA 与极大熵谱估计

1. AR 和 ARMA 谱估计

上小节介绍的谱估计方法实际上都是基于对周期图适当加窗平滑来进行的,事先对谱密度的函数形式未做任何假定,因此,它们都是非参数谱估计方法。本小节将介绍一种与之不同的参数谱估计方法——有限参数模型法。这种方法假定待估谱密度具有某种函数形式

而仅仅其参数未知，或假定序列$\{X_t\}$满足有限参数模型从而通常可以得到相应的谱密度，这样，就将谱密度的估计转化为对模型中有限个未知参数的估计。我们知道，在平稳时间序列分析中，最常用的有限参数模型就是 ARMA 模型，它所对应的则是有理谱密度。基于 ARMA 模型的谱估计方法是近代谱分析中人们更感兴趣的一种方法。

我们先考虑较简单的基于 AR 模型的谱估计。假设一个时间序列$\{X_t\}$满足 AR(p)模型，即

$$X_t - a_1 X_{t-1} - \cdots - a_p X_{t-p} = \varepsilon_t$$

其中，ε_t 是具有零均值、方差为 σ_ε^2 的白噪声序列。由 11.1.2 节的介绍和式(11.1.30)可知，AR(p)序列的理论谱密度为

$$h(f) = \frac{\sigma_\varepsilon^2}{|1 - a_1 e^{-i2\pi f} - \cdots - a_p e^{-i2\pi p f}|^2} \tag{10.2.36}$$

根据样本观测值 $x_1, x_2, \cdots, x_N$，系数 $a_1, a_2, \cdots, a_p$ 和方差 σ_ε^2 可以由时域分析中的最小二乘等方法估计得到，设为$\hat{a}_1, \hat{a}_2, \cdots, \hat{a}_p, \hat{\sigma}_\varepsilon^2$。用这些估计值替换上式中的参数，就得到谱密度的估计量如下

$$\hat{h}(f) = \frac{\hat{\sigma}_\varepsilon^2}{|1 - \hat{a}_1 e^{-i2\pi f} - \cdots - \hat{a}_p e^{-i2\pi p f}|^2} \tag{10.2.37}$$

这种方法就是所谓的自回归谱估计或 AR 谱估计。在实际应用中，模型的阶数 p 一般是未知的，可利用时域分析中的信息准则等定阶方法来加以确定。

因为 AR 模型可以逼近更一般的 ARMA 模型，因此通过使用有限阶 AR 模型可以得到一个平稳序列的足够近似，从而原则上可以使用这个近似的 AR 模型来估计任何平稳序列的谱密度函数。此时，经过适当选取的阶数 p 通常不是真正 AR 模型的阶，而是一个能提供观测序列最好近似的 AR 模型的阶。

不难看出，这种谱估计方法并不需要有关真实谱密度特征的任何先验信息，而在窗谱估计中，很多情况下需根据有关谱密度的可能形状(如谱带宽)等先验信息来定出窗参数。

在描述平稳时间序列的有限参数模型中，ARMA 模型更具有普遍性。如果假设一个平稳时间序列满足 ARMA(p,q)模型

$$X_t - a_1 X_{t-1} - \cdots - a_p X_{t-p} = \varepsilon_t - b_1 \varepsilon_{t-1} - \cdots - b_q \varepsilon_{t-q}$$

则同样根据 11.1.2 节介绍，其理论谱密度函数 $h(f)$由式(11.1.30)给出，即

$$h(f) = \frac{|1 - b_1 e^{-i2\pi f} \cdots - b_q e^{-i2\pi q f}|^2}{|1 - a_1 e^{-i2\pi f} \cdots - a_p e^{-i2\pi p f}|^2} \sigma_\varepsilon^2$$

对于实际问题，可通过时域分析方法确定模型阶数并求得各参数的估计值$\hat{a}_1, \hat{a}_2, \cdots, \hat{a}_p, \hat{b}_1, \hat{b}_2, \cdots, \hat{b}_q$ 和 $\hat{\sigma}_\varepsilon^2$，再将它们代入上式，便可得到 $h(f)$的估计如下

$$\hat{h}(f) = \frac{|1 - \hat{b}_1 e^{-i2\pi f} \cdots - \hat{b}_q e^{-i2\pi q f}|^2}{|1 - \hat{a}_1 e^{-i2\pi f} \cdots - \hat{a}_p e^{-i2\pi p f}|^2} \hat{\sigma}_\varepsilon^2 \tag{10.2.38}$$

ARMA 谱估计方法的主要困难是 MA 参数的估计较为复杂，计算量也很大，因此有人提出了只估计 AR 参数的 ARMA 谱估计方法，简化了计算。限于篇幅，这里不做详细介绍①。

① 可参阅：施仁杰，卢科学. 时间序列分析引论[M]. 西安：西安电子科技大学出版社，1988.

采用ARMA谱估计时,有以下几点需要注意。

(1) 如果一个序列只满足MA(q)模型,则仍可采用与上面类似的做法,先利用时域分析方法估计出模型参数$\hat{b}_1,\hat{b}_2,\cdots,\hat{b}_q$($q$未知时先定阶),再代入理论谱密度表达式(10.1.16)中,便可求得谱估计。另外,由于MA(q)序列自协方差函数为q步截尾型,通过傅氏变换,序列的谱密度应为

$$h(f)=\sum_{k=-q}^{q}R(k)\mathrm{e}^{-\mathrm{i}2\pi f}$$

实用中可先求出自协方差函数的估计值$\hat{R}(k),k=0,1,\cdots,M$,取$M=2\sqrt{N}$,然后根据$\hat{R}(k)$在何处截尾定出阶数$q$,再利用上式即可得MA谱估计。此时,谱估计就是截断点为q的截断周期图。

(2) 通过对AR谱估计(或后面介绍的极大熵谱估计)与窗谱估计的比较研究可以发现它们各有所长,没有哪一种估计方法绝对占优。与人们预期的一样,如果一个序列确实满足AR模型,则AR谱估计的效果较好。但如果序列由一个MA序列产生,则AR谱估计的效果相对较差。而对窗谱估计而言,只要适当选择窗参数或窗宽,对大多数序列它都能给出合理的谱估计。

(3) AR和ARMA谱估计方法与窗谱估计方法有很大不同,其主要差别在于所有的窗谱估计都是样本数据的二次函数,而AR和ARMA谱估计则是样本数据相当复杂的函数,其计算量比窗谱估计要大,谱估计的样本性质也相应复杂得多,以至于有人认为这种方法基本上不适合用于谱估计。

(4) AR和ARMA谱估计可以与窗谱估计结合使用,以提高谱估计的效果。例如,可以先对序列$\{X_t\}$拟合一个适当的$AR(p)$模型,但并不假设残差$\{\varepsilon_t\}$是一个白噪声序列,然后利用窗谱估计方法估计出残差序列的谱密度$h_\varepsilon(f)$,再用它代替式(10.2.37)中的$\hat{\sigma}_\varepsilon^2$,便可得到$\{X_t\}$的最终谱密度。这种方法之所以更有效,是因为尽管拟合的AR(p)模型不一定能很精确地描述观测序列,但它提供了一个比原序列更接近于白噪声的残差序列,从而可以采用较宽的谱窗来得到偏倚和方差都较低的$h_\varepsilon(f)$的谱估计。

2. 极大熵谱估计

1967年,伯格(J. P. Burg)将熵的概念引入谱估计,提出谱估计的极大熵准则和具体算法,受到人们的极大关注,并由此演变出很多其他算法,形成了所谓现代谱分析。

熵原是统计热力学中对不规则性的一种度量,后来扩大应用到系统中不确定性的度量。在信息论中,还把它作为信息量的度量。在统计学中,依据概率分布性质定义的熵,又可用来度量随机变量或随机过程的不确定程度。

上小节所介绍的各种窗谱估计方法的主要目的在于减少谱估计的方差,然而,它们都是以损失谱分辨力为代价的。问题的实质是,我们对样本协方差做加窗处理,这实际上是假定窗外的自协方差为零,而窗口内的部分则加上某种形式的修正。这些人为措施使来自观测序列$\{x_t\}$的信息受到一定程度的歪曲。

我们已经知道,平稳序列的自协方差函数与谱密度之间有傅氏变换的关系,即

$$h(f)=\sum_{k=-\infty}^{\infty}R(k)\mathrm{e}^{-\mathrm{i}2\pi f}$$

如果已知一个平稳序列$\{X_t\}$的前 $2P+1$ 个自协方差函数值 $R(k)$，$k=0,\pm1,\cdots,\pm P$，那么仅仅利用这 $2P+1$ 个自协方差函数的信息，一般是不足以确定出$\{X_t\}$的谱密度的，需要对$|k|>P$ 的自协方差函数进行延拓。但对这些 $R(k)$进行延拓的方式可以有无穷多种（只要延拓后的$\{R(k)\}$具有非负定性即可），而对每一种延拓方式都有一个相应的谱密度。因此有无穷多个谱密度 $h(f)$使得

$$\int_{-\frac{1}{2}}^{\frac{1}{2}} h(f)\mathrm{e}^{\mathrm{i}2\pi fk}\,\mathrm{d}f = R(k), \quad k=0,\pm1,\cdots,\pm P \tag{10.2.39}$$

那么应从中挑选哪一个作为$\{X_t\}$的谱密度呢？显然，人为令$|k|>P$ 时，$R(k)=0$ 并无客观依据，不尽合理，结果导致谱估计的分辨力下降。为此，伯格提出了一种挑选谱密度的极大熵准则，认为应在满足上式的 $h(f)$中挑选这样一个谱密度，它对应于最不确定的平稳序列即具有最大熵的序列。从信息论观点来看，若 $h(f)$所对应的序列$\{X_t\}$具有最强的随机性，则意味着所挑选的 $h(f)$最不包含人的干预，因而所含信息量也最多。

因为平稳序列$\{X_t\}$的特性可以由自协方差函数或对应的谱密度函数来刻画，自然想到谱密度 $h(f)$也能用来表示$\{X_t\}$的不确定性。可以证明①，下面的关系式

$$S(h) = \int_{-\frac{1}{2}}^{\frac{1}{2}} \ln h(f)\,\mathrm{d}f \tag{10.2.40}$$

确实可以用来度量$\{X_t\}$的不确定性程度，称为谱熵。谱熵越大，则$\{X_t\}$的随机性越强，所受人为干预越少，包含信息越多。

伯格提出的极大熵准则，具体说就是在满足式(10.2.39)的约束条件下，求使谱熵 $S(h)$达到最大的 $h(f)$，记为$\hat{h}(f)$，称此$\hat{h}(f)$为极大熵谱估计。

虽然极大熵谱估计的基本思想与前面介绍的其他谱估计方法完全不同，但可以证明，极大熵谱估计与 AR 谱估计实际上是等价的，即在平稳序列$\{X_t\}$的自协方差函数 $R(k)$，$|k|\leqslant P$ 为已知的情况下，极大熵谱估计就是 AR(P)谱估计。

根据这一结果，当序列的自协方差 $R(k)$，$|k|\leqslant P$ 为已知时，只要估计出相应的 P 阶自回归模型的参数及残差方差，利用式(10.2.37)，便可得到极大熵谱估计。

对实际问题，需从观测数据求得自协方差函数的估计值，并采用时域中 AR 模型的参数估计方法，如尤勒-沃尔克(Yule-Walker)算法、最小二乘法、极大似然估计法等，定阶并估计出参数和残差，然后代入形如式(10.2.37)的 AR 谱估计公式，便可求得极大熵谱估计。但要注意的是，利用尤勒-沃尔克等方法得到的谱估计当谱密度存在尖峰时分辨力不高，而最小二乘法和极大似然法较为复杂，计算量很大。

伯格在提出谱估计的极大熵准则的同时，还给出了一种极大熵谱估计的计算方法②。这种算法直接由观测数据出发（无须先估计自协方差函数），从一阶模型开始逐步增加阶数，每一步递推得到相应阶数的模型参数和自协方差函数，并保证得到的 AR 模型平稳且自协方差序列非负定。算法中采用正向和反向预报误差平方和最小来估计参数，从而提高了数据的利用率，特别适用于短数据的分析和建模。实践表明，由它给出的谱估计的统计性质也

---

① 顾岚. 时间序列分析在经济中的应用[M]. 北京：中国统计出版社，1994.

② 伯格算法的逆推公式及推导过程可参阅顾岚编著的《时间序列分析在经济中的应用》的 5.3 节，该书由中国统计出版社于 1994 年出版。

较好，特别是分辨力较高。但当真实谱密度较光滑时，伯格谱估计的波动相对要大一些，这是由于取AR模型的阶数较高所致。此外，伯格方法还有两点不足之处：一是谱峰偏移，即谱估计的峰值位置与真实谱密度的峰值位置可能有一定的偏差；二是谱峰分裂，即真实谱密度中的单峰可能在谱估计中分裂成两个或多个靠近的峰值。这些现象随着数据长度的增加会受到一定程度的削弱。为了弥补这些不足，人们又陆续提出了一些改进方法，如Marple递推算法①等，因篇幅所限，这里不做介绍。

10.3 谱分析在我国经济周期分析中的应用

1. 谱分析应用时的若干问题

时间序列的谱分析方法可以通过估计序列的谱密度函数找出其中的主要周期分量，从而为研究各种经济指标即经济时间序列的周期波动特征提供了强有力的分析工具。在对具体的经济时间序列$\{x_t, t=1,\cdots,N\}$进行谱分析时需注意和解决以下一些问题。

(1) 序列的长度问题

为了获得合理的谱估计，一般要求应有较多的观测数据即序列的长度N应比较大。不同文献中对N的具体要求不太一致。有些学者认为，最少要有100～200个观测数据。格兰奇(Granger)认为序列中要包含7个周期的长度才比较合适。还有些人认为序列中至少应包括3个较长的周期。根据我国(特别是改革开放以来)经济运行的实际情况和经济数据的现有状况，可以把最后一种标准作为最低要求。具体来说，对我国的年度经济数据N应不少于20，对季度或月度序列应有15年以上的数据。

(2) 数据的预处理

我们知道，经济时间序列通常都包含某种长期趋势，对季度或月度序列多数还存在以1年为周期的季节性变动。为了真正揭示序列中的周期波动，应去掉其中的长期趋势以及可能的季节性变化。这样处理后也使得谱分析本身所要求的平稳性条件基本上得以满足。

通过本书第3章的介绍我们知道，目前测定经济周期的方法主要有增长率循环和增长循环两种。对于后者，如果是季度或月度序列，可先采用第三章介绍的季节调整法先去掉其中的季节性变动，再利用阶段平均法(PA法)等方法测定其中的长期趋势并加以剔除，还可以利用本书第11章介绍的HP滤波式带通滤波方法直接从原序列中分解出循环项。对于增长率序列，因已基本上消除了原序列的趋势和可能的季节变动，多数可直接进行谱分析。对个别季度或月度序列也可采用前述的方法进一步去掉残存的季节和趋势变动。此外，对原序列(特别是年度序列)还经常利用差分或取对数后再差分的方法来消除长期趋势。

(3) 谱估计方法的选择

在前节中，我们介绍了多种谱估计方法，并对这些方法的特点做了说明和比较，从中可以看出它们各有长短，无最佳方法。在实际应用时应根据每种方法的特点以及具体情况和要求加以确定。也可选用多种方法同时进行估计，以便对比和分析，减少估计误差。实际

---

① 陈兆国.时间序列及其谱分析[M].北京：科学出版社，1988：299-311.

中使用较多的是采用图基-汉宁窗或帕曾窗的窗谱估计方法。当然，如果已知一个序列满足某 ARMA 模型，或者通过反复试验可用一个 ARMA 模型有效地加以描述，则可采用式(10.2.38)的 ARMA 谱估计来直接求其谱密度。

(4) 窗参数的确定

我们已经知道，在采用窗谱估计时，窗参数即截断点 M 的选取直接影响到谱估计的准确性。若 M 过小，则窗宽过大，使谱密度函数的一些重要特征(如某些谱峰)可能被平滑掉，从而降低分辨力和偏倚；若 M 过大，则窗宽过窄，谱估计就可能象周期图那样反复变化，产生一些虚假的峰值，增大估计方差。理论上要求当 $N\to\infty$ 时，$M\to\infty$ 且 $M/N\to 0$，但 M 到底取多大为宜无明确的说明，通常只能根据具体情况和要求折中取值。实用中根据 N 的大小可试用三种不同的 M 值，较小的 M 值可给出谱密度所具有的大峰值，但谱图可能过于平滑；较大的 M 值可能产生出具有很多峰值的曲线，其中有些峰可能是假的；兼顾上述两种情况可选出介于两者之间的第三种数值。根据一些文献的建议和我们的多次尝试，大体上可如下选取窗参数：对较短的序列(如 $N<50$)，M 的取值可在 $\sqrt{N}$ 至 $2\sqrt{N}$ 之间，一般序列 M 的取值可在 $2\sqrt{N}$ 至 $3\sqrt{N}$ 之间。另外，如果要比较采用汉宁窗与帕曾窗在同样窗宽时的估计结果，根据表 10.2.1 后者的 M 值应是前者的 4/3 倍。

(5) 频率点的选取

原则上说，不论哪种谱估计方法都可以对 $[0,1/2]$ 内的任何频率计算出相应的谱密度。但实用中通常仅在该区间内取等间隔频率点进行计算，即取 $f_j=j/(2L)$，$j=0,1,\cdots,L$。为了反映出谱密度函数的所有特征，特别是在低频处的变化情况，L 的取值应足够大。多数文献中取 $L=M$，但我们建议原则上取序列长度的一半，即 $L=[N/2]$，相当于 $f_j=j/N$，$j=0,1,\cdots,[N/2]$。

(6) 谱估计的计算

对滞后窗谱估计来说，在确定了滞后窗、窗参数 M 和离散频率点之后，就可按照窗谱估计的一般公式式(10.2.15)，在频率点 $f_j=j/(2L)$，$j=0,1,\cdots,L$ 处计算谱密度估计值如下

$$\begin{aligned}\hat{h}(f_j)&=\sum_{k=-M}^{M}w(k)\,\hat{R}(k)\cos 2\pi f_j k\\&=\hat{R}(0)+2\sum_{k=1}^{M}w(k)\,\hat{R}(k)\cos 2\pi f_j k\end{aligned}\tag{10.3.1}$$

其中

$$\hat{R}(k)=\frac{1}{N}\sum_{t=1}^{N-k}(x_t-\bar{x})(x_{t+k}-\bar{x}),\quad k=0,1,\cdots,M$$

为样本自协方差函数 $\left(\bar{x}=\frac{1}{N}\sum_{t=1}^{N}x_t\ \text{为样本均值}\right)$，$w(k)$ 为滞后窗。相应地还可计算出序列的标准化谱密度函数

$$\hat{p}(f_j)=\frac{\hat{h}(f_j)}{\hat{R}(0)}=1+2\sum_{k=1}^{M}w(k)\,\hat{r}(k)\cos 2\pi f_j k\tag{10.3.2}$$

其中，$\hat{r}(k)=\hat{R}(k)/\hat{R}(0)$ 代表样本自相关函数。由于 $\hat{p}(f_j)$ 是一个无量纲的相对值，在很多场合下更便于比较和分析。

从上面两式不难看出，当 N 很大时，建立在离散傅氏变换基础上的窗谱估计方法所需的计算量是很可观的，如果采用式(10.2.17)的平滑周期图法进行谱估计，则计算量更大。为此库利(Cooley)和图基等人在20世纪60年代中期提出了一种快速傅氏变换算法(the fast Fourier transform，FFT)，它可大大减少傅立叶分析所需的时间且结果更加准确。但这种算法通常要求数据个数 N 是2的方幂，否则需补零以使 N 增大到合适的整数值，有时还需采用锥削(taper)或数据窗方法来避免数据末端的不连续性，这无疑会带来一些使用上的麻烦。在当今电子计算机的运算速度与整体性能飞速发展的时代，FFT已显示不出它太大的优势。因篇幅所限，有关FFT算法的内容这里不做具体介绍，有兴趣的读者可查阅有关文献。

2. 经济指标的谱分析实例

(1) 对我国GDP等五个年度指标的谱分析

我们利用前述的谱估计方法对我国国内生产总值(GDP)增长率、工业增加值指数(以上年为100)、全社会固定资产投资实际增长率、社会消费品零售总额实际增长率、出口总额增长率五个年度指标进行了谱分析。所用数据来源于《中国统计年鉴》和《经济蓝皮书：2014年中国经济形势分析与预测》，样本范围为1978—2013年，样本长度N为36。

本例采用图基-汉宁窗谱估计方法分别计算GDP增长率等五个指标的标准化谱密度估计值。这里，截断点取 $2\sqrt{N}$，即，$M=12$。由于样本长度较短，为了保证谱密度估计的准确性，频率点选取为样本长度，即 $L=N$。

图10.3.1给出了五个年度指标各自的标准化谱密度估计图。从10.3.1(a)可见，GDP在频率4/36处出现了一个明显的峰值，峰值为3.39，对应的周期长度是9年。谱图次高点与谱峰接近，对应的周期为10.3年，这表明GDP增长中存在着一个约9～10年的主要周期波动，周期长度符合朱格拉型周期。此外，谱图在17/72处出现了另一个不太明显的小谱峰，峰值为1.07，对应的周期长度是4.2年，反映GDP增速中还存在4.2年左右的相对较弱的短周期波动。

通过比较5个指标的谱图并结合各指标的谱分析结果(见五个年度指标的谱分析结果表10.3.1)可以发现，工业增加值与全社会固定资产投资增速均具有与GDP增速相似的谱图，均具有9年左右的主要波动周期，揭示出改革开放以来我国经济运行的主要周期特征。社会消费品零售总额增速的主要周期在8年附近，与前3个指标接近，但其峰值相对较低，说明该指标的周期规律性相对弱一些。同时，工业、投资、消费增速也都存在3～4年左右的较弱的短周期波动。出口增速的主要波动周期稍有差异，主周期长度为10～12年，略长于GDP增速的主周期，且谱峰值在5个指标中最低。同时，该指标在3.4年附近出现另一个相对较高的次谱峰，峰值为1.29，说明出口增速中3年多的短周期特征相对更明显一些。

表10.3.1 五个年度指标的谱分析结果

指　　标	主周期(年)	主谱峰值	次周期(年)	次谱峰值
国内生产总值	9～10	3.39	4.2	1.07
工业增加值	9	2.7	4	0.96
固定资产投资	9～10	2.91	3.1	0.69
社会消费品零售额	8	1.98	3.1	0.68
出口	10～12	1.94	3.4	1.29

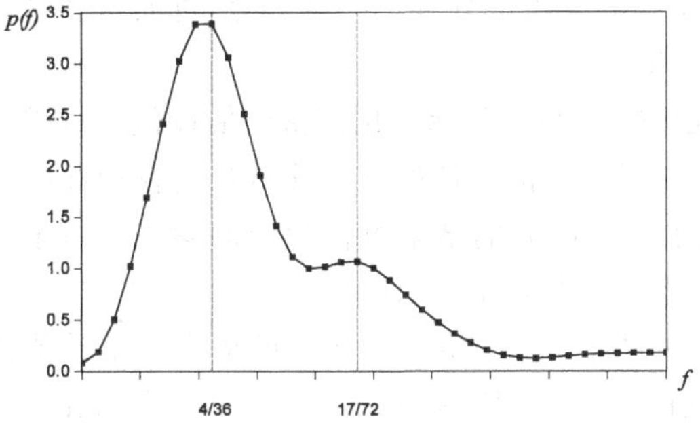

(a) GDP增速的谱图

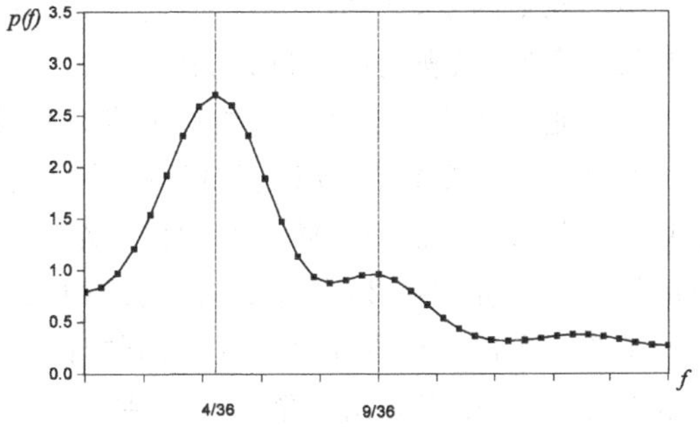

(b) 工业增加值增速的谱图

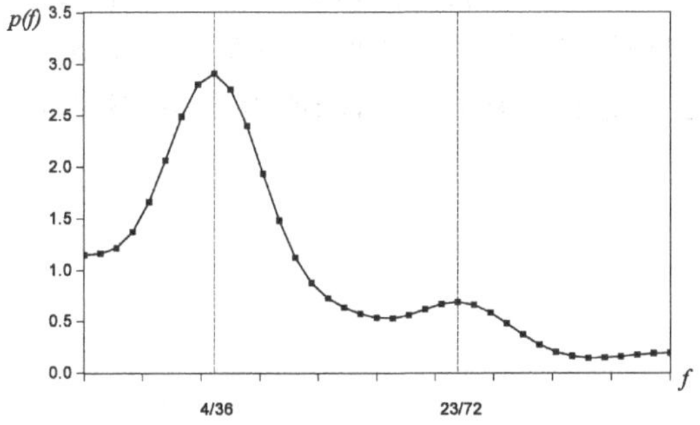

(c) 固定资产投资增速的谱图

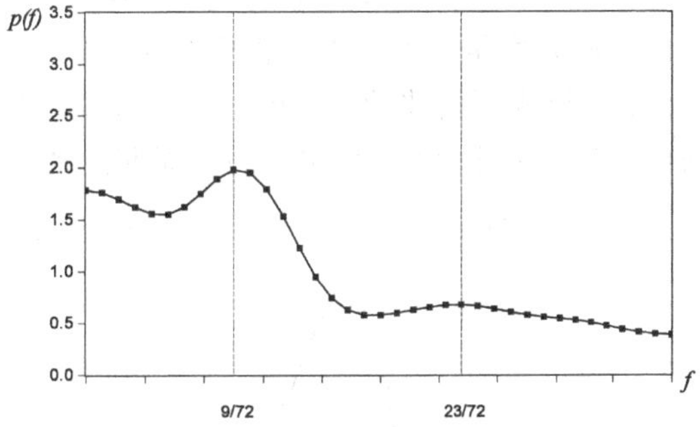

(d) 社会消费品零售额增速的谱图

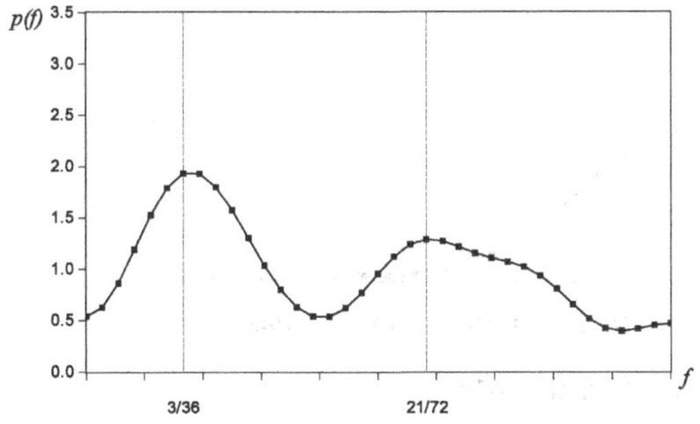

(e) 出口增速的谱图

图 10.3.1　五个年度指标的标准化谱密度估计图

以上对主要年度经济指标的谱分析结果显示，改革开放以来我国经济运行存在着 9 年左右的主要周期波动，以及一个相对较弱的 3～4 年的短周期波动。

(2) 对我国一些主要月度宏观经济指标的谱分析①

下面利用图基汉宁窗谱估计方法对我国的一些主要月度宏观经济指标进行谱分析。所用数据的时间范围从 1981 年 1 月至 2000 年 12 月，数据来源于国家信息中心等部委。

由于这里针对增长率周期进行研究，因此，首先对各指标计算(或直接采用公布的)与上年同月比而得到原数据的增长率序列(物价指数除外)。这样处理后，可大致消除原序列的长期趋势和季节因素，考虑到几乎所有指标在 1981 年以来都存在若干段的超高速扩张或低速收缩而无法保持较稳定的指数型增长，从而增长率序列中仍会存在一定程度的趋势因素，同时还可能残存某些季节变动和不规则变动。因此，我们对增长率序列仍进行了季节调整

① 陈磊. 我们经济周期波动的测定和理论研究[M]. 大连：东北财经大学出版社，2005.

并去掉不规则因素，又利用线性回归方法去除了序列中可能残存的线性趋势，进而得到平稳的增长率序列，以满足谱分析方法的要求。

对工业总产值等宏观经济指标分别采用式(10.3.2)求其标准化谱密度估计值进行谱分析。通过对多个截断点 M 进行试算的结果比较，根据窗谱估计的统计性质及其各指标的实际变动情况，最终确定取 $M=90$ 的估计结果，而 $M=60$ 时的结果可作为辅助参照。由于各指标的样本长度均在20年左右，固公式中取频率点个数取 $L=216$。

工业总产值的标准化谱密度图的估计结果见图10.3.2(由于高频处的谱密度估计值几乎全部为零，图中仅画出频率 f 从0到1/10处的谱图)。从图10.3.2中可见，谱图在 $f=1/86$ 处出现一个十分突出的谱峰，峰值为20.84，对应的周期长度为86个月，邻近谱峰次高点的对应频率是 $f=1/108$，谱密度值为20.14，与峰值很接近，这表明序列大体上围绕86～108个月形成周期波动。此外，在 $f=1/22$ 处还出现了一个次谱峰，峰值为6.09，这表明序列中还存在一个22个月左右的次周期波动。

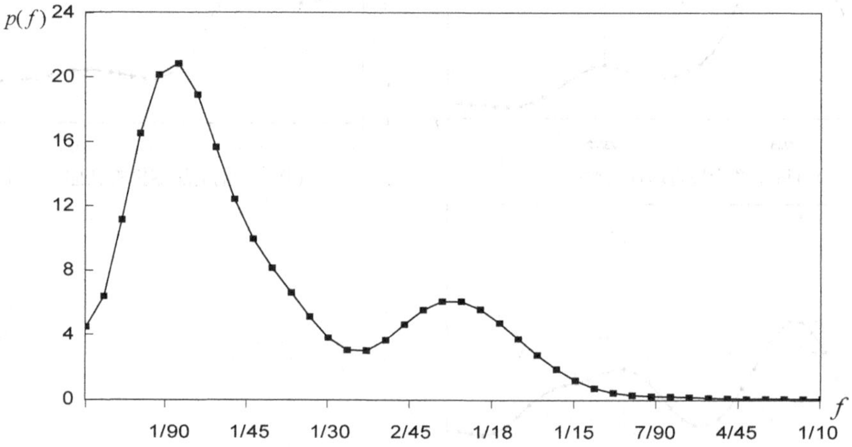

图 10.3.2 工业总产值的标准化谱密度图

其他指标的谱图(从略)与工业总产值类似，只是谱峰可能略有偏移。根据 $M=60$ 和 $M=90$ 两种情况下各自的标准化谱密度图中的峰值情况，可以得到各指标中包含的主要周期和可能存在的次周期，结果见主要宏观经济指标的谱分析结果表10.3.2。

表 10.3.2 主要宏观经济指标的谱分析结果

指标名称	$M=60$		$M=90$			
	主周期长度(月)	谱峰值	主周期长度(月)	主谱峰值	次周期长度(月)	次谱峰值
工业总产值	86−	16.36	86+	20.84	22	6.09
重工业产值	86−	18.14	86+	22.76		
轻工业产值	72−	12.41	72	15.98	23	7.90
铁路和港口货运量	72+	10.52	108−	12.04	24	7.74
基建投资额	108−	17.10	108−	24.67	33	7.53
社会消费品零售总额	86+	18.08	108−	24.07		
海关出口总额	31	15.45	31	17.65	108−	7.91
海关进口总额	54−	16.08	48+	19.72	26	5.80

续表

指标名称	M=60		M=90			
	主周期长度(月)	谱峰值	主周期长度(月)	主谱峰值	次周期长度(月)	次谱峰值
全国商品零售价格指数	86－	20.68	86－	26.01		
全国消费价格指数	86－	20.64	86－	26.05		
国家财政预算支出	72	17.54	72＋	22.34	24	6.71
货币流通量 M0	62＋	15.68	62＋	17.58	24	8.66
狭义货币 M1	72＋	12.70	86－	14.63	23	10.53
银行工资性现金支出	108－	17.70	108－	22.60	24	6.72
银行短期贷款余额	86＋	12.79	108－	16.01	36	12.10

注：表中主、次周期长度栏中的正负号表示其周期长度可能略有增加或减少，主要根据邻近谱峰次高点的对应频率而定。

从表中所列结果可以得到下面一些主要结论。

① 所考察的各个经济指标的增长率序列无一例外地都存在着周期波动现象。其中，代表工业生产总体水平的工业总产值的循环变动平均以 86～108 个月为主要周期。此外，还存在一个作用相对较弱的 22 个月左右的次周期。这说明，1981—2000 年，我国工业生产总体上存在着长度为 7～9 年左右的主周期波动。同时，还存在一个 2 年左右的次周期波动。轻、重工业产值的波动周期有所差别。轻工业的主周期长度较短，存在 6 年左右的主周期波动和 2 年左右的次周期波动。而重工业的谱峰较高，循环周期较长，主周期波动有 7～9 年左右，无明显的次周期。

② 投资波动周期与工业总产值周期是一致的。消费和物价均出现谱峰很高的单峰谱图，谱峰对应的周期分别为 108 个月和 86 个月，表明我国消费和物价存在着较明显的长度为 8～9 年和 7 年左右的周期波动，与工业总产值的主周期基本一致。

③ 海关进、出口循环波动的周期长度有所不同。出口相对较短，周期为 31 个月左右。进口的波动周期在 48 个月左右。两者的谱峰相对偏低，其中出口的波动规则性最弱。

④ 国家财政预算支出波动的主、次周期长度分别为 6 年和 2 年，与轻工业生产的谱分析结果一致，这种对应关系反映了财政(支出)政策对工业生产所产生的影响。

⑤ 狭义货币 M1、银行短期贷款余额增长和银行工资性现金支出均存在着 7～9 年的主周期波动和 2 年左右的次周期波动，与工业生产的周期波动相对应，这同样反映了货币政策和收入与工业生产的密切关系。

综合以上对主要月度经济指标的谱分析结果可以从总体上得出这样的结论：我国经济活动中的周期波动现象是普遍存在的。20 世纪 80 年代和 90 年代，我国向市场经济体制转轨过程中的周期波动出现了与以往不同的新特征：经济增长中产生了 7～9 年为主的中周期波动，这与西方工业国家曾出现的主周期波动即朱格拉周期是基本一致的。此外，围绕 2～3 年还存在一个作用相对较弱的短周期波动。

第11章 滤波方法与增长周期分析

时间序列的频域分析将数据序列看作是由各种频率波叠加而成的，包含体现数据长期增长的低频波和展现其短期波动的高频波。经济增长理论主要关注经济长期发展的轨迹，因此，研究的是数据的低频波动即趋势成分。而经济周期理论研究常常致力于分析剔除趋势后的循环要素的波动规律，即增长周期波动的变化及特征。

最初对长期趋势的研究基本使用移动平均方法，或者简单地将趋势作为时间的确定性函数模拟趋势线(参见第 4.7.1 节)。这种方法使用了很久，经济学家们一直认为只要用这种简单的方法就可以剔除数据中的趋势，从而根据剩余的循环成分研究经济周期波动问题。然而，传统方法的确定性趋势假设并不总是符合经济时间序列的实际情况。事实上，趋势经常发生转变甚至突变，体现出非线性或随机性趋势，在这样的情况下，如果仍然假设数据中包含线性趋势，就不能真正地消除趋势成分。因此，需要研究专门的方法来估计和分离趋势。在第 4 章 4.7.3 节介绍的美国全国经济研究局(NBER)开发的分段估计趋势的阶段平均法(简称 PA 法)，曾经是分离趋势和循环要素的首选方法。

需要说明的是，如果数据是具有随机趋势的单位根过程①，可以对其进行差分运算以消除趋势。但是，第 10 章的谱分析结果表明，一阶差分运算的频率响应函数在高频处更大，即对于进行了一阶差分处理后的时间序列，虽然消除了原数据中的低频成分即趋势成分，但与此同时却保留并放大了原数据中的高频波动成分。这样，基于差分后的数据进行经济周期波动特征的分析有时可能并不适当，而且与增长周期(growth cycle)本来的定义不一致。

Beveridge 和 Nelson(1981)研究了含有单位根的时间序列的趋势和循环要素分离问题，提出了基于 ARIMA 模型的趋势分解方法，即如果差分平稳时间序列的趋势成分和循环成分的生成机制已知，可以将趋势和循环要素作为不可观测成分，写成状态空间模型的形式，并利用 Kalman 滤波来估计。然而，对于大多数的应用研究来说，这些方法过于复杂，因此，一些学者尝试构造相对简单易行且多数情况下效果较好的趋势估计量。1980 年，Hodrick 和 Prescott 在分析战后美国经济周期的工作论文中提出了一种新的滤波方法(简称 HP 滤波)，用于分解经济时间序列的长期趋势。1982 年，Kydland 和 Prescott 在分析实际冲击导致经济周期波动的开创性研究中采用了这种方法。在此之后，实际经济周期(RBC)研究中广泛使用了 HP 滤波，使之几乎成为估计趋势的标准方法。然而，HP 滤波并非是无懈可击的，采用同样的趋势分解方法只不过是为了便于比较不同学者们的研究结论。

---

① 非平稳序列 y_t 中有一类序列可以通过差分运算得到具有平稳性的序列，称为差分平稳过程，如一阶差分：$\Delta y_t=(1-L)y_t$，由于其滞后算子多项式的根为 1，所以这类序列也称为单位根过程。

Harvey 和 Jaeger(1993)、Cogley 和 Nason(1995)等对 HP 滤波方法提出了质疑。Baxter 和 King(1999)研制了一种带通滤波(band-pass filter)方法(简称 BK 滤波)，提议作为 HP 滤波的替代物。Christiano 和 Fitzgerald(2003)进一步提出了更灵活的带通滤波方法(简称 CF 滤波)。

本章首先介绍线性变换和滤波方法的基本原理，然后讨论如何利用滤波方法分解趋势和循环要素，主要包括 HP 滤波和 BK 滤波，它们本质上都是频率选择滤波，理论基础都是时间序列的谱分析。本章进一步结合中国的实际数据进行多种滤波方法的实证结果比较，并构建反映增长周期波动的景气指数。

11.1　线性变换和滤波

11.1.1　线性变换和滤波原理

谱分析方法得以广泛应用的主要原因，除了在于具有直接的物理解释和实际应用背景外，还在于它能对一个平稳过程的线性变换的效果提供非常简洁的描述。不论在工程与自然科学的研究中还是在经济与社会系统分析中，经常会遇到图 11.1.1 所示的典型的具有单个输入和单个输出的系统。

图 11.1.1　单输入/单输出系统

图 11.1.1 中输入信号 $Y(t)$(如电压或利率)和输出信号 $X(t)$(如电压或货币供给)是随时间变化的量。系统的结构可能是已知的(如某个电路)，也可能是未知的“黑箱”，需要我们去辨识。尽管系统的性质可能千差万别，但通常假设系统在我们所关心的范围内可以用一个线性模型合理地近似，其参数不随时间变化。系统的线性性质是指：在任意时刻 t，输出值 $X(t)$ 都是输入 $Y(t)$ 过去、现在和未来值的加权线性组合。

在系统是线性的与时不变的假设前提下，我们可以给出描述 $X(t)$ 与 $Y(t)$ 间关系的一般形式如下

$$X(t)=\int_{-\infty}^{\infty} g(u)Y(t-u)\mathrm{d}u \quad (t\text{ 连续时}) \tag{11.1.1}$$

或

$$X_t=\sum_{k=-\infty}^{\infty} g_k Y_{t-k} \quad (t\text{ 离散时}) \tag{11.1.2}$$

其中，$g(u)$ 或 g_k 是某个确定性函数或序列，它们与时间无关而仅仅依赖于系统的结构。这里我们只研究稳定系统，即有界输入产生有界输出。此时，应假设 $g(u)$ 或 g_k 满足下面的条件

$$\int_{-\infty}^{\infty} |g(u)|\,\mathrm{d}u<\infty \tag{11.1.3}$$

$$\sum_{k=-\infty}^{\infty} |g_k|<\infty \tag{11.1.4}$$

在一个实际物理系统中，现时刻的输出不可能依赖于输入的未来值，从而应该有

$$g(u)=0,\quad \text{当 } u<0 \text{ 时}$$

或

$$g_k=0,\quad \text{当 } k<0 \text{ 时}$$

这时，称系统为物理可实现的。

现在假设系统的输入是一个平稳随机过程$\{Y(t)\}$,其方差为σ_Y^2,自相关函数为$\gamma_Y(\tau)$,自协方差函数为$R_Y(\tau)$,$E[Y(t)]=0$。当$\{Y(t)\}$是连续参数过程时,由式(11.1.1)显然有$E[X(t)]=0$,此时可求得输出过程$\{X(t)\}$的自协方差函数如下

$$\begin{aligned}R_X(\tau)&=E[X(t)X(t+\tau)]\\&=\int_{-\infty}^{\infty}\int_{-\infty}^{\infty}g(u)g(v)E[Y(t-u)Y(t+\tau-v)]\mathrm{d}u\mathrm{d}v\\&=\int_{-\infty}^{\infty}\int_{-\infty}^{\infty}g(u)g(v)R(\tau+u-v)\mathrm{d}u\mathrm{d}v\end{aligned}$$

上式等号右边只依赖于τ,和时间t无关。因此,过程$\{X(t)\}$也是平稳的。也就是说,稳定线性系统的一个平稳输入产生一个平稳输出。

现在考虑$\{Y(t)\}$是具有纯连续谱的平稳过程,其谱密度为$h_Y(f)$。由式(10.1.16)和上式,$\{X(t)\}$的谱密度$h_X(f)$为

$$\begin{aligned}h_X(f)&=\int_{-\infty}^{\infty}R_X(\tau)\mathrm{e}^{-\mathrm{i}2\pi f\tau}\mathrm{d}\tau\\&=\int_{-\infty}^{\infty}\int_{-\infty}^{\infty}\int_{-\infty}^{\infty}g(u)g(v)R_Y(\tau+u-v)\mathrm{e}^{-\mathrm{i}2\pi f\tau}\mathrm{d}u\mathrm{d}v\mathrm{d}\tau\\&=\left[\int_{-\infty}^{\infty}g(u)\mathrm{e}^{\mathrm{i}2\pi fu}\mathrm{d}u\right]\left[\int_{-\infty}^{\infty}g(v)\mathrm{e}^{-\mathrm{i}2\pi fv}\mathrm{d}v\right]\left[\int_{-\infty}^{\infty}R_Y(\tau+u-v)\mathrm{e}^{-\mathrm{i}2\pi f(\tau+u-v)}\mathrm{d}\tau\right]\end{aligned}$$

如果令$\tau'=\tau+u-v$,则上式最后一项积分变成

$$\int_{-\infty}^{\infty}R_Y(\tau+u-v)\mathrm{e}^{-\mathrm{i}2\pi f(\tau+u-v)}\mathrm{d}\tau=\int_{-\infty}^{\infty}R_Y(\tau')\mathrm{e}^{-\mathrm{i}2\pi f\tau'}\mathrm{d}\tau'=h_Y(f)$$

注意$h_X(f)$展开式中的第二项积分是第一项积分的复共轭,从而便得到下面这个重要的关系式

$$h_X(f)=|T(f)|^2h_Y(f)\tag{11.1.5}$$

其中

$$T(f)=\int_{-\infty}^{\infty}g(u)\mathrm{e}^{-\mathrm{i}2\pi fu}\mathrm{d}u\tag{11.1.6}$$

式(11.1.5)的$T(f)$称为滤波的频率响应函数(frequency response function)。$T(f)$是复数,它的模$|T(f)|$是实数,称为滤波的增益(gain),进一步,增益的平方$|T(f)|^2$称为滤波的功率传递函数(power transfer function),或只称为传递函数①。可见,频率响应函数$T(f)$是$g(u)$的傅氏变换。在稳定系统条件下,$T(f)$对所有f都存在。

另外,还容易证明,在稳定系统条件下,过程$\{X(t)\}$的方差(或总功率)是有限的。

如果采用$\{X(t)\}$和$\{Y(t)\}$的标准化谱密度$p_X(f)$和$p_Y(f)$,则式(11.1.5)可写成

$$\sigma_X^2p_X(f)=|T(f)|^2\sigma_Y^2p_Y(f)\tag{11.1.7}$$

其中,σ_X^2和σ_Y^2分别是平稳过程的方差。

当系统是式(11.1.2)所描述的离散线性系统时,对应于式(11.1.5)、式(11.1.7)和式(11.1.6)有类似的结果如下

---

① 资料来源:山本拓.经济时间序列分析[M].东京:创文社现代经济学选书,1988:310.有些文献将传递函数等同于频率响应函数。

$$h_X(f)=|T(f)|^2 h_Y(f),\quad -\frac{1}{2}\leqslant f\leqslant\frac{1}{2}\tag{11.1.8}$$

或

$$\sigma_X^2 p_X(f)=|T(f)|^2\sigma_Y^2 p_Y(f),\quad -\frac{1}{2}\leqslant f\leqslant\frac{1}{2}\tag{11.1.9}$$

其中滤波的频率响应函数为

$$T(f)=\sum_{k=-\infty}^{\infty} g_k \mathrm{e}^{-\mathrm{i}2\pi fk},\quad -\frac{1}{2}\leqslant f\leqslant\frac{1}{2}\tag{11.1.10}$$

上面的结果可概括如下：对于一个稳定线性系统，如果输入是一个具有连续谱密度的平稳过程，则输出也是一个平稳过程，且输出的谱密度等于输入的谱密度与传递函数的乘积。

这个结果的重要性质是输出的谱密度在频率 f 处的值仅仅依赖于传递函数 $|T(f)|^2$ 和输入谱密度在 f 处的值，而不受输入的谱密度在任何其他频率处取值的影响，这与式(11.1.1)或式(11.1.2)所给出的时域里的情况形成鲜明对照。一般来说，输出在 t 时的取值不仅依赖于输入在 t 时的值，而且还依赖于输入在所有其他时刻值的大小。而在频域里，输出与输入之间的关系简单明了，从而使我们可以在每个不同的频率上分别研究系统的性质。

形如式(11.1.1)或式(11.1.2)的线性变换系统，有时(特别是在工程上)也被称为线性滤波，即 $X(t)$ 是 $Y(t)$ 的滤波。这是由于通过适当设计系统($g(u)$ 或 g_k)可以使频率响应函数 $T(f)$ 在某个频带上为零或接近零，这样根据式(11.1.5)或式(11.1.8)我们就可以把输入中所有在这个频带中的分量滤掉，而只留下其他的频率成分。根据被保留下的频率位于低频处、高频处或某个中间带上，分别称为低通型滤波(low pass filter)、高通型滤波(high pass filter)和带通型滤波(band pass filter)。

由于滤波的频率响应函数 $T(f)$ 一般是复数，我们可以将它写成下面的指数形式

$$T(f)=|T(f)|\mathrm{e}^{\mathrm{i}\varphi(f)}$$

其中

$$\varphi(f)=\arctan\left[\frac{T(f)\text{的虚部}}{T(f)\text{的实部}}\right]$$

在滤波理论中，称 $|T(f)|$ 为增益，$\varphi(f)$ 为相位移，这是由于 $|T(f)|$ 表示滤波后在频率 f 处振幅的放大倍数，而 $\varphi(f)$ 则表示在频率 f 处相位的变化量。

对离散线性系统，还可以用算子表示法来描述输入和输出间的关系。令

$$G(z)=\sum_{k=-\infty}^{\infty} g_k z^k$$

其中，L 代表延迟算子，即 $L^k Y_t=Y_{t-k}$，则式(11.1.2)可写成下面的形式

$$X_t=\sum_{k=-\infty}^{\infty} g_k Y_{t-k}=\left(\sum_{k=-\infty}^{\infty} g_k L^k\right)Y_t=G(L)Y_t\tag{11.1.11}$$

而滤波的频率响应函数 $T(f)$ 可写成

$$T(f)=\sum_{k=-\infty}^{\infty} g_k \mathrm{e}^{-\mathrm{i}2\pi fk}=G(\mathrm{e}^{-\mathrm{i}2\pi f}),\quad -\frac{1}{2}\leqslant f\leqslant\frac{1}{2}\tag{11.1.12}$$

因此，式(11.1.8)可改写成下面的形式

$$h_X(f)=|G(\mathrm{e}^{-\mathrm{i}2\pi f})|^2 h_Y(f),\quad -\frac{1}{2}\leqslant f\leqslant\frac{1}{2}\tag{11.1.13}$$

在实际应用中，传递函数

$$|T(f)|^2 = |G(e^{-i2\pi f})|^2 \tag{11.1.14}$$

往往可以由式(11.1.12)方便地求得。

11.1.2 传递函数与功率谱的应用实例

下面结合经济时间序列分析中经常用到的两种处理手段——差分和移动平均来考查一下不同滤波的频域效果。

1. 差分的滤波效果

差分运算的一般模型为

$$X_t = Y_t - Y_{t-1} = (1-L)Y_t \tag{11.1.15}$$

显然,这是一个线性滤波,由式(11.1.12),其频率响应函数为

$$T(f) = 1 - e^{-i2\pi f} \tag{11.1.16}$$

从而有传递函数为

$$|T(f)|^2 = |1 - e^{-i2\pi f}|^2 = 2(1-\cos 2\pi f), \quad -\frac{1}{2} \leqslant f \leqslant \frac{1}{2} \tag{11.1.17}$$

由式(11.1.13)可得

$$h_X(f) = 2(1-\cos 2\pi f)h_Y(f), \quad -\frac{1}{2} \leqslant f \leqslant \frac{1}{2} \tag{11.1.18}$$

滤波的效果如图11.1.2(a)所示,差分滤波的传递函数 $|T(f)|^2$ 在频率 $f=0$ 处为零,然后随 f 增加由缓慢逐渐变成急速上升,最后在 $f=1/2$ 处达到最大值,属于典型的高通型滤波,它将(b)图所示的原序列的谱密度"滤波"成如(c)图所示的差分后序列的谱密度,从而使原序列的长期趋势($f=0$ 处的分量)被完全消除,而且大幅度减少了原有的长周期(低频)变动部分,而短周期(高频)部分则有所加强。这就是差分运算可以消除原序列长期趋势的原因。

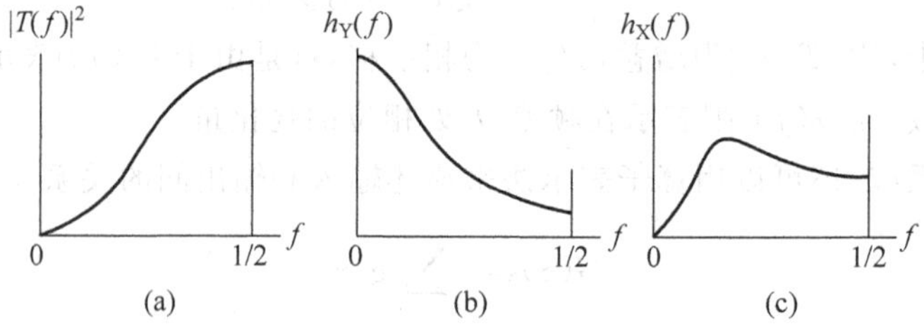

图 11.1.2 差分的频域效果

2. 移动平均的滤波效果

为了计算和叙述简便,我们讨论一种最简单的移动平均——三项移动平均,模型如下

$$X_t = \frac{1}{3}(Y_{t-1} + Y_t + Y_{t+1}) = \sum_{k=-1}^{1} \frac{1}{3} L^k Y_t \tag{11.1.19}$$

这也是一个线性变换,由式(11.1.11)和式(11.1.12)可得频率响应函数为

$$T(f) = \sum_{k=-1}^{1} \frac{1}{3} e^{-i2\pi f k} = \frac{1}{3} + \frac{2}{3}\cos 2\pi f, \quad -\frac{1}{2} \leqslant f \leqslant \frac{1}{2} \tag{11.1.20}$$

从而有传递函数为

$$|T(f)|^2 = \frac{1}{9} + \frac{4}{9}(\cos 2\pi f + \cos^2 2\pi f), \quad -\frac{1}{2} \leqslant f \leqslant \frac{1}{2} \tag{11.1.21}$$

其图形如图 11.1.3 所示。从图中可见,这个滤波具有两个主要特点:①它在 $f = 1/3$ 即周期等于 3 时等于零,从而消除了周期为 3 的波动;②它属于低通型滤波,这是预料之中的,因为移动平均平滑掉了局部起伏(高频变化),而保留下趋势(低频)部分。

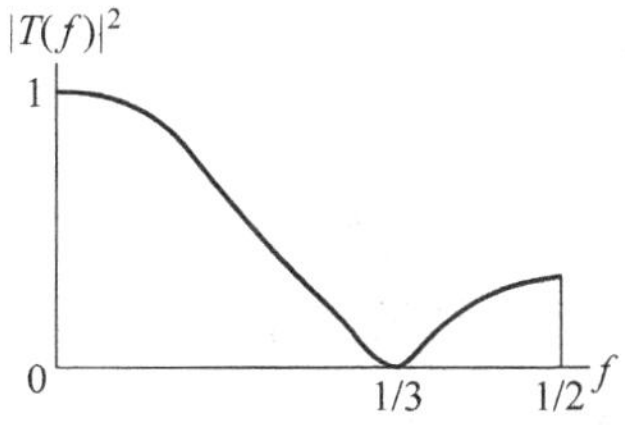

图 11.1.3 3 项移动平均的传递函数

上述关于线性系统输入与输出谱密度间关系的一般结果,除了能从频域上说明各种线性滤波的作用外,还对计算包括 ARMA 过程在内的一大类平稳过程的谱密度,提供了十分便捷的方法,这种方法比起对自协方差函数进行傅氏变换的方法要简单得多。下面再给出 5 个具有广泛代表性的实例和相应模型的传递函数及功率谱。

3. 一般线性序列

设$\{X_t\}$为一般线性序列,即

$$X_t = \sum_{k=-\infty}^{\infty} g_k \varepsilon_{t-k} = \sum_{k=-\infty}^{\infty} g_k L^k \varepsilon_t = G(L)\varepsilon_t \tag{11.1.22}$$

其中,$\{\varepsilon_t\}$是纯随机序列即白噪声,$\{g_k\}$为实数列,且满足

$$\sum_{k=-\infty}^{\infty} g_k^2 < \infty \tag{11.1.23}$$

显然,这是式(11.1.2)的一种特殊情况,即$\{Y_t\} = \{\varepsilon_t\}$,其频率响应函数与式(11.1.10)一样为

$$T(f) = \sum_{k=-\infty}^{\infty} g_k \mathrm{e}^{-\mathrm{i}2\pi fk} \tag{11.1.24}$$

从而由式(11.1.8)和白噪声的谱密度便有$\{X_t\}$的谱密度如下

$$h(f) = \left|\sum_{k=-\infty}^{\infty} g_k \mathrm{e}^{-\mathrm{i}2\pi fk}\right|^2 \sigma_\varepsilon^2 = |G(\mathrm{e}^{-\mathrm{i}2\pi f})|^2 \sigma_\varepsilon^2, \quad -\frac{1}{2} \leqslant f \leqslant \frac{1}{2} \tag{11.1.25}$$

其中 σ_ε^2 为白噪声$\{\varepsilon_t\}$的方差。

4. 平稳 ARMA 序列

设$\{X_t\}$是平稳 ARMA(p,q)序列,即该序列满足下面模型

$$\Phi(L)X_t = \Theta(L)\varepsilon_t \tag{11.1.26}$$

其中

$$\Phi(L) = 1 - \varphi_1 L - \varphi_2 L^2 \cdots - \varphi_p L^p$$

$$\Theta(L) = 1 - \theta_1 L - \theta_2 L^2 - \cdots - \theta_q L^q$$

且 $\Phi(L)$的根全在 L 平面单位圆外,$\{\varepsilon_t\}$为白噪声序列。根据时域中的分析结果可知,序列$\{X_t\}$可写成$\{\varepsilon_t\}$的线性组合,且是物理可实现的,即有

$$X_t = \frac{\Theta(L)}{\Phi(L)}\varepsilon_t = G(L)\varepsilon_t \tag{11.1.27}$$

其中

$$G(L) = \frac{\Theta(L)}{\Phi(L)} = \sum_{k=0}^{\infty} g_k L^k \tag{11.1.28}$$

且满足

$$\sum_{k=0}^{\infty} g_k^2 < \infty \tag{11.1.29}$$

因此,利用上例中一般线性序列的结果便有

$$\begin{aligned} h(f) &= |G(e^{-i2\pi f})|^2 \sigma_\varepsilon^2 = \left|\frac{\Theta(e^{-i2\pi f})}{\Phi(e^{-i2\pi f})}\right|^2 \sigma_\varepsilon^2 \\ &= \left|\frac{1-\theta_1 e^{-i2\pi f} - \theta_2 e^{-i2\pi f2} \cdots - \theta_q e^{-i2\pi fq}}{1-\varphi_1 e^{-i2\pi f} - \varphi_2 e^{-i2\pi f2} - \cdots - \varphi_p e^{-i2\pi fp}}\right|^2 \sigma_\varepsilon^2, \quad -\frac{1}{2} \leqslant f \leqslant \frac{1}{2} \end{aligned} \tag{11.1.30}$$

这就是平稳 ARMA(p,q) 序列的谱密度。由于 $\Phi(L)$,$\Theta(L)$ 是两个有限阶的多项式,因此上式中传递函数为两个 $\exp(-i2\pi f)$ 的多项式之比,即它是 $\exp(-i2\pi f)$的有理分式,从而 $h(f)$ 是 $\exp(-i2\pi f)$ 的有理函数,故称 $h(f)$ 为有理谱密度,简称有理谱。

形如式(11.1.30)的有理谱具有广泛的意义。首先,如同任意一个连续函数都可以用有理函数逼近一样,任何一个连续谱密度函数都可以用有理谱逼近,因此用有理谱可以刻画相当广的一类实际过程(或系统)。即使局限在有理谱的范围内进行研究,仍然具有相当广泛的代表性。其次,对有理谱的估计在实际中是方便易行的。在实际应用中要从有限个观测数据出发对形式上多种多样的谱密度建立统一而有效的估计方法是相当困难的,为了克服这个困难而又不失一般性,可以将谱密度局限于较小的函数类——有理谱范围内进行研究,而对有理谱的估计实际上归结为对有限个参数 $p,q,\sigma_\varepsilon^2,\varphi_1,\varphi_2\cdots,\varphi_p,\theta_1,\theta_2,\cdots,\theta_q$的估计问题,数学处理上大大简化。

5. MA(1) 模型的传递函数及功率谱[①]

频率响应函数为

$$\theta(e^{-i2\pi f}) = 1 - \theta_1 e^{-i2\pi f} \tag{11.1.31}$$

因此,令 $\omega = 2\pi f$,传递函数为

$$\begin{aligned} |\theta(e^{-i\omega})|^2 &= (1-\theta_1 e^{-i\omega})(1-\theta_1 e^{i\omega}) \\ &= 1 - \theta_1 e^{-i\omega} - \theta_1 e^{i\omega} + \theta_1^2 \\ &= 1 - 2\theta_1 \cos\omega + \theta_1^2 \end{aligned} \tag{11.1.32}$$

再乘以 $\sigma_\varepsilon^2/2\pi$,就是 MA(1) 模型的功率谱

$$h(\omega) = (\sigma_\varepsilon^2/2\pi)(1 - 2\theta_1\cos\omega + \theta_1^2) \tag{11.1.33}$$

图 11.1.4 中,显示了 $\theta_1=0.5$ 和 $\theta_1=-0.5$ 的 MA(1) 模型功率谱的图形。

① 山本拓.经济时间序列分析[M].东京:创文社现代经济学选书,1998:299-315.

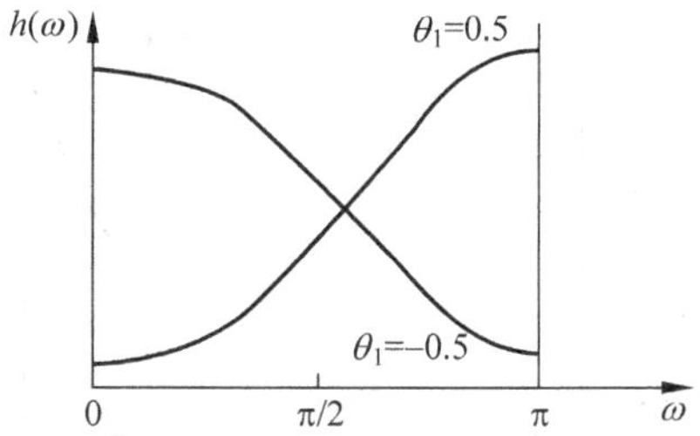

图 11.1.4 MA(1)模型功率谱

6. AR(1)模型的传递函数及功率谱

$$X_t - \varphi_1 X_{t-1} = \varepsilon_t, \quad |\varphi_1| < 1 \tag{11.1.34}$$

利用式(11.1.30)，令 $\omega = 2\pi f$，容易算出其谱密度为

$$h(\omega) = \frac{\sigma_\varepsilon^2}{2\pi\,|1 - \varphi_1 e^{-i\omega}|^2} = \frac{\sigma_\varepsilon^2}{2\pi(1 - 2\varphi_1\cos\omega + \varphi_1^2)} \tag{11.1.35}$$

由于 AR(1)序列的方差为

$$\sigma_X^2 = \frac{\sigma_\varepsilon^2}{1 - \varphi_1^2} \tag{11.1.36}$$

从而可得到序列的标准化谱密度

$$p(\omega) = \frac{h(\omega)}{\sigma_X^2} = \frac{1 - \varphi_1^2}{2\pi(1 - 2\varphi_1\cos\omega + \varphi_1^2)} \tag{11.1.37}$$

当 $\varphi_1 > 0$ 或 $\varphi_1 < 0$ 时，$p(\omega)$ 的图形分别类似于第 10 章图 10.1.5(a)或(b)，大部分谱密度分别集中在低频端或高频端。

图 11.1.5 显示了 $\varphi_1 = 0.5$ 和 $\varphi_1 = -0.5$ 时 AR(1) 模型的功率谱图形。这个功率谱的形状和 MA(1) 模型的功率谱有某种程度的相似。即 $\varphi_1 > 0$ 及 $\theta_1 < 0$ 时，低频率处的功率谱高，$\varphi_1 < 0$ 及 $\theta_1 > 0$ 时，高频率处的功率谱高。可是，MA(1)模型的功率谱常常坡度平稳，而 AR(1)模型，φ_1 在 +1 或 −1 附近，$\omega = 0$ 或 $\omega = \pi$ 周围功率谱集中。

7. AR(2)模型的传递函数及功率谱

AR(2)模型

$$X_t = \varphi_1 X_{t-1} + \varphi_2 X_{t-2} + u_t \tag{11.1.38}$$

经过计算之后，令 $\omega = 2\pi f$，在下面给出 AR(2) 模型的功率谱

$$\begin{aligned} h(\omega) &= \frac{\sigma_\varepsilon^2}{2\pi\,|1 - \varphi_1 e^{-i\omega} - \varphi_2 e^{-i2\omega}|^2} \\ &= \frac{\sigma_\varepsilon^2}{2\pi(1 + \varphi_1^2 + \varphi_2^2 - 2\varphi_1(1 - \varphi_2)\cos\omega - 2\varphi_2\cos 2\omega)} \end{aligned} \tag{11.1.39}$$

在图 11.1.6 中显示了 $\varphi_1 = 0.7$ 和 $\varphi_2 = -0.5$ 时的图形。这个功率谱依赖于参数 φ_1，φ_2 的值，有各种各样的形状。MA(1) 模型和 AR(1) 模型的功率谱只在 $\omega = 0$ 或 $\omega = \pi$ 处有峰。在经济时间序列数据中，在低频率领域中有一个峰的功率谱比较多。这样的功率谱发生在 φ_1 为正的，φ_2 为负的且绝对值不小的情况。

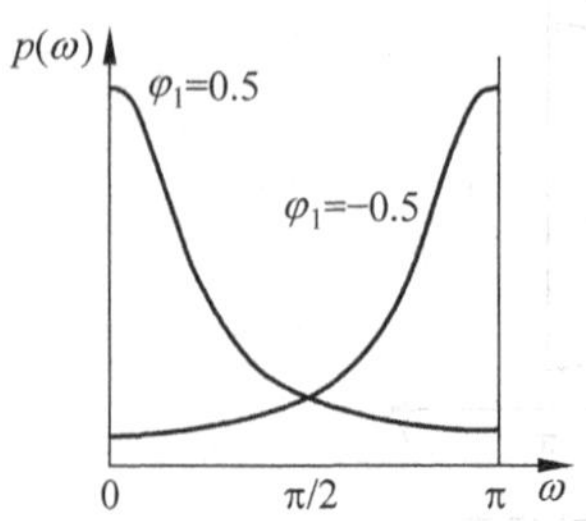

图 11.1.5 AR(1)模型功率谱

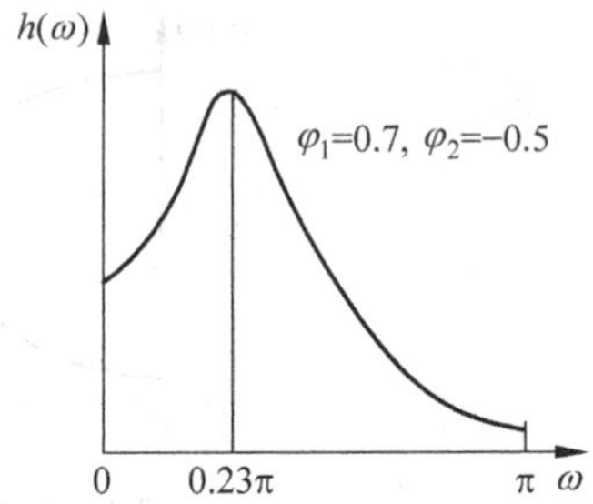

图 11.1.6 AR(2)模型功率谱

11.2 HP 滤波

HP 滤波方法是在 Hodrick and Prescott(1980,1997)[①]分析战后美国经济周期的工作论文中首次提出,用于分解经济时间序列的长期趋势,此后在经济周期分析中获得了广泛应用。

11.2.1 HP 滤波方法的基本原理

设 $\{X_t\}$ 是经过季节调整,去掉季节要素和不规则要素,仅包含趋势成分和波动成分的经济时间序列,$\{X_t^{\mathrm{T}}\}$是其中含有的趋势成分,$\{X_t^{\mathrm{C}}\}$是其中含有的波动成分。则

$$X_t = X_t^{\mathrm{T}} + X_t^{\mathrm{C}} \quad t = 1,2,\cdots,T \tag{11.2.1}$$

计算 HP 滤波就是从$\{X_t\}$中将$\{X_t^{\mathrm{T}}\}$分离出来。一般地,时间序列$\{X_t\}$中的不可观测部分趋势$\{X_t^{\mathrm{T}}\}$常被定义为下面最小化问题的解

$$\min\sum_{t=1}^{T}\{(X_t - X_t^{\mathrm{T}})^2 + \lambda[c(L)X_t^{\mathrm{T}}]^2\} \tag{11.2.2}$$

其中,$c(L)$是延迟算子多项式

$$c(L) = (L^{-1} - 1) - (1 - L) \tag{11.2.3}$$

将式(11.2.3)代入式(11.2.2),则 HP 滤波的问题就是使下面损失函数最小,即

$$\min\left\{\sum_{t=1}^{T}(X_t - X_t^{\mathrm{T}})^2 + \lambda\sum_{t=2}^{T-1}[(X_{t+1}^{\mathrm{T}} - X_t^{\mathrm{T}}) - (X_t^{\mathrm{T}} - X_{t-1}^{\mathrm{T}})]^2\right\} \tag{11.2.4}$$

大括号中多项式的第一部分是波动成分的度量,第二部分是趋势项平滑程度的度量,λ是平滑参数,调节二者的权重。最小化问题用 $[c(L)X_t^{\mathrm{T}}]^2$ 来调整趋势的变化,并随着 λ 的增大而增大。不难看出,当 $\lambda=0$ 时,满足最小化问题的趋势序列$\{X_t^{\mathrm{T}}\}$和原始序列 $\{X_t\}$ 重合,随着 λ 值的增加,估计的趋势越光滑。当 λ 趋于无穷大时,估计的趋势$\{X_t^{\mathrm{T}}\}$将接近线性函数。

Prescott(1986)曾指出,HP 滤波可以看作一个近似的高通(high-pass)滤波。King 和 Rebelo(1993)证明,当 $T\to\infty$ 时,式(11.2.4)在频域内可解,HP 滤波的频率响应函数为

① Hodrick J R,Prescott E C. Post-war U. S. Business Cycles: An Empirical investigation[J]. Journal of Money, Credit and Banking,1997,29(1): 1-16.

$$T(\omega)=\frac{4\lambda(1-\cos(\omega))^2}{1+4\lambda(1-\cos(\omega))^2} \tag{11.2.5}$$

Baxter 和 King(1999)指出，HP 滤波具有很好的性质：① 不会引起相位漂移；② 具有去趋势的特性，频率响应函数在零频率处为零；③ HP 滤波相当好地逼近高通滤波。

HP 滤波依赖于参数 λ，该参数需要先验地给定。这里存在一个权衡问题，要在趋势要素对实际序列的跟踪程度和趋势光滑程度之间做一个选择。一般经验，λ 的取值如下：

$$\lambda=\begin{cases}100, & \text{年度数据}\\ 1\,600, & \text{季度数据}\\ 14\,400, & \text{月度数据}\end{cases} \tag{11.2.6}$$

HP 滤波的运用比较灵活，它不像阶段平均法那样依赖于对经济周期波峰和波谷的确定。HP 滤波把经济周期看成是宏观经济对某一缓慢变动路径的一种偏离，该路径在期间内是单调增长的，所以称为趋势。HP 滤波增大了经济周期的频率，使周期波动减弱。

Hodrick 和 Prescott 的研究使用季度数据，取 λ=1 600。此后，大量研究都沿用这个取值，可以说，在季度数据方面经济学家基本达成了共识。但是，当面对其他频率的数据，尤其是年度数据时，在 λ 的取值上则存有很大分歧。Mills(2003)认为，如果序列服从单位根过程，则对于季度数据，最优的光滑参数 λ 应在 1 000～1 050 之间取值；年度数据 λ 在 5～10 之间取值；月度数据在 80 000～160 000 之间。

11.2.2　HP 滤波方法的应用

利用季节调整方法对经济时间序列进行分解时，趋势和循环要素视为一体，不能分开。在第 4 章讨论了如何利用回归分析方法、移动平均法、阶段平均法(PA 法)将经济时间序列季节调整后的趋势和循环要素进行分解，本节利用 HP 滤波方法对趋势和循环要素进行分解。设$\{X_t\}$是季节调整后的序列，即假定

$$X=X^{\mathrm{T}}\times X^{\mathrm{C}}\times X^{\mathrm{I}} \quad \text{或} \quad X=X^{\mathrm{T}}\times X^{\mathrm{C}}(\text{乘法模型})$$

$$X=X^{\mathrm{T}}+X^{\mathrm{C}}+X^{\mathrm{I}} \quad \text{或} \quad X=X^{\mathrm{T}}+X^{\mathrm{C}}(\text{加法模型}) \tag{11.2.7}$$

式中，X^{T} 是 X 的趋势要素，X^{C}是 X 的循环要素，X^{I} 是 X 的不规则要素。

本节以美国工业生产指数[①]为例介绍趋势和循环要素的分解。将美国工业生产指数季节调整后的趋势循环序列记为 US_ip_t，样本期间为 1945 年 1 月至 2014 年 2 月，时间跨度是 69 年共 830 个月。

图 11.2.1 是美国工业生产指数(US_ip_t)利用 HP 滤波方法得到的趋势序列($US\_ip\_HP\_T_t$)。可以看出由 HP 滤波方法得到的趋势序列与阶段平均法(PA 法)得到的趋势序列相差不多，但是从图 11.2.2 的 PA 法和 HP 滤波法分离的趋势来比较分析，可以看出 HP 滤波方法要比阶段平均法(PA 法)拟合的更好，尤其是在序列末端的走势上，HP 滤波方法要好于阶段平均法(PA 法)。

利用美国工业生产指数(US_ip_t)和($US\_ip\_HP\_T_t$)，由第 4 章的(4.7.32)的乘法模型可以计算得到美国工业生产指数的循环要素($US\_ip\_HP\_C_t$，图 11.2.3)，与第 4 章由阶段

① 数据来源于 The Conference Board，Business Cycle Indicators Handbook，网址是 http://www.conference-board.org/。

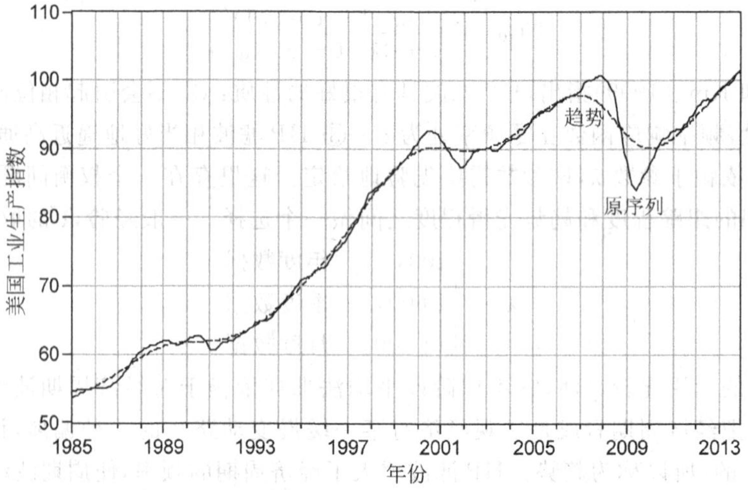

图 11.2.1　美国工业生产指数(实线,US_ip_t)和利用 HP 滤波法分离的趋势(虚线,$US\_ip\_HP\_T_t$)

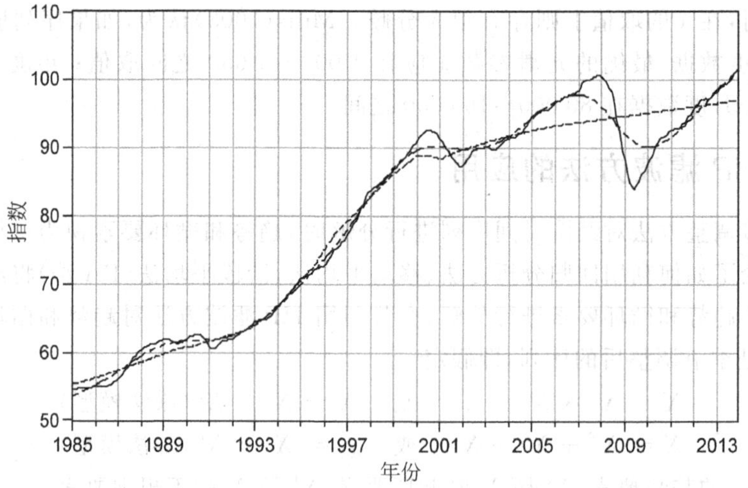

图 11.2.2　美国工业生产指数(实线,US_ip_t)、利用 PA 法分离的趋势(虚线,$US\_ip\_PA\_T_t$)和利用 HP 滤波法分离的趋势(点划线,$US\_ip\_HP\_T_t$)

平均法(PA 法)计算得到的美国工业生产指数循环要素($US\_ip\_PA\_C_t$,图 4.7.5)比较,可以发现 2010 年后,由于对美国工业生产指数趋势分离的差别较大,利用 PA 方法和 HP 滤波方法分离出来的循环要素也同样差别很大。

一些研究认为 HP 滤波存在一定缺陷。如 Harvey 和 Jaeger(1993)、Cogley 和 Nason(1995)都认为,对于相互独立且不存在序列相关的时间序列,利用 HP 滤波方法剔除趋势后的剩余成分之间将会存在明显的相关关系。

11.1.2 节的差分滤波效果分析表明,一阶差分方法在消除原数据中的低频成分(趋势)的同时,却保留并放大了原数据中的高频波动成分——不规则要素,因此,根据差分后的数据进行分析和判断,很有可能得出错误的结论。中心化移动平均、HP 滤波方法得到的循环要素,其效果类似于允许高频波动成分存在于循环成分中的高通滤波,由于包含高频成分,这些方法得到的循环成分并不光滑。

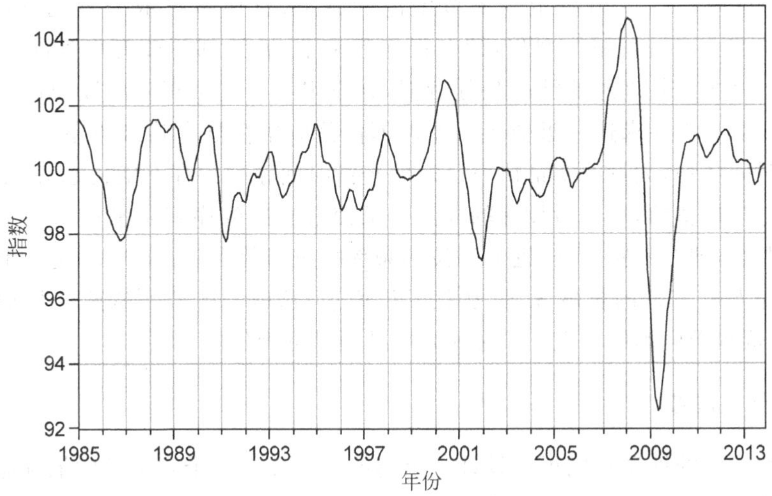

图 11.2.3 利用 HP 滤波法分离的美国工业生产指数的循环要素($US\_ip\_HP\_C_t$)

11.3 带通滤波

如果研究者根据先验信息认为经济周期波动的持续期间应该不少于 6 个季度而最多不超过 32 个季度，那么他自然希望通过滤波方法得到时间序列中波动周期在 6～32 季度之间的循环成分，而剔除其他的高频波动成分和低频趋势成分。带通滤波(band-pass filter)分离出中间频率的分量，去掉剩下的高频和低频成分，因此在经济周期波动问题的研究中，带通滤波方法显示出其优越性。在经济时间序列中通常是分离出波长在 6～32 个季度之间的经济周期波动成分，剩下的高频成分可以看作季节因素和随机扰动，低频成分可以看作增长趋势。带通滤波基于频域分析，能够根据研究者事先设定的循环成分的性质，通过设定频率响应函数等手段得到权重，通过对原序列加权近似得到满足事先设定性质的循环成分。

Baxter 和 King(1999)提议用带通滤波作为 HP 滤波的替代方法，因此带通滤波得到了较为广泛的实际应用。Stock 和 Watson(1999)在研究美国宏观经济时间序列的周期波动中采用了带通滤波方法，Gerlach 和 Yiu(2004)在研究亚洲几个国家的产出缺口中使用了带通滤波方法等。常用的两种带通滤波方法是 BK 滤波和 CF 滤波，本节主要以 BK 滤波为例介绍带通滤波的原理和应用。

11.3.1 带通滤波原理

Baxter 和 King(1999)指出①，带通滤波是一个无穷阶移动平均过程，所以为了实际应用，需要构造一个滤波逼近模型。因此，最主要的目的就是构建一个最优的近似滤波(即此滤波可得出研究者指定的经济周期分解)。为处理这一滤波构造问题，需要设定以下六个目

① Baxter M, King R G. Measuring Business Cycles: Approximate Band-Pass Filters for Economic Time Series[J]. the Review of Economics and Statistics. 1999, 81(4): 575-593.

标：①这个滤波可以提取出特定周期范围内的分量，且使被提取分量的性质不受影响；②要求理想滤波不应引入相位漂移，即在任何频率下，滤波都不改变序列间的时间选择关系；③要求所得滤波是理想滤波的最佳近似，并设定一个度量真实滤波和近似滤波间差异的二次损失函数；④要求这一近似带通滤波即使是应用在具有趋势的序列上，也一定产生一个平稳的时间序列，大量的实证研究已表明经济时间序列中存在随机趋势，如果原时间序列是一阶或二阶单整的，那么所设计的滤波要求使过滤后的序列是平稳的，等价地，可以这样叙述这一要求，即在零频率处，近似滤波的频率响应函数为零；⑤要求这一个方法产生的经济周期分量与样本期的长度无关，从技术层面说，这就意味着所构建的移动平均是不变的，即系数不依赖于样本中的点；⑥这种方法必须是可操作的。

1. 设计低通滤波

根据线性滤波的性质我们可以设计一个能够突出强调某个频率带的最优滤波。最基本的是低通滤波(low-pass filters)，仅保留时间序列中缓慢变动、低频率的成分。理想的低通滤波，只允许在$-\omega_c < \omega < \omega_c$区间的频率通过，$\omega_c$是切断(cut-off)频率。因此，低通滤波的频率响应函数$T_L(\omega)$为

$$T_L(\omega) = \begin{cases} 1, & |\omega| < \omega_c \\ 0, & |\omega| \geqslant \omega_c \end{cases} \tag{11.3.1}$$

由于滤波的频率响应函数是滤波权重的傅氏变换，即

$$T_L(\omega) = \sum_{j=-\infty}^{\infty} T_{L,j}\mathrm{e}^{-\mathrm{i}\omega j} \tag{11.3.2}$$

滤波的权重由逆傅氏变换得到

$$T_{L,j} = \frac{1}{2\pi}\int_{-\pi}^{\pi} T_L(\omega)\mathrm{e}^{\mathrm{i}\omega j}\,\mathrm{d}\omega = \frac{1}{2\pi}\int_{-\omega_c}^{\omega_c} \mathrm{e}^{\mathrm{i}\omega j}\,\mathrm{d}\omega \tag{11.3.3}$$

因此

$$T_{L,0} = \frac{\omega_c}{\pi}, \quad T_{L,j} = \frac{1}{\pi j}\sin(\omega_c j), \quad j \neq 0 \tag{11.3.4}$$

由于时间序列周期最小是2，因此频率最大为π。虽然j变得越来越大时，权重将趋于0，但是要想得到理想的滤波，需要无限阶移动平均。实际应用中，我们必须要用有限项移动平均近似理想的滤波，设截断点为n，这时的频率响应函数为

$$T_{L,n}(\omega) = \sum_{j=-n}^{n} T_j\mathrm{e}^{-\mathrm{i}\omega j} \tag{11.3.5}$$

计算权重的一个近似方法转化为求下面的最小化问题

$$Q = \frac{1}{2\pi}\int_{-\pi}^{\pi} |T_L(\omega) - T_{L,n}(\omega)|^2\,\mathrm{d}\omega \tag{11.3.6}$$

约束条件为

$$T_{L,n}(0) = \sum_{j=-n}^{n} T_j = \phi \tag{11.3.7}$$

如果滤波的目的是剔除趋势，ϕ取值为0；如果是为了得到趋势，则ϕ可以取1。

利用拉格朗日乘数法(推导过程省略[①]),由一阶条件,可以得出

$$T_j = \begin{cases} T_{L,j} + \xi_n, & |j| \leqslant n \\ 0, & |j| > n \end{cases} \tag{11.3.8}$$

其中

$$\xi_n = \frac{\phi - \sum_{j=-n}^{n} T_{L,j}}{2n+1} \tag{11.3.9}$$

如果没有约束条件,这样 $\xi_n = 0$,则最优的近似就是理想滤波的权重的截断。

2. 高通滤波和带通滤波

低通滤波剔除了高频成分而保留了低频成分,高通滤波(high-pass filters)正好相反。因此,对于同样的切断频率 ω_c,高通滤波 $T_H(\omega)$ 的权重为

$$T_{H,0} = 1 - T_{L,0}, \quad T_{H,j} = -T_{L,j}, \quad j \neq 0 \tag{11.3.10}$$

理想的带通滤波 $T_B(\omega)$只通过范围在 $\omega_{L1} < |\omega| < \omega_{L2}$的频率,$\omega_{L1}$,$\omega_{L2}$分别是两个低通滤波的切断频率。因此,可以将带通滤波 $T_B(\omega)$作为这两个低通滤波的差。带通滤波 $T_B(\omega)$的频率响应函数为

$$T_B(\omega) = T_{L2}(\omega) - T_{L1}(\omega) \tag{11.3.11}$$

显然可以使得在频率带 $\omega_{L1} < |\omega| < \omega_{L2}$的范围内,频率响应函数为 1,而其他区间为 0。显然带通滤波的权重便是两个低通滤波权重的差,即

$$T_{B,j} = T_{L2,j} - T_{L1,j} \tag{11.3.12}$$

从频率的角度定义了这些类型的滤波,这经常和周期相联系。频率为 ω 的循环的周期是 $p = 2\pi/\omega$,切断频率为 ω_c、截断点为 n 的近似的低通滤波可以记为 $T_{L,n}(p)$,意味着周期大于等于 $p\ (=2\pi/\omega_c)$ 的那些成分将保留。高通滤波和带通滤波可以类似地分别定义为

$$T_{H,n}(p) = 1 - T_{L,n}(p) \tag{11.3.13}$$

$$B_n(p,q) = T_{L,n}(p) - T_{L,n}(q) \tag{11.3.14}$$

截断点 n 的选择是决定理想滤波 $B_n(p,q)$近似优劣的根本因素,如果 n 取得过小,将会产生谱泄漏(leakage)和摆动(gibbs)现象。前者是说,滤波在剔除不想保留的成分的同时,也将想要保留下来的一部分成分剔除掉了;后者是指频率响应函数在大于 1 和小于 1 两种状态之间摆动。随着 n 的增加,这些现象明显改善。但是,n 不能选择太大,因为那样两端将缺失过多数据。

设 $\omega = 2\pi f$,则频率响应函数的频率 ω 的取值范围是 $[0,\pi]$,对应标准化后频率 f 的取值范围为$[0,0.5]$。图 11.3.1 中,带通滤波的理想频率响应函数 $B_n(p,q)$ (图 11.3.1 中的虚线)的周期区间取 $p=18$,$q=96$,$B_n(p,q)$在$[1/96,1/18]$ 之间的频率区间取值为 1,而

① Terence C Mills. Modelling Trends and Cycles in Economic Time Series[M]. London: Palgrave Macmillan, 2003: 75-121.

Baxter M, King R G. Measuring Business Cycles: Approximate Band-Pass Filters for Economic Time Series[J]. The Review of Economics and Statistics, 1999, 81(4): 575-593.

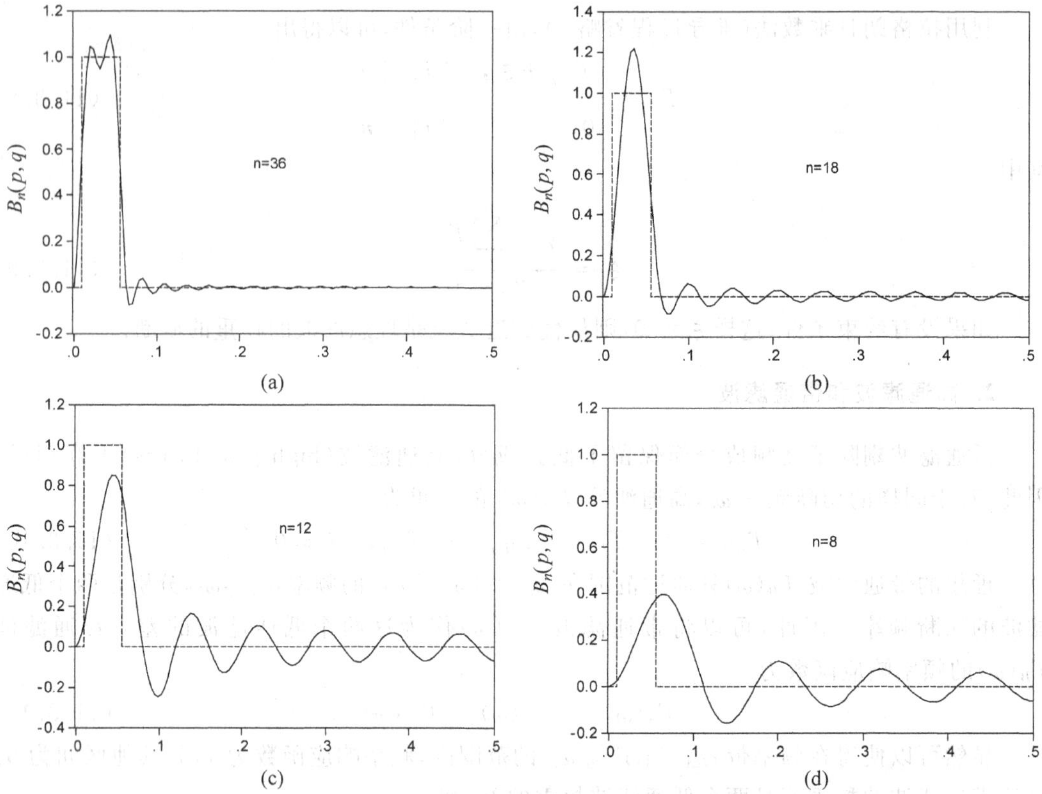

图 11.3.1 n 取不同数值的频率响应函数情况

虚线表示滤波的理想频率响应函数 $B_n(p,q)$；

实线表示 n 取不同值时计算得到的实际频率响应函数 $\hat{B}_n(p,q)$

其他频率区间取值为 0。图 11.3.1 中的实线表示利用有限项 n 得到的实际频率响应函数 $\hat{B}_n(p,q)$。图 11.3.1 显示了 n 取不同数值的频率响应函数情况。可以看出，当 $n=36$ 时，实际的频率响应函数 $\hat{B}_n(p,q)$ 和理想滤波 $B_n(p,q)$ 吻合得相当好(图 11.3.1(a))，滤波可以保证得到合意的循环成分，而剔除其余的高频和低频的波动成分；当 $n=18$ 时，滤波的效果虽然稍差些，不过仍然与理想滤波吻合较好(图 11.3.1(b))，然而，对于在频率带内中央区域的波动成分，这样的滤波将增强其在滤波结果中的强度，而在频率带内两端的波动成分，将减弱其在滤波结果中的强度，高频的波动成分开始出现与理想滤波 $B_n(p,q)$ 的偏离，但并不严重；当试图取更小的 n 的数值时，发现实际的频率响应函数 $\hat{B}_n(p,q)$ 与理想的情况相差甚远，这样将使得滤波结果不能让人信服。图 11.3.1(c)是 $n=12$ 时的情况，可以看出，谱泄漏和摆动现象已经很明显，这时的频率响应函数，不能保证滤波得到合意的波动成分。

11.3.2 带通滤波方法的应用

在 11.2.2 节中我们以美国工业生产指数为例，介绍了利用 HP 滤波方法进行趋势和循环要素的分解。本节仍以美国工业生产指数为例，介绍如何利用 BK 滤波方法对趋势和循环要素进行分解，并和 HP 滤波方法进行比较。仍设 $\{X_t\}$ 是季节调整后的序列，即去掉了季节要素和不规则要素后的序列。

由于 BK 滤波 $B_n(p,q)$ 的两端各欠 n 项，为了近期的分解结果没有缺失值，本节利用

ARIMA 模型将美国工业生产指数外推到 2015 年 6 月，记为 US_ip_t。

在 BK 滤波 $B_n(p,q)$中取 $p=18$ ($\omega_p=1/18$)，$q=60$ ($\omega_q=1/60$)，利用式(11.3.11)希望得到只保留 1.5～5 年周期成分的滤波序列。而取 $n=18$ 的 $B_n(p,q)$ 滤波中 1.5～5 年周期成分的权重最大，可以近似作为美国工业生产指数循环要素序列 $US\_ip\_BK\_C_t$，同时利用时间序列分解的乘法模型从 US_ip_t 中去掉 $US\_ip\_BK\_C_t$，可得到美国工业生产指数的趋势要素序列 $US\_ip\_BK\_T_t$。由于带通滤波两端各损失 18 个月的数据，所以美国工业生产指数循环要素序列 $US\_ip\_BK\_C_t$ 和趋势要素序列 $US\_ip\_BK\_T_t$ 的数据序列截止到 2013 年 12 月，数据序列前面的缺失数据就直接截掉了。

图 11.3.2 是美国工业生产指数利用 BK 滤波方法得到的趋势序列 $US\_ip\_BK\_T_t$。

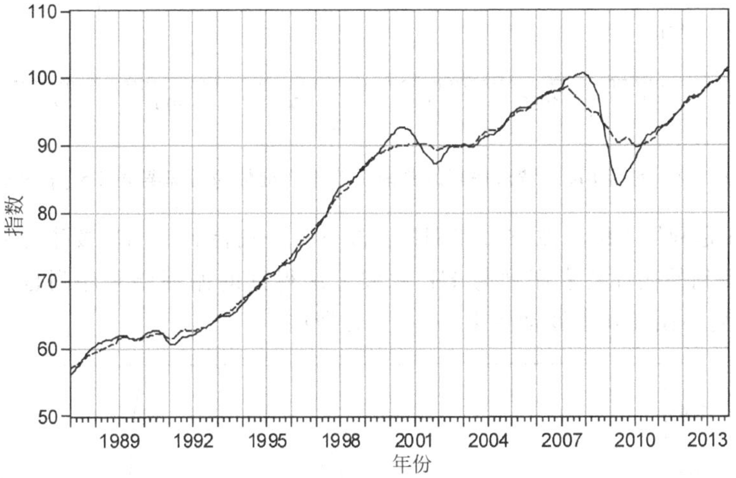

图 11.3.2　美国工业生产指数(实线，US_ip_t)利用 BK 滤波法分离的趋势(虚线，$US\_ip\_BK\_T_t$)

图 11.3.3 是利用 PA 法、HP 滤波法和 BK 滤波方法得到的趋势序列，可以看出由带通滤波方法得到的趋势序列与 HP 滤波方法得到的趋势序列非常接近，几乎重合，但是 HP 滤波方法分离的趋势更光滑些。

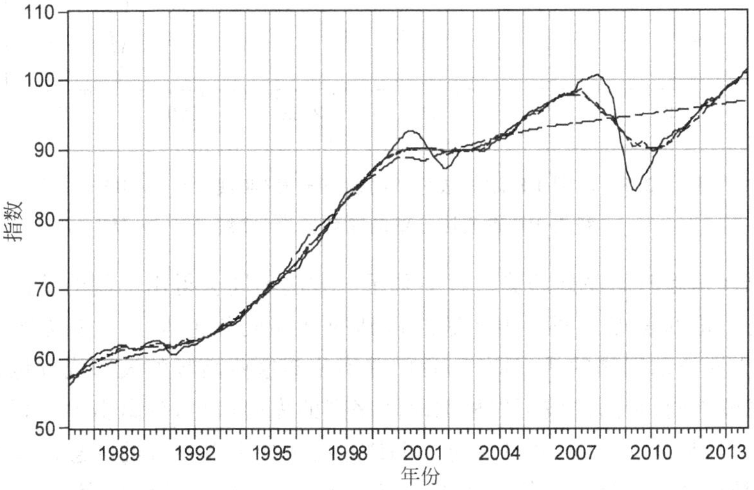

图 11.3.3　美国工业生产指数(实线)、利用 PA 法分离的趋势(长虚线)、利用 HP 滤波法分离的趋势(点划线)和利用 BK 滤波法分离的趋势(虚线)

图11.3.4是利用BK滤波法得到的美国工业生产指数循环要素序列$US_ip_BK_C_t$。

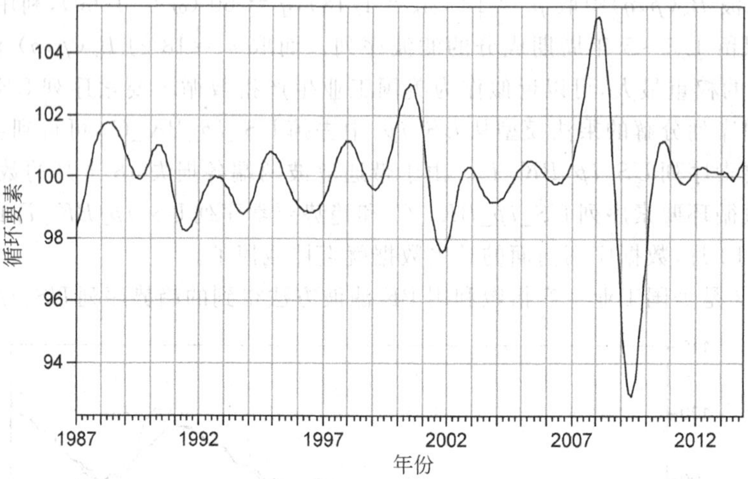

图11.3.4 利用BK滤波法得到的美国工业生产指数的循环要素($US\_ip\_BK\_C_t$)

图11.3.5是利用BK滤波方法和HP滤波方法分离得到的循环要素序列,可以看出由BK滤波方法得到的循环要素序列与HP滤波方法得到的循环要素序列也很接近,但是带通滤波方法分离的循环要素波动要少一些,更光滑些。

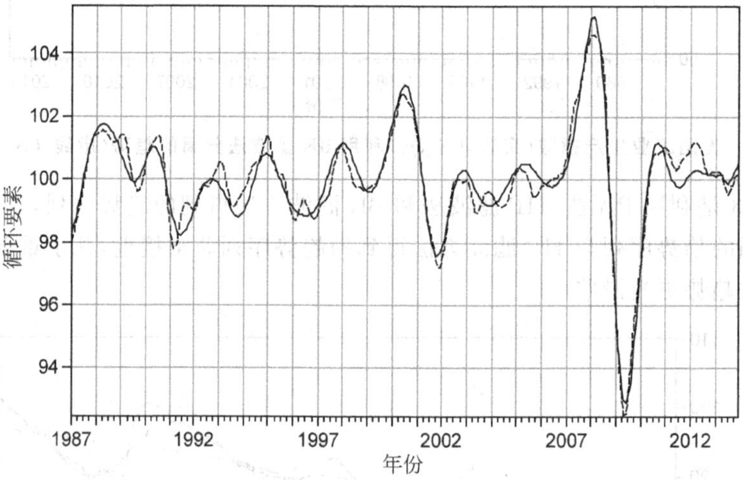

图11.3.5 利用BK滤波法分离的循环要素(实线,$US\_ip\_BK\_C_t$)和利用HP滤波法分离的循环要素(虚线,$US\_ip\_HP\_C_t$)

经济学家在消除时间序列趋势过程中采用的方法不同会得出不同的结论,因此,剔除趋势的方法成为争论的焦点。利用HP滤波得到的循环成分包含了一些高频波动成分。然而,对于经济周期波动问题的研究而言,我们并不希望这些高频的波动成分包含在周期成分中。与HP滤波不同,带通滤波可以根据时间序列的先验信息,分离出确定频率范围内的波动成分,剔除掉高频波动成分,并且避免了HP滤波选择平滑参数的随意性及其所导致的结果不确定性,是更合适的趋势·循环要素分离方法。但是带通滤波也存在缺点,其中一个缺点是,如果截断点n的选择大一些,滤波效果会更好,不过将损失更多的信息。关于趋势·循环分解方法的研究仍在进行中,还会继续开发出性能更好的分解方法。

11.4　中国增长周期波动特征分析

为分析我国宏观经济对长期增长趋势偏离程度的波动状况,本节研究我国增长周期波动。与增长率周期波动的研究类似,构造经济景气指数进行经济状态监测,首先要筛选能够反映宏观经济运行态势的经济指标。对备选的每个月度时间序列,利用 X-12 方法进行季节调整以剔除季节因素和不规则因素,然后对剩余的趋势·循环要素进行分离,并计算出每个指标相对趋势的偏离程度,即循环要素,也称为增长周期波动(growth cycle)或产出缺口(gap)。本节所用数据期间为 1996 年 1 月至 2013 年 12 月[①]。为了简明起见,本节仅介绍我国增长周期波动的一致合成指数的构建方法。

11.4.1　利用 HP 滤波方法和合成指数方法建立中国增长周期景气指数

为了便于和增长率周期波动的景气指数相比较,本节仍采用第 6 章表 6.2.4 一致指标组的 5 个指标,每个指标的绝对量序列记为 $Y_i, i=1,2,\cdots,5$。对其中的价值型指标利用相应的价格指数进行平减得到实际值序列,然后进行季节调整,去掉季节要素和不规则要素后记为 X_i。然后采用 HP 滤波方法将每个指标 X_i 的趋势要素 X_i^T 分解出来,然后按乘法模型公式(4.7.32)求得循环要素 X_i^C,将循环要素作为每一个指标的"缺口"序列(Gap),如式(11.4.1)所示。

$$x_{i,t}^{hp\_c} = \frac{X^{i,t}}{X_{i,t}^{T}} \times 100, \quad t=1,2,\cdots,T, \quad i=1,\cdots,5 \tag{11.4.1}$$

以工业增加值缺口序列为基准,计算中国增长周期波动一致指标组的时差相关系数,如表 11.4.1 所示。从表 11.4.1 可以看出,5 个指标的时差相关系数都超过了 0.6,说明这 5 个

表 11.4.1　中国增长周期波动一致指标组的时差相关系数(HP 滤波方法)

指标类型	指 标 名 称	缺口指标名	延迟月数	时差相关系数
一致指标	工业企业增加值*	$x_{1,t}^{hp\_c}$	0	1.00
	工业企业产品销售收入*	$x_{2,t}^{hp\_c}$	−1	0.84
	发电量产量	$x_{3,t}^{hp\_c}$	0	0.86
	国家财政收入*	$x_{4,t}^{hp\_c}$	−1	0.67
	进口额*	$x_{5,t}^{hp\_c}$	−1	0.69

① 注:表中延迟月数,负号代表超前,通常在超前或滞后 2 期内的指标均可为一致指标。* 代表价格平减后的实际值序列。

② 工业增加值实际值序列的计算如下:2005 年各月是统计局公布的工业增加值名义绝对量,然后用统计局公布的各年工业企业增加值实际增速,向前和向后计算得到工业企业增加值的实际值序列,其中 2006 年后各年一月份的增速用工业企业增加值 2 月累计增速代替。由此得到的工业增加值实际值序列是 2005 年不变价。

③ 由于统计局在 2006 年 1 月至 2010 年 12 月不公布月度数据,因此工业企业产品销售收入序列中 2006 年 1 月至 2010 年 12 月的月度数据是由季度数据插值推算出来的。其实际值序列是利用基期工业品出厂价格指数(PPI,2005 年=1)平减得到的。

④ 财政收入实际值序列是利用基期 CPI 指数(2005 年=1)平减得到的。

⑤ 进口额实际值序列是利用基期进口价格指数(2005 年=1)平减得到的。

---

① 本节数据均来自于中国经济信息网统计数据库的宏观月度库,http://db.cei.gov.cn。

指标的波动状况非常接近,可以作为一致指标来合成。利用第6章介绍的美国合成指数方法构建中国增长周期波动的一致合成指数,记为 $CI\_HP\_C_t$,以2005年平均值为100,时间区间为1996年1月至2013年12月。

图11.4.1是中国增长周期波动的一致合成指数($CI\_HP\_C_t$)的曲线图(利用HP滤波法分离的循环要素)。

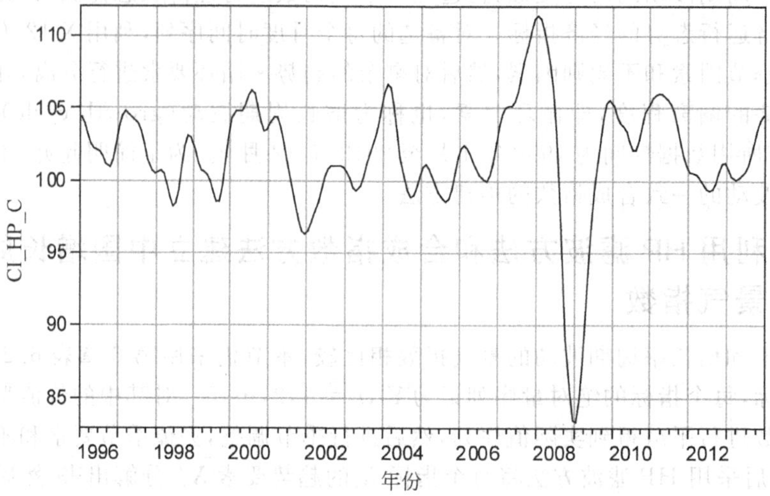

图11.4.1 中国增长周期波动的一致合成指数($CI\_HP\_C_t$)(利用HP滤波法分离的循环要素)

与由GDP计算得到的产出缺口类似,增长周期的一致合成指数($CI\_HP\_C_t$)由工业生产、销售、财政、进口等多个领域的指标缺口综合而成,涵盖了经济活动的多个方面,是宏观经济意义上的综合产出缺口,可以反映经济增长周期波动的状况。此外,一致合成指数($CI\_HP\_C_t$)是月度数据,相对于采用季度GDP序列计算的产出缺口而言,能够更为精确地分析和确定经济增长周期的波动特征。

11.4.2 利用带通滤波方法和合成指数方法建立我国增长周期景气指数

本节也采用第6章表6.2.4一致指标组的5个指标,每个指标的绝对量序列记为 $Y_i, i=1,2,\cdots,5$。对其中的价值型指标进行利用相应的价格指数进行平减得到实际值序列,然后进行季节调整,去掉季节要素和不规则要素后记为 X_i。

由于BK滤波 $B_n(p,q)$ 的两端各欠 n 项,为了近期的分解结果没有缺失值,本节利用ARIMA模型将一致指标组的5个指标 $X_i(i=1,2,\cdots,5)$ 外推到2015年6月。

在BK滤波中取 $p=18\ (\omega_p=1/18)$,$q=60\ (\omega_q=1/60)$,利用式(11.3.11)希望得到只保留1.5~5年周期成分的滤波序列。而取 $n=18$ 的 $B_n(p,q)$ 滤波中1.5~5年周期成分的权重最大,可以近似地作为一致指标组5个指标的循环要素序列,记为 $X_i^C(i=1,2,\cdots,5)$。由于带通滤波两端各损失18个月的数据,所以一致指标组5个指标的循环要素序列(X_i^C)的数据序列截止到2013年12月,数据序列前面的缺失数据就直接截掉了,实际数据期间缩为1998年1月至2013年12月。

然后利用时间序列分解的乘法模型从 X_i 中去掉 X_i^C,可得到一致指标组5个指标的趋

势要素序列 X_i^T。将循环要素作为每一个指标的缺口序列(Gap)，如式(11.4.2)所示。

$$x_{i,t}^{bk\_c} = \frac{X^{i,t}}{X_{i,t}^{T}} \times 100, \quad t = 1,2,\cdots,T, \quad i = 1,\cdots,5 \tag{11.4.2}$$

以工业增加值缺口序列为基准，计算中国增长周期波动一致指标组的时差相关系数，如表 11.4.2 所示。从表 11.4.2 可以看出，5 个指标的时差相关系数都超过了 0.7，说明这 5 个指标的波动状况非常接近，可以作为一致指标来合成。利用第 6 章介绍的美国合成指数方法构建中国增长周期波动的一致合成指数，记为 $CI\_BK\_C_t$，以 2005 年平均值为 100，时间区间为 1998 年 1 月至 2013 年 12 月。

表 11.4.2　中国增长周期波动一致指标组的时差相关系数(BK 滤波方法)

指标类型	指标名称	缺口指标名	延迟月数	时差相关系数
一致指标	工业企业增加值*	$x_{1,t}^{bk\_c}$	0	1.00
	工业企业产品销售收入*	$x_{2,t}^{bk\_c}$	-1	0.91
	发电量产量	$x_{3,t}^{bk\_c}$	0	0.89
	国家财政收入*	$x_{4,t}^{bk\_c}$	-1	0.74
	进口额*	$x_{5,t}^{bk\_c}$	-1	0.76

注：表中延迟月数，负号代表超前，通常在超前或滞后 2 期内的指标均可为一致指标，"*"代表价格平减后的实际值序列。

图 11.4.2 是中国增长周期波动的一致合成指数($CI\_BK\_C_t$)的曲线图(利用 BK 滤波方法分离的循环要素)。

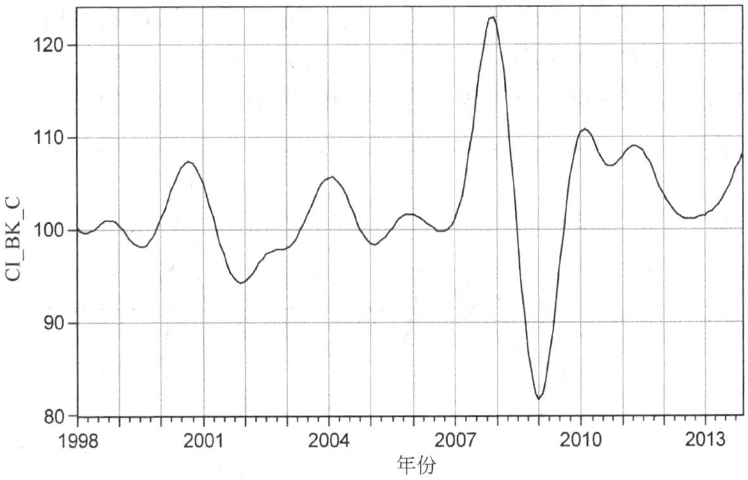

图 11.4.2　中国增长周期波动的一致合成指数($CI\_BK\_C_t$)(利用 BK 滤波法分离的循环要素)

图 11.4.3 显示了基于两种不同的滤波方法对一致指标组的 5 个指标进行趋势·循环分解，经过计算得到的合成指数 $CI\_BK\_C_t$ 和 $CI\_HP\_C_t$ 的曲线图。从图 11.4.3 中可以清楚地看到，这两个合成指数波动的峰、谷吻合得较好。不过，基于 HP 滤波计算的合成指数波动中包含进了一些短周期的波动，这种差别是由这两种滤波的特性决定的。事实上，HP 滤波与特定形式的高通滤波具有非常相似的频率响应函数，利用 HP 滤波得到的循环成分包含了一些高频波动成分，从而由各个经济时间序列的循环成分合成的指数也就包含了短周期的波动。对于经济周期波动问题的研究，BK 滤波可以根据所研究的时间序列的

先验信息分离出确定的频率范围内的波动成分,剔除掉高频波动成分,并且避免了 HP 滤波选择平滑参数的随意性带来的结果不确定性,是更合适的趋势·循环要素分离的方法。

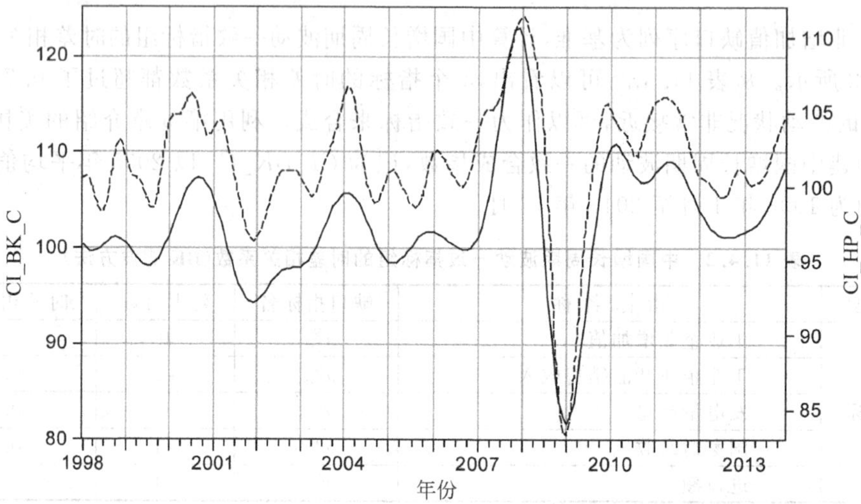

图 11.4.3 两个一致合成指数 $CI\_BK\_C_t$(实线,左坐标)和 $CI\_HP\_C_t$(虚线,右坐标)的比较

11.4.3 增长周期波动与增长率周期波动的比较

为比较增长循环和增长率循环特征的异同,下面将第 6 章 6.3.4 节利用一致指标组 5 个指标的增长率数据计算的合成指数(CI_C_t)和由前两节计算得到的增长循环合成指数($CI\_HP\_C_t$ 和 $CI\_BK\_C_t$)做一下比较。图 11.4.4 显示了两个合成指数 CI_C_t 和 $CI\_HP\_C_t$ 的差别。图 11.4.5 显示了两个合成指数 CI_C_t 和 $CI\_BK\_C_t$ 的差别。

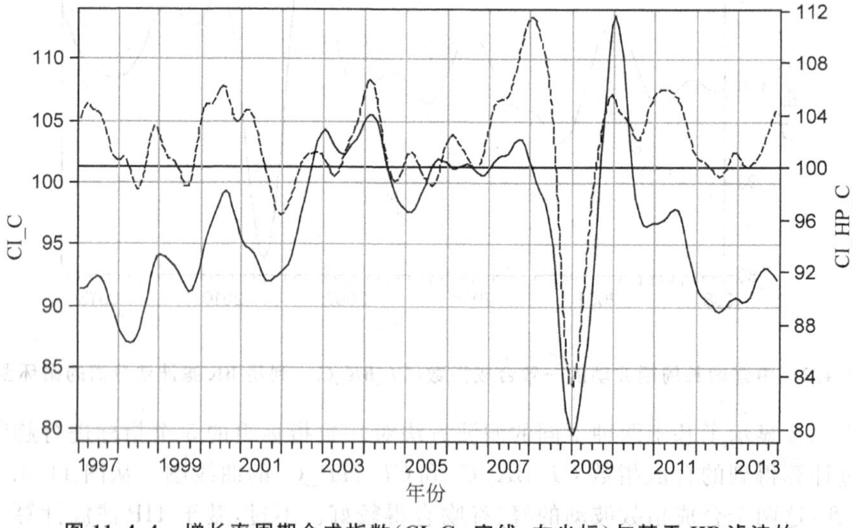

图 11.4.4 增长率周期合成指数(CI_C_t,实线,左坐标)与基于 HP 滤波的合成指数($CI\_HP\_C_t$,虚线,右坐标)

从图 11.4.4 和图 11.4.5 可以看出,2007 年前增长循环并没有表现出大的起伏,而是平稳地围绕趋势水平(100)上下波动。2007 年增长率循环并没有表现出急速的上升趋势,

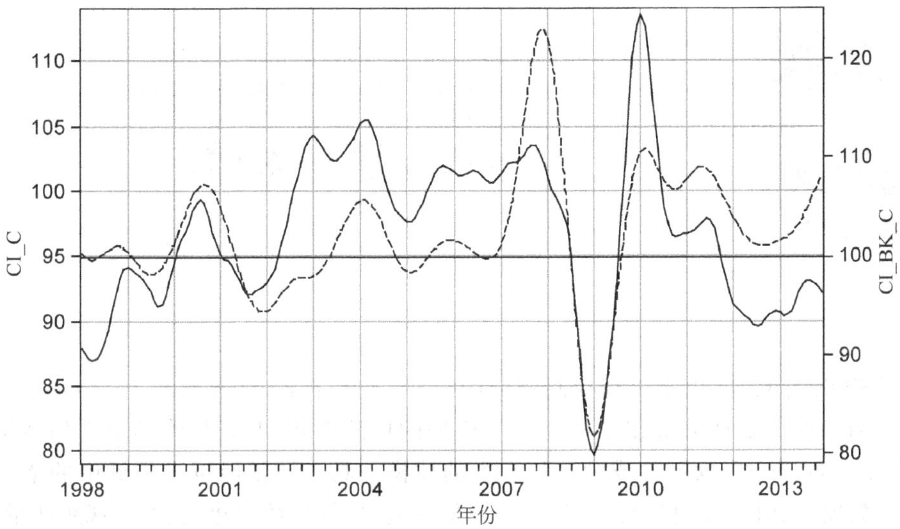

图 11.4.5 增长率周期合成指数（CI_C_t，实线，左坐标）与基于 BK 滤波的合成指数与（$CI\_BK\_C_t$，虚线，右坐标）

而增长周期波动却出现了一个高峰，这是由于自 2003 年以来我国 GDP 实际增速一直保持在 10%以上，而且呈逐年上升趋势，2007 年 GDP 实际增速达到 14.64%的高峰，经济处于高速增长过程中。增长率循环由于前一年的基数较高，在 2007 年没有出现高峰，但是增长循环将这种累计高增长所带来的过热状态表现出来了，即出现了对潜在产出较大的正偏离，增长循环出现了高峰。

在 2008 年的深谷，增长率循环和增长循环重合了，说明由于全球经济危机的巨大影响，经济增速的急速下降和对潜在产出巨大的负向偏离是一致的。虽然两者达到峰都是 2010 年初，但是回升的后半段幅度不同，增长率循环在 2009 年下半年，由于前一年的基数低，所以增长率循环还处于上升阶段，在 2010 年初形成一个高峰，而增长循环却没有升那么高就回落了，出现的峰低于 2007 年的高峰。2010 年后增长率循环回落的幅度很大，在 2012 年 7 月出现一个较深的谷底。而增长循环虽然回落，但仍在趋势线上方波动。

我国的经济周期波动研究，通常是基于宏观经济指标的增长率刻画增长率周期波动的特征，而对于增长周期波动的研究较少。本节将由 HP 滤波方法和 BK 滤波方法所代表的增长周期波动与增长率周期波动做了比较研究，通过将增长周期波动的合成指数 $CI\_HP\_C_t$ 和 $CI\_BK\_C_t$ 与基于增长率数据计算的反映增长率周期波动的合成指数 CI_C_t 比较，发现除了个别年份外，我国增长周期波动与增长率周期波动的特征相近，峰、谷吻合得较好，但振幅相差较大。这两类方法各有特点，从不同角度反映了我国增长周期的波动状态和特征。不过，基于 HP 滤波计算的合成指数波动中包含了一些短周期的波动。对于增长周期的研究，带通滤波可以根据所研究的时间序列的先验信息分离出特定频率范围内的波动成分，是分离宏观经济时间序列循环要素更合适的方法。

第12章

状态空间模型和SWI景气指数①②

20世纪60年代初，由于工程控制领域的需要，产生了Kalman滤波（Kalman filtering）。进入70年代初，人们明确提出了状态空间模型的标准形式，并开始将其应用到经济领域。80年代以后，状态空间模型已成为一种有力的建模工具。计量经济学领域中的诸多问题，如可变参数模型、时间序列分析模型、季节调整模型、景气指数的建立、不可观测变量的估计等都能转化为状态空间模型的形式，从而可以利用Kalman滤波来得出相应的估计和预测的方法。这样，就为处理时间序列开辟了一种新的途径。

在一般的统计模型中出现的变量都是可以观测到的，这些模型以反映过去经济变动的时间序列数据为基础，利用回归分析或时间序列分析等方法估计参数，进而预测未来的值。状态空间模型的特点是提出了"状态"这一概念。而实际上，无论是工程控制问题中出现的某些状态（如导弹轨迹的控制问题）还是经济系统所存在的某些状态都是一种不可观测的变量，正是这种观测不到的变量反映了系统所具有的真实状态，所以被称为状态向量。这种含有不可观测变量的模型被称为UC模型（unobservable component model），UC模型通过通常的回归方程式来估计是不可能的，必须利用状态空间模型来求解。状态空间模型建立了可观测变量和系统内部状态之间的关系，从而可以通过估计各种不同的状态向量达到分析和观测的目的。

本章所介绍的内容只是经济领域状态空间模型使用的入门。所以本章主要侧重于介绍状态空间模型在经济周期波动方面的应用，重点放在SWI景气指数的构建和应用上，而不是理论和技术细节上的论述。

12.1 状态空间模型

12.1.1 状态空间模型的定义

状态空间模型（state space model）一般应用于多变量时间序列。设$\boldsymbol{y}_t$是包含k个经济变量的$k\times1$维可观测向量。这些变量与$m\times1$维向量$\boldsymbol{\alpha}_t$有关，$\boldsymbol{\alpha}_t$被称为状态向量。定义量测方程（measurement equation）为

---

① Harvey A C. Structural Time Series Models and the Kalman Filter[M]. Cambridge: Cambridge University Press, 1989.

② Stock J H, Watson M W. New Indexes of Coincident and Leading Economic Indicators[J], NBER Macroeconomics Annual, 1989: 351-394.

$$\boldsymbol{y}_t = \boldsymbol{Z}_t\boldsymbol{\alpha}_t + \boldsymbol{d}_t + \boldsymbol{\varepsilon}_t, \quad t = 1,\cdots,T \tag{12.1.1}$$

式中，T 表示样本长度，$\boldsymbol{Z}_t$是 $k\times m$ 矩阵，$\boldsymbol{d}_t$是 $k\times 1$ 向量，$\boldsymbol{\alpha}_t$是 $k\times 1$ 向量，$\boldsymbol{\varepsilon}_t$是均值为 0，协方差矩阵为 $\boldsymbol{H}_t$的连续的不相关扰动项，即

$$E(\boldsymbol{\varepsilon}_t) = 0, \quad \mathrm{var}(\boldsymbol{\varepsilon}_t) = \boldsymbol{H}_t \tag{12.1.2}$$

一般，$\boldsymbol{\alpha}_t$的元素是不可观测的，然而可表示成一阶马尔可夫（Markov）过程。下面定义转移方程（transition equation）为

$$\boldsymbol{\alpha}_t = \boldsymbol{T}_t\boldsymbol{\alpha}_{t-1} + \boldsymbol{c}_t + \boldsymbol{R}_t\boldsymbol{\eta}_t, \quad t = 1,2,\cdots,T \tag{12.1.3}$$

式中，$\boldsymbol{T}_t$是 $m\times m$ 矩阵，$\boldsymbol{c}_t$是 $m\times 1$ 向量，$\boldsymbol{R}_t$是 $m\times g$ 矩阵，$\boldsymbol{\eta}_t$是 $g\times 1$ 向量，是均值为 0，协方差矩阵为 $\boldsymbol{Q}_t$的连续的不相关扰动项，即

$$E(\boldsymbol{\eta}_t) = 0, \quad \mathrm{var}(\boldsymbol{\eta}_t) = \boldsymbol{Q}_t \tag{12.1.4}$$

当 $k = 1$ 时，变为单变量模型，量测方程可以写为

$$y_t = \boldsymbol{Z}_t\boldsymbol{\alpha}_t + d_t + \varepsilon_t, \quad t = 1,2\cdots,T \tag{12.1.5}$$

$$\mathrm{var}(\varepsilon_t) = h_t$$

若使上述的状态空间模型成立，还需要满足下面两个假定。

（1）初始状态向量$\boldsymbol{\alpha}_0$的均值为 $\boldsymbol{a}_0$，协方差矩阵为 $\boldsymbol{P}_0$，即

$$E(\boldsymbol{\alpha}_0) = \boldsymbol{a}_0, \quad \mathrm{var}(\boldsymbol{\alpha}_0) = \boldsymbol{P}_0 \tag{12.1.6}$$

（2）在所有的时间区间上，扰动项$\boldsymbol{\varepsilon}_t$ 和$\boldsymbol{\eta}_t$ 是相互独立的，而且它们和初始状态$\boldsymbol{\alpha}_0$ 也不相关，即

$$E(\boldsymbol{\varepsilon}_t\boldsymbol{\eta}'_s) = 0, \quad s,t = 1,2,\cdots,T \tag{12.1.7}$$

且

$$E(\boldsymbol{\varepsilon}_t\boldsymbol{\alpha}'_0) = 0, \quad E(\boldsymbol{\eta}_t\boldsymbol{\alpha}'_0) = 0, \quad t = 1,2,\cdots,T \tag{12.1.8}$$

量测方程中的矩阵 $\boldsymbol{Z}_t$，$\boldsymbol{d}_t$，$\boldsymbol{H}_t$与转移方程中的矩阵 $\boldsymbol{T}_t$，$\boldsymbol{c}_t$，$\boldsymbol{R}_t$，$\boldsymbol{Q}_t$统称为系统矩阵。如不特殊指出，它们都被假定为非随机的。因此，尽管它们能随时间改变，但是都是可以预先确定的。对于任一时刻 t，$\boldsymbol{y}_t$能够被表示为当前的和过去的$\boldsymbol{\varepsilon}_t$和$\boldsymbol{\eta}_t$及初始向量$\boldsymbol{\alpha}_0$的线性组合，所以模型是线性的。

【例 1】 一阶移动平均模型 MA(1)

$$y_t = \varepsilon_t + \theta\varepsilon_{t-1}, \quad t = 1,2,\cdots,T \tag{12.1.9}$$

通过定义状态向量$\boldsymbol{\alpha}_t=(y_t,\theta\varepsilon_t)'$可以写成状态空间形式

$$y_t = (1 \quad 0)\,\boldsymbol{\alpha}_t, \quad t = 1,2,\cdots,T \tag{12.1.10}$$

$$\boldsymbol{\alpha}_t = \begin{pmatrix} 0 & 1 \\ 0 & 0 \end{pmatrix}\boldsymbol{\alpha}_{t-1} + \begin{pmatrix} 1 \\ \theta \end{pmatrix}\varepsilon_t \tag{12.1.11}$$

这种形式的特点是不存在量测方程噪声。

对于任何特殊的统计模型，$\boldsymbol{\alpha}_t$的定义是由结构确定的。它的元素一般包含具有实际解释意义的成分，例如趋势或季节要素。状态空间模型的目标是，所建立的状态向量$\boldsymbol{\alpha}_t$包含了系统在时刻 t 的所有有关信息，同时又使用尽可能少的元素。所以如果状态空间模型的状态向量具有最小维数，则称为最小实现（minimal realization）。对一个好的状态空间模型，最小实现是一个基本准则。然而，对于任一特殊问题的状态空间模型的表示形式却不是唯一的，这一点很容易验证。考虑通过定义一个任意的非奇异矩阵 $\boldsymbol{B}$，得到新的状态向量$\boldsymbol{\alpha}_t^* = \boldsymbol{B}\boldsymbol{\alpha}_t$。用 $\boldsymbol{B}$ 矩阵左乘转移方程(12.1.3)，得到

$$\boldsymbol{\alpha}_t^* = \boldsymbol{T}_t^* \boldsymbol{\alpha}_{t-1}^* + \boldsymbol{c}_t^* + \boldsymbol{R}_t^* \boldsymbol{\eta}_t \tag{12.1.12}$$

式中,$\boldsymbol{T}_t^* = \boldsymbol{B}\boldsymbol{T}_t\boldsymbol{B}^{-1}$,$\boldsymbol{c}_t^* = \boldsymbol{B}\boldsymbol{c}_t$,$\boldsymbol{R}_t^* = \boldsymbol{B}\boldsymbol{R}_t$。相应的量测方程是

$$\boldsymbol{y}_t = \boldsymbol{Z}_t^* \boldsymbol{\alpha}_t^* + \boldsymbol{d}_t + \boldsymbol{\varepsilon}_t \tag{12.1.13}$$

式中,$\boldsymbol{Z}_t^* = \boldsymbol{Z}_t\boldsymbol{B}^{-1}$。

【例 2】 对二阶自回归模型 AR(2)

$$y_t = \varphi_1 y_{t-1} + \varphi_2 y_{t-2} + \varepsilon_t, \quad t = 1,2,\cdots,T \tag{12.1.14}$$

考虑两个可能的状态空间形式($k = 1, m = 2$)是

$$y_t = (1 \quad 0)\boldsymbol{\alpha}_t \tag{12.1.15}$$

$$\boldsymbol{\alpha}_t = \begin{pmatrix} y_t \\ \varphi_2 y_{t-1} \end{pmatrix} = \begin{pmatrix} \varphi_1 & 1 \\ \varphi_2 & 0 \end{pmatrix}\boldsymbol{\alpha}_{t-1} + \begin{pmatrix} 1 \\ 0 \end{pmatrix}\varepsilon_t \tag{12.1.16}$$

换一种形式

$$y_t = (1 \quad 0)\boldsymbol{\alpha}_t^*$$

$$\boldsymbol{\alpha}_t^* = \begin{pmatrix} y_t \\ y_{t-1} \end{pmatrix} = \begin{pmatrix} \varphi_1 & \varphi_2 \\ 1 & 0 \end{pmatrix}\boldsymbol{\alpha}_{t-1}^* + \begin{pmatrix} 1 \\ 0 \end{pmatrix}\varepsilon_t \tag{12.1.17}$$

系统矩阵 $\boldsymbol{Z}_t$、$\boldsymbol{H}_t$、$\boldsymbol{T}_t$、$\boldsymbol{R}_t$、$\boldsymbol{Q}_t$ 可以依赖于一个未知参数的集合。状态空间模型的一个主要的任务就是估计这些参数,如在例 1 和例 2 中的 MA(1)和 AR(2)模型的 MA 和 AR 参数是未知的。为了和模型中的其他参数,如 $\boldsymbol{c}_t$ 或 $\boldsymbol{d}_t$ 相区别,这些参数将通过 $\boldsymbol{\psi}$ 向量表示,并被称为超参数(hyperparameters)。超参数确定了模型的随机性质,而在 $\boldsymbol{c}_t$ 和 $\boldsymbol{d}_t$ 中出现的参数仅影响确定性的可观测变量和状态的期望值。在状态空间模型中可以引入外生变量作为解释变量,也可以引入 $\boldsymbol{y}_t$ 的延迟变量,这些都可以放到 $\boldsymbol{d}_t$ 中去。如果 $\boldsymbol{c}_t$ 或 $\boldsymbol{d}_t$ 是未知参数的一个线性函数,这些参数也可以作为状态变量的一部分元素。

12.1.2 状态空间表示的几个实例

许多经济问题利用状态空间模型的形式来表示是十分方便的,下面举几个简单的例子说明如何构造状态空间模型。

1. 可变参数模型的状态空间表示

通常的回归模型可用下式表示,即

$$y_t = \boldsymbol{x}_t\boldsymbol{\beta} + \varepsilon_t, \quad t = 1,2,\cdots,T \tag{12.1.18}$$

式中,y_t 是因变量,$\boldsymbol{x}_t$ 是 $1\times m$ 的解释变量向量,$\boldsymbol{\beta}$ 是待估计的 $m\times 1$ 未知参数向量,ε_t 是扰动项。这种回归方程式的估计方法一般是使用普通最小二乘法(OLS)、工具变数法等计量经济模型的常用方法。但是不管用其中的哪一种方法,所估计的参数在样本期间内都是固定的。

实际上近年来,我国由于经济改革、各种各样的外界冲击和政策变化等因素的影响,经济结构正在逐渐发生变化,而用以往的 OLS 等固定参数模型表现不出来这种经济结构的变化,因此,需要考虑采用可变参数模型(time-varying parameter model)。下面利用状态空间模型来构造可变参数模型。

量测方程

$$y_t = \boldsymbol{x}_t\boldsymbol{\beta}_t + \varepsilon_t \tag{12.1.19}$$

转移方程

$$\boldsymbol{\beta}_t = \psi\boldsymbol{\beta}_{t-1} + \boldsymbol{\eta}_t \tag{12.1.20}$$

$$(\varepsilon_t,\boldsymbol{\eta}_t)' \sim N\left(\begin{pmatrix}0\\0\end{pmatrix},\begin{pmatrix}\sigma^2 & 0\\0 & Q\end{pmatrix}\right),\quad t=1,2,\cdots,T \tag{12.1.21}$$

在式(12.1.19)中，可变参数$\boldsymbol{\beta}_t$是不可观测变量，必须利用可观测变量y_t和$\boldsymbol{x}_t$来估计。$\boldsymbol{\beta}_t$对应于式(12.1.1)中的状态向量$\boldsymbol{\alpha}_t$，与式(12.1.1)相对应，$\boldsymbol{Z}_t=\boldsymbol{x}_t$，$\boldsymbol{d}_t=0$。在式(12.1.20)中假定参数$\boldsymbol{\beta}_t$的变动服从于AR(1)模型(也可以简单地扩展为AR(p)模型)。与式(12.1.3)相对应，$\boldsymbol{T}_t=\boldsymbol{\psi}$，$\boldsymbol{c}_t=0$，$\boldsymbol{R}_t=\boldsymbol{I}_m$($\boldsymbol{I}_m$是$m\times m$的单位矩阵)。根据式(12.1.21)，$\varepsilon_t$和$\boldsymbol{\eta}_t$是相互独立的，且服从均值为0，方差为$\sigma^2$和协方差矩阵为$Q$的正态分布。

这个模型适用于经济结构逐渐变化的情况，但不能表示经济结构的急剧变化。

2. ARMAX模型的状态空间表示

设ARMAX(p,q)模型

$$y_t=\beta_0+\beta_1x_{1t}+\beta_2x_{2t}+\cdots+\beta_kx_{kt}+u_t,,\quad t=1,2,\cdots,T \tag{12.1.22}$$

$$(1-\phi_1L-\phi_2L^2-\cdots-\phi_pL^p)u_t=(1+\theta_1L+\theta_2L+\cdots+\theta_qL^q)\varepsilon_t \tag{12.1.23}$$

其中，$y_t,x_{1t},x_{2t},\cdots,x_{kt}$具有协整关系，扰动项$u_t\sim N(0,\sigma_u^2)$为平稳序列，服从ARMA($p,q$)过程，$\varepsilon_t\sim N(0,\sigma_\varepsilon^2)$为白噪声。令滞后算子多项式为如下形式

$$\Phi(L)=1-\phi_1L-\phi_2L^2-\cdots-\phi_pL^p,\quad \Theta(L)=1+\theta_1L+\theta_2L^2+\cdots+\theta_qL^q,$$

并且特征根都落在单位圆外，则式(12.1.23)改写为

$$\Phi(L)u_t=\varepsilon_t+\theta_1\varepsilon_{t-1}+\theta_2\varepsilon_{t-2}+\cdots+\theta_q\varepsilon_{t-q} \tag{12.1.24}$$

设$\Phi(L)$和$\Theta(L)$可逆，则

$$u_t=(\Phi(L))^{-1}(\varepsilon_t+\theta_1\varepsilon_{t-1}+\theta_2\varepsilon_{t-2}+\cdots+\theta_q\varepsilon_{t-q}) \tag{12.1.25}$$

令

$$\xi_t=[\Phi(L)]^{-1}\varepsilon_t,\cdots,\xi_{t-q}=[\Phi(L)]^{-1}\varepsilon_{t-q}$$

构建ARMAX模型的状态空间形式

量测方程

$$u_t=\boldsymbol{Z}\boldsymbol{\alpha}_t \tag{12.1.26}$$

状态方程

$$\boldsymbol{\alpha}_t=\boldsymbol{T}\boldsymbol{\alpha}_{t-1}+\boldsymbol{\varepsilon}_t \tag{12.1.27}$$

其中

$$u_t=y_t-\beta_0-\beta_1x_{1t}-\beta_2x_{2t}-\cdots-\beta_kx_{kt} \tag{12.1.28}$$

设$m=\max(p-1,q)$，当$i>p$时，$\phi_i=0$；当$i>q$时，$\theta_i=0$。量测矩阵$\boldsymbol{Z}$的形式为

$$\boldsymbol{Z}=(1,\theta_1,\theta_2,\cdots,\theta_m) \tag{12.1.29}$$

状态向量$\boldsymbol{\alpha}$的形式为

$$\boldsymbol{\alpha}_t=(\xi_t,\xi_{t-1},\xi_{t-2},\cdots,\xi_{t-m})' \tag{12.1.30}$$

状态矩阵$\boldsymbol{T}$和状态方程扰动项向量$\boldsymbol{\varepsilon}_t$为

$$\boldsymbol{T}=\begin{pmatrix}\phi_1 & \phi_2 & \cdots & \phi_{m-1} & \phi_m\\ 1 & 0 & \cdots & 0 & 0\\ 0 & 1 & \cdots & 0 & 0\\ & & \vdots & & \\ 0 & 0 & \cdots & 1 & 0\end{pmatrix},\quad \boldsymbol{\varepsilon}_t=\begin{pmatrix}\varepsilon_t\\0\\0\\\vdots\\0\end{pmatrix} \tag{12.1.31}$$

其中,ξ_t为待估计的不可观测变量,在此问题中我们关心的是超参数的估计

$$\psi = (\beta_0, \beta_1, \beta_2, \cdots, \beta_k, \phi_1, \phi_2, \cdots, \phi_p, \theta_1, \theta_2, \cdots, \theta_q, \sigma_\varepsilon^2)' \tag{12.1.32}$$

3. 季节调整模型的状态空间表示

第 4 章介绍了 1965 年在希斯金(J. Shiskin)主持下,由美国商务部开发的 X-11 季节调整方法,近年来,已发展为 X-12 方法和 X-13 方法。由于 X-12 方法是基于移动平均的季节调整方法,它的最大缺欠是使经济时间序列的两端各缺失一部分信息,因而对季节调整的精度影响很大,尤其是尾部信息的缺失影响更为严重。经济时间序列中的季节因素是一种不可观测分量,因此可以利用状态空间模型处理和求解不可观测向量这一特点,构造建立在严密数学模型基础上的季节调整模型。

下面以加法模型[①]为例介绍季节调整的状态空间形式,设 y_t是 1 阶单整的时间序列。量测方程

$$y_t = TC_t + S_t + I_t, \quad t = 1, 2, \cdots, T \tag{12.1.33}$$

状态方程

$$\begin{cases} TC_t = TC_{t-1} + \beta_t + \xi_t \\ \beta_t = \delta \times \beta_{t-1} + \zeta_t \\ S_t = \sum_{j=1}^{[s/2]} \gamma_{jt} \\ I_t = \phi_1 I_{t-1} + \cdots + \phi_p I_{t-p} + \kappa_t \end{cases} \tag{12.1.34}$$

其中

$$\begin{aligned} \gamma_{jt} &= \gamma_{j,t-1}\cos\lambda_j + \gamma_{j,t-1}^* \sin\lambda_j + \omega_{jt} \\ \gamma_{j,t}^* &= -\gamma_{j,t-1}\sin\lambda_j + \gamma_{j,t-1}^* \cos\lambda_j + \omega_{jt}^*, \quad j = 1, \cdots, [s/2] \\ \lambda_j &= \frac{\lambda \pi j}{s} \end{aligned} \tag{12.1.35}$$

式(12.1.34)中,TC_t代表趋势循环要素,β_t代表 TC_t去掉趋势后的平稳过程,它是 AR(1)模型,S_t代表季节变动要素,I_t代表不规则要素,它是 p 阶自回归 AR(p)模型,以上各式中的 $\xi_t, \zeta_t, \omega_t, \kappa_t$均为干扰项,式中[ ]表示取整。

由于季节变动要素 S_t是以年为周期的季节变化,本节使用三角函数模型进行拟合,即为式(12.1.34)中第 3 个公式,s 表示季节数,当$\{y_t\}$为季度或者月度数据时,s 分别取 4 或者 12。

季节调整模型的状态空间形式的量测方程与状态方程为

$$y_t = \boldsymbol{Z}\boldsymbol{\alpha}_t, \quad t = 1, 2, \cdots, T \tag{12.1.36}$$

$$\boldsymbol{\alpha}_t = \boldsymbol{T}\boldsymbol{\alpha}_{t-1} + \boldsymbol{R}\boldsymbol{\varepsilon}_t \tag{12.1.37}$$

其中 $\boldsymbol{\alpha}_t = [TC_{t-1} \quad \beta_t \quad \gamma_{1t} \quad \gamma_{1t}^* \quad \cdots \quad \gamma_{[s/2]t} \quad \gamma_{[s/2]t}^* \quad I_t \quad \cdots \quad I_{t-p+1}]'$

$\boldsymbol{Z} = [1 \quad 0 \quad 1 \quad 0 \quad \cdots \quad 1 \quad 0 \quad 1 \quad 0 \quad \cdots \quad 0]$

---

① 乘法模型取对数可转化为加法模型计算。

$$
\boldsymbol{T}=\begin{bmatrix}
1 & 1 & & & & & & & & & & \\
0 & \delta & & & & & & & & & & \\
 & & \cos\lambda_1 & \sin\lambda_1 & & & & & & & & \\
 & & -\sin\lambda_1 & \cos\lambda_1 & & & & & & & & \\
 & & & & \ddots & & & & & & & \\
 & & & & & \ddots & & & & & & \\
 & & & & & & \cos\lambda_{[s/2]} & \sin\lambda_{[s/2]} & & & & \\
 & & & & & & -\sin\lambda_{[s/2]} & \cos\lambda_{[s/2]} & & & & \\
 & & & & & & & & \phi_1 & \cdots & \phi_{p-1} & \phi_p \\
 & & & & & & & & 1 & \cdots & 0 & 0 \\
 & & & & & & & & \vdots & \ddots & \vdots & \vdots \\
 & & & & & & & & 0 & \cdots & 1 & 0
\end{bmatrix}
$$

$$
\boldsymbol{R}=\begin{bmatrix}
1 & 0 & 0 & 0 & \cdots & 0 \\
0 & 1 & 0 & 0 & \cdots & 0 \\
0 & 0 & 1 & 0 & \cdots & 0 \\
0 & 0 & 0 & 1 & \cdots & 0 \\
\vdots & \vdots & \vdots & \vdots & \ddots & \vdots \\
0 & 0 & 0 & 0 & \cdots & 1 \\
 & & & \boldsymbol{0}_p & &
\end{bmatrix},\boldsymbol{\varepsilon}_t=\begin{bmatrix}
\xi_t \\ \zeta_t \\ \omega_{1t} \\ \omega_{1t}^{*} \\ \vdots \\ \omega_{[s/2]t} \\ \omega_{[s/2]t}^{*} \\ \kappa_t
\end{bmatrix},
$$

$$
\boldsymbol{Q}=\mathrm{diag}(\sigma_\xi^2 \quad \sigma_\zeta^2 \quad \sigma_1^2 \quad \sigma_1^{2*} \quad \cdots \quad \sigma_{[s/2]}^2 \quad \sigma_{[s/2]}^{2*} \quad \sigma_\kappa^2)
$$

其中，diag( )表示对角矩阵。

利用状态空间模型对结构时间序列进行季节调整时，还需要把状态空间模型的设定与时间序列的特征相结合，以保证所建模型能够更好地描述时间序列的特征。

设$\{y_t\}$为一个 d 阶单整的时间序列，对$\{y_t\}$进行 d 阶差分可得到一个平稳时间序列。我们把差分的思想应用到建立趋势循环要素 TC_t的表达式。趋势循环要素表示序列中的长期趋势及主要运动，它是结构时间序列中最基本的因素，而时间序列的不平稳性正是由它的趋势循环要素引起的。所以，在建立趋势循环分量的模型时，要先考察时间序列的不平稳性，再利用序列的单整阶数 d 建模

$$(1-L)^d TC_t = \beta_t + \xi_t, \quad t = 1,2,\cdots,T \tag{12.1.38}$$

$$\beta_t = \delta \times \beta_{t-1} + \zeta_t \tag{12.1.39}$$

所以，在利用状态空间模型进行季节调整时，要先考察时间序列的单整阶数 d，再用式(12.1.38)替代式(12.1.34)中 TC_t的表达式来确定趋势循环要素，就可以得到结构时间序列季节调整的修正模型。

12.2 Kalman 滤波

当一个模型被表示成状态空间形式 (state space form，缩写为 SSF) 就可以对之应用一些重要的算法来求解。这些算法的核心是 Kalman 滤波。Kalman 滤波是在时刻 t 基于所

有可得到的信息计算状态向量的最理想的递推过程。在某些工程问题中,状态向量的当前值是具有重要影响的(例如,它可以表示火箭在空间的坐标)。Kalman 滤波的主要作用是,当扰动项和初始状态向量服从正态分布时,能够通过预测误差分解计算似然函数,从而可以对模型中的所有未知参数进行估计,并且当新的观测值一旦得到,就可以利用 Kalman 滤波连续地修正状态向量的估计。

以下设 $\mathbf{Y}_T$①表示在 $t=T$ 时刻所有可利用的信息的信息集合,即状态向量的估计问题根据信息的多少分为三种类型。

(1) 当 $t=T$ 时,估计观测区间的最终时点,即对现在状态的估计问题,称为滤波(filtering)。

(2) 当 $t<T$ 时,是基于利用现在为止的观测值对过去状态的估计问题,称为平滑(smoothing)。

(3) 当 $t>T$ 时,超出样本的观测区间,是对未来状态的估计问题,称为预测(prediction)。

进一步,假定 $\boldsymbol{a}_{t|t-1}$ 和 $\boldsymbol{P}_{t|t-1}$ 分别表示以利用到 $t-1$ 为止的信息集合 $\mathbf{Y}_{t-1}$ 为条件的状态向量 $\boldsymbol{\alpha}_t$ 的条件均值和条件误差协方差矩阵,即

$$\boldsymbol{a}_{t|t-1}=E(\boldsymbol{\alpha}_t\,|\,\mathbf{Y}_{t-1})$$

$$\boldsymbol{P}_{t|t-1}=\mathrm{var}(\boldsymbol{\alpha}_t\,|\,\mathbf{Y}_{t-1})$$

在本节假定系统矩阵 $\boldsymbol{Z}_t,\boldsymbol{H}_t,\boldsymbol{T}_t,\boldsymbol{R}_t$ 和 $\boldsymbol{Q}_t$ 是已知的,设初始状态向量 $\boldsymbol{\alpha}_0$ 的均值和误差协方差矩阵的初值为 $\boldsymbol{a}_0$ 和 $\boldsymbol{P}_0$,并假定 $\boldsymbol{a}_0$ 和 $\boldsymbol{P}_0$ 也是已知的。

12.2.1 Kalman 滤波的一般形式

1. 滤波

考虑状态空间模型(12.1.1)和式(12.1.3),设 $\boldsymbol{a}_{t-1}$ 表示基于信息集合 $\mathbf{Y}_{t-1}$ 的 $\boldsymbol{\alpha}_{t-1}$ 的估计量,$\boldsymbol{P}_{t-1}$ 表示估计误差的 $m\times m$ 协方差矩阵,即

$$\boldsymbol{P}_{t-1}=\mathrm{E}[(\boldsymbol{\alpha}_{t-1}-\boldsymbol{a}_{t-1})(\boldsymbol{\alpha}_{t-1}-\boldsymbol{a}_{t-1})'] \tag{12.2.1}$$

当给定 $\boldsymbol{a}_{t-1}$ 和 $\boldsymbol{P}_{t-1}$ 时,$\boldsymbol{\alpha}_t$ 的条件分布的均值由下式给定,即

$$\boldsymbol{a}_{t|t-1}=\boldsymbol{T}_t\boldsymbol{a}_{t-1}+\boldsymbol{c}_t \tag{12.2.2}$$

在扰动项和初始状态向量服从正态分布的假设下,$\boldsymbol{\alpha}_t$ 的条件分布的均值 $\boldsymbol{a}_{t|t-1}$ 是 $\boldsymbol{\alpha}_t$ 在最小均方误差意义下的一个最优估计量。估计误差的协方差矩阵是

$$\boldsymbol{P}_{t|t-1}=\boldsymbol{T}_t\boldsymbol{P}_{t-1}\boldsymbol{T}_t'+\boldsymbol{R}_t\boldsymbol{Q}_t\boldsymbol{R}_t',\quad t=1,2,\cdots,T \tag{12.2.3}$$

式(12.2.2)和式(12.2.3)称为预测方程(pediction equations)。

一旦得到新的观测值 y_t,就能够修正 $\boldsymbol{\alpha}_t$ 的估计 $\boldsymbol{a}_{t|t-1}$,更新方程(updating equations)是

$$\boldsymbol{a}_t=\boldsymbol{a}_{t|t-1}+\boldsymbol{P}_{t|t-1}\boldsymbol{Z}_t'\boldsymbol{F}_t^{-1}(\boldsymbol{y}_t-\boldsymbol{Z}_t\boldsymbol{a}_{t|t-1}-\boldsymbol{d}_t) \tag{12.2.4}$$

和

$$\boldsymbol{P}_t=\boldsymbol{P}_{t|t-1}-\boldsymbol{P}_{t|t-1}\boldsymbol{Z}_t'\boldsymbol{F}_t^{-1}\boldsymbol{Z}_t\boldsymbol{P}_{t|t-1} \tag{12.2.5}$$

其中

$$\boldsymbol{F}_t=\boldsymbol{Z}_t\boldsymbol{P}_{t|t-1}\boldsymbol{Z}_t'+\boldsymbol{H}_t,\quad t=1,2,\cdots,T \tag{12.2.6}$$

---

① 为了清楚起见,信息集合用大写正体表示。

上述式(12.2.2)～式(12.2.6)一起构成 Kalman 滤波的公式。

如果希望直接写成由 $\boldsymbol{a}_{t-1}$ 到 $\boldsymbol{a}_t$ 的递推过程或 $\boldsymbol{a}_{t|t-1}$ 的递归过程，式(12.2.2)～式(12.2.6)又可以改写为

$$\boldsymbol{a}_{t+1|t} = (\boldsymbol{T}_{t+1} - \boldsymbol{K}_t\boldsymbol{Z}_t)\boldsymbol{a}_{t|t-1} + \boldsymbol{K}_t\boldsymbol{y}_t + (\boldsymbol{c}_{t+1} - \boldsymbol{K}_t\boldsymbol{d}_t) \tag{12.2.7}$$

其中，$\boldsymbol{K}_t$ 被称为增益矩阵(gain matrix)，由下式给定

$$\boldsymbol{K}_t = \boldsymbol{T}_{t+1}\boldsymbol{P}_{t|t-1}\boldsymbol{Z}_t'\boldsymbol{F}_t^{-1}, \quad t = 1,2,\cdots,T \tag{12.2.8}$$

对于误差协方差矩阵的递推过程是

$$\boldsymbol{P}_{t+1|t} = \boldsymbol{T}_{t+1}(\boldsymbol{P}_{t|t-1} - \boldsymbol{P}_{t|t-1}\boldsymbol{Z}_t'\boldsymbol{F}_t^{-1}\boldsymbol{Z}_t\boldsymbol{P}_{t|t-1})\boldsymbol{T}_{t+1}' + \boldsymbol{R}_{t+1}\boldsymbol{Q}_{t+1}\boldsymbol{R}_{t+1}', \quad t = 1,2,\cdots,T \tag{12.2.9}$$

这就是著名的黎卡提方程(Riccati equation)。

Kalman 滤波的初值可以按 $\boldsymbol{a}_0$ 和 $\boldsymbol{P}_0$ 或 $\boldsymbol{a}_{1|0}$ 和 $\boldsymbol{P}_{1|0}$ 指定。这样，每当得到一个观测值时，Kalman 滤波提供了状态向量的最优估计。当所有的 T 个观测值都已处理，Kalman 滤波基于信息集合 $\boldsymbol{Y}_T$，产生当前状态向量和下一时间条件状态向量的最优估计。这个估计包含了产生未来状态向量和未来观测值的最优预测所需的所有信息。

2. 平滑

平滑(smoothing)($t=T-1,T-2,\cdots,1$)

$$\boldsymbol{a}_{t|T} = \boldsymbol{a}_{t|t} + \boldsymbol{P}_{t|t}\boldsymbol{T}'\boldsymbol{P}_{t+1|t}^{-1}(\boldsymbol{a}_{t+1|T} - \boldsymbol{T}\boldsymbol{a}_{t|t} - \boldsymbol{c}_t) \tag{12.2.10}$$

$$\boldsymbol{P}_{t|T} = \boldsymbol{P}_{t|t} + \boldsymbol{P}_{t|t}\boldsymbol{T}'\boldsymbol{P}_{t+1|t}^{-1}(\boldsymbol{P}_{t+1|T} - \boldsymbol{P}_{t+1|t})(\boldsymbol{P}_{t+1|t}^{-1})'\boldsymbol{T}\boldsymbol{P}_{t|t}' \tag{12.2.11}$$

其中，$\boldsymbol{a}_{T|T}$，$\boldsymbol{P}_{T|T}$ 是平滑的初值，由 Kalman 滤波最后的迭代得到。

3. 预测

如果量测方程(12.1.1)的扰动项和初始状态向量服从多元正态分布，则 $\boldsymbol{y}_t$ 关于 $\boldsymbol{Y}_{t-1}$ 的条件分布也是正态的。且这个条件分布的均值和协方差矩阵可以直接由 Kalman 滤波给定。

以信息集 $\boldsymbol{Y}_{t-1}$ 为条件，$\boldsymbol{\alpha}_t$ 服从具有均值 $\boldsymbol{a}_{t|t-1}$ 和协方差矩阵 $\boldsymbol{P}_{t|t-1}$ 的正态分布。如果量测方程被写为

$$\boldsymbol{y}_t = \boldsymbol{Z}_t\boldsymbol{a}_{t|t-1} + \boldsymbol{Z}_t(\boldsymbol{\alpha}_t - \boldsymbol{a}_{t|t-1}) + \boldsymbol{d}_t + \boldsymbol{\varepsilon}_t \tag{12.2.12}$$

可以直接看出 $\boldsymbol{y}_t$ 的条件分布是正态的，$\boldsymbol{y}_t$ 的条件均值记为 $E_{t-1}(\boldsymbol{y}_t)$ 或 $\tilde{\boldsymbol{y}}_{t|t-1}$，

$$E_{t-1}(\boldsymbol{y}_t) = \tilde{\boldsymbol{y}}_{t|t-1} = \boldsymbol{Z}_t\boldsymbol{a}_{t|t-1} + \boldsymbol{d}_t \tag{12.2.13}$$

预测误差向量

$$\boldsymbol{v}_t = \boldsymbol{y}_t - \tilde{\boldsymbol{y}}_{t|t-1}, \quad t = 1,2,\cdots,T \tag{12.2.14}$$

误差协方差矩阵由式(12.2.6)的 $\boldsymbol{F}_t$ 给定，即

$$\boldsymbol{F}_t = \boldsymbol{Z}_t\boldsymbol{P}_{t|t-1}\boldsymbol{Z}_t' + \boldsymbol{H}_t, \quad t = 1,2,\cdots,T \tag{12.2.15}$$

由后面 12.2.2 节的论述可以知道条件均值 $\tilde{\boldsymbol{y}}_{t|t-1}$ 是 y_t 的最小均方误差意义(MMSE)的最优估计量。因此，可以利用式(12.2.13)以及 Kalman 滤波公式(12.2.2)～(12.2.6)，对 $\boldsymbol{y}_t$、$\boldsymbol{\alpha}_t$($t=T+1,T+2,\cdots$)进行预测。

12.2.2 Kalman 滤波的推导

在正态假定下，初始状态向量 $\boldsymbol{\alpha}_0$ 服从均值为 $\boldsymbol{a}_0$，协方差矩阵为 $\boldsymbol{P}_0$ 的多元正态分布，扰动

项$\boldsymbol{\eta}_t$和$\boldsymbol{\varepsilon}_t$也服从多元正态分布，且对$t=1,\cdots,T$，$\boldsymbol{\eta}_t$，$\boldsymbol{\varepsilon}_t$和$\boldsymbol{\alpha}_0$的分布是相互独立的。

在$t=1$时，由转移方程式(12.1.3)，状态向量$\boldsymbol{\alpha}_1$被给定为

$$\boldsymbol{\alpha}_1=\boldsymbol{T}_1\boldsymbol{\alpha}_0+\boldsymbol{c}_1+\boldsymbol{R}_1\boldsymbol{\eta}_1 \tag{12.2.16}$$

上式中$\boldsymbol{\alpha}_1$是两个随机向量的线性组合，两者都服从正态分布，再加上一个常向量，因此$\boldsymbol{\alpha}_1$服从多元正态分布，其条件均值为

$$\boldsymbol{a}_{1|0}=\boldsymbol{T}_1\boldsymbol{a}_0+\boldsymbol{c}_1 \tag{12.2.17}$$

以下求相应的协方差矩阵$\boldsymbol{P}_{1|0}$，令

$$\tilde{\boldsymbol{\alpha}}_{1|0}=\boldsymbol{\alpha}_1-\boldsymbol{a}_{1|0}$$

$$\tilde{\boldsymbol{\alpha}}_0=\boldsymbol{\alpha}_0-\boldsymbol{a}_0$$

则由式(12.2.16)和式(12.2.17)，有

$$\begin{aligned}\tilde{\boldsymbol{\alpha}}_{1|0}&=\boldsymbol{\alpha}_1-\boldsymbol{a}_{1|0}\\&=\boldsymbol{T}_1\boldsymbol{\alpha}_0+\boldsymbol{R}_1\boldsymbol{\eta}_1-\boldsymbol{T}_1\boldsymbol{a}_0\\&=\boldsymbol{T}_1\tilde{\boldsymbol{\alpha}}_0+\boldsymbol{R}_1\boldsymbol{\eta}_1\end{aligned}$$

于是有

$$\begin{aligned}\boldsymbol{P}_{1|0}&=\mathrm{E}[\tilde{\boldsymbol{\alpha}}_{1|0}\tilde{\boldsymbol{\alpha}}'_{1|0}]\\&=\boldsymbol{T}_1\mathrm{E}[\tilde{\boldsymbol{\alpha}}_0\tilde{\boldsymbol{\alpha}}'_0]\boldsymbol{T}'_1+\boldsymbol{R}_1\mathrm{E}[\boldsymbol{\eta}_1\boldsymbol{\eta}'_1]\boldsymbol{R}'_1+\boldsymbol{T}_1\mathrm{E}[\tilde{\boldsymbol{\alpha}}_0\boldsymbol{\eta}'_1]R'_1+\boldsymbol{R}_1\mathrm{E}[\boldsymbol{\eta}_1\tilde{\boldsymbol{\alpha}}'_0]\boldsymbol{T}'_1\end{aligned}$$

注意$\boldsymbol{\alpha}_0$与$\boldsymbol{\eta}_1$独立，从而$\tilde{\boldsymbol{\alpha}}_0$也与$\boldsymbol{\eta}_1$独立，由此可知上式的后两项等于0，又$\boldsymbol{P}_0=\mathrm{E}[\tilde{\boldsymbol{\alpha}}_0\tilde{\boldsymbol{\alpha}}'_0]$，$\boldsymbol{Q}_1=\mathrm{E}[\boldsymbol{\eta}_1\boldsymbol{\eta}'_1]$，于是得到$\alpha_1$的条件协方差矩阵

$$\boldsymbol{P}_{1|0}=\boldsymbol{T}_1\boldsymbol{P}_0\boldsymbol{T}'_1+\boldsymbol{R}_1\boldsymbol{Q}_1\boldsymbol{R}'_1 \tag{12.2.18}$$

为了得到$\boldsymbol{\alpha}_1$关于$\boldsymbol{y}_1$的条件分布，将$\boldsymbol{\alpha}_1$和量测方程简单改写为

$$\boldsymbol{\alpha}_1=\boldsymbol{a}_{1|0}+(\boldsymbol{\alpha}_1-\boldsymbol{a}_{1|0})$$

$$\boldsymbol{y}_1=\boldsymbol{Z}_1\boldsymbol{a}_{1|0}+\boldsymbol{d}_1+\boldsymbol{Z}_1(\boldsymbol{\alpha}_1-\boldsymbol{a}_{1|0})+\boldsymbol{\varepsilon}_1$$

从上面两个方程可以看出向量$[\boldsymbol{\alpha}'_1,\boldsymbol{y}'_1]'$服从多元正态分布，且均值为$[\boldsymbol{a}'_{1|0},(\boldsymbol{Z}_1\boldsymbol{a}_{1|0}+\boldsymbol{d}_1)']'$，协方差矩阵为

$$\begin{pmatrix}\boldsymbol{P}_{1|0} & \boldsymbol{P}_{1|0}\boldsymbol{Z}'_1\\ \boldsymbol{Z}_1\boldsymbol{P}_{1|0} & \boldsymbol{Z}_1\boldsymbol{P}_{1|0}\boldsymbol{Z}'_1+\boldsymbol{H}_1\end{pmatrix}$$

应用多元统计分析中的定理，可以得出$\boldsymbol{\alpha}_1$关于$\boldsymbol{y}_1$的条件分布也是服从多元正态分布的①，且均值为

---

① **定理**：设一对随机向量$\boldsymbol{x}$和$\boldsymbol{y}$联合地服从多元正态分布，$(\boldsymbol{x}',\boldsymbol{y}')'$的均值和协方差矩阵分别由下式给出

$$\mu=\begin{pmatrix}\mu_x\\ \mu_y\end{pmatrix},\quad \boldsymbol{\Sigma}=\begin{pmatrix}\boldsymbol{\Sigma}_{xx} & \boldsymbol{\Sigma}_{xy}\\ \boldsymbol{\Sigma}_{yx} & \boldsymbol{\Sigma}_{yy}\end{pmatrix}$$

则$\boldsymbol{x}$关于$\boldsymbol{y}$的条件分布也服从多元正态分布，且均值为

$$\mu_{x|y}=\mu_x+\boldsymbol{\Sigma}_{xy}\boldsymbol{\Sigma}_{yy}^{-1}(\boldsymbol{y}-\mu_y)$$

协方差矩阵为

$$\boldsymbol{\Sigma}_{xx|y}=\boldsymbol{\Sigma}_{xx}-\boldsymbol{\Sigma}_{xy}\boldsymbol{\Sigma}_{yy}^{-1}\boldsymbol{\Sigma}_{yx}$$

注意$\boldsymbol{\Sigma}$和$\boldsymbol{\Sigma}_{yy}$是非奇异的。

定理的证明请参阅：

[1] 周光亚. 多元统计分析[M]. 北京：地质出版社，1982：38-39.

[2] Harvey A C. Structural Time Series Models and the Kalman Filter[M]. Cambridge: Cambridge University Press, 1989: 165-166.

$$\boldsymbol{a}_1 = \boldsymbol{a}_{1|0} + \boldsymbol{P}_{1|0}\boldsymbol{Z}_1'\boldsymbol{F}_1^{-1}(\boldsymbol{y}_1 - \boldsymbol{Z}_1\boldsymbol{a}_{1|0} - \boldsymbol{d}_1) \tag{12.2.19}$$

协方差矩阵为

$$\boldsymbol{P}_1 = \boldsymbol{P}_{1|0} - \boldsymbol{P}_{1|0}\boldsymbol{Z}_1'\boldsymbol{F}_1^{-1}\boldsymbol{Z}_1\boldsymbol{P}_{1|0} \tag{12.2.20}$$

其中

$$\boldsymbol{F}_1 = \boldsymbol{Z}_1\boldsymbol{P}_{1|0}\boldsymbol{Z}_1' + \boldsymbol{H}_1 \tag{12.2.21}$$

利用式(12.2.17)～式(12.2.21)，对 $t=2,\cdots,T$，重复上述步骤，就产生了和前节相同的 Kalman 滤波递推公式的方程集合。然而到目前为止给出的推导仅能够解释 $\boldsymbol{a}_t$ 和 $\boldsymbol{P}_t$ 是 $\boldsymbol{\alpha}_t$ 的条件分布的均值和协方差矩阵，在下节中将要说明当扰动项和初始状态向量服从正态分布时，由 Kalman 滤波产生的 $\boldsymbol{\alpha}_t$ 的条件均值 $\boldsymbol{a}_t$ 是 $\boldsymbol{\alpha}_t$ 在最小均方误差(MSE)意义下的一个最优估计量。

12.2.3　Kalman 滤波的解释和性质

Kalman 滤波的导出依赖于扰动项和初始状态向量服从正态分布的假设。有了正态分布的假设，就能够基于信息集合 $\boldsymbol{Y}_T=\{\boldsymbol{y}_T,\boldsymbol{y}_{T-1},\cdots,\boldsymbol{y}_1\}$，利用 Kalman 滤波递推地计算 $\boldsymbol{\alpha}_t$ 的分布。这些条件分布自身也都服从正态分布，因此也就由它们的均值和协方差矩阵完全确定，这就是 Kalman 滤波计算的估计量。为了说明 $\boldsymbol{\alpha}_t$ 的条件均值是 $\boldsymbol{\alpha}_t$ 在最小均方误差意义下的一个最优估计量，下面首先介绍均方误差和最小均方估计的概念。

1. 均方误差

设 z 是随机向量，已知样本集合 $\boldsymbol{Z}_T=\{z_T,z_{T-1},\cdots,z_1\}$，$\hat{z}$ 是基于 $\boldsymbol{Z}_T$ 的 z 的任一估计量，则定义均方误差(mean square error，MSE)为

$$\text{MSE}(\hat{z}) = \text{E}[(z-\hat{z})^2] \tag{12.2.22}$$

2. 最小均方估计

设 $\hat{z}$ 是基于 $\boldsymbol{Z}_T$ 的 z 的任一估计量，$\hat{z}^*$ 是其中使均方误差达到最小的 z 的估计量，即

$$\text{E}[(z-\hat{z}^*)^2] \leqslant \text{E}[(z-\hat{z})^2] \tag{12.2.23}$$

则称 $\hat{z}^*$ 为 z 的最小均方估计(mininum mean square estimator，MMSE)。

Kalman 滤波以信息集 $\boldsymbol{Y}_t$ 为条件，产生 $\boldsymbol{\alpha}_t$ 的条件均值和方差

$$\boldsymbol{a}_t = \text{E}(\boldsymbol{\alpha}_t|\boldsymbol{Y}_t) = \text{E}_t(\boldsymbol{\alpha}_t) \tag{12.2.24}$$

$$\boldsymbol{P}_t = \text{E}_t\{[\boldsymbol{\alpha}_t - \text{E}_t(\boldsymbol{\alpha}_t)][\boldsymbol{\alpha}_t - \text{E}_t(\boldsymbol{\alpha}_t)]'\} \tag{12.2.25}$$

其中，数学期望算子下面的下标 t 表示是关于 $\boldsymbol{Y}_t$ 的条件期望。

设 $\hat{\boldsymbol{\alpha}}_t$ 是以信息集 $\boldsymbol{Y}_t$ 为条件的 $\boldsymbol{\alpha}_t$ 的任一估计量，估计误差可以被分为两个部分

$$\boldsymbol{\alpha}_t - \hat{\boldsymbol{\alpha}}_t = [\boldsymbol{\alpha}_t - E(\boldsymbol{\alpha}_t|\boldsymbol{Y}_t)] + [E(\boldsymbol{\alpha}_t|\boldsymbol{Y}_t) - \hat{\boldsymbol{\alpha}}_t] \tag{12.2.26}$$

对式(12.2.26)两端平方，并求期望值，经过计算，由于混合乘积项为零，得到

$$\text{MSE}(\hat{\boldsymbol{\alpha}}_t) = \text{var}(\boldsymbol{\alpha}_t|\boldsymbol{Y}_t) + \text{E}\{[\hat{\boldsymbol{\alpha}}_t - \text{E}(\boldsymbol{\alpha}_t|\boldsymbol{Y}_t)]^2\} \tag{12.2.27}$$

在式(12.2.27)等号右边的第一项是 $\boldsymbol{\alpha}_t$ 的条件方差，由于 $\text{var}(\boldsymbol{\alpha}_t|\boldsymbol{Y}_t)\geqslant 0$，且与估计量 $\hat{\boldsymbol{\alpha}}_t$ 无关，因此要想使式(12.2.27)达到最小，只需在第二项取 $\hat{\boldsymbol{\alpha}}_t = E(\boldsymbol{\alpha}_t|\boldsymbol{Y}_t)$ 即可。也就是说，$\boldsymbol{\alpha}_t$ 的最小均方估计(MMSE)就是由 Kalman 滤波所得到的条件均值 $\boldsymbol{a}_t = \text{E}(\boldsymbol{\alpha}_t|\boldsymbol{Y}_t)$，并且是唯

一的。

当状态空间模型的扰动项的分布不能满足正态分布假定时，一般地，Kalman 滤波所产生的估计量 $\boldsymbol{a}_t$ 不再是状态向量 $\boldsymbol{\alpha}_t$ 的条件均值，换句话说，式(12.2.24)将不成立。但是如果限制估计量是观测值的线性组合，即在所有线性估计范围内，$\boldsymbol{a}_t$ 是具有最小均方误差意义上的最优估计量。此时称 $\boldsymbol{a}_t$ 是基于信息集 $\boldsymbol{Y}_t$ 的 $\boldsymbol{\alpha}_t$ 的最小均方线性估计量(minimum mean square linear estimator，MMSLE)，估计误差的协方差矩阵是由 Kalman 滤波给出的 $\boldsymbol{P}_t$ 矩阵。

进一步，上述关于状态向量 $\boldsymbol{\alpha}_t$ 的论述也可以类似地用来解释 $\boldsymbol{y}_t$ 基于信息集 $\boldsymbol{Y}_{t-1}$ 的条件均值，用 $\tilde{\boldsymbol{y}}_{t|t-1}$ 表示，即

$$\tilde{\boldsymbol{y}}_{t|t-1} = \boldsymbol{Z}_t\boldsymbol{a}_{t|t-1} + \boldsymbol{d}_t \tag{12.2.28}$$

在正态假定下，是 $\boldsymbol{y}_t$ 在最小均方误差意义下的最优估计量(MMSE)，并且在不满足正态假定时，$\tilde{\boldsymbol{y}}_{t|t-1}$ 是 $\boldsymbol{y}_t$ 的最小均方线性估计量(MMSLE)。

预测误差

$$\boldsymbol{v}_t = \boldsymbol{y}_t - \tilde{\boldsymbol{y}}_{t|t-1} = \boldsymbol{Z}_t(\boldsymbol{\alpha}_t - \boldsymbol{a}_{t|t-1}) + \boldsymbol{\varepsilon}_t, \quad t = 1,2,\cdots,T \tag{12.2.29}$$

被称为新息(innovations)，因为它代表在 $\boldsymbol{Y}_{t-1}$ 的基础上新观测值 $\boldsymbol{y}_t$ 所带来的信息。从更新方程(12.2.4)中可以看出，新息 $\boldsymbol{v}_t$ 对修正状态向量的估计量起到了关键的作用。

在正态假定下，根据 $\tilde{\boldsymbol{y}}_{t|t-1}$ 是最小均方误差意义下的最优估计量，可以推断 $\boldsymbol{v}_t$ 的均值是零向量。进一步，从式(12.2.29)容易看出

$$\mathrm{var}(\boldsymbol{v}_t) = \boldsymbol{F}_t \tag{12.2.30}$$

其中，$\boldsymbol{F}_t$ 由式(12.2.6)给定。在不同的时间区间，新息 $\boldsymbol{v}_t$ 是不相关的，即

$$E(\boldsymbol{v}_t\boldsymbol{v}_s') = 0, \quad t \neq s, t \quad, s = 1,2,\cdots,T \tag{12.2.31}$$

需要指出的是上述新息分布的结果仅当系统矩阵是固定的时候，才确切成立，如果这些矩阵包含用估计量替换的未知超参数，它们一般是不确切成立的。

12.2.4 修正的 Kalman 滤波递推公式

当量测方程和转移方程的扰动项是相关的时候，需要修改 Kalman 滤波。考虑具有量测方程和转移方程的状态空间形式

$$\boldsymbol{y}_t = \boldsymbol{Z}_t\boldsymbol{\alpha}_t + \boldsymbol{d}_t + \boldsymbol{\varepsilon}_t \tag{12.2.32}$$

$$\boldsymbol{\alpha}_t = \boldsymbol{T}_t\boldsymbol{\alpha}_{t-1} + \boldsymbol{c}_t + \boldsymbol{R}_t\boldsymbol{\eta}_t, \quad t = 1,2,\cdots,T \tag{12.2.33}$$

假设

$$E(\boldsymbol{\eta}_t\boldsymbol{\varepsilon}_s') = \begin{cases} \boldsymbol{G}_t, t = s \\ \boldsymbol{0}, t \neq s \end{cases} \tag{12.2.34}$$

其中，$\boldsymbol{G}_t$ 是已知的 $g \times k$ 矩阵。注意当量测方程和转移方程的干扰项在同时点相关，在不同时点不相关时，Kalman 滤波中的预测公式(12.2.2)，式(12.2.3)不变，更新方程进行如下修改，在式(12.2.4)和式(12.2.5)中矩阵 $\boldsymbol{P}_{t|t-1}\boldsymbol{Z}_t'$ 变为 $\boldsymbol{P}_{t|t-1}\boldsymbol{Z}_t' + \boldsymbol{R}_t\boldsymbol{G}_t$，式(12.2.6)变为

$$\boldsymbol{F}_t = \boldsymbol{Z}_t\boldsymbol{P}_{t|t-1}\boldsymbol{Z}_t' + \boldsymbol{Z}_t\boldsymbol{R}_t\boldsymbol{G}_t + \boldsymbol{G}_t'\boldsymbol{R}_t'\boldsymbol{Z}_t' + \boldsymbol{H}_t \tag{12.2.35}$$

Kalman 滤波一般形式中的式(12.2.7)～式(12.2.9)，通过结合预测方程和更新方程

直接写成 $\boldsymbol{a}_{t|t-1}$ 的递归过程。修改如下，式(12.2.7)不变，增益矩阵 $\boldsymbol{K}_t$ 被修改为

$$\boldsymbol{K}_t = (\boldsymbol{T}_{t+1}\boldsymbol{P}_{t|t-1}\boldsymbol{Z}'_t + \boldsymbol{R}_t\boldsymbol{G}_t)\boldsymbol{F}_t^{-1}, \quad t = 1,2,\cdots,T \tag{12.2.36}$$

其中，新息 $\boldsymbol{v}_t$ 的协方差矩阵 $\boldsymbol{F}_t$ 与式(12.2.6)一样，仍是

$$\boldsymbol{F}_t = \boldsymbol{Z}_t\boldsymbol{P}_{t|t-1}\boldsymbol{Z}'_t + \boldsymbol{H}_t, \quad t = 1,2,\cdots,T$$

误差协方差矩阵变成

$$\boldsymbol{P}_{t+1|t} = \boldsymbol{T}_{t+1}\boldsymbol{P}_{t|t-1}\boldsymbol{T}'_{t+1} - (\boldsymbol{T}_{t+1}\boldsymbol{P}_{t|t-1}\boldsymbol{Z}'_t + \boldsymbol{R}_t\boldsymbol{G}_t)\boldsymbol{F}_t^{-1}(\boldsymbol{T}_{t+1}\boldsymbol{P}_{t|t-1}\boldsymbol{Z}'_t + \boldsymbol{R}_t\boldsymbol{G}_t)' + \boldsymbol{R}_{t+1}\boldsymbol{Q}_{t+1}\boldsymbol{R}'_{t+1} \tag{12.2.37}$$

12.2.5　收敛性和初始条件

1. 非时变模型及 Kalman 滤波的收敛性

在许多实际应用问题中，状态空间模型的系统矩阵 $\boldsymbol{Z}_t$、$\boldsymbol{d}_t$、$\boldsymbol{H}_t$、$\boldsymbol{T}_t$、$\boldsymbol{c}_t$、$\boldsymbol{R}_t$ 和 $\boldsymbol{Q}_t$ 都是不依赖于时间变化的，这样就可以写成不带时间下标的模型，称为非时变模型。一般允许 $\boldsymbol{c}_t$ 和 $\boldsymbol{d}_t$ 是依时间变化的，于是状态空间模型的量测方程(12.1.1)和转移方程(12.1.3)就可以写为

$$\boldsymbol{y}_t = \boldsymbol{Z}\boldsymbol{\alpha}_t + \boldsymbol{d}_t + \varepsilon_t, \quad \mathrm{var}(\varepsilon_t) = \boldsymbol{H} \tag{12.2.38}$$

$$\boldsymbol{\alpha}_t = \boldsymbol{T}\boldsymbol{\alpha}_{t-1} + \boldsymbol{c}_t + \boldsymbol{R}\boldsymbol{\eta}_t, \quad \mathrm{var}(\boldsymbol{\eta}_t) = \boldsymbol{Q} \tag{12.2.39}$$

$$E(\boldsymbol{\varepsilon}_t\boldsymbol{\eta}'_s) = 0, \quad \forall s,t \tag{12.2.40}$$

如果系统是稳定的，则转移矩阵 $\boldsymbol{T}$ 的所有的特征根的模应当小于 1，即

$$|\lambda_i(\boldsymbol{T})| < 1, \quad i = 1,2,\cdots,m \tag{12.2.41}$$

且如果初始协方差矩阵 $\boldsymbol{P}_{1|0}$ 是非负定的，则

$$\lim_{t\to\infty}\boldsymbol{P}_{t+1|t} = \bar{\boldsymbol{P}} \tag{12.2.42}$$

$\bar{\boldsymbol{P}}$ 独立于 $\boldsymbol{P}_{1|0}$，$\boldsymbol{P}_{t+1|t}$ 呈指数迅速收敛到 $\bar{\boldsymbol{P}}$。

2. Kalman 滤波的初始条件

(1) 非时变模型的初始条件

以下我们讨论非时变模型的初始条件。一般地，Kalman 滤波的初始值是由状态向量的无条件分布的均值和协方差矩阵给定。如果系统是稳定的，即如果 $|\lambda_i(\boldsymbol{T})| < 1$，且 $\boldsymbol{c}_t$ 是非时变的，则初值可取为

$$\boldsymbol{\alpha}_{1|0} = (\boldsymbol{I} - \boldsymbol{T})^{-1}\boldsymbol{c} \tag{12.2.43}$$

$$\boldsymbol{P}_{1|0} = \boldsymbol{T}\boldsymbol{P}_0\boldsymbol{T}' + \boldsymbol{R}\boldsymbol{Q}\boldsymbol{R}' \tag{12.2.44}$$

【例 3】 MA(1)模型

$$y_t = \varepsilon_t + \theta\varepsilon_{t-1}, \quad t = 1,2,\cdots,T \tag{12.2.45}$$

将状态向量定义为 $\boldsymbol{\alpha}_t = (y_t, \theta\varepsilon_t)'$，则可写为状态空间形式

$$y_t = (1 \quad 0)\,\boldsymbol{\alpha}_t, \quad t = 1,2,\cdots,T \tag{12.2.46}$$

$$\boldsymbol{\alpha}_t = \begin{pmatrix} 0 & 1 \\ 0 & 0 \end{pmatrix}\boldsymbol{\alpha}_{t-1} + \begin{pmatrix} 1 \\ \theta \end{pmatrix}\varepsilon_t \tag{12.2.47}$$

则显然无条件均值是零向量，而它的无条件协方差矩阵可以直接写出来，即

$$\boldsymbol{P} = E(\boldsymbol{\alpha}_t\boldsymbol{\alpha}'_t) = \sigma^2\begin{bmatrix} 1+\theta^2 & \theta \\ \theta & \theta^2 \end{bmatrix} \tag{12.2.48}$$

在更复杂的模型中给出求协方差矩阵的一种方法是

$$\mathrm{Vec}(\boldsymbol{P}) = [\boldsymbol{I} - \boldsymbol{T} \otimes \boldsymbol{T}]^{-1} \mathrm{Vec}(\boldsymbol{RQR}') \tag{12.2.49}$$

式中,算子⊗表示克罗内克积(Kronecker product)①,而 Vec(·)算子是把矩阵拉直,即表示矩阵的列是一列接着一列而形成一个向量。注意$\boldsymbol{\alpha}_1$的无条件分布和$\boldsymbol{\alpha}_0$的无条件分布相同,Kalman 滤波的初值取为 $\boldsymbol{a}_0 = 0, \boldsymbol{P}_0 = \boldsymbol{P}$ 或 $\boldsymbol{a}_{1|0} = 0, \boldsymbol{P}_{1|0} = \boldsymbol{P}$。

(2) 扩散先验(大"κ"方法)

当观察值向量 y_t是非平稳时,不能定义状态向量的无条件分布。因此,如果得不到真正的先验信息,必须按扩散先验或无信息先验指定$\boldsymbol{\alpha}_0$的初始分布。即当什么信息都得不到时,用这种方法确定初值。如果我们写

$$\boldsymbol{P}_0 = \kappa \boldsymbol{I} \tag{12.2.50}$$

式中,κ 是一个正的标量,当 $\kappa \to \infty$ 时得到扩散先验,注意也可以对$\boldsymbol{\alpha}_1$ 应用扩散先验,在这种情况中

$$\boldsymbol{P}_{1|0} = \kappa \boldsymbol{I} \tag{12.2.51}$$

【例 4】 以一个简单的随机游动加噪声的问题为例子,来说明如何用上述方法确定 Kalman 滤波的初值。

$$y_t = \mu_t + \varepsilon_t, \quad \mathrm{var}(\varepsilon_t) = \sigma_\varepsilon^2 \tag{12.2.52}$$

$$\mu_t = \mu_{t-1} + \eta_t, \quad \mathrm{var}(\eta_t) = \sigma_\eta^2 \tag{12.2.53}$$

这是一个状态为 μ_t的单变量非时变状态空间模型。令 q 为信噪比,则以 σ_ε^2 为比例因子,有

$$\mathrm{var}(\varepsilon_t) = \sigma_\varepsilon^2, \quad \mathrm{var}(\eta_t) = \sigma_\varepsilon^2 q$$

并用 $a_{t+1|t}$表示状态 μ_{t+1}基于信息集 $\mathbf{Y}_t$的估计量,则 Kalman 滤波公式(12.2.7)变为

$$a_{t+1|t} = (1 - K_t) a_{t|t-1} + K_t y_t \tag{12.2.54}$$

其中增益是

$$K_t = P_{t|t-1} / (P_{t|t-1} + \sigma_\varepsilon^2)$$

$$P_{t+1|t} = P_{t|t-1} - [P_{t|t-1}^2 / (\sigma_\varepsilon^2 + P_{t|t-1})] + \sigma_\varepsilon^2 q \tag{12.2.55}$$

模型没有清楚地指定初始条件。然而,如果随机游动开始在很远的点,则 $P_{1|0}$ 是无穷大。设 $P_{1|0} = \kappa$,κ 是一个正数,得到递归的第一组结果

$$a_{2|1} = \{1 - [\kappa / (\sigma_\varepsilon^2 + \kappa)]\} a_{1|0} + [\kappa / (\sigma_\varepsilon^2 + \kappa)] y_1$$

$$P_{2|1} = \kappa - [\kappa^2 / (\sigma_\varepsilon^2 + \kappa)] + \sigma_\varepsilon^2 q$$

当 $\kappa \to \infty$时,就有

$$a_{2|1} = y_1$$

$$P_{2|1} = 1 + \sigma_\varepsilon^2 q$$

---

① 设 $\boldsymbol{A} = (a_{ij})_{n \times m}$,$\boldsymbol{B} = (b_{ij})_{p \times q}$,定义 $\boldsymbol{A}$ 与 $\boldsymbol{B}$ 的克罗内克积(简称叉积)为

$$\boldsymbol{A} \otimes \boldsymbol{B} = \begin{pmatrix} a_{11}\boldsymbol{B} & a_{12}\boldsymbol{B} & \cdots & a_{1m}\boldsymbol{B} \\ a_{21}\boldsymbol{B} & a_{22}\boldsymbol{B} & \cdots & a_{2m}\boldsymbol{B} \\ \vdots & \vdots & & \vdots \\ a_{n1}\boldsymbol{B} & a_{n2}\boldsymbol{B} & \cdots & a_{nm}\boldsymbol{B} \end{pmatrix}$$

显然,$\boldsymbol{A} \otimes \boldsymbol{B}$ 是 $np \times mq$ 阶矩阵,是分块矩阵,其第(i,j)块是 $a_{ij}\boldsymbol{B}$。

如果确定用 y_1 作为 μ_1 的初始估计，那么注意它的均方误差（MSE）就是 σ_ε^2，且意味着 $P_1=1$。

对于单变量模型，从例 4 的结果可以得出下面的结论：利用扩散先验相当于用第一个观测值构造正常先验。如果状态向量 $\boldsymbol{\alpha}_t$ 是 m 维的，则需要用前 m 个预测值来构造正常先验。

12.3　状态空间模型超参数的估计

在上一节讨论利用 Kalman 滤波递推公式求状态向量的估计量时，假定状态空间模型的系统矩阵 $\boldsymbol{Z}_t$、$\boldsymbol{H}_t$、$\boldsymbol{T}_t$、$\boldsymbol{R}_t$ 和 $\boldsymbol{Q}_t$ 是已知的。但实际上系统矩阵是依赖于一个未知参数的集合，这些未知参数用向量 $\boldsymbol{\psi}$ 表示，并被称为超参数。本节对于状态空间模型的量测方程（12.1.1）和转移方程（12.1.3）中含有未知参数的情况，介绍超参数的估计方法。

12.3.1　极大似然估计和预测误差分解

在许多问题中，特别在关于正态分布的各种估计问题中，极大似然法是最常用的方法，这主要表现在极大似然估计量常具有某些优良的性质。这里我们采用极大似然法来估计未知的超参数。

极大似然法的原理是建立在观测值 $y_1, y_2, \cdots, y_T$ 是独立的且具有同样分布的，于是它们的联合密度函数被给定为

$$L(\boldsymbol{y};\boldsymbol{\psi}) = \prod_{t=1}^{T} P(\boldsymbol{y}_t) \qquad (12.3.1)$$

式中，$P(\boldsymbol{y}_t)$ 是第 t 个观测值的概率密度函数。一旦得到观测值，$L(\boldsymbol{y};\boldsymbol{\psi})$ 就可以被解释为极大似然函数，并且可以通过关于 $\boldsymbol{\psi}$ 使函数 $L(\boldsymbol{y};\boldsymbol{\psi})$ 达到最大来求出极大似然估计。

然而经济时间序列的一个重要特征是观测值是不独立的，因此不能用式（12.3.1），于是利用条件概率密度函数来代替联合密度函数

$$L(\boldsymbol{y};\boldsymbol{\psi}) = \prod_{t=1}^{T} P(\boldsymbol{y}_t \mid \boldsymbol{Y}_{t-1}) \qquad (12.3.2)$$

式中，$P(\boldsymbol{y}_t \mid \boldsymbol{Y}_{t-1})$ 表示 $\boldsymbol{y}_t$ 以时刻 $t-1$ 的信息集合为条件的条件分布，即 $\boldsymbol{Y}_{t-1}=\{\boldsymbol{y}_{t-1}, \boldsymbol{y}_{t-2}, \cdots, \boldsymbol{y}_1\}$，$P(\boldsymbol{y}_t \mid \boldsymbol{Y}_{t-1}) = P(\boldsymbol{y}_t \mid \boldsymbol{y}_1, \boldsymbol{y}_2, \cdots, \boldsymbol{y}_{t-1})$。

如果量测方程（12.1.1）的扰动项和初始状态向量服从多元正态分布，则 $\boldsymbol{y}_t$ 以 $\boldsymbol{Y}_{t-1}$ 为条件的条件分布也是正态的。进一步，这个条件分布的均值和协方差矩阵可以直接由 Kalman 滤波给定。

由 12.2.2 小节的 Kalman 滤波的推导，我们可以知道，以信息集 $\boldsymbol{Y}_{t-1}$ 为条件，$\boldsymbol{\alpha}_t$ 服从具有均值 $\boldsymbol{a}_{t|t-1}$ 和协方差矩阵 $\boldsymbol{P}_{t|t-1}$ 的正态分布。如果量测方程被写为

$$\boldsymbol{y}_t = \boldsymbol{Z}_t\boldsymbol{a}_{t|t-1} + \boldsymbol{Z}_t(\boldsymbol{\alpha}_t - \boldsymbol{a}_{t|t-1}) + \boldsymbol{d}_t + \boldsymbol{\varepsilon}_t \qquad (12.3.3)$$

可以直接看出 $\boldsymbol{y}_t$ 的条件分布是正态的，均值为

$$\underset{t-1}{\mathrm{E}}(\boldsymbol{y}_t) = \tilde{\boldsymbol{y}}_{t|t-1} = \boldsymbol{Z}_t\boldsymbol{a}_{t|t-1} + \boldsymbol{d}_t \qquad (12.3.4)$$

协方差矩阵由式（12.2.6）的 $\boldsymbol{F}_t$ 给定，即

$$\boldsymbol{F}_t = \boldsymbol{Z}_t\boldsymbol{P}_{t|t-1}\boldsymbol{Z}_t' + \boldsymbol{H}_t, \quad t = 1, \cdots, T \qquad (12.3.5)$$

因此可以将式(12.3.2)的对数似然函数直接写为

$$\ln L = -\frac{Tk}{2}\ln(2\pi) - \frac{1}{2}\sum_{t=1}^{T}\ln|\boldsymbol{F}_t| - \frac{1}{2}\sum_{t=1}^{T}\boldsymbol{v}_t'\boldsymbol{F}_t^{-1}\boldsymbol{v}_t \tag{12.3.6}$$

式中

$$\boldsymbol{v}_t = \boldsymbol{y}_t - \tilde{\boldsymbol{y}}_{t|t-1}, \quad t = 1,\cdots,T \tag{12.3.7}$$

由前面12.2.3节的论述可以知道条件均值$\tilde{\boldsymbol{y}}_{t|t-1}$是$\boldsymbol{y}_t$的最小均方误差意义的最优估计量(MMSE),所以$k\times1$向量$\boldsymbol{v}_t$可以作为一个预测误差向量来解释。因此式(12.3.6)有时也称为似然函数形式的预测误差分解。

极大似然原则就是寻求参数的估计值,使得在这种参数值之下,出现所给样本值的概率密度(即似然函数)值为最大。在现在的情形下,就是寻求$\boldsymbol{\psi}$的估计值,使得似然函数$L(\boldsymbol{y};\boldsymbol{\psi})$相对于给定的观测值$\boldsymbol{y}_1,\boldsymbol{y}_2\cdots,\boldsymbol{y}_T$而言达到最大值。

在$L(\boldsymbol{y};\boldsymbol{\psi})$关于$\psi_i(i=1,2,\cdots,n,n$是未知参数的个数)存在偏导数时,要使$L(\boldsymbol{y};\boldsymbol{\psi})$取最大值,$\boldsymbol{\psi}$必须满足

$$\frac{\partial}{\partial\psi_i}L(\boldsymbol{y};\boldsymbol{\psi}) = 0, \quad i = 1,\cdots,n \tag{12.3.8}$$

由上式可解得$n\times1$向量$\boldsymbol{\psi}$的极大似然估计值$\hat{\boldsymbol{\psi}}$。

因为$L(\boldsymbol{y};\boldsymbol{\psi})$与$\ln L(\boldsymbol{y};\boldsymbol{\psi})$在同一点处取极值,所以$\hat{\boldsymbol{\psi}}$也可以由

$$\frac{\partial}{\partial\psi_i}\ln L(\boldsymbol{y};\boldsymbol{\psi}) = 0, \quad i = 1,\cdots,n \tag{12.3.9}$$

求得,这往往较直接使用式(12.3.8)来得方便。

12.3.2 极大似然估计量的计算方法

极大似然估计量的计算方法有许多种,有解析方法,也有数值解法,本节介绍几种常用的方法。

首先求极大似然估计的迭代公式。为求极大似然估计,需要求解

$$\frac{\partial}{\partial\boldsymbol{\psi}}\ln L(\boldsymbol{y};\boldsymbol{\psi}) = 0$$

设$\tilde{\boldsymbol{\psi}}$是超参数向量的精确值,采用Taylor展开式,取一次近似,并设$\hat{\boldsymbol{\psi}}$表示参数空间上的任意一点,则可将

$$\frac{\partial\ln L(\boldsymbol{y};\boldsymbol{\psi})}{\partial\boldsymbol{\psi}}$$

表示成

$$\left.\frac{\partial\ln L}{\partial\boldsymbol{\psi}}\right|_{\boldsymbol{\psi}=\tilde{\boldsymbol{\psi}}} = \left.\frac{\partial\ln L}{\partial\boldsymbol{\psi}}\right|_{\boldsymbol{\psi}=\hat{\boldsymbol{\psi}}} + \left.\frac{\partial^2\ln L}{\partial\boldsymbol{\psi}\partial\boldsymbol{\psi}'}\right|_{\boldsymbol{\psi}=\hat{\boldsymbol{\psi}}}(\tilde{\boldsymbol{\psi}}-\hat{\boldsymbol{\psi}}) \tag{12.3.10}$$

令其为0,可得

$$\tilde{\boldsymbol{\psi}} \approx \hat{\boldsymbol{\psi}} - \left[\left.\frac{\partial^2\ln L}{\partial\boldsymbol{\psi}\partial\boldsymbol{\psi}'}\right|_{\boldsymbol{\psi}=\hat{\boldsymbol{\psi}}}\right]^{-1}\left.\frac{\partial\ln L}{\partial\boldsymbol{\psi}}\right|_{\boldsymbol{\psi}=\hat{\boldsymbol{\psi}}} \tag{12.3.11}$$

于是得到迭代公式

$$\boldsymbol{\psi}^{(l+1)} \approx \boldsymbol{\psi}^{(l)} - \left[\left.\frac{\partial^2\ln L}{\partial\boldsymbol{\psi}\partial\boldsymbol{\psi}'}\right|_{\boldsymbol{\psi}=\boldsymbol{\psi}^{(l)}}\right]^{-1}\left.\frac{\partial\ln L}{\partial\boldsymbol{\psi}}\right|_{\boldsymbol{\psi}=\boldsymbol{\psi}^{(l)}} \tag{12.3.12}$$

求$\boldsymbol{\psi}^{(l)}$，$l=1,2,\cdots$，它的收敛值

$$\lim_{l\to\infty}\boldsymbol{\psi}^{(l)}=\tilde{\boldsymbol{\psi}}$$

为所求的最大似然估计量。在式(12.3.12)中对数似然函数的二阶导数矩阵$\partial^2\ln L/\partial\boldsymbol{\psi}\partial\boldsymbol{\psi}'$被称为 Hessian 矩阵，而对数似然函数的一阶导数$\partial\ln L/\partial\boldsymbol{\psi}$被称为得分向量或 Jacobian 向量。计算式(12.3.12)中的 Hessian 矩阵的逆矩阵，计算量是很大的。计算式(12.3.12)的方法有多种，近似的方法可节省时间但缺少严密性，而严密的方法又有计算时间长的缺点。实际应用中要根据所用计算机的功能选择适当的方法。

1. 严密的牛顿法

这是最严密的方法，然而计算时间最长。这种方法是采取解析的微分或数值微分寻求似然函数的 Jacobian 和 Hassian 矩阵的方法。首先介绍解析的方法。

(1) 解析的微分

为求对数似然函数式(12.3.6)的导数，要与 Kalman 滤波公式(12.2.2)～式(12.2.6)相联系来考虑。

用ψ_i表示超参数向量$\boldsymbol{\psi}$的第i个元素，则由式(12.3.6)可得到 Jacobian 向量的第i个元素①

$$\frac{\partial\ln L}{\partial\psi_i}=-\frac{1}{2}\sum_{t=1}^{T}\mathrm{tr}\left[\boldsymbol{F}_t^{-1}\frac{\partial\boldsymbol{F}_t}{\partial\psi_i}(\boldsymbol{I}-\boldsymbol{F}_t^{-1}\boldsymbol{v}_t\boldsymbol{v}_t')\right]-\sum_{t=1}^{T}\frac{\partial\boldsymbol{v}_t'}{\partial\psi_i}\boldsymbol{F}_t^{-1}\boldsymbol{v}_t \tag{12.3.13}$$

式中，$\boldsymbol{I}$表示单位矩阵，上式中的$\partial\boldsymbol{F}_t/\partial\psi_i$和$\partial\boldsymbol{v}_t'/\partial\psi_i$可从$\partial\boldsymbol{a}_0/\partial\psi_i=0$，$\partial\boldsymbol{P}_0/\partial\psi_i=0$出发，通过对 Kalman 滤波的预测和更新方程式(12.2.2)～式(12.2.6)求微分，由以下各式得到，这里设$\boldsymbol{R}=\boldsymbol{I}$。

$$\frac{\partial\boldsymbol{a}_{t|t-1}}{\partial\psi_i}=\frac{\partial T_t}{\partial\psi_i}\boldsymbol{a}_{t-1}+T_t\frac{\partial\boldsymbol{a}_{t-1}}{\partial\psi_i}+\frac{\partial\boldsymbol{c}_t}{\partial\psi_i} \tag{12.3.14}$$

$$\frac{\partial\boldsymbol{P}_{t|t-1}}{\partial\psi_i}=\frac{\partial\boldsymbol{T}_t}{\partial\psi_i}\boldsymbol{P}_{t-1}\boldsymbol{T}_t'+\boldsymbol{T}_t\frac{\partial\boldsymbol{P}_{t-1}}{\partial\psi_i}\boldsymbol{T}_t'+\boldsymbol{T}_t\boldsymbol{P}_{t-1}\frac{\partial\boldsymbol{T}_t'}{\partial\psi_i}+\frac{\partial\boldsymbol{Q}_t}{\partial\psi_i} \tag{12.3.15}$$

$$\begin{aligned}\frac{\partial\boldsymbol{a}_t}{\partial\psi_i}=&\frac{\partial\boldsymbol{a}_{t|t-1}}{\partial\psi_i}+\frac{\partial\boldsymbol{P}_{t|t-1}}{\partial\psi_i}\boldsymbol{Z}_t'\boldsymbol{F}_t^{-1}\boldsymbol{v}_t+\boldsymbol{P}_{t|t-1}\frac{\partial\boldsymbol{Z}_t'}{\partial\psi_i}\boldsymbol{F}_t^{-1}\boldsymbol{v}_t\\&-\boldsymbol{P}_{t|t-1}\boldsymbol{Z}_t'\boldsymbol{F}_t^{-1}\frac{\partial\boldsymbol{F}_t}{\partial\psi_i}\boldsymbol{F}_t^{-1}\boldsymbol{v}_t+\boldsymbol{P}_{t|t-1}\boldsymbol{Z}_t'\boldsymbol{F}_t^{-1}\frac{\partial\boldsymbol{v}_t}{\partial\psi_i}\end{aligned} \tag{12.3.16}$$

$$\begin{aligned}\frac{\partial\boldsymbol{P}_t}{\partial\psi_i}=&\frac{\partial\boldsymbol{P}_{t|t-1}}{\partial\psi_i}-\frac{\partial\boldsymbol{P}_{t|t-1}}{\partial\psi_i}\boldsymbol{Z}_t'\boldsymbol{F}_t^{-1}\boldsymbol{Z}_t\boldsymbol{P}_{t|t-1}-\boldsymbol{P}_{t|t-1}\frac{\partial\boldsymbol{Z}_t'}{\partial\psi_i}\boldsymbol{F}_t^{-1}\boldsymbol{Z}_t\boldsymbol{P}_{t|t-1}\\&+\boldsymbol{P}_{t|t-1}\boldsymbol{Z}_t'\boldsymbol{F}_t^{-1}\frac{\partial\boldsymbol{F}_t}{\partial\psi_i}\boldsymbol{F}_t^{-1}\boldsymbol{Z}_t\boldsymbol{P}_{t|t-1}-\boldsymbol{P}_{t|t-1}\boldsymbol{Z}_t'\boldsymbol{F}_t^{-1}\frac{\partial\boldsymbol{Z}_t}{\partial\psi_i}\boldsymbol{P}_{t|t-1}\end{aligned}$$

---

① 对于任意依赖于一变量$\boldsymbol{x}$的对称矩阵$\boldsymbol{A}$，其行列式和逆矩阵对$\boldsymbol{x}$求导数的公式为

$$\frac{\partial\boldsymbol{A}^{-1}}{\partial x}=-\boldsymbol{A}^{-1}\frac{\partial\boldsymbol{A}}{\partial x}\boldsymbol{A}^{-1}$$

$$\frac{\partial|\boldsymbol{A}|}{\partial x}=|\boldsymbol{A}|\,\mathrm{tr}\left[\boldsymbol{A}^{-1}\frac{\partial\boldsymbol{A}}{\partial x}\right]$$

式中的符号 tr[$\boldsymbol{B}$]表示矩阵$\boldsymbol{B}$的各对角线元素之和，即当$\boldsymbol{B}=(b_{ij})_{n\times n}$时，

$$\mathrm{tr}[\boldsymbol{B}]=\sum_{i=1}^{n}b_{ii}$$

$$-\boldsymbol{P}_{t|t-1}\boldsymbol{Z}_t'\boldsymbol{F}_t^{-1}\boldsymbol{Z}_t\frac{\partial \boldsymbol{P}_{t|t-1}}{\partial \psi_i} \quad (12.3.17)$$

$$\frac{\partial \boldsymbol{F}_t}{\partial \psi_i}=\frac{\partial \boldsymbol{Z}_t}{\partial \psi_i}\boldsymbol{P}_{t|t-1}\boldsymbol{Z}_t'+\boldsymbol{Z}_t\frac{\partial \boldsymbol{P}_{t|t-1}}{\partial \psi_i}\boldsymbol{Z}_t'+\boldsymbol{Z}_t\boldsymbol{P}_{t|t-1}\frac{\partial \boldsymbol{Z}_t'}{\partial \psi_i}+\frac{\partial \boldsymbol{H}_t}{\partial \psi_i} \quad (12.3.18)$$

$$\frac{\partial \boldsymbol{v}_t}{\partial \psi_i}=-\boldsymbol{Z}_t\frac{\partial \boldsymbol{a}_{t|t-1}}{\partial \psi_i}-\frac{\partial \boldsymbol{Z}_t}{\partial \psi_i}\boldsymbol{a}_{t|t-1}-\frac{\partial \boldsymbol{d}_t}{\partial \psi_i} \quad (12.3.19)$$

对 $t=1,\cdots,T$,式(12.3.14)~式(12.3.19)一起提供了所要求的导数,从而可得到 Jacobian 向量。Hessian 矩阵的(i,j)元素为

$$\begin{aligned}\frac{\partial^2 \ln L}{\partial \psi_i\partial \psi_j}=\sum_{t=1}^{T}\Big\{&-\frac{1}{2}\mathrm{tr}\Big[\Big(-\boldsymbol{F}_t^{-1}\frac{\partial \boldsymbol{F}_t}{\partial \psi_j}\boldsymbol{F}_t^{-1}\frac{\partial \boldsymbol{F}_t}{\partial \psi_i}+\boldsymbol{F}_t^{-1}\frac{\partial^2 \boldsymbol{F}_t}{\partial \psi_i\partial \psi_j}\Big)(\boldsymbol{I}-\boldsymbol{F}_t^{-1}\boldsymbol{v}_t\boldsymbol{v}_t')\Big]\\ &-\frac{1}{2}\mathrm{tr}\Big(\boldsymbol{F}_t^{-1}\frac{\partial \boldsymbol{F}_t}{\partial \psi_i}\boldsymbol{F}_t^{-1}\frac{\partial \boldsymbol{F}_t}{\partial \psi_j}\boldsymbol{F}_t^{-1}\boldsymbol{v}_t\boldsymbol{v}_t'\Big)+\frac{1}{2}\mathrm{tr}\Big[\boldsymbol{F}_t^{-1}\frac{\partial \boldsymbol{F}_t}{\partial \psi_i}\boldsymbol{F}_t^{-1}\Big(\frac{\partial \boldsymbol{v}_t}{\partial \psi_j}\boldsymbol{v}_t'+\boldsymbol{v}_t\frac{\partial \boldsymbol{v}_t'}{\partial \psi_j}\Big)\Big]\\ &-\Big(\frac{\partial^2 \boldsymbol{v}_t'}{\partial \psi_i\partial \psi_j}\boldsymbol{F}_t^{-1}\boldsymbol{v}_t-\frac{\partial \boldsymbol{v}_t'}{\partial \psi_i}\boldsymbol{F}_t^{-1}\frac{\partial \boldsymbol{F}_t}{\partial \psi_j}\boldsymbol{F}_t^{-1}\boldsymbol{v}_t+\frac{\partial \boldsymbol{v}_t'}{\partial \psi_i}\boldsymbol{F}_t^{-1}\frac{\partial \boldsymbol{v}_t}{\partial \psi_j}\Big)\Big\}\end{aligned} \quad (12.3.20)$$

其中,$\boldsymbol{v}_t$ 和 $\boldsymbol{F}_t$ 的各二阶导数可从 $\partial^2\boldsymbol{a}_0/\partial\psi_i\partial\psi_j=0$,$\partial^2\boldsymbol{P}_0/\partial\psi_i\partial\psi_j=0$ 出发,由以下各式求得,即

$$\frac{\partial^2 \boldsymbol{a}_{t|t-1}}{\partial \psi_i\partial \psi_j}=\frac{\partial \boldsymbol{T}_t}{\partial \psi_i}\frac{\partial \boldsymbol{a}_{t-1}}{\partial \psi_j}+\Big(\frac{\partial \boldsymbol{T}_t}{\partial \psi_j}+\boldsymbol{T}_t\frac{\partial}{\partial \psi_j}\Big)\frac{\partial \boldsymbol{a}_{t-1}}{\partial \psi_i}+\frac{\partial \boldsymbol{c}_t}{\partial \psi_i\partial \psi_j}$$①

$$\begin{aligned}\frac{\partial^2 \boldsymbol{P}_{t|t-1}}{\partial \psi_i\partial \psi_j}=&\frac{\partial \boldsymbol{T}_t}{\partial \psi_i}\Big(\frac{\partial \boldsymbol{P}_{t-1}}{\partial \psi_j}\boldsymbol{T}_t'+\boldsymbol{P}_{t-1}\frac{\partial \boldsymbol{T}_t'}{\partial \psi_j}\Big)+\Big(\frac{\partial \boldsymbol{T}_t}{\partial \psi_j}+\boldsymbol{T}_t\frac{\partial}{\partial \psi_j}\Big)\frac{\partial \boldsymbol{P}_{t-1}}{\partial \psi_i}\boldsymbol{T}_t'\\ &+\boldsymbol{T}_t\frac{\partial \boldsymbol{P}_{t-1}}{\partial \psi_i}\frac{\partial \boldsymbol{T}_t'}{\partial \psi_j}+\Big(\frac{\partial \boldsymbol{T}_t}{\partial \psi_j}\boldsymbol{P}_{t-1}+\boldsymbol{T}_t\frac{\partial \boldsymbol{P}_{t-1}}{\partial \psi_j}\Big)\frac{\partial \boldsymbol{T}_t'}{\partial \psi_i}\end{aligned} \quad (12.3.22)$$

$$\begin{aligned}\frac{\partial^2 \boldsymbol{a}_t}{\partial \psi_i\partial \psi_j}=&\frac{\partial^2 \boldsymbol{a}_{t|t-1}}{\partial \psi_i\partial \psi_j}+\frac{\partial^2 \boldsymbol{P}_{t|t-1}}{\partial \psi_i\partial \psi_j}\boldsymbol{Z}_t'\boldsymbol{F}_t^{-1}\boldsymbol{v}_t+\frac{\partial \boldsymbol{P}_{t|t-1}}{\partial \psi_i}\Big(\frac{\partial \boldsymbol{Z}_t'}{\partial \psi_j}\boldsymbol{F}_t^{-1}\boldsymbol{v}_t-\boldsymbol{Z}_t'\boldsymbol{F}_t^{-1}\frac{\partial \boldsymbol{F}_t}{\partial \psi_j}\boldsymbol{F}_t^{-1}\boldsymbol{v}_t+\boldsymbol{Z}_t'\boldsymbol{F}_t^{-1}\frac{\partial \boldsymbol{v}_t}{\partial \psi_j}\Big)\\ &+\frac{\partial \boldsymbol{P}_{t|t-1}}{\partial \psi_j}\frac{\partial \boldsymbol{Z}_t'}{\partial \psi_i}\boldsymbol{F}_t^{-1}\boldsymbol{v}_t+\boldsymbol{P}_{t|t-1}\frac{\partial \boldsymbol{Z}_t'}{\partial \psi_i}\Big(-\boldsymbol{F}_t^{-1}\frac{\partial \boldsymbol{F}_t}{\partial \psi_j}\boldsymbol{F}_t^{-1}\boldsymbol{v}_t+\boldsymbol{F}_t^{-1}\frac{\partial \boldsymbol{v}_t}{\partial \psi_j}\Big)\\ &-\Big(\frac{\partial \boldsymbol{P}_{t|t-1}}{\partial \psi_j}\boldsymbol{Z}_t'\boldsymbol{F}_t^{-1}+\boldsymbol{P}_{t|t-1}\frac{\partial \boldsymbol{Z}_t'}{\partial \psi_j}\boldsymbol{F}_t^{-1}-\boldsymbol{P}_{t|t-1}\boldsymbol{Z}_t'\boldsymbol{F}_t^{-1}\frac{\partial \boldsymbol{F}_t}{\partial \psi_j}\boldsymbol{F}_t^{-1}\Big)\Big(\frac{\partial \boldsymbol{F}_t}{\partial \psi_i}\boldsymbol{F}_t^{-1}\boldsymbol{v}_t-\frac{\partial \boldsymbol{v}_t}{\partial \psi_i}\Big)\\ &-\boldsymbol{P}_{t|t-1}\boldsymbol{Z}_t'\boldsymbol{F}_t^{-1}\Big(\frac{\partial^2 \boldsymbol{F}_t}{\partial \psi_i\partial \psi_j}\boldsymbol{F}_t^{-1}\boldsymbol{v}_t-\frac{\partial \boldsymbol{F}_t}{\partial \psi_i}\boldsymbol{F}_t^{-1}\frac{\partial \boldsymbol{F}_t}{\partial \psi_j}\boldsymbol{F}_t^{-1}\boldsymbol{v}_t+\frac{\partial \boldsymbol{F}_t}{\partial \psi_i}\boldsymbol{F}_t^{-1}\frac{\partial \boldsymbol{v}_t}{\partial \psi_j}-\frac{\partial^2 \boldsymbol{v}_t}{\partial \psi_i\partial \psi_j}\Big)\end{aligned} \quad (12.3.23)$$

$$\begin{aligned}\frac{\partial^2 \boldsymbol{P}_t}{\partial \psi_i\partial \psi_j}=&\frac{\partial^2 \boldsymbol{P}_{t|t-1}}{\partial \psi_i\partial \psi_j}-\frac{\partial^2 \boldsymbol{P}_{t|t-1}}{\partial \psi_i\partial \psi_j}\boldsymbol{Z}_t'\boldsymbol{F}_t^{-1}\boldsymbol{Z}_t\boldsymbol{P}_{t|t-1}-\frac{\partial \boldsymbol{P}_{t|t-1}}{\partial \psi_i}\Big(\frac{\partial \boldsymbol{Z}_t'}{\partial \psi_j}\boldsymbol{F}_t^{-1}\boldsymbol{Z}_t\boldsymbol{P}_{t|t-1}-\boldsymbol{Z}_t'\boldsymbol{F}_t^{-1}\frac{\partial \boldsymbol{F}_t}{\partial \psi_j}\boldsymbol{F}_t^{-1}\boldsymbol{Z}_t\boldsymbol{P}_{t|t-1}\\ &+\boldsymbol{Z}_t'\boldsymbol{F}_t^{-1}\frac{\partial \boldsymbol{Z}_t}{\partial \psi_j}\boldsymbol{P}_{t|t-1}+\boldsymbol{Z}_t'\boldsymbol{F}_t^{-1}\boldsymbol{Z}_t\frac{\partial \boldsymbol{P}_{t|t-1}}{\partial \psi_j}\Big)-\frac{\partial \boldsymbol{P}_{t|t-1}}{\partial \psi_j}\frac{\partial \boldsymbol{Z}_t'}{\partial \psi_i}\boldsymbol{F}_t^{-1}\boldsymbol{Z}_t\boldsymbol{P}_{t|t-1}-\boldsymbol{P}_{t|t-1}\frac{\partial \boldsymbol{Z}_t'}{\partial \psi_i}\Big(-\boldsymbol{F}_t^{-1}\frac{\partial \boldsymbol{F}_t}{\partial \psi_j}\boldsymbol{F}_t^{-1}\boldsymbol{Z}_t\boldsymbol{P}_{t|t-1}\\ &+\boldsymbol{F}_t^{-1}\frac{\partial \boldsymbol{Z}_t}{\partial \psi_j}\boldsymbol{P}_{t|t-1}+\boldsymbol{F}_t^{-1}\boldsymbol{Z}_t\frac{\partial \boldsymbol{P}_{t|t-1}}{\partial \psi_j}\Big)+\Big(\frac{\partial \boldsymbol{P}_{t|t-1}}{\partial \psi_j}\boldsymbol{Z}_t'\boldsymbol{F}_t^{-1}+\boldsymbol{P}_{t|t-1}\frac{\partial \boldsymbol{Z}_t'}{\partial \psi_j}\boldsymbol{F}_t^{-1}-\boldsymbol{P}_{t|t-1}\boldsymbol{Z}_t'\boldsymbol{F}_t^{-1}\frac{\partial \boldsymbol{F}t}{\partial \psi_j}\boldsymbol{F}_t^{-1}\Big)\\ &\Big(\frac{\partial \boldsymbol{F}_t}{\partial \psi_i}\boldsymbol{F}_t^{-1}\boldsymbol{Z}_t\boldsymbol{P}_{t|t-1}-\frac{\partial \boldsymbol{Z}_t}{\partial \psi_i}\boldsymbol{P}_{t|t-1}-\boldsymbol{Z}_t\frac{\partial \boldsymbol{P}_{t|t-1}}{\partial \psi_j}\Big)+\boldsymbol{P}_{t|t-1}\boldsymbol{Z}_t'\boldsymbol{F}_t^{-1}\frac{\partial^2 \boldsymbol{F}_t}{\partial \psi_i\partial \psi_j}\boldsymbol{F}_t^{-1}\boldsymbol{Z}_t\boldsymbol{P}_{t|t-1}\\ &+\boldsymbol{P}_{t|t-1}\boldsymbol{Z}_t'\boldsymbol{F}_t^{-1}\frac{\partial \boldsymbol{F}_t}{\partial \psi_i}\Big(-\boldsymbol{F}_t^{-1}\frac{\partial \boldsymbol{F}_t}{\partial \psi_j}\boldsymbol{F}_t^{-1}\boldsymbol{Z}_t\boldsymbol{P}_{t|t-1}+\boldsymbol{F}_t^{-1}\frac{\partial \boldsymbol{Z}_t}{\partial \psi_j}\boldsymbol{P}_{t|t-1}+\boldsymbol{F}_t^{-1}\boldsymbol{Z}_t\frac{\partial \boldsymbol{P}_{t|t-1}}{\partial \psi_j}\Big)\\ &-\boldsymbol{P}_{t|t-1}\boldsymbol{Z}_t'\boldsymbol{F}_t^{-1}\frac{\partial \boldsymbol{Z}_t}{\partial \psi_i}\frac{\partial \boldsymbol{P}_{t|t-1}}{\partial \psi_j}-\boldsymbol{P}_{t|t-1}\boldsymbol{Z}_t'\boldsymbol{F}_t^{-1}\Big(\frac{\partial \boldsymbol{Z}_t}{\partial \psi_j}+\boldsymbol{Z}_t\frac{\partial}{\partial \psi_j}\Big)\frac{\partial \boldsymbol{P}_{t|t-1}}{\partial \psi_i}\end{aligned} \quad (12.3.24)$$

---

① 在求二阶导数中,假设 $\boldsymbol{T}_t$、$\boldsymbol{Q}_t$、$\boldsymbol{Z}_t$ 是$\boldsymbol{\psi}$ 的线性函数,则有

$$\frac{\partial^2 \boldsymbol{T}_t}{\partial \psi_i\partial \psi_j}=0 \quad \frac{\partial^2 \boldsymbol{Q}_t}{\partial \psi_i\partial \psi_j}=0 \quad \frac{\partial^2 \boldsymbol{Z}_t}{\partial \psi_i\partial \psi_j}=0$$

$$\frac{\partial^2 \boldsymbol{F}_t}{\partial\psi_i\partial\psi_j}=\frac{\partial \boldsymbol{Z}_t}{\partial\psi_i}\left(\frac{\partial \boldsymbol{P}_{t|t-1}}{\partial\psi_j}\boldsymbol{Z}'_t+\boldsymbol{P}_{t|t-1}\frac{\partial \boldsymbol{Z}'_t}{\partial\psi_j}\right)+\left(\frac{\partial \boldsymbol{Z}_t}{\partial\psi_j}+\boldsymbol{Z}_t\frac{\partial}{\partial\psi_j}\right)\frac{\partial \boldsymbol{P}_{t|t-1}}{\partial\psi_i}\boldsymbol{Z}'_t+\boldsymbol{Z}_t\frac{\partial \boldsymbol{P}_{t|t-1}}{\partial\psi_i}\times\frac{\partial \boldsymbol{Z}'_t}{\partial\psi_j}$$

$$+\left(\frac{\partial \boldsymbol{Z}_t}{\partial\psi_j}\boldsymbol{P}_{t|t-1}+\boldsymbol{Z}_t\frac{\partial \boldsymbol{P}_{t|t-1}}{\partial\psi_j}\right)\frac{\partial \boldsymbol{Z}'_t}{\partial\psi_i}+\frac{\partial^2 H_t}{\partial\psi_i\partial\psi_j} \tag{12.3.25}$$

$$\frac{\partial^2 \boldsymbol{v}_t}{\partial\psi_i\partial\psi_j}=-\left(\frac{\partial \boldsymbol{Z}_t}{\partial\psi_j}+\boldsymbol{Z}_t\frac{\partial}{\partial\psi_j}\right)\frac{\partial \boldsymbol{a}_{t|t-1}}{\partial\psi_i}-\frac{\partial \boldsymbol{Z}_t}{\partial\psi_i}\times\frac{\partial \boldsymbol{a}_{t|t-1}}{\partial\psi_j}-\frac{\partial^2 \boldsymbol{d}_t}{\partial\psi_i\partial\psi_j} \tag{12.3.26}$$

以上的式(12.3.13)～式(12.3.26)和式(12.2.2)～式(12.2.6)的Kalman滤波公式同时计算，可以得到对数似然函数的Jacobian和Hessian矩阵。可是这个计算体系太复杂，实际应用几乎是不可能。所以在实际计算中常常使用数值微分来代替解析微分。

(2) 数值微分

在实际应用中，严密的牛顿法都采用数值微分计算。数值微分就是关于某个参数，计算对数似然函数的变化量，即

$$\frac{\partial \ln L(\boldsymbol{\psi})}{\partial\psi_i}\approx\frac{\ln L(\boldsymbol{\psi}'^{i},\psi_i+k)-\ln L(\boldsymbol{\psi}'^{i},\psi_i-k)}{2k} \tag{12.3.27}$$

其中，$\boldsymbol{\psi}'_i$表示$\boldsymbol{\psi}$中除第i个元素之外其他元素全体。当k充分接近0时，此公式可达到任意精度。类似地，对于二阶导数使用下式

$$\frac{\partial^2 \ln L(\boldsymbol{\psi})}{\partial\psi_i\partial\psi_j}\approx\frac{\dfrac{\partial \ln L(\boldsymbol{\psi}'^{j},\psi_j+k)}{\partial\psi_i}-\dfrac{\partial \ln L(\boldsymbol{\psi}'^{j},\psi_j-k)}{\partial\psi_i}}{2k} \tag{12.3.28}$$

对于严密的牛顿法来说，无论是利用解析的微分还是利用数值微分，计算量都是相当大的。

2. 拟牛顿法

由于严密的方法计算复杂，工作量太大，很难实现。实际上经常使用的是近似的方法。拟牛顿法是迭代的方法，其基本思想是利用对数似然函数的一阶导数向量的变化来修改Hessian矩阵，进而更新似然函数的估计量。如果迭代收敛，就可以得到超参数的估计值。拟牛顿法有几种方法，本节介绍DFP(davidson-fletcher powell)法和BFGS(broyden-fletcher-goldfard-shanno)法。

(1) DFP法

假设已给定任意的参数向量$\boldsymbol{\psi}^1$(初值)和任意的正定对称矩阵$\boldsymbol{\Pi}^1$。按下式迭代

$$\boldsymbol{d}^l=\boldsymbol{\Pi}^l\frac{\partial \ln L(\boldsymbol{\psi}^l)}{\partial\boldsymbol{\psi}} \tag{12.3.29}$$

$$\boldsymbol{\psi}^{l+1}=\boldsymbol{\psi}^l+\boldsymbol{d}^l \tag{12.3.30}$$

$$\boldsymbol{f}^l=\frac{\partial \ln L(\boldsymbol{\psi}^{l+1})}{\partial\boldsymbol{\psi}}-\frac{\partial \ln L(\boldsymbol{\psi}^l)}{\partial\boldsymbol{\psi}} \tag{12.3.31}$$

$$\boldsymbol{\Pi}^{l+1}=\boldsymbol{\Pi}^l+\frac{\boldsymbol{d}^l\boldsymbol{d}^{l\prime}}{\boldsymbol{d}^{l\prime}\boldsymbol{f}^l}-\frac{\boldsymbol{\Pi}^l\boldsymbol{f}^l\boldsymbol{f}^{l\prime}\boldsymbol{\Pi}^l}{\boldsymbol{f}^{l\prime}\boldsymbol{\Pi}^l\boldsymbol{f}^l} \tag{12.3.32}$$

当$l=1,2,\cdots$，就求得序列$\{\boldsymbol{\psi}^l\}$，其收敛值$\boldsymbol{\psi}^*=\lim\boldsymbol{\psi}^l$即作为所求的解。一般取一个充分小的正数$\delta$，当后一个迭代值$\boldsymbol{\psi}^{l+1}$和前一个$\boldsymbol{\psi}^l$之差的模小于$\delta$，即认为已收敛，将其中的一个取做$\boldsymbol{\psi}^*$，便得到了参数向量的解。

(2) BFGS法

BFGS法与DFP法基本相同,只是式(12.3.32)改为

$$\boldsymbol{\Pi}^{l+1}=\left(\boldsymbol{I}-\frac{\boldsymbol{d}^{l}\boldsymbol{f}^{l\prime}}{\boldsymbol{f}^{l\prime}\boldsymbol{d}^{l}}\right)\boldsymbol{\Pi}^{l}\left(\boldsymbol{I}-\frac{\boldsymbol{f}^{l}\boldsymbol{d}^{l\prime}}{\boldsymbol{f}^{l\prime}\boldsymbol{d}^{l}}\right)+\frac{\boldsymbol{d}^{l}\boldsymbol{f}^{l\prime}}{\boldsymbol{f}^{l\prime}\boldsymbol{d}^{l}} \tag{12.3.33}$$

拟牛顿法也分为解析方法求解和数值方法求解两种算法。如果采用解析的方法,则式(12.3.29)和式(12.3.31)中的一阶导数采用式(12.3.14)~式(12.3.19)所给出的公式求解。如果采用数值的方法,则式(12.3.29)和式(12.3.31)采用式(12.3.27)的数值微分方法来求一阶导数。拟牛顿法尽管不很严密,但是计算量较严密的牛顿法要小得多,而且效率较高。

3. 得分方法

严密的牛顿法和拟牛顿法都是作为求解一般的非线性最大化问题而开发的算法。下面介绍的得分方法(scoring method)提供了可依赖于一阶导数产生信息矩阵,从而仅通过计算一阶导数就可以求出最大似然估计量的一种近似且有效的算法。

(1) 信息矩阵

信息矩阵有如下定义。

对一似然函数(亦即概率密度) $L(\boldsymbol{y};\boldsymbol{\psi})$,称$\partial\ln L/\partial\boldsymbol{\psi}$为得分向量,而称得分向量的协方差阵为信息矩阵,并记以 $\boldsymbol{I}(\boldsymbol{\psi})$,即

$$\boldsymbol{I}(\boldsymbol{\psi})=\operatorname{var}\left(\frac{\partial\ln L}{\partial\boldsymbol{\psi}}\right) \tag{12.3.34}$$

因 $\mathrm{E}\left(\frac{\partial\ln L}{\partial\boldsymbol{\psi}}\right)=\int\frac{\partial L}{\partial\boldsymbol{\psi}}\mathrm{d}\boldsymbol{y}=\frac{\partial}{\partial\boldsymbol{\psi}}\int L\mathrm{d}\boldsymbol{y}=\frac{\partial}{\partial\boldsymbol{\psi}}(1)=0$,故

$$\boldsymbol{I}(\boldsymbol{\psi})=\mathrm{E}\left(\frac{\partial\ln L}{\partial\boldsymbol{\psi}}\cdot\frac{\partial\ln L}{\partial\boldsymbol{\psi}'}\right) \tag{12.3.35}$$

在 L 为正态分布的情形下,可证

$$\mathrm{E}\left(\frac{\partial\ln L}{\partial\boldsymbol{\psi}}\cdot\frac{\partial\ln L}{\partial\boldsymbol{\psi}'}\right)=-\mathrm{E}\left(\frac{\partial^{2}\ln L}{\partial\boldsymbol{\psi}\partial\boldsymbol{\psi}'}\right) \tag{12.3.36}$$

故有的文献也以

$$\boldsymbol{I}(\boldsymbol{\psi})=-\mathrm{E}\left(\frac{\partial^{2}\ln L}{\partial\boldsymbol{\psi}\partial\boldsymbol{\psi}'}\right) \tag{12.3.37}$$

作为信息矩阵的定义。

由信息矩阵的定义式(12.3.37)可知信息矩阵就是对 Hessian 矩阵求期望值,再乘-1。故由式(12.3.20)可得到信息矩阵 $I(\boldsymbol{\psi})$的第(i,j)元素为

$$\begin{aligned}I_{ij}(\boldsymbol{\psi})&=-\mathrm{E}\left(\frac{\partial^{2}\ln L}{\partial\psi_i\partial\psi_j}\right)\\&=\sum_{t=1}^{T}\left\{\frac{1}{2}\operatorname{tr}\left[\left(-\boldsymbol{F}_t^{-1}\frac{\partial\boldsymbol{F}_t}{\partial\psi_j}\boldsymbol{F}_t^{-1}\frac{\partial\boldsymbol{F}_t}{\partial\psi_i}+\boldsymbol{F}_t^{-1}\frac{\partial^{2}\boldsymbol{F}_t}{\partial\psi_i\partial\psi_j}\right)(\boldsymbol{I}-\boldsymbol{F}_t^{-1}\boldsymbol{v}_t\boldsymbol{v}_t')\right]+\right.\\&\quad\frac{1}{2}\operatorname{tr}\left(\boldsymbol{F}_t^{-1}\frac{\partial\boldsymbol{F}_t}{\partial\psi_i}\boldsymbol{F}_t^{-1}\frac{\partial\boldsymbol{F}_t}{\partial\psi_j}\boldsymbol{F}_t^{-1}\boldsymbol{v}_t\boldsymbol{v}_t'\right)-\frac{1}{2}\operatorname{tr}\left[\boldsymbol{F}_t^{-1}\frac{\partial\boldsymbol{F}_t}{\partial\psi_i}\boldsymbol{F}_t^{-1}\left(\frac{\partial\boldsymbol{v}_t}{\partial\psi_j}\boldsymbol{v}_t'+\boldsymbol{v}_t\frac{\partial\boldsymbol{v}_t'}{\partial\psi_j}\right)\right]+\\&\quad\left.\mathrm{E}\left(\frac{\partial^{2}\boldsymbol{v}_t'}{\partial\psi_i\partial\psi_j}\boldsymbol{F}_t^{-1}\boldsymbol{v}_t-\frac{\partial\boldsymbol{v}_t'}{\partial\psi_i}\boldsymbol{F}_t^{-1}\frac{\partial\boldsymbol{F}_t}{\partial\psi_j}\boldsymbol{F}_t^{-1}\boldsymbol{v}_t+\frac{\partial\boldsymbol{v}_t'}{\partial\psi_i}\boldsymbol{F}_t^{-1}\frac{\partial\boldsymbol{v}_t}{\partial\psi_j}\right)\right\}\end{aligned} \tag{12.3.38}$$

信息矩阵 $\boldsymbol{I}(\boldsymbol{\psi})$ 的计算公式可以进一步简化。注意

$$\mathrm{E}\left(\frac{\partial^2 \ln L}{\partial\psi_i\partial\psi_j}\right)=\mathrm{E}\left[\underset{t-1}{\mathrm{E}}\left(\frac{\partial^2 \ln L}{\partial\psi_i\partial\psi_j}\right)\right] \tag{12.3.39}$$

算子 $\underset{t-1}{\mathrm{E}}(\cdot)$ 表示以信息集 $\boldsymbol{Y}_{t-1}$ 为条件的条件期望。而在式(12.3.38)中只有 $\boldsymbol{v}_t$ 及其一、二阶导数是随机的，再由

$$\boldsymbol{v}_t=\boldsymbol{y}_t-\underset{t-1}{\mathrm{E}}(\boldsymbol{y}_t) \tag{12.3.40}$$

因 $\boldsymbol{y}_t$ 本身与参数 ψ_i 无关，可得

$$\frac{\partial\ \boldsymbol{v}_t}{\partial\psi_i}=-\frac{\partial}{\partial\psi_i}\underset{t-1}{\mathrm{E}}(\boldsymbol{y}_t) \tag{12.3.41}$$

从而 $\partial\boldsymbol{v}_t/\partial\psi_i,\partial\boldsymbol{v}_t'/\partial\psi_i,\partial^2\ \boldsymbol{v}_t/\partial\psi_i\partial\psi_j$ 在信息集合 $\boldsymbol{Y}_{t-1}$ 的条件下，都是 $\boldsymbol{y}_{t-1}$ 的函数，故有

$$\underset{t-1}{\mathrm{E}}(\boldsymbol{v}_t)=0 \tag{12.3.42}$$

$$\underset{t-1}{\mathrm{E}}\left(\frac{\partial\boldsymbol{v}_t}{\partial\psi_i}\ \boldsymbol{v}_t\right)=\frac{\partial\boldsymbol{v}_t'}{\partial\psi_i}\underset{t-1}{\mathrm{E}}(\boldsymbol{v}_t)=0 \tag{12.3.43}$$

$$\underset{t-1}{\mathrm{E}}\left(\frac{\partial^2\ \boldsymbol{v}_t'}{\partial\psi_i\partial\psi_j}\boldsymbol{F}_t^{-1}\ \boldsymbol{v}_t\right)=\frac{\partial^2\ \boldsymbol{v}_t'}{\partial\psi_i\partial\psi_j}F_t^{-1}\underset{t-1}{\mathrm{E}}(\boldsymbol{v}_t)=0 \tag{12.3.44}$$

因此在式(12.3.38)的条件期望中第 3～5 项都不见了，第 1 项也不见了，因为 $\underset{t-1}{\mathrm{E}}(\boldsymbol{v}_t\boldsymbol{v}_t')=\boldsymbol{F}$，从而第 2 项也因此得到简化。这样一来，信息矩阵的第(i,j)元素的表达式变为以下形式

$$I_{ij}(\boldsymbol{\psi})=\frac{1}{2}\sum_{t=1}^{T}\left[\mathrm{tr}\left(\boldsymbol{F}_t^{-1}\frac{\partial\boldsymbol{F}_t}{\partial\psi_i}\boldsymbol{F}_t^{-1}\frac{\partial\boldsymbol{F}_t}{\partial\psi_j}\right)\right]+\sum_{t=1}^{T}\mathrm{E}\left(\frac{\partial\boldsymbol{v}_t'}{\partial\psi_i}\boldsymbol{F}_t^{-1}\frac{\partial\ \boldsymbol{v}_t}{\partial\psi_j}\right)$$

$$i,j=1,\cdots,n \tag{12.3.45}$$

则信息矩阵乘以 -1 便得到 Hessian 矩阵的期望值。我们将式(12.3.45)中第二项的期望算子去掉，再乘以 -1，就得到了 Hessian 矩阵的近似矩阵，其第(i,j)元素为

$$\frac{\partial^2 \ln L}{\partial\psi_i\partial\psi_j}\approx-\frac{1}{2}\sum_{t=1}^{T}\mathrm{tr}\left(\boldsymbol{F}_t^{-1}\frac{\partial\boldsymbol{F}_t}{\partial\psi_i}\boldsymbol{F}_t^{-1}\frac{\partial\boldsymbol{F}_t}{\partial\psi_j}\right)-\sum_{t=1}^{T}\frac{\partial\boldsymbol{v}_t'}{\partial\psi_i}\boldsymbol{F}_t^{-1}\frac{\partial\ \boldsymbol{v}_t}{\partial\psi_j} \tag{12.3.46}$$

上式比式(12.3.20)简化了，变得易于计算。

(2) 得分方法

根据式(12.3.13)，对数似然函数(12.3.6)的导数，即得分向量的第 i 元素是

$$\frac{\partial\ln L}{\partial\psi_i}=-\frac{1}{2}\sum_{t=1}^{T}\mathrm{tr}\left[\left(\boldsymbol{F}_t^{-1}\frac{\partial\boldsymbol{F}_t}{\partial\psi_i}\right)(\boldsymbol{I}-\boldsymbol{F}_t^{-1}\ \boldsymbol{v}_t\boldsymbol{v}_t')\right]-\sum_{t=1}^{T}\frac{\partial\boldsymbol{v}_t'}{\partial\psi_i}\boldsymbol{F}_t^{-1}\boldsymbol{v}_t,\quad i=1,\cdots,n \tag{12.3.47}$$

为了计算得分向量以及进一步通过式(12.3.46)近似计算 Hessian 矩阵，都要求计算一阶导数 $\partial\boldsymbol{F}_t/\partial\psi_i$ 和 $\partial\boldsymbol{v}_t/\partial\psi_i$，这两个导数矩阵可以利用式(12.3.14)～式(12.3.19)这一组递推公式求得。初值依赖于 Kalman 滤波的初值，如果 $\boldsymbol{a}_0$ 和 $\boldsymbol{P}_0$ 依赖于 $\boldsymbol{\psi}$，则 $\partial\boldsymbol{a}_0/\partial\psi_i=0,\partial\boldsymbol{P}_0/\partial\psi_i=0$。从而再由式(12.3.46)，式(12.3.47)，以及前述的迭代公式(12.3.12)，递推地求出最大似然函数估计量，此即状态空间模型的超参数的估计量。

4. 收敛的约束条件

在前述的迭代过程中，要求每次迭代得到的 $\hat{\boldsymbol{\psi}}$ 应是参数空间的内点。但是在修正参数的迭代过程中，往往使得迭代结果超过了给定的参数空间，使得迭代过程不能收敛。由 12.2.5

关于收敛性讨论可知,一般来说,如何确定约束条件要根据具体的状态空间模型来定,但大体上是由扰动项方差的非负性和转移矩阵 T 的特征根的模应当小于1,即 $|\lambda_i(T)|<1(i=1,2,\cdots,n)$ 等约束条件构成参数空间。这样,在计算过程中,应对每次修正后的迭代结果检验约束条件是否满足。若不满足,则通过缩小修正的步长来得到新的迭代结果,对新结果再进行检验,反复检验,直到迭代结果满足约束条件后,再继续迭代过程。基于这种思想,对迭代公式(12.3.12)采用 λ 因子进行控制,公式为

$$\boldsymbol{\psi}^{(l+1)}=\boldsymbol{\psi}^{(l)}-\lambda^*\left[\frac{\ln L(\boldsymbol{\psi})}{\boldsymbol{\psi}\boldsymbol{\psi}'}\bigg|_{\psi=\psi^{(l)}}\right]^{-1}\frac{\ln L(\boldsymbol{\psi})}{\boldsymbol{\psi}}\bigg|_{\psi=\psi^{(l)}} \tag{12.3.48}$$

其中 λ^* 是满足

$$\max_{o<\lambda<s}\left\{\ln L\left[\boldsymbol{\psi}^{(l)}-\lambda\left(\frac{\partial^2\ln L(\boldsymbol{\psi})}{\partial\boldsymbol{\psi}\partial\boldsymbol{\psi}'}\bigg|_{\psi=\psi^{(l)}}\right)^{-1}\frac{\partial\ln L(\boldsymbol{\psi})}{\partial\boldsymbol{\psi}}\bigg|_{\psi=\psi^{(l)}}\right]\right\} \tag{12.3.49}$$

的参数 λ,其中 $s\ (0\leqslant s\leqslant 1)$ 是使修正后的参数满足约束条件的 λ 因子的上界。

12.4 SWI 景气指数及其应用①②

状态空间模型在经济中应用的最典型的例子是1988年美国的斯托克(Stock J. H.)和沃森(Watson M. W.)利用状态空间模型建立的SWI景气指数。

景气指数方法是各国政府和企业研究经济周期波动,评价、分析和预测宏观经济运行状况和发展趋势时普遍采用的一种有效方法。如从最早的哈佛景气指数算起,至今已有近百年历史了。本书第6章中介绍了目前国内外仍在使用的景气指数——扩散指数DI和合成指数CI。它们是通过对一些主要且敏感的经济指标序列的变化方向或变化率进行合成而得到的。

1988年,Stock和Watson提出了新的景气指数概念,并利用动态因子模型制作景气指数。他们认为景气变动不应仅仅是针对GNP的变动而言,而应该把景气循环看作更广泛的包括金融市场、劳动市场、商品销售市场在内的总体经济活动的循环。而为了反映以上这些方面的多个总量经济指标的共同变动,可以认为在这些变量的共同变动背后,存在着一个共同的因素,这一因素可由一个单一的、不可观测的(unobserved)基本变量来体现。这一基本变量代表了总的经济状态,它的波动才是真正的景气循环。这一不可观测的基本变量被称为Stock-Waston型景气指数,简称SWI景气指数。由于SWI景气指数是建立在严密的动态因子模型基础上,所以和DI、CI等传统的景气循环的测定方法相比有了很大的进步。

1992年,日本学者森一夫、佐竹光彦、大日康史等人制作了适于日本经济的SWI景气指数。1994年我们试作了适于中国经济的SWI景气指数并应用于实际经济分析与预测。③1995年我们又对SWI景气指数及其对我国经济的应用进行了进一步的论述。④

① Stock J H, Watson M W. A Probability Model of Coincident Economic Indicators[J]. NBER Woking Paper,1988(2772).

② Stock J H, Watson M W. New Indexes of Coincident and Leading Economic Indicators [J], NBER Macroeconomics Annual,1989: 351-394.

③ 陈磊,高铁梅. 利用Stock-Waston型景气指数对宏观经济形势的分析和预测[J]. 数量经济技术经济研究,1994(5).

④ 董文泉,高铁梅,陈磊,吴桂珍. Stock-Watson型景气指数及其对我国经济的应用[J]. 数量经济技术经济研究,1995(12).

12.4.1 SWI 景气指数的说明和特征

Stock 和 Watson 认为经济变量所代表的真正的经济波动应该是去掉了趋势变动要素后的平稳部分。由于在这一平稳部分中还包含季节变动要素,所以还应从中除去季节变动要素。Stock 和 Watson 认为多个经济变量之间这种不含季节性变动的平稳部分的共同变动有着一个共同的因素,这一因素由一个单一的,不可观测的基本变量所体现。基于上述思想,Stock 和 Watson 建立了一个动态因子模型,对这一不可观测的基本变量给出了数学定义。

设 $\boldsymbol{y}_t$ 为 t 时期 k 个经济变量的平稳部分(即去掉趋势变动要素)的值,$\boldsymbol{y}_t$ 为 $k\times1$ 向量,它是可观测的,特别这里假定其季节要素已被消除。c_t 为 t 时期的景气指数真值,它是一个标量,记 $\boldsymbol{c}=\{c_1,c_2,\cdots,c_T\}$,它就是前述的 SWI 景气指数(以下简称 SWI)。它是不可观测的,必须对其进行推断。$\boldsymbol{u}_t$ 是与 c_t 独立,表示各经济变量随机变动的 $k\times1$ 向量,可假定 $\boldsymbol{u}_t$ 的期望值为 0。以上各变量间满足关系式

$$\boldsymbol{y}_t=\boldsymbol{\beta}+\boldsymbol{\gamma}c_t+\boldsymbol{u}_t,\quad t=1,2,\cdots,T \tag{12.4.1}$$

式中 $\boldsymbol{\beta}=(\beta_1,\beta_2,\cdots,\beta_k)$ 为 $k\times1$ 常数向量,$\boldsymbol{\gamma}=(\gamma_1,\gamma_2,\cdots,\gamma_k)$ 为 c_t 的 $k\times1$ 系数向量。

式(12.4.1)与通常的回归方程不同,因为作为说明变量的 c_t 本身是不可观测的,必须对其进行估计,这样的模型就是前述的 UC 模型。根据通常的回归方程式来估计是不可能的,必须利用状态空间模型方法。按状态空间模型的用语,式(12.4.1)称为量测方程。

其次,将 c_t 和 $\boldsymbol{u}_t$ 看成是随机过程,c_t 为 AR(p)(p 阶自回归过程),$\boldsymbol{u}_t$ 的每一个分量为 AR(r)(r 阶自回归过程),写成表达式即为

$$\phi(L)c_t=\delta+\eta_t \tag{12.4.2}$$

$$\Theta(L)\boldsymbol{u}_t=\boldsymbol{\varepsilon}_t \tag{12.4.3}$$

这里

$$\phi(L)=1-\phi_1L-\phi_2L^2-\cdots-\phi_pL^p \tag{12.4.4}$$

$$\Theta(L)=I_k-\sum_{i=1}^{r}\Theta_iL^i=I_k-\Theta_1L-\Theta_2L^2-\cdots-\Theta_rL^r \tag{12.4.5}$$

其中 $\Theta_i=\mathrm{diag}(\theta_{i1},\cdots,\theta_{ik})$ (算子 diag 表示对角矩阵)

$Lc_t=c_{t-1},L\boldsymbol{u}_t=\boldsymbol{u}_{t-1}$ (L 为延迟算子)

假定

$$\eta_t\sim N(0,\sigma^2)$$

$$\boldsymbol{\varepsilon}_t\sim N(\boldsymbol{0}_k,\sigma^2\boldsymbol{H})$$

并且两者独立。其中 $\boldsymbol{H}=\mathrm{diag}(h_1,\cdots,h_k)$

按状态空间模型的说法,式(12.4.2)和式(12.4.3)称为转移方程。与通常的回归方程式一样,在 $\boldsymbol{y}_t$ 正规化条件下来推断参数 $\boldsymbol{\gamma}$、$\boldsymbol{\phi}$、Θ、σ^2、$\boldsymbol{H}$ 没有本质上的影响。此时式(12.4.1)~式(12.4.3)成为

$$\boldsymbol{y}_t=\boldsymbol{\gamma}c_t+\boldsymbol{u}_t \tag{12.4.6}$$

$$\phi(L)c_t=\eta_t \tag{12.4.7}$$

$$\Theta(L)\boldsymbol{u}_t=\boldsymbol{\varepsilon}_t \tag{12.4.8}$$

将上述假定按状态空间模型的记号表述如下。量测方程,转移方程和干扰项分别为

$$\boldsymbol{y}_t=\boldsymbol{Z\alpha}_t \tag{12.4.9}$$

$$\boldsymbol{\alpha}_t=\boldsymbol{T\alpha}_{t-1}+\boldsymbol{\xi}_t \tag{12.4.10}$$

$$\boldsymbol{\xi}_t\sim N(\boldsymbol{0}_{p+kr},\sigma^2\Sigma) \tag{12.4.11}$$

其中,状态变量$\boldsymbol{\alpha}_t$及干扰项$\boldsymbol{\xi}_t$为

$$\boldsymbol{\alpha}_t = \begin{pmatrix} c_t \\ c_{t-1} \\ \vdots \\ c_{t-p+1} \\ \boldsymbol{u}_t \\ \vdots \\ \boldsymbol{u}_{t-r+1} \end{pmatrix}, \quad \boldsymbol{\xi}_t = \begin{pmatrix} \eta_t \\ 0 \\ \vdots \\ 0 \\ \boldsymbol{\varepsilon}_t \\ 0 \\ \vdots \\ 0 \end{pmatrix} \tag{12.4.12}$$

它们都是 $(p + kr) \times 1$ 向量。而

$$\boldsymbol{Z} = (\boldsymbol{\gamma}, \boldsymbol{0}_{k,p-1}, \boldsymbol{I}_k, \boldsymbol{0}_{k,k(r-1)})$$

$\boldsymbol{\Sigma}$为对角矩阵

$$\boldsymbol{\Sigma} = \mathrm{diag}(1, \boldsymbol{0}'_{p-1}, h_1, h_2, \cdots, h_{k-1}, h_k, \boldsymbol{0}'_{(k-1)r})$$

$$\boldsymbol{T} = \left(\begin{array}{ccccc:ccccc} \phi_1 & \phi_2 & \cdots & \phi_{p-1} & \phi_p & & & & & \\ 1 & 0 & \cdots & 0 & 0 & & & & & \\ 0 & 1 & \cdots & 0 & 0 & & & \boldsymbol{0}_{kr,p} & & \\ \vdots & \vdots & \ddots & \vdots & \vdots & & & & & \\ 0 & 0 & \cdots & 1 & 0 & & & & & \\ \hdashline & & & & & \Theta_1 & \Theta_2 & \cdots & \Theta_{r-1} & \Theta_r \\ & & & & & \boldsymbol{I}_k & \boldsymbol{0}_{k,k} & \cdots & \boldsymbol{0}_{k,k} & \boldsymbol{0}_{k,k} \\ & & \boldsymbol{0}_{p,kr} & & & \boldsymbol{0}_{k,k} & \boldsymbol{I}_k & \cdots & \boldsymbol{0}_{k,k} & \boldsymbol{0}_{k,k} \\ & & & & & \vdots & \vdots & \ddots & \vdots & \vdots \\ & & & & & \boldsymbol{0}_{k,k} & \boldsymbol{0}_{k,k} & \cdots & \boldsymbol{I}_k & \boldsymbol{0}_{k,k} \end{array}\right) \tag{12.4.13}$$

这里,$\boldsymbol{I}_k$表示 $k \times k$ 的单位矩阵;$\boldsymbol{0}_{a,b}$表示 $a \times b$ 的零矩阵,$\boldsymbol{0}_a$表示 $a \times 1$ 的零向量。

Stock 和 Watson 考虑比式(12.4.6)~式(12.4.8)更为复杂的结构,首先考虑将$\boldsymbol{\gamma}$由 $k \times 1$ 向量扩展为 $k \times q$ 矩阵$\boldsymbol{\Gamma} = (\boldsymbol{\gamma}_1, \cdots, \boldsymbol{\gamma}_q)$。这样式(12.4.6)和式(12.4.9)中的矩阵变为

$$\boldsymbol{y}_t = \boldsymbol{\gamma}_1 c_t + \boldsymbol{\gamma}_2 c_{t-1} + \cdots + \boldsymbol{\gamma}_q c_{t-q-1} + \boldsymbol{u}_t \tag{12.4.14}$$

$$\boldsymbol{Z} = [\boldsymbol{\Gamma}_{k,q}, \boldsymbol{0}_{k,p-q}, \boldsymbol{I}_k, \boldsymbol{0}_{k,k(r-1)}] \tag{12.4.15}$$

其次考虑$\boldsymbol{\gamma}$,$\boldsymbol{\theta}$的延迟构造对各个变量是互异的。

12.4.2 SWI 景气指数的计算方法

下面我们使用 Kalman 滤波法来估计状态空间模型式(12.4.9)~式(12.4.11)的参数。其具体计算方法分 4 部分叙述。

1. 用 Kalman 滤波法估计状态空间模型的参数分布

在假设给定系统矩阵 $\boldsymbol{T}$,$\boldsymbol{Z}$,$\boldsymbol{\Sigma}$ 和延迟次 p,q,r 之下,利用 Kalman 滤波反复计算$\boldsymbol{\alpha}_t$($t = 1,2,\cdots,T$)的分布,$t-1$ 期的$\boldsymbol{\alpha}_{t-1}$假定服从 $N(\boldsymbol{a}_{t-1}, \sigma^2 \boldsymbol{P}_{t-1})$,此时,$\boldsymbol{\alpha}_t$的分布按下式计算

$$\boldsymbol{a}_{t|t-1} = \boldsymbol{T}\boldsymbol{a}_{t-1} \tag{12.4.16}$$

$$\boldsymbol{P}_{t|t-1} = \boldsymbol{T}\boldsymbol{P}_{t-1}\boldsymbol{T}' + \boldsymbol{\Sigma} \tag{12.4.17}$$

$$\boldsymbol{F}_t = \boldsymbol{Z}\boldsymbol{P}_{t|t-1}\boldsymbol{Z}' \tag{12.4.18}$$

$$\boldsymbol{a}_t = \boldsymbol{a}_{t|t-1} + \boldsymbol{P}_{t|t-1}\boldsymbol{Z}'\boldsymbol{F}_t^{-1}(\boldsymbol{y}_t - \boldsymbol{Z}\boldsymbol{a}_{t|t-1}) \tag{12.4.19}$$

$$\boldsymbol{P}_t = \boldsymbol{P}_{t|t-1} - \boldsymbol{P}_{t|t-1}\boldsymbol{Z}'\boldsymbol{F}_t^{-1}\boldsymbol{Z}\boldsymbol{P}_{t|t-1} \tag{12.4.20}$$

当初值 $\boldsymbol{a}_0$ 和 $\boldsymbol{P}_0$ 给定时，由式(12.4.16)～式(12.4.20)可以计算出 $\boldsymbol{\alpha}_t$ $(t=1,\cdots,T)$ 的分布是 $N(\boldsymbol{a}_t,\sigma^2\boldsymbol{P}_t)$。

2. 初值 $\boldsymbol{a}_0$ 和 $\boldsymbol{P}_0$ 的计算方法

(1) 方法 1

在假定 $\boldsymbol{y}_t$ 为平稳序列下($\boldsymbol{y}_t$ 的均值 $E(\boldsymbol{y}_t)$ 和方差 $\mathrm{var}(\boldsymbol{y}_t)$ 不依赖于 t，从而 $\mathrm{E}(\boldsymbol{\alpha}_t)=\boldsymbol{a}_0$ 和 $\mathrm{var}(\boldsymbol{a}_t)=\sigma^2\boldsymbol{P}_0$ 不依赖于 t)，由式(12.4.10)有

$$\boldsymbol{a}_0 = \boldsymbol{T}\boldsymbol{a}_0 + \mathrm{E}(\xi_t)$$

从而

$$\boldsymbol{a}_0 = [\boldsymbol{I}-\boldsymbol{T}]^{-1}\mathrm{E}(\boldsymbol{\xi}_t) = 0 \tag{12.4.21}$$

再由式(12.4.17)得

$$\sigma^2\boldsymbol{P}_0 = \sigma^2\boldsymbol{T}\boldsymbol{P}_0\boldsymbol{T}' + \sigma^2\boldsymbol{\Sigma}$$

从而

$$\boldsymbol{P}_0 - \boldsymbol{T}\boldsymbol{P}_0\boldsymbol{T}' = \boldsymbol{\Sigma}$$

利用多元统计方法中的拉直运算，便得

$$\mathrm{Vec}(\boldsymbol{P}_0) - \boldsymbol{T}\otimes\boldsymbol{T}'\mathrm{Vec}(\boldsymbol{P}_0) = \mathrm{Vec}(\boldsymbol{\Sigma})$$

从而

$$\mathrm{Vec}(\boldsymbol{P}_0) = (\boldsymbol{I}-\boldsymbol{T}\otimes\boldsymbol{T}')^{-1}\mathrm{Vec}(\boldsymbol{\Sigma}) \tag{12.4.22}$$

(2) 方法 2

将 $\boldsymbol{y}_t$ 按时间的反序排列后记为 $\boldsymbol{y}_t^{\#}$(对原有的 $\boldsymbol{y}_1,\boldsymbol{y}_2,\cdots,\boldsymbol{y}_T$ 取 $\boldsymbol{y}_1^{\#}=\boldsymbol{y}_T,\cdots,\boldsymbol{y}_i^{\#}=\boldsymbol{y}_{T-i+1},\cdots,\boldsymbol{y}_T^{\#}=\boldsymbol{y}_1$)。取 $\boldsymbol{a}_0^{\#}=0,\boldsymbol{P}_0^{\#}=\kappa\boldsymbol{I}$ ($\kappa>0$ 充分大)，并按式(12.4.16)～式(12.4.20)的 Kalman 滤波公式计算，最后得到的 $\boldsymbol{a}$ 和 $\boldsymbol{P}$ 就作为初值 $\boldsymbol{a}_0$、$\boldsymbol{P}_0$，这种方法主要在 $\boldsymbol{y}_t$ 非平稳以及最初的 $\boldsymbol{y}_t$ 看来可能为异常值时使用。

3. 超参数的估计

以上的计算是在给定参数值之下进行计算的。假定已给定 p、q、r，这些超参数值可以按 12.3 介绍的极大似然法求得。在计算式(12.4.16)～式(12.4.20)的过程中，可求得预测误差

$$\boldsymbol{v}_t = \boldsymbol{y}_t - \boldsymbol{Z}\boldsymbol{a}_{t|t-1},\quad t=1,2,\cdots,T \tag{12.4.23}$$

这是基于信息集 $\boldsymbol{Y}_{t-1}$ 预测 $\boldsymbol{y}_t$ 时的误差。另外，由于 $\boldsymbol{\alpha}_t\sim N(\boldsymbol{a}_{t|t-1},\boldsymbol{P}_{t|t-1})$，从而 $\boldsymbol{y}_t\sim N(\boldsymbol{Z}\boldsymbol{a}_{t|t-1},\boldsymbol{F}_t)$，$\boldsymbol{F}_t=\boldsymbol{Z}\boldsymbol{P}_{t|t-1}\boldsymbol{Z}'$，于是，$\boldsymbol{y}_t$ $(t=1,2,\cdots,T)$ 的对数似然函数，可用 $t-1$ 期信息所得到的条件概率表示为

$$\begin{aligned}\ln L &= \ln\left\{(2\pi)^{-\frac{Tk}{2}}\prod_{t=1}^{T}|\boldsymbol{F}_t|^{-\frac{1}{2}}\exp\left[-\frac{1}{2}\sum_{t=1}^{T}(\boldsymbol{y}_t-\boldsymbol{Z}\boldsymbol{a}_{t|t-1})'\boldsymbol{F}_t^{-1}(\boldsymbol{y}_t-\boldsymbol{Z}\boldsymbol{a}_{t|t-1})\right]\right\}\\ &= -\frac{Tk\ln(2\pi)}{2} - \frac{1}{2}\sum_{t=1}^{T}\ln|\boldsymbol{F}_i| - \frac{1}{2}\sum_{t=1}^{T}\boldsymbol{v}_t'\boldsymbol{F}_t^{-1}\boldsymbol{v}_t\end{aligned} \tag{12.4.24}$$

记所求的超参数向量为 $\boldsymbol{\psi}$，则

$$\boldsymbol{\psi}=(h_1,\cdots,h_k,\gamma_{11},\gamma_{21},\cdots,\gamma_{k1},\gamma_{12},\cdots,\gamma_{kq},\phi_1,\cdots,\phi_p,\theta_{11},\theta_{21},\cdots,\theta_{k1},\cdots,\theta_{kr})$$

(12.4.25)

它是 $k(1+q+r)+p$ 维向量,设 $n=k(1+q+r)+p$。当$\boldsymbol{\gamma}$和$\boldsymbol{\theta}$的延迟次数改变时,$\boldsymbol{\psi}$的维数也随之变化。使式(12.4.24)最大化的$\boldsymbol{\psi}^*$就是我们所要求的参数的估计值。此时$\boldsymbol{\psi}^*$必须是定义$\boldsymbol{\psi}$的参数空间的内点。实际上,$\boldsymbol{\psi}$的参数空间是由扰动项的方差的非负性($h_i>0, i=1,2,\cdots,k$),$\boldsymbol{c}$的平稳性($\phi(L)$的全部根在单位圆的外侧),$\boldsymbol{u}_i(i=1,2,\cdots,k)$的平稳性($\Theta(L)$的全部根在单位圆外侧)所构成的。因此,$\boldsymbol{\psi}$的估计问题归结为在满足上述参数空间的内点解的约束条件下,求使对数似然函数(12.4.24)最大化问题的解$\boldsymbol{\psi}^*$。

为求最大似然估计量,需要求解$\partial \ln L(\boldsymbol{\psi})/\partial\boldsymbol{\psi}=0$。采用 Taylor 展式,取一次近似,可将$\partial \ln L(\boldsymbol{\psi})/\partial\boldsymbol{\psi}$表示成

$$\left.\frac{\partial \ln L(\boldsymbol{\psi})}{\partial \boldsymbol{\psi}}\right|_{\psi=\tilde{\psi}}=\left.\frac{\partial \ln L(\boldsymbol{\psi})}{\partial \boldsymbol{\psi}}\right|_{\psi=\hat{\psi}}+\left.\frac{\partial^2 \ln L(\boldsymbol{\psi})}{\partial \boldsymbol{\psi}\partial \boldsymbol{\psi}'}\right|_{\psi=\hat{\psi}}(\tilde{\boldsymbol{\psi}}-\hat{\boldsymbol{\psi}})$$

令其为$\mathbf{0}$,可得迭代公式

$$\boldsymbol{\psi}^{(l+1)}=\boldsymbol{\psi}^{(l)}-\left(\left.\frac{\partial^2 \ln L(\boldsymbol{\psi})}{\partial \boldsymbol{\psi}\partial \boldsymbol{\psi}'}\right|_{\psi=\psi^{(l)}}\right)^{-1}\left.\frac{\partial \ln L(\boldsymbol{\psi})}{\partial \boldsymbol{\psi}}\right|_{\psi=\psi^{(l)}} \tag{12.4.26}$$

通过式(12.4.26)来求$\boldsymbol{\psi}^{(l)}(l=1,2,\cdots)$,其收敛值即为$\boldsymbol{\psi}$的最优估计量,在这里,我们采用拟牛顿法(DFP 方法)来求解式(12.4.26)。任取初值$\boldsymbol{\psi}^1$和正定对称矩阵$\boldsymbol{\Pi}^1$,按下式迭代(l 表示迭代次数)

$$\boldsymbol{d}^l=\boldsymbol{\Pi}^l\frac{\partial \ln L(\boldsymbol{\psi}^l)}{\partial \boldsymbol{\psi}} \tag{12.4.27}$$

$$\boldsymbol{\psi}^{l+1}=\boldsymbol{\psi}^l+\lambda\boldsymbol{d}^l \tag{12.4.28}$$

$$\boldsymbol{f}^l=\frac{\partial \ln L(\boldsymbol{\psi}^{l+1})}{\partial \boldsymbol{\psi}}-\frac{\partial \ln L(\boldsymbol{\psi}^l)}{\partial \boldsymbol{\psi}} \tag{12.4.29}$$

$$\boldsymbol{\Pi}^{l+1}=\boldsymbol{\Pi}^l+\lambda\frac{\boldsymbol{d}^l\boldsymbol{d}^{l\prime}}{\boldsymbol{d}^{l\prime}\boldsymbol{f}^l}-\frac{\boldsymbol{\Pi}^l\boldsymbol{f}^l\boldsymbol{f}^{l\prime}\boldsymbol{\Pi}^l}{\boldsymbol{f}^{l\prime}\boldsymbol{\Pi}^l\boldsymbol{f}^l} \tag{12.4.30}$$

式(12.4.27)和式(12.4.29)中的一阶偏导数,采用数值微分公式

$$\frac{\partial \ln L(\boldsymbol{\psi})}{\partial \psi_i}=\frac{\ln(\boldsymbol{\psi}'^i,\psi_i+k)-\ln L(\boldsymbol{\psi}'^i,\psi_i-k)}{2k},\quad i=1,\cdots,n \tag{12.4.31}$$

其中,ψ'^i表示$\boldsymbol{\psi}$中除第i个元素之外,其他元素全体。当k充分接近于0时,此微分公式可达到任意精度。

在迭代过程中,为使修正后的参数不超出真正的参数空间,即保证修正后的参数全部满足约束条件,可采用λ因子进行控制。首先对新得到的迭代结果$\boldsymbol{\psi}^{l+1}$检验是否满足前述的参数空间内点的约束条件,如果满足约束条件,则继续迭代,否则按下式进行修正

$$\boldsymbol{\psi}^{l+1}=\boldsymbol{\psi}^l+\lambda^*\boldsymbol{d}^l \tag{12.4.32}$$

利用λ因子缩小步长,求出新的迭代结果$\boldsymbol{\psi}^{l+1}$,再进行上述检验,直至$\boldsymbol{\psi}^{l+1}$满足约束条件为止。式(12.4.32)中的λ^*是满足

$$\max_{0<\lambda<s}[\ln L(\boldsymbol{\psi}^l+\lambda\boldsymbol{d}^l)]$$

的参数λ,其中$s(0\leqslant s\leqslant 1)$是使修正后的参数满足约束条件的$\lambda$因子的上界。

按式(12.4.27)~式(12.4.30)迭代求得序列$\boldsymbol{\psi}^l$,$l=1,2,\cdots$,其收敛值$\boldsymbol{\psi}^*$即作为超参数向量$\boldsymbol{\psi}$的估计值。$\boldsymbol{\psi}^*$计算出来后,Kalman 滤波递推公式(12.2.2)~式(12.2.6)中的$\boldsymbol{T}$、$\boldsymbol{Z}$、

$\boldsymbol{\Sigma}$ 便给定了，从而利用 Kalman 滤波方法可递推地求出 SWI 景气指数。

4. 延迟次数 p、q、r 的确定

最后，关于 p、q、r 可用如下方法确定。对于各种组合(p、q、r)，在约束条件下求得使对数似然函数极大化的 $\boldsymbol{\psi}^*(p,q,r)$ 及相应的对数似然函数值 $\ln L(\boldsymbol{\psi}^*(p,q,r))$。然后以 $\ln L(\boldsymbol{\psi}^*(p,q,r))$ 作为准则进行评价，以决定 p,q,r 的次数。这些准则包括似然比检验，AIC(Akaike information criterion)，BIC(Baysinan information criterion)。需要注意的是这三种准则各有特点，所以可能得不到同一结论。

(1) 似然比准则

这是准则中最古典的一个。对同样的 q,r 比较 ϕ 的延迟次数为 $p-1$ 的模型和 ϕ 的次数为 p 的模型。考虑假设

$$H_0: \phi_p = 0$$

时的似然比统计量为

$$LR = 2[\ln L(\boldsymbol{\psi}^*(p,q,r)) - \ln L(\boldsymbol{\psi}^*(p-1,q,r))] \tag{12.4.33}$$

它在 H_0 之下服从自由度为受限制参数的数目的 χ^2 分布。LR 如果不显著，即 $\phi_p = 0$ 的约束没有重要意义，ϕ 的延迟次数可由此确定为 $p-1$。类似地，γ 的延迟次数 q 和 θ 的延迟次数 r 也可以用同样的办法确定。

似然比检验仅适用于嵌套假设(nested hypotheses)。对于非嵌套假设的检验，例如(p,q,r)模型与($p-1,q,r+1$)模型的比较就不适用。对非嵌套假设用 AIC 或 BIC 准则。

(2) AIC 准则

设构成 $\boldsymbol{\psi}$ 向量的元素的数目为 n，则按使统计量

$$\text{AIC} = -2\ln L(\boldsymbol{\psi}^*(p,q,r)) + 2n \tag{12.4.34}$$

最小化的准则选择(p,q,r)。

(3) BIC 准则

按使统计量

$$\text{BIC} = -2\ln L(\boldsymbol{\psi}^*(p,q,r)) + n\ln(nT) \tag{12.4.35}$$

最小化的准则选择(p,q,r)。

12.4.3 SWI 景气指数在我国经济中的应用

斯托克和沃森认为美国商务部一致合成指数的 4 个构成变量，即生产指数、实际个人收入、制造业和批发的实际销售额以及非农业雇用者人数能够反映美国经济活动的状态。于是利用这 4 个变量构建了 SWI 景气指数，并建立了该景气指数的随机模型。本章也将 SWI 景气指数方法应用于我国经济。本章以第 6 章 6.3.4 节中国增长率周期波动一致指标组的 5 个一致景气指标为例，介绍 SWI 景气指数的制作方法和结果分析。

1. SWI 景气指数的制作

为了制作 SWI 景气指数，首先要决定的是构成变量的选取问题。根据前述要求，构成变量必须是与我国的景气变动基本一致，能反映各主要经济活动领域变化的、相互独立的、有代表性的宏观经济变量。为此，本章从一致指标组中选取了工业增加值实际增长率、工业

销售收入实际增长率、发电量增长率、财政收入实际增长率和进口实际增长率，将这5个指标作为一致SWI景气指数的构成指标。这5个指标反映了工业生产、商品销售、能源消耗、财政、外贸5个经济领域的变动，比较有代表性。所选数据的样本区间为1997年1月至2013年12月。为了得到去掉趋势的平稳的时间序列，分别对所选指标做了与上年同月比，得到增长率序列，并进行季节调整消除季节性因素和不规则因素的影响，最后还要进行标准化处理。[①] 设处理后的5个一致指标为$Y_{1t}, Y_{2t}, Y_{3t}, Y_{4t}, Y_{5t}(t=1,\cdots,T)$。

2. 状态空间模型

从前述SWI景气指数的状态空间模型的构造形式含有自回归模型可以看出，这一构造形式要求SWI景气指数的构成指标是平稳的，因此本节首先检验了5个一致指标的平稳性，发现有的指标不平稳，是一阶单整序列，本节采用与第6章6.3.1节合成指数(CI)相类似的处理方法，先求各指标的对称变化率

$$S_i(t) = 200 \times \frac{Y_i(t) - Y_i(t-1)}{Y_i(t) + Y_i(t-1)}, \quad i = 1,2,\cdots,5, \quad t = 2,3,\cdots,T \qquad (12.4.36)$$

经检验处理后的$S_i(t)$都是平稳的，对$S_i(t)$建立并估计相应的状态空间模型。如果参与计算的指标$Y_i(t)$都是平稳的，可直接建立并估计相应的状态空间模型。

根据式(12.4.6)～式(12.4.8)和上面的5个一致指标，建立并估计相应的状态空间模型。模型中的延迟构造，即参数(p,q,r)的确定，主要根据BIC准则，同时也参考AIC准则和对数似然函数值的大小。通过对多种(p,q,r)不同组合模型的大量试算和结果比较，我们最终选择$(p,q,r)=(4,3,2)$为最合适的模型。于是利用前述的极大似然法求出了超参数向量$\boldsymbol{\psi}$的估计值$\hat{\boldsymbol{\psi}}$，然后采用前述的初值计算方法的方法2给出Kalman滤波的初值$\boldsymbol{a}_0$和$\boldsymbol{P}_0$，对$t=1,2,\cdots,T$利用Kalman滤波公式(12.4.16)～式(12.4.20)反复进行计算便得到了状态向量$\boldsymbol{\alpha}_t$的估计值$\hat{\boldsymbol{\alpha}}_t$。从$\hat{\boldsymbol{\alpha}}_t$中还可以得到反映各经济变量随机变动的扰动项$k\times1$向量$\hat{\boldsymbol{u}}_t$的估计值。下面通过求解扩展的量测方程(12.4.14)和转移方程(12.4.10)，利用估计得到的超参数向量$\hat{\boldsymbol{\psi}}$的值将量测方程和转移方程写出来。注意量测方程中$\widetilde{S}_{it}$是对称变化率处理后的序列。取出$\hat{\boldsymbol{\alpha}}_t$的第一个元素建立序列$\hat{c}_t(t=1,\cdots,T)$。

(1) 量测方程

$$\hat{S}_{1t} = 0.542\,\hat{c}_t + 0.923\,\hat{c}_{t-1} + 0.692\,\hat{c}_{t-2} + \hat{u}_{1t} \qquad (12.4.37.a)$$

$$\hat{S}_{2t} = 0.631\,\hat{c}_t + 0.855\,\hat{c}_{t-1} + 0.487\,\hat{c}_{t-2} + \hat{u}_{2t} \qquad (12.4.37.b)$$

$$\hat{S}_{3t} = 0.599\,\hat{c}_t + 0.786\,\hat{c}_{t-1} + 0.542\,\hat{c}_{t-2} + \hat{u}_{3t} \qquad (12.4.37.c)$$

$$\hat{S}_{4t} = 0.311\,\hat{c}_t + 0.378\,\hat{c}_{t-1} + 0.292\,\hat{c}_{t-2} + \hat{u}_{4t} \qquad (12.4.37.d)$$

$$\hat{S}_{5t} = 0.382\,\hat{c}_t + 0.533\,\hat{c}_{t-1} + 0.436\,\hat{c}_{t-2} + \hat{u}_{5t} \qquad (12.4.37.e)$$

---

① 对指标$\{y_t\}$进行标准化处理，使其均值为0，方差为1：

$$\tilde{y}_t = \frac{y_t - \bar{y}}{\sigma}$$

其中$\bar{y}$是$\{y_t\}$的均值，σ是其标准差。

量测方程中的$\hat{S}_{it}$，$i=1,2,\cdots,5$，是经过式(12.4.36)进行对称变化率处理后的序列。

(2) 转移方程

$$\hat{c}_t = 0.0874\,\hat{c}_{t-1} + 0.219\,\hat{c}_{t-2} + 0.576\,\hat{c}_{t-3} - 0.0126\,\hat{c}_{t-4} + \hat{\eta}_t \tag{12.4.38}$$

$$\hat{u}_{1t} = 0.242\,\hat{u}_{1t-1} + 0.048\,\hat{u}_{1t-2} + \hat{\varepsilon}_{1t} \tag{12.4.39.a}$$

$$\hat{u}_{2t} = 0.622\,\hat{u}_{2t-1} + 0.176\,\hat{u}_{2t-2} + \hat{\varepsilon}_{2t} \tag{12.4.39.b}$$

$$\hat{u}_{3t} = 0.568\,\hat{u}_{3t-1} + 0.205\,\hat{u}_{3t-2} + \hat{\varepsilon}_{3t} \tag{12.4.39.c}$$

$$\hat{u}_{4t} = 0.704\,\hat{u}_{4t-1} + 0.296\,\hat{u}_{4t-2} + \hat{\varepsilon}_{4t} \tag{12.4.39.d}$$

$$\hat{u}_{5t} = 0.700\,\hat{u}_{5t-1} + 0.283\,\hat{u}_{5t-2} + \hat{\varepsilon}_{5t} \tag{12.4.39.e}$$

$$\text{LOGL} = -745.9 \quad \text{AIC} = 1\,559.8 \quad \text{BIC} = 1\,792.3$$

转移方程中，LOGL 是对数似然函数值，AIC 和 BIC 是根据式(12.4.34)和式(12.4.35)计算的 AIC 准则值和 BIC 准则值。

如果是由 $Y_i(t)(i=1,2,\cdots,5)$ 直接计算得到的$\hat{c}_t$，则$\hat{c}_t$ 就是所求得 SWI 景气指数，代表了我国总体经济活动的状态。

如果是对 $S_i(t)$ 建模，还需要复原才能得到 SWI 景气指数。

令 SWI(1) = 100，则

$$\text{SWI}(t) = \text{SWI}(t-1) \times \frac{200+\hat{c}(t)}{200-\hat{c}(t)}, \quad t = 2,\cdots,T \tag{12.4.40}$$

即为所求的 SWI 景气指数。

3. SWI 景气指数的结果分析

由前述的状态空间模型估计得到 SWI 景气指数，图 12.4.1 是 SWI 景气指数的时间序列图形(阴影部分是第 6 章 6.1 节中国增长率周期波动基准日期的下降阶段)。从图 12.4.1

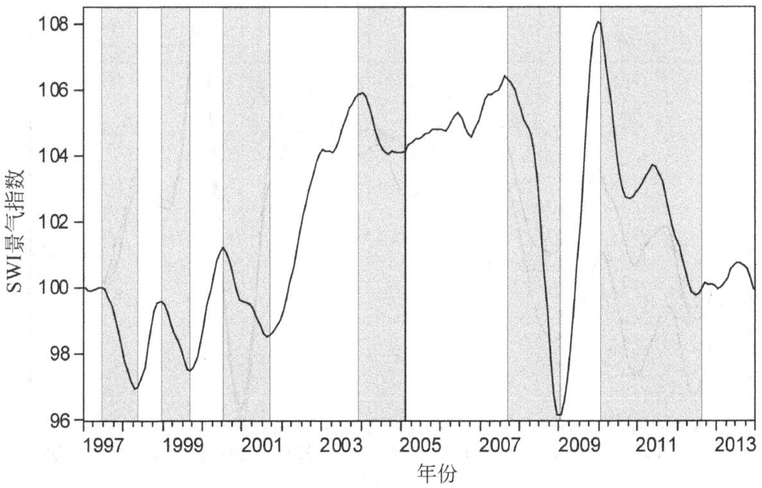

图 12.4.1　SWI 景气指数时间序列图形

中可以看出,SWI 景气指数无论从变动趋势和峰谷转折点,还是波动幅度上,都较好地反映了 1997 年以来我国的几次经济周期波动情况。SWI 景气指数与工业增加值实际增长率、工业销售收入实际增长率、发电量增长率、财政收入实际增长率和进口实际增长率之间的关系,可以通过 SWI 景气指数与这 5 个构成变量间的相关系数反映出来,它们依次是 0.975,0.888,0.893,0.493,0.622。其中,工业增加值实际增长率与 SWI 景气指数的变动最接近,财政收入实际增长率是相关程度最小的指标,但也接近 0.5。

为了进一步确认 SWI 景气指数的有效性,本节把它与第 6 章 6.3.4 节同样 5 个一致指标增长率构成的合成指数(CI_C_t)和主成分分析方法的一致综合指数(PCA_C_t)进行了比较分析,图 12.4.2 和图 12.4.3 清楚地表明它们的变动具有惊人的相似性,合成指数(CI_C_t)和一致 SWI 景气指数的相关系数达 0.912。

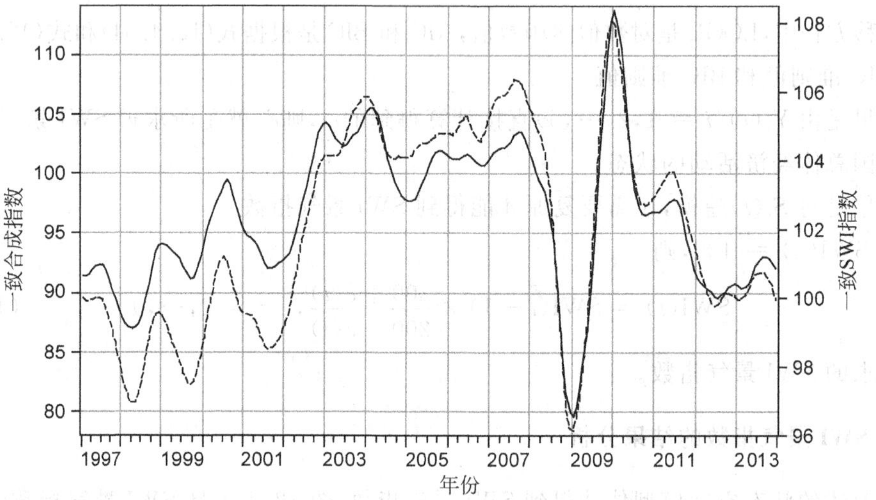

图 12.4.2 虚线为一致 SWI 指数(右坐标)和实线为一致合成指数(CI_C_t,左坐标)

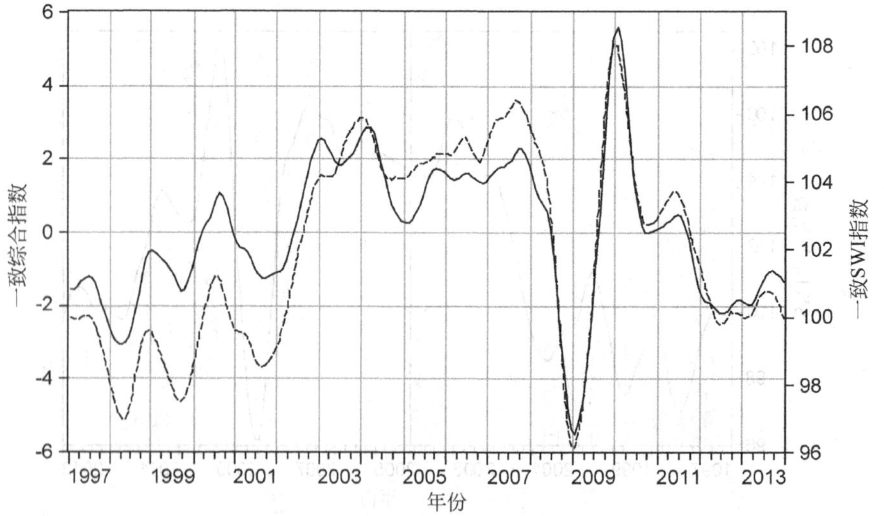

图 12.4.3 虚线为一致 SWI 指数(右坐标)和实线为主成分分析方法的一致综合指数(PCA_C_t,左坐标)

本书介绍了多种合成景气指数方法，这些方法的数学原理截然不同，但是得到的合成景气指数基本是相似的。其中合成指数(CI)的方法是最简单的，通过合成景气指标的变化率来构建合成指数。主成分分析方法是基于多元统计分析的 4 个准则，使综合指数能代表多个变量的信息，尽可能减少信息损失的一种方法。SWI 景气指数是基于宏观经济存在一个不可观测的共同因素，代表了宏观经济的总体波动，通过复杂的状态空间模型和 Kalman 滤波方法，经过严密的数学运算合成得到的景气指数。通过比较研究说明，这些方法都能很好地反映宏观经济的周期波动状况，因此可以同时使用不同的方法、从不同的侧面来验证我国宏观经济周期波动的当前状态和未来动向。

第13章 马尔可夫区制转换模型及其应用

Hamilton(1989)提出的马尔可夫区制转移(Markov regime switching model,MS)模型为识别经济周期波动的特征提供了一种有效的方法,并得到了广泛的应用。21世纪以来,随着描述数据非对称特征的MS模型的发展,更是提出了将Stock和Watson模型与MS模型结合在一起的动态马尔可夫转移因子模型(dynamic factor model with markov switching,DF-MS),构建同时捕捉了一组经济变量的共同波动特征和共同成分的非对称特征的经济景气指数。

经济模型的不稳定性有时候被定义为回归方程在不同的子样本区间出现结构变化,如果出现结构变化的时点是已知的,可以通过Chow(1960)检验去验证是否出现了结构变化,或者通过引入虚拟变量来模拟这种结构变化。不过,很多时候,研究者对于参数出现变化的确切时点并没有太多信息,需要对转折点出现的时刻进行推断。比如,Quandt(1958,1960)、Farley和Hinich(1970)、Kim和Siegmund(1989)等考虑了数据中存在一个结构变化的情形;Quandt(1972)、Goldfeld和Quandt(1973)、Brown,Durbin和Evans(1975)、Ploberger Kramer和Kontrus(1989)等考虑了数据中超过一次结构变化的情形;Andrews(1993)等提供了对于包含未知结构变化点的检验方法。

另外的一些模型,如Goldfeld和Quandt(1973)通过引入马尔可夫转换(Markov switching,MS)考虑了这种依赖,此时,出现结构变化的时点在这样的模型中将是内生决定的。Hamilton(1989)将状态依赖的MS模型扩展到时间序列模型中,并提出了模型求解的滤波方法(本章称之为Hamilton滤波),模型的非线性特征可以捕捉经济变量具有的动态变化特征。Hamilton(1989)分析了美国实际GNP增长率,在他的论文中不仅包含了Neftci(1984)关注的非对称性,而且成功地复制出NBER测算的经济周期转折点。从此,这种方法被大量使用在经济周期和金融领域问题的分析方面。

13.1 马尔可夫区制转换

13.1.1 区制转换

设 y_t 表示实际产出的增长率数据序列。假定在经济增长率较低的衰退时期,它的动态行为用AR(1)来描述

$$(y_t - \mu_1) = \varphi(y_{t-1} - \mu_1) + \varepsilon_t, \quad \varepsilon_t \sim N(0, \sigma_1^2) \tag{13.1.1}$$

其中,μ_1 为 y_t 在衰退时期的稳态值,ε_t 为扰动项,σ_1 为扰动项的标准差。

然而，在经济增长较快的繁荣时期可以预期稳态数值将发生改变，产出的动态行为用不同于模型(13.1.1)的稳态数值可能更合理，如

$$(y_t-\mu_2)=\varphi(y_{t-1}-\mu_2)+\varepsilon_t,\quad \varepsilon_t\sim N(0,\sigma_2^2) \tag{13.1.2}$$

其中，μ_2 为 y_t 在繁荣时期的稳态值。

当然，也有可能在相邻的两个时期，经济出现繁荣转向衰退或者是相反方向的变化，即出现转折点，可以用一个统一的模型形式来描述产出的这种行为

$$(y_t-\mu_{s_t})=\varphi(y_{t-1}-\mu_{s_{t-1}})+\varepsilon_t,\quad \varepsilon_t\sim N(0,\sigma_{s_t}^2) \tag{13.1.3}$$

其中，s_t 为状态变量，如果假定经济包含两种状态，即 s_t 只取两个值 1 或者 2，则均值就依所处的不同状态取 μ_1 或 μ_2 两个值，误差项的标准差也相应分别取 σ_1、σ_2 两个值。如果 s_t 取值为 1 代表经济的衰退状态，s_t 取值为 2 代表经济的繁荣状态，则 μ_1 为 y_t 在衰退时期的稳态值，μ_2 为 y_t 在繁荣时期的稳态值。这里，μ 值的变化就体现了状态的改变。

模型中包含了不可观测的离散变量 s_t，因此，这种模型无法利用通常方法进行估计，Hamilton 提出了滤波方法对 s_t 进行概率推断，通过极大似然法完成参数估计。运用极大似然法需要清楚 y_t 的条件密度函数形式，由于在不同状态下，模型的参数取值不同，y_t 的密度函数形式也就不同。而每个时点所处的区制是不确定的，即状态变量 s_t 是不可观测的随机变量，需要对其取值进行概率推断。

某一个时点上 y_t 的条件概率密度其实是各种可能取得的状态所确定的密度函数的加权平均，如果模型的设定中不仅包含当期的区制，还包含过去几个时期所处的区制，y_t 的条件密度将依赖于当前和过去的状态。如一阶自回归模型(13.1.3)，y_t 的条件密度不仅依赖 y_t 在时刻 t 所处的状态，还依赖于其在 $t-1$ 时刻状态变量的取值。即 y_t 在时刻 t 的条件密度函数为

$$\begin{aligned}
f(y_t\mid \boldsymbol{Y}_{t-1}) &= f(y_t,s_t=0,s_{t-1}=0\mid \boldsymbol{Y}_{t-1})+f(y_t,s_t=1,s_{t-1}=0\mid \boldsymbol{Y}_{t-1})\\
&\quad +f(y_t,s_t=0,s_{t-1}=1\mid \boldsymbol{Y}_{t-1})+f(y_t,s_t=1,s_{t-1}=1\mid \boldsymbol{Y}_{t-1})\\
&=\sum_{s_{t-1}=0}^{1}\sum_{s_t=0}^{1} f(y_t,s_t,s_{t-1}\mid \boldsymbol{Y}_{t-1})\\
&=\sum_{s_{t-1}=0}^{1}\sum_{s_t=0}^{1} f(y_t\mid s_t,s_{t-1},\boldsymbol{Y}_{t-1})p(s_t,s_{t-1}\mid \boldsymbol{Y}_{t-1})
\end{aligned} \tag{13.1.4}$$

其中，$f(y_t\mid s_t,s_{t-1},\cdots,s_{t-r},\boldsymbol{Y}_{t-1})$ 为正态分布的密度函数，$Y_{t-1}=\{y_{t-1},y_{t-2},\cdots,y_1\}$ 的信息集合。例如，对于模型(13.1.3)，当 $s_t=s_{t-1}=1$，即当前和前一期的状态变量取值都为 1 时

$$f(y_t\mid s_t,s_{t-1},\boldsymbol{Y}_{t-1})=\frac{1}{\sqrt{2\pi}\sigma}\exp\left\{-\frac{[(y_t-\mu_1)-\varphi(y_{t-1}-\mu_1)]^2}{2\sigma^2}\right\} \tag{13.1.5}$$

条件密度函数 $f(y_t|\boldsymbol{Y}_{t-1})$ 是由 4 个类似式(13.1.5)形式的正态分布的加权平均构成的混合正态分布。如果要使用极大似然法求解参数，给定初值后，不同状态对应的式(13.1.5)的值可以求出来，同时，必须能够求出 $p(s_t,s_{t-1}|\boldsymbol{Y}_{t-1})$，才能得出条件密度值 $f(y_t|\boldsymbol{Y}_{t-1})$，这就需要设定 s_t 的随机行为，以完成对这些状态变量取值概率的推断。

13.1.2　马尔可夫区制转换

令 $\{s_t\}$ 是一个取整数值 $\{1,2,\cdots,N\}$ 的随机过程，假定 s_t 取值仅受到最近一期滞后 s_{t-1} 的影响，即

$$p(s_t=j \mid s_{t-1}=i, s_{t-2}=k, \cdots) = p(s_t=j \mid s_{t-1}=i) = p_{ij} \tag{13.1.6}$$

这样的过程称为转移概率(transition probabilities)$\{p_{ij}\}$,$(i,j=1,\cdots,N)$ 的 N-状态马尔可夫链(N-state Markov chain)。转移概率给出了出现状态 i 后下一期出现状态 j 的概率,自然应该有

$$\sum_{j=1}^{N} p_{ij} = 1, \quad i=1,2,\cdots,N \tag{13.1.7}$$

可以将这些转移概率表达在转移矩阵($N\times N$)矩阵 $\boldsymbol{P}$ 中

$$\boldsymbol{P} = \begin{pmatrix} p_{11} & p_{21} & \cdots & p_{N1} \\ p_{12} & p_{22} & \cdots & p_{N2} \\ \vdots & \vdots & \ddots & \vdots \\ p_{1N} & p_{2N} & \cdots & p_{NN} \end{pmatrix} \tag{13.1.8}$$

转移矩阵的第 i 列元素给出了状态 i 后出现各种状态的概率 p_{ij},$j=1,2,\cdots,N$。

记 $N\times 1$ 向量 $\boldsymbol{\pi}$ 表示 s_t 的无条件概率或稳态概率,即

$$\boldsymbol{\pi} = \begin{pmatrix} \pi_1 \\ \pi_2 \\ \vdots \\ \pi_N \end{pmatrix} \tag{13.1.9}$$

显然,$\boldsymbol{i}'\boldsymbol{\pi}=1$,其中 $i=(1\ 1\ \ldots 1)'$。由稳态概率的含义知道 $\boldsymbol{\pi}=\boldsymbol{P\pi}$,因此有

$$\begin{pmatrix} \boldsymbol{I}_N - \boldsymbol{P} \\ \boldsymbol{i}' \end{pmatrix}\boldsymbol{\pi} = \begin{pmatrix} \boldsymbol{0}_N \\ 1 \end{pmatrix} \quad 或者 \quad \boldsymbol{A\pi} = \begin{pmatrix} \boldsymbol{0}_N \\ 1 \end{pmatrix} \tag{13.1.10}$$

方程(13.1.10)的两侧都乘以 $(\boldsymbol{A}'\boldsymbol{A})^{-1}\boldsymbol{A}'$,得到

$$\boldsymbol{\pi} = (\boldsymbol{A}'\boldsymbol{A})^{-1}\boldsymbol{A}'\begin{pmatrix} \boldsymbol{0}_N \\ 1 \end{pmatrix} \tag{13.1.11}$$

也就是说,稳态概率是 $(\boldsymbol{A}'\boldsymbol{A})^{-1}\boldsymbol{A}'$ 的最后一列。对于两状态马尔可夫链($N=2$),记转移概率矩阵为

$$\boldsymbol{P} = \begin{pmatrix} p_{11} & p_{21} \\ p_{12} & p_{22} \end{pmatrix}$$

容易求得

$$\boldsymbol{\pi} = \begin{pmatrix} \dfrac{1-p_{22}}{2-p_{11}-p_{22}} \\ \dfrac{1-p_{11}}{2-p_{11}-p_{22}} \end{pmatrix} \tag{13.1.12}$$

模型中的状态变量 s_t 由马尔可夫链描述,可以称为马尔可夫转换模型,以下记为 MS 模型。如果模型的自回归阶数为 r,则称为 MS(r)模型

$$\begin{aligned}(y_t-\mu_{s_t}) &= \varphi_0 + \varphi_1(y_{t-1}-\mu_{s_{t-1}}) + \varphi_2(y_{t-2}-\mu_{s_{t-2}}) + \cdots \\ &\quad + \varphi_r(y_{t-r}-\mu_{s_{t-r}}) + \varepsilon_t, \quad \varepsilon_t \sim N(0,\sigma_{s_t}^2)\end{aligned} \tag{13.1.13}$$

对于 AR(r) 模型来说,y_t 的条件密度函数依赖直到 $t-r$ 时刻的状态变量的取值,因而,y_t 的条件密度函数将是 2^{r+1} 项服从正态分布的条件密度函数的加权平均,权重为 $p(s_t, s_{t-1},\cdots,s_{t-r}|\boldsymbol{Y}_{t-1})$。在对这样的模型进行估计的时候,需要进行大量的概率推断计算,然后

才能写出某一个时点上的因变量的混合正态分布的概率密度。对这些概率的推断可以用 Hamilton 滤波来实现，并进而运用极大似然法求出参数估计值。

13.2　马尔可夫区制转换模型的估计

Hamilton(1989)提出了对 MS 模型进行估计的迭代方法①。给定初值，可以对 y_t 在每个时点 t 上所处的各种状态进行概率推断，并能够得到 y_t 的条件密度函数值，进而通过数值算法进行迭代，估计出使似然函数极大化的模型参数值。这个过程中，核心的部分是如何基于初值对 y_t 所处的各种状态进行概率推断，并最终得到似然函数值，下面对此进行说明。

13.2.1　Hamilton 滤波

假设模型形式为 r 阶自回归、具有 N 状态马尔可夫区制转换模型，假设每种区制下有不同的均值和方差

$$\phi(L)(y_t-\mu_{s_t})=\varepsilon_t,\quad \varepsilon_t\sim N(0,\sigma_{s_t}^2)\tag{13.2.1}$$

$$p(s_t=j\mid s_{t-1}=i)=p_{ij},\quad i,j=1,2,\cdots,N\tag{13.2.2}$$

$$\sum_{j=1}^{N}p_{ij}=1,\quad i=1,2,\cdots,N\tag{13.2.3}$$

$$\mu_{s_t}=\mu_1s_{1t}+\mu_2s_{2t}+\cdots\mu_Ns_{Nt},\quad \sigma_{s_t}^2=\sigma_1^2s_{1t}+\sigma_2^2s_{2t}+\cdots\sigma_N^2s_{Nt},\tag{13.2.4}$$

$$\text{如果 } s_t=m,s_{mt}=1,\quad \text{否则 } s_{mt}=0\tag{13.2.5}$$

此时，y_t的条件密度函数将依赖直到 $t-r$ 时刻的状态变量的取值。在 t 时刻，假定直到 $t-1$ 时刻为止所有的信息都已知，则通过式(13.2.6)可以推断 t 时刻以信息集 $\boldsymbol{Y}_{t-1}$ 为条件的 y_t所处的各种状态的概率

$$p(s_t,s_{t-1},\cdots,s_{t-r}\mid \boldsymbol{Y}_{t-1})=p(s_t\mid s_{t-1})p(s_{t-1},\cdots,s_{t-r}\mid \boldsymbol{Y}_{t-1})\tag{13.2.6}$$

然后，可以推断联合条件密度

$$f(y_t,s_t,s_{t-1},\cdots,s_{t-r}\mid \boldsymbol{Y}_{t-1})=f(y_t\mid s_t,s_{t-1},\cdots,s_{t-r},\boldsymbol{Y}_{t-1})p(s_t,s_{t-1},\cdots,s_{t-r}\mid \boldsymbol{Y}_{t-1})\tag{13.2.7}$$

其中，$f(y_t|s_t,s_t-1,\cdots,s_{t-r},\boldsymbol{Y}_{t-1})$ 为正态分布的密度函数。从而，可以求出 y_t以信息集 $\boldsymbol{Y}_{t-1}$为条件的密度函数为

$$f(y_t\mid \boldsymbol{Y}_{t-1})=\sum_{s_t=1}^{N}\sum_{s_{t-1}=1}^{N}\cdots\sum_{s_{t-r}=1}^{N}f(y_t,s_t,s_{t-1},\cdots,s_{t-r}\mid \boldsymbol{Y}_{t-1})\tag{13.2.8}$$

为了接着求出时点 $t+1$ 处的条件密度值 $f(y_{t+1}|\boldsymbol{Y}_t)$，由上述运算过程(式(13.2.6)～式(13.2.8))的描述可以看出，需要计算出 $p(s_t,s_{t-1},\cdots,s_{t-r+1}|\boldsymbol{Y}_t)$，为此，首先计算

$$p(s_t,s_{t-1},\cdots,s_{t-r}\mid \boldsymbol{Y}_t)=\frac{f(y_t,s_t,s_{t-1},\cdots,s_{t-r}\mid \boldsymbol{Y}_{t-1})}{f(y_t\mid \boldsymbol{Y}_{t-1})}\tag{13.2.9}$$

进而得到

---

① Hamilton J D. A new approach to the economic analysis of the nonstationary time series and the business cycle [J]. Econometrica, 1989, 57(2): 357-384.

$$p(s_t,\cdots,s_{t-r+1}\mid \boldsymbol{Y}_t)=\sum_{s_{t-r}=1}^{N}p(s_t,\cdots,s_{t-r+1},s_{t-r}\mid \boldsymbol{Y}_t) \tag{13.2.10}$$

这些更新的概率推断可以保证下一次迭代的顺利进行,即可以重复式(13.2.6)~式(13.2.8)的过程,基于t时刻对$t+1$时刻的条件密度进行推断。

在给定初值后,这个迭代过程从第一期开始运行至最后一期,则完成了一次Hamilton滤波。一次滤波完成后就得到了一个似然函数值,通过极大似然估计的数值算法估计出模型的参数值。

Hamilton滤波要求指定开始时刻的初值,其他参数设定的初值可以根据参数各自的含义给定,而Markov过程的参数初值可以设定状态间转移概率,由式(13.1.11)计算出状态变量所处的各种状态的稳态概率,若记为

$$\pi_{s_1}=p(s_1=i),\quad i=1,2,\cdots,N \tag{13.2.11}$$

则由马尔可夫性质,能够计算出

$$p(s_r,\cdots,s_1)=\pi_{s_1}p_{s_1,s_2}p_{s_2,s_3}\cdots p_{s_{r-1},s_r} \tag{13.2.12}$$

13.2.2 MS-AR(1)模型估计中Hamilton滤波迭代流程

下面以MS-AR(1)模型为例,说明Hamilton滤波程序,如图13.2.1所示。

$$l(\theta)=0$$

$$p(s_0=i)=\pi_i$$

$$\Downarrow$$

$$p(s_t,s_{t-1}\mid \boldsymbol{Y}_{t-1})=p(s_t\mid s_{t-1})p(s_{t-1}\mid \boldsymbol{Y}_{t-1})$$

$$\Downarrow$$

$$f(y_t,s_t,s_{t-1}\mid \boldsymbol{Y}_{t-1})=f(y_t\mid s_t,s_{t-1},\boldsymbol{Y}_{t-1})p(s_t,s_{t-1}\mid \boldsymbol{Y}_{t-1})$$

$$\Downarrow$$

$$f(y_t\mid \boldsymbol{Y}_{t-1})=\sum_{s_t=1}^{N}\sum_{s_{t-1}=1}^{N}f(y_t,s_t,s_{t-1}\mid \boldsymbol{Y}_{t-1})$$

$$\Downarrow \qquad\qquad t=t+1$$

$$\{l(\theta)=l(\theta)+\ln[f(y_t\mid \boldsymbol{Y}_{t-1})]\}$$

$$\Downarrow$$

$$p(s_t,s_{t-1}\mid \boldsymbol{Y}_t)=\frac{f(y_t,s_t,s_{t-1}\mid \boldsymbol{Y}_{t-1})}{f(y_t\mid \boldsymbol{Y}_{t-1})}$$

$$\Downarrow$$

$$p(s_t\mid \boldsymbol{Y}_t)=\sum_{s_{t-1}=1}^{N}p(s_t,s_{t-1}\mid \boldsymbol{Y}_t)$$

$$\Downarrow$$

$$\left[l(\theta)=\sum_{t=1}^{T}\ln(f(y_t\mid \boldsymbol{Y}_{t-1}))\right]$$

图13.2.1 MS-AR(1)模型估计中Hamilton滤波迭代流程图

13.2.3 与MS模型相关的一些问题

1. 光滑概率的计算

参数估计的过程中,已经计算出了每个时刻所处状态的概率,$p(s_t=j\mid \boldsymbol{Y}_t)$,这个概率可

称之为滤波概率,这是利用直到 t 期为止的所有信息对 t 时刻所处状态的推断。除此之外,我们还可以利用所有的样本信息计算光滑概率,即对 $p(s_t=j|\boldsymbol{Y}_T)$ 进行推断。对于一个包含马尔可夫均值转换的 AR(1)模型,有

$$\begin{aligned} & p(s_t=j,s_{t+1}=k|\boldsymbol{Y}_T) \\ =& p(s_{t+1}=k|\boldsymbol{Y}_T)\times p(s_t=j|s_{t+1}=k,\boldsymbol{Y}_T) \\ =& p(s_{t+1}=k|\boldsymbol{Y}_T)\times p(s_t=j|s_{t+1}=k,\boldsymbol{Y}_t) \\ =& \frac{p(s_{t+1}=k|\boldsymbol{Y}_T)\times p(s_t=j|\boldsymbol{Y}_t)\times p(s_{t+1}=k|s_t=j,\boldsymbol{Y}_t)}{p(s_{t+1}=k|\boldsymbol{Y}_t)} \end{aligned} \tag{13.2.13}$$

$$p(s_t=j|\boldsymbol{Y}_T)=\sum_{k=1}^{N}p(s_t=j,s_{t+1}=k|\boldsymbol{Y}_T) \tag{13.2.14}$$

滤波概率 $p(s_t=j|\boldsymbol{Y}_t)$ 已经得到,$p(s_T|\boldsymbol{Y}_T)$ 自然是已知的,因此,可以迭代计算出 $t=T-1,T-2,\cdots,1$ 的光滑概率。光滑概率的计算可以推广到具有马尔可夫转换的 AR(k)模型。

2. MS 模型中区制的期望持续时间(Expected duration)

在马尔可夫区制转换中,我们时常会关注某一种区制的平均持续期,即平均而言,这种区制能够持续多久,如经济周期波动中的扩张期或收缩期。一般而言,设 D_j 表示区制 j 的平均持续期,则有如下推算:

(1) 如果 t 时期状态 $s_t=j$,而 $t+1$ 时期状态 $s_{t+1}\neq j$,则持续期 $D_j=1$,该状态的概率为 $p(D_j=1)=1-p_{jj}$;

(2) 如果 t 和 $t+1$ 时期,$s_t=s_{t+1}=j$,$t+2$ 时期状态 $s_{t+2}\neq j$,则持续期 $D_j=2$,对应的概率为 $p(D_j=2)=p_{jj}(1-p_{jj})$;

(3) 如果 t、$t+1$ 和 $t+2$ 时期,$s_t=s_{t+1}=s_{t+2}=j$,$t+3$ 时期状态 $s_{t+3}\neq j$,则持续期 $D_j=3$,对应的概率为 $p(D_j=3)=p_{jj}^2(1-p_{jj})$;

以此类推,可以求得区制 j 的平均持续期为

$$\begin{aligned} E(D_j) &= \sum_{D_j=1}^{\infty}D_j\cdot p(D_j) \\ &= 1\times(1-p_{jj})+2\times p_{jj}(1-p_{jj})+3\times p_{jj}^2(1-p_{jj})+\cdots \\ &= \frac{1}{1-p_{jj}} \end{aligned} \tag{13.2.15}$$

其他区制平均持续期的计算方法与区制 j 类似。

3. 时变转移概率和区制的期望持续时间

Hamilton(1989)假定转移概率是常数,这意味着一个区制的期望持续时间也是常数。但 Diebold,Lee 和 Weinbach(1994)、Filardo(1994)假定转移概率可能依赖于一些潜在的经济基本面因素,比如,Diebold,Lee 和 Weinbach 认为根据经济基本面,如果汇率严重高估或者低估,汇率重新估值的可能性将会增加。在研究经济周期的 MS 模型中,Filardo 设定时变转移概率是先行经济指标的函数。

将 MS 模型扩展以考虑到时变转移概率。假定 $\boldsymbol{Z}_{t-1}$ 是影响区制转换可能性的基本面因素,时变转移概率可能是如下的 logistic 形式

$$p_{ij,t}=p(s_t=j\mid s_{t-1}=i,\boldsymbol{Z}_{t-1})=\frac{\exp(\lambda_{ij,0}+\boldsymbol{Z}'_{t-1}\lambda_{ij,1})}{1+\exp(\lambda_{ij,0}+\boldsymbol{Z}'_{t-1}\lambda_{ij,1})},$$

$$i=1,2,\cdots,N,\quad j=1,2,\cdots,N-1 \tag{13.2.16}$$

$$p_{iN,t}=p(s_t=N\mid s_{t-1}=i,\boldsymbol{Z}_{t-1})=1-\sum_{j=1}^{N-1}p_{ij,t},\quad i=1,2,\cdots,N \tag{13.2.17}$$

当 $N=2$ 时,时变转移概率也可以设定如下的 probit 形式

$$p(s_t=1)=p(s_t^*<0),\quad p(s_t=2)=p(s_t^*\geqslant 0) \tag{13.2.18}$$

这里,s_t^* 是潜变量,设定为

$$s_t^*=g_1s_{1,t-1}+g_2s_{2,t-1}+\boldsymbol{Z}'_{t-1}\gamma+\xi_t,\xi_t\sim \text{i.i.d.}\ N(0,1) \tag{13.2.19}$$

这里,如果 $s_{t-1}=i$,则 $s_{i,t-1}=1$,否则为 0。因此,转移概率为

$$p_{11,t}=p(s_t=1\mid s_{t-1}=1,\boldsymbol{Z}_{t-1})=p[\xi_t<-(g_1+\boldsymbol{Z}'_{t-1}\gamma)]=\Phi(-(g_1+\boldsymbol{Z}'_{t-1}\gamma)) \tag{13.2.20}$$

$$p_{12,t}=p(s_t=2\mid s_{t-1}=1,\boldsymbol{Z}_{t-1})=p[\xi_t\geqslant-(g_1+\boldsymbol{Z}'_{t-1}\gamma)]=1-\Phi(-(g_1+\boldsymbol{Z}'_{t-1}\gamma)) \tag{13.2.21}$$

$$p_{22,t}=p(s_t=2\mid s_{t-1}=2,\boldsymbol{Z}_{t-1})=p[\xi_t\geqslant-(g_2+\boldsymbol{Z}'_{t-1}\gamma)]=1-\Phi(-(g_2+\boldsymbol{Z}'_{t-1}\gamma)) \tag{13.2.22}$$

$$p_{21,t}=p(s_t=1\mid s_{t-1}=2,\boldsymbol{Z}_{t-1})=p[\xi_t<-(g_2+\boldsymbol{Z}'_{t-1}\gamma)]=\Phi(-(g_2+\boldsymbol{Z}'_{t-1}\gamma)) \tag{13.2.23}$$

其中,$\Phi(\cdot)$是标准正态分布的累积分布函数。

时变转移概率意味着期望持续时间也是时变的。在经济周期文献中,一个高度相关的问题是区间依赖(duration dependence),也就是说,在不同机制之间转换的概率是否依赖于经济已经处在衰退(或是繁荣)状态的时间长度。这是时变转移概率的一种特殊情形,此处的 $\boldsymbol{Z}_{t-1}$ 是经济处于某种状态的时间长度。例如,Durland 和 McCurdy(1994)在 Hamilton(1989)的单变量 MS 模型框架下考察了经济周期区间依赖的特征等。

13.3 模型应用——经济周期波动转折点的识别

近些年,马尔可夫区制转换模型在经济和金融领域得到了广泛的应用,在经济周期波动研究中也受到关注。Hamilton(1989)在其开创性的论文中分析了美国实际 GNP 季度增长率数据(如图 13.3.1 所示),通过将 MS 机制引入 AR(4)模型,区分了美国经济周期波动的不同状态下实际 GNP 季度增长率序列的不同运行机制。Hamilton 得到的结果与 NBER 经济周期定期委员会确定的美国经济周期转折点非常接近,识别出了美国经济周期的上升和下降阶段。本节中介绍了 Hamilton 的模型形式和计算结果,并运用这种方法基于中国季度 GDP 序列识别中国的经济周期转折点。

13.3.1 美国经济周期转折点的识别

由本书前面的介绍已经知道,美国等发达国家的经济周期波动是古典循环的形式,美国 GNP 序列表现出绝对水平的上升和下降交替的局面,当 GNP 绝对水平上升时,经济处在扩张阶段,而当 GNP 绝对水平出现下降时,经济处在衰退阶段。因此,转折点出现在当 GNP 绝对水平由上升转为下降(峰)或由下降转为上升(谷)的时刻。Hamilton 对 GNP 的对数进

行一阶差分，可以近似认为得到了 GNP 的增长率序列，在 GNP 上升阶段平均为正值，下降阶段平均为负值。图 13.3.1 显示了美国实际 GNP 季度增长率 1952 年 2 季度至 1984 年 4 季度的数据。

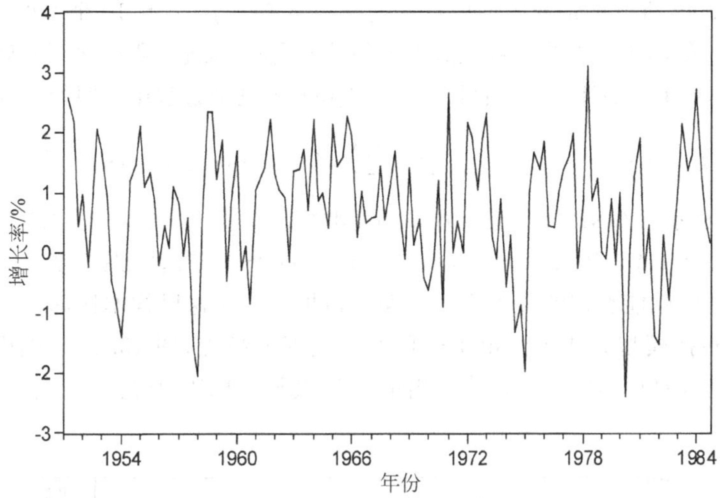

图 13.3.1　美国实际 GNP 季度增长率(1952 年 2 月—1984 年 4 月)

Hamilton 考虑到经济衰退和经济扩张两个状态下 GNP 的增长率均值不同，并假定按照两状态马尔可夫过程变化，记 GNP 的对数序列为 y_t。

$$\Delta y_t - \mu_{s_t} = \phi_1(\Delta y_{t-1} - \mu_{s_{t-1}}) + \phi_2(\Delta y_{t-2} - \mu_{s_{t-2}}) + \phi_3(\Delta y_{t-3} - \mu_{s_{t-3}}) + \phi_4(\Delta y_{t-4} - \mu_{s_{t-4}}) + \varepsilon_t, \varepsilon_t \sim N(0, \sigma^2) \tag{13.3.1}$$

其中，s_t 服从转移概率为 p_{ij} 的马尔可夫链，即

$$p(s_t = j \mid s_{t-1} = i) = p_{ij}, \quad i, j = 1, 2 \tag{13.3.2}$$

$$\mu_{s_t} = \mu_1 s_{1t} + \mu_2 s_{2t} \tag{13.3.3}$$

如果 $s_t = m$，$s_{mt} = 1$，否则，

$$s_{mt} = 0 \tag{13.3.4}$$

运用本章介绍的估计方法，基于 Hamilton 滤波得到了参数的极大似然估计和每个系数的标准差，列在表 13.3.1 中。

表 13.3.1　基于 Hamilton 滤波得到的参数估计值及标准差

系　数	估 计 值	标 准 差
μ_1	−0.36	0.26
μ_2	1.16	0.15
ϕ_1	0.01	0.12
ϕ_2	−0.06	0.14
ϕ_3	−0.25	0.11
ϕ_4	−0.21	0.11
p_{11}	0.75	0.1
p_{22}	0.9	0.04
σ	0.77	0.05

根据估计的结果,可以看出,在衰退区制中,每个季度平均增长率为-0.36%,在扩张区制中,每个季度平均增长率为1.16%。每一个区制持续性都很强,衰退后仍然是衰退的概率是$p_{11}=0.75$,所以衰退的期望持续期间为$1/(1-p_{11})=4$个季度;扩张后仍然是扩张的概率$p_{22}=0.90$,所以扩张期的期望持续期间为$1/(1-p_{22})=10$个季度。

由本章第2节中的介绍可知,在完成参数估计的同时,也能够得到序列所处不同状态的滤波概率。$p(s_t=1|\boldsymbol{Y}_t)$的计算是很直接的,在Hamilton滤波过程中按照如下方式计算得到

$$p(s_t \mid \boldsymbol{Y}_t)=\sum_{s_{t-1}=1}^{2}\sum_{s_{t-2}=1}^{2}\sum_{s_{t-3}=1}^{2}\sum_{s_{t-4}=1}^{2}p(s_t,s_{t-1},s_{t-2},s_{t-3},s_{t-4}\mid \boldsymbol{Y}_t) \tag{13.3.5}$$

图13.3.2显示了GNP处于衰退状态的滤波概率$p(s_t=1|\boldsymbol{Y}_t)$。当GNP处于衰退状态的滤波概率$p(s_t=1|\boldsymbol{Y}_t)$超过0.5时,就认为该时点处于衰退状态。基于这个原则,根据图13.3.2的数据,就能够判断美国经济周期的转折点。在这段样本区间中,Hamilton运用马尔可夫区制转换模型方法识别出了美国经济周期转折点,图13.3.2中阴影部分显示了NBER公布的基准日期,Hamilton计算出的转折点与NBER所公布的美国经济周期转折点非常接近。

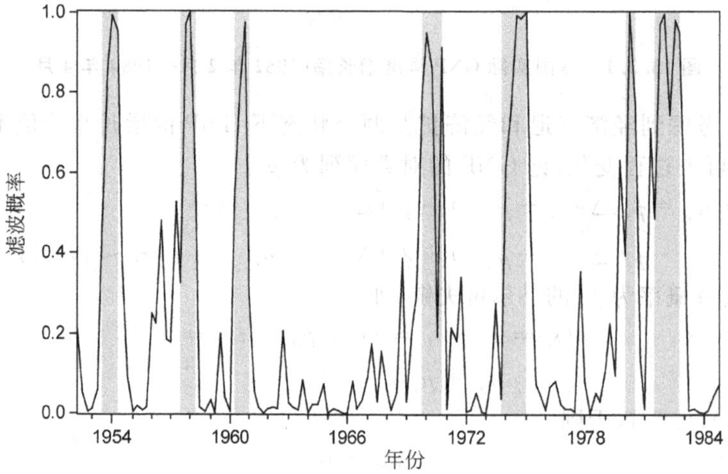

图13.3.2 GNP处于衰退状态的滤波概率 $p(s_t=1|\boldsymbol{Y}_t)$

但是,这种方法仍然是具有局限性的。当经济结构出现变化或者当经济出现大的危机等情况,使得新的数据特征与以往不相同,发生剧烈变化时,模型将无法得到合理的估计结果。例如,当Kim(1999)将样本增加到1995年三季度的时候,就发现模型不能提供合理的参数估计,因此也就无法对经济处于衰退还是扩张阶段做出合理的推断。Kim认为,模型假定产出增长率在经济扩张或者衰退阶段的平均增长速度是不变的,而由于新增样本区间中生产率下降,模型无法做出解释。Kim还指出,即便不考虑生产率下降的事实,如果货币政策稳定经济的效应更强,也可能使得经济繁荣和衰退阶段平均增速差异减小。因此,基于MS模型的应用研究仍然局限于学界,实际部门对于经济周期转折点的判断仍然是利用传统方法进行。

13.3.2 中国经济增长率周期转折点的识别

下面,我们来考察MS方法在识别我国经济增长率周期转折点时是否能够得到合理的结

果。在本书的前文中已经指出，与美国不同，我国研究的是增长率循环，也就是说，当我国增长率逐渐提高时才认为经济处于扩张阶段，而对于美国而言，只要增长率为正，就意味着经济处于扩张阶段。因此，我国的经济周期转折点的判断也与美国不同。我们要寻找的转折点是从经济增长率上升阶段转为下降阶段的时点，而不同于美国的转折点(经济增长率由正转负)。

基于这样的考虑，下面对于中国经济增长率周期转折点的识别，式(13.3.1)中 Y_t 选择我国 GDP 增长率序列。进入 2007 年，经济增速超过了 14%，通货膨胀率一再上升，月度环比超过 7%，此时，我国采取了紧缩性经济政策抑制经济过热和通货膨胀，此时，美国发端的金融危机开始蔓延，国际经济不景气对我国经济造成了很大的冲击，在紧缩政策效应逐步显现和金融危机巨大冲击的双重影响下，我国经济增长率出现剧烈下降。如前文所说，由于 2008 年开始的国际金融危机使得经济波动幅度过于剧烈，而利用 MS 模型分析时间序列的非对称特征需要序列在不同状态下有较为稳定的特征，因此，本节中只考虑截至 2007 年 4 季度我国 GDP 季度增长率序列，如图 13.3.3 所示。

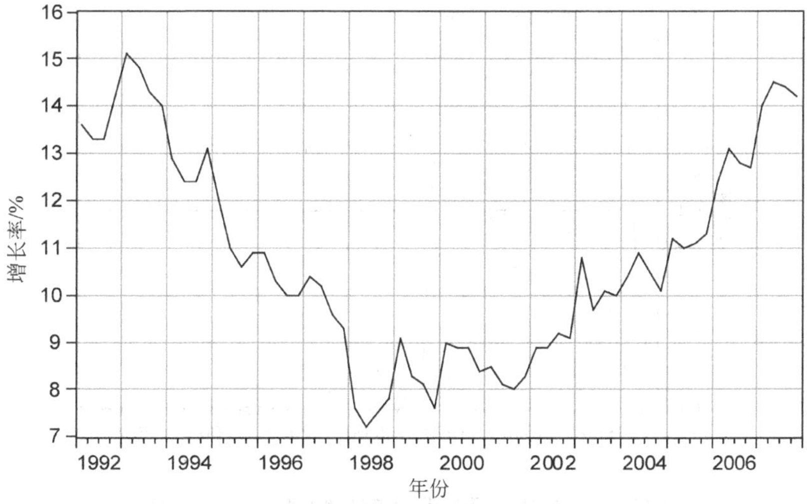

图 13.3.3　中国 GDP 季度增长率(1992 年一季度—2007 年四季度)

经过各阶滞后的反复试验，根据估计结果的合理性、参数的显著性等综合判断，最终选择的模型经极大似然估计得到了各个系数的估计值及其对应的标准差，列在表 13.3.2 中。

表 13.3.2　基于极大似然估计得到的参数估计值及标准差

系　数	估 计 值	标 准 差
μ_1	−0.6	0.2
μ_2	0.33	0.12
ϕ_1	−0.23	0.14
ϕ_2	−0.25	0.16
ϕ_3	−0.4	0.15
p_{11}	0.936	0.06
p_{22}	0.977	0.03
σ	0.25	0.05

根据估计的结果,可以看出,在衰退区制中,每个季度平均增长率为−0.60%,在扩张区制中,每个季度平均增长率为0.33%。每一个区制持续性都很强,衰退后仍然是衰退的概率是 $p_{11}=0.936$,所以衰退的期望持续期间为 $1/(1-p_{11})=15.6$ 个季度,约4年。扩张后仍然是扩张的概率 $p_{22}=0.977$,所以扩张期的期望持续期间为 $1/(1-p_{22})=43.5$ 个季度,约11年。

图13.3.4显示了我国GDP处于增长率下降状态的滤波概率 $p(s_t=1|\boldsymbol{Y}_t)$。图中阴影部分是滤波概率大于0.5的区间(1993年4季度至1998年4季度),按照Hamilton的观点,处于衰退状态的滤波概率大于0.5意味着这一阶段经济处在衰退阶段。1999年一季度以后至2007年四季度,概率一直低于0.5,可以认为这一阶段经济处在上升状态。也就是说,根据马尔可夫模型,我国这一阶段的GDP序列的主循环的转折点在1998年四季度,1999年一季度后一直处于经济周期扩张阶段。与图13.3.3相比较,可见,这一结论与我国GDP增长率序列的波动相近。

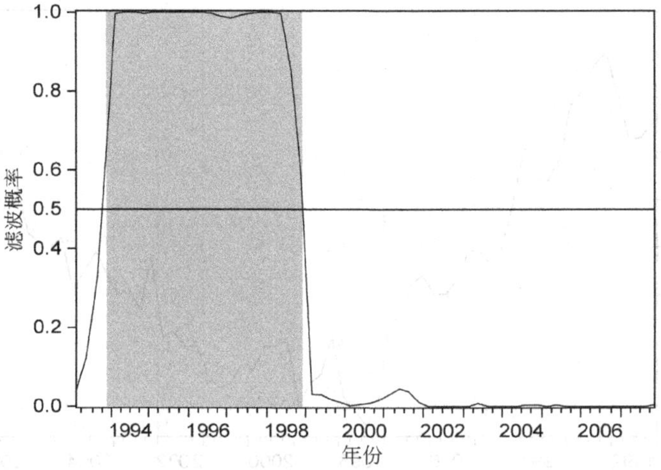

图13.3.4 GDP处于衰退状态的滤波概率 $p(s_t=1|\boldsymbol{Y}_t)$

13.3.3 SWI景气指数转折点的识别

在第12章中,介绍了Stock和Watson提出的新的景气指数概念和构建方法,他们认为景气变动不应仅仅是针对GDP的变动而言,而应该把景气循环看作更广泛的包括金融市场、劳动市场、商品销售市场在内的总体经济活动的循环,为了反映以上这些方面的多个总量经济指标的共同变动,可以认为在这些变量的变动背后,存在着一个共同的因素,这一因素可由一个不可观测的基本变量来体现,这一基本变量代表了总的经济状态,它的波动才是真正的景气循环。这一不可观测的基本变量被称为Stock-Waston型景气指数,简称SWI景气指数。由于SWI景气指数是建立在严密的数学模型基础上,所以和CI等传统的景气循环的测定方法相比有了很大的进步。

Diebold和Rudebusch(1996)提出了具有MS机制的动态因子模型,他们首先利用Stock和Watson的动态因子模型计算出反映经济系统协同变化的景气指数,然后,利用Hamilton提出的MS模型分析其非对称特征。下面,基于第12章中估计出来的中国月度增长率周期波动的Stock-Watson景气指数,利用Markov模型识别我国在2008年金融危机前的时期中景气扩张期、收缩期具有的非对称特征。图 13.3.5 所描绘的 SWI 景气指数反映了亚洲金融危机后至国际金融危机前我国的经济增长率周期波动态势。

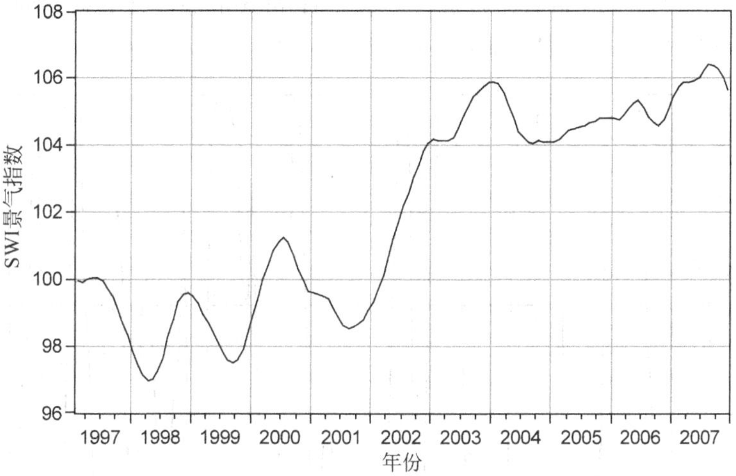

图 13.3.5　中国月度增长率周期波动的 SWI 景气指数

当 SWI 景气指数逐渐上升时，可以认为我国经济增长正处在扩张阶段；相反，当 SWI 景气指数逐渐下降时，可以认为我国经济增长正处在衰退阶段。因此，SWI 景气指数的转折点反映出我国的经济增长率周期的不同阶段，经济增长率周期的峰出现在 SWI 景气指数的上升阶段转为下降阶段的时点，经济增长率周期的谷出现在 SWI 景气指数从下降阶段转为上升阶段的时点。基于这样的考虑，式(13.3.1)中 Y_t 选择我国 SWI 景气指数序列。经过各个滞后阶数的试验，利用极大似然估计得到的参数估计值及其对应的标准差列在表 13.3.3 中。

表 13.3.3　基于极大似然估计得到的参数估计值及标准差

系　数	估　计　值	标　准　差
μ_1	−0.09	0.02
μ_2	0.08	0.02
ϕ	0.85	0.04
p_{11}	0.8	0.06
p_{22}	0.85	0.06
σ	0.08	0.01

根据估计的结果，可以看出，在衰退状态下，每个月平均下降 0.09，在扩张区制中，每个月平均上升 0.08，也就是说，下降的速度略高。这个特征与基于 GDP 序列得到的结论类似，即我国经济增长率周期波动具有下降比上升速度快的非对称特征。经济处在扩张或者衰退状态的持续性特征可以由 p_{11} 和 p_{22} 反映出来，如果某个月份处在衰退状态，那么下一个月仍然处于衰退状态的概率是 $p_{11}=0.80$，所以，衰退的期望持续期间为 $1/(1-p_{11})=5$ 个月；如果某个月份处于扩张状态，下一个月仍然处于扩张状态的概率为 $p_{22}=0.85$，据此可以计算扩张期的期望持续期间为 $1/(1-p_{22})=6.67$ 个月。由于平均扩张期和衰退期之和仅约 11.67 个月，这个结果并不符合经济周期理论对于经济周期的定义，通常对于经济周期的理解是，一轮周期的长度至少为 15 个月。

通过 MS 模型的估计,得到了 SWI 景气指数在各个观测点处于每种状态的概率,并可以据此将样本点分到处于扩张状态($p(s_t=0)\leqslant 0.5$)和收缩状态($p(s_t=0)>0.5$)两类中,进而识别出 SWI 景气指数的转折点。基于 Hamilton 滤波计算得到的 SWI 指数处于衰退状态的滤波概率 $p(s_t=1|\boldsymbol{Y}_t)$显示在图 13.3.6 中。

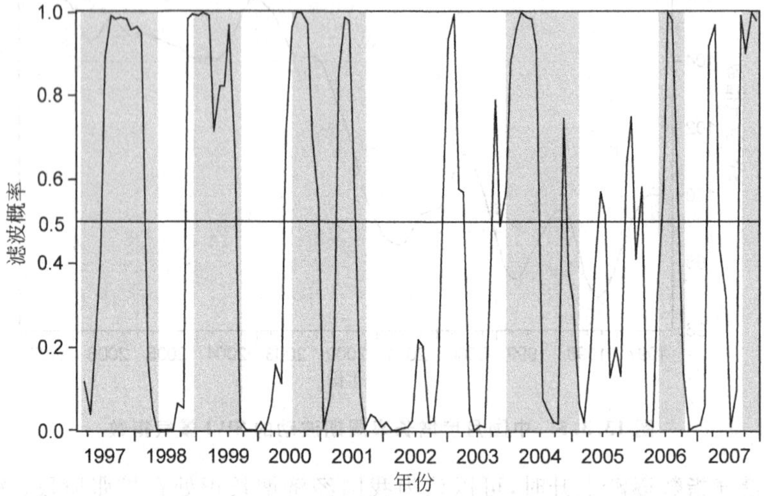

图 13.3.6 SWI 景气指数处于衰退状态的滤波概率 $p(s_t=1|\boldsymbol{Y}_t)$(阴影部分是中国增长率周期波动基准日期的下降阶段)

对于增长率循环而言,由于增长率的起伏变化要比绝对水平频繁得多,加上数据采用的月度数据,因此,本文计算的处于收缩状态的概率序列(图 13.3.6)不是很稳定。马尔可夫模型的衰退概率波动过于频繁,只要序列出现下降,衰退概率就会迅速增加。通过观察图 13.3.5 中 SWI 景气指数图形的波动可以发现,1997 年亚洲金融危机至 2008 年国际金融危机这段时期中,经济结构的不断变化、经济政策的不断调整等多种因素叠加在一起,使得我国经济景气波动异常频繁。

20 世纪 90 年代末期,由于居民的基本生活消费已经趋于饱和,缺少新的经济增长点,我国持续几年处于通货紧缩和较低经济增长状态。随着房地产市场改革步伐加快,房地产业迅猛发展,贷款买房逐渐成为城镇居民重要的消费支出,并由此带动了一系列相关产业的发展。2001 年 11 月我国加入 WTO 后,关税逐渐降低,进口商品如汽车等价格下降,使得汽车消费快速上升。与此同时,我国低廉的原材料价格和劳动力成本使得我国生产的产品在国际市场上竞争优势明显,出口快速增长,也吸引了越来越多的外资企业进驻中国,利用我国的成本优势获取利润。这些因素对 21 世纪后的我国经济产生了阶段性重大影响,进入 21 世纪后,景气指数因而表现出总体上升的态势。景气上升的同时伴随着投资增长速度过快,货币增长速度远远超过与经济增长和物价上涨相适应的潜在量,由此带来物价水平不断上升,金融资产泡沫也开始出现,房地产价格更是剧烈上升。在经济表现出阶段性过热的时期,如 2003 年逐渐出现的煤电油运全面紧张的状态一旦出现,紧缩性经济政策会立即实施,给宏观经济降温,过多的政策干预导致了经济景气震荡起伏。经济增长率周期波动非常频繁,导致衰退概率的高低转换出现类似的特点。虽然 MS 方法是经济学家们进行科学研究时经常使用的方法,近年来在我国也引起了学者们广泛的关注,并应用到多个领域,甚至将

MS 模型与 VAR、ARCH 等模型组合使用进行实证研究，但是，实际部门并没有利用这种方法来确定经济增长率周期转折点，而是仍然在利用传统方法对经济增长率周期波动的不同阶段进行区分。

13.4　构建新型景气指数——动态因子模型中引入 MS 模型

Diebold 和 Rudebusch(1996)利用 Stock 和 Watson 的动态因子模型计算出反映经济系统协同变化的景气指数，然后，利用 Hamilton 提出的 MS 模型分析其非对称特征，同时体现了经济周期的共变性和非对称性两种属性，打破了现代实证分析对经济周期协同变化和非对称特征独立进行分析的历史。但是，不足的地方是他们分两步走的分析手段，因为，既然景气指数具有非对称特征，就应该直接求解包含非对称特征的动态因子模型。Kim(1994)提出的近似极大似然估计可以实现这种模型的估计。很多经济学家成功地运用了这种方法，如 Chauvet(1998)、Kim 和 Nelson(1998)用美国数据、Kaufmann(2000)用欧洲国家的数据等分别对经济周期问题进行了分析。本节介绍这个模型形式和估计方法。

13.4.1　动态因子模型的状态空间形式

1. 动态因子模型形式

与 NBER 合成指数的作用相同，Stock 和 Watson 认为经济指标组中共同的波动成分代表了总的经济状态，体现出真正的经济景气循环。要想找到一组经济指标所包含的共同波动成分，可以通过因子分析实现。考虑到经济景气循环和每个经济指标都具有动态变化特征，因此，这种思想由动态因子模型表述出来，即

$$y_{it} = \gamma_i(L)c_t + u_{it}, \quad i = 1,2,\cdots,k \tag{13.4.1}$$

$$\varphi(L)c_t = \varepsilon_t \tag{13.4.2}$$

$$\psi_i(L)u_{it} = v_{it} \tag{13.4.3}$$

其中，$\gamma_i(L)$、$\phi(L)$、$\psi_i(L)$分别为 p_i、q、r_i阶滞后算子多项式。y_{it}代表第 i 个一致经济指标，它由共同成分的 c_t的当期和滞后期的线性组合与特殊成分 u_{it}构成，ε_t和v_{it}彼此独立且服从正态分布，k 为一致经济指标的个数。这里的 c_t是我们最为关心的反映景气状态的 SWI 景气指数。式(13.4.1)是因子模型的形式，而分别加入描述共同因子的动态行为和各个特殊成分动态行为的式(13.4.2)和式(13.4.3)后，则共同构成了动态因子模型。如果一致指标不平稳，则要对数据进行处理使其平稳，如可以进行一阶差分或求对称变化率，然后，对得到的共同成分进行逆运算，得到原序列的共同成分。

2. 状态空间模型形式

式(13.4.1)～式(13.4.3)构成的模型中包含不可观测变量 c_t，若要对这样的模型进行估计，必须将其写成状态空间模型的形式。第 12 章中已经介绍了状态空间模型的一般形式，为了对照方便，我们在这里再次列出

量测方程

$$\boldsymbol{y}_t = \boldsymbol{Z}_t\boldsymbol{\alpha}_t + \boldsymbol{d}_t + \boldsymbol{\varepsilon}_t, \quad t = 1,\cdots,T \tag{13.4.4}$$

状态方程

$$\boldsymbol{\alpha}_t = \boldsymbol{T}_t\boldsymbol{\alpha}_{t-1} + \boldsymbol{c}_t + \boldsymbol{R}_t\boldsymbol{\eta}_t, \quad t = 1,\cdots,T \tag{13.4.5}$$

在量测方程中，$\boldsymbol{y}_t$是包含k个经济变量可观测向量，$\boldsymbol{\alpha}_t$为状态向量，T表示样本长度，$\boldsymbol{Z}_t$是$k\times m$参数矩阵，$\boldsymbol{d}_t$是$k\times 1$向量，$\boldsymbol{\varepsilon}_t$是$k\times 1$向量，均值为0，协方差矩阵为$\boldsymbol{H}_t$的连续的不相关扰动项。在式(13.4.5)描述的状态方程中，$\boldsymbol{T}_t$是$m\times m$参数矩阵，$\boldsymbol{R}_t$是$m\times g$系数矩阵，$\boldsymbol{\eta}_t$是$g\times 1$向量，是均值为0，协方差矩阵为$\boldsymbol{Q}_t$的连续的不相关扰动项。在所有的时间区间上，扰动项$\boldsymbol{\varepsilon}_t$和$\boldsymbol{\eta}_t$是相互独立的。量测方程中的矩阵$\boldsymbol{Z}_t$、$\boldsymbol{d}_t$、$\boldsymbol{H}_t$与转移方程中的矩阵$\boldsymbol{T}_t$、$\boldsymbol{R}_t$、$\boldsymbol{Q}_t$统称为系统矩阵。如不特殊指出，它们都被假定为非随机的。

3. 动态因子模型的状态空间形式

经过适当地定义，模型(13.4.1)～模型(13.4.3)可以表示成状态空间模型的形式。在本章后面的实证分析中，一致指标个数和滞后阶数选择为

$$k = 4, \quad q = 2,$$
$$p_i = 1, r_i = 2, \quad i = 1,\cdots,4$$

这时的状态空间模型形式为

量测方程

$$\begin{bmatrix} y_{1t} \\ y_{2t} \\ y_{3t} \\ y_{4t} \end{bmatrix} = \begin{bmatrix} \gamma_{11} & \gamma_{12} & 1 & 0 & 0 & 0 & 0 & 0 & 0 & 0 \\ \gamma_{21} & \gamma_{22} & 0 & 0 & 1 & 0 & 0 & 0 & 0 & 0 \\ \gamma_{31} & \gamma_{32} & 0 & 0 & 0 & 0 & 1 & 0 & 0 & 0 \\ \gamma_{41} & \gamma_{42} & 0 & 0 & 0 & 0 & 0 & 0 & 1 & 0 \end{bmatrix} \begin{bmatrix} c_t \\ c_{t-1} \\ u_{1t} \\ u_{1,t-1} \\ u_{2t} \\ u_{2,t-1} \\ u_{3t} \\ u_{3,t-1} \\ u_{4t} \\ u_{4,t-1} \end{bmatrix} \tag{13.4.6}$$

写成矩阵形式，即$\boldsymbol{y}_t = \boldsymbol{Z}_t\boldsymbol{\alpha}_t$。

状态方程

$$\begin{bmatrix} c_t \\ c_{t-1} \\ u_{1t} \\ u_{1,t-1} \\ u_{2t} \\ u_{2,t-1} \\ u_{3t} \\ u_{3,t-1} \\ u_{4t} \\ u_{4,t-1} \end{bmatrix} = \begin{bmatrix} \varphi_1 & \varphi_2 & 0 & 0 & \cdots & 0 & 0 \\ 1 & 0 & 0 & 0 & \cdots & 0 & 0 \\ 0 & 0 & \psi_{11} & \psi_{12} & \cdots & 0 & 0 \\ 0 & 0 & 1 & 0 & \cdots & 0 & 0 \\ \vdots & \vdots & \vdots & \vdots & \ddots & 0 & 0 \\ 0 & 0 & 0 & 0 & \cdots & \psi_{41} & \psi_{42} \\ 0 & 0 & 0 & 0 & \cdots & 1 & 0 \end{bmatrix} \begin{bmatrix} c_{t-1} \\ c_{t-2} \\ u_{1,t-1} \\ u_{1,t-2} \\ u_{2,t-1} \\ u_{2,t-2} \\ u_{3,t-1} \\ u_{3,t-2} \\ u_{4,t-1} \\ u_{4,t-2} \end{bmatrix} + \begin{bmatrix} \varepsilon_{t-1} \\ 0 \\ v_{1t} \\ 0 \\ v_{2t} \\ 0 \\ v_{3t} \\ 0 \\ v_{4t} \\ 0 \end{bmatrix} \tag{13.4.7}$$

写成矩阵形式，即$\boldsymbol{\alpha}_t=\boldsymbol{T}_t\boldsymbol{\alpha}_{t-1}+\boldsymbol{\eta}_t$。

需要注意，将动态因子模型表示成状态空间模型形式时，每个指标的特殊成分 u_{it} 是状态变量，因此，量测方程(13.4.6)中并不含有状态空间模型标准形式(13.4.4)中的随机扰动项。标准形式中还有些项在这个特定的模型中也没有包含。

13.4.2　动态因子模型中引入 MS 机制

经济系统随时间推移产生有规律的波动，由扩张状态进入收缩状态，继而进入下一次扩张，不断发生状态的改变。考虑到动态因子模型中 c_t 在两个状态下生成机制可能发生变化，可以将式(13.4.2)设成具有 Markov 状态转移特征的时间序列模型形式

$$\varphi(L)(c_t-\mu_{s_t})=\varepsilon_t \tag{13.4.8}$$

其中，s_t 是代表经济状态的离散变量，只取 0(收缩状态)和 1(扩张状态)两个值，相应地，μ_0、μ_1 分别为经济处于收缩状态和扩张状态的稳态值，即

$$\mu_{s_t}=\mu_0(1-s_t)+\mu_1 s_t,\quad \mu_0<\mu_1 \tag{13.4.9}$$

这意味着，c_t 在不同状态下动态行为发生了改变，处于收缩状态时的稳态值 μ_0 小于处于扩张状态时的稳态值 μ_1。仍然假定变量 s_t 是不可观测的、由一阶马尔可夫链描述的随机变量。

用式(13.4.8)替换式(13.4.2)，与式(13.4.1)和式(13.4.3)共同组成的模型，我们将其称之为动态马尔可夫转移因子模型(dynamic factor model with markov switching)，以下简称为 DF-MS 模型。与动态因子模型的估计类似，DF-MS 模型也要写成状态空间模型的形式进行估计，但是，这种模型中还包含了 MS 模型，它的估计也就因而更加复杂。

对于每个时点 t，DF-MS 模型既需要利用 Hamilton 非线性滤波方法，对不可观测的离散变量 s_t 进行概率推断，又要通过 Kalman 滤波对状态空间中不可观测的状态变量(包括共同成分 c_t 和特殊成分 u_{it})进行推断，这样才能得到 t 时刻 y_t 的条件密度函数。这个过程在指定初值后从第一个样本迭代到样本末端，就得到了似然函数值，通过极大化似然函数的数值算法迭代求出模型中的参数估计值。除了各个变量的系数和随机误差项方差以外，模型中需要估计的参数还包括转移概率 P_{00}，P_{11} 和两个状态不同的稳态值 μ_0、μ_1。这样的模型非常难估计，Kim(1994)对此模型进行简化，并通过结合 Hamilton 滤波和 Kalman 滤波进行迭代，提出了近似极大似然估计方法。他假定 c_t 仅依赖当前所处的状态，即式(13.4.18)简化成

$$\varphi(L)c_t=\mu_{s_t}+\varepsilon_t \tag{13.4.10}$$

这样简化大大缩减了计算量，本文中模型估计采用了这种近似方法①。

将 DF-MS 模型，即由式(13.4.1)，式(13.4.10)和式(13.4.3)组成的模型表示成状态空间模型形式，仍然设定

$$k=4,$$
$$p_i=1,\quad q=r_i=2,\quad i=1,\cdots,4$$

量测方程

---

① Kim, Chang Jin, Nelson C R. State space model with regime switching: classical and Gibbs-sampling approach with application[M]. NJ: MIT Press, 1999: 97-139.

$$
\begin{bmatrix} y_{1t} \\ y_{2t} \\ y_{3t} \\ y_{4t} \end{bmatrix} = \begin{bmatrix} \gamma_{11} & \gamma_{12} & 1 & 0 & 0 & 0 & 0 & 0 & 0 & 0 \\ \gamma_{21} & \gamma_{22} & 0 & 0 & 1 & 0 & 0 & 0 & 0 & 0 \\ \gamma_{31} & \gamma_{32} & 0 & 0 & 0 & 0 & 1 & 0 & 0 & 0 \\ \gamma_{41} & \gamma_{42} & 0 & 0 & 0 & 0 & 0 & 0 & 1 & 0 \end{bmatrix} \begin{bmatrix} c_t \\ c_{t-1} \\ u_{1t} \\ u_{1,t-1} \\ u_{2t} \\ u_{2,t-1} \\ u_{3t} \\ u_{3,t-1} \\ u_{4t} \\ u_{4,t-1} \end{bmatrix} \tag{13.4.11}
$$

状态方程

$$
\begin{bmatrix} c_t \\ c_{t-1} \\ u_{1t} \\ u_{1,t-1} \\ u_{2t} \\ u_{2,t-1} \\ u_{3t} \\ u_{3,t-1} \\ u_{4t} \\ u_{4,t-1} \end{bmatrix} = \begin{bmatrix} \mu_{s_t} \\ 0 \\ 0 \\ 0 \\ 0 \\ 0 \\ 0 \\ 0 \\ 0 \\ 0 \end{bmatrix} + \begin{bmatrix} \varphi_1 & \varphi_2 & 0 & 0 & \cdots & 0 & 0 \\ 1 & 0 & 0 & 0 & \cdots & 0 & 0 \\ 0 & 0 & \psi_{11} & \psi_{12} & \cdots & 0 & 0 \\ 0 & 0 & 1 & 0 & \cdots & 0 & 0 \\ \vdots & \vdots & \vdots & \vdots & \ddots & 0 & 0 \\ 0 & 0 & 0 & 0 & \cdots & \psi_{41} & \psi_{42} \\ 0 & 0 & 0 & 0 & \cdots & 1 & 0 \end{bmatrix} \begin{bmatrix} c_{t-1} \\ c_{t-2} \\ u_{1,t-1} \\ u_{1,t-2} \\ u_{2,t-1} \\ u_{2,t-2} \\ u_{3,t-1} \\ u_{3,t-2} \\ u_{4,t-1} \\ u_{4,t-2} \end{bmatrix} + \begin{bmatrix} \varepsilon_{t-1} \\ 0 \\ \upsilon_{1t} \\ 0 \\ \upsilon_{2t} \\ 0 \\ \upsilon_{3t} \\ 0 \\ \upsilon_{4t} \\ 0 \end{bmatrix} \tag{13.4.12}
$$

其中

$$
\mu_{s_t} = \mu_0(1 - s_t) + \mu_1 s_t \tag{13.4.13}
$$

s_t是包含0和1的一阶马尔可夫链,即

$$
\begin{aligned}
p(s_t = 0 \mid s_{t-1} = 0) &= p_{00} \\
p(s_t = 1 \mid s_{t-1} = 0) &= p_{01} \\
p(s_t = 0 \mid s_{t-1} = 1) &= p_{10} \\
p(s_t = 1 \mid s_{t-1} = 1) &= p_{11}
\end{aligned} \tag{13.4.14}
$$

转移概率的限制条件为 $p_{00} + p_{01} = p_{10} + p_{11} = 1$。

通过DF-MS模型不仅能够得到景气指数 c_t,还可以刻画经济系统处于各种状态的动态行为,同时考察经济系统的协同变化和经济周期扩张、收缩状态的非对称特征。利用估计的参数值和样本区间的全部观测值,还可以推断出每个时点 t 处于衰退状态的概率 $p(s_t = 0)$。按照 Hamilton(1989)对美国产出进行的分析,他认为,如果 $p(s_t = 0) > 0.5$,就可以认为经济变量处于衰退或收缩状态,否则产出处于扩张或繁荣状态。对于本文的分析,也采用这种划分,如果 $p(s_t = 0) > 0.5$,就认为经济状态处于经济周期的收缩期,否则就认为宏观经济处于经济周期的扩张阶段。

13.4.3 模型估计流程

如前文所述,这个模型的估计需要通过结合 Hamilton 滤波和 Kalman 滤波进行迭代,

下面就本节中的模型形式说明估计流程，对于一般形式的模型估计与此类似。

对于状态空间模型，需要用 Kalman 滤波去推断不可观测的状态变量$\boldsymbol{\alpha}_t$，如果令$\boldsymbol{\psi}_{t-1}$代表直到 $t-1$ 期的观测值向量，假定系数是确定性系数，即不随时间变化，通常做法是要基于历史信息形成对状态变量的预测，即

$$\boldsymbol{\alpha}_{t|t-1}=\mathrm{E}[\boldsymbol{\alpha}_t \mid \boldsymbol{\psi}_{t-1}] \tag{13.4.15}$$

类似地，通常用$\boldsymbol{P}_{t|t-1}$代表预测的均方误差，即

$$\boldsymbol{P}_{t|t-1}=\mathrm{E}[(\boldsymbol{\alpha}_t-\boldsymbol{\alpha}_{t|t-1})(\boldsymbol{\alpha}_t-\boldsymbol{\alpha}_{t|t-1})' \mid \boldsymbol{\psi}_{t-1}] \tag{13.4.16}$$

不过，现在的问题是，状态空间模型中包含马尔可夫转移机制，对于$\boldsymbol{\alpha}_t$的预测不仅要基于$\boldsymbol{\psi}_{t-1}$的信息，还依赖随机变量 s_t（比如取值为 j）和 s_{t-1}（比如取值为 i），记为

$$\boldsymbol{\alpha}_{t|t-1}^{(i,j)}=\mathrm{E}[\boldsymbol{\alpha}_t \mid \boldsymbol{\psi}_{t-1},s_t=j,s_{t-1}=i] \tag{13.4.17}$$

对于每个时刻 t 而言，要计算 i,j 取各种可能值时的预测值，如果只有两种状态，则计算出 4 个预测值，一般，如果有 M 个状态，则需要计算出 M^2 个预测值。与此相应，可以得到 M^2 个均方误差

$$\boldsymbol{P}_{t|t-1}^{(i,j)}=\mathrm{E}[(\boldsymbol{\alpha}_t-\boldsymbol{\alpha}_{t|t-1}^{(i,j)})(\boldsymbol{\alpha}_t-\boldsymbol{\alpha}_{t|t-1}^{(i,j)})' \mid \boldsymbol{\psi}_{t-1},s_t=j,s_{t-1}=i] \tag{13.4.18}$$

在 $s_{t-1}=i$ 和 $s_t=j$ 的条件下，就可以利用 Kalman 滤波对不可观测变量进行推断，根据本节中的模型形式

量测方程

$$\boldsymbol{y}_t=\boldsymbol{Z}_t\boldsymbol{\alpha}_t \tag{13.4.19}$$

状态方程

$$\boldsymbol{\alpha}_t=\boldsymbol{\mu}_{s_t}+\boldsymbol{T}_t\boldsymbol{\alpha}_{t-1}+\boldsymbol{\eta}_t \tag{13.4.20}$$

Kalman 滤波计算过程如下

$$\boldsymbol{\alpha}_{t|t-1}^{(i,j)}=\boldsymbol{\mu}_j+\boldsymbol{T}\boldsymbol{\alpha}_{t-1|t-1}^{i} \tag{13.4.21}$$

$$\boldsymbol{P}_{t|t-1}^{(i,j)}=\boldsymbol{T}\boldsymbol{P}_{t-1|t-1}^{i}\boldsymbol{T}'+\boldsymbol{Q} \tag{13.4.22}$$

$$\boldsymbol{\eta}_{t|t-1}^{(i,j)}=\boldsymbol{y}_t-\boldsymbol{Z}\boldsymbol{\alpha}_{t|t-1}^{(i,j)} \tag{13.4.23}$$

$$\boldsymbol{F}_{t|t-1}^{(i,j)}=\boldsymbol{Z}\boldsymbol{P}_{t|t-1}^{(i,j)}\boldsymbol{Z}' \tag{13.4.24}$$

$$\boldsymbol{\alpha}_{t|t}^{(i,j)}=\boldsymbol{\alpha}_{t|t-1}^{(i,j)}+\boldsymbol{P}_{t|t-1}^{(i,j)}\boldsymbol{Z}'[\boldsymbol{F}_{t|t-1}^{(i,j)}]^{-1}\boldsymbol{\eta}_{t|t-1}^{(i,j)} \tag{13.4.25}$$

$$\boldsymbol{P}_{t|t}^{(i,j)}=\boldsymbol{P}_{t|t-1}^{(i,j)}-\boldsymbol{P}_{t|t-1}^{(i,j)}\boldsymbol{Z}'[\boldsymbol{F}_{t|t-1}^{(i,j)}]^{-1}\boldsymbol{Z}\boldsymbol{P}_{t|t-1}^{(i,j)} \tag{13.4.26}$$

其中，$\boldsymbol{\alpha}_{t-1|t-1}^{i}$是在给定 $s_{t-1}=i$ 的条件下，基于直到 $t-1$ 为止的信息集对$\boldsymbol{\alpha}_{t-1}$的预测，$\boldsymbol{P}_{t-1|t-1}^{i}$是其对应的均方误差。$\boldsymbol{\eta}_{t|t-1}^{(i,j)}$是将$\boldsymbol{\alpha}_{t|t-1}^{(i,j)}$代入式(13.4.19)预测 $\boldsymbol{y}_t$的预测误差，$\boldsymbol{F}_{t|t-1}^{(i,j)}$是其对应的均方误差。

在接着向下推断 $t+1$ 期之前，根据式(13.4.21)和式(13.4.22)知，需要推断出$\boldsymbol{\alpha}_{t|t}^{j}$和 $P_{t|t}^{j}$，这可以通过下面的近似公式来计算。

$$\boldsymbol{\alpha}_{t|t}^{j}=\frac{\sum_{i=1}^{M}p(s_{t-1}=i,s_t=j \mid \boldsymbol{\psi}_t)\boldsymbol{\alpha}_{t|t}^{(i,j)}}{p(s_t=j \mid \boldsymbol{\psi}_t)} \tag{13.4.27}$$

$$\boldsymbol{P}_{t|t}^{j}=\frac{\sum_{i=1}^{M}p(s_{t-1}=i,s_t=j \mid \boldsymbol{\psi}_t)[\boldsymbol{P}_{t|t}^{(i,j)}+(\boldsymbol{\alpha}_{t|t}^{j}-\boldsymbol{\alpha}_{t|t}^{(i,j)})(\boldsymbol{\alpha}_{t|t}^{j}-\boldsymbol{\alpha}_{t|t}^{(i,j)})']}{p(s_t=j \mid \boldsymbol{\psi}_t)} \tag{13.4.28}$$

式(13.4.27)和式(13.4.28)中的概率项通过 Hamilton 滤波来计算，由于不可观测变

量已经通过 Kalman 滤波推断得出，Hamilton 滤波的计算是直接的，此处不再重复。我们把这个过程称为 Kim 滤波。

综上所述，Kim 滤波估计的步骤如下：

(1)在 s_{t-1} 和 s_t 的各种可能取值组合下运行 Kalman 滤波，式(13.4.21)～式(13.4.26)；

(2)运用 Hamilton 滤波计算概率 $p(s_{t-1}=i,s_t=j\mid\boldsymbol{\psi}_t)$ 和 $p(s_t=j\mid\boldsymbol{\psi}_t)$；

(3)根据式(13.4.27)和式(13.4.28)计算 $\boldsymbol{\alpha}^j_{t|t}$ 和 $\boldsymbol{P}^j_{t|t}$。

估计开始前，需要指定初值，对于 Kalman 滤波而言，需要给定 $\boldsymbol{\alpha}^j_{0|0}$ 和 $\boldsymbol{P}^j_{0|0}$，对于 Hamilton 滤波而言，需要给定 $p(s_0=j)$，这在前面的章节中已经做了介绍，此处不再重复。

下面用带有 MS 机制的状态空间模型估计流程图总结上面的估计过程。

$$l(\theta)=0;\ \boldsymbol{\alpha}^j_{0|0},\boldsymbol{P}^j_{0|0}$$

$$p(s_0=i)=\pi_i$$

$$\Downarrow$$

Kalman

$$\boldsymbol{\alpha}^{(i,j)}_{t|t-1},\boldsymbol{P}^{(i,j)}_{t|t-1},\boldsymbol{\eta}^{(i,j)}_{t|t-1},\boldsymbol{F}^{(i,j)}_{t|t-1},\boldsymbol{\alpha}^{(i,j)}_{t|t},\boldsymbol{P}^{(i,j)}_{t|t}$$

Hamilton

$$p(s_t,s_{t-1}\mid\boldsymbol{\psi}_{t-1})=p(s_t\mid s_{t-1})p(s_{t-1}\mid\boldsymbol{\psi}_{t-1})$$

$$f(y_t,s_t,s_{t-1}\mid\boldsymbol{\psi}_{t-1})=f(y_t\mid s_t,s_{t-1},\boldsymbol{\psi}_{t-1})p(s_t,s_{t-1}\mid\boldsymbol{\psi}_{t-1})$$

$$f(y_t\mid\boldsymbol{\psi}_{t-1})=\sum_{s_t=1}^{N}\sum_{s_{t-1}=1}^{N}f(y_t,s_t,s_{t-1}\mid\boldsymbol{\psi}_{t-1})$$

$$\{l(\theta)=l(\theta)+\ln(f(y_t\mid\boldsymbol{\psi}_{t-1}))\}$$

$$p(s_t,s_{t-1}\mid\boldsymbol{\psi}_t)=\frac{f(y_t,s_t,s_{t-1}\mid\boldsymbol{\psi}_{t-1})}{f(y_t\mid\boldsymbol{\psi}_{t-1})}$$

$$p(s_t\mid\boldsymbol{\psi}_t)=\sum_{s_{t-1}=1}^{N}p(s_t,s_{t-1}\mid\boldsymbol{\psi}_t)\qquad t=t+1$$

$$\Downarrow$$

近似推断出 $\boldsymbol{\alpha}^j_{t|t}$ 和 $P^j_{t|t}$

$$\boldsymbol{\alpha}^j_{t|t}=\frac{\sum_{i=1}^{M}p(s_{t-1}=i,s_t=j\mid\boldsymbol{\psi}_t)\boldsymbol{\alpha}^{(i,j)}_{t|t}}{p(s_t=j\mid\boldsymbol{\psi}_t)}$$

$$\boldsymbol{P}^j_{t|t}=\frac{\sum_{i=1}^{M}p(s_{t-1}=i,s_t=j\mid\boldsymbol{\psi}_t)\{\boldsymbol{P}^{(i,j)}_{t|t}+(\boldsymbol{\alpha}^j_{t|t}-\boldsymbol{\alpha}^{(i,j)}_{t|t})(\boldsymbol{\alpha}^j_{t|t}-\boldsymbol{\alpha}^{(i,j)}_{t|t})'\}}{p(s_t=j\mid\boldsymbol{\psi}_t)}$$

$$\Downarrow$$

$$\left\{l(\theta)=\sum_{t=1}^{T}\ln(f(y_t\mid\boldsymbol{\psi}_{t-1}))\right\}$$

图 13.4.1 带有 MS 机制的状态空间模型估计流程(Kim 滤波)

13.4.4 光滑

一旦参数估计出来，我们就可以利用所有的样本信息进行推断，计算 $p(s_t=j\mid\boldsymbol{\psi}_T)$ 和 $\boldsymbol{\alpha}_{t|T}$。类似本章第二节中关于光滑概率的计算，考虑基于全部样本信息的如下的联合概率

$$p(s_t=j,s_{t+1}=k\mid\boldsymbol{\psi}_T)$$

$$= p(s_{t+1} = k \mid \boldsymbol{\psi}_T) \times p(s_t = j \mid s_{t+1} = k, \boldsymbol{\psi}_T)$$
$$\approx p(s_{t+1} = k \mid \boldsymbol{\psi}_T) \times p(s_t = j \mid s_{t+1} = k, \boldsymbol{\psi}_t)$$
$$= \frac{p(s_{t+1} = k \mid \boldsymbol{\psi}_T) \times p(s_t = j \mid \boldsymbol{\psi}_T) \times p(s_{t+1} = k \mid s_t = j, \boldsymbol{\psi}_t)}{p(s_{t+1} = k \mid \boldsymbol{\psi}_t)} \tag{13.4.29}$$

从而

$$p(s_t = j \mid \boldsymbol{\psi}_T) = \sum_{k=1}^{M} p(s_t = j, s_{t+1} = k \mid \boldsymbol{\psi}_T) \tag{13.4.30}$$

从 $p(s_T \mid \boldsymbol{Y}_T)$开始可以迭代计算出 $t = T-1, T-2, \cdots, 1$ 的光滑概率。

下面对状态空间模型中的不可观测变量$\boldsymbol{\alpha}_{t|T}$进行推断。由 Kalman 滤波的光滑算法，给定 $s_t = j$ 和 $s_{t+1} = k$ 的条件，基于全部样本信息对$\boldsymbol{\alpha}_t$的推断是

$$\boldsymbol{\alpha}_{t|T}^{(j,k)} = \boldsymbol{\alpha}_{t|t}^{j} + \widetilde{\boldsymbol{P}}_t^{(j,k)} (\boldsymbol{\alpha}_{t+1|T}^{k} - \boldsymbol{\alpha}_{t+1|t}^{(j,k)}) \tag{13.4.31}$$

$$\boldsymbol{P}_{t|T}^{(j,k)} = \boldsymbol{P}_{t|t}^{j} + \widetilde{\boldsymbol{P}}_t^{(j,k)} (\boldsymbol{P}_{t+1|T}^{k} - \boldsymbol{P}_{t+1|t}^{(j,k)}) \widetilde{\boldsymbol{P}}_t^{(j,k)} \tag{13.4.32}$$

其中，$\widetilde{\boldsymbol{P}}_t^{(j,k)} = \boldsymbol{P}_{t|t}^{j} \boldsymbol{F}_k' [\boldsymbol{P}_{t+1|t}^{(j,k)}]^{-1}$

为了接着推断 $t-1$ 期的光滑值，根据式(13.4.31)和式(13.4.32)知，需要首先推断出$\boldsymbol{\alpha}_{t|T}^{k}$和$\boldsymbol{P}_{t|T}^{k}$，这可以通过下面的近似公式来计算。

$$\boldsymbol{\alpha}_{t|T}^{j} = \frac{\sum_{k=1}^{M} p(s_t = j, s_{t+1} = k \mid \boldsymbol{\psi}_T) \boldsymbol{\alpha}_{t|T}^{(j,k)}}{p(s_t = j \mid \boldsymbol{\psi}_T)} \tag{13.4.33}$$

$$\boldsymbol{P}_{t|T}^{j} = \frac{\sum_{i=1}^{M} p(s_t = j, s_{t+1} = k \mid \boldsymbol{\psi}_T) \{\boldsymbol{P}_{t|T}^{(j,k)} + (\boldsymbol{\alpha}_{t|T}^{j} - \boldsymbol{\alpha}_{t|T}^{(j,k)})(\boldsymbol{\alpha}_{t|T}^{j} - \boldsymbol{\alpha}_{t|T}^{(j,k)})'\}}{p(s_t = j \mid \boldsymbol{\psi}_T)} \tag{13.4.34}$$

最后，通过下式得到不可观测变量$\boldsymbol{\alpha}_t$的光滑值$\boldsymbol{\alpha}_{t|T}$

$$\boldsymbol{\alpha}_{t|T} = \sum_{j=1}^{M} p(s_t = j \mid \boldsymbol{\psi}_T) \boldsymbol{\alpha}_{t|T}^{j} \tag{13.4.35}$$

13.5 应用：构建我国新型景气指数

本节利用 DF-MS 模型，研究我国宏观经济指标在经济增长率周期波动中的协同变化和景气扩张期、收缩期具有的非对称特征。由于这种方法非常复杂，指标每增加一个都将使结果的收敛变得更困难，本节中利用一致指标组的前四个即：工业增加值实际增长率、工业销售收入实际增长率、发电量增长率、财政收入实际增长率，并且经过 X12 季节调整剔除了季节性因素和不规则因素的影响，数据期间为 1997 年 1 月至 2007 年 12 月。

经过反复试验，最终确定了最优的滞后阶数，$\phi(L) = 1 - \phi_1 L - \phi_2 L^2$，$\psi_i(L) = 1 - \psi_{i1} L - \psi_{i2} L^2$，$\gamma_i(L) = 1 - \gamma_{i1} L$，$i = 1,2,3,4$。参数估计结果见表 13.5.1。

DF-MS 模型反映出我国经济增长率周期波动具有非对称特征。μ_1 估计值(0.83)的绝对值小于 μ_0 估计值(−1.25)的绝对值，反映出下降速度快于上升速度的非对称特点。转移概率的估计值十分显著，而且保持扩张状态的概率 p_{11} 的估计值(0.82)大于保持收缩状态的概率 p_{00} 的估计值(0.72)，说明景气循环中扩张状态起主导作用，我国进入市场经济转轨时期，新一轮经济增长率周期波动开始出现市场经济国家扩张时期长、收缩期短的非对称特征。

表 13.5.1 参数估计结果

系数	估计值	标准差
ϕ_1	1.42	0.08
ϕ_2	−0.51	0.06
γ_{11}	0.09	0.01
γ_{12}	0.05	0.01
ψ_{11}	1.54	0.2
ψ_{12}	−0.59	0.15
γ_{21}	0.09	0.02
γ_{22}	0.06	0.02
ψ_{21}	1.48	0.08
ψ_{22}	−0.55	0.06
γ_{31}	0.03	0.01
γ_{32}	0.05	0.02
ψ_{31}	1.58	0.06
ψ_{32}	−0.62	0.05
γ_{41}	0.04	0.02
γ_{42}	0.1	0.01
ψ_{41}	1.59	0.07
ψ_{42}	−0.63	0.05
μ_0	0.83	0.22
μ_1	−1.25	0.3
p_{00}	0.72	0.09
p_{11}	0.82	0.06

基于DF-MS模型估计出来的新景气指数C如图13.5.1中实线所示,新的景气指数较好地反映了我国20世纪90年代以来出现的几次经济增长率周期波动。由DF-MS模型计算得到的新型景气指数与用相同的指标计算得到的SWI指数共同显示在图13.5.1中,从图中可以看出,两个景气指数的变动趋势和峰谷点较为一致。

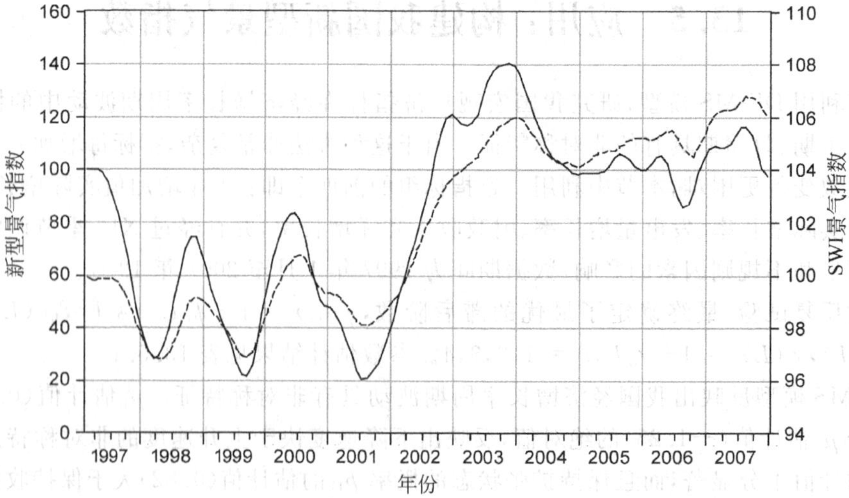

图 13.5.1 SWI景气指数(虚线,右坐标)和新型景气指数C(实线,左坐标)

图 13.5.2 显示出经济增长处在衰退阶段的概率序列（$p(s_t=0)$）。Hamilton(1989)将样本点分成处于扩张状态（$p(s_t=0)\leqslant 0.5$）和收缩状态（$p(s_t=0)>0.5$）两类，状态发生变化的时点即为转折点。对于我们研究的增长率循环来说，由于增长率的起伏变化要比绝对水平频繁得多，加上数据采用的月度数据，我们计算的处于收缩状态的概率序列不稳定，基于图 13.5.2，很难判断出经济增长率循环转折点日期。并且，概率超过 0.5 的时期与中国增长率周期波动基准日期确定的下降阶段相比，一致性很差。这表明，对于我国增长率循环研究而言，将 MS 模型与 SWI 景气指数计算结合起来的方法具有一定的局限性。

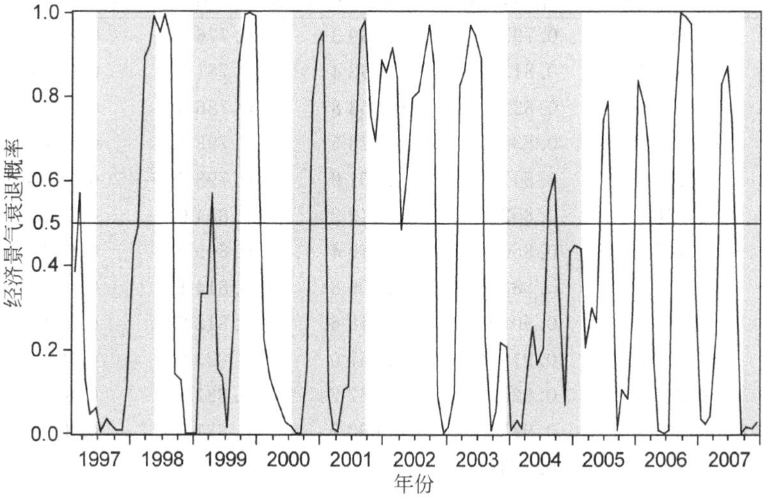

图 13.5.2 经济景气处于衰退状态的光滑概率序列

（阴影部分是中国增长率周期波动基准日期的下降阶段）

附　录

附录表　6种月度基期价格指数(2005年平均值=1)

年-月	居民消费价格 CPI_B	商品零售价格 RPI_B	工业品出厂价格 PPI_B	固定资产投资价格 PIIFA_B	出口商品价格 EPI_B	进口商品价格 IPI_B
1994-01	0.664 3	0.795 1	0.769 3	0.776 7	0.800 7	0.498 3
1994-02	0.679 6	0.813 2	0.768 4	0.781 2	0.813 6	0.501 6
1994-03	0.688 3	0.822 6	0.763 8	0.786 3	0.818 5	0.535 7
1994-04	0.704 3	0.838 6	0.823 5	0.793 1	0.861 9	0.635 1
1994-05	0.711 2	0.847 1	0.851 9	0.798 7	0.862 4	0.510 9
1994-06	0.718 7	0.852 7	0.849 2	0.804 0	0.953 4	0.569 9
1994-07	0.721 3	0.850 3	0.840 4	0.809 2	0.903 2	0.592 1
1994-08	0.747 4	0.883 7	0.856 8	0.814 1	0.941 2	0.561 2
1994-09	0.776 9	0.907 6	0.848 6	0.818 9	0.884 8	0.621 2
1994-10	0.785 6	0.916 9	0.857 0	0.823 8	0.903 9	0.611 0
1994-11	0.791 0	0.927 3	0.867 7	0.827 9	0.879 8	0.618 0
1994-12	0.801 3	0.937 1	0.860 7	0.831 5	0.843 4	0.570 7
1995-01	0.824 3	0.963 7	0.860 4	0.833 8	0.917 6	0.551 2
1995-02	0.831 9	0.973 4	0.862 9	0.837 2	0.947 8	0.568 8
1995-03	0.835 0	0.976 5	0.861 3	0.840 7	0.942 1	0.648 2
1995-04	0.850 1	0.989 6	0.927 1	0.844 7	0.986 8	0.686 6
1995-05	0.855 6	0.996 2	0.956 6	0.848 3	0.958 1	0.587 5
1995-06	0.849 5	0.983 1	0.951 9	0.851 8	1.037 3	0.666 7
1995-07	0.841 7	0.974 4	0.934 6	0.855 2	0.990 9	0.673 2
1995-08	0.855 8	0.992 4	0.951 9	0.858 5	1.019 3	0.618 5
1995-09	0.879 4	1.011 1	0.946 4	0.861 7	0.963 5	0.679 6
1995-10	0.880 6	1.011 4	0.957 0	0.864 7	0.991 5	0.698 3
1995-11	0.879 5	1.012 6	0.965 4	0.867 8	0.947 5	0.658 8
1995-12	0.882 2	1.014 8	0.956 2	0.870 9	0.905 9	0.618 7
1996-01	0.898 5	1.036 9	0.954 7	0.874 3	0.957 1	0.610 7
1996-02	0.909 3	1.046 4	0.953 9	0.877 2	0.987 6	0.621 2
1996-03	0.916 8	1.051 7	0.948 3	0.879 9	0.992 0	0.655 3
1996-04	0.932 5	1.062 8	0.944 6	0.882 2	0.990 8	0.705 8
1996-05	0.931 7	1.060 9	0.971 8	0.884 5	0.956 2	0.617 5
1996-06	0.922 5	1.041 1	0.965 7	0.886 7	1.063 2	0.672 1
1996-07	0.911 6	1.030 9	0.950 0	0.888 7	1.018 6	0.682 0
1996-08	0.925 1	1.050 0	0.964 5	0.890 6	1.060 1	0.605 5
1996-09	0.944 5	1.061 7	0.957 8	0.892 4	0.988 6	0.687 1
1996-10	0.942 3	1.058 9	0.960 2	0.894 1	0.989 6	0.686 5
1996-11	0.940 2	1.059 2	0.965 8	0.895 6	1.003 4	0.641 7
1996-12	0.943 9	1.059 5	0.960 3	0.896 9	0.940 3	0.635 4

续表

年-月	居民消费价格 CPI_B	商品零售价格 RPI_B	工业品出厂价格 PPI_B	固定资产投资价格 PIIFA_B	出口商品价格 EPI_B	进口商品价格 IPI_B
1997-01	0.951 5	1.071 1	0.955 9	0.897 9	0.986 7	0.629 0
1997-02	0.960 2	1.076 8	0.958 1	0.899 0	1.025 1	0.631 1
1997-03	0.953 5	1.069 6	0.952 7	0.900 0	1.011 9	0.648 7
1997-04	0.962 3	1.074 5	0.945 2	0.900 9	0.994 8	0.705 1
1997-05	0.957 8	1.069 4	0.972 4	0.901 7	0.994 4	0.641 5
1997-06	0.948 4	1.049 5	0.962 1	0.902 4	1.097 2	0.688 2
1997-07	0.936 2	1.037 1	0.943 8	0.902 9	1.020 6	0.697 7
1997-08	0.942 7	1.051 0	0.955 9	0.903 3	1.079 2	0.632 1
1997-09	0.961 5	1.061 7	0.948 7	0.903 6	1.011 3	0.725 6
1997-10	0.956 4	1.054 7	0.951 4	0.904 2	1.010 3	0.729 0
1997-11	0.950 6	1.050 7	0.959 9	0.904 0	0.985 4	0.659 0
1997-12	0.947 7	1.046 8	0.951 5	0.903 4	0.934 6	0.667 8
1998-01	0.954 4	1.055 1	0.943 2	0.901 6	0.986 7	0.644 7
1998-02	0.959 2	1.056 3	0.932 7	0.900 8	1.014 9	0.638 0
1998-03	0.960 1	1.056 7	0.922 2	0.900 4	0.993 7	0.650 7
1998-04	0.959 5	1.051 9	0.910 3	0.900 5	0.959 9	0.705 1
1998-05	0.948 2	1.040 5	0.929 0	0.900 3	0.940 7	0.626 8
1998-06	0.936 1	1.018 0	0.915 2	0.900 1	1.070 9	0.691 0
1998-07	0.923 1	1.003 9	0.897 0	0.899 9	0.999 2	0.701 1
1998-08	0.929 5	1.016 4	0.902 9	0.899 6	1.010 1	0.627 1
1998-09	0.947 1	1.026 6	0.908 9	0.899 4	0.936 5	0.702 3
1998-10	0.945 9	1.024 1	0.900 2	0.899 5	0.914 4	0.695 5
1998-11	0.939 2	1.021 3	0.905 4	0.899 0	0.907 5	0.659 0
1998-12	0.938 2	1.018 5	0.900 3	0.898 1	0.865 5	0.665 8
1999-01	0.943 0	1.025 5	0.896 8	0.896 2	0.893 0	0.637 6
1999-02	0.946 7	1.026 8	0.887 1	0.895 5	0.936 7	0.651 4
1999-03	0.942 8	1.022 9	0.879 6	0.895 2	0.896 3	0.639 6
1999-04	0.938 4	1.015 1	0.875 2	0.895 5	0.894 7	0.712 1
1999-05	0.927 3	1.004 1	0.897 2	0.895 6	0.889 9	0.655 6
1999-06	0.916 4	0.983 4	0.882 2	0.895 8	0.966 0	0.721 4
1999-07	0.910 2	0.977 8	0.874 5	0.896 0	0.917 3	0.719 4
1999-08	0.917 4	0.989 9	0.882 2	0.896 4	0.990 9	0.659 1
1999-09	0.939 5	0.997 9	0.889 9	0.896 9	0.905 6	0.769 8
1999-10	0.940 2	0.997 4	0.893 5	0.896 9	0.929 9	0.756 7
1999-11	0.930 7	0.992 7	0.896 0	0.897 9	0.910 2	0.722 9
1999-12	0.928 9	0.988 0	0.892 8	0.899 4	0.870 7	0.695 1
2000-01	0.941 1	1.004 0	0.897 1	0.902 4	0.891 2	0.719 3
2000-02	0.953 4	1.012 4	0.897 7	0.903 8	0.933 9	0.725 7
2000-03	0.941 0	1.001 4	0.896 1	0.904 9	0.912 4	0.701 0
2000-04	0.935 5	0.990 8	0.897 9	0.905 2	0.892 0	0.798 3
2000-05	0.928 3	0.985 0	0.903 2	0.905 8	0.894 4	0.701 5

续表

年-月	居民消费价格 CPI_B	商品零售价格 RPI_B	工业品出厂价格 PPI_B	固定资产投资价格 PIIFA_B	出口商品价格 EPI_B	进口商品价格 IPI_B
2000-06	0.9210	0.9696	0.9083	0.9064	0.9853	0.8065
2000-07	0.9147	0.9661	0.9139	0.9070	0.9246	0.7877
2000-08	0.9201	0.9771	0.9168	0.9075	0.9830	0.7401
2000-09	0.9395	0.9829	0.9228	0.9080	0.9092	0.8498
2000-10	0.9402	0.9805	0.9257	0.9085	0.9401	0.8059
2000-11	0.9428	0.9867	0.9273	0.9088	0.9166	0.7880
2000-12	0.9428	0.9840	0.9178	0.9090	0.8994	0.7597
2001-01	0.9524	0.9990	0.9099	0.9087	0.9028	0.7250
2001-02	0.9534	0.9952	0.9058	0.9088	0.9339	0.7547
2001-03	0.9485	0.9924	0.8979	0.9090	0.8741	0.7263
2001-04	0.9505	0.9917	0.8970	0.9094	0.9071	0.8095
2001-05	0.9441	0.9860	0.9014	0.9096	0.8765	0.7247
2001-06	0.9339	0.9686	0.9028	0.9099	0.9675	0.8073
2001-07	0.9285	0.9641	0.9020	0.9101	0.9061	0.7720
2001-08	0.9293	0.9653	0.8984	0.9103	0.9535	0.7424
2001-09	0.9386	0.9701	0.8960	0.9105	0.8883	0.8311
2001-10	0.9421	0.9726	0.8970	0.9112	0.9157	0.7970
2001-11	0.9400	0.9700	0.8930	0.9110	0.8974	0.7675
2001-12	0.9400	0.9663	0.8811	0.9105	0.8904	0.7362
2002-01	0.9428	0.9790	0.8717	0.9086	0.8730	0.7149
2002-02	0.9534	0.9842	0.8678	0.9082	0.8966	0.7487
2002-03	0.9409	0.9745	0.8620	0.9083	0.8767	0.7466
2002-04	0.9382	0.9709	0.8692	0.9093	0.8672	0.7860
2002-05	0.9337	0.9683	0.8777	0.9100	0.8782	0.7326
2002-06	0.9264	0.9609	0.8803	0.9108	0.9105	0.8041
2002-07	0.9201	0.9535	0.8812	0.9117	0.8826	0.7750
2002-08	0.9228	0.9547	0.8832	0.9127	0.9278	0.7720
2002-09	0.9320	0.9604	0.8835	0.9139	0.8838	0.8461
2002-10	0.9345	0.9610	0.8880	0.9155	0.8772	0.8640
2002-11	0.9334	0.9612	0.8895	0.9167	0.8938	0.8136
2002-12	0.9362	0.9634	0.8846	0.9177	0.8619	0.7796
2003-01	0.9466	0.9731	0.8926	0.9179	0.8826	0.7835
2003-02	0.9553	0.9813	0.9025	0.9193	0.9163	0.8258
2003-03	0.9494	0.9765	0.9016	0.9212	0.8811	0.8444
2003-04	0.9475	0.9719	0.9004	0.9238	0.9002	0.8748
2003-05	0.9402	0.9625	0.8953	0.9264	0.9169	0.8147
2003-06	0.9292	0.9484	0.8917	0.9291	0.9287	0.8877
2003-07	0.9247	0.9421	0.8936	0.9321	0.9117	0.8518
2003-08	0.9311	0.9480	0.8955	0.9354	0.9445	0.8361
2003-09	0.9423	0.9566	0.8959	0.9388	0.9174	0.8960
2003-10	0.9514	0.9639	0.8987	0.9382	0.9062	0.9028

续表

年-月	居民消费价格 CPI_B	商品零售价格 RPI_B	工业品出厂价格 PPI_B	固定资产投资价格 PIIFA_B	出口商品价格 EPI_B	进口商品价格 IPI_B
2003-11	0.961 4	0.974 7	0.906 4	0.945 3	0.922 4	0.868 9
2003-12	0.966 2	0.981 7	0.911 2	0.955 8	0.902 4	0.864 6
2004-01	0.976 9	0.989 6	0.923 9	0.981 4	0.932 0	0.867 3
2004-02	0.975 3	0.990 1	0.934 1	0.990 2	0.955 7	0.945 6
2004-03	0.977 9	0.993 1	0.936 8	0.993 6	0.940 1	0.906 9
2004-04	0.983 5	0.997 2	0.945 5	0.984 5	0.947 9	0.956 2
2004-05	0.981 6	0.994 2	0.946 3	0.982 9	0.970 1	0.910 8
2004-06	0.975 6	0.987 3	0.948 8	0.981 5	0.989 0	1.007 5
2004-07	0.973 7	0.983 5	0.950 8	0.979 5	0.975 5	0.977 8
2004-08	0.980 5	0.989 8	0.956 4	0.979 1	0.994 5	0.959 0
2004-09	0.991 3	0.997 7	0.966 6	0.979 6	0.979 8	1.037 6
2004-10	0.992 3	0.996 6	0.974 2	0.979 2	0.978 7	1.038 3
2004-11	0.988 3	0.993 2	0.979 8	0.982 6	0.982 3	1.009 6
2004-12	0.989 3	0.994 5	0.975 9	0.988 2	0.985 4	0.996 0
2005-01	0.995 5	0.998 6	0.977 5	1.002 9	0.994 5	0.960 1
2005-02	1.013 4	1.013 9	0.984 3	1.007 3	1.015 0	0.999 5
2005-03	1.004 3	1.007 0	0.989 2	1.008 4	0.997 5	0.983 1
2005-04	1.001 2	1.003 1	1.000 1	1.001 5	0.992 4	1.029 8
2005-05	0.999 2	1.000 2	1.002 1	0.999 6	0.998 2	0.955 4
2005-06	0.991 2	0.992 2	0.998 1	0.997 8	1.000 9	1.019 6
2005-07	0.991 2	0.991 4	1.000 1	0.995 3	1.002 8	0.980 8
2005-08	0.993 2	0.992 7	1.007 1	0.994 8	1.025 4	0.956 2
2005-09	1.000 2	0.997 7	1.010 1	0.995 1	0.985 7	1.057 3
2005-10	1.004 2	1.000 6	1.013 2	0.996 8	0.992 4	1.025 8
2005-11	1.001 2	0.999 2	1.011 1	0.998 9	1.001 0	1.007 6
2005-12	1.005 2	1.003 4	1.007 1	1.001 5	0.994 3	1.024 9
2006-01	1.014 4	1.008 5	1.007 3	1.006 7	1.000 4	0.959 2
2006-02	1.022 5	1.017 9	1.013 9	1.009 4	1.025 1	0.994 5
2006-03	1.012 3	1.009 0	1.013 9	1.011 5	0.997 5	0.972 3
2006-04	1.013 3	1.009 2	1.018 8	1.012 3	1.011 3	1.027 7
2006-05	1.013 2	1.010 2	1.026 5	1.013 7	1.023 1	0.979 3
2006-06	1.006 1	1.005 1	1.033 2	1.014 9	1.037 9	1.025 7
2006-07	1.001 2	0.998 4	1.035 9	1.015 6	1.038 9	1.031 8
2006-08	1.006 1	1.001 7	1.041 3	1.016 9	1.044 8	1.067 1
2006-09	1.015 2	1.009 7	1.045 5	1.018 4	1.030 0	1.094 3
2006-10	1.018 2	1.011 6	1.043 3	1.019 6	1.024 1	1.081 2
2006-11	1.020 2	1.014 1	1.039 4	1.021 9	1.031 0	1.071 1
2006-12	1.033 3	1.027 5	1.038 3	1.024 7	1.021 2	1.079 2
2007-01	1.036 7	1.026 7	1.040 5	1.028 0	1.054 5	1.004 2
2007-02	1.050 1	1.037 3	1.040 3	1.032 2	1.072 3	1.042 2
2007-03	1.045 7	1.034 2	1.041 2	1.037 0	1.056 3	1.018 0

续表

年-月	居民消费价格 CPI_B	商品零售价格 RPI_B	工业品出厂价格 PPI_B	固定资产投资价格 PIIFA_B	出口商品价格 EPI_B	进口商品价格 IPI_B
2007-04	1.043 7	1.031 4	1.048 4	1.044 8	1.076 0	1.102 8
2007-05	1.047 7	1.034 4	1.055 2	1.049 4	1.054 9	1.041 0
2007-06	1.050 4	1.037 3	1.059 1	1.053 2	1.122 0	1.093 4
2007-07	1.057 2	1.042 3	1.060 8	1.052 6	1.084 6	1.122 6
2007-08	1.071 5	1.053 7	1.068 4	1.057 1	1.076 2	1.147 1
2007-09	1.078 1	1.059 2	1.073 7	1.063 3	1.091 8	1.119 5
2007-10	1.084 4	1.065 2	1.076 7	1.071 0	1.087 6	1.154 7
2007-11	1.090 6	1.075 0	1.087 3	1.080 7	1.097 0	1.184 6
2007-12	1.100 5	1.085 0	1.094 4	1.092 2	1.088 6	1.165 5
2008-01	1.110 3	1.090 3	1.104 0	1.107 0	1.123 0	1.152 9
2008-02	1.141 5	1.121 3	1.109 0	1.121 0	1.199 9	1.230 8
2008-03	1.132 5	1.114 9	1.124 5	1.135 7	1.151 4	1.197 1
2008-04	1.132 4	1.114 9	1.133 3	1.157 7	1.184 7	1.343 2
2008-05	1.128 4	1.112 0	1.141 7	1.168 8	1.164 6	1.258 6
2008-06	1.125 0	1.110 9	1.152 3	1.175 6	1.246 6	1.313 2
2008-07	1.123 8	1.113 2	1.166 8	1.179 8	1.176 8	1.368 4
2008-08	1.124 0	1.111 7	1.176 3	1.176 9	1.190 3	1.407 5
2008-09	1.127 7	1.115 3	1.171 4	1.168 4	1.167 2	1.315 4
2008-10	1.127 8	1.114 2	1.147 8	1.144 8	1.179 0	1.279 4
2008-11	1.116 8	1.104 0	1.109 0	1.132 6	1.157 4	1.207 2
2008-12	1.113 7	1.100 2	1.082 3	1.122 3	1.144 1	1.049 0
2009-01	1.121 4	1.098 0	1.067 6	1.110 4	1.148 8	1.030 7
2009-02	1.123 2	1.103 3	1.059 1	1.106 3	1.169 9	1.014 2
2009-03	1.118 9	1.098 2	1.057 1	1.106 6	1.086 9	0.975 7
2009-04	1.115 4	1.093 7	1.058 5	1.117 6	1.114 8	1.085 3
2009-05	1.112 6	1.090 9	1.059 5	1.122 0	1.092 4	1.001 8
2009-06	1.105 8	1.085 4	1.062 4	1.125 9	1.136 9	1.099 1
2009-07	1.103 6	1.085 3	1.071 2	1.132 3	1.093 3	1.139 9
2009-08	1.110 6	1.089 5	1.083 4	1.133 5	1.079 6	1.120 4
2009-09	1.118 7	1.098 6	1.089 4	1.132 3	1.061 0	1.114 1
2009-10	1.122 2	1.099 7	1.081 2	1.122 9	1.076 4	1.120 8
2009-11	1.123 5	1.104 0	1.085 7	1.121 2	1.070 6	1.191 5
2009-12	1.134 9	1.115 6	1.100 7	1.121 6	1.104 0	1.139 2
2010-01	1.138 2	1.117 7	1.113 5	1.122 8	1.087 9	1.169 8
2010-02	1.153 5	1.130 9	1.116 2	1.128 1	1.105 5	1.172 4
2010-03	1.145 8	1.123 4	1.119 4	1.136 2	1.102 1	1.147 4
2010-04	1.146 6	1.124 3	1.130 5	1.154 6	1.107 0	1.295 8
2010-05	1.147 0	1.124 7	1.134 8	1.163 1	1.116 4	1.194 2
2010-06	1.137 9	1.114 7	1.130 4	1.169 0	1.175 5	1.290 4
2010-07	1.140 0	1.115 7	1.122 6	1.169 0	1.137 0	1.285 8
2010-08	1.149 4	1.122 1	1.130 0	1.172 4	1.149 7	1.238 0

续表

年-月	居民消费价格 CPI_B	商品零售价格 RPI_B	工业品出厂价格 PPI_B	固定资产投资价格 PIIFA_B	出口商品价格 EPI_B	进口商品价格 IPI_B
2010-09	1.159 0	1.131 5	1.136 3	1.175 8	1.113 0	1.220 0
2010-10	1.171 5	1.142 6	1.135 3	1.177 6	1.128 1	1.237 3
2010-11	1.180 8	1.155 9	1.151 9	1.182 1	1.151 9	1.297 5
2010-12	1.187 1	1.161 4	1.165 7	1.187 7	1.158 1	1.254 2
2011-01	1.194 0	1.159 1	1.187 0	1.193 5	1.207 6	1.306 7
2011-02	1.210 0	1.179 5	1.196 6	1.202 1	1.231 6	1.367 0
2011-03	1.207 6	1.175 1	1.201 1	1.212 7	1.184 8	1.325 2
2011-04	1.207 4	1.177 2	1.207 3	1.230 6	1.227 7	1.463 0
2011-05	1.210 1	1.179 8	1.211 9	1.240 8	1.221 3	1.393 6
2011-06	1.210 7	1.179 3	1.210 6	1.248 9	1.303 6	1.493 0
2011-07	1.214 1	1.183 8	1.206 8	1.255 5	1.254 1	1.478 7
2011-08	1.220 7	1.189 5	1.212 5	1.258 6	1.255 5	1.431 1
2011-09	1.229 7	1.199 4	1.210 1	1.258 8	1.218 7	1.400 5
2011-10	1.236 0	1.203 2	1.192 0	1.254 2	1.235 2	1.405 6
2011-11	1.230 3	1.202 1	1.183 0	1.250 3	1.262 5	1.433 7
2011-12	1.235 7	1.205 5	1.185 5	1.245 1	1.286 7	1.368 4
2012-01	1.247 7	1.206 6	1.195 3	1.229 5	1.290 9	1.398 1
2012-02	1.248 8	1.213 8	1.196 6	1.228 5	1.294 4	1.440 9
2012-03	1.250 9	1.216 0	1.197 5	1.232 9	1.209 7	1.325 2
2012-04	1.248 0	1.213 6	1.198 9	1.254 3	1.286 6	1.460 1
2012-05	1.246 4	1.209 3	1.195 0	1.261 0	1.256 7	1.378 3
2012-06	1.236 8	1.195 8	1.185 4	1.264 5	1.341 4	1.482 5
2012-07	1.235 7	1.192 7	1.172 2	1.261 5	1.267 9	1.422 5
2012-08	1.245 7	1.201 6	1.170 3	1.260 9	1.271 8	1.371 0
2012-09	1.253 2	1.210 6	1.167 1	1.259 5	1.206 5	1.376 7
2012-10	1.257 3	1.214 0	1.159 2	1.258 3	1.226 6	1.378 9
2012-11	1.255 4	1.215 9	1.157 0	1.254 4	1.256 2	1.396 5
2012-12	1.266 9	1.224 0	1.162 5	1.248 9	1.309 8	1.335 5
2013-01	1.272 7	1.221 8	1.175 7	1.232 5	1.300 0	1.416 4
2013-02	1.289 0	1.238 9	1.177 2	1.230 6	1.291 8	1.342 4
2013-03	1.276 8	1.226 1	1.174 6	1.234 0	1.198 8	1.423 6
2013-04	1.277 8	1.225 0	1.167 5	1.253 3	1.285 3	1.316 3
2013-05	1.272 6	1.217 8	1.160 3	1.259 4	1.245 4	1.455 9
2013-06	1.269 8	1.212 8	1.153 4	1.262 9	1.332 1	1.409 7
2013-07	1.268 7	1.212 9	1.145 6	1.260 2	1.238 8	1.351 8
2013-08	1.277 7	1.220 7	1.151 3	1.261 2	1.245 1	1.361 6
2013-09	1.291 4	1.233 7	1.151 5	1.262 3	1.214 9	1.354 1
2013-10	1.297 6	1.237 1	1.141 7	1.263 5	1.227 8	1.378 3
2013-11	1.293 3	1.236 2	1.140 6	1.264 8	1.228 5	1.316 8
2013-12	1.298 6	1.239 3	1.146 7	1.266 1	1.311 2	1.416 4

参考文献

[1] 毕大川，刘树成. 经济周期与预警系统[M]. 北京：科学出版社，1990.

[2] 毕吉耀. 中国宏观经济计量模型[M]. 北京：北京大学出版社，1994.

[3] 陈宝森，郑伟民，薛敬孝，蔡述理. 美国经济周期研究[M]. 北京：商务印书馆，1993.

[4] 陈飞，高铁梅. 结构时间序列模型在经济预测方面的应用研究[J]. 数量经济技术经济研究，2005(2).

[5] 陈昆亭，周炎，龚六堂. 中国经济周期波动特征分析——滤波方法的应用[J]. 世界经济，2004(10).

[6] 陈浪南，刘宏伟. 我国经济周期波动的非对称性和持续性研究[J]. 经济研究，2007(4).

[7] 陈磊. 中国经济周期波动的测定和理论研究[M]. 大连：东北财经大学出版社，2005.

[8] 陈磊. 中国转轨时期经济增长周期的基本特征及其解释模型[J]. 管理世界，2002(12).

[9] 陈磊，高铁梅. 利用 Stock－Watson 型景气指数对宏观经济形势的分析和预测[J]. 数量经济技术经济研究，1994(5).

[10] 陈磊，张屹山. 中国转轨时期经济周期波动的谱分析[J]. 数量经济技术经济研究，2001(1).

[11] 陈乐一. 我国经济周期阶段与持续繁荣[M]. 北京：人民出版社，2007.

[12] 毕大川，刘树成. 经济周期与预警系统[M]. 北京：科学出版社，1990.

[13] 陈兆国. 时间序列及其谱分析[M]. 北京：科学出版社，1988.

[14] 丹尼尔·L. 鲁宾费尔德，罗伯特·S. 平狄克. 计量经济模型与经济预测[M]. 北京：机械工业出版社，1999.

[15] 董文泉，周光亚，夏立显. 数量化理论及其应用[M]. 长春：吉林大学出版社，1979.

[16] 董文泉，高铁梅，陈磊. Stock-Watson 型景气指数及其对我国经济的应用[J]. 数量经济技术经济研究，1995(12).

[17] 董文泉，高铁梅，姜诗章，陈磊. 经济周期波动分析与预测方法[M]. 长春：吉林大学出版社，1998(6).

[18] 董文泉，郭庭选，高铁梅. 我国经济循环的测定、分析与预测[J]. 吉林大学社会科学学报，1987(3).

[19] 杜辉. 论我国经济增长的周期规律[J]. 经济研究，1987(1).

[20] 杜辉. 中国经济周期探索 50 年[M]. 大连：大连理工大学出版社，2007.

[21] 樊纲. 美国“全国经济研究局”简介[M]1991 年中国经济形势分析与预测. 北京：数量经济技术经济研究杂志社，1990：186-197.

[22] 方开泰，张尧庭. 广义多元分析[M]. 北京：科学出版社，1993.

[23] 高铁梅，董文泉. 建立我国宏观经济监测预警模型的初步尝试[J]. 数量经济技术经济研究，1988(10).

[24] 高铁梅，刘玉红，王金明. 中国转轨时期物价波动的实证分析[J]. 中国社会科学，2003(6).

[25] 高铁梅，梁云芳. 构建多维框架景气指数系统的初步尝试[J]. 数量经济技术经济研究，2006(7).

[26] 高铁梅，王金明，陈飞，梁云芳. 中国转轨时期的经济周期波动——理论、方法及实证分析[M]. 北京：科学出版社，2009.

[27] 宫著铭. 论中国的经济波动[J]. 数量经济技术经济研究，1986(9).

[28] 顾岚著. 时间序列分析在经济中的应用[M]. 北京：中国统计出版社，1994.

[29] 郭庆旺，贾俊雪，杨运杰. 中国经济周期运行特点及拐点识别分析[J]. 财贸经济，2007(6).

[30] 胡鞍钢. 中国经济波动报告[M]. 沈阳：辽宁人民出版社，1994.

[31] 胡永刚. 当代西方经济周期理论[M]. 上海：上海财经大学出版社，2002.

[32] 黄达. 宏观调控与货币供给 [M]. 北京：中国人民大学出版社，1997.

[33] 黄险峰. 真实经济周期理论 [M]. 北京：中国人民大学出版社，2003.

[34] 贾俊雪. 中国经济周期波动特征及原因研究[M]. 北京：中国金融出版社，2008.

[35] 吉林大学宏观经济监测课题组. 我国经济周期波动特征的实证分析[J]. 吉林大学社会科学学报, 2004(5).
[36] 厉以宁. 社会主义经济周期假设[J]. 经济研究,1987(9).
[37] 李晓芳,高铁梅. 应用 H-P 滤波方法构造我国增长循环的合成指数[J]. 数量经济技术经济研究, 2001(9).
[38] 李晓芳,吴桂珍,高铁梅. 我国经济指标季节调整中消除春节因素的方法研究[J]. 数量经济技术经济研究,2003(4).
[39] 林兆木. 经济周期与宏观调控[M]. 北京:中国计划出版社,2008.
[40] 刘崇仪. 经济周期理论[M]. 北京:人民出版社,2006.
[41] 刘国光. 从深度和广度上拓展中国经济周期波动问题的研究[J]. 数量经济技术经济研究,1988(6).
[42] 刘金全. 现代宏观经济冲击理论[M]. 长春:吉林大学出版社,2000.
[43] 刘金全,范剑青. 中国经济周期的非对称性和相关性研究[J]. 经济研究,2001(5).
[44] 刘金全,刘志刚. 我国经济周期波动中实际产出波动性的动态模式与成因分析[J]. 经济研究,2005(3).
[45] 刘树成. 我国固定资产投资周期性初探[J]. 经济研究,1986(2).
[46] 刘树成. 对我国固定资产投资周期性的再探讨——周期内各阶段的分析[J]. 经济研究,1986(6).
[47] 刘树成. 对我国固定资产投资周期性的探讨之三——各周期的历史分析[J]. 数量经济技术经济研究,1986(9).
[48] 刘树成. 投资周期波动对经济周期波动的影响——对我国固定资产投资周期性的探讨之四[J]. 数量经济技术经济研究,1987(10).
[49] 刘树成. 中国经济的周期波动[M]. 北京:中国经济出版社,1989.
[50] 刘树成. 中国经济周期波动的新阶段[M]. 上海:上海远东出版社,1996.
[51] 刘树成. 中国经济波动的新轨迹[J]. 经济研究,2003(3).
[52] 刘树成. 中国经济周期研究报告[M]. 北京:社会科学文献出版社,2006.
[53] 卢建. 我国经济周期的特点、原因及发生机制研究[J],经济研究,1987(3).
[54] 罗伯特·J. 巴罗. 现代经济周期理论[M]. 方松英,译. 北京:商务印书馆,1997.
[55] 吕光明. 经济周期波动:测度方法与中国经验分析[M]. 北京:中国统计出版社,2008.
[56] 马建堂. 周期结构与结构变动——经济周期影响产业结构机制初探[J]. 经济研究,1988(6).
[57] 马建堂. 从总量波动到结构变动——再论经济周期影响产业结构变动的机制[J]. 经济研究, 1989(4).
[58] 密切尔. 商业循环问题与调整[M]. 陈福生,陈振骅,译. 北京:商务印书馆,1962.
[59] M P Niemira,P A Klein. 金融与经济周期预测[M]. 邱东,译. 北京:中国统计出版社,1997.
[60] 秦朵. 计量经济学发展史中的经济周期研究[J]. 金融研究,2012(2).
[61] 秦宛顺,靳云汇,卜永祥. 中国经济周期与国际经济周期的相关性[J]. 中国社会科学,2002(3).
[62] 任泽平,陈昌盛. 经济周期波动与行业景气变动:因果联系、传导机制与政策含义[J]. 经济学动态, 2012(1).
[63] 日本经济新闻社. 景气一百题[M]. 刘正运,译. 上海:上海远东出版社,1994.
[64] 沈利生. 中国经济波动和宏观调控研究[M]. 北京:社会科学文献出版社,1995.
[65] 石柱鲜,黄红梅,石庆华. 关于中国潜在 GDP 与景气波动、通货膨胀的经验研究[J]. 世界经济,2004(8).
[66] 施仁杰,卢科学. 时间序列分析引论[M]. 西安:西安电子科技大学出版社,1988.
[67] Siegfried,G Karsten. 商情预测与经济周期[M]. 沈学民,孙刚,译. 长春:吉林大学出版社,1988.
[68] 睢国余. 中国经济周期性波动微观基础的转变[J]. 中国社会科学,2005(1).
[69] 汤铎铎. 三种频率选择滤波及其在中国的应用 [J]. 数量经济技术经济研究,2007(9).
[70] 王光谦. 中国经济增长波动与政策选择[M]. 北京:中国财政经济出版社,1999.
[71] 王红玲. 新凯恩斯主义经济周期理论及其评议[J]. 经济学动态,1997(1).
[72] 王建军. Markov 机制转换模型研究——在中国宏观经济周期分析中的应用[J]. 数量经济技术经

济研究,2007(3).
[73] 王金明,高铁梅. 经济周期波动理论的演进历程及学派研究[J]. 首都经济贸易大学学报,2006(3).
[74] 王金明. 对我国经济周期波动变化特征的实证分析[J]. 吉林大学社会科学学报,2004(5).
[75] 王洛林. 经济周期研究[M]. 北京:经济科学出版社,1998.
[76] 王少平. 我国实际 GNP 的时间趋势与周期裂变[J]. 经济研究,1999(7).
[77] 王潼. 经济周期与谱分析方法[J]. 数量经济技术经济研究,1990(6).
[78] 王潼,张元生,李凯,宫维可,刘蕻. 景气问卷模糊预测方法及其在我国的应用[J]. 预测,1991(4).
[79] 王小波,顾岚,高敏雪,王玉平. 经济周期与预警研究——理论、方法、应用[M]. 北京:冶金出版社,1994.
[80] 王志伟. 中国经济周期及其理论的比较研究[M]. 北京:经济科学出版社,1998.
[81] 解三明. 中国经济增长潜力和经济周期研究[M]. 北京:中国计划出版社,2001.
[82] 薛敬孝. 资本主义经济周期——理论与预测[M]. 北京:人民出版社,1992.
[83] 徐大丰,朱平芳,刘弘. 中国经济周期的非对称性问题研究[J]. 财经研究,2005(4).
[84] 刈屋武昭. 计量经济分析的基础与应用[M]. 董文泉,等,译. 北京:中国金融出版社,1992.
[85] 殷剑峰. 二十一世纪中国经济周期平稳化现象研究[J]. 中国社会科学,2010(4).
[86] 袁志刚. 中国宏观经济运行及其调控[M]. 北京:立信会计出版社,1995.
[87] 约翰·梅纳德·凯恩斯. 就业、利息和货币通论[M]. 高鸿业,译. 北京:商务印书馆,2005.
[88] 预测杂志编辑部. 国外景气调查发展概述[J]. 预测,1994(2).
[89] 张立群. 我国的经济周期问题研究[J]. 管理世界,1997(6).
[90] 张连成. 中国经济增长路径与经济周期研究[M]. 北京:中国经济出版社,2012.
[91] 张守一,葛新权. 中国宏观经济:理论·模型·预测[M]. 北京:社会科学文献出版社,1995.
[92] 张守一. 我国经济周期的特殊原因与波动格局分析[J]. 经济研究,1995(4).
[93] 张曙光. 投资、周期波动与制度性紧缩效应[J]. 经济研究,1999(3).
[94] 张尧庭,方开泰. 多元统计分析引论[M]. 北京:科学出版社,1983.
[95] 张永军. 经济景气计量分析方法与应用研究[M]. 北京:中国经济出版社,2007.
[96] 郑桂环,张珣,韩艾,张嘉为,汪寿阳. 经济景气分析方法[M]. 北京:科学出版社,2011.
[97] 郑京平. 中国宏观经济景气监测指数体系研究[M]. 北京:中国统计出版社,2013.
[98] 中国人民银行调查统计司. 时间序列 X-12-ARIMA 季节调整——原理与方法[M]. 北京:中国金融出版社,2006.
[99] 朱军,王长胜. 经济景气分析预警系统的理论方法[M]. 北京:中国计划出版社,1993.
[100] 祝宝良. 中国宏观经济运行定量分析[M]. 北京:中国经济出版社,2005.
[101] 中国物流与采购联合会. 中国 PMI 研究与实践[M]. 北京:中国财富出版社,2012.
[102] 詹姆斯·D.汉密尔顿. 时间序列分析[M]. 刘明志,译. 北京:中国社会科学出版社,1994.
[103] Andrews D W K. Tests for parameter instability and structural change with unknown change point [J]. Econometrica,1993,62:1383-1414.
[104] Artis M J,M Marcellino,Proietti T. Dating Business Cycle:A Methodological Contribution with an Application to Euro Area[J]. Oxford Bullein of Economics and Statistics,2004,66(4):537-65.
[105] Auerbach A J. The Index of Leading Indicators:Measurement Without Theory,Thirty-five Years Later[J]. Review of Economics and Statistics,1982(4).
[106] Banerji A,Hiris L. A Multidimensional Framework for Measuring Business Cycles[J]. International Journal of Forecasting,2001(17):333-348.
[107] Barro R J. Modern Business Cycle Theory[M]. Boston:Harvard University Press,1989.
[108] Baxter M,King R G. Measuring Business Cycles:Approximate Band-Pass Filters for Economic Time Series[J]. the Review of Economics and Statistics,1999,81(4):575-593.
[109] Beveridge S,Nelson C R. A New Approach to Decomposition of Economic Time Series into Permanent and Transitory Components with Particular Attention to Measurement of "Business

Cycle"[J]. Journal of Monetary Economics,1981,7(2): 151-174.

[110] Boschan C,Ebankns W E. The Phase-Average Trend: A New Way of Measuring Economic Growth [J]. Proceedings of Business and Economic Statistics Section of American Statistical Association, 1978: 332-335.

[111] Box G E P,Jenkins G M,Reinsel G C. Time Series Analysis Forecasting and Control[M]. Third Edition. New York: Prentice-Hall,Inc,1994.

[112] Brown R L,Durbin J,Evans J M. Techniques for testing the constancy of regression relationships over time[J]. Journal of the Royal Statistical Society,1975,52: 5-59.

[113] Bry G,Boschan C. Cyclical Analysis of Time Series: Selected Procedures and Computer Programs [J]. NBER Technical Paper,1971: 20.

[114] Burns A F,Mitchell W C. Measuring business cycles[R]. New York: NBER,1946.

[115] Carvalhol M D,Turkman K F,Rua A Dynamic Threshold Modelling and the US Business Cycle[J]. Journal of the Royal Statistical Society: Series C (Applied Statistics),2013,62(4): 535-550.

[116] Castillo P,Humala A Regime Shifts and Inflation Uncertainty in PERU[J]. Journal of Applied Economics,2012: 71-87.

[117] Census. X-12-ARIMA Reference Manual. Version 0. 2. 10. U. S. Census Bureau[R],U. S. Department of Commerce,2002.

[118] Census. X-12-ARIMA Reference Manual. Version 0. 3. U. S. Census Bureau[R/OL]. U. S. Department of Commerce. http://www. census. gov/ts/x12a/final/v03/x12adocV03. pdf. 2007.

[119] Chauvet M An econometric characterization of business cycle dynamics with factor structure and regime switches[J]. International Economic Review,1998,39(4),969-996.

[120] Chow G. Tests of the equality between two sets of coefficients in two linear regressions[J]. Econometrica,1960,28,561-605.

[121] Christiano L J,T J Fitzgerald. The Band Pass Filter [J],International Economic Review,2003,44: 435-465.

[122] Cogley T,Nason J M. Effects of Hodrick-Prescott Filter on Trend and Difference Stationary Time Series: Implications for Business Cycle Research[J]. Journal of Economic Dynamics and Control, 1995a,19(1-2): 253-278.

[123] Cogley T,Nason J M. Output Dynamics in Real Business Cycle Models[J]. American Economic Review,1995b,85(3): 492-511.

[124] Diebold F X,Joon-Haeng Lee,Weinbach G C. Regime switching with time-varying transition probabilities[M]//Hargreaves. In Nonstationary Time Series Analysis and Cointegration. Oxford: Oxford University Press,1994: 283-302.

[125] Diebold F X,Rudebusch G D. Measuring business cycles: a modern perspective[J]. Review of Economics and Statistics,1996,78(1),67-77.

[126] Durland J M,McCurdy T H. Duration-dependent Transitions in a Markov Model of US GNP Growth[J]. Journal of Business and Economic Statistics,1994,12 (3): 279-288.

[127] Dore M H I. The Marcodynamics of Business Cycles[M]. Oxford: Blackwell Publishers,1993.

[128] Estrella A,Mishkin F,Predicting U S. Recessions: Financial Variables as Leading Indicators[J]. Federal Reserve Bank of New York Research Paper,1996,9609.

[129] Ferrara Laurent and Guegan Dominique. Real-time Detection of the Business Cycle using SETAR Models,Growth and Cycle in the Euro-zone[J]. Palgrave MacMillan,New York,2006,221-232.

[130] Filardo A J. Business Cycle Phases and Their Transitional Dynamics[J]. Journal of Business and Economic Statistics,1994(9): 299-308.

[131] Friedman M. The Role of Monetary Policy[J]. American Economic Review,1968(5).

[132] Friedman M,Schwartz A J. A Monetary History of the United States,1867-1960[M]. Princeton, NJ: Princeton University Press,1963.

[133] Forni M, Hallin M, Lippi M, Reichlin L. The generalized dynamic factor model: One-sided estimation and forecasting[J]. Journal of the American Statistical Association,2005: 830-840.

[134] Gabisch G,Lorenz H W. Business Cycle Theory: A Survey of Methods and Concepts[M]. Second Revised and Enlarged Edition. 1990.

[135] Goldfeld S M,Quandt R E. A Markov model for switching regression[J]. Journal of Econometrics, 1973,1(1),3-16.

[136] Granger C W J, Hatanaka M. Spectral Analysis of Economic Time Series [M]. Princetion: Princetion University Press,1964.

[137] Hamilton J D. A new approach to the economic analysis of the nonstationary time series and the business cycle[J]. Econometrica,1989,57(2): 357-384.

[138] Hamilton J D,Baldev Raj New Directions in Business Cycle Research and Financial Analysis[J]. Empirical Economics 27,2002: 149-162.

[139] Harding D,Pagan A. Dissecting the Cycle: A Methodological Investigation[J]. Journal of Monetary Economics,2002,49: 365-381.

[140] Harding D,Pagan A. Synchronization of Cycles[J]. Journal of Econometrics,2006,127: 59-79.

[141] Harvey A C. Trends and Cycles in Macroecnomic Time Series[J]. Journal of Business & Economic Statistics,1985,3(3).

[142] Harvey A C. Forecasting,Structural Time Series Models and the Kalman Filter[M]. Cambridge: Cambridge University Press,1989.

[143] Harvey A C,Jaeger A. Detrending,Stylized Facts and the Business Cycles[J]. Journal of Applied Econometrics,1993,8(3): 231-247.

[144] Hodrick J R,Prescott E C. Postwar U. S. Business Cycles: an Empirical Investigation[J]. Journal of Money,Credit and Banking,1997,29(1): 1-16.

[145] Hicks J R. A Contribution to the Theory of the Trace Cyle[N]. Oxford University Press,1950.

[146] Kaufmann S. Measuring business cycle with a dynamic Markov switching factor model: an assessment using Bayesian simulation methods[J]. Econometrics Journal,2000,(1): 39-65.

[147] Keynes J M. The general theory of employment,interest,and money[M]. NJ: Macmillan,1936.

[148] Kim H J,Siegmund D. The likelihood ratio test for a change-point in simple linear regression[J]. Biometrika,1989,76,409-423.

[149] Kim Chang-jin. Dynamic Linear Models with Markov-Switching[J]. Journal of Econometrics,1994, 60: 1-22.

[150] Kim Chang-jin, Nelson C R. Business cycle turning points, a new coincident index, and tests of duration dependence based on a dynamic factor model with regime switching [J]. Review of Economics and Statistics,1998, 80(2): 188-201.

[151] Kim Chang-jin,Nelson C R. State space model with regime switching: classical and Gibbs-sampling approach with application[M]. NJ: MIT Press,1999,97-139.

[152] King R G,S Rebelo. Resuscitating Real Business Cycles[J]. NBER Working Paper,2000(7534).

[153] King R G,Plosser C I,Stock J H,Watson M W. Stochastic Trends and Economic Fluctuations[J]. American Economic Review,1991,81(4).

[154] Klein P A,Moore G H. The Leading Indicator Approach to Economic Forecasting -Retrospect and Prospect[J]. Journal of Forecating,1983,2.

[155] Klein P A. Analyzing Growth Cycles and Leading Indicators in Pacific Asian Countries[J]. The Columbia Journal of World Business,1993,18(3).

[156] Kling J L. Predicting the Turning Points of Business and Economic Time Series[J]. Journal of Business,1987,60(2).

[157] Krystalogianni A,Matysiak G,Tsolacos S. Forecasting UK Commercial Real Estate Cycle Phases With Leading Indicators: A Probit Approach[J]. Applied Economics,2004,36 (20): 2347-2356.

[158] Kydland F E,Prescott E C. Time to Build and Aggregate Fluctuation[J]. Econometrica 50,1982.

[159] Lahiri K, Moore G H. Leading Economic Indicators [M]. Columbia: Columbia University Press,1991.

[160] Lahiri K,Wang J G. Prediction Cyclical Turing Points with Leading Index in a Markov Switching Model[J]. Journal of Forecasting,1994,13.

[161] Layton A P,Smith D R. Business Cycle Dynamics with Duration Dependence and Leading Indicators [J]. Journal of Macroeconomics,2007,(29): 855-875.

[162] Lesage J P. Scoring the Composite Leading Indicators; A Bayesian Turing Points Approach[J]. Journal of Forecasting,1992,11.

[163] Long J B,Plosser C Z. Real Business Cycle[J]. Journal of Political Economy,1983,91.

[164] Lucas R E. Expectations and the neutrality of Money[J]. Journal of Economic Theory,1972,4.

[165] Mankiw N G. Small Menu Cost and Large Business Cycles: a Macroeconomic Model of Monopoly [J]. Quarterly Journal of Economics,1985,100,529-539.

[166] Mankiw N G. Real Business Cycle: a New Keynesian Perspective [J]. Journal of Economic Perspective,1989,3: 70-90.

[167] Maravall A. On Structural Time Series Models and the Characterization of Components[J]. Journal of Business & Economic Statistics,1985,3(4).

[168] Massmann M,Mitchell J,Weale M. Business Cycles and Turning Points: a Survey of Statistical Techniques[J]. National Institute Economic Review,2003(1): 90-106.

[169] McCallum B T. On Real and Sticky Price Theories of the Business Cycles[J]. Journal of Credit and Banking,1986,18: 397-414.

[170] McNees S K. Forecasting Accuracy of Alternative Techniques, A Comparison of U. S. Macroeconomic Forecasts[J]. Journal of Business & Economic Studies,1986,4(1).

[171] Mensah J A, Tkacz G. Predicting Canadian Recessions Using Financial Variables: A Probit Approach[R]. Toronto: Bank of Canada,1998,5.

[172] Michell W C. Bussiness Cycles[M]. Berkeley: University of California Press,1913.

[173] Michell W C. Bussiness Cycles: The Problem and its Setting[M]. New York: National Bureau of Economic Research,1927.

[174] Michell W C,Burns A F. Statistical Indicators of Cyclic Revivals. Bulletin 69[M]. New York: National Bureau of Economic Research,1938.

[175] Mills T C. Estimating Trend Growth Rates of the U. K. Monetary Aggregates[J]. Journal of Forecasting,1991,10.

[176] Monsell B. The X-13A-S Seasonal Adjustment Program[C/OL]. Proceedings of the 2007 Federal Committee On Statistical Methodology Research Conference. http://www. fcsm. gov/07papers/ Monsell. II-B. pdf,2009.

[177] Moore G H,Shiskin J. Indicaters of Business Expansions and Contraction[M]. New York: NBER, 1967.

[178] Moore G H. Business Cycles Inflation and Forecasting [M]. New York: Studies in Business Cycles,1983,24.

[179] Mullineux A, Dickinson D G, Peng W. Business Cycles: Theory and Evidence [M]. Oxferd: Blackwell Publishers,1993.

[180] Naish H F. Keynesian Real Business Cycles in a Neoclassical Framework[J]. Journal of Economic Behavior & Organization,1995,27.

[181] Nazen S M. Applied Time Series Analysis for Business and Economic Forecasting[M]. Omaha: University of Nebraska by Marcel Dekker,Inc,1988.

[182] Neftci S N. Optimal prediction of cyclical downturns[J]. Journal of Economic Dynamics and Control,1982,4: 225-241.

[183] Neftci S N. Are Economic Time Series Asymmetric over the Business Cycle? [J]. Journal of Political Economy,1984,92(2): 306-328.

[184] Nektarios Aslanidis. Business Cycle Regimes in CEECs Production: A Threshold SURE[J]. RePEc Working paper,2007: 1-33.

[185] Niemira P M,Klein P A. Forecasting Financial and Economic Cycles[M]. New York: John Wiley and Sons,Inc,1994.

[186] OECD Department of Economics and Statistics. OECD Leading Indicators and Business Cycles in Member Countries 1960—1985[J]. Source and Methods,1987,39: 38-42.

[187] Ploberger W,Kramer W,Kontrus K. A new test for structural stability in the linear regression model[J]. Journal of Econometrics,1989,40(2),307-318.

[188] Priestley M B. Spectral Analysis and Time Series[M]. Pittsburgh: Academic Press,1981.

[189] Quandt R E. Tests of the hypothesis that a linear regression system obeys two separate regimes [J]. Journal of the American Statistical Association,1960,55: 324-330.

[190] Quandt R E. A new approach to estimate switching regressions[J]. Journal of the American Statistical Association,1972,67(338): 306-310.

[191] Rua A,Nunes L C. Coincident and Leading Indicators for the Euro Area: A Frequency Band Approach[J]. International Journal of Forecasting,2005,21: 503-523.

[192] Sanjib Bordoloi,Raj Rajesh. Forecasting the Turning Points of the Business Cycles With Leading Indicators in India: A Probit Approach[J]. Paper Prepared for the Singapore Economic Review Conference,2007.

[193] Shiskin J. The X-11 Variant of the Census Method Ⅱ [J]. Seasonal Adjustmnt Program. Washington: U. S. Departmant of Commerce Bureau of the Census,1965.

[194] Shiskin J,Young A,Musgave J. The X11 Variant of the Census Method Ⅱ Seasonal Adjustment Program[J]. Technical Paper NO. 15. Washington: US Bureau of the Census,1967.

[195] Shiskin J,Musgave J,Somer M,Bakka N,Rosenblatt H M. X11 Information for the user,Paper prepared for the Seminar on seasonal adjustments of the National Association of Business Economisis,Philadelphia,Pennsylvania[R]. Washington: US Department of Commerce,Bureau of the Census,1969.

[196] Sichel D E. Are Business Cycles Asymmetric? A Correction[J]. Journal of Political Economy, 1989,97(5): 1255-1260.

[197] Simpson P W,Osborn D R,Sensier M. Modelling Business Cycle Movements in the UK Economy [J]. Economica,2001,68: 243-267.

[198] Stock J H,Watson M W. Variable Trends in Economic Time Series[J]. Journal of Economic Perspectives,1988,2(3).

[199] Stock J H,Watson M W. A probability model of coincident economic indicators[J]. NBER Working Paprs,1988: 2772.

[200] Stock J H,Watson M W. New Indexes of Coincident and Leading Economic Indicators[M]//O Blanchard,S Fischer. NBER Macroeconomics Annual. NJ: MIT Press,1989: 351-394.

[201] Stock J H,Watson M W. A Procedure for Predicting Recessions with Leading Indicators:

Econometric Issues and Recent Experience[J]. Working Paper,1992: 4014.

[202] Stock J H, Watson M W. Business Cycles, Indicators, and Forecasting [M]. Chicago: The University of Chicago Press. 1993.

[203] Stock J H, Watson M W. Understanding Changes in International Business Cycle Dynamics[J]. Journal of the European Economic Association,2005,3(5): 968-1006.

[204] Teräsvirta, van Dijk, Medeiros. Linear models, smooth transition autoregressions, and neural networks for forecasting macroeconomic time series[J]. International Journal of Forecasting,2005, 21: 755-774.

[205] Terence C Mills. Modelling Trends and Cycles in Economic Time Series[M]. London: Palgrave Macmillan,2003: 75-121.

[206] Thygesen N,Velupillai K,Zambelli S. Business Cycles Theories: Evidence and Analysis[C]. IEA Conference,1991: 97.

[207] Van Dijk D, Teräsvirta T, Franses P H. Smooth transition autoregressive models—a survey of recent developments[J]. Econometric Reviews,2002,21: 1-47.

[208] Vysotskiy V M,Ivakhnenko A G,Cheberkus V I. Long-term Prediction of Oscillatory Processes by Finding & Harmonic Trend of Optimum Complexity by the Balance of Variables Criterion[J]. Soviet Aut. Control,1975,8(1): 18-24.

[209] Weller B R. Usefulnsee of the Newly Revised Composite Index of Leading Indicators as a Quantitative Predictor[J]. Journal of Macroeconomics,1979,1(1).

[210] Westlud A H. Special Issue on Business Cycle Forecasting[J]. Journal of Forecasting,1993,12.

[211] Young P. Special Issue on State-Space Forecasting and Seasonal Adjustment [J]. Journal of Forecasting,1990.

[212] Zarnowitz V. An Appraisal of Short-Term Economic Forecasts [M]. Columbia: Columbia University Press,1967.

[213] Zarnowitz V,Moore G H. Sequential Signals of Recession and Recovery[J]. Journal of Business, 1982,55(1).

[214] Zarnowitz V. Recent Work on Business Cycles in Historical Perspective: A Review of Theories and Evidence[J]. Journal of Economic Literature,1985.

[215] Zarnowitz V. Business Cycles: Theory, History, Indicators, and Forecasting[M]. Chicago: The University of Chicago Press, 1992: 27.